スポーツ生理学からみた
スポーツトレーニング

Physiological Aspects of Sport Training and Performance

ジェイ・ホフマン [著]　　福林 徹 [監訳]　　小西 優　佐藤 真葵 [訳]
Jay Hoffman

大修館書店

PHYSIOLOGICAL ASPECTS OF SPORT TRAINING AND PEFORMANCE

by

JAY HOFFMAN

Copyright © 2002 by Jay Hoffman

Japanese translation rights arrranged with Human Kinetics Publishers Inc.
through Japan UNI Agency, Inc., Tokyo.

まえがき

　本書の目的は，運動生理学やスポーツ医学に興味を持つ人々の理解を深めることである。私の希望は，実際のスポーツ現場でスポーツ医科学に携わる専門家が，本書をアスリートのコンディショニングやパフォーマンスの向上に必要な知識を得るための参考書として使ってもらえるということである。そのため本書では，多くの図表を使いより読みやすく構成した。さらに，現場で使える筋力などの標準値を掲載し（例：大学アメフト選手の筋力測定結果など），スポーツ現場でより実用性を高める工夫した。

　また本書の特徴として，実際にアスリートが行うトレーニングプログラムを要素ごとに分け，より詳細に解説している点をあげることができる。また，トレーニングに影響を及ぼす環境要因，水分摂取，栄養，エルゴジェニックエイドなど，トレーニングに関連する様々なトピックを取り上げ，科学的に解説をしている。さらに，さまざまな競技種目に対応できるようアスリートにとって実践的な運動処方の提言をしている。

　本書は5部で構成している。Ⅰ部では，さまざまなタイプのトレーニングにより起こる生化学，内分泌，筋骨格系，循環器系，神経系，免疫系の適応様式に関して解説した。そして，Ⅱ部では，トレーニングの原則をもとに，運動処方の具体的方法について解説をした。さらに，レジスタンストレーニング，有酸素系トレーニング，無酸素系トレーニングなど，各々のトレーニング形態におけるトレーニングプログラムの具体的な組み方についても言及し，パフォーマンスのガイドラインも掲載した。

　Ⅲ部では，栄養，水分摂取，エルゴジェニックエイドがパフォーマンスに及ぼす影響に関して考察を行った。Ⅳ部では，暑熱環境，寒冷環境，高所環境などパフォーマンスに影響を及ぼしうる環境要因に注目した。また近年，注目されている高所トレーニングに関しても言及しているので参考にしてもらいたい。Ⅴ部は，スポーツパフォーマンスに影響を及ぼす疾病やオーバートレーニングに注目し，解説を行った。

謝　辞

　私の妻 Yaffa，子どもたち Raquel，Mattan，Ariel の変わらぬ愛と献身がスポーツ科学のテキストの作成という私の夢を現実に変えてくれたといっても過言ではない。彼女らこそが，私の強さの源ともいる。そして，目標を持ち続け，それに向かって一生懸命努力し，達成することを教えてくれた両親にも感謝の言葉を送りたい。

　John Magel 博士，Bill McArdle 博士，Mike Toner 博士，Lawrence Armstrong 博士は，現在の私の素地を作ってくれた。Carl Maresh 博士，あなたの友情と導きは，研究室の枠を超えるものであった。Kraemer 博士，あなたは私が進むべき道を示し，チャンスを与えてくれた。Jim Calhoun コーチ，Meir Kaminsky コーチ，Eric Hamilton コーチ，スポーツと科学の間にある隔たりを埋めるという私の夢を実現する手助けをしてくれた。そして，愛する兄弟 Richard と親友である Al Steinfeld，私は今どこにいて，どこに向かっていくべきかを知らせてくれた。

　私の仕事を手伝ってくれた Miki Bar-Eli, Leah Chapnik, Shmuel Epstein, Baraket Falk, Mark Goldberger, Jie Kang, Craig Landau, Ari Shamiss, Gershon Tenebaum, Itzik Weinstein, Yoni Yarom, 本当に感謝する。

　最後に，出版社である Human Kinetics に，本の出版という私の夢を実現していただいたことに感謝の意を表する。とくに，Mike Bahrke，Pat Norris，Lee Alexander には深く感謝の意を表する。

訳者まえがき

　競技力を向上させるためには，科学に裏づけられたトレーニングが不可欠であることを多くの人が実感している。現場の指導者が科学的な根拠に基づいた効果的なトレーニングを行うことが，競技力向上の近道であるということは周知の事実である。ところが，最新の科学的知識が，実際のスポーツ現場に必ずしも正しく反映されていないということも現状である。場合によっては，根拠のない誤ったスポーツ科学に関する情報が浸透している場合すらある。それに対して本書は，多くの科学論文を引用して正しいスポーツ科学を基礎からスポーツ現場への応用のしかたまでを紹介する構成となっており，現場の指導者と研究者との間にあるギャップを埋め合わせることが可能な内容となっている。実際に私もスポーツ医科学の科学者でありながらスポーツ現場での活動を行っているが，翻訳を進めながら「なるほど」と納得させられる点が多々あった。原著者の経歴をみると，彼はもともとプロのアスリートとして活動していたジェイ・ホフマン（Jay Hoffman）という運動生理学者である。しかも，彼は現在も研究者という立場の傍らアスリートの指導も行っている。このような選手や指導者としての視点があるからこそ，科学者と現場の選手やスポーツ指導者との間のギャップを埋めるような内容を執筆できたのであろう。

　本書は，I部〜V部の5つのセクションで構成されているが，前半部分で運動生理学や生化学，医学に関する基礎的な専門知識を学習し，後半部分ではこれらの専門知識を実際のスポーツ現場へ応用するための内容を中心とした構成となっている。I部では，トレーニングを科学的にとらえるためには不可欠である科学的基礎知識に関して，スポーツ科学を初めて学ぼうとする人たちにも理解できるよう段階的かつ詳細な説明を行っている。さらにI部では筋骨格系，内分泌系，循環器系，神経系，免疫系などの内容に分け，それぞれの分野での最先端の科学論文を引用しながら解説している。II部では，I部で紹介した専門知識をさらに発展させ，レジスタンストレーニング，有酸素系トレーニング，無酸素系トレーニング，プライオメトリクスなど，各々のトレーニング形態におけるトレーニングプログラムの組み方とその科学的根拠に関して解説をしている。III部，IV部では，トレーニングや競技力に大きな影響を及ぼす要因である栄養，水分摂取，エルゴジェニックエイド，環境要因(暑熱環境，寒冷環境，高所環境)に注目し，実際のトレーニングや競技力にどのように影響するのかを最新の科学論文の結果を踏まえながら解説している。そしてV部では，スポーツパフォーマンスに影響を及ぼす疾病やオーバートレーニングに注目し，疾病を持っている人がスポーツを行うに際してどのようなリスクをもち，またこれらの疾病に運動がどのように効果的であるかも解説している。

このように本書は，スポーツやトレーニングに関する内容を1冊の本にまとめ，スポーツ科学をより総合的に理解することができるように構成している．スポーツ科学を学ぶ学生ばかりでなく実際のスポーツ現場で指導を行っている指導者や選手にとっても有用な書であり，選手の競技力向上に必要な知識を得るための参考書として使える書といえる．また，本書では，訳者を少なくして，用語や表現に一貫性を持たせることにより，読みやすくするように心がけた．さらに監訳には，スポーツ医学界の第1人者である福林徹先生をお願いし，非常にクオリティの高い訳本になっている．ぜひ多くのスポーツ関係者に読んでいただきたい書である．

　最後に，訳定から出版まで，大修館書店の山川雅弘氏には大変お世話になった．ここに記して謝意を表したい．

　　2011年2月　　　　　　　　　　　　　　　　　　　　　　　　　　　小西　優

CONTENTS
目　次

第Ⅰ部　運動への生理学的適応 ── 1

- 第1章　神経筋系と運動 …………………………………… 3
- 第2章　内分泌系と運動 …………………………………… 16
- 第3章　代謝と運動 ………………………………………… 33
- 第4章　心臓血管系と運動 ………………………………… 45
- 第5章　免疫機能と運動 …………………………………… 64

第Ⅱ部　トレーニングの原則とその処方 ── 77

- 第6章　トレーニングの原則 ……………………………… 79
- 第7章　レジスタンストレーニング ……………………… 84
- 第8章　無酸素性運動のコンディショニングとスピードとアジリティの養成 …102
- 第9章　持久トレーニング ………………………………… 115
- 第10章　コンカレントトレーニング ……………………… 126
- 第11章　ピリオダイゼーション（期分け） ……………… 135
- 第12章　プライオメトリクス ……………………………… 145
- 第13章　ウォームアップと柔軟性 ………………………… 156
- 第14章　競技力評価のためのテスト法 …………………… 168

第III部　栄養，水分補給，エルゴジェニックエイド ── 185

- 第15章　スポーツと栄養 …………………………………187
- 第16章　水分補給 …………………………………………201
- 第17章　エルゴジェニックエイド ………………………210

第IV部　環境要因 ── 227

- 第18章　暑熱環境下における運動 ………………………229
- 第19章　寒冷地における運動 ……………………………240
- 第20章　高地での運動 ……………………………………251

第V部　コンディショニング ── 265

- 第21章　オーバートレーニング …………………………267
- 第22章　糖尿病 ……………………………………………280
- 第23章　運動誘発喘息 ……………………………………289

● REFERECES ── 296

● INDEX ── 333

第Ⅰ部

運動への生理学的適応

第1章

神経系と運動

　力を発揮し，身体活動を起こすことが筋肉の機能である。競技者の持つ目標は，競技特性によって異なってくるものの，筋機能は競技者のパフォーマンスの基礎となるものである。一般的なトレーニングの目標として筋肉の機能性を高め，その活動性を向上させることがあげられる。ここでは，骨格筋の構造と筋収縮の仕組みについて簡潔に説明する。また，コンディショニングプログラムにより起こる神経系と骨格筋の適応に焦点をあて，さらに詳しく解説していく。

1 筋肉の構造

　骨格筋は，筋線維と呼ばれる何千もの円柱状の細胞により構成されている。筋線維は，細長く薄い。また複数の核を持っておりそれぞれ平行に走っている。そして，力は筋収縮により筋線維の長軸に沿って発揮される。筋外膜（深部筋膜）と呼ばれる結合組織の層は，筋全体を包んでいる。筋肉は，遠位と近位の両側で細くなり，最終的には腱となる。腱は強度に富んだ結合組織であり，筋肉と骨を連結する役割を果たしている。腱は筋よりもはるかに小さな組織だが，筋により生み出された大きな力に耐えることができるほど丈夫である。筋外膜の中には，最大150位の線維が束になっていて，これらの束を筋線維束と呼ぶ。また，これらの筋線維束は，筋周膜と呼ばれる結合組織の膜により包まれている。さらに筋内膜は，隣接する筋線維同士を隔てている結合組織の膜である。そして，筋鞘と呼ばれる膜は，それぞれの筋線維を構成する細胞小器官等を包んでいる。それぞれの筋肉中に含まれる筋線維の数は，その大きさや機能によって様々で，筋肉の長さ全体にわたっているものもあれば，他の線維と合流しているものもある。筋の構造は，図1.1に示した。

　一つの筋線維は，より小さな単位により構成されている。これらの単位のことを筋原線維と呼ぶ。筋原線維は，アクチンフィラメントとミオシンフィラメントと呼ばれる筋フィラメントによって構成されている。これらのタンパク質の並びは，濃淡のある帯状の模様となっており，横紋構造を作り出している（図1.2参照）。薄く明るい部分をⅠ帯と呼び，暗く濃い部分をA帯と呼ぶ。H帯は，A帯の中にあり，収縮していない状態では，ミオシンフィラメントのみで構

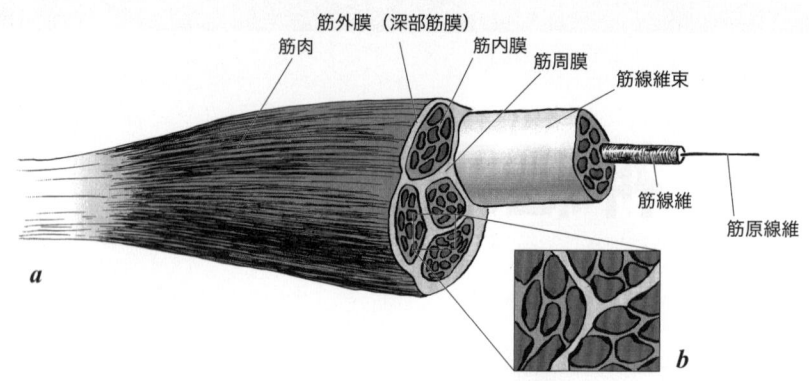

図1.1　筋の構造 (a) と断面図 (b)
(J. Wilmore and D. Costill, 1999. Physiology of sport and exercise (Champaign, IL: Human Kinetics), 29. から承諾を得て引用)

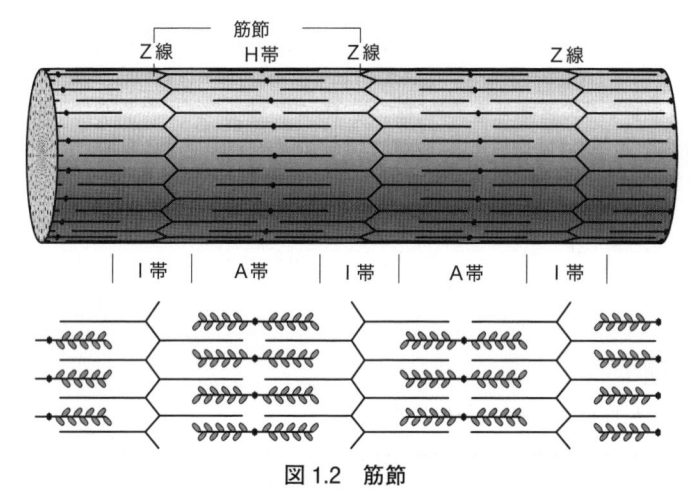

図1.2　筋節
(J. Wilmore and D. Costill, 1994. Physiology of sport and exercise (Champaign, IL: Human Kinetics), 32. から承諾を得て引用)

成されている。筋収縮中，アクチンフィラメントは，H帯の中に引き込まれ，暗く濃い容貌になる。Z線はI帯を二分し，筋鞘をつなげており，構造全体の安定化を図っている。二つのZ線の間に連続して現れる単位のことを筋節と呼び，これは筋線維の機能的単位である。

2 筋収縮

　アクチンとミオシンが重なり合う部分に，ミオシンフィラメントは突起を持っている。この突起のことをクロスブリッジと呼ぶ。これらの突起はミオシンヘッドとして知られており，太いミオシンフィラメントから細いアクチンフィラメントへと垂直に伸びている。アクチンとミオシンの間で起こる相互作用の様式は，図1.3に示した。

　アクチンフィラメントはトロポニンとトロポミオシンと呼ばれる二つのタンパク質により構成されている。トロポミオシンは，アクチン上にある活性部位を覆うことによりアクチンとミオシンの間の接触を抑制している。カルシウムにより刺激されることにより，トロポニンは，アクチン上にある活性部位の覆いを外し，これらのフィラメントの収縮を誘発する。

この時使われるカルシウムイオンは筋線維内にある管状の組織に蓄えられている。これらの組織は筋原線維に沿って平行に配列されており，筋小胞体と呼ばれる。筋小胞体は終末槽と呼ばれる小胞に終焉している（図1.4）。終末槽はT管（横行小管）と呼ばれるチューブ状の組織に接している。これらの組織は筋原線維に対して垂直に配列されていて，Z線の部分の側面にある筋小胞体の経路につながっている。

　このようなT管と終末槽の組み合わせによる構造を，三つ組み構造と呼ぶ。T管は，筋線維に通じており，筋細胞中への入り口を作っている。

　T管と三つ組み構造は，筋細胞の膜外から膜内への活動電位（脱分極）の伝達のためのネットワークとして機能している。脱分極中，カルシウムイオンは筋小胞体から放出され，筋フィラメント全体に分散していく。前述したように，カルシウムイオンは，トロポニンと結びつき，トロポニンの分子の形を変形させる。これにより，アクチン活性部位が露にされ，抑制作用が阻害される。これによりミオシンヘッドがアクチン活性部位と連結し，筋収縮が引き起こされる（図1.5を参照：トロポニン-トロポミオシン複合体にカルシウムイオンとの結合した時のクロスブリッジの描写）。

　筋収縮は，エネルギー供給が必要な能動的プロセスである。筋収縮のために，ATP（アデノシン三リン酸）がミオシンヘッドにある受容器に結合する。ミオシンヘッドにある酵素（ミオシンエーティーピーアーゼ）はATPをADP（アデノシン二リン酸）とPi（燐）に分解する。このプロセスは，アクチン活性部位からミオシンヘッドを解離させる，そして次のサイクルのための準備をするのである。

　滑走説によると，筋の短縮と伸張は，アクチンフィラメントとミオシンフィラメントその

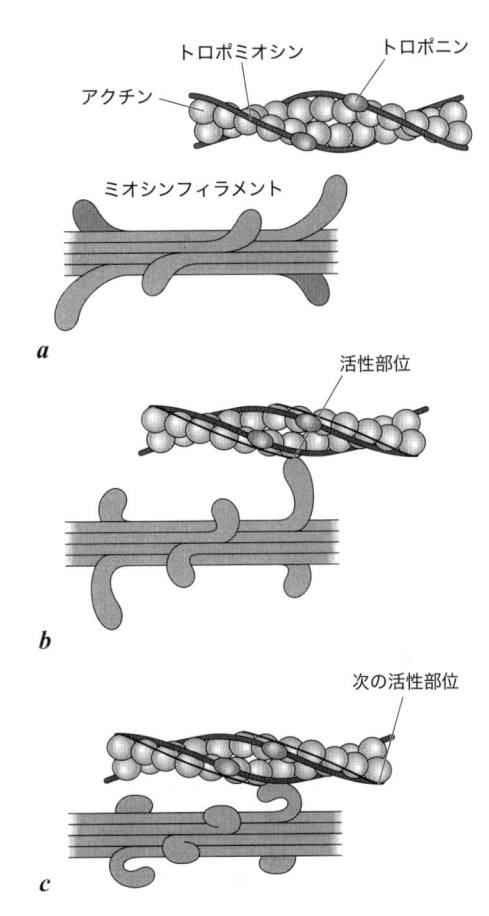

図1.3　アクチンとミオシンの間の相互作用
(a) 筋線維が弛緩した状態，(b) 収縮中，(c) 最大収縮中

(J. Wilmore and D. Costill, 1999. Physiology of sport and exercise (Champaign, IL: Human Kinetics), 36. から承諾を得て引用)

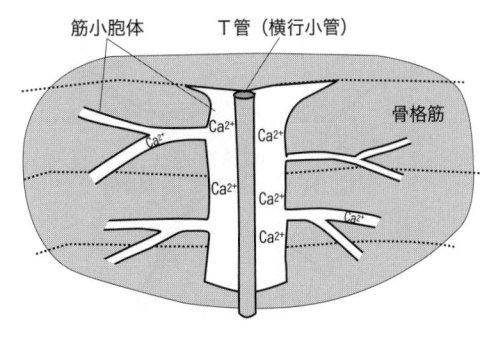

図1.4　筋小胞体とT管（横行小管）

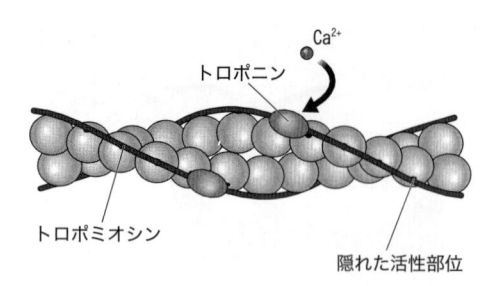

図 1.5　トロポニン‐トロポミオシン複合体とカルシウムイオンの結合

(J. Wilmore and D. Costill, 1999. Physiology of sport and exercise (Champaign, IL: Human Kinetics), 29. から承諾を得て引用)

ものの長さが変化することにより引き起こされるのではなく，各々のフィラメントが互いの間を滑ることにより起こると考えられている(Huxley 1969)。筋収縮は，両側のZ帯が互いに引き寄せられることにより起こるので，筋節の長さが短縮するという形で現れる。筋収縮中，数々のクロスブリッジは，同調して動くわけではなく，個々が独立したサイクルで動きを繰り返す。

3 神経筋

　中枢神経系は，電気的刺激を発する，そしてこの電気的刺激は，神経細胞（ニューロン）から軸索に沿って伝導していく。神経細胞は，細胞体から出る無数の短い突起である樹状突起，長い突起である軸索により構成されるが，電気的刺激は，細胞体から始まり神経線維とも呼ばれる軸索を経て末梢である筋肉の方向へと伝達される。そして，この神経線維と筋肉が接合する部分のことを神経筋接合部と呼び，神経線維とそれが分布している筋を総称して，運動単位と呼ぶ。それぞれの運動単位の持つ収縮や代謝の特徴は分布する神経により変わり，運動単位に分布する個々の神経線維は，筋の広い部分に広がっている。図1.6は，運動単位を表す図である。神経は，多くの神経細胞により成り立っている線維である。その中でも髄鞘により覆われている神経細胞は，有髄線維と呼ばれている。髄鞘は，電気的刺激である神経インパルスが周囲の神経に影響を与え意図しない筋の収縮を引き起こさないよう神経を流れる電流を外に逃さないようにしている。髄鞘は，神経線維全体を絶え間なく覆っているわけではなく，ランヴィエ絞輪と呼ばれるスペースにより区切られている。神経でのインパルスの伝導は，絞輪から

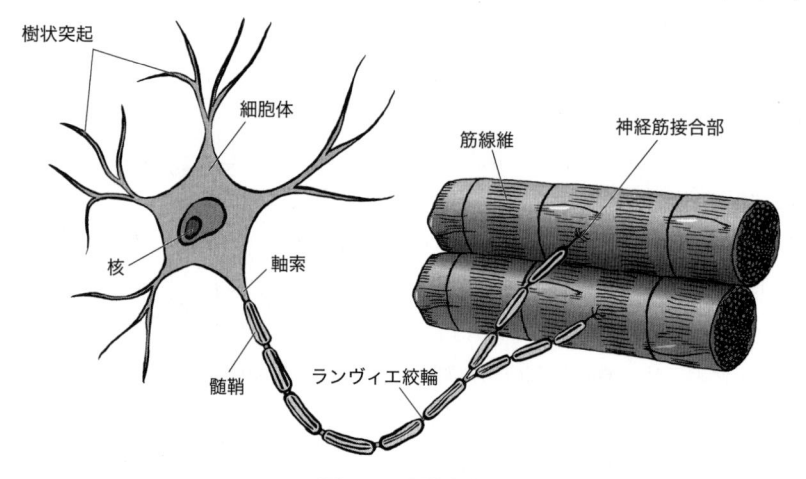

図 1.6　運動単位

(S.J. Fleck and W.J. Kraemer, 1997. Designing resistance training programs (Champaign, IL: Human Kinetics), 46. から承諾を得て引用)

絞輪へと跳躍することにより行われており，この伝導様式のことを跳躍伝導と呼ぶ。それとは対照的に，髄鞘を持たない神経線維のことを無髄神経と呼び，インパルスの伝導は，跳躍伝導とは違い，神経線維全体に沿って流れる。神経インパルスは，電気的エネルギーとして存在する。神経が活性化されていない時，神経の細胞膜の内側の電位は，細胞膜外に比べ，陰極に傾いている。これは，細胞膜外にナトリウムイオンのような陽イオンが多く存在し，細胞膜内には，カリウムイオンのような陰イオンが多く存在する状態である。このように神経が活性化されていない時の電位の傾きを静止電位と呼ぶ。神経の活性は，細胞膜のナトリウムイオンやカリウムイオンに対する透過性が上がることにより引き起こされる。ナトリウムイオンが濃度の高い膜外から濃度の低い膜内へと移動し，膜外に比べ膜内の電位を陽極へと傾ける。このわずかな間しか続かない電位の変化のことを活動電位と呼ぶ。この活動電位は，運動神経等の神経線維全体に伝導され筋にまで届く。神経線維から伝達された活動電位は，筋線維内で広がり筋肉全体に伝導されるのである。

神経筋接合部にある筋肉と神経線維との間の隙間は，シナプスと呼ばれる。活動電位が起こった結果発せられる電気的刺激は，シナプス前終末に伝わり化学伝達物質であるアセチルコリンを放出させる。アセチルコリンは，シナプス前終末の膜にある小胞の中に蓄えられており，電気的刺激を受けるとともに，シナプス間隙へと放出される。アセチルコリンがシナプス下膜にある受容器に作用し，ナトリウムイオンとカリウムイオンの透過性を上げる。この活動電位の増殖が，筋小胞体からカルシウムを放出させ筋収縮を引き起こす。図1.7で，活動電位から筋収縮までの過程をフローチャートとして示した。

筋収縮は，運動単位の中でも，筋線維でのみ起こる事象である。ある運動単位の神経線維が活性化された時，それに分布するすべての筋線維が収縮を起こす。このことは，「全か無の法則」として知られているが，この法則は，一つの筋肉に含まるすべての筋線維が，同時に収縮し弛緩するということをいっているのではない。もし，そうならば，筋力の強弱の調整ができないということになってしまう。一つの筋肉の中にも数多くの運動単位が存在し，筋力の強弱の調整は，動員された運動単位の数によって行われるのである。つまり，すべての運動単位が動員された時に初めて，最大筋力が発揮されるのである。

4 筋線維のタイプ

すべての運動単位は類似した様式で機能するものの，運動単位のタイプにより，収縮および代謝特性に特色がある。有酸素性代謝に適している運動単位もあれば，無酸素性の運動に適しているものもある。収縮および代謝特性により，筋線維は大きく二つに分類される。速筋（タイプⅠ）および，遅筋（タイプⅡ）である。これらの線維のそれぞれの特徴は，表1.1に示した。この表からもわかるように，遅筋線維は，長時間続く適度な強度の活動に適しており，速筋線維は，強度の高い短時間の活動に適している。このように筋線維のタイプにより明らかにその特性も違ってくる。

何年もの間，筋線維の区分は，タイプⅠとタイプⅡの二つのみであるとされてきた。ところが現在は，タイプⅡはさらにタイプⅡaとタイプⅡbの二つに分類されるようになっている。

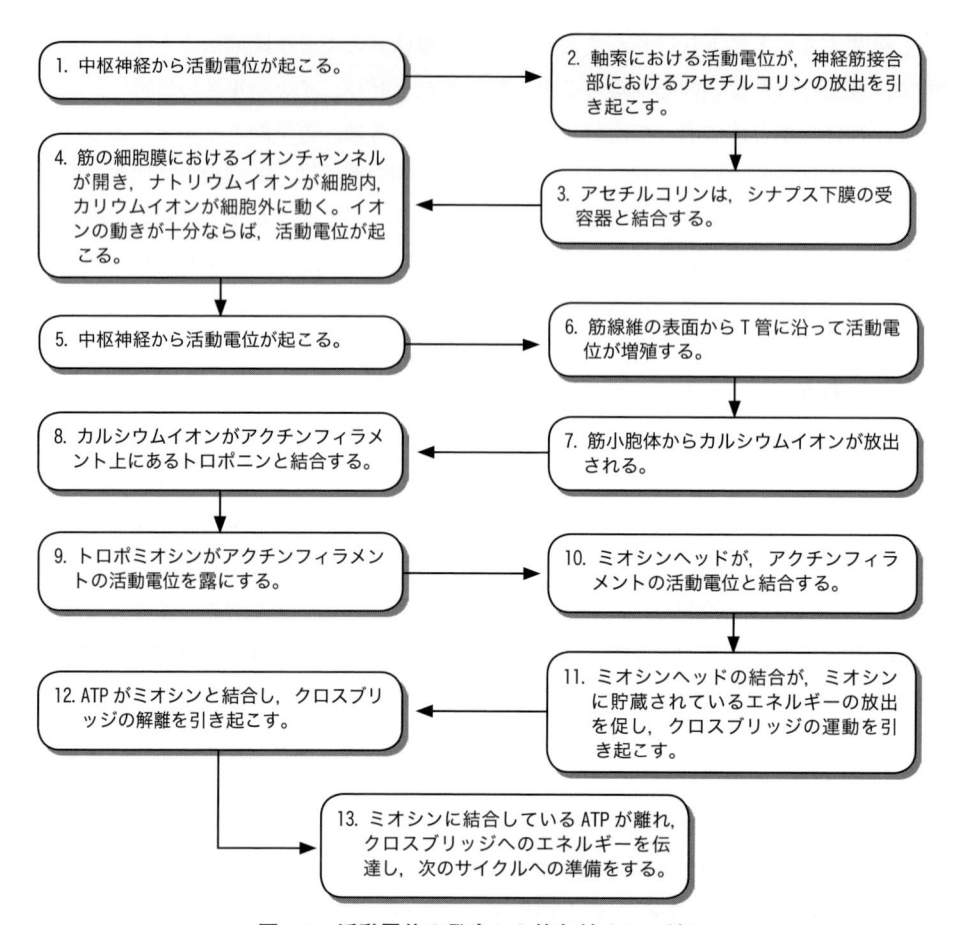

```
┌─────────────────────────────┐      ┌─────────────────────────────┐
│ 1. 中枢神経から活動電位が起こる。│─────→│ 2. 軸索における活動電位が，神経筋接合│
└─────────────────────────────┘      │  部におけるアセチルコリンの放出を引│
                                     │  き起こす。                    │
┌─────────────────────────────┐      └─────────────────────────────┘
│ 4. 筋の細胞膜におけるイオンチャンネル│                      │
│  が開き，ナトリウムイオンが細胞内，│      ┌─────────────────────────────┐
│  カリウムイオンが細胞外に動く。イオ│←─────│ 3. アセチルコリンは，シナプス下膜の受│
│  ンの動きが十分ならば，活動電位が起│      │  容器と結合する。              │
│  こる。                        │      └─────────────────────────────┘
└─────────────────────────────┘

┌─────────────────────────────┐      ┌─────────────────────────────┐
│ 5. 中枢神経から活動電位が起こる。│─────→│ 6. 筋線維の表面からT管に沿って活動電│
└─────────────────────────────┘      │  位が増殖する。                │
                                     └─────────────────────────────┘
┌─────────────────────────────┐      ┌─────────────────────────────┐
│ 8. カルシウムイオンがアクチンフィラメ│←─────│ 7. 筋小胞体からカルシウムイオンが放出│
│  ント上にあるトロポニンと結合する。│      │  される。                      │
└─────────────────────────────┘      └─────────────────────────────┘

┌─────────────────────────────┐      ┌─────────────────────────────┐
│ 9. トロポミオシンがアクチンフィラメン│─────→│10. ミオシンヘッドが，アクチンフィラ│
│  トの活動電位を露にする。        │      │  メントの活動電位と結合する。    │
└─────────────────────────────┘      └─────────────────────────────┘

┌─────────────────────────────┐      ┌─────────────────────────────┐
│12. ATPがミオシンと結合し，クロスブリ│←─────│11. ミオシンヘッドの結合が，ミオシン│
│  ッジの解離を引き起こす。        │      │  に貯蔵されているエネルギーの放出│
└─────────────────────────────┘      │  を促し，クロスブリッジの運動を引│
                                     │  き起こす。                    │
                                     └─────────────────────────────┘
              │
              ↓
        ┌─────────────────────────────┐
        │13. ミオシンに結合しているATPが離れ，│
        │  クロスブリッジへのエネルギーを伝│
        │  達し，次のサイクルへの準備をする。│
        └─────────────────────────────┘
```

図1.7　活動電位の発生から筋収縮までの流れ

(S.J. Fleck and W.J. Kraemer, 1997, Designing resistance training programs (Champaign, IL: Human Kinetics), 34. から承諾を得て引用)

タイプIIaは，有酸素性と無酸素性代謝の両方に適しているといわれ，fast oxidative glycolyticとしても知られている。それに対して，タイプIIbは，無酸素性代謝の能力に特化しており，fast glycolyticとしても知られている。過去10年の筋染色技術の向上に伴い，このような，さらなる分類が報告されるようになった (Staron et al. 1991; Fry, Allemeier, and Staron 1994)。タイプIは，タイプIとタイプIcに分類されており，タイプIcはタイプIよりも酸化能力が低いものであると考えられる。また，タイプIIに関しては，IIc, IIac, IIa, IIab, IIbの五つの型に分類されるともいわれている。これらもやはり，有酸素性および無酸素性代謝の特徴により分類されている (Pette and Staron 1990)。

表1.1　タイプIとタイプIIの筋線維の特徴

	タイプI 遅筋	タイプIIa 速筋	タイプIIb 速筋
力の算出	低	中間	高
収縮速度	遅い	速い	速い
ATPaseの活動	低	高	高
疲労への耐性	高	中間	低
糖代謝能力	低	高	高
酸化能力	高	中間	低
毛細血管密度	高	中間	低
ミトコンドリア密度	高	中間	低
ミオグロビンの含有量	高	中間	低
持久性能力	高	中間	低
グリコーゲンの貯蔵能力	差異なし	差異なし	差異なし

これらの筋線維タイプの割合は，遺伝的要素によるものが大きいといわれている。男性でも女性でも平均的な人の場合，速筋と遅筋の割合はほぼ同等であるといわれている。また，主な筋群においても筋線維の構成（速筋と遅筋の割合）は一定であるといわれている。

　エリート選手の場合，特異的な筋線維タイプが突出して多い場合がある。持久的能力が必要とされるエリート選手の場合，骨格筋の90％がタイプⅠ線維で，有酸素性能力を発揮するのに有利になっている場合もある。一方，短距離選手のように爆発的なパワーとスピードが必要とされ無酸素性代謝能力が重要とされる選手の場合，タイプⅡの割合が高くなることが多い。

5 筋線維の動員

　筋活動中の筋線維動員の様式は，サイズの原則に基づいている。運動単位の動員順序は，ニューロンの大きさにより決定する。つまり，小さな運動単位は活性化するのに低いレベルの刺激があれば十分であり，先に動員されることになる。このようにタイプⅠの筋線維は，低いレベルの刺激により活性化するので，筋活動中，まず初めに動員される。そして，より大きな筋出力が必要となるにつれて，タイプⅡのような，より高い閾値の運動単位が徐々に動員されていくのである。しかしながら，このサイズの原則には例外がある：パワフルかつ高速度の運動中は，タイプⅡ線維が先に動員される。通常，遅筋線維は，低強度・長時間の活動中に主に動員され，運動の強度が増してくるとともに，高閾値の運動単位つまり速筋線維が動員される。しかし，スプリントのように高速度かつ高強度の筋活動の場合，速筋線維が初めに動員されるのである。筋線維の動員にサイズの原則が適応されるのは，必要とされるまで疲労しやすい速筋線維の活動を温存することができるというメリットがあるからだといわれている。

6 固有受容器が筋機能に及ぼす効果

　筋活動は，運動および感覚神経系の相互作用によって制御されている。筋肉や腱に存在する筋紡錘とゴルジ腱器官は，筋肉や関節の動きや位置等の情報を意識下もしくは無意識下において脳にフィードバックをする。筋紡錘は，いくつかの錘内線維により構成されており，骨格筋内に平行に走っている。そして，筋紡錘の神経終末は，周囲の骨格筋に付いている。筋紡錘は，筋の長さや筋の伸張の割合を感知し，その結果，筋を収縮させ，伸張した筋の長さを元に戻す働きをしている。筋収縮中の筋力と張力は，運動単位の直接的刺激と筋紡錘を介した間接的刺激により増していくことになる。

　ゴルジ腱器官は，腱の中に存在する感覚器である。筋‐腱複合体は，組織の損傷を防ぐ自己防衛的メカニズムを持っている。活動中の筋における張力が，損傷する可能性があるほど高まった場合にゴルジ腱器官が刺激される。これにより，主導筋の筋活動が抑制され，逆に拮抗筋の活動が高まる。トレーニングによりゴルジ腱器官による主動筋の抑制を抑えることができれば，より高い筋力を発揮することができるようになるのである。

７ トレーニングにより起こる神経筋の適応

　神経筋系には，非常に高い適応性がある。フィジカルコンディショニングを行うことにより，筋量は増加し競技力は向上するといわれているが，この適応の速度は非常に速い。それに付け加え，トレーニングプログラムのタイプがこの身体的適応に大きく影響を与える。筋力トレーニングを行えば，筋肉の適応に特異的な効果を発揮するが，持久系のトレーニングを行えば，筋力トレーニングとはまったく違った効果が現れる。また同様に，トレーニングを止めれば，筋はトレーニング前の状態へと逆戻りしてしまう。トレーニング方法による適応の効果を理解することは，コーチや選手が適切なトレーニングプログラムを組むために不可欠であるといえる。

［1］神経系の適応

　最大筋力は，単に筋肉の量や質によってだけではなく，筋活動の興奮性の度合によって決定される（Sale 1988）。最大筋力を得るためには，主動筋群が最大に収縮するとともに，共同筋や拮抗筋が適切に機能する必要がある（Sale 1988）。これらの筋群（主動筋群，共同筋群，拮抗筋群）が，よりよく協調して働くことが，スムーズな筋力発揮につながる。レジスタンストレーニング初期における筋力増加は，神経系の適応によるものであると考えられている（Moritani and deVries 1979; Komi 1986）。

❶筋電図における変化

　筋肉の神経学的活動を評価する最も一般的な方法として，筋電図（EMG）がある。EMGは，筋肉と神経の中で起こる電気的な活動を測定する機器である。EMGの測定は，一般的に主動筋上で表面電極を用いて行う。トレーニングプログラム施行前後の筋におけるEMGの比較により，レジスタンストレーニングにより起こった神経系の適応の度合が測定できる。EMGにより運動単位の活動を記録し，その波形を積分することにより得られる値を積分筋電図（IEMG）と呼ぶ。鍛練者・非鍛練者ともに，レジスタンストレーニング後の最大筋力発揮中のIEMGの値は増加すると報告されている（Hakkinen and Komi 1983; Moritani and deVries 1979）。また，IEMGと筋力の増加の間には，強い相関関係が存在するとも報告されている（Hakkinen and Komi 1986; Hakkinen, Komi and Alen 1985）。これらの発見は，筋力トレーニングを行っている被験者は，非鍛練者より大きな筋放電を発することができるという根拠となる。さらに，レジスタンストレーニング開始初期は，EMGの活動が著しく増加するものの，トレーニング初期を過ぎるとその増加率は低下していく（図1.8）。このことから，トレーニング初期の筋力増加は神経系の関与が大きいが，その後は筋肥大が筋力を増加させる大きな要因となると考えられている。

❷動員の様式

　トレーニングの結果，同等の筋出力において筋放電量が低下するが，これは神経系の適応と考えられる（Sale 1988）。EMGの値が低く保たれたまま，より大きな筋力が発揮することができるということは，筋において，より効率のよい動員様式が構築されたということにつながる。

それに加え，鍛練者は，トレーニングの結果としてより多くの運動単位を動員することができるようになる。

❸同調性

筋力を増加させる神経系の適応のメカニズムとして，運動単位の発火の同調が考えられる。6週間のトレーニングプログラムの結果，被験者（ウエイトリフター）の運動単位の同調性の向

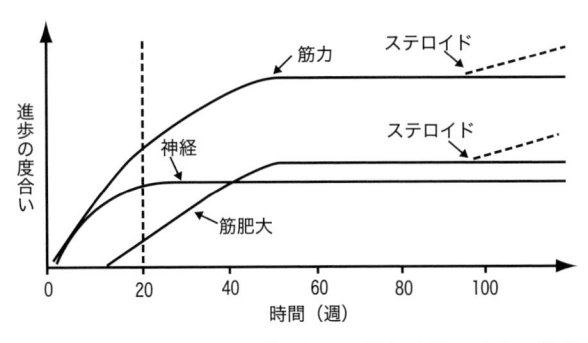

図1.8　筋力トレーニングに対する神経と筋の適応の関係

上が見られた（Milner-Brown, Stein, and Yemm 1975）。同調性の向上とは，同時に発火することのできる運動単位の数が増えるということである。より多くの運動単位が同時に活動することによって，より大きな筋力を得ることが可能となる。

❹抑制のメカニズム

この章の初めに述べたように，ゴルジ腱器官による筋収縮の抑制は，筋力を低下させる要因であると考えられる。この防御メカニズムは，特に遅いスピードでの最大筋力発揮時に起こるといわれている（Caizzo, Perrine, and Edgerton 1981; Wickiewicz et al. 1984）。レジスタンストレーニングは，この防御メカニズムの抑制を引き起こすと考えられている。ウエイトを挙上する直前に拮抗筋群が収縮することにより，この防御メカニズムが抑制され，より大きな筋力の発揮を可能にするのである（Fleck and Kraemer 1997）。

［2］骨格筋の適応

骨格筋は，トレーニングに対して様々な形で応答する。最大筋力の60～70％を超える負荷を与えることにより骨格筋は適応し，その質量と発揮可能な筋力を増す（MacDougall 1992）。

レジスタンストレーニング初期における筋力増加は，神経系の適応によるものであるということは前述した。その後のさらなる筋力の増加は，筋量の増加の結果として起こる。筋量の増加の要因として，もともとある筋線維が大きくなる筋肥大と筋線維の数そのものが増加する筋増殖の二つが考えられる。

❶筋肥大

筋量の増加は，一般的に6～8週間の強度の高いレジスタンストレーニング後に起こるといわれている。しかしながら，それよりも早い段階で，筋量の増加が起こるとの報告もある（Staron et al. 1991）。筋量の増加は，すでにある筋線維の断面積の増加によるものであるといわれている（Alway, Grumbt, et al. 1989; MacDougall et al. 1984）。この筋線維断面積の増大は，アクチンやミオシンといった収縮性タンパク質の合成や筋線維内の筋節が増加された結果起こるといわれている（Goldspink et al. 1992; Alway, Grmbt, et al. 1989; MacDougall et al. 1979）。筋線維の収縮要素を構成しているこれらのタンパク質の合成は，高強度のトレーニングによる反復的な筋線維の損傷と関係している可能性がある。トレーニングにより損傷された細胞が回復する時に，タンパク合成が促され，超回復といわれる筋タンパクの著しい同化が見られるのである（Antonio and Gonyea 1993）。

レジスタンストレーニングにより，タイプⅠとタイプⅡ，両方のタイプの筋線維に肥大が起こるといわれているが，タイプⅡの筋線維では，特に大きな筋肥大が起こるといわれている。最大筋力発揮時には，タイプⅠとタイプⅡ，両方のタイプの筋線維が動員されるので，日常生活における筋活動よりも多くの高閾値運動単位が動員されることが，タイプⅡの特異的な肥大を引き起こすメカニズムであると考えられている。トレーニングに対する各個人のトレーナビリティの違い，トレーニングの強度，トレーニングの持続時間，各個人のこれまでのトレーニング歴など様々な要因が，筋肥大の度合に影響を与える。トレーニング経験のない女性を被験者として，6週間の高強度レジスタンストレーニングをさせ，筋の断面積を測定したところ，タイプⅠでは，15.6%，タイプⅡaでは，17.8%，タイプⅡbでは，28.1%の増加が見られた（Staron et al. 1991）。さらに長期間のレジスタンストレーニングを行った結果（20週間），筋断面積の増加はさらに大きなものであった（タイプⅠでは15%，タイプⅡaでは45%，タイプⅡbでは57%の増加）(Staron and Johnson 1993)。これと類似した結果が，非鍛練者の男性でも得られたとの報告もある（Adams et al. 1993; Hather et al. 1991）。しかしながら，さらに長期のトレーニングを続けていくと筋肥大の効果には性差が現れる。

　前述したように，トレーニング歴も，レジスタンストレーニング後の筋肥大の度合に影響を与える重要な要素である。経験に富んだボディビルダーを被験者とし，試合期の24週間のトレーニングが筋肥大に与える影響を検査したところ，男性と女性のいずれの被験者においても統計学的に著しい筋量の増加は見られなかった（Alway et al. 1992）。その他の研究においても，経験に富んだボディビルダーにとって筋量を増加させることが困難であることを報告している(Hakkinen, Komi, and Alen 1987; Hakkinen et al. 1988)。しかしながら，研究における統計学的結果が，必ずしも事実を反映しているとは限らないということを忘れてはならない。一般的に，筋肥大等の筋の形態的変化を検査する研究の場合，多くの被験者数が確保されているわけではない。このように被験者数に限りがある場合，統計的に見て有意な差があると確認するためには，数値的にかなり大きな差が見られなければならない。Alawayら（1992）の研究報告によると，24週間のトレーニングの結果，経験に富んだ5人の男性ボディビルダーの上腕二頭筋の断面積が平均で3.6%増加している。この増加量の平均値は，統計的には有意なものではないが，実際の試合に向けての増加率としては十分に有効な値である可能性も考えられる。経験に富んだウエイトリフターにとっても，筋を肥大させることは可能ではあるが，長期間の高強度トレーニングによる刺激を与えることが必要となってくる。

　また，数少ない研究ではあるが，「筋力トレーニング」「持久力トレーニング」「筋力／持久力の混合トレーニング」による筋線維の肥大量の変化を比較したものがある。KraemerとPattonら（1995）は，①高強度のレジスタンストレーニング，②持久トレーニング，③筋力および持久力の混合トレーニングの3種類のトレーニングを非鍛練者に対して，週4日，3ヶ月間与え，それぞれのトレーニングが筋線維の形態に及ぼす影響を比較した。すべてのトレーニングプログラムでは，トレーニングからの十分な回復とオーバートレーニングの回避のため期分けを行った（第11章参照）。その結果，①高強度のレジスタンストレーニングと③筋力および持久力の混合トレーニングで，著しい筋肥大が引き起こされたが，持久力トレーニングのみ行った被験者のタイプⅠとタイプⅡc線維の肥大は妨げられた（図1.9参照）。実際に，筋

力トレーニングと持久力トレーニングの両方を同時に行うことにより，筋肥大をさせる効果が低下するという報告が過去にされている（Dudley and Djamil 1985）。また，Kraemerと Patton（1995）は，上半身の持久力トレーニングに加え，筋力トレーニングを被験者に行わせる実験を行っている。興味深いことに彼らの実験では，上半身のトレーニングにより，被験者の下半身の筋線維の萎縮を抑

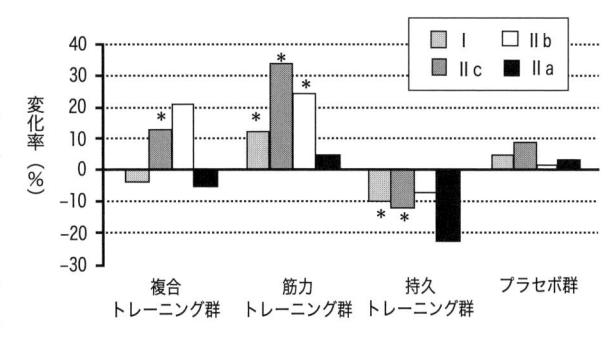

図1.9　筋力，持久，筋力／持久トレーニングの複合の結果として起こる筋線維の変化
　＊＝有意な変化（Kraemer et al, 1995 から一部変更して引用）

えることができたのだ。上半身の運動中，下半身の筋肉が等尺性収縮を引き起こし，その結果萎縮が抑えられた可能性を彼らは示唆している。

　筋線維の肥大は，ミトコンドリア数や筋内の毛細血管密度の増加と同調して起こるわけではない。それゆえ，ミトコンドリア数や毛細血管数密度の減少は，筋力やパワーの発揮を妨げることはないが，筋の持久能力に大きく影響を与えうる。なぜなら，筋中への酸素の供給が，妨げられるからである。前述したように持久トレーニングは，筋線維のサイズを減少させる。それに加え，持久トレーニングは，ミトコンドリア数と毛細血管を増加させることがわかっており，このような適応が，筋肉の有酸素性能力を高めているという可能性が示唆されている。それとは対照的に，筋小胞体とT管の量と密度は，筋原線維量に比例して増加していく（Alway, MacDougall, and Sale 1989），このようにして，筋肉の収縮能力を維持，向上させていくのである。

❷筋増殖

　一般的に筋線維の数は，先天的に決まっており，筋量の増加は，筋線維の肥大により起こるといわれている。しかしながら，いくつかの先行研究では，高強度のレジスタンストレーニングにより筋線維の増殖が引き起こされる可能性を示唆している（Gonyea 1980a, 1980b; Gonyea et al. 1986: Ho et al. 1980）。しかし，ほとんどの先行研究は，動物実験であり，データ解析の手法において問題点が指摘されている（Gollnick et al. 1981, 1983）。ところが，それらの問題点を改善したその後の研究においても，筋への過負荷を与えることにより，筋増殖が引き起こされることが報告されているのだ（Alway, Winchester, et al. 1989; Gonyea et al. 1986）。

　また，動物実験により骨格筋線維の増殖が存在する可能性を提唱する研究者たちへの反論の根拠として，動物においてはヒトに見られるような大きな筋肥大は起こらない（McArdle, Katch, and Katch 1996）ということがある。つまり，ヒト以外の動物が，筋へ負荷を加え，その結果として筋量を増加させるためには，筋肥大だけでは不十分であり，筋分化がそれを補う働きを担っているというのである。筋増殖に関連してMacDougallら（1982），Teschと Larson（1982）は，興味深い研究結果を報告している。彼らの研究結果によると，エリートボディビル選手は，普通の鍛練者よりも多い数の筋線維を有している。彼らは，この結果を，長年にわたる高強度のレジスタンストレーニング結果であると結論づけている。しかしながら，これらの結果を再確認する方法があるわけではなく，実験の再現性を確認することはできない

ことも忘れてはならない（MacDougall et al. 1984）。

　もし，筋分化が起こるのであれば，幹細胞から新しい筋線維が形成される場合（Antonio and Gonyea 1993; Appell, Forsberg, and Hollmann 1988）とすでに存在する筋線維が縦方向に分裂する（Antonio and Gonyea 1993; Ho et al. 1980; Gonyea et al. 1986）二通りの可能性が考えられている。幹細胞は増殖し，筋線維母細胞から筋管へと発達していき，筋線維になるといわれている。筋管は，現存する筋線維に融合し，不完全なまま筋線維にそって残る場合もある（Appell, Forsberg, and Hollmann 1988）。一方，筋線維の縦方向での分裂は，先天的に決められた限界まで肥大した筋線維が，二つもしくはそれ以上の数の娘細胞に分裂するというものである（Antonio and Gonyea 1994）。

　ヒトにおける筋増殖の事実を明確に裏付ける根拠は未だない。しかしながら，これまでの筋肥大に関する研究結果には，未だ矛盾した部分が多く，まだまだ研究の余地があるように思われる。FleckとKraemer（1997）は，もし筋増殖が存在するのであれば，それは，おそらく遺伝的に決められた大きさの限界まで発達したタイプⅡ線維に起こるだろうと示唆している。

❸ 筋線維タイプの転換

　前述したように，タイプⅠとタイプⅡの筋線維の割合は，遺伝により幼少期にすでに決まっているといわれている。多くの研究で，トレーニングによりタイプⅠとタイプⅡの割合が変化するかを検証している。いくつかの研究では，有酸素トレーニングが，タイプⅠ線維の割合を増加させる可能性があると報告している（Howald et al. 1985; Simoneau et al. 1985）。また，短距離のトレーニングにより，タイプⅡ線維の割合が増加するとの研究報告もある（Jansson, Sjodin, and Tesch 1978; Jansson et al. 1990）。しかしながら，大半の研究はトレーニングの結果として，タイプⅠとタイプⅡの筋線維タイプの割合に変化は起こらないと結論づけている。

　一方，高強度のレジスタンストレーニングは，タイプⅡbからタイプⅡaへの転換を起こすのに有効な刺激を与えることができると報告されている（Staron et al. 1989, 1991, 1994; Kraemer, Patton, et al. 1995）。20週間のレジスタンストレーニングを経ることにより，ほとんどのタイプⅡ線維は，タイプⅡbからタイプⅡaへ転換することができる（Staron et al. 1991）。これは，前述した有酸素運動に関連したタイプⅡ線維の変化とよく似ている（Staron and Hikida 1992）。さらに，KraemerとPattonら（1995）の研究によると，高強度レジスタンストレーニングを行った被験者群と高強度レジスタンストレーニングに加え持久トレーニングを行った被験者群の骨格筋線維において，タイプⅡbからタイプⅡaへの転換が起こっている。また，持久トレーニングのみを行った被験者では，タイプⅡa線維が増加傾向を示しただけでなくタイプⅡc線維の著しい増加も見られた。これは，タイプⅡc線維が，酸化能力に優れたタイプⅡ線維のサブタイプである根拠とも考えられる。

　このような筋線維のサブタイプにおける転換は，トレーニングプログラムに参加してすぐに起こるといわれている（2週間以内）。しかしながら，この適応は，一時的なものであり，不活動もしくはトレーニング不足の状態に陥ると，転換したタイプⅡaは，タイプⅡbへと戻ってしまうと考えられている(Staron et al. 1991)。また，しっかりとしたトレーニングを再開すると，比較的短い期間で，元の筋線維の割合に戻るのである。これらの先行研究は，骨格筋線維の構成が流動的性質を持つということを証明している。

要約

　この章では，筋の構造，運動単位，筋収縮，筋線維タイプの基本的知識について述べた。それに加え，トレーニングに対する神経筋の適応の様式は，どのようなトレーニング（筋力もしくは持久トレーニング）を行うかによって決定されることを述べた。トレーニング初期における筋力増加は神経系の適応によるものであるが，その後の筋力の増加は筋断面積の増加により引き起こされる。未だ筋増殖説との論争があるものの，このような筋断面積の増加は，現存する筋線維の肥大によるものであるといわれている。筋線維タイプの転換に関しては，サブタイプで起こりうるが，筋線維タイプの転換は起こりえない（例：タイプⅠからタイプⅡ）。

第2章

内分泌系と運動

> ホルモンは，血中を循環する化学物質である．体内の器官に作用し，様々なストレスに対抗する．主な役割は，体内環境における恒常性を保つことである．ほとんどのホルモンは，内分泌腺で作られ，刺激を受けると，ホルモンを分泌する．決められた機能を果たすため，ホルモンは循環器系を経て標的とする部位へと運ばれる．

1 内分泌系の大要

　ホルモンはタンパク質合成，酵素活性率の変化，その他のホルモンの分泌促進等の働きにより，標的とする細胞に作用する．さらに，ホルモンは，細胞による物質の摂り込みを促進，抑制したりする．たとえば，インスリンは細胞中へのブドウ糖の摂り込みを促すが，逆にエピネフリンは抑制する．

　さらに，ホルモンは，酵素の産出や不活性酵素の活性化等に作用する．また，酵素と結合しその形を変化させ，酵素の作用を促進・抑制する．これをアロステリック結合と呼ぶ．

[1] ホルモン分泌の制御

　ホルモンが，正常に機能するためには，その分泌が正確に制御されなければならない．ホルモン分泌は，一連の流れを経て行われる．まず最初に，恒常性のバランスの崩れもしくは，崩す危険性を身体が感知する．この恒常性の乱れは，分泌体（例：内分泌腺）を活性化し，ホルモン分泌を引き起こす．血中を循環するホルモンは，標的の器官や組織に作用しその効果を発揮する．一度，ホルモンが作用すると，ホルモンからのシグナルは消え血中から除去されていく．その後，分泌体は分泌細胞にホルモンを補充することとなる．ホルモン分泌の制御の詳細は，図2.1に示した．

　ほとんどの場合，ホルモンの分泌は，負のフィードバックにより制御されている．つまり，ホルモン分泌により起こる応答は，直接的・間接的にさらなるホルモン分泌を抑制する自己抑制的機構なのである．内分泌系の制御システムとして正のフィードバックは，非常に稀である．

正のフィードバック
による内分泌系制御
の場合，自己抑制型
の負のフィードバッ
クとは違い，ホルモ
ン分泌を引き起こす
刺激がさらに強くな
っていくのである。
正のフィードバック

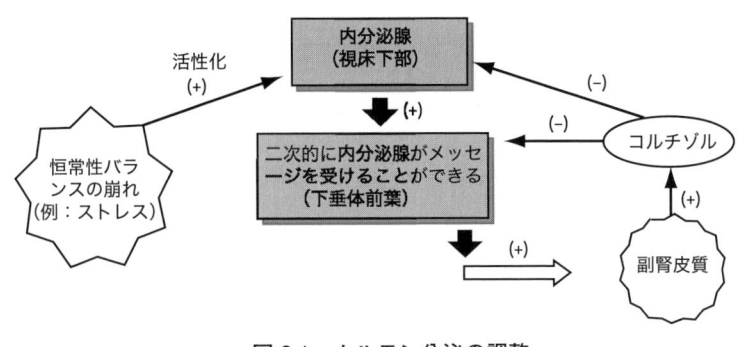

図 2.1　ホルモン分泌の調整

の例として，下垂体後葉から分泌されるオキシトシンがある。オキシトシンは，出産時，子宮頸の拡大を促す働きをするが，オキシトシンの分泌による子宮頸の拡大がさらなるオキシトシンの分泌を引き起こすのである。

[2] 血中ホルモン濃度の変化

　様々な生理学的メカニズムに関連し血中ホルモン濃度は増加する。運動等の身体的ストレスや心理的ストレスは，ホルモンの血中濃度を上昇させる刺激となる。また，体液の移動，排出量の変化，静脈血の停滞等も，血中ホルモン濃度を増加させるメカニズムになる。しかし，これらのメカニズムがなかったとしても，標的組織の受容体との相互作用が起これば細胞はホルモンに対して何らかの応答をする。

　受容体は，すべてのタイプの細胞にある，そしてそれぞれのホルモンは，ある特定の受容体に反応するのである。ホルモンと受容体の相互作用の様式は，鍵と鍵穴の理論と呼ばれる法則に基づいている（Kraemer 1994）。受容体は，「鍵穴」ホルモンは，「鍵」の役割をすることからこう呼ばれている。ところが，ホルモンが特定の受容体に対してのみ結合するのに対し，受容体は，いくつかのホルモンに結合することができる。このことをクロスアクティビティーと呼ぶ（図 2.2 で表すように，受容体 C は，一種類以上のホルモンと結合することが可能である）。このような場合，結合するホルモンにより，生体が引き起こす反応は違ったものとなるのである。

　ホルモン・受容体複合体を介して，核への情報伝達が行われタンパク質合成の抑制や促進といった反応を起こす。血中ホルモンに応答するいくつもの受容体が存在するということが，細胞の活動を開始するもう一つのメカニズムであると考えられる。ホルモンの受容体は，生理学的要求に応答し適応する。血中のホルモン濃度が上昇すれば，その要求に応えるために受容体の数が増える。この受容体数の増加を，アップレギュレーションと呼ぶ。また，生体の適応が起こらなくなったり，ホルモン量の恒常的上昇に対する過剰応答を防ぐために，受容体数が減少する場合もあり，この適応をダウンレギュレーションと呼ぶ。受容体数の変化による適応は，内分泌腺からのホルモン放出量の変化に匹敵するほど劇的なものである。内分泌腺とそれらが分泌するホルモンの種類を表 2.1 に示したので参考にしてもらいたい。

[3] ホルモンのタイプ

　ホルモンは，大きくステロイドとペプチドの二つ分類される。ステロイドホルモン（例：テ

表 2.1　内分泌腺とホルモン

内分泌腺	ホルモン	生理作用
下垂体前葉	成長ホルモン（GH）	組織の成長，エネルギーとしての脂肪酸の利用，炭水化物の代謝の抑制
	副腎皮質刺激ホルモン	副腎皮質における糖質コルチコイド放出の促進
	プロオピオメラノコルチン（副腎皮質刺激ホルモン；ACTH）	グルココルチコイドととその他の副腎皮質ホルモンの分泌を刺激
	エンドルフィン・エンカファリン・ジノルフィン	鎮痛効果，運動後の高揚感の促進
	黄体形成ホルモン（LH）	排卵の促進，卵巣や精巣における性ホルモン分泌の促進
	ろ胞刺激ホルモン（FSH）	卵巣におけるろ胞の成長の促進，精巣における精細管の活性化（卵，精子形成の促進）
	甲状腺刺激ホルモン（TSH）	甲状腺ホルモンの合成，放出の促進
	プロラクチン	乳腺における乳の生産
下垂体後葉	抗利尿ホルモン（バソプレッシン）	腎臓による水の再吸収の促進
	オキシトシン	子宮収縮の促進，乳腺による乳の放出の促進
甲状腺	チロキシン	ミトコンドリアの有酸素的代謝，細胞成長の促進
副甲状腺	副甲状腺ホルモン	血中カルシウム濃度の増加，血中カリウム濃度の減少
膵臓	インスリン	グルコースの細胞への取り込みの促進，タンパク合成
	グルカゴン	血中グルコース濃度の増加，脂質代謝の促進
副腎皮質	糖質コルチコイド（コルチゾル）	アミノ酸からのタンパク合成の抑制，タンパク質からの炭水化物合成の促進，グルコースの保持，脂質代謝の促進
	鉱質コルチコイド（アルドステロン）	腎臓におけるナトリウムと水の再吸収促進
副腎髄質	カテコールアミン（エピネフリン，ノルエピネフリン）	心拍出量の増加，血管収縮・拡張の調整，血糖・グリコーゲン分解の増加，脂質の代謝
肝臓	インスリン様成長因子	細胞内のタンパク合成の増加
卵巣	エストロゲン	雌性性徴の発達の促進
	プロゲステロン	
精巣	テストステロン	成長，タンパク同化の促進および雄性性徴の発達・維持

　ストステロン，コルチゾル）は，血中のコレストロールから合成される。ステロイドホルモンは，脂溶性で細胞膜を通り抜け拡散する。一度，細胞膜を通り抜けると，細胞質内にあるレセプターと結合し，ホルモン-受容体複合体を形成する。その後，ホルモン-受容体複合体は，核に移動し，そこでメッセージの伝達，翻訳，転写が行われる。

　ペプチドホルモン（成長ホルモン，インスリン）は，アミノ酸により構成されているもので，細胞膜上にある受容体と結合する。ペプチドホルモンは細胞膜を透過することができないので，核へのメッセージの伝達には介在するメカニズムが存在する。ホルモンが細胞膜内にある受容体と結合することにより，サイクリックAMPが作り出される。サイクリックAMPは，酵素であるアデニレートシクラーゼの作用によりATPが異化することにより産生される。サイクリックAMPは二次メッセンジャーとしての役割をしており，それに続いて起こる細胞内のカスケード反応が，細胞での生理学的応答を引き起こすのである。

2 ホルモンと運動

　運動は，内分泌系の分泌を促すのに十分な刺激となる。運動により起こるホルモン応答を見ると，ホルモン自体が運動後に起こる再構築や回復の過程に深く関わっていることがわかる。運動による刺激は，ホルモンの分泌パターンに多大な影響を与える。運動強度，運動量，休息の期間，運動種目，筋の回復の状態など様々な要因がホルモンの応答に影響を及ぼす。

　筋組織の再構築を起こすホルモンの作用には，いくつかの要素が関連してくる。運動により起こる急激な血中ホルモン濃度の上昇は，ホルモンとその受容体との間でより大きな反応を引き起こす。運動（特にレジスタンストレーニング）に対するホルモンの応答は，基本的に筋の同化作用で，筋組織を修復・再構築する働きを担っている（Kraemer 1992b）。ただ，トレーニングの強度と量が，個人の許容量を超えた場合，オーバーワークやオーバートレーニングといった状況になり，逆に異化傾向に陥るのである。通常ホルモンは，筋の修復や再構築を促し，異化を防ぐ働きをしている。

　鍛練者におけるホルモンの応答は，非鍛練者のそれとは異なるといわれている（Hakkinen et al. 1989）。さらに，性別がその働きに影響を与えるホルモンもある（例：テストステロン）。それに付け加え，トレーニング計画，遺伝的要素，フィットネスレベル，トレーニング経験，その他の潜在性などが，筋量や筋力を向上させる内分泌系のメカニズムに影響を与えるようである。ここでは，短期的，長期的に筋力や筋肥大に影響を及ぼす基本的なホルモン応答に関して説明していく。また，それに加え，異化を引き起こすホルモンの役割についても説明する。

3 テストステロン

　テストステロンは，男性ホルモン（アンドロゲン）で筋の同化作用を促すステロイドホルモンである。また，筋と骨の成長と維持にも重要な役割を果たす。ほとんどの血中テストステロンは精巣において生成されるが，一部は副腎皮質からも生成される。血中テストステロンは，骨格筋細胞内の細胞質にあるアンドロゲン受容体と結合する。このホルモンと受容体の結合は，ホルモン - 受容体複合体の核への移動を引き起こし，タンパク質を合成する（図2.2参照）。

　10〜13歳程度の少年期・思春期にも，黄体形成ホルモン（下垂体前葉から分泌される性腺刺激ホルモン）の急激な上昇に伴い少量のテストステロンが生成される。この時期のテストステロンの出現は，男性器の成熟と第二次性徴における性の分化・発達に関わっている。テストステロンの生理学的役割は以下のようである。

- タンパク質合成の増加による筋の発達
- 男性器の発達と成熟
- 第二次性徴の発達
  - 体毛の増加
  - 声変わり
  - 頭髪の脱毛

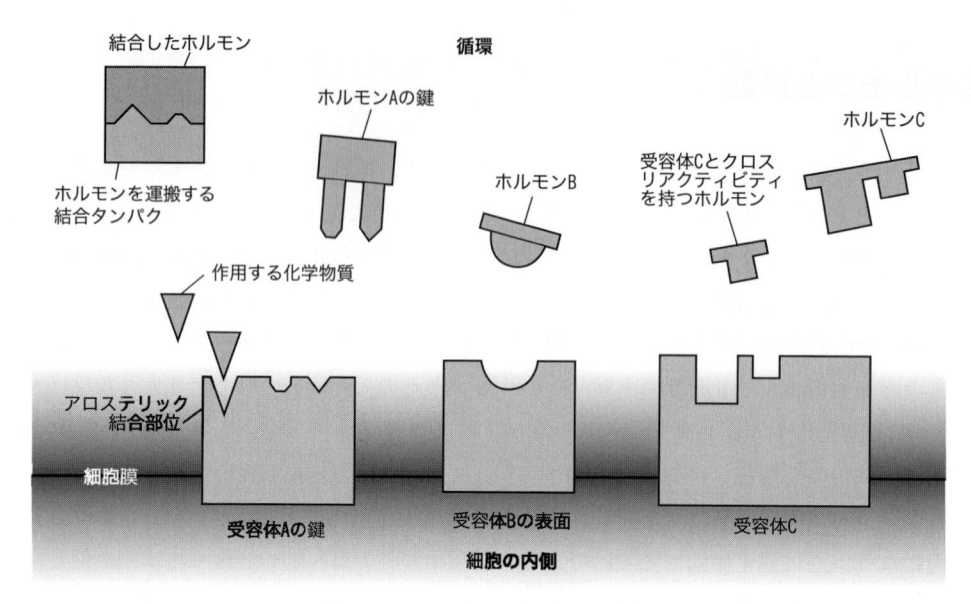

図 2.2 ホルモン‐受容体相互作用
（T.R. Baechle and R.W. Earle, eds., 2000, Essentials of Stength and Conditioningu (Champaign, IL:Human Kinetics), 96. から承諾を得て引用）

- 性欲の発達
- 精子形成の調整
- 攻撃性の増加
- 骨の成長線に作用し，長骨の成長に寄与する。また，成長線を骨化させ骨の成長を止める。
- 皮脂腺の分泌を促し，ニキビの原因となる。
- グリコーゲン合成の役割

［1］運動直後に起こるホルモン応答の変化

　先行研究は，1回のレジスタンストレーニングでも男性被験者のテストステロンの末梢血中濃度を著しく増加させると報告している（Hakkinen et al. 1987, 1988; Kraemer, Marchitelli et al. 1990）。しかしながらその一方で，レジスタンストレーニング歴の浅い被験者（男性と女性両方含む）と少なくとも2年以上レジスタンストレーニングを行ってきた被験者（男性と女性両方含む）に対して1回のトレーニング後のテストステロンの応答を調査したところ有意な差は見られなかったという報告もある（Fahey et al. 1976）。ところが，その後の研究では，このようなテストステロンの応答には，トレーニング歴が大きく影響を与えている可能性が高いことを示唆している。Kraemerら（1992）は，2年以上のトレーニング歴のある男性ウエイトリフターの1回のトレーニングに対するテストステロンの応答には，2年以下のトレーニング歴しかない男性ウエイトリフターに比べ，有意に大きなものであったと報告している。また，運動へのテストステロンの応答は，トレーニングプログラムの組み方とも明らかに関係している。レジスタンストレーニング中のインターバルや運動強度等の要素は，テストステロンの応答に影響を与える。セット間のインターバル時間の短縮（3分間v.s 1分間）や，運動強度の低下（5RM〈Repetition Maximum〉v.s 10RM）により，テストステロンの血中濃度が上昇すること

が確認されている（Kraemer, Marchitelli et al. 1990）。これらのことは，レジスタンストレーニングプログラムの組み方により筋肥大の度合が変わったり，ボディビルダーたちが，高回数かつ短時間のインターバルでトレーニングを行う理由を説明してくれるものである。Repetition Maximum（レペティションマキシマム）に関するさらに詳細な説明は，第7章において述べる。

有酸素性運動に対するテストステロンの一時的な応答は，運動の持続時間の影響が大きいといわれている。主に男性被験者に対して行われた先行研究では，比較的短い（10～20分程度）有酸素運動では，血中テストステロン濃度が上昇しないと報告している（Bottecchia, Borden, and Martino 1987; Galbo et al. 1977; Sutton et al. 1973）。ところが，20～30分に達する比較的長い有酸素運動ではテストステロンが著しく上昇するのだ（Wilkerson, Horvath, and Gutin 1980; Hughes et al. 1996）。有酸素運動の持続時間の経過に伴いテストステロンは，二相性に応答する（図2.3参照）。テストステロン量は，運動時間が進むとともに上昇していくが，さらに運動を続けるとその量は低下し運動前のレベルまで落ちる。運動持続時間が3時間以上になるとテストステロンの量は低下すると報告されている（Dessypris, Kuoppasalmi, and Adlercreutz 1976; Guglielmini, Paolini, and Conconi 1984; Schurmeyer, Jung, and Nieschlag 1984; Urhaussen and Kindermann 1987）。有酸素運動中に低下したテストステロン濃度は，運動後48時間低下し続ける（Urhaussen and Kindermann 1987）。

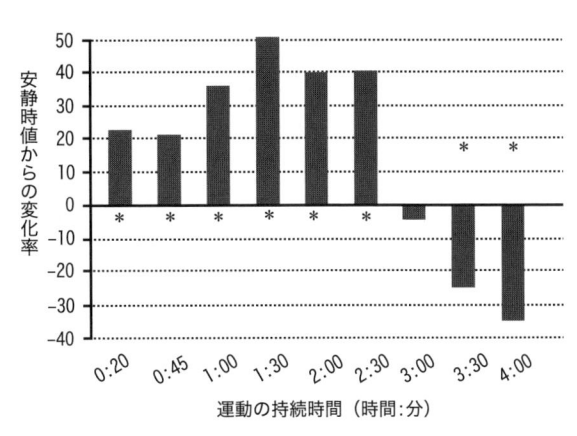

図2.3　持続時間を変えた最大下運動におけるテストステロンの応答

＊＝安静時値と有意差あり　p<0.05
（Dessypris et al. 1976; Galbo et al. 1977; Guglielmini et al. 1984; Kuoppasalmi et al. 1980; Remes et al. 1980; Urhaussen et al. 1987; Wilkerson 1980 らのデータを引用）

無酸素運動中のテストステロン濃度においても運動の持続時間が影響を与えるようだ。先行研究で，男性ランナーに90秒間（Kindermann et al. 1982）と2分間（Kuoppasalmi et al. 1980）の間欠的無酸素運動を行わせたところ，テストステロン濃度が上昇した。しかし，それよりも短い持続時間（15秒間のスプリント）では，テストステロン濃度に変化が見られなかった（Kuoppasalmi et al. 1980）。さらに興味深いことに，無酸素運動における運動直後のテストステロンの応答は，安静時のその応答ほど重要ではないと先行研究は示唆している（Kuoppasalmi et al. 1980）。また，2分間の高強度無酸素運動後のテストステロン濃度は，運動前の濃度よりも低下していたが（Kuoppasalmi et al. 1980），このような回復期におけるテストステロン濃度の低下に関連する生理学的利点や問題点に関しては，未だ明らかにされていない。

[2] 長期にわたる運動により起こるホルモン応答の変化

筋力，筋量，テストステロン濃度の関係は，未だ明らかにされてはいない。運動に対する長期的応答として，回復期中のテストステロン濃度が高いまま維持されることがあげられ，除脂肪組織の増加を促す要因になっていると考えられる（Hickson et al. 1994）。回復期中の高テス

トステロン濃度維持の理由として，多くのパワー系の選手やボディビルダーの間にアナボリックステロイドが蔓延していることも一つの要因として考えられる。長期的なトレーニングを積むことにより，男性ホルモン（アンドロゲン）レベルを変化させることができるかどうかは未だ不明である。先行研究によると，競技レベルではないウエイトリフターの安静時テストステロン濃度は，6ヶ月間のレジスタンストレーニングを行っても上昇していない（Hakkinen et al. 1985）。また，エリートウエイトリフターが年間を通して筋力トレーニングを行った結果，筋力は増加したものの安静時テストステロン濃度に変化は見られなかったと報告されている（Hakkinen et al. 1987）。ところが，Hakkinenら（1998）はその後の研究で，2年間の筋力トレーニング後，エリートウエイトリフターの筋力および安静時テストステロン濃度が上昇したと報告している。この安静時テストステロン濃度上昇は，筋肥大においてわずかな潜在能力しか持たない被験者（すでにかなりのレベルで鍛練されている選手）における筋力増加の高度な適応様式である可能性が示唆される（Kraemer 1992a）。

持久トレーニングを積んでいる選手の安静時テストステロン濃度は，非鍛練者と比較しても低く保たれている（Ayers et al. 1985; Hackney, Sinning, and Bruot 1988; Wheeler et al. 1984）。Hackneyら（1988）の研究では持久系アスリートは，非活動的なヒトのおよそ31％，Ayersら（1985）の研究では，約40％低い濃度だったと報告している。これらの選手の低下したテストステロン濃度では，骨格筋を発達させるのには不十分で，糖質コルチコイドの骨格筋の異化作用を抑制することができるレベルではない。

4 成長ホルモン

成長ホルモン（GH）は，下垂体前葉で作られるポリペプチドホルモンである。成長ホルモンの分泌は，中枢神経系により調節されている。睡眠，食事，運動等を含む身体的ストレス等の生理学的刺激は，成長ホルモンの応答を刺激する。成長ホルモンの主な生理学的役割は，骨格筋やその他の組織の成長である。成長ホルモンの作用は，インスリン様成長因子（IGF）と呼ばれるホルモンによりその働きを介在される。その主な生理学的作用は，以下の通りである。

- タンパク合成を促す
- 細胞膜を経たアミノ酸の輸送を促す
- 骨の成長
- ブドウ糖利用の減少
- グリコーゲン合成の減少
- 脂肪酸の利用を促す
- 脂肪分解を促す
- ブドウ糖とアミノ酸の代謝増進
- コラーゲン合成
- 軟骨の成長促進

成長ホルモンは，睡眠中に多く分泌される。睡眠中の分泌増加は，様々な組織の修復のメカニズムに関わっていると考えられている（Kraemer 1992b）。睡眠中の成長ホルモン分泌は，筋の形態的適応とその結果として起こる筋力に影響を及ぼすが，運動の刺激を与えなければ，成

長ホルモンによる筋の肥大や筋力増加は起こらないといわれている (Rogol 1989)。

[1] 運動直後に起こる成長ホルモン応答の変化

　レジスタンスエクササイズ後すぐ起こる成長ホルモンの応答は，トレーニングプログラムの組み立て方で変化する。運動量や運動強度は，成長ホルモンの応答様式に深く関係している。軽負荷（7RMの28％）の運動では，成長ホルモン濃度に変化は見られなかったが (Van Helder, Radomski, and Goode 1984)，10RM程度の中程度の負荷の運動では，成長ホルモン濃度は著しく増加した (Kraemer, Marchitelli, et al. 1990)。さらに高強度のレジスタンストレーニング (5RM) を行うと，成長ホルモン濃度の増加は，より高いものとなった (Kraemer, Marchitelli, et al. 1990)。成長ホルモンが最も増加するのは，10RM程度の運動強度で，休息インターバルを短く（1分間）して運動を行った場合である (Kraemer, Marchitelli, et al. 1990)。このような，運動に対する成長ホルモンの応答は，前述したテストステロンのものと類似しており，中程度の運動強度でインターバルを短くするプログラムを組むことが筋肥大に効果的であることがよくわかる。

　運動量もまた，成長ホルモンの応答に大きく影響を与える。HakkinenとPakarinen (1993) は10RMの強度の運動を10セット行わせた群と1RMの強度運動を20セット行わせた群で成長ホルモン濃度を比較した。その結果，10RMの強度の運動を10セット行わせた群の成長ホルモン濃度は約4.5倍高く，中程度の運動強度で，より多くのトレーニングを行ったほうが，成長ホルモンの応答性は高いとわかる。また，多くのトレーニングを行ったほうが，疲労の度合はより高く（より高い血中乳酸濃度を示した），この疲労の大きさが，成長ホルモンの応答性を高めている可能性があると先行研究は示唆している (Kraemer, Marchitelli, et al. 1990; Craig and Kang 1994)。さらに，Mulliganら (1990) は，10RMの強度の運動を1セット行うより，3セット行ったほうが，成長ホルモン濃度が高まると報告している。

　女性のレジスタンストレーニングに対する成長ホルモンの応答は，休息時間，運動強度，トレーニング量等の変化に影響される (Kraemer, Gordon, et al. 1991; Kraemer, Fleck, et al. 1993)。女性のレジスタンストレーニングに対する成長ホルモンの応答は，男性のものとは明らかに異なる。この相違は，月経周期の黄体形成期に見られる安静時成長ホルモン濃度の上昇と関係している可能性がある (Kraemer, Gordon, et al. 1991)。テストステロンの応答性が女性で低いことを考慮すると，女性の骨格筋の同化作用を促すのは，成長ホルモンの働きによるところが大きいと考えられる (Hakkinen et al. 1992; Kraemer, Gordon, et al. 1991; Kraemer, Fleck, et al. 1993)。

　有酸素運動により，成長ホルモン濃度は上昇するといわれている。この上昇は，運動強度と運動持続時間に深く関わっているといわれている (Bunt et al. 1986; Chang et al. 1986; Hartley et al. 1972; Karagiorgos, Garcia, and Brooks 1979; Sutton and Lazarus 1976; Van Helder et al. 1986)。しかしながら，運動強度と成長ホルモン濃度の関係に関しては，まだ共通した見解が得られていない。ある研究者が，成長ホルモン濃度を上昇させるには，ある程度の運動強度が必要であると主張している一方で (Chang et al. 1986)，血中乳酸値を上昇させない程度の運動でも成長ホルモン濃度が上昇すると主張している研究者もいるのである (Hansen 1973)。また，これと類似する主張として，Lugarら (1992) は持続的運動よりも血中乳酸値を上昇させる間欠的運

動をしたとしても，成長ホルモン濃度はわずかしか増加しなかったと報告している。これまで，乳酸閾値を越える運動強度で，10分以上運動を持続することが，成長ホルモン濃度を上げるのに重要であるとされてきたが，血中乳酸値を用い，成長ホルモンの応答を定量的に予想することはいまのところ不可能なようである（Felsing, Brasel, and Cooper 1992; Weltman et al. 1997）。

[2] 運動により起こる成長ホルモンの長期的適応

レジスタンストレーニングは成長ホルモンの応答を促す（Hakkinen et al. 1985; Kraemer et al. 1990, 1993）とされているが，安静時成長ホルモン濃度を変化させるものではない（Hakkinen et al. 1985; Kraemer et al. 1992）。通年を通して行われる乳酸閾値を越えるトレーニングは，安静時における成長ホルモンの拍動性放出を増加させるとの報告はある（Weltman et al. 1992）。しかしながら，一時的な運動に対して鍛練者の成長ホルモンがどのように応答するかは，未だよくわかっていない。

トレーニングが，成長ホルモンの減少を引き起こすという先行研究（Hartley et al. 1972; Koivisto et al. 1982; Weltman et al. 1997）もあれば，増加させるという先行研究（Bunt et al. 1986）もある。さらに変化させないと報告する先行研究（Kjaer et al. 1988）もあり，様々な研究結果が混在している。運動に対する成長ホルモンの応答低下は，トレーニングを開始して3週間以内に起こるといわれている（Weltman et al. 1997）しかし，このような成長ホルモンの低下は，相対的運動強度が低いために起こるのであって，普段競技力向上のために行っているトレーニングの強度と同様な運動強度を用いれば，成長ホルモンの応答は大きくなるといわれている（Bunt et al. 1986）。

5 インスリン様成長因子

成長ホルモンの作用のほとんどは，インスリン様成長因子（IGF）と呼ばれるポリペプチドホルモンにより介在されての作用である（Kraemer 1992b）。インスリン様成長因子（別名ソマトメジン）は，肝臓から分泌されるものとそれ以外から分泌されるものがある。もともとインスリン様成長因子は肝臓にのみ作用すると考えられていたが，骨格筋にも作用することがわかってきた（Deschenes et al. 1991）。インスリン様成長因子は，骨格筋の同化作用に加え，骨や結合組織の成長にも関わっている（Kraemer 1992b）。

[1] 運動へのインスリン様成長因子の応答

インスリン様成長因子の運動への応答に関しては，未だわずかな情報しか存在していない。高強度の有酸素運動後，インスリン様成長因子の一時的増加が見られたとの報告がある（Cappon et al. 1994）。一方，レジスタンストレーニング後，インスリン様成長因子が増加したとの報告もあれば（Kraemer, Marchitelli, et al. 1990; Kraemer, Gordon, et al. 1991），変化がなかったとの報告もある（Kraemer, Aguilera, et al 1995）。レジスタンストレーニング後のインスリン様成長因子濃度の上昇は，プログラムの組み方に影響されるわけではない（Kraemer, Marchitelli, et al. 1990; Kraemer, Gordon, et al. 1991）。それに付け加え，有酸素運動およびレジス

タンストレーニング中の急激なインスリン様成長因子濃度の一時的増加は，運動に対する成長ホルモン濃度の増加とは相関していない。KraemerとAguileraら（1995）は，この相関性の低さは，成長ホルモンの刺激を受けてからインスリン様成長因子が合成されるまで3〜9時間かかるためだと示唆している。これは，肝臓での成長ホルモンの刺激によるメッセンジャーRNAの合成とインスリン様成長因子の増加のピークに達する時間との間にある時間差でもある。

[2] トレーニングがインスリン様成長因子に及ぼす影響

トレーニングがインスリン様成長因子に与える影響は，未だ不明な部分が多い。KraemerとAguileraら（1995）は，熟練したウエイトリフターのインスリン様成長因子が運動に応答しないのは，彼らがより高度なトレーニングに耐えうる身体能力を持っているためであると主張している。それに付け加え，これらの被験者のインスリン様成長因子濃度がすでに上限に達している可能性もあると示唆している（Kraemer, Aguilera 1995）。

6 インスリン

インスリンは，膵臓にあるランゲルハンス島のβ細胞から分泌されるホルモンである。インスリンの主な機能は，脳以外のすべての組織における糖代謝を制御することである。ここでいう制御とは，筋組織や脂肪細胞へのブドウ糖の摂り込みのことである。使われないブドウ糖は，グリコーゲンへと変わっていく。もしグリコーゲン貯蔵の許容量が限界ならば，余った炭水化物は，グリセリトリドとして脂肪細胞の中に蓄えられる。インスリンは，骨格筋やその他の組織でのアミノ酸の摂り込みを促す働きもしている（Hedge, Colby, and Goodman, 1987）。一方，筋組織内のタンパク質変性の速度を抑え（Deschenes et al. 1991）筋の発達を刺激するための十分な栄養を筋に供給する働きもある（Florini 1985）ことからインスリンは，筋の再構築においても重要な役割を果たすと考えられている。

[1] 運動へのインスリンの応答

運動は，血中インスリン濃度を低下させる。これは，カテコールアミンにより膵臓のβ細胞が抑制される結果起こると考えられている。運動の持続時間は，血中インスリンの減少の度合と関係しており，運動の持続時間が長くなるにしたがって，血中インスリンレベルは低下する（Galbo 1981; Koivisto et al. 1980）。インスリンレベルは，軽度もしくは中程度の運動により低下するが，最大酸素摂取量の90%に達するような高強度の運動に近づくにしたがって，血中インスリン濃度の低下が見られなくなる（Galbo 1985）。運動中のインスリン濃度の低下は，その他のホルモン（例：カテコールアミン）との相互作用により起こると考えられている。運動後，インスリンの作用はより活発になりインスリンの感受性と骨格筋のブドウ糖摂取率を高める（Richter et al. 1989）。運動により筋のブドウ糖摂取に対するインスリン感受性が高まるので，運動後の食事で枯渇したグリコーゲンの貯蔵が補充されるのである。

[2] トレーニングがインスリンに及ぼす影響

トレーニングは，骨格筋と肝臓の両方でインスリンの感受性を高める（Devlin et al. 1986; Rodnick et al. 1987）。このようなインスリンの感受性向上により，鍛練者はより少ないインスリン量でも血中ブドウ糖のコントロールが可能なのである。また，鍛練者は非鍛練者に比べ，運動中のインスリン減少を抑えることができると報告されている（Bloom et al. 1976）。

7 コルチゾル

コルチゾルは，副腎皮質で合成・分泌されるステロイドホルモンである。ヒトにおいては，主に糖質コルチコイドという形で存在する。下垂体前葉から分泌される副腎皮質刺激ホルモン（ACTH）の作用によりコルチゾルの合成が促される。コルチゾルの主な働きは，糖新生と脂肪酸の代謝である。コルチゾルの増加は，ストレス，食事，不活動，炎症，強度の高い運動，疾病など様々な要因により引き起こされる。コルチゾルの生理学的役割は以下のようである。

- アミノ酸から炭水化物への転換。
- タンパク質分解酵素の増加。
- タンパク質合成を抑える
- 筋肉のタンパク質変性を促す
- 糖新生の促進
- 血糖値の増加
- 脂肪分解の促進

コルチゾルは，骨格筋のタンパク変性を促す働きをすることから，異化作用を司るホルモンであると考えられている。コルチゾル異化作用は，テストステロンの持つ同化作用と比較するための対象として用いられる。先行研究では，テストステロンとコルチゾルの割合を同化と異化作用の割合を示す指標として用いている（Kuoppsalmi and Adlercreutz 1985）。コルチゾルの上昇は身体的ストレスの指標だけでなく筋肉の異化作用の指標としても考えられている。

[1] 運動へのコルチゾルの応答

レジスタンストレーニングにおいて，そのトレーニング量が，コルチゾルの応答に大きく影響を与える。ウエイトリフティングのエリート選手に20セット×1RMのトレーニングを行わせたところ，コルチゾル濃度は，安静時のものと変わらなかった（Hakkinen and Pakarinen 1993）が，10セット×10RMのようにトレーニング量が増加してくると，コルチゾル濃度が大きく増加した。初心者ウエイトリフターのレジスタンストレーニング開始初期には，コルチゾル濃度が上昇し，その後，数週間に渡り安静時濃度が上昇し続けた（Hickson et al. 1994; Potteiger et al. 1995）。エリートウエイトリフティング選手におけるコルチゾル濃度の上昇は，トレーニング中に最大限追い込むことができている場合に起こると考えられている。

[2] トレーニングがコルチゾルに及ぼす影響

長時間続く有酸素運動は，副腎皮質を刺激するのに十分な運動といえる。コルチゾル濃度の増加は，運動強度と比例して上昇していく（Farrell, Garthwaite, and Gustafson 1983）。しかしながら，軽度から中程度の強度の運動ではコルチゾル濃度の変化は見られず，70％ $\dot{V}O_2max$ を超える運動強度で運動を行って初めてコルチゾル濃度は運動強度に比例して上昇していく（Few 1974）。また，短時間（1分間）の運動でも最大強度で行うとコルチゾル濃度の上昇が起こる（Buono, Yeager, and Hodgdon 1986）。トレーニングの結果，長時間の有酸素性運動中のコルチゾル濃度を下げることができるが（Tabata et al. 1990）この変化はトレーニングにより運動中の血糖値の維持をより効果的にできるようになったためだと考えられている。

8 カテコールアミン

カテコールアミン（エピネフリン，ノルエピネフリン，ドーパミン）は，副腎髄質から分泌されるホルモンで交感神経によりその働きを調節されている。エピネフリンは，副腎髄質から分泌されるカテコールアミンの約80％を占める（Hedge, Colby, and Goodman 1987）。一方，血中ノルエピネフリンのほとんどは，交感神経の働きにより分泌される。カテコールアミンは，低血糖，身体的・心理的外傷，循環器系の問題，ストレス，運動，疾病，低酸素症，寒冷等により刺激され，分泌を促される。血糖値の低下は，副腎髄質からのカテコールアミン分泌を約10〜50倍増やす（Hedge, Colby, and Goodman 1987）。筋機能へのカテコールアミンの直接的・間接的作用は以下の通りである。

- 筋力の増加
- 筋収縮速度の増加
- 血圧の上昇
- エネルギー利用の増加
- 他のホルモン分泌速度の増加

カテコールアミンは，筋力に対して最も即効性があるホルモンである（Kraemer 1992b）。さらに，カテコールアミンの急激な上昇は，その他のホルモンの分泌に大きな影響を与える。

[1] 運動へのカテコールアミンの応答

持久性・レジスタンストレーニングのいずれにおいても，カテコールアミン濃度は上昇する。この上昇は，トレーニングによる身体的ストレスの高まりに関係しているようだ（Kjaer 1989; Kraemer et al. 1987）。持続時間が非常に短い最大努力のスプリントでさえも，エピネフリン・ノルエピネフリン濃度を上昇させるのに十分な刺激となる（Brooks et al. 1988; Kraemer, Dziados et al. 1990）。また高強度の運動を開始する直前にも，血中エピネフリン濃度が上昇することが報告されており，これは，運動開始に先駆けての準備メカニズムであるといわれている（Kraemer, Gordon, et al. 1991）。

最大下強度での運動中のカテコールアミンの応答は，また異なったものである。運動開始

15分以内にノルエピネフリン濃度の上昇が見られるが，この時エピネフリン濃度は変化しない。ところが，運動持続時間が伸びるにつれてエピネフリンは上昇していくのだ（Pequignot et al. 1979）。これは，持続時間の長い運動中に肝臓でのブドウ糖合成の必要性が増大してくることが関係しているようである。

[2] トレーニングがカテコールアミンに及ぼす影響

トレーニングを行っても安静時カテコールアミン濃度に変化は起こらない（Kjaer and Galbo 1988: Kraemer et al. 1985）。しかし，鍛練者はエピネフリンを分泌させる能力に優れている（Kjaer 1989; Kjaer and Galbo 1988），また，ノルエピネフリンに関しても同様のことが推測されている（Kraemer et al. 1985）。

9 甲状腺ホルモン

甲状腺からは，3種類のホルモンが分泌する。カルシトニンは小胞付随性細胞より分泌され，カルシウムのバランスを制御する。また，チロキシニン（T_4）とトリヨードチロニン（T_3）も甲状腺から分泌される。これらのホルモンは，ヨウ化物とアミノ酸のチロシンによりできており，下垂体前葉からでる甲状腺刺激ホルモンにより刺激され分泌される。T_4 は，T_3 よりも多く分泌されるが，T_3 は，T_4 よりも活発に機能するホルモンである。T_4 は，骨格筋や肝臓で代謝され T_3 へとなっていく。実際80％の血中 T_3 は，T_4 が代謝された結果できたものである。

甲状腺ホルモンの主な働きは，基礎代謝率を上げることである。甲状腺ホルモンは，インスリンによるブドウ糖摂り込みを促す可能性がある。しかしながら，甲状腺ホルモンの分泌過多は，肝臓でのグリコーゲン貯蔵を減らしてしまう。このような症状は，甲状腺肥大の患者によく見られる。また，甲状腺ホルモンは脂質代謝を促す働きをしている。甲状腺ホルモンは，正常な成長に欠かすことのできないホルモンであるが，高濃度になると骨格筋を異化させる作用を持つ。

[1] 運動への甲状腺ホルモンの応答

短期的な運動による身体的ストレスおよび長期的トレーニングに対する甲状腺ホルモンの応答に関わる研究はわずかしかない。特に短期的な運動に対する T_3 と T_4 の応答については，未だ不明な部分が多い。これらのホルモンが，増加すると報告している研究もあるが（Balsam and Leppo 1975），安静時レベルと変化がないと報告しているものもあるのである（Galbo et al. 1977）。甲状腺ホルモンの短期的運動の影響を測定するためには，運動後，数日経過するまで待たなければならず，そのことも影響し，その応答について解明できない部分が多いといわれている（Galbo 1981）。

[2] トレーニングが甲状腺ホルモンに及ぼす影響

何人かの研究者は，長期的なトレーニングが安静時の甲状腺ホルモン濃度へ及ぼす影響を調査し，オーバートレーニングの指標として用いることを試みた（Alen et al. 1993; Hoffman,

Epstein, Yarom, et al. 1999; Pakarinen et al. 1988)。その結果，高強度のトレーニング（主にレジスタンストレーニング）を長期間続けることにより T_4 と T_3 の安静時レベルが低下しているのが観察された（Alen et al. 1993; Pakarinen et al. 1988）が，長期的トレーニングに対する甲状腺ホルモンの応答に関しては，さらなる研究が必要であるように思われる。

10 水分調節を行うホルモン

体液と電解質の維持は，長時間続く運動や暑熱環境下での運動など脱水症状に陥りやすい状況では非常に重要である。この体液と電解質の維持は，内分泌系を通して行われている。水分と電解質を体内に維持するためにいくつかのホルモンが腎機能と循環器系へ作用する。血液量と電解質を制御する主なホルモンは，抗利尿ホルモン（ADH），アルドステロン，アンギオテンシンⅡである。図 2.4 は，脱水に対するホルモンの調節機能を示した。

[1] 抗利尿ホルモン (ADH)

抗利尿ホルモン（ADH）は，体液バランスを調節するホルモンであり，バソプレッシンとも呼ばれる。ADH は腎臓のネフロンの細尿管に働きかけ，水への透過性を高める。そして，骨格筋と皮膚にある細小動脈の血管収縮を引き起こす。ADH は，下垂体後葉で合成・分泌され，ADH 分泌にとって重要な刺激は，血漿浸透圧の変化である。血漿浸透圧が，$280 mOsm \cdot L^{-1}$ 以下に保たれている限り，ADH は分泌されない。しかしそれ以上の浸透圧になると，ADH は血漿浸透圧の変化に正比例的に応答する。

ADH は，血管平滑筋に対して強力な収縮作用を持つ，ノルエピネフリンやアンギオテンシンⅡの細小動脈を収縮させる働きと比較しても 10 倍以上活発な作用をする（Goodman and Fray 1988）。10〜15％の血流量の低下が，ADH 分泌のための閾値となるので，正常な浸透圧が維持されている状態で血流量が正常範囲内にある限り，ADH の分泌は最小限に保たれる。血液量の変化は，動脈および静脈循環器内の受容器により感知される。また，圧受容器による緩衝作用のため，血圧の変化は血流量の極端な減少でのみ見られるので，ADH は血流量を繊細なレベルで調節するというよりも，出血等の緊急時において機能すると考えられる（Goodman and Fray 1988）。

ADH は，浸透圧と血流量の二つの生理学的変化に呼応することから，これらを感知する受容体からのシグナルは統合される。血流量減少と浸透圧上昇は，脱水症状では，同時に起こる。ゆえに脱水症状では，ADH 分泌の刺激が強化されるのである。

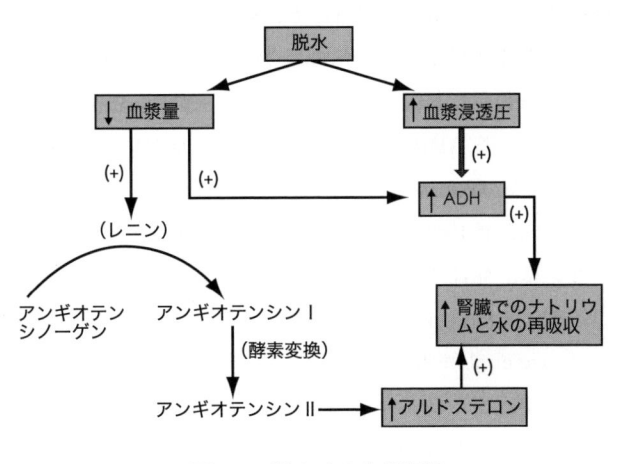

図 2.4 脱水時の水分調整

[2] アルドステロン

　アルドステロンは，副腎皮質より分泌されるステロイドホルモンである。この機能は，塩と水のバランスを保つことである。また，ACTH と同様，アンギオテンシン II により刺激される。アルドステロンは，血流量の低下により刺激される。その応答時間は，ADH と比べると比較的遅い（約 30 分ほどの時間差がある）。アルドステロンが作用する主な部位は，腎臓のネフロンで，特に細尿管であるといわれている。そこで，ナトリウムの吸収とカリウムの排出を促すのである。アルドステロンの作用により，カリウムを排出する代わりにナトリウムは再吸収される。この排出と吸収の割合は，1：1 ではない；カリウムの排出に比べ，はるかに多量のナトリウムが吸収されるのである。アルドステロンは汗と唾液におけるナトリウム - カリウム比率にも作用する。

[3] アンギオテンシン II

　ペプチドホルモンであるアンギオテンシン II には，塩と水のバランスを保つ作用がある。この作用は，アンギオテンシン II がアルドステロンの分泌を促すことにより起こる。さらに，末梢血管平滑筋へ直接的に作用し血管拡張を起こしたり，血管運動中枢に働きかけることにより間接的に血管収縮作用を起こしたりする。また血圧を上昇させる効果を持ち，血管運動促進作用を持つ最も効果的な物質と考えられている。アンギオテンシン II の血管収縮作用は，血管すべてにおいて画一というわけではなく，脳，心臓，骨格筋への血流を再分布を調節する作用を持っている。アンギオテンシン II は 2 段階の過程を介して形成される。アンギオテンシノーゲンは肝臓により分泌され，レニンと呼ばれる酵素の働きによりアンギオテンシン I になる。レニンは，腎臓により作り出され，アンギオテンシノーゲンを遊離分解することによりアンギオテンシン I を作る。アンギオテンシン I は，不活性な形態で，酵素によりさらに分解されアンギオテンシン II に変わる。このようなアンギオテンシノーゲンからアンギオテンシン I への変換過程は，変換速度を制御することになる。結果として，アルドステロンの分泌は腎臓からのレニンの分泌により調節されているのである（Goodman 1988）。

❶運動に対する体液調整ホルモンの応答

　これまで述べたように何種類かの体液調整を行うホルモンがあるが，すべてのホルモンは，類似した刺激に対して応答するので，運動への応答に関しては一括して説明していく。運動の結果起こる ADH，アルドステロン，血中レニンの活動性（PRA：アンギオテンシン II の活動性の指標となる）の上昇は，すでによく知られている（Convertino et al. 1981; Convertino, Keil, and Grrenleaf 1983; Melin et al. 1980; Wade and Claybaugh 1980）。前述したようにこれらのホルモンは，発汗などで起こる運動中の体液や電解質の減少を防ぐ（Maresh, Wang, and Goetz 1985; DeSouza et. al. 1989）。しかし，アルドステロン濃度は，月経周期の中黄体期にも上昇する（DeSouze et al. 1989）。

　体液調節ホルモンの応答は，脱水の度合（体液の喪失の度合）が進行するにしたがって強化される。たとえば，暑熱環境下で運動するとその応答は，より強いものになる（Francesconi et al. 1985; Montain et al. 1997）。運動強度もまた，AVP，アルドステロン，PRA の上昇の刺激

となる。高強度運動時におけるこれらのホルモンの応答を低強度のものと比較したところ，高強度運動時のほうが大きな応答をした（Freund et al. 1991; Montain et al. 1997）。運動中の水分補給により ADH と PRA の応答はなくなったが，アルドステロンの場合，等張性飲料の摂取によってのみその応答が減少したと報告されている。

❷トレーニングの結果起こる体液調整ホルモンの応答の変化

トレーニングを行うことにより，これらの体液調整ホルモンの応答は低下する。鍛練者と非鍛練者に同じ運動強度の運動を行わせると非鍛練者のホルモンの応答は，鍛練者のものよりも大きかった（Convertino, Keil, and Greenleaf 1983）。これは，長期的なトレーニングにより，体液量を維持することができるようになることによると考えられている。トレーニングを積むことにより起こる血漿量の増加もその要因であると考えられており，発汗率の増加により血漿を多く失ったとしても，より多くの体液の循環を維持することができるからである。

🕕 オピオイドと運動

下垂体前葉により分泌される何種類かの内生性のペプチドは，脳の受容器と結合することにより鎮痛作用を引き起こす。プロオピオメラノコルチン（POMC）は，巨大な分子で，酵素作用により分解され活性化される。POMC，ACTH，内生性オピオイドは，三つのグループに分類される（エンドルフィン，エンケファリン，ジノルフィン），これらは，三つの前駆性の非働性物質からなる。オピオイドの受容器は，中枢・末梢神経系のいずれにも見られる（Akil et al. 1984）。

オピオイドの主な役割は，疼痛のコントロールである。オピオイドの受容体への刺激は，有害刺激に対する疼痛の軽減を引き起こす。一方，ノラクソン（オピオイドの拮抗物質）が，オピオイド受容体と相互作用することで疼痛の軽減効果は妨げられてしまう。またオピオイドは，LH や FSH といった性ホルモンの抑制（Kraemer et al. 1992）と成長ホルモン・プロラクチン分泌の促進（McArdle, Katch, and Katch 1996）をする化学伝達物質でもある。

持久運動中，主たる内生性のオピオイドであるエンドルフィンの上昇が見られると報告されている（Donevan and Andrew 1987; Farrell et al. 1987; Schwarz and Kindermann 1989）。また，間欠的スプリント（Fraioli et al. 1980）やレジスタンストレーニング（Kraemer, Dziados, et al. 1993）においてもβエンドルフィンの上昇が見られる。しかしながら，スプリントやレジスタンストレーニングの結果起こるβエンドルフィンの上昇は，運動強度やインターバルなどの運動の構成要素が多大な影響を与える。

運動中・後におけるβエンドルフィンの応答の大きさは，運動強度により変わることがわかっている（Farrell et al. 1987; Foldfarb et al. 1990）。しかし，最大強度以上の運動を非常に短い時間行わせたとしても，βエンドルフィンの応答に変化は見られない（Kraemer et al. 1989）。つまり，βエンドルフィンの分泌を促すには，最低限の運動持続時間が確保されることが必要なのである。ストレスホルモン（ACTHやコルチゾル等）の上昇に伴い，βエンドルフィン濃度は上昇してくることがわかっており，ある程度の疲労に達することが，βエンドルフィン濃度の上昇と関係していることは明らかである。同様に，1分程度の短い休息インターバル・

10RM 程度の中程度の運動負荷でのレジスタンストレーニングにおいて，エンドルフィンレベルが上昇すると報告されている (Kraemer, Dziados, et al. 1993)。10RM よりも高負荷 (5〜8RM) かつ長めの休息インターバル (3分間) のレジスタンストレーニングでは，十分な疲労が得られず，エンドルフィン増加させるのに十分な刺激にはならなかった (Kraemer, Dziados, et al. 1993; Pierce et al. 1994)。

　運動後のエンドルフィン上昇における生理学的意義に関しては未だ明らかではないが，運動後の高揚感と関係していると考えられている。それに加えて，エンドルフィンは，疼痛への耐性，欲求のコントロール，不安・緊張・怒りなどの感情の軽減などに関わっており，これらすべてが，運動によって得られる生理学的メリットであると考えられている (Morgan 1985; McArdle, Katch, and Katch 1996; O'Connor and Cook 1999)。

要 約

　ホルモンの主な機能は，細胞機能に影響を与えるということである。心理的・身体的ストレスは，ホルモン分泌を促す刺激となる。運動に対するホルモン応答の度合は，運動プログラムの構成要素に影響される。望ましい内分泌系の反応を得るためには，運動強度・運動量・種類・休息インターバル・回復の方法など，様々な要因を考慮してプログラムを組む必要性がある。

第3章

代謝と運動

　長期的トレーニングの結果起こる生理学的適応の多くは，エネルギー産生能力やエネルギー消費効率の向上に関連するものである。トレーニング方法により，適応の様式は変わってくる。持久トレーニングは，活動筋へ栄養を運搬する能力を高めるよう代謝的・形態的変化を引き起こし，栄養の消費効率とエネルギーの産生効率を上昇させる。アネロビック（無酸素性）トレーニングが引き起こす代謝の適応は，エアロビック（有酸素性）トレーニングによるものとは大きく異なる。アネロビックトレーニングによる適応には大きく二つある。①特異的なエネルギー産生システムによる筋肉のエネルギーの産出能力を向上させること，②緩衝能力を向上させ筋肉の酸・アルカリ性バランスの崩れへの耐性を高めることである。
　この章では，トレーニングの結果起こる代謝性適応について紹介する。さらに生体エネルギー論に関する学習を行い，この章の内容の理解を深めていこうと思う。

　エネルギーを産出する三つの機構がヒトには存在する。ホスファゲン機構，解糖系，酸化機構の三つである。前者の二つの機構は，エネルギー産生の過程で酸素を必要としていない。それに対して後者の酸化機構は，エネルギー産生の過程で酸素を必要としている機構である。
　細胞の機能を維持するためのエネルギーの産出は，筋中の様々な物質（例：グリコーゲン，トリグリセリド）やその他の場所に蓄えられている物質を代謝することにより得られる（例：脂肪）。それぞれの細胞の中で起こる一連の代謝性応答は，化学的物質として蓄えられているエネルギーを使って起こる。細胞で起こる様々な働きは，自然に起こっているわけではなく，アデノシン三リン酸（ATP）と呼ばれるリン化合物が，これらの細胞の機能を引き起こすエネルギー源となっているのだ。ATPの分子は，アデノシンに三つのリン酸基が結合したものである。ATPase（エーティーピーアーゼ）と呼ばれる酵素が作用し，ATPとから一つのリン酸基を引き離し，その時にアデノシン二リン酸（ADP）とエネルギーを産出する。

1 ATP-PC系

ATP-PC系は素早いエネルギー供給に使われる。ATP同様，PC（クレアチンリン酸）は，クレアチン分子にリン酸基が，高エネルギー結合しているリン化合物である。PCの場合も，クレアチンキネアーゼと呼ばれる酵素の作用によりクレアチンとリン酸基に分解されエネルギーを発生するが，ATPからADPとリン酸基への分解の場合とは違い，直接的にエネルギーとして使われるのではない。そのエネルギーを使いADPとリン酸基を結合しATPを合成するのに用いられる。

ATP-PC系は，三つのエネルギー代謝機構の中で，最も単純である。このATP-PC系に酸素は必要なく，無酸素性エネルギー代謝機構であると考えられている。しかしながら，筋肉の中には限られた量のATP，PCしか存在せず，最大努力の筋活動を行った場合，30秒ほどで枯渇してしまう。このように，ATP-PC系は限られた時間内でしかエネルギー供給を行えないが，エネルギー源としていくつかの優位性がある。それは，即時にエネルギーを供給できるエネルギー源であるということと短時間に多量のエネルギーを筋肉に供給できるということである。このような特徴から，ATP-PC系は，100 m走，走幅跳び，砲丸投げなど短時間かつ高強度の運動において理想的なエネルギー源であると考えられている。

では，細胞内にあるATP量が，筋力を発揮することができなくなったり，アクチン‐ミオシンクロスブリッジが機能しなくなるほどのレベルまで低下することがあるのだろうか？ATPとPCの細胞内における濃度は，そのような危機的レベルまで減少することはないと先行研究では示唆している。ATP濃度がそのような危機的レベルに達する前に，その他の要因により起こる疲労が，ATPの利用速度を減少させるのである（Bergstrom and Hultman 1988）。事実，筋肉が極度の疲労状態に陥ってもATP濃度は，安静時レベルの約70％よりも低くなることはない（Fitts 1992）。

最大努力による運動中にATPの利用率が減少する要因として，PC濃度の減少が大きく関与している。最大努力運動中，ATP濃度が完全に消費されないにもかかわらず，PCレベルは，完全疲労が起こった時点で急激に減少している。PCは，ADPとリン酸基を結合することによりATPを補充していく，この作用は，図3.1に示す。

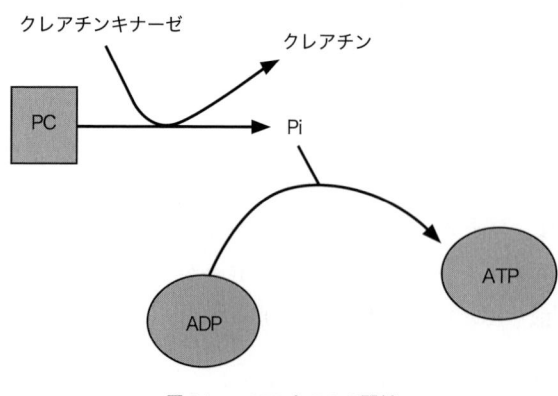

図3.1　ATPとPCの関係

アメリカンフットボールやバスケットボールのように間欠的かつ高強度の運動では，迅速にPCを補充する能力が求められる。PCの再合成は二相性に起こる。回復相の初期では，急激なPC量の回復が見られる（PCが枯渇する時間である20〜30秒の約半分の時間）。その後，ゆっくりと回復し，完全に回復するには最大20分程度かかる（Harris et al. 1976）。しかしながら，ほとんどのPCは，

運動後3分ほどで再合成されるといわれている。

2 解糖系

ATP-PC系の他にもブドウ糖分子を分解してATPを合成するエネルギー代謝機構がある。ブドウ糖を代謝するこの過程のことを解糖系と呼び，ATPの総産出量は，2～3分子となる。解糖系による一連の化学反応で，ブドウ糖は分解されエネルギーを放出する。その結果としてピルビリン酸と呼ばれる化合物ができる。図3.2に解糖系を図解する。このエネルギー産出機構も，その過程において酸素を必要としないことから，無酸素性のエネルギー産出機構に分類される。

解糖系により代謝されるブドウ糖は，摂取した炭水化物の消化，もしくは，筋中や肝臓に蓄えられたグリコーゲンの分解により血中から得られる。グリコーゲンを代謝しブドウ糖を産生する過程のことを糖新生と呼ぶ。グリコーゲンは，すべての組織においてホスフォリラーゼと呼ばれる酵素によってグルコース-1-リン酸へと代謝され，その後，さらにグルコース-6-リン酸へと分解されていく。グルコース-6-リン酸が形成されることにより，解糖系の過程が開始される。このグリコーゲンのリン酸化は非常に重要な過程である。なぜなら，ブドウ糖がリン酸と結合することにより，これらの分子が細胞から拡散されずにすむからである。ところが，肝臓はグルコース-6-リン酸をブドウ糖とリン酸に分解する酵素ホスファターゼを持っているので，ブドウ糖を血中に拡散することができる。これにより肝臓は，ブドウ糖を必要とする組織に運搬することができる。この脱リン酸化能力は，肝臓のみが持つ機能で，組織へのブドウ糖運搬に大きく貢献している。

ブドウ糖からピルビリン酸への代謝は，10段階の過程を経てなされる。もし，解糖系により蓄えられたグリコーゲンを完全に代謝すると，作り出される総ATP量は3分子となる。また，ブトウ糖からグルコース-6-リン酸を作り出すのにATP1分子を利用してしまうことから，ブドウ糖の分解から始まる解糖系の代謝では，2

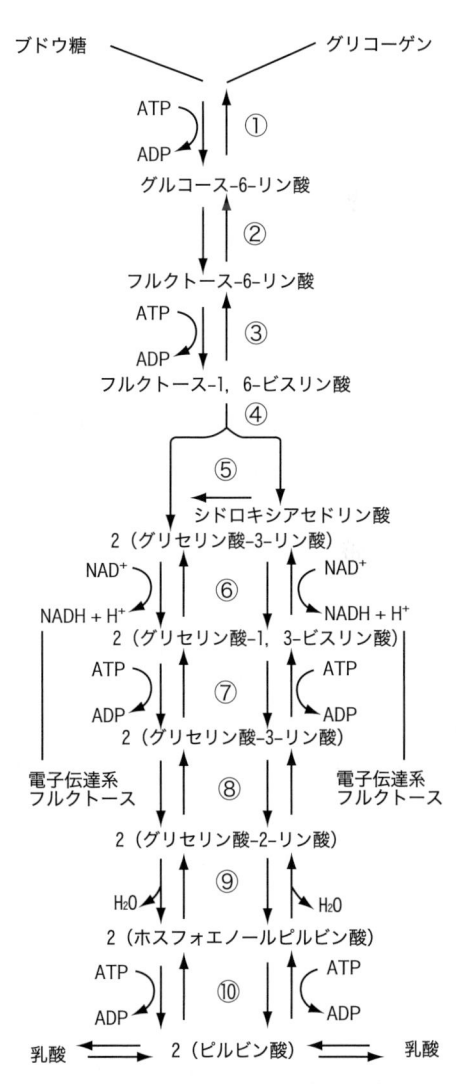

図3.2　解糖系のエネルギー経路

(J. Wilmore and D. Costill, 1999, Physiology of sport and exercise (Champaign, IL: Human Kinetics), 122. から承諾を得て引用)

分子のATPしか産出できない。解糖系では，酸素が使われないと，ピルビリン酸は最終的に乳酸へと変化していく。

　筋中での乳酸の蓄積は，様々な要因で筋機能を妨げる。乳酸の増加は，筋中の水素イオン指数（pH）を低下させる（酸性化）。高強度の運動後，筋肉が焼けるような感覚に襲われるのは痛みの感覚を伝えるノシセプター（受容器）が，水素イオンに反応するため起こるといわれている。乳酸の上昇は，ATP産生のための化学的過程の阻害やカルシウムとトロポニンとの結合を妨げるので，筋収縮を阻害する要因となるのである。

　解糖系は，ATP-PC系よりも多くのATPを産出することができるが，同一単位時間内のATPの供給率は，ATP-PC系ほど速くない。解糖系は，1～3分ほど続く高強度の運動における主なエネルギー源であるといえる。

3 有酸素性エネルギー代謝機構

　有酸素性エネルギー代謝機構は，酸素を利用してATPを産出するエネルギー代謝機構である。有酸素性エネルギー代謝機構によるATPの産出の過程は，細胞内のミトコンドリアの中で起こる。骨格筋内で，ミトコンドリアは筋原線維に隣接して筋形質全体に存在する。有酸素性エネルギー代謝機構は，高強度の運動中に十分なATPを供給することはできない。ところが最大下強度の運動においては，有酸素性エネルギー代謝機構は体内に蓄えられている豊富な脂肪や炭水化物を利用することができるので，多量のエネルギーを供給することが可能である。このことから，有酸素性エネルギー代謝機構は，長時間持続する運動時に使われる主なエネルギー源である。

　有酸素性エネルギー代謝機構は，グリコーゲンからブドウ糖への分解やブドウ糖からピルビリン酸の生成といったように解糖系と同様な様式で始まる。しかし，酸素の存在によりピルビリン酸は，アセチル副酵素A（CoA）へと変化しクレブス回路や電子伝達系と呼ばれる化学反応を引き起こす（図3.3-a, b参照）。

　クレブス回路は，最終的に，二酸化炭素（呼気）と水素を作り出す。そして水素は，副酵素であるニコチナミドアデニンジヌクレオチド（NADH）とフラビンアデニンジヌクレオチド（FAD）と結合し，それらを細胞質からミトコンドリアへ輸送し，そこで電子伝達系へ入る。電子伝達系内で，水素イオンは陽子と電子に分かれる。水素陽子は，酸素と結合し水の分子を作る。一方，電子はADPとリン酸基を結合し，ATPをつくるための一連の反応を通過する。この過程は，ホスフォリール酸化と呼ばれる。

　有酸素性エネルギー代謝機構は，主に炭水化物と脂質を利用する代謝機構である。しかしながら，炭水化物の枯渇，飢餓状態，長時間の運動等の極限状態になると，タンパク質もエネルギー源として使われてしまう。安静時に，身体は優先的に蓄えられている脂質を代謝してエネルギーを得るが，運動を開始すると炭水化物の代謝の割合が増す。有酸素性代謝では，1分子の炭水化物から，総量39ATPが作り出される（表3.1参照）。

　そして，脂肪細胞と筋肉の中に貯蔵されているトリグリセリドを分解することにより脂質をエネルギーとして利用する。エネルギー獲得のために行われる脂肪分解の過程をリポリーシ

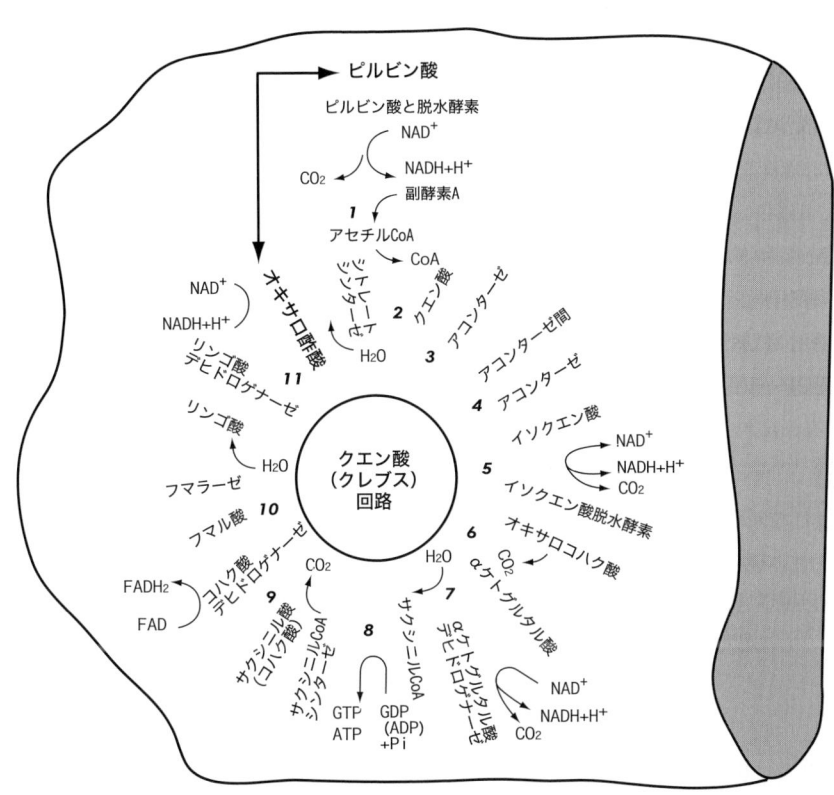

図 3.3-a 有酸素性代謝：クレブス回路

(J. Wilmore and D. Costill, 1999, Physiology of sport and exercise (Champaign, IL: Human Kinetics), 122.から承諾を得て引用)

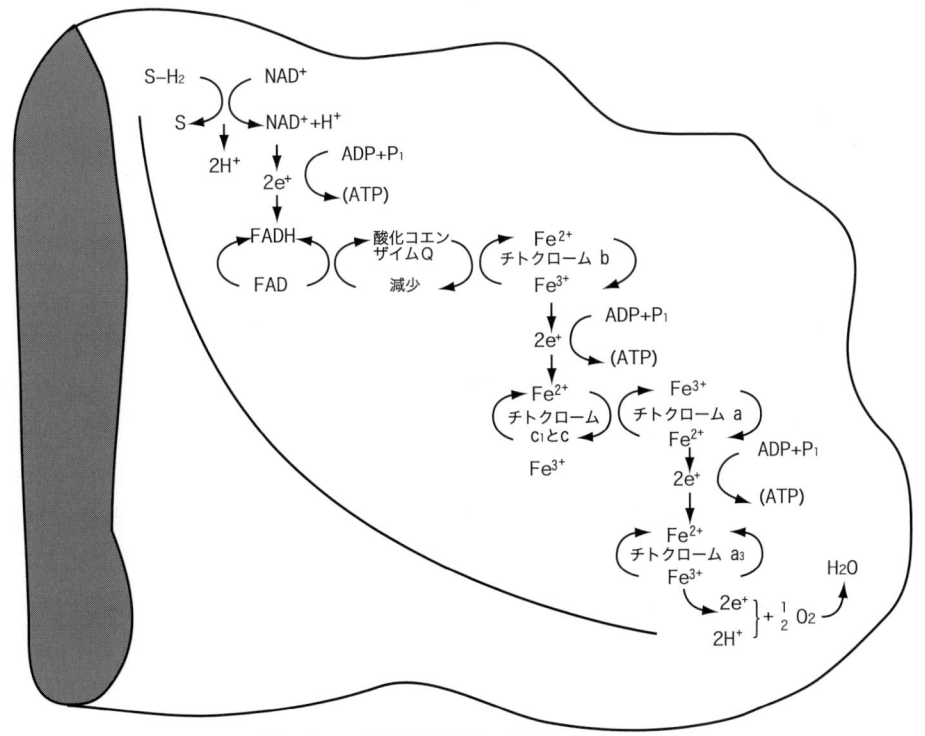

図 3.3-b 有酸素性代謝：電子伝達系

(J. Wilmore and D. Costill, 1999, Physiology of sport and exercise(Champaign, IL: Human Kinetics), 33.から承諾を得て引用)

表 3.1 解糖系と有酸素性代謝からのエネルギー産出量

エネルギー源	解糖系	酸化的リン酸化反応（クレブス回路と電子伝達系）
ブドウ糖	2	38
グリコーゲン	3	39
パルチミン酸	−	129

スと呼ぶ。脂肪は，グリセロールと遊離脂肪酸に分解され，この遊離脂肪酸がエネルギーへと変換される。遊離脂肪酸がミトコンドリアに入りさらに分解されることをβ酸化と呼ぶ。この分解により遊離脂肪酸は，アセチル CoA になる。その後，このアセチル CoA は，シトレートシンターゼによる反応を介しクレブス回路に入り，炭水化物と同様の様式で酸化される。パルチミン酸クエン酸合成同様，1分子の遊離脂肪酸の酸化により 129 分子の ATP を産出することができる（表 3.1 参照）。

4 エネルギー源の相互作用

一つのエネルギー代謝機構が優先的に働くことはあるが，基本的には，すべての機構が同時に働き ATP を供給している。つまり，休息時にも ATP-PC 系が使われ最大強度の運動中にも有酸素系エネルギー代謝機構が使われているのである。高強度の運動になればなるほど，ATP 獲得のための無酸素性エネルギー代謝機構への依存度が高くなる。それとは逆に，運動強度が低くなればなるほど，有酸素性エネルギー代謝による ATP の産出の割合は大きくなっていく。無酸素性エネルギー代謝から有酸素性エネルギー代謝へのはっきりとした切り替わりのポイントがあるわけではなく，その割合が徐々に変化していくのである。

5 持久トレーニングへの代謝性適応

持続的ランニングや自転車運動などの持久トレーニングは，生理学的適応を引き起こし，著しい運動能力の改善をもたらす。持久力の改善は，循環器系や神経筋系など様々な器官の適応の結果引き起こされる。このセクションは，持久トレーニングによる代謝性適応について検証する。

[1] 毛細血管密度

持久トレーニングを積んだ人の毛細血管密度は，非鍛練者に比べ 5 〜 10% 高いといわれている（Hermansen and Wachtlova 1971; Ingjer 1979）。高度な持久トレーニングを積んだ人の毛細血管密度はさらに高いと報告している先行研究もある（37 〜 50%）（Jansson, Sylven, and Sjodin 1983; Saltin and Rowwell 1980）。毛細血管密度が高いのは，単に遺伝的要素である可能性が示唆されているものの，持久トレーニングの結果，骨格筋の毛細血管密度が 15% 上昇したとの報告がある（Ingjer 1979）。毛細血管密度の上昇は，持久トレーニングにより起こる適応である。毛細血管の増加により，ガス，熱，老廃物，栄養の交換が効率よく行われ持久力を向上させる。これらの増加は持久トレーニング開始後，数週間から数ヶ月以内に起こるといわれている（Wilmore and Costill 1999）。

[2] ミオグロビン量

　ミオグロビンは，筋肉中にある酸素を運搬するタンパク質で，酸素分子を毛細血管からミトコンドリアへと運搬する働きをする。いくつかの動物実験では，持久トレーニングにより骨格筋のミオグロビン量が増加すると報告している（Hickson 1981; Froberg 1971）。しかしながら，ヒトを使った実験では，未だそのような報告はなされておらず，先行研究では持久トレーニングプログラムを与えたとしても，ミオグロビン量に変化は見られなかったと報告している（Coyle et al. 1985; Jansson, Sylven, and Sjodin 1983）。ミオグロビンが有酸素性代謝能力の向上に貢献しているかどうかに関しては，未だ不明な部分が多い。

[3] ミトコンドリアの機能

　骨格筋における有酸素性エネルギー代謝機構のエネルギーの産出効率は，持久トレーニングにより著しく上昇し，ミトコンドリアの機能向上がこの上昇に一部寄与しているのは間違いない。持久トレーニング後にミトコンドリアのサイズと数は増加すると先行研究は報告している（Holloszy 1988; Holloszy and Coyle 1984）。27週間の持久トレーニングによりラットの筋中のミトコンドリア量（15％）とサイズ（35％）は両方とも上昇したと報告されている（Holloszy et al. 1970）。

[4] 酸化酵素

　酸化酵素は，遊離脂肪酸の活性化・運搬，β酸化を司るクレブス回路や電子伝達系に関連する酵素である。持久トレーニング後の酵素濃度の上昇は，代謝能力を向上させる重要な要素である。

　酸化酵素が増加することにより，有酸素エネルギー代謝機構は，より効率よくエネルギーを供給することができる。それに付け加え，酸化酵素濃度の上昇は，筋グリコーゲンの消費量を抑え，ある一定強度の運動中において乳酸の産生を減少させる（Holloszy and Coyle 1984）。

　非鍛練者の遅筋線維内のミトコンドリア酵素濃度は，速筋線維のものに比べ約2倍高い（Holloszy and Coyle 1984）。また，遅筋線維のミトコンドリア密度も速筋線維比べると高いことがわかっている。ところが持久トレーニング中，速筋線維内の酸化酵素濃度は，遅筋線維よりも著しく上昇すると報告されており，有酸素性代謝能力に長けている選手においては，速筋線維と遅筋線維に存在する酸化酵素濃度にほとんど差はなくなるのである（Holloszy 1988）。

　コハク酸デヒドロゲナーゼ（SDH）とシトレートシンターゼは，クレブス回路に関与する酵素であり，持久トレーニングを積んだ個人の酸化代謝能力の解析に用いられる。動物実験では，トレーニング後これらの酵素が約2倍に上昇したと報告されている（Holloszy 1975; Holloszy et al. 1970）。また，ヒトを使った実験においても同様の報告がなされている（Gorostiaga et al. 1991; Green et al. 1995）。適度な毎日の運動（1日20分程度）が，これらの酸化酵素を上昇させるのにちょうどよい刺激となる（図3.4参照）。また，経験的に見ると，さらに長い（1日に60〜90分）トレーニングが，さらなる酸化酵素の上昇をもたらす可能性がある。しかしながら，これらの変化は，トレーニング開始後，初期段階（最初の数ヶ月）で起こり，その後トレーニング量を増やしたとしても，定常状態になる（図3.5参照）。

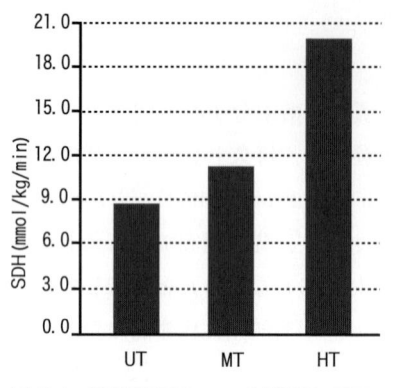

図3.4　腓腹筋でのコハク酸デヒドロゲナーゼの活動
UT:非鍛練者　MT:ある程度トレーニングを積んでいるマラソンランナー
HT:よくトレーニングを積んでいるマラソンランナー
（J. Wilmore and D. Costill, 1999, Physiology of sport and exercise (Champaign, IL: Human Kinetics), 190. から承諾を得て引用）

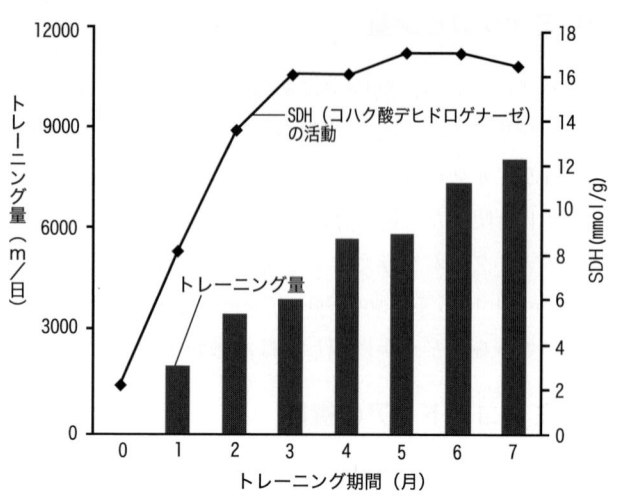

図3.5　トレーニング量（水泳）の増加に伴い起こる三角筋でのコハク酸デヒドロナーゼ濃度の変化
（J. Wilmore and D. Costill, 1999, Physiology of sport and exercise (Champaign, IL: Human Kinetics), 189. から承諾を得て引用）

　持久トレーニングによる酸化酵素の増加と有酸素能力の向上の間には相関関係はないといわれている。このことは，循環器系の改善等のその他の要素が複合し，有酸素性能力を向上させることを示唆している（Gollnick et al. 1972）。持久能力を必要とする選手の酸化酵素濃度の上昇は，有酸素性能力の改善というよりも，より高強度での運動を持続するという点で重要になってくるのかもしれない（Wilmore and Costill 1999）。

[5] 解糖系酵素

　長期間の持久トレーニングが，解糖系に関連する酵素に影響を与えることはない（Holloszy and Booth 1976）。持久トレーニングは，有酸素性代謝に影響を与えるもので，ミトコンドリア内の酵素の増加に有効である。

[6] トレーニングが炭水化物利用に与える影響

　前述したように，酸化酵素とミトコンドリア密度の増加は，筋グリコーゲンの消費を抑え，その貯蔵量を増やすというメリットを持っている。焦性ブドウ酸塩（解糖系の過程により産出される）の輸送は，有酸素性代謝の過程を通して起こるので，ミトコンドリア量増加はその輸送能力を向上させる。結果として，乳酸の産生の抑制と最大下強度の運動中のATP/ADP率の低下が起こる。このようにして，炭水化物の利用が抑えられ，最大下強度の運動における運動への耐性が高まるのである。

[7] トレーニングが脂質利用に与える影響

　持久トレーニングプログラム後，最大下強度の運動では，より優先的に脂肪をエネルギーとして使うようになる（Gollnick and Saltin 1988）。これは，前述したようにトレーニングにより

炭水化物の貯蔵量が増加することが根拠になっているといわれている。それに加えて，持久トレーニング後の毛細血管密度の増加が，脂肪細胞から活動筋への遊離脂肪酸の輸送の機会を増やすといわれている。

　これまで，脂質は細胞膜を透過し拡散するとされてきた。しかし，近年の研究では，担体介在輸送システム（carrier-mediated transport system）を通して細胞膜を透過するといわれている（Turcotte 2000）。細胞膜にあるタンパク質によりこの輸送システムは構成され，恒常的な持久トレーニングに適応するといわれている（Turcotte et al. 1999）。このように，脂質利用の増加は，筋細胞における摂取メカニズムの改善により起こると考えられている。

　持久トレーニングは，血中遊離脂肪酸の大幅な増加をもたらす。これは蓄えられた脂肪細胞から遊離脂肪酸が放出されやすくなるからだと考えられており，筋グリコーゲンの貯蔵量を増加させる要因でもある（Costill et al. 1977）。この血中遊離脂肪酸の大幅な増加は，すべての研究において一定の結果が報告されている（Gollnick and Saltin 1988）。これは，持久トレーニングを積んだ個人が，運動不足の人と比べて脂質の摂取と酸化能力が優れていることを示唆しているのかもしれない。

6 無酸素運動に対する代謝性適応

　スプリントのような高強度のトレーニングやバスケットボールやホッケーといった高強度の運動に対して，無酸素性エネルギー代謝機構は，特異的な適応を起こす。前述したように，無酸素性エネルギー代謝機構には，ATP-PC系と解糖系の二つがある。ここでは，これらの無酸素性エネルギー代謝機構の適応を狙ったトレーニングプログラムについて説明していく。

[1] 高強度トレーニングの結果起こるATP-PC系の適応

　高強度のトレーニングが，安静時におけるATPとPCの濃度に与える影響はほぼ皆無である（Karlson, Dumont, and Saltin 1971; MacDougall et al. 1977; Troup, Metzger, and Fitts 1986）。またホスファゲン機構に関わる酵素（クレアチンキナーゼやミオキナーゼ）に対して高強度トレーニングが与える影響に関しては未だ明らかでない。CostillとCoyleら（1979）は先行研究で，被験者に6秒間の最大努力運動(膝伸展)を行わせたが，これらの酵素に変化は起こらなかった。ところが，他の先行研究では，よく似た実験プロトコルを用いたにもかかわらず（5秒間の膝伸展運動），これらの酵素が有意に上昇したと報告しているのだ（Thorstensson 1975）。さらに，Parraら（2000）も，2週間，毎日スプリントトレーニングをすることによりクレアチンキナーゼが上昇したと報告している。しかし，より長期間の回復期をとり6週間に及ぶ期間で同様のトレーニングを行っても安静時の酵素濃度の増加は見られていない。さらに，自転車エルゴメーターを使って15週間の高強度トレーニングを行わせた先行研究の結果もクレアチンキナーゼ濃度に影響を与えないと報告している（Simoneau et al. 1987）。

　運動の持続時間を増加させたとしても，ATP-PC系に関わる酵素濃度に与える影響は，研究により様々である。被験者に30秒間の持続的膝伸展運動を行わせた先行研究では，クレアチンキナーゼとミオキナーゼの両方が有意に上昇した（Costill, Coyle, et al. 1979）。それとは対照

的に，Jacobsら（1987）の先行研究では，6週間の高強度トレーニング（自転車エルゴメーターを使った15秒間と30秒間の最大スプリントトレーニング）を行ったとしても筋中のクレアチンキナーゼ濃度に変化は見られなかったと報告している。このようにATP-PC系に関わる酵素が運動刺激に対して起こす応答が一定ではない理由を説明するのは難しい。なぜなら，短時間・高強度トレーニングプログラムに対する特定の酵素活性の関係に関するデータは少ないうえに，各々の研究は多様な運動プロトコルを用いて行われているからである。クレアチンキナーゼの安静時濃度を上昇させるためには，さらに長い運動時間が必要なのかもしれないし，もしかしたら，筋中の安静時クレアチンキナーゼ濃度には上限がありトレーニングにより変化しないのかもしれない。これらに関しては，第16章でクレアチンキナーゼのサプリメントに絡めさらに述べていく。

[2] 高強度トレーニングの結果起こる解糖系の適応

　高強度運動の持続時間が延長するにしたがって，解糖系から供給されるエネルギー量が増加していく。30秒以上の運動を用いて行われた研究では，解糖系に関わる酵素（ホスフォフルクトキナーゼ，ホスフォリラーゼ，乳酸脱水酵素）の上昇が見られる（Costill, Coyle, et al. 1979; Houston, Wilson, et al. 1981; Jacobs et al. 1987）。これらの酵素濃度の増加は解糖系の能力を高め，より長時間の高強度運動の持続を可能にする。高強度のトレーニングプログラムにより，解糖系酵素が10〜25％の上昇するといわれている。

　ところが，解糖系酵素は，実験に用いられる運動方法にも影響を受けるようだ。前述した先行研究では，高強度のランニング，自転車，水泳等を用いていた。それとは対照的に，レジスタンストレーニングを用いて高強度トレーニングが酵素へ与える影響を検査した先行研究では，有意な変化が見られなかった（Sale et al. 1990a, 1990b; Tesch, Komi, and Hakkinen 1987）。これらの結果からわかるように，レジスタンストレーニングにより解糖系能力が改善することはない。つまり，アメリカンフットボールのように大きな筋力を必要とする無酸素性運動の競技力向上のためにはレジスタンストレーニングに加え，スプリントやインターバルトレーニングが必要であることを示唆している。

[3] 高強度トレーニングの結果起こる酸化酵素の適応

　解糖系酵素を増加させる高強度の運動は，酸化酵素をも増加させる（Dudley, Albraham and Terjung 1982; Troup, Metzger, and Fitts 1986）。特に3分を超える持続時間のある高強度運動の場合，酸化酵素の増加が著しいと報告されている（Fitts 1992）。しかしながら，その増加は，持久トレーニング後の酸化酵素の増加ほどではない。無酸素性トレーニングプログラムによる酸化酵素の増加は，無酸素性トレーニングを行っている選手の有酸素性能力には改善の余地があることを示唆している。表3.2は，無酸素性トレーニングと有酸素性トレーニングにより変化する酵素についてまとめてある。

[4] 高強度運動と緩衝能力

　高強度の運動を行うことにより筋中乳酸の蓄積が起こるといわれている。乳酸の上昇は筋中

表 3.2　有酸素性および無酸素性トレーニングプログラムによる筋中酵素濃度（mmol・g⁻¹・min⁻¹）の変化

	非鍛練者	無酸素性トレーニング	有酸素性トレーニング
有酸素性酵素			
コハク酸脱水酵素	8.1	8.0	20.8 *
リンゴ酸塩脱水素	45.5	46.0	65.5 *
無酸素性酵素			
ATP-PC 系			
クレアチンキナーゼ	609.0	702.0 *	589.0
ミオキナーゼ	309.0	350.0 *	297.0
解糖系			
ホスフォリラーゼ	5.3	5.8	3.6 *
ホスフォフルクトキナーゼ	19.9	29.2 *	18.9
乳酸脱水酵素	766.0	811.0	621.0

＊＝非鍛練者と有意差があることを示す。
（Wilmore and Costill 1999 のデータを引用）

の水素イオン濃度を減少させ筋疲労を引き起こす。無酸素性エネルギー代謝機構を刺激するトレーニングプログラムは，筋中における緩衝作用を改善するといわれており高濃度の乳酸に耐えうる筋肉になる。重炭酸塩の働きや筋中リン酸が乳酸から出される水素イオンと結合することにより，活動筋内の酸／アルカリバランスを維持する。これは，筋疲労の侵攻を防ぎ，多くの乳酸が筋中で産生されることを可能にする。8 週間の自転車エルゴメーターを用いた高強度の運動プログラムにより，12～50% の緩衝能力の上昇が見られた（Sharp et al. 1986）。ところが，自転車運動を用いた 6 週間の高強度トレーニングにより血中乳酸濃度が 9.6％上昇したと報告する先行研究もある（Jacobs et al. 1987）。

[5] 乳酸の産出

　高強度トレーニングプログラムは骨格筋内の緩衝能を高め，より高い乳酸濃度に対す耐性を高める。しかしながら，持久トレーニングにより骨格筋中の緩衝能が高まることはない。有酸素性トレーニングが乳酸産出に及ぼす影響は，無酸素性トレーニングによるものとは明らかに異なっている。

　最大下運動中の血中および筋中乳酸濃度は，トレーニングにより明らかに下降する（Holloszy and Booth 1976; Hurley et al. 1984）。12 週間の持久トレーニングを行った非鍛練者のトレーニング前後の血中乳酸濃度の比較の結果を図 3.6 に示した。一般的に，鍛練者に見られる乳酸値の低下は，トレーニングによる血量および毛細血管濃度の増加により起こる活動筋の酸化能力の向上に関係しているといわれている。しかしながら，最大下運動中の筋の体積あたり血流量は，トレーニング前と比べてトレーニング後減少していると先行研究は報告している（Holloszy 1988）。これは，皮膚などの末梢や肝臓などの内臓から活動筋への血流が増加するために起こると考えられている。トレーニングにより活動筋への相対的血流量は減少するが，これを代償するためにより多くの酸素を血液から抽出する。これにより動静脈酸素格差が高くなるといわれている。

　トレーニングにより起こる最大下運動中の乳酸値低下はより多くの脂質を優先的に代謝する

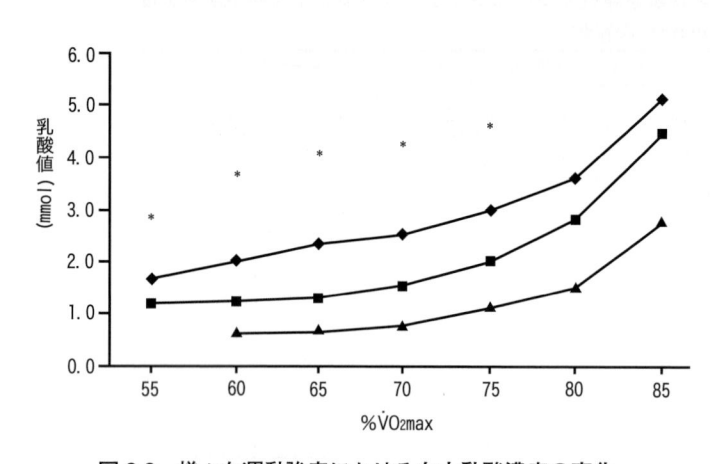

図3.6　様々な運動強度における血中乳酸濃度の変化
(非鍛練者のトレーニング前(◆)と12週間の持久トレーニング後(■)の値。常にトレーニングを行っている長距離ランナーの値(▲)。Hurley efal. 1984のデータを引用)

ことができるようになることにも関係している。それに付け加え，ミトコンドリアの増加により，ピルビリン酸から乳酸への変換が減少することも運動中の乳酸値低下の要因である。解糖系により産出されるピルビリン酸が，乳酸になる前にミトコンドリアへ運ばれ有酸素性代謝に利用される。つまり，血中乳酸濃度(これは筋中乳酸濃度に相関する)の低下に関与するもう一つのメカニズムは，乳酸除去の速度の上昇であるといえる(Holloszy 1988)。

> **要約**
>
> 　代謝性機構は，トレーニングプログラムに用いられる運動のタイプにより特異的に適応を起こす。持久トレーニングは，有酸素性代謝を通してエネルギーを産出する能力を向上させる。この向上は，毛細血管密度，ミトコンドリアのサイズと量，酸化酵素の増加によりもたらされる。無酸素性トレーニングは，骨格筋内で，解糖系酵素の増加と緩衝能力の向上を引き起こす。それに付け加え，高強度のトレーニングでは，主なエネルギー源として，有酸素性エネルギー代謝機構を使わないにもかかわらず，酸化酵素を増加させる。この酸化酵素の増加は，高強度トレーニングプログラムでもわずかながら有酸素性能力が向上することを示唆している。

第4章

心臓血管系と運動

　安静時において心臓は，1分間に約5リットルの血液を供給している。運動による活動量・代謝量の増加に伴い，心臓は血流量を増加させる。運動中の心拍出量は，平均的な成人で約4倍以上に増加するといわれている。優れた運動選手にいたっては，1分間に40リットル血液を送り出すことが可能である。その他の筋肉同様に心臓は，運動することにより適応を起こす。心臓の適応様式も，運動のタイプにより異なってくる。この章では，短期間の運動，長期間の持久トレーニング，長期間のレジスタンストレーニングに対する心臓の適応に関して説明していく。また，循環器系および呼吸器系の間にある密接な関係性と運動がどのように循環器系および呼吸器系の両方の機能を向上させるのかに関しても説明していく。

1 心臓血管系の全容

　心臓血管系は，血管網と強力なポンプ役である心臓により成り立っている。心臓血管系の役割は，酸素と栄養を活動している器官や筋肉へ送り，代謝の結果出る老廃物を取り除くことである。心臓は，四つのスペースに区切られた筋肉でできた臓器で胸腔の中心に位置する。心臓の前面には胸骨，後面には脊椎があり，横隔膜は心臓の下部，肺は心臓の両脇に位置する。心臓の約2/3が，正中線の左側に偏っており，またその長軸は正中線に対して45度傾いている。

[1] 心臓の形態

　心臓を構成する筋肉は心筋と呼ばれ，その外見は骨格筋によく似ており，横紋を持っている。しかしながら，心筋の筋線維は複数の核を持っており，その両端は横線を介して結合している。これらの横線は，デスモソーム（細胞間橋）を持っている。
　心臓の構造は，大きく三つに分けられる：心房，心室，刺激伝導系の三つである。心房・心室の心筋は，電気的刺激に対して収縮を起こすという点で，骨格筋と似た働きをしている。ところが心臓の場合，一つの細胞が引き起こす電気的刺激が心房・心室を構成する心筋全体に伝

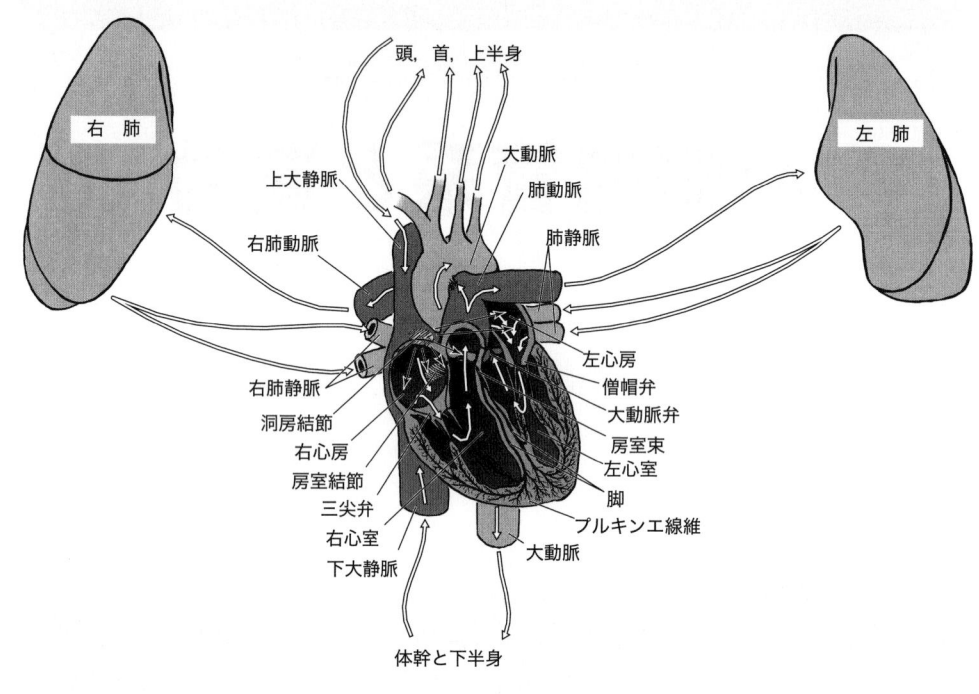

図 4.1　心臓の構造

播し，活動電位を引き起こし心臓の周期運動を起こす。また，心房・心室にあるそれぞれの心筋線維は別々に働く。これらの心房・心室に存在する刺激伝導のための組織は，素早く刺激を伝導するためのネットワークを作り出している。このネットワークにより心房・心室は協調性のとれた活動が行えるのである。

　心臓の構造は，図4.1に示した。心臓の右側と左側では，解剖・生理学的にその機能が異なる。右心房は全身からの還流血液を受け，右心室は肺循環を介し脱酸化血液を肺へと送る。左心房は，肺から酸化血液を受け，酸化血液は，大動脈を介して体循環へと送られる。左心室は，厚い心筋に覆われた楕円のチャンバー（部屋）であり，全身へ血液を送るポンプ役である。それに対し，右心室の心筋は，三日月形で左心室のものよりも薄い。それゆえ，左心室の拍出時に血流に与える圧力が125mmHgなのに対し，右心室が血流に与える圧力はわずか25mmHgなのである。また，右心室と左心室を隔てる心筋でできた壁のことを心室中隔と呼ぶ。

　三尖弁を通り右心房から右心室へ血液は流れていく。僧帽弁は，左心房から左心室の間にあり，左心房から左心室への血液の流れを可能にする。大動脈と左心室の間にある大動脈弁は，心収縮中に血液が心臓へと逆流するのを防いでいる。心収縮期中に大動脈弁は開き，心拡張期中，弁は他動的に閉じることにより逆流を防いでいる。

[2] 心臓周期

　心房と心室が収縮し血液を送り出す周期のことを心収縮期と呼び，心房と心室が拡張し血液が還流し充満する周期のことを心拡張期と呼ぶ。これらの心収縮期と心拡張期により1回の心臓周期が構成されている。安静時では，1回の周期にかかる時間のうち約60%が心拡張期で，残り約40%が心収縮期である。ところが，運動時にこの状況は逆転し心収縮期にかかる時間

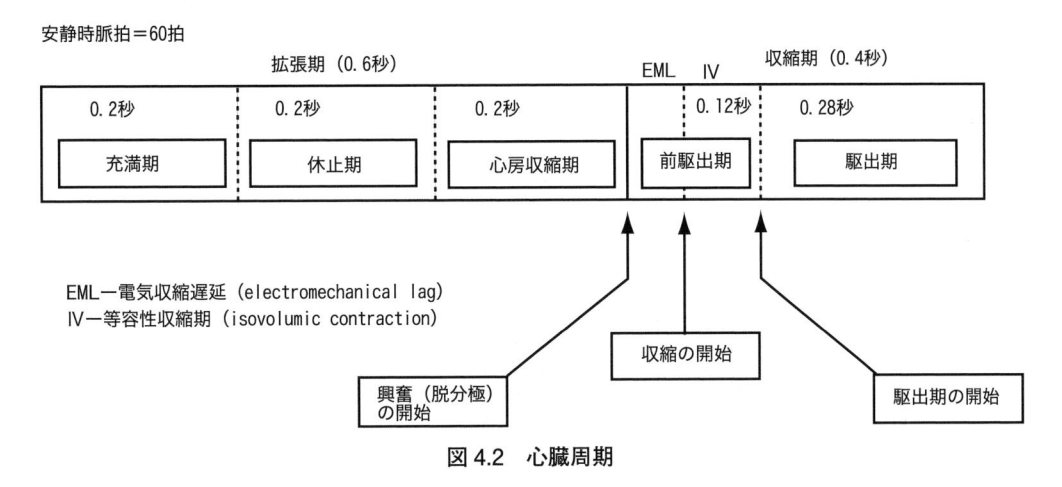

```
安静時脈拍＝60拍
                    拡張期（0.6秒）              EML  IV    収縮期（0.4秒）
  0.2秒      0.2秒       0.2秒         0.12秒      0.28秒
  充満期     休止期      心房収縮期     前駆出期     駆出期
```

EML―電気収縮遅延（electromechanical lag）
IV―等容性収縮期（isovolumic contraction）

興奮（脱分極）の開始　　収縮の開始　　駆出期の開始

図4.2　心臓周期

は長くなる。心収縮期中に三尖弁と僧帽弁は閉じている。しかしながら，肺からと全身からの血液が，心房へと流入し続ける。心収縮期が終わる時，房室弁は素早く開き，心房に溜まった血液が心室に素早く流れ込む。この血液の充満にかかる時間は，心拡張期の1/3に相当する。この時点で，約70〜80％の血液が心室に流入している。その後の心拡張期の次の1/3の期間は，心室への血液の流入が非常に少なく，この期を休止期と呼んでいる。そして最後1/3で，心房の拡張に伴い残りの20〜30％が流入する。ちなみに，心拡張期の最後で心室内にある血液の量のことを拡張終期容量（EDV; end-distric volume）と呼ぶ。心収縮期は，前駆出期（pre-ejection）と駆出期（ejection）の二つの期で成り立っている。この前駆出期には，心室の興奮（脱分極），心室の収縮，等溶性収縮開始までの間の時間的遅れである電気収縮遅延が含まれている。等溶性収縮期とは，血液の拍出前に心室体積が変化せず，心室内の圧力が上昇する期のことで，等溶性収縮期は，僧帽弁の閉鎖と大動脈弁の開口の間に起こる。その後の駆出期中，大動脈弁が開き心室中の血液は体循環へと入っていく。そして大動脈弁が閉じることで駆出期は終了する。この左心室からの血液の拍出終了時に，心室にある残りの血液のことを収縮終期容量（ESV; end-systric volume）と呼ぶ。このEDVとESVの血液量の差が心拍出量（SV; stroke volume）である。1回の拍動で左心室から拍出される血液量の割合が駆出率（EF; ejection fraction）で，SV÷EDVの式で求められる。EFは，安静時では約60％程度である。これは，単に心拡張期の終期に左心室にある血液量の60％が，次の収縮期で拍出されることを意味している。図4.2では，心臓周期の図式を示した。

[3] 心拍数と神経伝達

　自動的にある一定の調子で収縮と拡張を繰り返すことが心臓特有の特徴といえる。この自動的かつリズミカルな動きは，固有に発達した心臓特有の刺激伝導系によるもので，心臓の刺激伝導系は，洞房結節（SA node），結節間路，房室結節（AV node），プルキンエ線維で構成されている。
　洞房結節や房室接合部（洞房結節とヒス束により構成）は，電気的刺激を発することのできる細胞の集まりで，右心房に位置している。この独特な機能から洞房結節は，ペースメーカーとも呼ばれている。いったん電気的刺激が洞房結節から発せられると，刺激は左下方へ繁殖する。

そして，結節間路に沿ってまず右心房，続いて左心房の心房壁を通って心臓中隔の右心房側にある房室結節へ達する。

ヒス束によりできている房室結節（AV node）は，約0.1秒電気的刺激の伝達を遅らせる。この心室の興奮と収縮の若干の遅延が，心房の収縮を可能にし，房室結節から伝達される神経伝達の量を制限することを可能にする。

これは，心房性の不整脈から心室を守るためのメカニズムである。ヒス束は，房室結節の遠位にあり，左右の両方の心室に刺激を伝達するため左右に枝分かれしている。この枝を右脚，左脚と呼ぶ。右脚，左脚はさらに伸び，その先は細い線維束となり，心室の内面に沿って網状に分布している。この網状に分布している線維をプルキンエ線維と呼び，ここでの電気的刺激の伝達速度は，飛躍的に加速する（ヒス束の4倍）。

前述したように，洞房結節，房室結節，プルキンエ線維は，電気的刺激を自発的に発することができる。しかしながら，心臓の周期運動速度，心筋の収縮性，興奮刺激の広がりの速度等は自律神経により制御されている。交感神経，副交感神経は，ホルモン同様，心臓の収縮性に作用する。心房には，交感・副交感神経の両方が多く分布しているのに対し，心室は主に交感神経により支配されている。交感神経刺激は，交感神経線維からエピネフリンとノルエピネフリンを分泌させる。これらのホルモンは，洞房結節の活動を増加させ心拍数を上げ，心房，心室両方の収縮力を高める。ちなみに，心拍数の増加は頻脈という用語で呼ばれている。

そして，副神経からの副交感神経刺激は，アセチルコリンの分泌を促す。アセチルコリンの分泌は，洞房結節の活動を抑え心房の収縮力を低下させる。心拍数の低下は，徐脈という用語で呼ばれている。交感神経による刺激は，心拍数を120以上まで上げ，心臓の収縮力を100%まで上昇させ，副神経からの副交感神経刺激は，最大で心拍数を20〜30以下，収縮力を30%以下まで下降させる（Adamovich 1984）。

[4] 心拍出量

心拍出量は1回拍出量に心拍数を積した値で1分間に心臓が送り出す血液量のことをいう。身体のエネルギー需要の変化に応答して心拍出量は変化する。そして，その値にはかなりの個人差があるが，一般成人男性では約5リットル/分の血液を送り出すといわれている。安静時の非鍛練者と鍛練者の心拍出量はほぼ同じであるが，非鍛練者が，この5リットルの血液を70回程度の心拍回数で送り出す（1回拍出量を計算すると約71ml/心拍になる）のに対し持久トレーニングを積んだ鍛練者は，これよりもはるかに少ない心拍回数で同量の血液（5リットル）を送り出すことができる。拍出量に関する鍛練者と非鍛練者の比較は，表4.1にまとめてある。

表4.1 非鍛練者と持久トレーニングを積んだ男性の安静時心拍出量

	心拍出量＝心拍数×1回拍出量
非鍛練者	4970 mL ＝ 70拍/分・71 mL
鍛練者	5000 mL ＝ 50拍/分・71 mL

このような，特異な適応を引き起こすメカニズムに関しては，未だ明らかではないが，持久トレーニング後の副神経の機能，心臓の形態的適応などが関係していると考えられており，また後ほど解説をしていく。

[5] 血管

　血管系は，心臓から身体全体の組織へ酸化血を送り出す役割の動脈系と脱酸化血を組織から心臓へと還流させる静脈系とがある。動脈は，心臓の左心室から血液を送り出す。そして動脈，細動脈，異性小動脈，毛細血管のネットワークを介して身体全体に分配される。左心室は大動脈と呼ばれる厚い，弾性に富んだ血管へと血液を送り出す。その後，血液は前述した動脈のネットワークを介して身体全体へと循環していく。素早い血液輸送を実現するためには動脈に高い圧力を加える必要がある。そして，その大きな圧力に耐えうるよう動脈の血管壁は強く厚くできているのである。さらに，これらの血管には豊富な交感神経が分布しており，効率よく血流量を調整することができる。血液は組織に到達するために動脈系のさらなる小血管である異性小動脈へと流れ込む。そして異性小動脈は，最終的に一層の上皮細胞からなる毛細血管になっていく。毛細血管は，約 0.01mm の直径しかない非常小さな血管であるが，安静時には全体の血液量の約 5％がこの毛細血管に停滞する。このように多量の血液が停滞するのは毛細血管の直径が細いため，毛細血管内での血流速度は低下するためである。さらに毛細血管は，組織を覆うように莫大な範囲に広がっている。このように，①身体組織を覆い莫大な範囲に広がっていること，②血流速度が低下すること，③一層の上皮細胞によりできていることが，毛細血管と組織との間でのガス交換の効率を高めているのである。

　血液が毛細血管から送り出されると，血液は静脈循環へと入っていく。静脈系の血管は，心臓に近づくにつれその大きさが大きくなる。脱酸化血液は，毛細血管を離れ，細静脈へと入っていく。そして，細静脈は毛細血管よりもその横断面積が大きいので，血流速度は増加していく。その後血液は上大動脈と下大動脈を介して心臓へと戻っていく。そして脱酸素化血液は，右心房，右心室へと入り肺へと送られ肺内でガス交換が行われ，酸素化した血液は，左心房，左心室へと運ばれていく。

　安静時，血流は自律神経により調節されており，多くの血液は主に肝臓，腎臓，脳などの臓器へと運ばれる。ところが，運動を始めると血流は，活動筋へ活発に運ばれるようになる。運動中，筋肉へ運ばれる血液は，その他の器官よりも 75％以上多い。運動による心拍出量の増加分を合わせると安静時の最大 25 倍の血流が活動筋へと流れ込む計算になる。安静時と運動時における筋肉とその他の器官への血流量の割合は，図 4.3 に示したので参照してもらいたい。

[6] 血圧

　安静時の心収縮期中に血液が左心室から大動脈へと送り出されると，大動脈への圧力は約 120mmHg まで達する。この圧のことを収縮期血圧と呼び，左心室収縮中の動脈壁に対する圧力を反映している。左心室の収縮は拍動性なので動脈壁への圧力は心筋が収縮している時の圧力から弛緩時の圧力まで変動する。安静時の拡張期血圧は約 80mmHg である。拡張期血圧は，末梢抵抗や毛細血管への血流効率の指標となる。血液が身体を循環している間，圧力は低下し続け，右心房に到達する時にはほぼ 0mmHg になる。循環中の各部位での圧力の低下は，血管壁への抵抗の大きさに比例している。体循環内の抵抗の変化は血流の制御に重要な役割をしている。

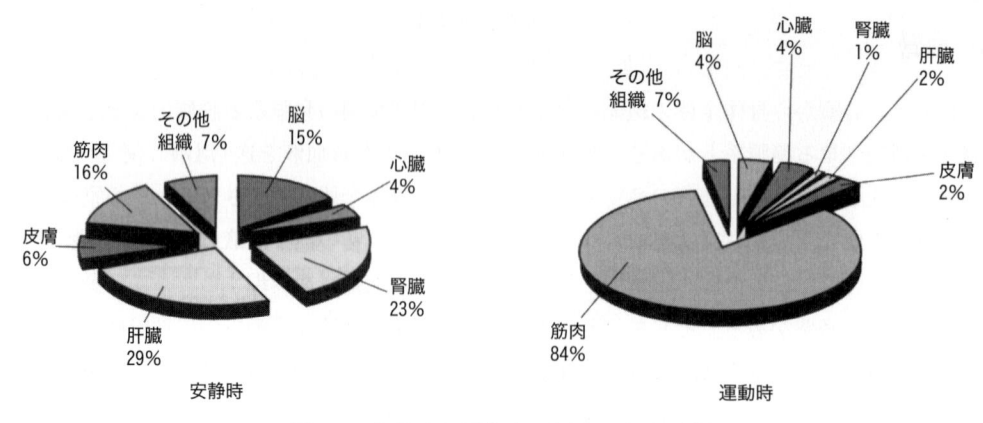

図 4.3 安静時と運動時の血流の分配の割合

2 呼吸器系のあらまし

　心臓血管系および呼吸器系の協調は効率のよい組織への酸素供給と二酸化炭素除去にとって不可欠である。呼吸する時，空気は口腔と鼻腔を通して取り込まれる（吸気）。その後，空気は咽頭，喉頭，気管を通り気管支・気管支枝からを肺へと運ばれる（図 4.4 参照）。また，左右の気管支は，気管支枝となり肺の中で無数に枝分かれすることにより，ガス交換することのできる表面積を増やしている。そして各々の気管支枝は，呼吸器の最小単位である肺小胞へとつながっている。肺は肋骨内の胸腔に位置しているが，骨やその他の組織に直接的に結合しているわけではなく，胸膜の中で浮いている状態である。胸膜の中は，液体により満たされており，摩擦をなくして呼吸中の肺の動きを妨げないようにしている。

[1] 吸気と呼気

　呼吸中，胸腔の筋肉（横隔膜，外肋間筋）は収縮し胸腔を広げる。胸腔の拡張は，肺を広げ，肺の拡張は外気との圧力勾配を引き起こし，外気は肺中へと流入する。また運動時には，大胸筋や胸鎖乳突筋など胸腔の筋肉以外の筋肉も動

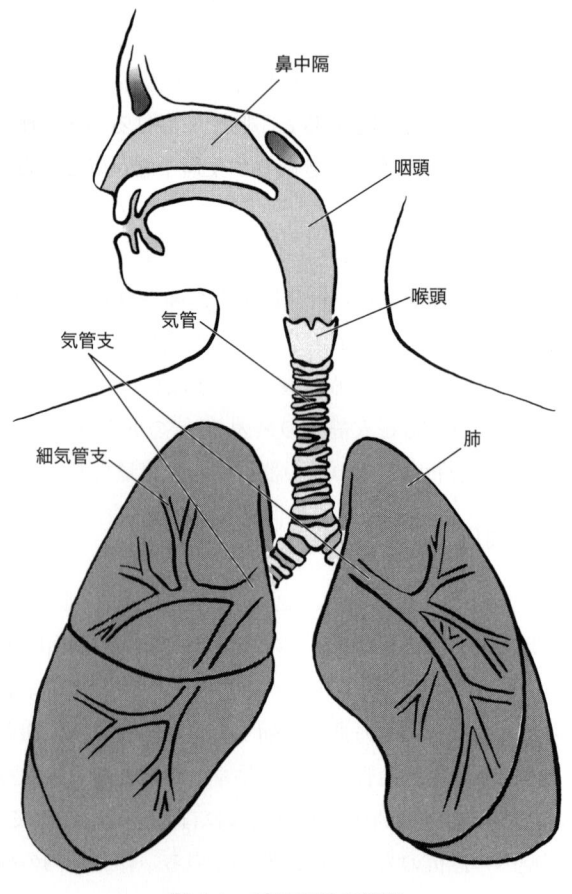

図 4.4 呼吸器系の解剖

員され，胸郭をより大きく広げ，さらなる肺の拡張を引き起こす。

　通常，吸気時に収縮した筋肉が弛緩し，胸郭が元の大きさに戻ることにより空気が吐き出される（呼気）。一方，運動時などに強制的に呼気を引き起こす場合，内肋間筋と腹部の筋群が収縮し強制的に胸郭を元の位置に戻し，その結果として外圧よりも肺中の圧が高くなり呼気が起こる。

　このように，肺の内外への空気の出入りや呼吸器・循環器系を通したガス交換を引き起こすのに圧力の変化が大きく関与している。換気が起こるには肺内と外界との圧力勾配が起こる必要がある。たとえば，標準の外圧である760mmHgでは，わずかな肺内圧の変化により空気は肺に流れ込み吸気を引き起こす。しかし，標高が高い環境では，外圧は低くより大きく肺内圧を減少させなければならなくなる。このメカニズムに関しては，後章で説明する。

[2] ガスの分圧格差

　呼気・吸気を引き起こす圧変化に加え，空気を組成する各々の気体（ガス）の分圧の違いが，酸素と二酸化炭素の交換を引き起こす。われわれが呼吸する空気は，様々なガスの混合である。一定量の空気中にある各々のガス濃度により，その圧力は違ってくる。この各々のガスが持つ圧力のことを分圧と呼ぶ。空気は，79.04％の窒素，20.93％の酸素，0.03％の二酸化炭素により構成されている。海抜0mにおける外圧は760mmHgで，その内酸素が持つ分圧は159.1mmHg（760mmHgの20.93％），二酸化炭素の持つ分圧は0.2mmHg（760mmHgの0.3％）である。

　空気が肺胞に到達すると，肺胞におけるガス分圧と血中のガス分圧に格差ができる。この分圧格差がガス交換を引き起こす生理学的基礎となる。もし肺胞の細胞膜内外のガス分圧が同じならばガス交換は起こらない。この分圧差が大きければ大きいほど素早いガス拡散が行われる。吸気が肺胞に達した時，酸素分圧（PO_2）は100から105mmHgの間で，安定した状態を保っている（Wilmore and Costill 1999）。毛細血管と肺胞との間の酸素と二酸化炭素の分圧差は図4.5に示した。肺内の毛細血管内の血液は身体の各組織によりほとんどの酸素が使われてしまった状態になっている。肺の毛細血管内の典型的な酸素分圧は，40〜45mmHgであるといわれている。このような，毛細血管と肺胞との間の酸素の分圧勾配は，酸素が肺胞から血流へと浸透していくことを促すのである。さらに，二酸化炭素に関しては逆の分圧勾配が存在し，二酸化炭素は血流から肺胞へと動いていき，呼気とともに外へと放出されるのである。ところが，二酸化炭素の分圧勾配は酸素のそれと比較すると非常に小さい。にもかかわらず，二酸化炭素が，容易に肺胞の細胞膜を透過し拡散できるのは，二酸化炭素が酸素よりも細胞膜に対して溶解しやすい性質を持つからである。

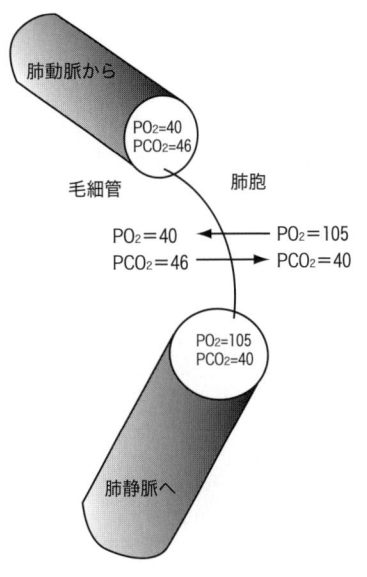

図4.5　毛細管と肺胞の間での酸素・二酸化炭素の圧勾配

図 4.6　酸素飽和度曲線

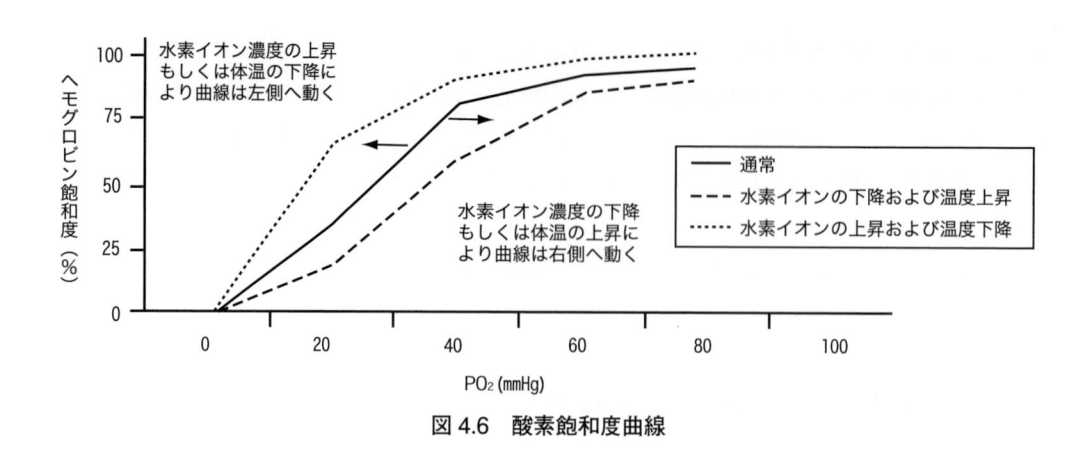

[3] 酸素と二酸化炭素の運搬

　酸素の運搬は，98％がヘモグロビン，2％が血漿に溶解することにより行われている。一つのヘモグロビンは，四つの酸素分子を運ぶことができる。酸素とヘモグロビンの結合のしやすさは，血中の酸素分圧と酸素とヘモグロビンの親和力に依存している。酸素分圧が高ければ高いほどヘモグロビンと酸素の結合は容易になる。さらに，血液の温度と水素イオン濃度も酸素とヘモグロビンの結合に影響を与える（図 4.6 参照）。水素イオン濃度が減少すると酸素とヘモグロビンの結合は阻害される。すなわち，ヘモグロビンから酸素が離れやすくなるのである。図 4.6 に見られるようなグラフの右側への移動はボーア効果として知られている。このボーア効果は，運動中，活動レベルの高い組織がより多くの酸素を必要とした時に重要になってくる。一方，水素イオン濃度が高くなった時，酸素とヘモグロビンは結合しやすくなる。

　平均成人男性では 100ml あたりの血液に 14〜18g，平均成人女性では 12〜16g のヘモグロビンが存在する。1g のヘモグロビンは，1.34ml の酸素と結合することができる。つまり，ヘモグロビンと酸素が完全に飽和した場合，平均成人男性では，100ml の血液で約 18〜24ml，平均成人女性では，100ml の血液で約 16〜22ml の血液を運搬することができる。ちなみに，安静時の平均酸素飽和度は 95〜98％である（Pruden, Siggard-Anderson, and Tietz 1987）。

　二酸化炭素の約 60〜70％は，重炭酸イオンという形で運搬される。残りの二酸化炭素は，血漿に溶解するか（7〜10％），ヘモグロビンに結合することにより運搬される。二酸化炭素はヘモグロビンと結合することによりカルバミノ

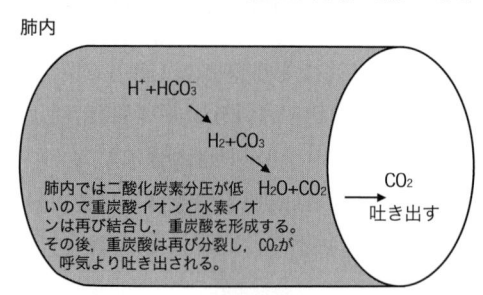

図 4.7　血中への二酸化炭素放出が引き起こす効果

化合物と呼ばれる分子を形成する。しかしながら，ヘモグロビンと二酸化炭素の結合が，ヘモグロビンと酸素の結合と競合し妨げることはない。なぜなら，ヘモグロビンにおける二酸化炭素の結合部位はグロブリン分子にあり，酸素の結合する部位はヘム分子のほうにあるからである。二酸化炭素は，筋から血液へと拡散する水と結合し重炭酸を形成する。しかしこの重炭酸は，非常に不安定で水素イオン（H^+）を放出しやすく，重炭酸イオン（HCO_3^-）を形成する。水素イオンとヘモグロビンの結合は水素イオン濃度を高めボーア効果を促す。これにより酸素が解離しやすくなり組織への拡散が促されるのである。これを図4.7に図説した。

3 運動中に起こる心臓血管系の応答

運動を開始すると身体に必要なエネルギー量が上昇するため酸素摂取量（$\dot{V}O_2$）を増加させ酸素の必要量を補充する。運動強度が上昇すると，より多くのエネルギーが必要となる。この増加したエネルギー需要を満たすために心拍出量を増加させたり，血液からより多くの酸素を取り出したりする（動静脈酸素格差の増大）。運動開始直後，心拍出量を増加させるのは，心拍数と1回拍出量の増加である。運動強度の変化が，心拍数，1回拍出量，心拍出量に与える影響を図4.8に示した。

[1] 運動中の心拍出量の変化

安静時の心拍出量は，約5リットルである。しかしながら最大努力での運動中，心拍出量は，若い非鍛練者で約20リットル，持久トレーニングを積んだ個人で40リットルまで上がるといわれている。同年齢では最大心拍数にそれほど差はないといわれているので，トレーニングによる心拍出量の変化は，主に1回拍出量に起因していると考えられる。個人の年齢をだいたい20歳位と仮定すると最大心拍数は，200程度になる（＝220－年齢）。この最大心拍数を例にとって計算してみると，非鍛練者では，1回の心拍で100ml，持久トレーニングを積んだ個人では200mlになる。

心拍出量は，最大酸素摂取量と正の相関関係があり，持久力を要求される選手にとって心拍出量の大きさは重要な要素である（Lewis et al. 1983）。この関係は，成人だけでなく子どもや青年期の個人にも見られる（Hermansen and Saltin 1969）。ちなみに，心拍出量と最大酸素摂取量の割合は6：1である（McArdle, Katch, and Katch 1996）。

❶ 運動中の心拍数の変化

運動中の心拍数は，脳の体性運動野からの交感神経刺激により調整されている。運動強度が増加するとともに心拍数は上昇し，運動強度が最大に達するまで

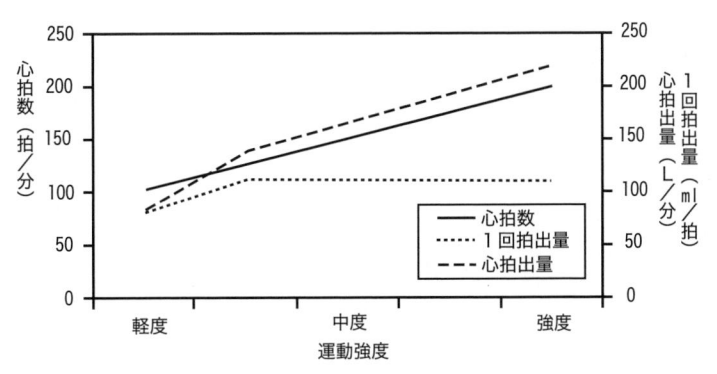

図4.8 運動強度が心拍数，1回拍出量，心拍出量に与える影響

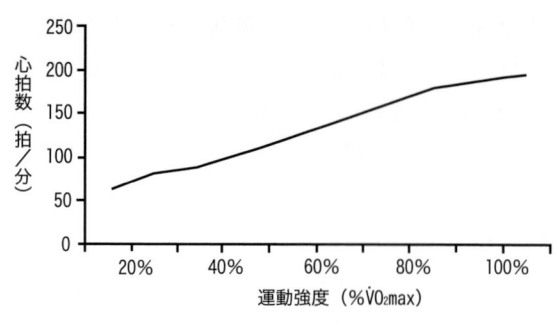

図 4.9　心拍数と運動強度の関係

上昇し続ける（図4.9参照）。最大運動強度で，心拍数は上昇しなくなり定常化する。この定常化した時点が，個人の最大心拍数である。

運動開始初期は，副交感神経からの刺激の低下が心拍数を増加させる主な要因である。副交感神経からの刺激低下による心拍数増加は主に低強度の運動中に起こる。その後の運動持続時間の延長や運動強度の増加に伴い，交感神経からの刺激が心拍数を増加させる主たる要因になっていく。交感神経の活性は，水素イオン，低酸素，温度，その他代謝に関連する要因をモニターする末梢の機械的，化学的受容器からのフィードバックにより起こる。

ある特定のタイプの運動では，活動開始前にもかかわらず心拍数の上昇が起こる。このような予測的な心拍数の上昇は，短距離走のような高強度な無酸素性運動を行う前に起こる（McArdle, Katch and Katch 1996）。この高強度運動の開始を予測して起こる心拍数の上昇は，延髄からの命令により調節されており，身体に貯蔵されているエネルギー源を素早く代謝させる，いわゆるフィードフォワードの役割をしている（McArdle, Katch, and Katch 1996）。

心拍数が上昇すれば，それだけ多くの血液が身体に循環されるが，無限に上昇し続けるわけではない。ある一定レベル以上に心拍数が上昇すると心筋のエネルギー代謝能力を超え，心臓の1回あたりの収縮力が低下してしまい，循環血液量が心拍数増加に比例して増加できなくなる。さらに，心収縮周期が短くなりすぎて心拡張期に要する時間が減少してしまうことも循環血液量が十分に増加できない要因としてあげられる。つまり，心房から心室へ血液が流入するのに十分な時間が確保できないために心臓が十分拡張できず，1回拍出量が減少してしまうのである。このように，心拍数の上昇が過剰になると，結果として心拍出量が減少する結果となる。これが，人工的電気刺激を用いて心拍をコントロールする場合，100〜150拍程度しか上昇させることができない理由でもある。人工的な電気刺激を用いた心収縮は，交感神経刺激による心収縮よりも弱い。ところが，交感神経刺激による心収縮は強く，十分に心臓を拡張させることが可能であるため，人工的電気刺激より多くの血液が心臓に流入できる。それゆえ，交感神経刺激による心拍数の上昇は，1分間に170〜250拍まで達することが可能なのである。

❷運動中の1回拍出量の変化

左心室の拡張終期容量の増加を起因とする1回拍出量の増大は，運動を開始してすぐに起こるといわれている。この増大は，運動中の心臓への還流血の増大と1回拍出量の関係を示したフランク・スターリング効果に基づくものである。心臓への還流血の増大に伴い安静時よりも心室が大きく拡張され，より大きな収縮が起こる。このようにより大きな心収縮が起こされることにより，より多くの血液が体循環へと送り出されるのである。このような1回拍出量の増大のメカニズムは，低強度から中程度の強度の運動で起こるが，それ以上運動強度を高めても増大せずほぼ一定となる。フランク・スターリング効果により，1回拍出量は約30〜50％増加するといわれている（Bonow 1994）。このように最大下強度の運動中の拡張終期容量の増加

は定常状態になっていくので，さらなる1回拍出量の増加は，左心室の収縮性の増加によるものである（交感神経刺激により調節される）。

　運動中の拡張終期容量の増加を引き起こすメカニズムは二つある。最初のメカニズムは筋の活動増加による還流血の増大があげられる。より多くの血液が末梢から心室へ入ってくることにより心室内の圧力が上昇する。この圧力上昇により，拡張期血圧が上昇するのである。しかしながらこれは通常，健康な心臓では起こらない。それとは対照的に，左心室に見られる拡張は，左心室内の圧力を左心房内のものよりも低下させる。この圧力の低下により僧帽弁が開き血液が左心室へと流れ込む。前述したように，運動中の交感神経刺激の増大は，心拡張期の時間を延ばす。拡張している間に左心室は大きくなり，圧力が小さくなる。この圧の減少が，より多くの血液の流入を促すのである。この交感神経刺激増大による血液流入の促進が，1回拍出量増加の二つ目のメカニズムで，フランク・スターリング効果によるものである（Bonow 1994）。

❸心臓ドリフト

　暑熱環境下で長時間の運動を行うと，運動強度に変化は見られなくても，徐々に心拍数が上昇し，1回拍出量が低下するといわれている。さらに，動脈内，肺内での血圧も低下していき，この現象は心臓ドリフトと呼ばれている（Wilmore and Costill 1999）。この現象は，深部体温の上昇を防ぐために皮膚への血液循環が増加することにより起こるといわれている。このような皮膚へ血液循環の増加と汗による血漿量の低下が心臓への還流血の減少を引き起こすのである。この還流血の減少による拡張終期容量の低下は，1回拍出量を減らしてしまう。そこで心拍数を増加させ心拍出量を一定に保とうとするのである。

[2] 運動中の動静脈酸素格差の変化

　正常なヘモグロビン値を持つ個人であれば，安静時に1リットルあたり200mlの酸素を運搬するといわれている。安静時の心拍出量は約5リットルあることから安静時でも身体は約1リットルの酸素を利用することが可能である。しかしながら，安静時では250ml程度，つまり25％程度の酸素しか摂取されず，残りは予備の酸素として消費されず血中に残る。この動脈と静脈に残っている酸素量の差を動静脈酸素格差と呼ぶ。運動中，動脈血から抽出される酸素量は上昇する。運動強度の上昇に伴い，予備として残っている血中の総酸素量の最大75％が活動筋により消費される。そして，持久トレーニングを積むことにより抽出される酸素量を増加させることが可能なのである。血液から酸素を抽出する能力と筋肉に使える総血量は，有酸素性能力を決定するのに重要な要素である。これは，フィックの方程式により表すことができる。

　　　最大酸素摂取量＝最大心拍出量×最大動静脈酸素格差

　有酸素能力の高い選手は，適度な運動を行っている個人に比べ，はるかに高い最大酸素摂取量を持っている。それにもかかわらず，彼らの動静脈酸素格差には，それほど差が見られない。それゆえ，有酸素性能力を決定する主な要素は，心拍出量であるということがいえる（McArdle, Katch, and Katch 1996）。

[3] 運動中に拍出された血液の分配

図4.3ですでに示したように，運動中の血流は最大25倍まで増加する。しかしながら，ほとんどの血液は，活動筋へと分配される。この血液配分量の変化は，環境条件に加え運動方法や疲労を含むその他の要因に影響を受ける。血液配分量の変化は，基本的に血流量が減少しても問題のないその他の器官や部位からの血流量を減らし，その分を活動筋へと送り込むことにより起こる。しかしながら，心臓のように血流量の減少により機能しなくなる器官などへの血流量の減少は運動中も起こらないといわれている。

[4] 運動中に起こる血圧の変化

血圧は，歩行，ジョギング，ランニング等の活動中に上昇する。健常者では，活動中，収縮期血圧の上昇のみ起こるといわれている。収縮期血圧の上昇は，運動強度と正比例しており最大努力運動中には，200mmHgを超える。心拍出量が，最大努力運動中，4〜8倍に上昇する一方，収縮期血圧の上昇率はそこまで高まるわけではない。これは，収縮期血圧のほとんどの圧力が活動筋内の血管拡張によって緩衝され末梢抵抗が低下するためである（MacDougall 1994）。拡張期血圧が，大きく変化しない理由もまた末梢抵抗の減少が起こることで説明がつく。また，拡張期血圧はさらに高強度の運動では低下する可能性もある。持久性運動に対する血圧の応答は，図4.10に示した。

上半身のみを使った運動中の収縮期血圧と拡張期血圧は，脚のみを使った運動の時よりも高い（Toner, Glickman, and McArdle 1990）。これは，腕の血管や筋肉が小さいためだといわれている。つまり，上半身の筋肉の血管が最大限拡張したとしても，末梢抵抗低下への効果は，下半身によるものよりも小さいと考えられる。またもう一つの可能性として，類似した運動を腕を使って行った場合，相対的に見て発揮するパワーは下半身で行われる時よりも高くなり，より高いバルサルバ効果が得られることが関与していると考えられている（MacDougall 1994）。これらのメカニズムを断定することはできないが，上半身を使った運動が，より大きな血圧上昇をもたらす事実を知ることは，心臓疾患を持つ患者への運動処方を行う際に重要となってくる。

レジスタンスエクササイズは，拡張期および収縮期血圧の両方を上昇させる（MacDougall et al. 1985, 1992; Sale et al. 1993）。健常者では，大筋群を使った最大努力運動中の動脈内の圧力は，350/250mmHgを超えると報告されている（MacDougall et al. 1985）。このレジスタンスエクササイズ中の圧力上昇は，収縮筋内の血管の圧迫とバルサルバ効果によるものだと考えられる。運動に使われる筋の相対量や運動の強度が高いと，この血圧上昇の幅は大きくなる。血圧は，セット中，重りを挙上するたびに上昇し，セット終了後，すぐに安静時レベルまで

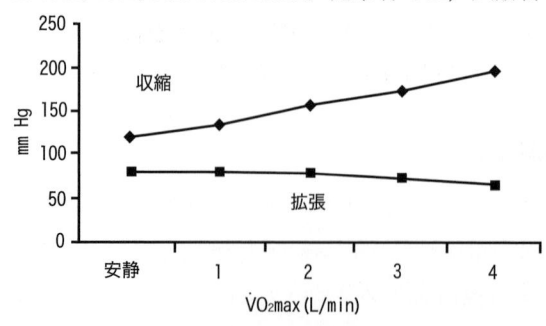

図4.10 持久運動の運動強度の変化が起こす血圧の変化

低下する（MacDougall et al. 1985; Sale et al. 1993）。この急激な低下は，筋収縮中圧迫されている血管の拡張に関連しているようだ。また，高強度の運動中起こる目眩は，この急激な血管拡張によるものであると考えられている。

　ただ，レジスタンスエクササイズによる血圧上昇効果の最も大きな要因は，バルサルバ効果によるものであるとされている（MacDougall 1994）。バルサルバ効果は，運動強度が1RMの80～85％を超えるか，十分な疲労に達したセットでなければ現れない（MacDougall et al. 1985, 1992）。バルサルバ効果により，胸郭内の圧力が上昇して大動脈が圧迫され，収縮期・拡張期血圧の両方が上昇する（MacDougall et al. 1985, 1992）。しかしながら，バルサルバ効果が数秒間維持されると，静脈還流の低下により心臓への還流血が低下し血圧は下降してくる。レジスタンストレーニングの最中，しばしばバルサルバ効果は禁忌とされてきた。にもかかわらず，レジスタンストレーニングを行っている健常者にとって有益である可能性がある（MacDougall 1994; McCartney 1999）。バルサルバ効果による胸郭内の圧力上昇は，脊柱を安定させるとともに左心室内の経壁圧力を減少させる働きがある（Lentini et al. 1993）。それに付け加え，胸郭内の圧力上昇は髄内液にも伝わり，脳血管の経壁圧力を軽減し末梢抵抗がピーク時の血管損傷を防ぐ効果もある（McCartney 1999）。

4 運動中の換気量の変化

　運動中，化学的刺激や神経への刺激のようないくつかの要素が同時に作用し，換気は増加するといわれている（Eldridge 1994; Whippp 1994）。換気の様式の変化は，3相に分かれているといわれている（図4.11参照）。初期には，急激な上昇が起こり，その後わずかな時間の定常状態が起こる。この初期の急激な上昇は，大脳皮質からの指令の結果であると考えられている。また，活動筋からのフィードバックとK$^+$濃度の上昇もこの急激な上昇に関わっている（Eldridge 1994）。その後の約20秒間の上昇も，大脳皮質からの指令によるものと考えられる。

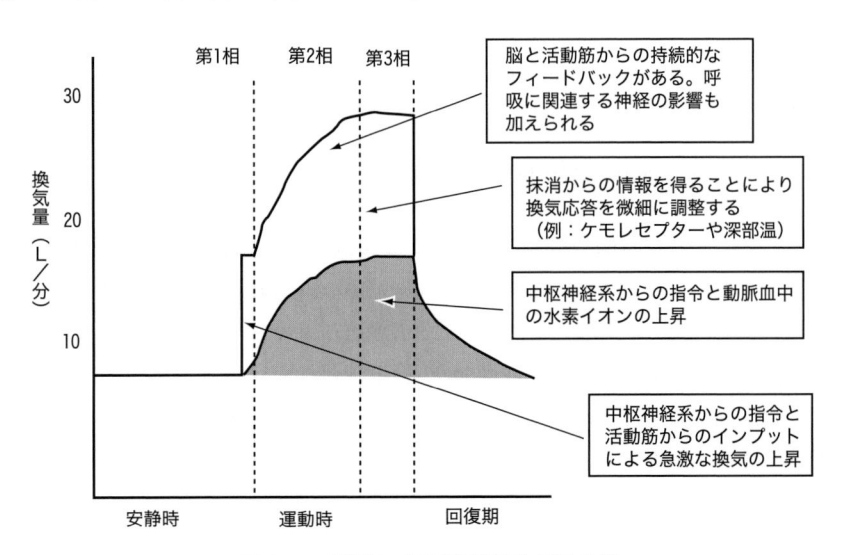

図4.11　運動による呼吸運動亢進の相

（Elderidge 1994から承諾を得て引用）

この中枢神経系からの刺激は延髄からの刺激が短期的に増加することに伴い上昇しているのは明らかなようだ。運動が定常状態に達した時，換気量の増加をコントロールするすべてのメカニズムが安定する。この安定期にケモレセプターや深部温といった末梢からの情報が加味され，換気はより微細にコントロールされる（McArdle, Katch, and Katch 1996）。回復期における換気量の急激な低下は，中枢神経系からの指令と活動筋からの求心性の刺激がなくなることにより起こる。その後，換気は徐々に安静時レベルまで減少していくが，これは，体内で起こる代謝，温度，化学物質などの低下に呼応するものである。

最大下運動中，換気量は酸素摂取量とともに増加していく。この酸素摂取量の増加は，主に肺活量（呼吸運動中の呼気と吸気の総量のこと）の増加の結果である。運動強度が上昇する時の酸素消費量の増加は，呼吸回数の増加に深く関連している。一定強度を保つ運動中，酸素の供給が需要に追いついた時，毎分換気量（1分間あたりの呼吸で出入りした空気の量〈リットル〉）は一定になる。この毎分換気量と酸素摂取量の比率のことを換気当量と呼び，$\dot{V}_E/\dot{V}O_2$で表す。最大下運動中の換気当量は，健康な成人では，約25：1である（Wasserman, Whipp, and Davis 1981）。これは，呼吸した25リットルの空気の内1リットルの酸素を摂取しているという意味である。この比率は，子どもでは若干高く（Rowland and Green 1988），運動方法によっても変わってくる（水泳 vs ランニング）（McArdle, Glaser, and Magel 1971）。しかしながら，最大強度における運動中，毎分換気量は，酸素摂取量の上昇とは異なる上昇の様式を呈する。そして，換気当量は健康成人において，30〜40：1になる。

5 心臓血管系のトレーニングへの応答

長期間にわたり行うトレーニングは，トレーニングプログラムのタイプに応じて，様々な心臓血管系の適応を引き起こす。一般的に，持久トレーニングとレジスタンストレーニングによる適応の様式の違いが比較される。当然のことながら，トレーニング方法により，心臓血管系への生理学的刺激は異なってくる。もちろん，似たような身体的適応を心臓血管系が引き起こす場合も多くあるが，まったく異なる応答をする場合もある。これらの身体的適応に関してこの章では説明していきたい。表4.2は，その要約である。

[1] トレーニングが心拍出量に及ぼす影響

持久トレーニングにおける最も代表的な適応として最大酸素摂取量の増加があげられる。これらの増加は，一般的に心拍出量の増加と骨格筋の酸素の摂取効率増加によるものである（動静脈酸素格差の増加）。酸素の摂取効率の改善は，活動筋における酸素の浸透率に大きく関わってくる。最大心拍数は，トレーニングに影響を受けないといわれており，エリート選手でも非鍛練者でも年齢が同様ならば変わらない。このようなことから，心拍出量の改善は1回拍出量に大きく関連していると考えられている。

❶トレーニングが1回拍出量に及ぼす影響

持久トレーニングは，安静時と運動時の両方での1回拍出量を増加させる。非鍛練者と比較すると，持久トレーニングを積んできた選手は，1.6倍の1回拍出量を持つといわれてい

る。また，持久トレーニングを積んだ選手の最大酸素摂取は，これと同様な割合で非鍛練者よりも大きいことがわかっている（McArdle, Katch, and Katch 1996）。この1回拍出量の増加は，トレーニングにより還流血が恒常的に多く心室に入るために起こる心室の体積増加に大きく関係している（eccentric hypertorophy）。この還流血の増加による心室の増大は，持久トレーニングの結果起こる血漿量の増加にも関連している（Carroll et al. 1995; Convertino 1991）。

ある先行研究では，ウエイトリフティングのエリート選手は，レクリエーションレベルの選手に比べ1回拍出量が有意に大きいと報告されている（Pearson et al. 1986）。しかしながら，これらの研究は，メタアナリシスであることからレジスタンストレーニングは，有酸素性能力の向上に大きく関与しないと考えられており，心拍出量の増加に関しても最小限の変化しか見られないといわれている。

表4.2 持久トレーニングとレジスタンストレーニングが引き起こす心臓血管系の適応

	持久トレーニング	レジスタンストレーニング
安静時における適応		
心拍数	↓	↓または―
1回拍出量	↑↑	↑または―
心拍出量	―	―
血圧		
収縮期	↓または―	↓または―
拡張期	↓または―	
運動時における適応		
心拍数	―	―
1回拍出量	↑↑	↑または―
心拍出量	↑↑	↑または―
血圧		
収縮期	↓または―	↓または―
拡張期	↓または―	↓または―
形態的適応		
左心房の筋量	↑↑	↑↑
左心房の直径	↑↑	↑または―
心筋の厚さ		
左心房	↑↑	↑↑
隔壁	↑↑	↑↑

↑＝増大：↓＝減少：―＝変化なし

❷トレーニングが心拍数に与える影響

持久トレーニングの適応として，安静時心拍数の低下と最大下運動中における心拍数の相対的低下が起こるといわれている（Blomqvist, and Saltin 1983; Charlton and Crawford 1997）。しかしながら，一個人の持久トレーニング期間中の心拍数低下の度合は，持久系競技のエリート選手と非鍛練者を比較した横断的研究の結果によるものよりもはるかに小さい（Wilmore et al. 1996）。また，レジスタンストレーニングの安静時心拍数に対する影響に関しては未だ一定の見解は得られておらず，研究によりその結果が大きく異なる。ある研究では，レジスタンストレーニングにより安静時心拍数が低下すると報告している（Goldberg, Elliot, and Kuehl 1994; Kanakis and Hickson 1980; Stone, Nelson, et al. 1983）一方，安静時心拍数に変化はないと報告している先行研究もある（Lusiani et al. 1986; Ricci et al. 1982; Stone, Wilson, et al. 1983）。トレーニングによる心拍数低下を制御するメカニズムに関しては未だ不明であるが，交感神経と副交感神経のバランスの変化に関係しているといわれている。また，洞房結節からの電気的刺激の発射頻度もこのトレーニングにより起こる心拍数低下の要素であると考えられている（Schaefer et al. 1992）。

[2] トレーニングが血圧に与える影響

運動により，収縮期血圧が低下する（MacDougall 1994）ことから，持久トレーニングは，血圧を降下させる働きがあると考えられている。しかしながら，トレーニング開始時の個人の体

力レベルが，トレーニングによる血圧降下に大きく関与しており，運動強度や持続時間を上げたトレーニングに対して体力レベルの高いエリート選手の血圧がどう適応するかを検証していく必要がある。

一般的に，血圧値が正常である個人に持久トレーニングを行わせても，安静時収縮期・拡張期血圧は変化しない（MacDougal 1994）。しかしながら，運動と高血圧の関係を調査した先行研究によると，高血圧である個人の収縮期・拡張期血圧は運動により減少すると報告されている（Seals and Hagberg 1984）。安静時血圧の降下は，1週間に3～5回，少なくとも30分の持続時間で50～70%の$\dot{V}O_2max$の強度の持久トレーニングプログラムを行うことにより起こる（Fagard 2001; Seals and Hagberg 1984）。

レジスタンストレーニングを行ってきた選手を被験者として用いた先行研究の多くは，彼らの収縮期・拡張期血圧の値が，平均かそれよりもやや低い値であると報告している（Fleck 1992）。また，レジスタンストレーニングの血圧に対する影響を検査した研究でも，安静時血圧の値は変わらないか，やや低下する程度に留まっている（Goldberg, Elliot, and Kuehl 1994）。一方，レジスタンストレーニング中の血圧には著しい低下がみられると報告されている（McCartney et al. 1993; Sale et al. 1994）。

ちなみに，レジスタンストレーニング後の安静時血圧の低下は，体脂肪率の低下や交感神経から心臓への刺激の低下の結果起こるとも考えられている（これは持久トレーニングにより起こる血圧降下のメカニズムと類似している）（Fleck and Kraemer 1997）。

[3] トレーニングが心臓の形態に及ぼす影響

競技選手の心臓の大きさは，通常の人よりも大きいといわれている。このようなスポーツ選手の肥大した心臓は，病的異常が存在する心臓の大きさと非常に似ており，しばらくの間，この肥大が病的なものなのか，生理学的な適応なのかについて様々な論争がなされてきた（Shapiro 1997）。ところが1970年代，M-モード心エコー図を用いた研究の出現により，長期的なトレーニングによる生理学的適応であることがわかってきた。

❶心室壁の厚さと心室内の直径

運動中に血液を流動させるのに必要な要素は，心臓が血液に与える圧力と量である。心臓の収縮期における圧力は，心室壁の厚さと心室直径の比率と一定の関係が維持されている。そのために長期的なトレーニングを積むことにより，心臓はその左心室にかかる負荷に適応することになる（Shapiro 1997）。この心臓の形態的適応は，ラプラスの法則（Law of LaPlace）に基づいている；この法則によると，心臓壁の緊張は，血圧と心室の湾曲の半径に比例して上昇する（Ford 1976）。レジスタンストレーニングでは，一般的に心臓への圧力が高まるので，その心筋への圧力に適応するために心臓の中隔や左心室の後壁が厚くなるのである。持久トレーニングでも心臓の中隔や左心室の後壁が厚くなるが，それよりも心臓への血流量が恒常的に上昇することにより，それに適応するために左心室内の直径が増す（心室内の体積が増す）。このように持久トレーニングでは血流量の増加に対して適応するため心室の容積が増すのである。その一方，レジスタンストレーニングでは，心筋の肥大を起こすといわれている。ほとんどの競技では，選手は有酸素性，無酸素性トレーニングを複合したトレーニングを行うので心室の容積

増加と心筋肥大の両方が起こる（Spirito et al. 1994）。ゆえに有酸素性，無酸素性いずれかのトレーニングに偏った競技では，その適応の様式も心室の容積増加か心肥大いずれかに偏ったものになる。

　持久トレーニングを積んだ選手の左心室は，心筋が一般人よりも若干厚く，それに加え，左心室の容積が極端に大きい（Maron 1986; Morganroth et al. 1975; Pelliccia et al. 1991; Spirito et al. 1994）。左心室の容積増加に伴い多くの還流血が心室に流れ込み，多くの血液を拍出する必要性から左心室の心筋も肥大する。これはラプラスの法則に基づいた変化である。このような左心室の心筋肥大は，遠心性心肥大と呼ばれ，恒常的な左心室への還流血増加（拡張終期の血液量増加）に対する生理学的適応であり，一般的に持久トレーニングの結果として起こる。

　一方，レジスタンストレーニングを積んだ選手の左心室の直径は，一般人のものと比較しても変わらない。しかし左心室の心筋は明らかに厚くなっている（Fleck, Henke, and Wilson 1989; Menapace et al. 1982; Morganroth et al. 1975; Pearson et al. 1986）。このような左心室の心筋肥大を求心性心肥大と呼ぶ。この時の心筋の肥大は，肥大型心筋症（心筋の病態で，中隔と後壁が病的に厚くなり左心室の機能を著しく低下させる）と同様のレベルまで肥大する。しかし，レジスタンストレーニングによる求心性心肥大は，心室の直径を減少させることはない。それに付け加え，心筋が病的な変異で肥大する場合，肥大は左右対称ではないが，レジスタンストレーニングによる肥大の場合，左右均等に肥大する。

　レジスタンストレーニングのタイプにより，心筋の肥大の程度が変わってくるのは明らかである。ボディビルダーの心臓の容積は，通常よりも大きいと報告されている（Deligiannis, Zahopoulou, and Mandroukas 1988）。ところが，体表面積や除脂肪組織の量で補正した値では，ボディビルダーとウエイトリフターの間には，違いが見られなかった。しかしながら，右心室と左心房の容積に関していえば，ボディビルダーのほうが，ウエイトリフターよりも有意に大きかった。さらに，体表面積や除脂肪組織の量で補正をかけたとしてもボディビルダーのほうが大きいと報告されている（Deligiannis, Zahopoulou, and Mandroukas 1988; Fleck, Henke, and Wilson 1989）。ボディビルダーのトレーニングは，心臓の容積に影響を与える可能性があるようである（Fleck and Kraemer 1997）。

❷ 左心室の筋量

　よくトレーニングされたスポーツ選手と同年代の一般人とを比較すると左心室の筋量は，平均で45％大きいといわれている（Maron 1986）。この筋量の増加は，左心室内の直径の増加と左心室の心筋肥大などの要素が関わっている。体表面積と体の質量などに対する相対的な値を調査したが，それでもなお左心室の筋量増加が存在した。このような筋量増加の傾向は特にエリート選手に見られる（Fleck 1988）。

６ トレーニングによる呼吸器系の適応

　ほとんどの場合，呼吸器系から活動筋への十分な酸素供給が阻害されるようなことはない。しかしながら，身体のその他の生理学的機構同様，呼吸器系も運動により適応しその機能効率が上昇するといわれている。一般的に，肺の容積とその容量は，運動によりそれほど大きくは

ならないといわれている。最大努力運動中の肺活量はわずかしか増加せず，この増加は，残気量（最大呼気の後に残る肺中に残る空気の量）の低下に関係している（Wilmore and Costill 1999）。

7 トレーニングが呼吸数，毎分換気量，換気当量へ与える影響

トレーニングにより，最大下運動中の呼吸数および毎分換気量が減少するといわれている。このような適応は，持久トレーニングを長期間行った結果起こる運動効率の改善に関係している。しかしながら，持久トレーニングは，最大努力運動中の呼吸数および毎分換気量の増加をも引き起こす。最大努力運動中の毎分換気量は，最大酸素摂取量の増加に伴い増加すると考えられている（McArdle, Katch and Katch 1996）。Wilmore と Costill（1999）によると，非鍛練者がトレーニングを行うことにより毎分換気量は，$120L・min^{-1}$ から $150L・min^{-1}$ まで増加し，非常によくトレーニングされた持久性競技の選手の毎分換気量は，$180L・min^{-1}$ まで増加すると報告している。エリートボート選手においては，$240L・min^{-1}$ あったというケースもあるようだ（Wilmore and Costill 1999）。

持久トレーニングが，最大下運動中の換気当量を減少させるのは明らかなようである（Andrew, Guzman, and Becklake 1966; Girandola and Katch 1976; Yerg et al. 1985）。言い換えると，ある一定の酸素摂取量に対し，吸気される空気の量が減少し，換気量に対して酸素の消費量が減少するのである。これにより呼吸に関係する筋肉の疲労軽減や活動筋への酸素供給の効率化が起こることとなる（Martin, Heintzelman, and Chen 1982）。

8 血液量と赤血球に対するトレーニング効果

持久トレーニングは，血液量増加を引き起こす刺激となる。この適応は，若年者・高齢者ともに起こると報告されている（Carroll et al. 1995; Convertino 1991）。トレーニング開始後2〜4週間で起こる血漿量の増加のことを血液増加と呼んでいる（Convertino 1991）。そしてトレーニングの進行に伴い，血漿量が引き続き増加し，赤血球の数も増加していく。

血漿量の増加は，抗利尿ホルモンとアルドステロン（第2章参照）の増加の結果起こると考えられている。それに付け加え，運動は，主にアルブミンのような血中タンパクの増加を引き起こす（Yang et al. 1998）。この血中タンパクの増加は，浸透圧を増加させより多くの水分が血中に維持される。

このように血液量の増加は，血漿量と赤血球数の増加の両方の要素によってなされると考えられているが，血漿量の増加がより大きな要因であるといえる（Green et al. 1991）。図

図4.12 持久トレーニングが血流量，血漿量，ヘマトクリットに与える影響

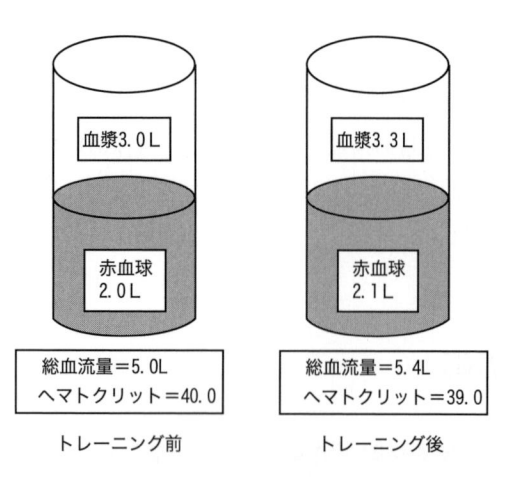

トレーニング前: 血漿3.0L / 赤血球2.0L / 総血流量=5.0L / ヘマトクリット=40.0

トレーニング後: 血漿3.3L / 赤血球2.1L / 総血流量=5.4L / ヘマトクリット=39.0

4.12は，長期的な持久トレーニングが，血液量の増加に与える影響と，血漿量の増加と赤血球数の増加の割合を示している。トレーニングにより血漿量と赤血球数の両方が増加するが，その増加率は両方均一というわけではない。このようにヘマトクリット（総血液量に対する赤血球の割合）は，トレーニングの結果減少する。高すぎるヘマトクリットは，血液の粘性を増加させ危険な場合があり，ヘマトクリット減少は，血液粘性を低下させ血液循環を促進してくれる。だからといってトレーニングによるヘマトクリットの減少は，ヘモグロビン濃度の低下に関係するものではない。事実，持久トレーニングを積んだ選手のヘモグロビン濃度は，正常値よりも高く，運動中の酸素需要を十分に満たすことができる。

要約

　この章では，一時的な運動が，心機能に与える影響と心臓がどのようなメカニズムで活動筋の増加したエネルギー需要に応えていくのかについて説明した。この応答は，高まった交感神経刺激により起こる心拍出量増加と静脈還流血の増加によりなされる。さらに，血流は非活動筋や運動中に血流をそれほど必要としない器官から活動筋へと流れ，活動筋により多くの酸素を供給する。また，本章では持久トレーニングとレジスタンストレーニングに対する心臓の適応の違いに関して学び，長期的なトレーニングに対する心臓血管系の適応や，トレーニングの方法によりその適応の様式が変わってくることを説明した。最後にこの章では，心臓血管系と呼吸器系の協調関係と短期的・長期的トレーニングが呼吸器系に与える影響について述べた。

第5章

免疫機能と運動

　運動により免疫応答は変化する。強度の高い運動は，感染（特に上気道における）の可能性を高めるが，適度な運動を継続的に続けることは，健康によいとされており，様々な疾病のリスクを軽減すると考えられている。運動が健康にとって有益であることは明らかであるが，運動強度や運動持続時間が過度になると免疫機能が低下する可能性がある。近年の運動と免疫反応に対する研究は，免疫機能を促すために最適な運動強度と運動量を調査するものである。
　この章では，初めに免疫機能に関する簡潔な説明を行い，その後，運動による免疫応答の変化に関しての解説を行う。

　免疫機能は，機能的に二つに分けられる：自然免疫と後天的免疫機能である。自然免疫は，身体が先天的に持つ免疫機能であり，感染を起こす物質に対する最初の防御機能でもある。特に，初めて身体に侵入してきた細菌やウイルスに抗する働きをする。しかしながら，後に同じ細菌やウイルスが侵入してきたとしても，自然免疫の機能が強化されるわけではない。外界からの異物の侵入を防ぐ皮膚，粘膜，体液のpH（例：酸性の胃液），分泌液などが自然免疫の機能を持つ。リゾチーム，食細胞，ナチュラルキラー細胞（NK細胞）などの補体系もまた自然免疫による免疫応答の一部である。
　もし，この最初の防衛機能が，侵入してくる病原体を排除することができなかった場合に後天的免疫機能が活性化する。この免疫機能は，それぞれの感染を引き起こしうる物質に対して特異的な反応をする。後天的免疫機能は，病原体を排除する役割に加え，抗体を作り出し再度同じ病原体が侵入してきた時に免疫応答を効率化する働きもする。

1 免疫細胞

　免疫細胞は，血球幹細胞から分化する。免疫細胞は，大きくリンパ球系細胞と骨髄球系細胞の二つに分類される。T細胞とB細胞の2種類のリンパ球は，抗原のための受容体を持っており，T細胞は胸腺で分化し，B細胞は骨髄で分化する。これらのリンパ球は，体内でかなり

の早さで産生されている（10^9日）。これらのリンパ球は，血流に入り脾臓，リンパ節，扁桃腺のようなリンパ組織へと入っていく。成人でのリンパ球の割合は，総白血球の約20％である。

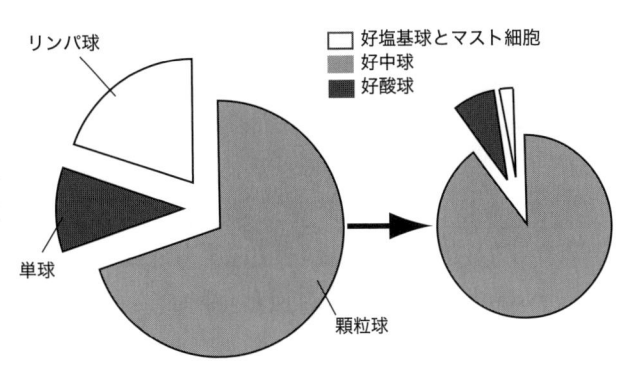

図 5.1　白血球の割合

[1] 白血球

主に三つのタイプの白血球がある：顆粒球，単球，リンパ球である（図5.1参照）。顆粒球は，総白血球数の60〜70％にあたる。さらに顆粒球は，好中球，好酸球，好塩基球に分類される。病原体への最初の応答をすると考えられている顆粒球は，主に食菌作用により感染を起こす細菌やウイルスの排除を行う。好中球は，血液循環の中に最も多く見られる顆粒球で，走化性因子に引き寄せられ感染や損傷の部位へ向かう。好中球の寿命は短く，感染を起こしうる病原体を排除するためプロテオースとホスフォリパーゼを放出する。これらは，活性酸素のような有害物質を作り出す。組織の損傷や炎症が起こった時，好中球の活動は活発になるといわれているが，損傷した組織の変性によってもその活動が活発になるといわれている。白血球のうち好酸球，好塩基球，肥満細胞が占める割合は非常にわずかである。好酸球は外からの感染体に対して活発に働くが，好塩基球と肥満細胞は，主にアレルギーや炎症反応に対して活発に働く。

単球は，早期の免疫応答に関わっている。単球が，免疫応答をする場所に到達すると，マクロファージへと分化していく。単球／マクロファージは，リソソームからプロテアーゼを放出する。そして感染体を壊す活性酸素と一酸化窒素をつくる。また，単球はサイトカインをつくる働きをする。サイトカインとは，リンパ球の活性化や炎症反応に関与するものである。

[2] 食菌作用

食菌作用を持つ細胞（例：好中球，単球，マクロファージ）は，遊走剤の働きによって感染や炎症が起こっている場所へと移動する。食菌細胞は，その表面に受容体を持ち，その働きにより様々な細菌やウイルスとの親和力を持つのである。これらの細菌やウイルスとの結合は，補体系のC3bという要素により，オプソニン作用（食菌作用を受ける際に好都合な状態になる作用）を受ける（Roitt, Brostoff, and Male 1993）。オプソニン作用により，より効率よく細菌が食菌細胞内に巻き込まれるよう細菌を変化させる。食菌細胞は，特異的にC3bに結合する受容体を持っている。これにより食菌細胞が感染物質の存在を認知する能力が高まる。結合後，食菌細胞は細菌やウイルスを細胞内に巻き込み排除する（図5.2参照）。

2 リンパ球

リンパ球は，白血球全体の約20〜25％の割合を占める。リンパ球は，さらに何種類かに分

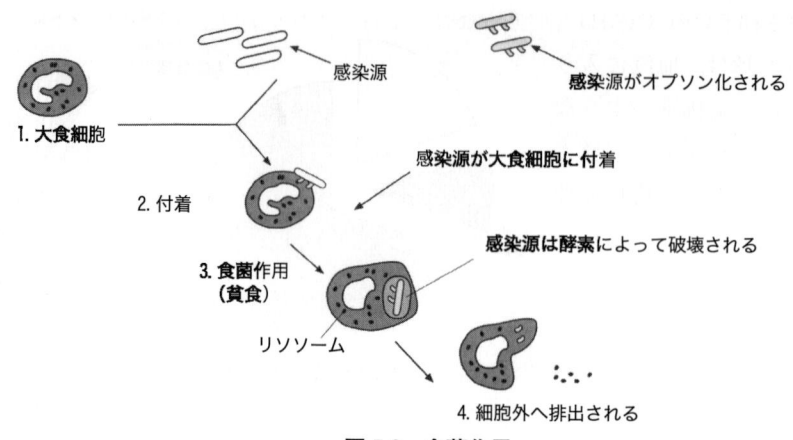

図 5.2　食菌作用

類され，それぞれが特異的な機能を持つ。リンパ球の機能は，初期の免疫応答，サイトカイン，抗体，細胞毒性の産生，過去の感染の記憶などである。リンパ球は，三つに分類される：T細胞，B細胞，NK細胞である。これらは，そのサイズと形態に違いがあり，T細胞とB細胞は，後天的免疫機能に関与し，NK細胞は，自然免疫に関与する。

[1] T細胞

　T細胞は，比較的小さく無顆粒の細胞である。T細胞の主な機能は，感染症やケガに対する免疫応答の開始とその調節である。また，B細胞の活性化や細胞毒素性能力もT細胞の持つ機能である。すべてのT細胞は，感染した細胞膜の表面に結合した抗原によってそのターゲットを認識するといわれており，これらの細胞は，主要組織適合抗原体（MHC）と呼ばれる（Janeway and Travers 1996）。T細胞は，その機能と細胞表面にあるタンパク質の違いから，二つの形態に分けられる。

　細胞毒性を持つT細胞は，細胞障害性T細胞と呼ばれる。これらは，CD8として知られるタンパク質を細胞膜上に持っている。またCD4と呼ばれるタンパク質を持つT細胞は，さらにヘルパーT細胞（Th1：ヘルパーT1型細胞）と炎症性T細胞（Th2；ヘルパーT2型細胞）とに分類される。ヘルパーT細胞は，B細胞を活性化させ，炎症性T細胞は，単球／マクロファージの食菌作用・抗菌作用を刺激する（Mackinnon 1999）。また，CD4は，何種類かのサイトカインを産生する。この白血球分化抗原（cluster of differentiation：CD）に関しては後述する。

[2] B細胞

　ヘルパーT細胞は，B細胞の活動を刺激する。この刺激により，B細胞は，多量の抗体を産生・分泌するプラズマ細胞へと分化するのである。それぞれの抗体は，一種類の抗原を認識する。B細胞は免疫記憶細胞となり，再び同じ抗原が侵入してきた時により迅速かつ効率的に免疫応答を起こす。

[3] ナチュラルキラー (NK) 細胞

　NK細胞は，大きな顆粒状のリンパ球で，機能は感染体に対する初期の免疫応答をすること

である．NK細胞は，細胞障害性T細胞と同様，有毒性物質を放出することにより様々な種類の侵入物質を排除する能力を持っている．また，サイトカインを放出させる働きもする．

[4] 白血球分化抗原 (CD)

白血球は，その細胞膜表面に数多くの分子を持っている．これらの分子は，白血球分化抗原 (cluster of differentiation; CD) と呼ばれるもので，種々の分化段階の白血球表面に発現する抗原である．これらの中には分化過程のある段階にのみ発現するものや特定の細胞分化にのみ発現しているものなどもある (Roitt et al. 1993)．また，細胞表面の分子はモノクローナル抗体が結合する抗原として識別することができ，細かい細胞の違いを識別することができる．ちなみに，CDの分類リストには，特別なルールがあるわけではなく発見された順番などで決められている．

3 免疫グロブリン

免疫グロブリンや抗体は，すべての体液の中に見られるもので糖タンパクの一種である．これらの多くは，B細胞の前駆体であるプラズマ細胞によって産生される．すべての抗体は，免疫グロブリンであるが，すべての免疫グロブリンが抗体としての働きをするわけではない．抗体は，過去に出合った抗原を認識するのに不可欠なものであり，感染を引き起こす物質を直接的・間接的に攻撃する．また抗体は，細菌やウイルスにある抗原と結合することにより宿主の細胞にそれらが侵入するのを防ぐ働きをする．さらに免疫グロブリンは，抗原と宿主組織の両方に結合することができる．このような直接的作用に加え，その他の食菌細胞による感染物質の認識を促すことにより間接的に感染を引き起こす物質に作用する．

免疫グロブリンは，現在5種類のクラスに分類されている（IgG, IgA, IgM, IgD, IgE）．これらは，大きさ，アミノ酸の構成，炭水化物の含有により分類されている．これらの機能と特性は，表5.1に記した．

4 サイトカイン

サイトカインの働きは，成長因子や炎症反応を制御することであり，あらゆる面で免疫反応

表5.1 様々な免疫グロブリンとそれらの機能

免疫グロブリン	総免疫グロブリンの中での割合	機　能
IgG	70～75%	血管内および血管外のスペースに均等に存在する．最も多い二次的免疫反応の抗体である．
IgA	15～20%	唾液，母乳，呼吸器，の分泌物内に見られる．粘膜の分泌物内を通して起こる感染症を防ぐ役割をしている．
IgM	10%	粘膜での分泌物内に見られ，早い段階における免疫反応を引き起こす．
IgD	1%以下	循環しているB細胞の細胞膜に見られる．
IgE	わずか	マスト細胞と好塩基球の細胞膜に見られる．喘息と枯れ草熱の過敏性と関係している．

表5.2 スポーツ科学の分野で多く取り上げられているサイトカイン

サイトカイン	産生細胞	主な機能
IL-1α	マクロファージ	これら二つは，まったく同じ機能を持つ。炎症反応に関与する。
IL-1β		NK細胞やTNFを活性化する。リンパ球にも応答する可能性がある。
IL-2	T細胞	T細胞の細胞分裂とB細胞の成長を促す。単球とNK細胞を活性化させる役割をしている。
IL-3	活性化したT細胞	骨髄内で，好中球と単球の生成を促す。
IL-4	活性化したT細胞	Tヘルパー細胞とB細胞を活性化させる。
IL-5	活性化したT細胞	好酸球の分化と成熟を司る。
IL-6	活性化したT細胞 マクロファージ	T細胞とB細胞の成長。IL-1とTNFと協調して働き急性期タンパク質の応答を刺激する。発熱性である。
IFN-α	白血球	二つともよく似た抗ウイルス活性をし，NK細胞を活性化する。MHC Ⅰ・Ⅱの細胞表面抗原の発現。
IFN-β	線維母細胞	
IFN-γ	T細胞，NK細胞	抗ウイルス，抗菌活動。ウイルスの複製を抑制 MHC Ⅰ・Ⅱの細胞表面抗原の発現を増加させる。食作用，細胞毒性の促進。
TNF-α	マクロファージとNK細胞	CD8 T細胞，NK細胞，マクロファージの細胞毒素性の活動を促す。血管の浸透性を高め炎症や感染部への白血球の遊走を促す。IL-1とIL-6と協調して働き，急性期タンパク質の働きを促す。
TNF-β	CD4 T細胞	感染物質を直接殺すためにIFN-αと協調して働く。

(Mackinnon 1999 のデータを引用)

に関与している。またその一方で，免疫以外の役割も果たす。数種類のタイプのサイトカインが存在し，それぞれのサイトカインは数種類の標的細胞に作用し，標的細胞はサイトカインに対して特異的に応答する。サイトカインは，免疫反応を媒介する水溶性のタンパク質性液性因子であり体液中に存在する。前述した免疫グロブリン同様に急性期タンパク質と補体も水溶性のタンパク質性液性因子である。

　サイトカインは，様々な機能を持った多様なグループの細胞から成り立つ。表5.2では，スポーツ科学の文献に報告されているサイトカインの機能とそれぞれのサイトカインを産生する細胞を記した。インターロイキン（IL）は，主にT細胞により産生される（単球/マクロファージ，NK細胞からも産生される）。インターロイキン（IL）は，炎症反応，さらなるサイトカインの産生，食菌作用の促進など様々な働きをする。そして，インターフェロン（IFN）は，白血球と線維母細胞の両方から分泌され，感染した細胞からその他の細胞へのウイルスの拡散を防ぐ働きをする。腫瘍壊死因子（tumor necrosis factor; TNF）は，マクロファージとT細胞の両方から産生される。TNFは，白血球の細胞障害活性を高めたり，白血球とともにウイルスや細菌を排除することにより感染を防ぐ。

5 補体系

　補体系は，血液中にあるタンパク群で，その主な機能は，炎症反応を開始・増加させることである。補体系の生物学的な働きは，①マクロファージと好中球を損傷や感染の部位へと動員し，目標となる細胞（ほとんどの場合は細菌）を溶解することと，②病原体をオプソニン化させることである。溶解作用とは，細胞膜を壊し細胞原形質を失わせることである。オプソニン

作用は，抗体や補体の成分であるオプソニンを細菌と結びつける作用であり，食菌細胞による認識を高める作用がある。補体系の学名は，数字が含まれているが，これは発見された順になっている。補体系は，古典的経路と副経路の二つの経路を経て活性化され，これらの経路は，抗体‐抗原反応を通して活性化されるといわれている。副経路は，自然免疫を供給し，古典的経路は，後天的な免疫機能を供給すると考えられている (Roitt et al. 1993)。これら二つの経路は，補体系の中心的役割をする C3b を産生する。C3b は，直接的な殺菌作用を持つ C5～C9 を活性化する。C3a と C5a は，アナフィラトキシンと呼ばれ，白血球の化学走性と好酸球と肥満細胞の脱顆粒を促す。

6 急性期タンパク質

自然免疫の一部である急性期タンパク質は，肝臓で合成され，血管内を循環する。これらのタンパク質は，炎症や感染により急激に上昇する（100倍以上）。C反応性タンパク質は，最も一般的な急性期タンパク質である。炎症反応中のその役割は，病原体と損傷した細胞をオプソニン化することであると考えられている。セルロプラスミンと A_1-アンチトリプシンもまた急性期タンパク質の一種で，損傷部位とは離れた場所で活性酸素やプロテアーゼを中和させる防御メカニズムを持つ (Evans and Cannon 1991)。

7 運動と免疫反応

運動は，免疫機能に大きな影響を与える。ホルモン濃度（例：カテコールアミンとコルチゾル）とサイトカイン (IL-1) の変化は免疫細胞の血中濃度や放出パターンなどに大きく影響を与える。ここでは，短期的と長期的運動プログラムに関連して，免疫細胞機能がどのように変化するかを検証していきたい。また運動プログラムの違い（例：有酸素，無酸素，レジスタンストレーニング）による免疫反応の応答の変化に関しても述べていく。

[1] 短期間の運動による白血球の応答

数秒～数時間と様々な持続時間の運動により，白血球濃度は上昇するといわれている (Gabriel, Urhausen, and Kindermann 1992; Gray et al. 1993; Nieman, Berk, et al. 1989; Nieman, Hensen, et al. 1995; Ndon et al. 1992; Shek et al. 1995)。白血球濃度の増加の度合は，運動強度と持続時間に大きく影響される。運動強度もしくは運動持続時間の増加に伴い，血中白血球濃度は上昇するといわれている (Mackinnon 1999; McCarthy and Dale1988)。

短時間かつ高強度の運動中（例：スプリントやレジスタンストレーニング），白血球濃度は著しく上昇する（150～180％）(Gabriel, Urhausen, and Kindermann 1992; Gray et al. 1993; Nieman, Hensen, et al. 1995)。このような上昇は回復期中もしばらく持続し，その後，低下していくが，この低下の早さは運動量により変化する。短時間の最大強度の運動を行った場合，白血球濃度が安静時レベルまで戻るのに30～60分かかる。ところが，最大強度の運動をより長時間行うと（たとえば，インターバルトレーニングを行ったり，レジスタンストレーニングを複数セット行う

ような場合），白血球濃度は，運動後最大2時間上昇し続ける（Gray et al. 1993; Nieman, Hensen, et al. 1995）。また，運動持続時間の延長によっても白血球濃度の上昇時間は長くなり，運動後最大2時間上昇し続けると報告されている（Mackinnon 1999; Ndon et al. 1992）。

長時間続く運動（3時間位まで）により，白血球は急激に上昇し運動中もまた上昇し続けると報告されている（Mackinnon 1999）。白血球濃度は，安静時レベルの2.5～3倍まで上昇し（Nieman, Berk, et al. 1989; Shek et al. 1995），運動後最大6時間上昇し続ける（Nieman, Berk, et al. 1989）。持久トレーニング中の白血球濃度の上昇の度合は，運動強度が高くなるにしたがって大きくなる。このことは，無酸素性作業閾値よりも高い運動強度で行われる運動の場合，無酸素性作業閾値よりも低い運動強度での運動に比べ白血球濃度が高くなると報告されていることからもわかる（Mackinnon 1999）。

白血球の中で最も多いタイプが好中球であることから，好中球濃度の変化が運動により起こる全白血球濃度の変化を反映すると考えられている。運動からの回復時，好中球の濃度は上昇するといわれている。さらに，高強度の運動の場合，運動終了後6時間たっても上昇する（Nieman, Hensen, et al. 1995; Nieman, Simandle, et al. 1995; Shek et al. 1995）。また，運動後の好中球濃度は二相性に変化すると報告する先行研究もある。彼らの先行研究によると好中球濃度は運動後30分で安静時レベルまで戻り，12時間後再び上昇しているのだ（Hansen, Wilsgard, and Osterud 1991）。特に二度目の好中球濃度の上昇は，運動持続時間が長ければ長いほど，大きく上昇していた（Hansen, Wilsgard, and Osterud 1991）。

中程度の強度（$\dot{V}O_2max$ の60～85%）の運動では，血中における単球濃度は上昇しない（Foster et al. 1986; Esperson et al. 1990）。ところが，運動強度が最大値に近づくにつれ，血中における単球濃度の上昇が起こる（Gray et al. 1993; Nieman, Hensen, et al. 1995）。長時間続く運動の場合（3時間以上），単球濃度は安静時レベルの2.5倍以上に上昇し，運動後2～6時間上昇し続ける（Gray et al. 1993; Nieman, Hensen, et al. 1995）。

リンパ球濃度は，中・高強度の運動中もしくは運動直後上昇するといわれている。しかしながら，長時間持続する運動では，リンパ球濃度は好中球ほど上昇しないといわれている（Mackinnon 1999）。さらに，運動後のリンパ球濃度の減少は，非常に素早く（Mackinnon 1999），時として安静時レベル以下まで下がると報告されている。この安静時レベルを下回るリンパ球濃度の減少は，短時間の運動でも（Gray et al. 1993; Nieman, Hensen, et al. 1995），長時間の運動でも見られる（Gabriel et al. 1994; Nieman, Simandle, et al. 1995）。

リンパ球の種類であるT細胞，B細胞，NK細胞は，短期的運動に対しては明らかに異なる応答をする。これらすべてのリンパ球濃度が，運動中に上昇するが，この中でNK細胞は飛びぬけた上昇をする（Gray et al. 1993; Mackinnon 1999）。それに付け加え，CD4とCD8の割合が変化する。短時間の運動においても，長時間の運動においてもCD8（細胞障害性T細胞）濃度は，CD4（ヘルパーTと炎症性T細胞）よりも大きく上昇するので，運動中もしくは運動直後のCD4：CD8比は減少する（Gabriel. Schwarz, et al. 1992; Gray et al. 1993; Lewicki et al. 1988）。興味深いことに，このCD8濃度は，運動後の回復期には著しく低下する。CD8細胞は，運動中により多く動員され，運動後素早く取り除かれるということになる（Mackinnon 1999）。

またB細胞に関しては，中・高強度の運動では，どんな持続時間の運動でもその数は上昇し

ないが (Gabriel, Urahausen, and Kindermann 1992; Iverson, Arvesen, and Benestad 1994; Nielsen et al. 1996; Nieman, Hensen et al. 1993)，最大強度の運動が繰り返されると増加するようだ（例：短距離走やレジスタンストレーニングなど）(Gray et al. 1993; Nieman, Hensen et al. 1995)。

　前述したように，運動により最も大きく増加するのがNK細胞である。短時間でも（Nielsen et al. 1996），長時間の運動（Mackinnon et al. 1988）でも安静時に比べ200％まで上昇すると報告されている。しかしながら長時間，かつより強度の高い運動後，NK細胞の濃度は，安静時レベルよりも低下し，その低下は，数時間場合によっては数日も続くといわれている (Berk et al. 1990; Mackinnon et al. 1988: Shek et al. 1995)。NK細胞の濃度上昇は，明らかに運動強度と関係しており，運動強度が高まるとNK細胞はより顕著に応答するようになる (Niemann, Miller, et al. 1993; Tvede et al. 1993)。

[2] 長期間のトレーニングと白血球の応答

　アスリートと一般人の総白血球とその下位区分（好中球，単球，リンパ球）の数を横断的に比較しても大きな差があるとは報告されてはいない (Mackinnon et al. 1999)。また，安静時の白血球濃度に対する長期的トレーニングの効果に関してもこれまで報告されていない (Baum, Liesen, and Enneper 1994; Hopper et al. 1995; Gleeson et al. 1995; Tvede et al. 1989)。Mackinnon (1999) は，短期間のトレーニングへの，白血球数の応答の度合は，個人のトレーニングの状況に影響されることはないと示唆している。しかしながら，循環する白血球数はトレーニング量が上昇することにより増加する可能性があると報告している。

　Lehmannら（1996）が長期間にわたりトレーニングを行っている被験者の安静時白血球数の変化を調査したところ，トレーニング量の増加に伴う白血球数の低下が見られた。彼らはこの低下が，被験者の筋の固さと疲労に応答して起こったと報告している。ところが，運動強度が増加しても白血球数に変化は見られず，白血球の応答は運動強度よりも，トレーニング量に大きく影響されることを示唆していた。その他の先行研究もまた，長時間にわたって行われたトレーニングの後に安静時白血球濃度が低下していると報告している (Ferry et al. 1990)。ほとんどの先行研究は長期間のトレーニング中に総白血球数が変化するとは報告していないが，これらの研究は，急激なトレーニング量の増加を経験した持久性競技のスポーツ選手に焦点をあてたものであった。一方，Benoniら（1995）は，これらの研究とは対照的な結果を報告している。彼らの研究によると競技バスケットボールの試合期の期間中ずっと総白血球数の増加があり，好中球，単球，リンパ球の増加が顕著であったことも報告している。さらに，免疫機能の初期段階の変化である好中球の粘着反応もまた減少したと報告している。これらのことから，白血球の応答は，トレーニングにより加わる負荷のタイプにも関連していると考えられる（例：有酸素性トレーニング vs. 無酸素性トレーニング）。

　一般的に，白血球の下位区分は，運動中の総白血球数に見られる応答と呼応している。ほとんどの先行研究は，好中球，単球／マクロファージ，リンパ球の数がトレーニングにより変化しないと報告している。しかしながら，総白血球数同様，長期的かつ多量のトレーニングにより，安静時の単球濃度の減少 (Mackinnon et al. 1997; Ndon et al. 1992) や運動に対する好中球の応答の低下が起こる (Suzuki et al. 1996) と報告する先行研究もあるのだ。

[3] トレーニングと大食細胞の機能

循環する大食細胞の数は，血管内へ好中球，単球がどれくらい放出されたのかについて情報を提供してくれるが，これらの白血球の機能を評価することはできない。白血球の機能には，化学走性刺激に応答して起こる大食細胞の遊走，粘着反応，食作用などが含まれる。

好中球は，負荷の高いトレーニング期間中であろうと正常に機能する。短期的なトレーニングでも好中球の機能は高まるといわれている（Mackinnon et al. 1999）。ところが，前述したように長期間にわたる持久トレーニングは，好中球の機能を低下させる。好中球の遊走機能は，20～30％減少するのである（Esperson et al. 1991）。さらに，いくつかの先行研究は，一般人に比べ，持久性競技に携わっている選手の食作用の機能が低下していると報告している（Blannin et al. 1996; Hack et al. 1994; Lewicki et al. 1987; Smith et al. 1990）。この機能低下は，好中球内の顆粒が原因で起こっているといわれている。これらの機能低下は，以下の項目において見られる。

- 化学走性刺激に応答して起こる遊走機能
- 好中球の粘着反応
- 顆粒成分
- 食作用
- 刺激への感度

好中球の機能低下は，持久性競技に携わるスポーツ選手の感染の可能性を著しく高める。しかしながら，好中球に見られる感度の低下は，トレーニングの結果起こる炎症反応が持続的に起こり組織にダメージを与えることを防ぐための人体の適応ではないかとSmithら（1990）は推測している。

一方，運動やトレーニングがヒトの単球／大食細胞に与える影響に関する研究は，好中球に関するものに比べるとはるかに少ない。Lewickiら（1987）の報告によると，スポーツ選手の安静時における単球の粘着反応は，非鍛練者に比べて低いものになる（Osterud, Olsen, and Wilsgard 1989）。これらの報告とは対照的に，オールアウト後のよく鍛練されたスポーツ選手の大食細胞の代謝・食作用が20～60％改善するという報告もある（Fehr, Lotzerich, and Michna 1988, 1989）。しかしながら，これらの変化が，トレーニングによるストレスに適応するスポーツ選手の能力であるかどうかに関しては未だ明らかではない。今後，単球／大食細胞に関するさらなる研究が必要となってくるであろう。

[4] 運動が補体，急性期タンパク質，サイトカインに及ぼす影響

前述したように，補体，急性期タンパク質，サイトカインは，水溶性の自然免疫機能である。これらは，体液中を循環し，炎症や感染に応答する免疫反応を調節する。何人かの研究者は，補体が運動により顕著に上昇すると主張しているが（Castell et al. 1997; Dufaux, Order, and Liesen 1991），安静時レベルから変化しないとの報告をしているものもある（Esperson et al. 1991）。このような相違は，運動の持続時間に関係している可能性がある。Esperson（1991）らの報告によると，エリート選手が5kmのランニングをした後，補体のレベルに変化はなか

ったが，より長い持続時間を要する運動を行った場合，補体濃度が著しく上昇した（11〜45％の上昇）（Dufaux, Order, and Liesen 1991; Nieman, Berk, et al. 1989）。補体は，運動後数時間上昇し続けるが，これは，ダメージを受けた筋肉から出るタンパク質分解性の細胞破片を取り除く役割をしている可能性もある（Mackinnon 1999）。

持久トレーニングを積んだ選手は，非鍛練者に比べ安静時の補体レベルが低いと報告されている（Nieman, Berk, et al. 1989）。これらの選手に見られる安静時の補体レベルの低下は，非鍛練者に相対的に同じ強度の運動をやらせた後でも存在する。このことから，スポーツ選手に見られる補体の応答低下は，トレーニングの結果起こる適応であると考えられる。安静時，運動後の補体濃度の減少は，毎日の高強度トレーニングからくる慢性的炎症に対する長期的な適応であると考えられるのではないだろうか（Mackinnon 1999）。

急性期タンパク質の応答は，運動の持続時間と関係している。最も一般的な急性期タンパク質であるC反応性タンパク質（CRP）は，2〜3時間を超える運動の結果上昇するといわれており（Castell et al. 1997; Liesen, Dufaux amd Hollmann 1977; Strahan et al. 1984; Weight et al. 1991），それよりも短時間の運動では変化しない（Hubinger et al. 1997; Nosaka and Clarkson 1996）。また，筋細胞にダメージを与えるのに十分な運動強度で運動をしたとしても短時間の運動ではCRPが，上昇することはない（Nosaka and Clarkson 1996）。この急性期タンパク質の不応答は，特定の運動プロトコル中に見られるサイトカインの不応答が起因している可能性がある。

トレーニングが，安静時の急性期タンパク質の量に与える効果は，未だ明らかではない。これまでの先行研究によるとスポーツ選手と非鍛練者のCRPレベルを比較した研究の結果は一定ではないとMackinnon（1999）は報告している。しかしながら，持久トレーニングプログラムを与えると急性期タンパク質は減少するのは確かなようである。これは，日々のトレーニングの結果起こりうる炎症反応を調節するための適応であると考えられる。また，長期間のトレーニングプログラム遂行後に起こる好中球濃度の低下とも関係している可能性が考えられる。

サイトカインの運動に対する応答を評価することは難しいといわれている。特に炎症性サイトカインであるIL-1，IL-6，TNFαは，運動中・後放出される（Mackinnon 1999）。しかしながら，サイトカインが，血中から素早く除去されることや，ダメージを受けた組織で局所的に作り出されることから，血中レベルを測定したとしても，運動に対するサイトカインの応答を正しく反映しているとはいえないのである。血中におけるサイトカイン濃度は，わずかな変化しか示さないのに対して（IL-6でのみ有意な上昇が見られた），尿内のIL-1，IL-6，IFN，TNFαは，持久トレーニング（20km走）後3〜24時間に顕著に上昇するといわれている（Sprenger et al. 1992）。また，IL-1に関していえば，長時間の伸張性収縮運動（45分間のダウンヒル走）後，最大5日間，骨格筋内のその値が上昇していた（Cannon et al. 1991; Fielding et al. 1993）。このような伸張性収縮後の骨格筋内，および持久トレーニング後の尿内での，IL-1の上昇は，サイトカインが，運動によりダメージを受けた組織の炎症および修復にとって重要な役割を果たしていることを示唆している。トレーニングが，安静時のサイトカインの活動に与える影響に関しては，未だ明らかになってはいない。Sprengerら（1992）は，よく鍛練された持久系アスリートは，非鍛練者に比べ，安静時におけるIL-1，IL-6，TNFαレベルが高いことを報告している。ところが，持久系アスリートと非鍛練者の間では，安静時サイトカインレベルに有意な差はな

い，と Smith ら（1992）は報告している。このような矛盾した結果を引き起こす要因を推察することは難しいが，トレーニングのタイプや選手のタイプなどが関係しているのかもしれない。

［5］運動による免疫グロブリンの変化

前述したように，免疫グロブリンは，後天的免疫機能の重要な媒体である。免疫グロブリンは，抗体活動，特定の抗原との結合を促し，食作用，細胞毒性，補体との結合を刺激する。免疫グロブリンは，血中と唾液の両方に見られる。しかし，それぞれの運動に対する反応は異なっている。

スポーツ選手における免疫グロブリンの血中濃度は，安静時レベルでは変わらず，運動後も若干の上昇が見られるだけである。長距離走を行った男性ランナーの免疫グロブリン濃度を見ると，走行直後から24時間後まで安静時レベルより上昇することはなかったと報告されている（Hansen and Flaherty 1981; Gmunder et al. 1990）。また自転車競技選手に2時間の運動をさせても類似した結果となった（Mackinnon et al. 1989）。さらに，自転車エルゴメーターで30秒間の最大努力運動（Wingate Anaerobic Test）を行わせた後の免疫グロブリン量を総体液量の変化で補正を加えても変化は見られなかった（Nieman et al. 1992）。体重過多の女性に45分間の歩行運動を行わせたところ血漿免疫グロブリンは，若干の増加を示した。IgGレベルは，運動後1.5時間上昇したままになったが，IgAとIgMは運動直後上昇した後，運動後5時間で元のレベルに戻った。

免疫グロブリンの安静時血中濃度は，運動選手と非鍛練者との間で差があるわけではない（Nieman, Tan, et al. 1989; Nehlsen-Cannarella et al. 1991）。しかしながら，正常範囲ぎりぎりの値ではあるものの，様々なスポーツ選手の免疫グロブリン濃度が低いことを先行研究は報告している（Garagioloa et al. 1995; Gleeson et al. 1995）。このような免疫グロブリンの低下は，強度の高いトレーニングの結果起こると考えられており，スポーツ選手に見られる低下は，感染の可能性を高める結果となりうる。これに関してはまた後ほど述べる。

唾液内のIgAレベルは，一般的に粘膜の免疫状態を調べるために使われる。いくつかの研究は，長期間にわたる高強度トレーニングプログラムをこなすことにより，安静時の唾液内IgAレベルが低下すると報告している（Mackinnon and Hooper 1996; Tomasi et al. 1982）。Tomasiら（1982）は，男女のエリートノルディックスキー選手と同年齢の一般人の唾液内のIgAレベルを測定し，スキー選手の安静時値は50％も低かったと報告している。MackinnonとHooperは，高強度トレーニング期間中の水泳選手の唾液内のIgA値を測定した。その結果，体調不良の訴えとIgA値の低下の間には関係があり，トレーニングに適応している選手のIgA値は上昇していなかった。TharpとBarnes（1990）とGleesonら（1995）の研究では，水泳選手のIgAの安静時値が，試合期において減少していることを報告している。このようなIgA値の減少は，運動負荷を減少させたとしてもすぐに元に戻るわけではない。安静時におけるIgA濃度低下が，運動負荷減少後も残ることから，高強度トレーニングを長期間続ける（6〜7ヶ月）ことは，免疫機能に積算的な影響を与え，正常値に戻るまで長期の回復期が必要となる。その他の先行研究もまた，トレーニング期間が比較的短くても（4〜5日），運動強度の高いトレーニングは，免疫機能に積算的な影響を与えると報告している（Mackinnon and Hooper 1994; Mackinnon et al. 1991)。運動持続時間の長短にかかわらず，運動強度の高いトレーニングが安静時免疫グロブリン濃度を低下させるのは明らかなようである。このような免疫機能の抑制効果は，トレーニング強度の変化に適応しきれないスポーツ選手達の間で，上気道の感染を引き起こす原因となっている。

　短期的な運動に対する免疫グロブリンの反応は，運動の持続時間に関係してくる。2時間を超える有酸素運動の場合，その運動直後，40～60％の幅で唾液内のIgA濃度の減少が見られる（Mackinnon et al. 1989; Tomasi et al. 1982）。IgA濃度の減少は，運動後最大24時間続くといわれている。また，高強度，短時間の運動後も，唾液内のIgA濃度の減少が見られる（McDowell et al. 1992; Mackinnon et al. 1993; Tharp 1990）が，この濃度減少は，長期間にわたる持久トレーニングにより引き起こされるレベルではない。中程度の45～90分程度の運動であれば，唾液内のIgA濃度は安静時レベルとほとんど変わらないことから（McDowell et al. 1991; Mackinnon and Hooper 1994），中程度の運動は免疫機能にストレスを加えないものと考えられる。

[6] スポーツ選手の免疫応答

　これまで，非活動であった人が運動を始めると，上気道感染（upper respiratory tract ingection: URTI）の発生率は減少する（Nieman et al. 1990; Nieman, Hensen et al. 1993）。Niemanらは，週5日で定期的に運動を行っている女性の上気道感染率は，同じ年齢の非活動群と比べると顕著に低いと報告している（図5.3）。また運動をしている人々は，健康であるという意識が高い。750人のマスターズのスポーツ選手（40～81歳）にアンケートをとったところ，彼らは，非活動的な人に比べ，ウイルス性感染にかかりにくいとの認識を持っていることがわかった（Shephard et al. 1995）。また，平均で12年間もの間マラソンを走り続けている一般ランナーの90％が，病気になりにくいとの認識を持っている（Nieman 2000）。

　トレーニングが健康に有益であるとの報告がある一方，スポーツ選手は，一般人に比べ上気道感染（URTI）にかかる可能性が高いと報告している研究もある。Niemanら（1990）の報告によると，マラソンを走らなかったランナーのうち2.2％の人しか上気道感染（URTI）の症状を訴えなかったのに対して，マラソンを走ったランナーのうちの12.9％もの人がURTIの症状を訴えている。またPeterら（1990）も，マラソンなどの持続時間の長い競技を行った後，2週間は上気道感染（URTI）の可能性が高くなると報告している。上気道感染（URTI）のリスクの増加は，レースの距離に関係してくる。Nieman, JohanssenとLee（1989）の研究によると，5 km，10 km，21 kmのレースの後，数週間の間の上気道感染（URTI）のリスクは，レース前と比較しても変わらない。また，1週間平均42 kmを走っているランナーと平均12 kmを走っているランナーの間にも差は見られなかった。

　マラソンやウルトラマラソンのような非常に負荷の高い競技において上気道感染（URTI）のリス

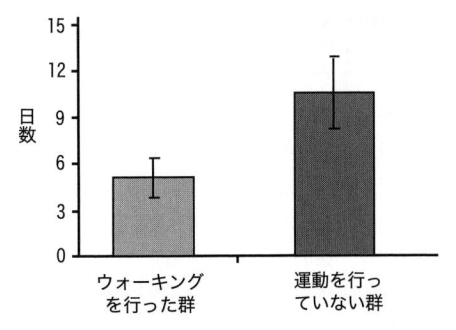

図5.3　中程度の運動が定期的に運動を行っていない女性のURTIに感染（日）に与える影響

（Nieman et al. 1990のデータを引用）

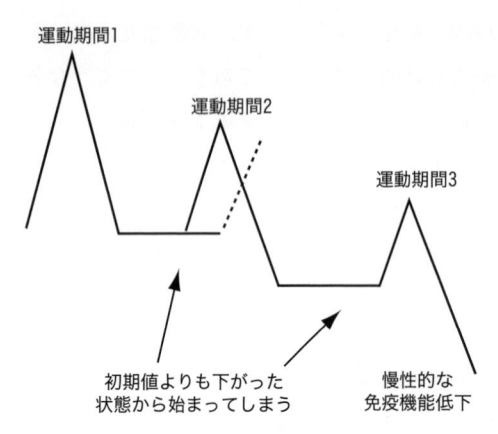

図 5.4　運動により引き起こされる免疫機能低下の可能性
（B.K. Pedersen and H. Ullum, 1999 から承諾を得て引用）

クは高まる。また，強度が高く，持続時間の長いトレーニングも上気道感染（URTI）のリスクを高める。Linde（1987）は，オリエンテーリングのエリート選手は，年間を通して上気道感染（URTI）の発生率が高いと報告している（同年代の一般人が，年 1.7 回なのに比べて，2.5 回だった）。強度の高い，持続性トレーニングでは上気道感染（URTI）のリスクが高まると報告している研究もある（Heath, Macera, and Nieman 1992; Nieman et al. 1994）。

上気道感染（URTI）のリスクの増加は，持久性競技の選手に限られている。パワー系の選手における上気道感染（URTI）のリスク増加に関する報告はこれまでされていないが，パワー系の選手における上気道感染（URTI）のリスクに関する研究は，持久トレーニングに関する研究に比べはるかに少ないのも事実である。またトレーニングが，感染率を低下させる根拠が存在する一方，マラソンやウルトラマラソンのような高強度かつ持続時間の長い競技に携わっているエリート選手の場合，感染症にかかる可能性が高まるのも事実である。一般的にスポーツ選手の免疫力が低くなることはないが，上気道感染の確率は高まるといわれている（Mackinnon 1999）。この章で参照した文献が述べているように，長期間にわたる高強度のトレーニングが免疫系に影響を与えることがこの数年でわかってきている（白血球数の減少，免疫グロブリン濃度の減少，抗菌作用の抑制）。

先行研究は，高強度の運動を行ったあと数日の間に感染のリスクが高まると報告している（Pedersen and Ullum 1994）。図 5.4 に見られるように，スポーツ選手は，前回のトレーニングから完全に回復する前に次のトレーニングを開始してしまうことがある。もし，このように完全に回復する前にトレーニングを開始するパターンを繰り返すならば，積算的に免疫機能が低下し，感染症の可能性を高める結果となる。

> **要約**
>
> これまで定期的に運動を行っていなかった人が運動をすることは，感染症の発生率を減少させるのに効果的である。しかし，長期にわたるトレーニング期間中，高い運動強度を維持し続ければ，スポーツ選手が，URTI にかかる可能性はかなり高くなる。この感染確率の上昇は，粘膜での IgA 濃度，白血球数，NK 細胞低下に関係している可能性がある。また，持久トレーニングを積んでいる選手の URTI の可能性は高いと多くの研究により報告されているが，パワー系選手に関する研究は，未だ不十分である。

第II部

トレーニングの処方とその原則

第6章

トレーニングの原則

　最適なトレーニングプログラムを作成するには，トレーニングの目的と目標を明確にすることが不可欠である。しかし，トレーニングプログラムの目的・目標が非現実的だと選手やコーチ側にかかるストレスは多大なものとなる。そのため，目的・目標は，選手やチームにとって達成することが可能なものでなければならない。筋力・筋量の増加，パフォーマンス向上，有酸素能力の向上，身体組成の改善等の要素は，トレーニングプログラムを作成する際の目標となる項目であるが，スポーツ指導者はこれらの項目を目標とするレベルに上げるため，トレーニングプログラムを短期的または長期的に調整していくことが求められる。トレーニングプログラムの調整要素として知られているのが，運動の種類，順番，強度，量，頻度，セット間もしくはトレーニング間の休息の長さなどの要素である（Fleck and Kraemer 1997）。それぞれの要素は，トレーニングによる刺激に対して起こる生理的適応に大きく影響を与えるものである（第1〜5章参照）。最適な運動プログラムを作成し，現実的なトレーニング目標を達成するためには，運動の基本的原則を理解する必要がある。これらの原則はスポーツ科学の原理であり，筋力トレーニングプログラムのみならずランニングプログラムを作成するうえでも有用となってくる。

1 特異性の原則

　特異性の原則とは，「トレーニングによる適応はトレーニングした筋，トレーニングで用いられた運動強度，トレーニングで使用する代謝機構，関節角度等にのみ特異的に起こるもの」という原則である。たとえば，トレーニングの目標を最大筋力の増加と設定したにもかかわらず，低強度長時間運動を行っていては目的に沿ったトレーニングプログラムであるとはいえない。一般的に筋力トレーニングは競技力向上のためのコンディショニングプログラムの一環として行われる。しかし，実戦練習と違い，ウエイトトレーニングなどの筋力トレーニングプログラムは，100%競技力を反映するものではない。ウエイトトレーニングを実際の競技力向上に生かすためには，その競技種目で実際に使われる筋を特異的に鍛えられるトレーニング種目を選択することが重要になってくる。また，実際の競技種目で用いられる動作と類似した協調

運動を伴うトレーニング種目を取り入れることも大切である。たとえば，プッシュプレスのような多関節運動の場合，バーベルを肩の高さから頭の上まで持ち上げるために上肢・下肢の筋が協調してパワーを発揮するような動作を要求される。このような運動はバスケットボールでのリバウンドや，ディフェスのマークとともにゴールに近づき，シュートを打つ動作等に似ており，バスケットボールの競技特性に合った運動であると考えられる。

2 過負荷の原則

過負荷の原則とは，「トレーニングによる適応を求めるなら，トレーニングしている筋や生理的変化は通常慣れているレベルよりも高いレベルで行わなければならない」ということである。たとえば，最大筋力を高めることが必要な時に，5RM（最大反復数が5回の負荷）の筋力トレーニングを処方するのが適切な運動強度であると考えられているが（詳細は第7章で述べる），この時5RM以下の負荷を設定しても，最大筋力の養成という目的からすると過負荷にはならないということになる。また，マラソンのためにトレーニングで有酸素運動能力を極限まで高めることをトレーニングゴールとした場合，トレーニング強度は有酸素性閾値程度が必要となるが（詳細は第9章で述べる），もしトレーニング強度が適切でなければ有酸素能力の向上をもたらす生理的適応を得ることができない。このように，過負荷の原則とは，求められる身体適応にとって不可欠な負荷を加えることの必要性を示唆するものである。

3 漸進性の原則

トレーニングプログラムが進むにつれ身体適応が起こり，それまでと同じトレーニング強度や量では身体への刺激が相対的に低下していくこととなる。身体適応が起こったとしても身体へのトレーニング刺激（強度や量）を同程度に維持するためには，調整要素を変化させていく必要がある。たとえば，スクワットで8〜10回×4セットの設定をし，トレーニング開始初期には135 lb（61 kg）で1セット目10回，2セット目9回，3，4セット目8回の挙上ができたとする。その後数週間トレーニングを続けると，4セットとも同負荷で10回できるようになり，さらに10回以上できるようになってくる。これは，トレーニングによる適応が起こった結果であり，さらに筋力増加を求めるには負荷を増加させ（145 lb〈66 kg〉），トレーニングを続けなければ，求めるトレーニングの刺激が得られなくなってくる。漸進性負荷とは，つまりトレーニングプログラムの進捗状況に伴い，運動負荷を常に見直していくことである。図6.1では持久トレーニングにおけるこの原則の重要性を示している。

4 個別性の原則

個別性の原則は，同様のトレーニング刺激であっても人それぞれ反応が違うということを示唆するものである。各個人のトレーニングに対する応答の多様性は，トレーニング開始前の状態，遺伝的素因，性別などの因子に影響を受ける。多くのトップボディビルダーが自分のトレ

第6章 トレーニングの原則　81

───漸進性の原則にしたがった場合───▶

20歳，クロスカントリーランナーのトレーニングプログラム：10週目

高強度トレーニング日には6分15秒/マイルで6〜7マイルを走行。心拍は160〜170/分の幅。パフォーマンスはトレーニング初期と比較すると向上しており，V̇O₂maxの増加にも反映されている。

20歳，クロスカントリーランナーのトレーニングプログラム：1週目

高強度トレーニング日には6分45秒/マイルで6〜7マイルを走行。心拍は160〜170/分の幅。

20歳，クロスカントリーランナーのトレーニングプログラム：10週目

高強度トレーニング日には6分45秒/マイルで6〜7マイルを走行。心拍は150〜160/分の幅。パフォーマンスはトレーニング初期と比較しても改善されておらず，V̇O₂maxの変化も見られない

───漸進性の原則にしたがわなかった場合───▶

図6.1　持久トレーニングにおける漸進性の原則の重要性

ーニングプログラムを公開しているため，一般のボディビルダーは，それと同等の効果を期待して同じトレーニングプログラムを遂行しようとするが，多くの場合期待した結果は得られない。この主な原因は，トレーニング刺激に対する反応の個人差によるものと考えられる。

5 収穫逓減性の原則

　収穫逓減性の原則は「パフォーマンスの向上は各個人のトレーニング歴と関係がある」というものである。初心者の場合は，比較的短期間にかなり大きな筋力増加が可能であるが，すでに数年間筋力トレーニングを行っているようなアスリートの場合，わずかな筋力増加でも長期間を要する。図6.2に理論上のトレーニングカーブを示したので参照してもらいたい。

　トレーニング開始初期には，短期間で筋力を増加させることができるが，トレーニングを長期間続けていくと筋力増加の割合は減少していく。さらにトレーニングを続けると，筋力とパフォーマンスの上昇の様子は変化し，徐々にプラトー（停滞状態）に達する。このプラトーは遺伝的上限といえる。この状態に達するとパフォーマンスが向上しないため，多くの選手はいら立ち，状況打開のためにタンパク同化ステロイドや他のエルゴジェニックエイドを使用する者も現れるのである。大学バスケットボール選手を対象にトレーニング開始時のトレーニング歴が筋力変化へ及ぼす影響を検討している研究がある（Hoffman, Maresh, et al. 1991）。この研

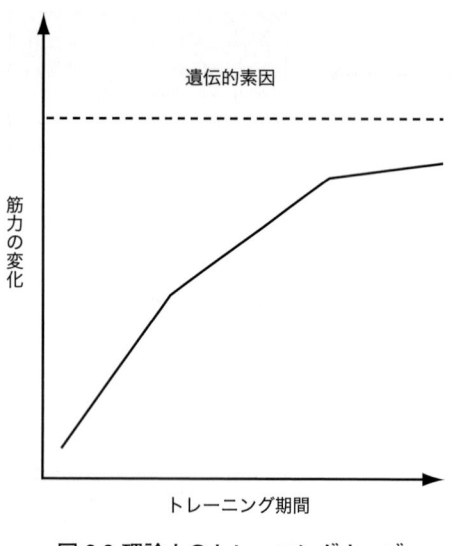

図 6.2 理論上のトレーニングカーブ

究では，被験者を筋力トレーニング経験者群と未経験者群の2群に分け，筋力トレーニングによる適応の様子を観察した。その結果，経験者群では筋力変化が見られなかったが，非経験者群では上半身の筋力（ベンチプレスの1RM）が4％上昇していた（表6.1）。両群とも同一の筋力トレーニングプログラムを行ったにもかかわらず，筋力トレーニング経験の有無によりトレーニング効果に差が見られたのである。

また，パフォーマンスへの影響も示唆されている。Hakkinenら（1987a）はトップウエイトリフティング選手に1年間のトレーニングを課した結果，選手の筋力が，わずかに増加したものの統計学的に有意な差が見られるほどのものではなかった。統計学的にいえば差がないということになるが，実際には選手とコーチはこのトレーニングプログラムを成功と捉えていた。このようにトップアスリートになればなるほど，わずかな差が勝敗を左右し，このような実質的な差が統計的な差よりも優先されるのも事実である。

6 可逆性の原則

　トレーニングを中止したり量が不足するとパフォーマンスは低下するが，トレーニングを再開すればパフォーマンスを元のレベルに戻すことができる。これが可逆性の原則である。一般的な例としてケガした部位のギプス固定によるトレーニングの中止がある。ギプス固定により長期間の不活動を余儀なくされると障害部位周辺の筋量，筋力は顕著に減少する。

　トレーニングを長期間に渡って極端に減らしたり，まったく行わない状態をディトレーニング（脱トレーニング）といい，パフォーマンスの低下に繋がる。パフォーマンス低下の程度はディトレーニングの期間と活動の種類によるが，有酸素能力の低下（4～6%$\dot{V}O_2max$の低下）はわずか2週間の不活動でも起こり（Coyle, Hemmert, and Coggan 1986; Houston, Bentzen, and Larsen 1979），不活動が長期化するとさらなる低下へと繋がる（Simoneau et al. 1987; Drinkwater and Horvath 1972）。

　筋力／パワー系パフォーマンスもディトレーニングにより低下し，その程度はトレーニング歴，ディトレーニング前のトレーニング期間，筋群の種類により変わってくる（Fleck and Kraemer 1997）。Hakkinenらの研究では，2週間のディトレーニング群で最大等尺性膝伸展力が3％低下したが，逆にトレーニング群は同期間

表 6.1　筋力トレーニングによる筋力の変化

	トレーニング経験者			トレーニング未経験者		
	ベンチプレス					
トレーニング前	101.6	±	9.6	92.4	±	26.0
トレーニング後	102.9	±	11.0	96.2	±	24.2*
	スクワット					
トレーニング前	161.4	±	16.4	131.1	±	23.3
トレーニング後	150.8	±	13.1	133.7	±	20.9

で2％増加していると報告している（1989）。また，24週間の筋力トレーニングプログラムで等尺性最大筋力を27％増加させた筋力トレーニング経験者の筋力は，その後12週間のディトレーニングで低下したもののトレーニング開始前と比較すると12％は高い状態であった（Hakkinen, Komi, and Alen 1985）。つまり，約3ヶ月のディトレーニングがあっても筋力レベルは24週間のトレーニング開始前よりも高い状態を維持できたのである。

先行研究の結果を総合して考えるとディトレーニング期間中の筋と全身持久力の低下は，無酸素性活動の変化よりも大きいようだ。これは酵素活性

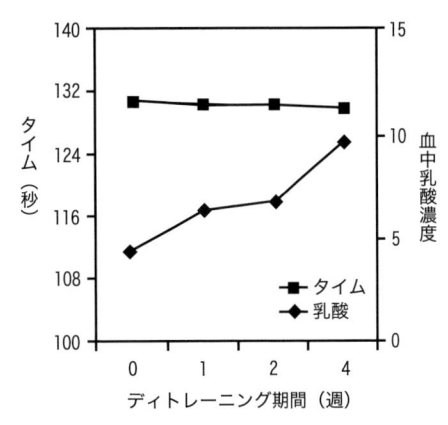

図6.3 ディトレーニング中の血中乳酸濃度と泳速度の変化
（Wilmore and Costill 2000 から引用）

と1回拍出量の変化に関係があると考えられる（Coyle et al. 1984; Coyle, Hemmert, and Coggan 1986）。2〜4週間のディトレーニングにより心拍出量は12％低下し（Coyle, Hemmert, and Coggan 1986），酸化系酵素（コハク酸デヒドロゲナーゼやシトクロム酸化酵素）の著しい低下も見られる（Wilmore and Costill 1999）。また，3ヶ月のディトレーニング後の解糖系酵素と酸化系酵素の変化を比較した研究によると，酸化系酵素の酵素活性が60％近く低下していたのに対し，解糖系酵素は活性を維持することができていた（Coyle et al. 1984）。図6.3に示すように，無酸素系運動パフォーマンスは比較的短期間のディトレーニングであれば維持することが可能であるようだ。

> **要約**
>
> トレーニングプログラムを作成する時，トレーニングの原則を理解しておくことが重要である。この章では選手やコーチが現実的な目標を設定し，パフォーマンスを最大限に向上させるためにトレーニングを常に改善する必要性があることについて述べた。また，トレーニングの原則（特異性，過負荷，漸進性，個別性，収穫逓減性，可逆性），可逆性の原則に関連するディトレーニングについても合わせて解説してあるので参考にしてもらいたい。

第7章

レジスタンストレーニング

> レジスタンストレーニングが競技力向上のための手段として普及し始めたのは，ここ25〜30年である。1970年台中盤から1980年位までは，レジスタンストレーニングが柔軟性や競技力を低下させるとして，様々な競技から敬遠されてきた。しかしその後，多くのスポーツチームが，レジスタンストレーニングの有効性を認識し，積極的に導入するようになっていったのである。そして，それと同時期に，多くの研究者が有効なレジスタンストレーニングの方法を模索するようになっていった。この章では，レジスタンストレーニングの有効性や限界点を含め解説していく。

■1 レジスタンストレーニングのプログラミングについて

　レジスタンストレーニングのプログラムを作成する時，ニーズの分析，短期的調整要素，長期的調整要素等を考慮して立案していくことが不可欠である（Fleck and Kraemer 1997）。これらを把握，調節して，選手が求める身体能力向上のためのプログラムを作成するのである。第11章の期分け（ピリオダイゼーション）で長期的調整要素に触れるので，この章ではニーズの解析と短期的調整要素について述べていく。

［1］ニーズの分析

　レジスタンストレーニングのプログラムを作成する時，まずは選手が求めるニーズを分析する。生理学，バイオメカニクス，医学の三分野での分析を行うのが一般的である。
　生理学的分析では，対象者が運動中，最も必要とするエネルギー代謝機構は何かを分析する。エネルギー代謝機構の分析では，競技中の運動強度と運動持続時間を解析する（第3章参照）。第3章で紹介した3種類のエネルギー代謝機構は常に身体にエネルギーを供給しており，状況に応じてその供給比率を変化させていく。たとえば，運動強度が高ければ，有酸素性エネルギー代謝によるエネルギー供給の割合は減少し，無酸素性エネルギー代謝による供給の割合が増加することになる。このようなエネルギー代謝の分析に加え，筋力，パワー，スピード，アジリティ，柔軟性などの身体能力の中で選手が必要とする身体能力は何なのかを分析することも

生理学的分析の一つといえる。生理学的分析を行うことにより，その選手に適したレジスタンストレーニングの運動強度（負荷）や休息時間などを決めることができる。

バイオメカニクス的分析では，そのスポーツ活動で使われる筋肉や関節可動域等の情報を得る。これにより，適切な種目設定が可能となる。以下の五つのポイントを考慮し，分析することが不可欠だとFleckとKraemer（1997）は示唆している。

- 運動中にどの関節を使うのかを知る。
- 必要な関節可動域はどの位か？
- 運動中に起こる骨運動の速度はどの位か？
- 運動中に関節に加わる負荷はどの位か？
- 収縮形態は（短縮性，伸張性，等尺性収縮）？

また，レジスタンストレーニングを導入するにあたり，これにより起こる身体的適応が，競技特性を反映するものでなければ，その導入の意味は薄れてしまう。基本的に，レジスタンストレーニングは，関節や筋肉の柔軟性の維持・向上のため関節可動域全域を使って行うとされているが，必ずしもすべてのスポーツの動作が，関節可動域全域を使うものではない。このような場合，競技特性に合わせた関節可動域での筋力トレーニングの導入も必要となる。

最後に医学的分析である。レジスタンストレーニングは，スポーツ外傷・障害の予防に有効であるといわれており（Fleck and Falkel 1986; Hoffman and Klafeld 1998），過去にスポーツ外傷・障害を負った部位やスポーツ外傷・障害の好発部位を中心にトレーニングを行うことでスポーツ傷害予防に役立つと考えられている。

[2] レジスタンストレーニングの短期的調整要素

レジスタンストレーニングの短期的調整要素には，運動強度，運動量，休息時間，運動方法などが含まれる。これらの調整要素の組み合わせは無限に存在するが，選手が求める身体的適応を導くのに適した組み合わせでレジスタンストレーニングを処方することが重要となってくる。

❶ 種目の選択

レジスタンストレーニングの種目を選択する時，そのスポーツ活動に必要な筋肉・筋群がどこであるかを理解しなければならない。また，過去に負ったスポーツ外傷・障害の既往歴を把握し，その種目が，既往歴がある部位に与える影響を考慮することも必要である。

レジスタンストレーニングの種目には，大きく機能的な身体動作から考案された種目と個々の関節動作を用いた種目の2種類に分類される。機能的身体動作から考案された種目の例としては，パワークリーン，デッドリフト，スクワットなどの種目がある。これらの種目は，多くの関節と筋肉を使った協調運動である。対照的に，個々の関節動作を用いた種目は，アームカールやレッグエクステンションのように単関節運動を用いて，動員する筋や筋群を分離して行うものである。基本的に，ほとんどのスポーツ動作では同時に複数の関節と筋肉を動員する。それゆえ，パワークリーン，デッドリフト，スクワットのように機能的な身体動作から考えられた種目のほうが，競技力向上には有効であると考えられている。実際，これらの種目は，レジスタンストレーニングの中心的役割を持ち，しばしばコアエクササイズとしても呼ばれてい

る。しかしその反面，これらの種目は技術的に困難で，十分な技術指導なしには，スポーツ外傷を招きかねないことも忘れないでほしい。また，アームカールやレッグエクステンションのような個々の関節動作で行われる種目は，特に鍛えたい筋肉を個別に鍛えられるので，補助種目としての役割が強い。さらに，個別の筋や関節を狙ってトレーニングできるのでスポーツ外傷・障害の予防にも有効だとされている。

❷ 種目の順序

小筋群での種目を最初に行い，個別の筋群を疲労させてしまうと，より重要な大筋群を用いたコアエクササイズの運動強度が低下しトレーニング効果を軽減してしまう可能性が考えられる。そのため，大筋群を動員する種目を最初に行い，徐々に小筋群を使う種目へと移っていくのが，種目の順序としては一般的である。しかしながら，コアエクササイズで十分な疲労感を得られない人に対しては，あえて個別の筋群を疲労させてからコアエクササイズを行わせるプリエグゾースティングトレーニングという例外的な方法もある（Fleck and Kraemer 1997）。

また，種目の順序を設定する時，筋群に関しても考慮する必要がある。たとえば，脚，背中を同じ日にトレーニングするのであれば，脚部で最も大きな筋群を使うトレーニングであるスクワットを最初に行った後，レッグエクステンション，レッグカールのように小筋群で行う種目へと移行する。そして，これら脚部でのトレーニング終了後，背部での大筋群トレーニングであるラットプルダウン，小筋群の種目であるシーテッドロウイングへと移っていく。このようにトレーニングする部位ごとで，どの種目が大きな筋群を用いているトレーニングかを理解しながら行う必要がある。

一方，スーパーセットやコンパウンドセットのように，目的を持って種目の順序を決める場合もある。スーパーセットとは，上腕二頭筋と上腕三頭筋のように主動筋と拮抗筋のトレーニングを交互に行う方法である。それに対し，コンパウンドセットは，同じ筋群を使った複数の種目（例：ベンチプレスとインクラインプレス）をわずかな休憩時間で連続して行う方法である。このような場合は，使う筋群の大きさというよりは，目的によって種目の順序が決まってくるので，大筋群での種目を最初に行うという原則は必ずしもあてはまらない。

❸ 運動強度

運動強度とは，レジスタンストレーニングの場合，運動負荷つまり，ウエイト（重量）のことを指す。レジスタンストレーニングでの短期的調整要素で最も重要な要素である。運動負荷の加え方は，対象者の持つ筋力や筋の回復能力により変わってくる。

運動強度は，しばしばRM（repetition maximum：最大挙上回数）の相対値として表される。RMとは，ある運動負荷で最大限挙上できる回数のことを指す。たとえば，50kgの重さでベンチプレスを10回挙上することが限界だとすると，ベンチプレスにおける10RMの運動負荷は50kgであると表現される。また，運動負荷の表現として，1RMに対する相対値を用いる場合もある。1RMは，1回だけ挙上できる，いわゆる最大筋力の指標である。たとえば，1RMが50kgであれば，80% 1RMは40kgということになる。

最大挙上回数を用いて，その負荷を変化させると，養成される身体能力（筋力もしくは筋持久力）も変わってくる（Anderson and Kearney 1982）。FleckとKraemer（1997）は，このような効果のことを最大挙上回数の連続体と呼んでいる（図7.1参照）。6回以下の回数しか挙上で

きない負荷(<6RM)でトレーニングすると筋力や筋パワーを養成するのに効果的である。一方，20回以上挙上することのできる負荷（>20RM）でトレーニングすることで筋持久力が養成される。しかし，レジスタンストレーニングを開始したばかりの選手の場合，これらの基準は当てはまらず，15〜20RMで行ったほうが筋力増加の効果が大きいといわれている。このような筋力アップの効果にトレーニング歴が影響する要因として，トレーニング開始初期に起こる神経系の適応が関連していると考えられている。

このように，各選手の身体能力にあった負荷設定をすることが，レジスタンストレーニングのプログラム作成には不可欠である。負荷の決定には二つ方法があるが，最も効果的な方法は，1RMテストである（Hoffman, Maresh, and Armstrong 1992）。これは，選手が1回だけ挙上することのできる最大重量を測定し，そこから目的に合わせて負荷設定をしていくものである。この方法の一般的なプロトコルは図7.2に示した。しかし，特に初心者の場合，この方法を用いると相当な負荷が身体に加わり，受傷のリスクが高まる。また，適切な技術が身についていないと正確な値を測定できない可能性もある（Wathen 1994）。そのよう場合，最大下負荷を用い，ある重量を選手が最大何回挙上することができるかを測定し，そこから1RMの重量を推測する方法が使われることがある。推測する際に用いられる回数と負荷の割合は，表7.1に示した。しかし，これらの推定値は，個人の身体能力の特徴にも影響され，必ずしも正確ではないとの指摘もある（Hoeger et al. 1987, 1990）。

❹休息時間

セット間の休息時間も重要な調整要素である。休息時間の長さは様々な生理学的メカニズムに大きく影響を与える。まず，最大から最大に近い筋力発揮（1〜4RM）の主なエネルギー供給源であるATP-PC系の回復には，2.5〜3分必要であるといわれている（Tesch and Larson 1982）。その一方，同化ホルモンの応答は，1分以下の休息時間で次の運動を行ったほうが活

RM	3	6	10	12	20	25
	筋力と筋パワー	筋力と筋パワー	筋力と筋パワー		筋力と筋パワー	
	高強度における持久性	高強度における持久性	高強度における持久性		高強度における持久性	
	低強度における持久性	低強度における持久性	低強度における持久性		低強度における持久性	
	最大パワーの発揮 ←				→ 低いパワーの発揮	

図7.1　最大挙上回数の連続体について（Fleck and Kraemer 1997から引用）

1. だいたい40〜60%の1RMの負荷で5〜10回のウォームアップを行う。
2. 1〜3分休憩をとる。
3. その後，60〜80%の1RMの負荷に上げて3〜5回のウォームアップを行う。
4. 3〜5分休憩をとる。
5. 1RMと推定される負荷をセットし，選手は挙上する。
6. もし成功したら3〜5分休憩をとる。
7. さらに負荷を上げて，1RMを測定する(選手が上げられなくなるまで3〜5分休憩をとりながら負荷を上げていく)。
8. 最後の成功した重さを1RMとする。

図7.2　1RMテストのやり方

発になるといわれており，休息時間の変化も生理学的応答に影響を与える。これらの生理学的背景を考えると，パワーリフターやウエイトリフターが最大筋力を向上させようとする場合，2.5～3分の長めの休息時間をとったほうが効果的であるが，同化ホルモンの応答は低くなり，筋肥大に関しては効果が薄くなる (Kraemer, Marchitelli et al. 1990)。逆に，ボディビルダーのように筋量増加が主な目的である場合，このような長い休息時間ではなく1分以下に設定したほうが効果的で，競技特性に合っているということになる。このように，競技特性と生理学的応答を踏まえながら休息時間の調整を行っていくことも重要である。

❺トレーニング量

トレーニング量とは，挙上した総重量もしくは，挙上した回数で表すことができる。筋力やパワー養成のために高重量を扱うと挙上回数は少なくなるので，当然トレーニング量は少なくなる。逆に，筋肥大を狙ったトレーニングの場合は，挙上回数は増えるのでトレーニング量は増加する。トレーニング量の調節は，長期的調整要素となるので，詳細は第11章ピリオダイゼーションで述べることにする。

❻セット数

理想的なセット数は，トレーニングの目的とトレーニング歴により変わってくる。一般的なセット数は3～8セットだが，レジスタンストレーニング経験が浅い選手の場合，1～2セットだけでも十分に筋力は増加する。逆に，十分なトレーニング歴を有する選手の場合，ある程度のセット数をこなさなければ筋力が増加しないと報告されている (Kraemer 1997)。理想的なセット数に関する科学的な根拠は存在しない。しかし，経験的にコアエクササイズは，4～6セット，その他の補助種目に関しては3～4セットがよいとされている。

❼トレーニング頻度

トレーニング頻度とは，週に行うトレーニング日数のことを指す。トレーニングの目的，時間的制約，トレーニングのタイプ，トレーニング歴など様々な要因が，トレーニング頻度には関係してくる。トレーニング頻度が，トレーニング効果に影響を及ぼすことは明らかである。しかし，意外にもトレーニング頻度とトレーニング効果の関係に関する研究はわずかしか行われていない。これまでレジスタンストレーニングを行ったことのない対象者に，週1～5回のトレーニングを行わせ，その筋力を比較したところ，週5回行った群の筋力が最も増加した研究もあれば (Gillam 1981)，週2～4回のトレーニングで最も筋力増加が著しかった研究もある (Hoffman, Maresh, et al. 1991b; Hunter 1985)。

しかし，十分なトレーニング歴を有する選手を対象とした研究では，週3回と6回の頻度で行った群では，1RMの著しい増加が起こらなかった。ところが，週4回と5回の頻度で行った群で，1RMが著しく増加している (Hoffman et al. 1990)。この研究中で，週3回の頻度で行った群は，1週間に3回，全身のトレーニングを行っている。5回の頻度で行った群は，胸部と脚のトレーニングをそれぞれ1週間に3回と2回の補助トレーニングで行っている。また，週4回の頻度でトレーニングを行った群では，身体の部位ごとに週2回ずつ行っている。これらのことを総合して考えると，週3回のトレーニング群では，各運動部位に十分な刺激が与えられず，週6回の頻度では，オーバートレーニングに陥ったのではないかと推測される。

[3] レジスタンストレーニング実施における懸案事項

トレーニングプログラムを作成する際に，そのプログラムが実施可能なものであるかどうかを検討する必要がある。トレーニング施設の問題もその一つである。たとえば，スポーツ選手ではなく一般人の健康増進向けの施設では，目的の機材が揃っていない場合も考えられる。このような場合，予定しているトレーニング種目と近いトレーニング効果を得られる種目などを模索する必要が出てくる。

また，学生や一般社会人などのプログラム作成を行う時，しばしば問題になるのが，トレーニングに費やせる時間に限りがあるということである。限られた時間の中で効果を求める場合，種目間で優先順位を設けることにより，ある程度改善できる。前述したように，コアエクササイズは，その他の補助エクササイズよりも優先順位の高い種目として位置づけるべきである。また，競技特性にあった種目の優先順位を高めることも時として必要となるであろう。

2 レジスタンストレーニングにおける様々な方法

レジスタンストレーニングとして用いられる方法には様々な種類がある。アイソメトリック，ダイナミック・コンスタント・レジスタンス，バリアブルレジスタンス，エクセントリック，アイソキネティックなど様々な方法が存在するが，どの方法を選択するかは，目的，ニーズ，費用などの要因により変わってくる。それぞれの方法には，メリット，デメリットが存在し，それを理解したうえで選択していくことが不可欠である。ここからは，これらの方法についてそれぞれ説明していく。

[1] アイソメトリックトレーニング

アイソメトリックトレーニングは，筋長を変えずに筋収縮を起こす等尺性筋収縮（アイソメトリックコントラクション）を用いて行うトレーニングである。関節を動かさずに筋を収縮させることから，等尺性筋収縮筋力は，時として静的筋力と呼ばれる。アイソメトリックトレーニングでは，最大筋力もしくは，最大下筋力を用いる。いずれの方法でも筋力を増加させる効果があるとされているが（Davies and Young 1983b; Fleck an Schutt 1985），最大筋力を用いたほうが，効果が大きいとされている。また，筋を肥大させる効果もあると報告されている（Kanehisa and Miyashita 1983; Meyer 1967）。

❶メリット

通常，バーベルやダンベルを挙上する時，全可動域で加わる張力が一定であるわけではなく，モーメントアーム長や動員される筋群の制限により，全可動域の中で筋力発揮が最小となる関節角度がある。この筋力発揮が最小になる関節角度のことをスティッキングポイントと呼ぶ。たとえば，アームカールを行う時には，ダンベルの質量は常に一定なので鉛直方向へ加わる重力は常に一定であるが，モーメントアームが最も長い時に最も大きな筋力発揮が必要となる。

一方，アイソメトリックトレーニングは，関節の動きを伴わないため，トレーニングを行った角度の±20°での筋力養成に効果があるといわれている（Knapik, Mawdsley, and Ramos

1983)。そこで，筋力発揮が最小であるスティッキングポイントでアイソメトリックトレーニングを行えば，スティッキングポイントでの筋力を特異的に増加させることができ，より大きい負荷でのトレーニングが可能になる。

❷デメリット

トレーニングを行った角度の±20°での筋力が特異的に増加する効果があるということは，デメリットでもある。なぜなら，関節可動域全域での筋力増加を狙ったトレーニングをするためには，様々な角度でのアイソメトリックトレーニングを繰り返さなければならなくなるからである。

このような効率性の悪さに加え，アイソメトリックトレーニングでは，関節での骨運動が伴わない。そのため競技特性に合った動作ではないということもデメリットとしてあげられる。通常，スポーツでは，ジャンプやスプリント等の動きが求められるが，アイソメトリックトレーニングでは，これらの動作の改善には効果がないことがわかっている（Fleck and Schutt 1985）。

[2] ダイナミック・コンスタント・レジスタンストレーニング
(Dynamic Constant Resistance Training)

ダイナミック・コンスタント・レジスタンストレーニングは，これまで，アイソトニックトレーニングとして表現されてきた。アイソトニック収縮とは，もともと一定の抵抗に対して筋が一定の張力を発揮するということを意味しており（アイソトニック：iso-tonic：iso=一定の，と tonic=張力），フリーウエイトを用いた時の筋収縮形態を示していた。しかし，近年，アイソトニックという用語には，語弊があることがわかってきた。なぜなら，外から加わる抵抗は一定であるが，実際に筋が発揮する張力は関節可動域全域で一定というわけではない（Fleck and Kraemer 1997）。前項でも述べたように，モーメントアーム長や動員される筋の数の制限により，発揮される筋張力は，関節可動域内で変化していく。つまり，実際に一定であるのは，外から加えられる抵抗（重り）だけである（Fleck and Kraemer 1997）。そこで，近年は，この語弊を解くために，アイソトニックではなく，ダイナミック・コンスタント・レジスタンストレーニング（Dynamic Constant Resistance Training）という用語を用いるようになってきている。

❶メリット

最も大きなメリットは，実際のスポーツ動作に近く，さらに，その動作に必要な筋群を多く動員しながら行えるという点である。垂直跳のジャンプ力や短距離走のスピード等，競技特性に合った動作へのトレーニング効果があることもわかっており，競技力向上に有効な方法である。

❷デメリット

適切な監督下で行わなければ，危険であるということがデメリットである。また，安全に行うためには，一人で行わないようにすることも大切である。さらに，十分なスペースと施設が必要であるという点もデメリットとしてあげられる。

[3] 可変抵抗トレーニング

　可変抵抗トレーニングとは，レジスタンストレーニング用マシーンを用いたトレーニングで，レバーアームの長さ，カム，プリーの調整により，関節可動域内で抵抗が変化していくものである。前述したように発揮される筋張力は，関節可動域内で変化していく。前述したダイナミック・コンスタント・レジスタンストレーニングの場合，いったん負荷設定してしまうと加わる抵抗は常に一定であるため，関節可動域全域で最も弱い張力しか発揮できない関節角度，つまりスティッキングポイントでの最大発揮筋力に合わせる必要がある。理論上，可変抵抗トレーニングでは，筋力発揮が最も小さいスティッキングポイントでは抵抗を弱め，大きな筋力を発揮できる関節角度では大きな抵抗を加えることができるように調節し，それぞれの関節角度に見合った筋力を発揮させることができるようになる。しかしながら，実際は，四肢の長さ，筋腱の骨への付着部，そもそも身体のサイズに個人差があるため，このような抵抗の調整が，万人の関節可動域内での筋力変化に完全に合致するものではない。

❶メリット

　これまで紹介してきたレジスタンストレーニング同様，可変抵抗トレーニングマシーンを使ったトレーニングでは，筋力を増加させる効果がある。また，これらのマシーンを使うことで，安全性も確保される（フリーウエイトのように補助の必要性がない）。

❷デメリット

　このようなマシーンを用いたトレーニングでは，関節の動きが，マシーンに規定された軌道上でしか動かせないため，大筋群を動員し，多関節を用いるような運動を行うことは難しい。そのため，実際の競技特性に合った動作でトレーニングすることが難しくなる。

[4] エクセントリックトレーニング

　エクセントリックトレーニングとは筋長を伸ばしながら収縮する伸張性収縮（エクセントリック収縮）を用いて行うトレーニングのことで，スポーツ現場では，しばしば「ネガティブ」として呼ばれている。このタイプの収縮は，下り坂走やジャンプの着地時などの動作で多く使われる。また，ダイナミック・コンスタント・レジスタンストレーニングを行う場合，バーベルなどを持ち上げる時は短縮性収縮（コンセントリック収縮）であるが，降ろす時の収縮形態はエクセントリック収縮である。

　エクセントリック収縮で発揮可能な張力は，コンセントリック，アイソメトリック収縮に比べて大きいので（図7.3参照），エクセントリックトレーニングでは，通常のダイナミック・コンスタント・レジスタンストレーニングより大きな負荷を使って行ったほうが効果的である（Atha 1981）。適切な負荷としては，コンセントリックトレーニングにおける1RMの約120％といわれている（Johnson et al. 1976）。

❶メリット

　動作の速度をコントロールしたり，急なストップ動作を要求されるスポーツ種目では，強いエクセントリック収縮が強要される。エクセントリックトレーニングのメリットは，これらのスポーツ動作に必要なエクセントリック収縮を，分離して個別に強化できる点である。

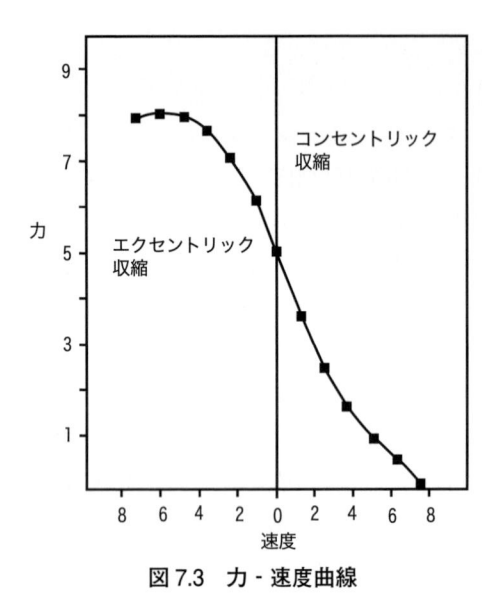

図7.3　力‐速度曲線
（Knuttgen and Kraemer 1987のデータから引用）

❷デメリット

　エクセントリック収縮は，運動後48時間でピークとなる遅発性筋肉痛の原因となる（Clarkson 1997）。遅発性筋肉痛の競技力への影響は未だ確認されていないものの，筋の微小断裂や関節可動域の制限が起こるとされており，競技力低下の要因となる可能性は高い。それゆえ，試合や競技会の前にこのようなエクセントリックトレーニングは避けるべきである。また，エクセントリックトレーニングに限らず，急激な運動強度の増加は，いかなるトレーニングにおいても遅発性筋肉痛を引き起こすといわれているので，試合前のトレーニングでの運動強度の調節は注意すべき点となる。さらに，エクセントリックトレーニングでは，しばしば1RM以上の負荷を用いるので，単独でのトレーニングが不可能であり，補助者とともにトレーニングを行わなければならない点もデメリットといえる。

[5] アイソキネティックトレーニング

　アイソキネティックトレーニングでは，関節の速度が常にコントロールされ一定の角速度で動く等速性収縮（アイソキネティック収縮）を用いる。これまで紹介した他のレジスタンストレーニングと異なり，負荷の大きさを設定するものではない。設定された角速度（例：60度／秒：1秒間に60度動く速さ）に対して，最大随意筋力を発揮する方法である。

❶メリット

　アイソキネティックトレーニングでは，あらかじめ設定された角速度でレバーアームが動くようになっている機器を用いる。そのため，スティッキングポイントが存在せず，全関節可動域において，理論上は最大筋力を発揮し続けることができる。さらに，実際のスポーツ動作に合った角速度での関節運動を再現することができるのもこのトレーニングの特徴である。また，スポーツ外傷などにより関節可動域に制限があるような場合でも，機器の環境設定（関節可動域の制限など）を行うことにより安全にトレーニングすることが可能で，リハビリテーションにも適したトレーニング方法であるといえる。また，コンセントリック収縮主体で行われるので遅発性筋肉痛が起こりにくいのもメリットである。

❷デメリット

　等速性筋力測定器は非常に高価で手に入れにくい。また，複数の関節を用いた大筋群でのトレーニングには適していない。

❸ レジスタンストレーニングがその他の身体能力要素に与える影響

　筋力増加，筋肥大，身体組成の改善など，レジスタンストレーニングにより様々な身体能力

を向上させることが可能である。また、トレーニングの調整要素をコントロールすることにより、適応させたい身体能力や、その度合を調節できる。また、トレーニング経験の有無やもともと持っている筋量・筋力等の要因が、そのトレーニング効果にも影響を与える。実際、もともと高いレベルの身体能力を持っている選手の場合、遺伝学的にも限界近くまで鍛え上げられてしまっている場合が多いので、改善の度合は小さくなる傾向にあるといわれている。かといって、これらトレーニング経験が豊富な選手にとってもレジスタンストレーニングの重要性は十分にあるので、これらの遺伝学的な限界点を踏まえながらトレーニング目標を立てることにより、競技力向上に繋がっていくはずである。

[1] 筋力

筋力とは、筋もしくは筋群が発揮できる力のことを指す（Knuttgen and Kraemer 1987）。トレーニング歴、レジスタンストレーニングを行う期間、トレーニング頻度など、様々な要因が筋力向上に影響を与える。表7.2は、様々なレジスタンストレーニングプログラムによる筋力

表7.2 様々なレジスタンストレーニングプログラムによる筋力向上

引用文献	性別	トレーニング期間(週)	1週間のトレーニング日数	セット数と挙上回数	運動	改善の度合
Berger 1962	M	12	3	3 × 6	BP	30
Berger 1963	M	9	3	6 × 2 3 × 6 3 × 10	BP BP BP	17 21 20
Fahey and Brown 1973	M	9	3	5 × 5	BP	12
Brown and Wilmore 1974	F	24	3	8wk = 1 × 10,8,7,6,5,4 16wk = 1 × 10,6,5,4,3	BP	38
Hunter 1985	M F M F	7 7 7 7	3 3 4 4	3 × 7〜10 3 × 7〜10 2 × 7〜10 2 × 7〜10	BP BP BP BP	12 20 17 33
Hoffman et al. 1990	M	10	3	4wk = 4 × 8 4wk = 5 × 6 2wk = 1 × 10,8,6,4,2	BP SQT	2 5
			4 *		BP SQT	4 7
			5 *		BP SQT	3 8
			6 *		BP SQT	4 7
Fry et al. 1991	F	12	4 *	3 × 12〜15 3 × 8〜10 3 × 3〜5	BP	10
Stone and Coulter 1994	F	9	3	3 × 6〜8	BP SQT	19 33
				2 × 15〜20	BP SQT	17 31
				1 × 30〜40	BP SQT	12 25
Hoffman and Klafeld 1998	F	10	3wk = 4 * 7wk = 1	3wk = 4 × 10〜12 7wk = 4 × 8〜10	BP SQT	23 27

＊；各々の種目を週2回ずつ行うスプリットルーティンで行われた。
M =男, F=女, BP=ベンチプレス, SQT=スクワット

向上を示した研究の一覧である。これらの研究間で起こる筋力向上の差異は，トレーニング期間，トレーニング頻度，トレーニング歴（表7.2では示されていないが）などによるものであると考えられる。前述したように，トレーニング初心者のほうが，個々の遺伝学的な限界点にゆとりがあるので，すでにトレーニングを行ってきた者よりも，その伸び幅は大きいことはわかっている。

　専門競技を続けながらのレジスタンストレーニングの筋力向上効果に関する研究は，わずかしか行われていないものの，米国大学バスケットボール選手を対象に調査を行っている先行研究がある。この研究では大学4年間トータルで，ベンチプレスは平均24％，スクワットでは32％の筋力増加が見られたと報告している（Hilyer and Forster 1993）。しかしながら，学年ごとの内訳を見ると，最も伸び率が高かった学年は，やはり1学年の時であった（ベンチプレスで8％，スクワットで15％）。また，女子バスケットボール選手を対象に行った研究でも4年間で20〜25％の伸び率があったと報告されている（Petko and Hunter 1997）。ところが，残念なことにアメリカンフットボールやラグビーのような，筋力増加が競技力に直結する競技での研究はこれまで行われていない。

[2] 無酸素性能力

　最大筋力は，一般的に遅い収縮速度で発揮されるものである。実際のスポーツ現場において，最大筋力は重要な指標とされている。ところが，実際のスポーツ種目では，速い収縮速度の中で大きな筋力を発揮できることが，より重要な能力である。このような筋力にスピードを兼ね合わせた能力をパワー（P）と呼び，しばしば以下のような式で表される。

　　　P＝力（筋力）×スピード

　瞬発的に筋力を発揮する筋パワーは，投，跳，打，これらすべてのスポーツ動作にとって不可欠なものである。さらに，パワーは，スプリント能力やスピードを維持したまま方向転換を行うアジリティ能力にとっても不可欠な能力である。図7.3に示すように，コンセントリック収縮での筋収縮速度が遅ければ遅いほど大きな筋力を発揮することができ，逆に，収縮速度が速くなるほど筋力発揮は低下することとなる。高負荷でのレジスタンストレーニングでは，図7.4にあるように，高負荷かつ低速度での筋力改善に最も効果があるということになる。このような速度と筋力の関係から，パワー発揮は，最大収縮速度の約30％で最も大きくなるといわれている（Knuttgen and Kraemer 1987）。

　また，先行研究によると遅い収縮速度での筋力トレーニングでは，速い収縮速度での筋出力発揮を向上させる効果は薄いといわれている（Kanehisa and Miyasita 1983; Kaneko et al. 1983）。しかしその一方，瞬発的筋力発揮といっても，速度がない状態から加速していくので，最大収縮速度に達するまでの低速域での筋力発揮の改善を期待することはできるとも考えられ，高負荷・低速度のトレーニングもまったく効果がないわけではない（Newton and Kraemer 1994）。

[3] レジスタンストレーニングとジャンプパフォーマンス

　最大筋力の大きさと垂直跳の跳躍高との間には関連がある（Bosco, Mognoni, and Luhtanen 1983; Podolsky et al. 1990）。先行研究は，跳躍高と180度/秒を超える速さのアイソキネティッ

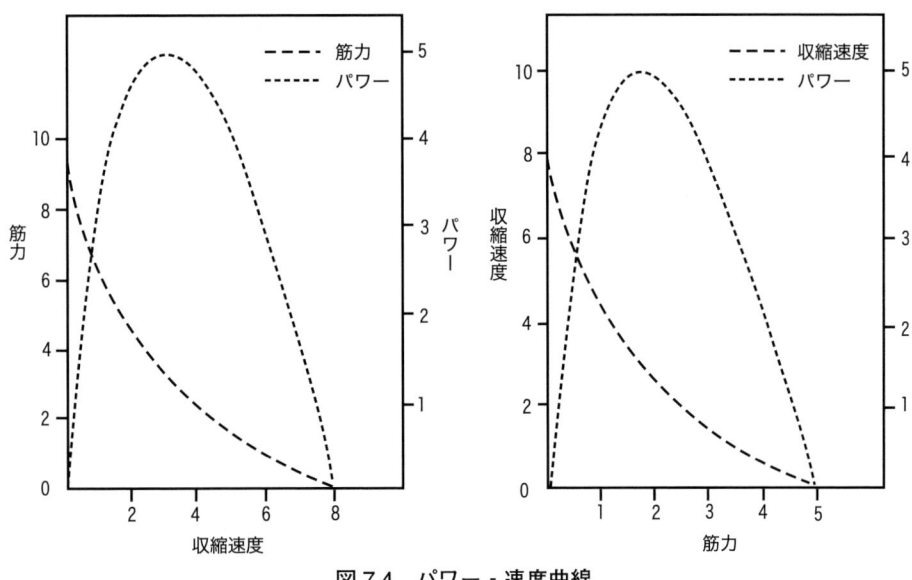

図7.4　パワー - 速度曲線

ク運動での最大筋力の間には高い相関があると報告している。さらに，パワークリーンでの最大挙上負荷と跳躍高の間にも高い相関が確認されている（Mayhew et al. 1987）。このようなジャンプ力と速い収縮速度での筋力の相関には，垂直跳をする時の膝関節の動きの速さが深く関連しているようだ（Eckert 1968）。

　スクワット，クリーン，スナッチ，プッシュプレスは，ジャンプ力の改善に効果がある種目である（Garhammer and Gregor 1992; Young 1993）。これらの種目は，いずれもパワー発揮という要素が含まれていると同時に，多関節を使う運動であることから筋群間での協調性が高まる効果もジャンプ力を改善させていると考えられている。レジスタンストレーニングによる下肢筋の筋力向上に伴い，垂直跳の跳躍高が向上するといわれているが，筋力向上の度合ほど垂直跳の跳躍高へのトレーニング効果は高くないといわれている。

　また，短期的調整要素である頻度，強度，量などの調節は，ジャンプ力の改善に大きな影響を与えうる。米国大学バスケットボールチーム（NCAA 1部AA）の選手を対象にした先行研究によると，週5〜6日のレジスタンストレーニングプログラムを処方したほうが（2.3〜4.3%），週3〜4日のプログラムよりも（0.0〜1.2%），垂直跳の跳躍高をより向上させたとの報告がある（Hoffman et al. 1990）。一方，ジャンプ力の改善と運動強度の関係に関しては，様々な研究結果が混在する。1RMの60%以下の低強度運動でのレジスタンストレーニングが，跳躍高を上げたという研究報告がある一方（Hakkinen and Komi 1985b; Wilson et al. 1993），1RMの80%以上の高強度でのレジスタンストレーニングで跳躍高が著しく向上したと報告している研究もある。

　また，24週間のトレーニング期間では，複数セットでのレジスタンストレーニングプログラムのほうが（24%向上），1セットのみで行ったプログラムよりも（6.9%向上），垂直跳の跳躍高を著しく向上させたと報告している（Kraemer 1997）。さらに，12週間で期分け（ピリオダイゼーション）を行ったトレーニングと行わなかったトレーニングでは，垂直跳の跳躍高に有意差が見られなかったと報告されている（Baker, Wilson, and Carlyon 1994）。ちなみに，この

研究では，スクワットの1RMでも両群で有意差がなかった。しかしながら，期分けに関するさらに長期にわたる研究はこれまで行われておらず，期分けとの関連に関しては未だ不明な部分が多い。

　また，多くのスポーツ種目では，オフシーズンのレジスタンストレーニングプログラムと並行して，競技特有のトレーニングを行っていくのが普通である。一般的に，アジリティ，全身持久力，柔軟性，スピード，プライオメトリクスなどのトレーニングプログラムを同時にこなしていくが，このようなトレーニングプログラムを同時期に導入することは，時としてジャンプ力に影響を与えることとなる。ある先行研究では，全身持久力トレーニングをレジスタンストレーニングと並行して行うと，垂直跳の跳躍高を向上させると報告しているが（Hennessy and Watson 1994; Hunter, Demment and Miller 1987），向上しないと報告している研究もある（McCarthy et al. 1995）。また，プライオメトリクスとの併用は，ゴルジ腱器官の脱抑制を導くと同時に，主動筋と協同筋の協調性を促し垂直跳の跳躍高を著しく向上させる刺激になる（Komi et al. 1982; Newton and McEvoy 1994）。なお，プライオメトリクスに関しては，第12章で詳細を述べているので参照してもらいたい。

[4] レジスタンストレーニングとスプリント

　筋力とスプリント能力には関連があるといわれており（Alexander 1989; Anderson et al. 1991），特に180度／秒よりも速い角速度での最大筋力との関連は深いといわれている（Perrine and Edgerton 1978）。スプリント動作中の股関節伸展筋群は，接地期における重心の前方移動に不可欠であるため，ハムストリングスと殿筋群の筋力は特に重要になってくる。また，スイング期での大腿部の素早い前方移動のためには，大腿四頭筋や大腰筋のような股関節屈筋の働きも重要である。先行研究では，スプリント能力と筋力の関係を調査しているが，230度／秒の短縮性膝伸展筋力（r=0.74）と180度／秒の伸張性股関節屈筋筋力（r=0.82）で最も相関が高いと報告している（Alexander 1989）。また，これらの相関ほどでないが，60度／秒の短縮性膝屈筋筋力においても有意な相関関係が認められている（r=0.57）（Alexander 1991）。さらに，1991年のAndersonらの研究では，スクワットやパワークリーンにおける最大挙上重量の絶対値とスプリント能力との間には，有意な相関関係がなかったが，後の研究では，体重との相対値において有意な負の相関があったと報告している（スクワットでr=－0.66，クリーンでr=－0.72）（Baker and Nance 1999）。

　高強度の負荷（70〜100% 1RM）を用いたレジスタントトレーニングプログラムのスピード向上への効果は未だよくわかっていない。オフシーズンに大学生アスリートにレジスタンストレーニングを行わせた結果，30ヤード（27 m）および40ヤード（37 m）走でのタイムが縮まることはなかった（むしろ1%以下の若干の低下が見られた）（Fry et al. 1991; Hoffman et al. 1990）。一方，Delecluseら（1995）は，伸張‐短縮サイクルを含むような，速い動作でのトレーニングをレジスタンストレーニングに組み込むことによりスプリントタイムを改善することができると結論づけている。しかしながら，彼らの研究結果で見られたスプリントスピードの改善は，非常にわずかなものであった（Delecluse et al. 1995）。

　このように，レジスタンストレーニングのスプリント能力に対する効果には制限があるもの

の，高負荷・低速度のレジスタンストレーニングが，氷上のスポーツであるスピードスケートやアイスホッケー選手のスピード養成に適しているのは確かなようである。事実，スピードスケートのスプリント選手の遅い角速度（30度/秒）での膝伸展ピークトルクは，陸上短距離選手のものに比べ大きいということがわかっている（Smith and Roberts 1991）。スケートの場合，氷面を捉えるためのグライド期において膝伸展筋群が等尺性収縮を強いられるため，このような結果になったのだろうと考察されている。

[5] レジスタンストレーニングとアジリティ

筋力は，急激な方向転換やストップ動作にとって重要な身体要素である（Anderson et al. 1991; Hoffman et al. 1992）。先行研究は，90度/秒での膝屈筋の最大伸張性トルクとアジリティ走との間に有意な相関関係があると報告しており（r=0.58）（Anderson et al. 1991），急減速，急加速を必要とする動作では，伸張性筋力が重要となってくる。

レジスタンストレーニングとアジリティの関係に関する研究は，これまであまり行われていないが，オフシーズン中のレジスタンストレーニングにより，Tドリルのタイムが改善しないとの報告もあり（Hoffman et al. 1991; Fry et al. 1991），未だ不明な点が多い。

[6] レジスタンストレーニングと水泳，キック動作，投動作の関係

水泳，キック動作，投動作の改善にも，レジスタンストレーニングは，有効であると研究者らは示唆している。水泳と筋力の関係を調査した先行研究では，泳ぐ距離が長くなるほど筋力との関連性が低くなると報告しており（Sharp, Troup, and Costill 1982），主に短距離選手にとってレジスタンストレーニングは有効であることがわかる。

また，サッカー選手の場合は，蹴る側の膝伸展筋力と蹴り出したボールの速度の間に高い相関関係が認められている（r=0.82）（Poulmedis et al. 1988）。さらに，利き脚の筋力不足は，両側に影響するとされており，サッカー選手が両側下肢筋で筋力を向上させることは，競技力改善につながり得ると先行研究は示唆している（Mangine et al. 1990）。

投動作では，動作中，多くの筋が複雑に関与するため筋力と投球スピードの関係に関しての解釈は非常に難しい。しかし，手関節伸展筋（r=0.71）および肘関節伸展筋筋力（r=0.52）と投球スピードの間には有意な相関関係があり（Pedegna et al. 1982），これらの筋の筋力向上により投球スピードが上がる可能性がある。また，エリート野球選手を対象とした先行研究では，8〜10週間のレジスタンストレーニング（Lachowetz, Evon, and Pastiglione 1998; Newton and McEvoy 1994）やバリスティックレジスタンストレーニング（McEvoy and Newton 1998）により球速が2.0〜4.1%増加したと報告している。

[7] レジスタンストレーニングと心臓血管系能力

一般的に，レジスタンストレーニングは有酸素性能力を向上させるものではないと考えられている。しかしながら，サーキットトレーニングのような形態のレジスタンストレーニングの場合，通常の持久トレーニングほどではないにしても，最大酸素摂取量を増加させる効果があるといわれている（20週間のプログラムで5〜8%の向上が見られた）（Gettman and Pollock 1981）。

また，挙上回数を増やしたウエイトリフティングプログラム（クリーンアンドジャークとスナッチ）を8週間行ったところ，約8％の最大酸素摂取量の増加が見られた（Stone, Wilson, et al. 1983）。このように通常は，無酸素性パワーに貢献する種目であっても，挙上回数を増やすことにより，有酸素性能力を向上させることができる。また，ウエイトリフティングによる有酸素性能力の向上は，リフティング中の酸素摂取量にも関連している可能性がある。ウエイトリフティングでの酸素摂取量は，38〜60％$\dot{V}O_2max$に達する（Stone et al. 1991）。実際，60％$\dot{V}O_2max$の強度の運動は，有酸素性能力を高めるのに十分な強度である。また，心筋が強化され1回拍出量が増加することも，一つの要因として考えられるだろう。しかし，ミトコンドリアや毛細血管密度の増加が，ウエイトリフティングによる有酸素性能力の改善に関与していないのは明らかなようである。

[8] レジスタンストレーニングと身体組成

レジスタンストレーニングにより，身体組成が改善することはよく知られている。これは，体脂肪率低下とともに除脂肪量が増加するからである（Kraemer, Deschenes, and Fleck 1988; Stone et al. 1991）。また，この除脂肪量の増加は筋量に加え，骨量の増加も貢献することがわかっている。しかし，レジスタンストレーニングによる身体組成の改善には，十分なトレーニング量の確保が不可欠である。

[9] レジスタンストレーニングと柔軟性

柔軟性とは，つまり関節可動域が広く保たれていることを意味する。スポーツでの柔軟性の向上は，ケガの予防やパフォーマンス向上につながってくるといわれている。柔軟性の高い選手は，肉離れなどの筋挫傷のリスクが低いといわれている。その一方，レジスタンストレーニングが柔軟性を阻害する要因となるという指導者もいるが，実際には，ウエイトリフターの関節可動域は，体操選手についで大きいこともわかっている（Fisher and Jensen 1990）。関節可動域全域を使ったレジスタンストレーニングを行っている限り，レジスタンストレーニングは柔軟性を阻害する要因にはならないのである。

4 女性とレジスタンストレーニング

近年，女性がレジスタンストレーニングを行う機会が多くなってきており，そのトレーニング効果と生理学的適応に関しての関心は高まってきている。筋力における男女の差異は明らかで，女性は男性に比べ全身筋力において63.5％しか持ち合わせていないと報告されている（Laubach 1976）。ところが，部位によって，その差異の度合は違うのである。上半身の筋力の絶対値は男性に比べて55.8％で，下半身では71.9％である。ところが，体重との相対値で比較すると，上半身では46％，下半身では92％となる（Wilmore 1974）。さらに，除脂肪量により相対値を算出すると，上半身の筋力に関しては，男性が女性の約2倍となり，体重による相対値とそれほど差はなかったが，下半身の相対筋力では，106％と男性よりも大きな値を示しているのである。

5 レジスタンストレーニングのプログラム例

　ここでは，レジスタンストレーニングのプログラム例を紹介する。これらの例を参考に，トレーニング歴やトレーニングに割ける時間，利用可能な施設などを考慮しながら，調整してもらえばよいと思う。もし，ここにリストしてあるトレーニング種目を何らかの種目で代用するのであれば，同じ筋群を使う種目であることを確認してほしい。また，個人のトレーニングレベルから逸脱した種目を選ばないように注意してもらいたい。

プログラム例1：最大筋力養成

トレーニング頻度：週4日
セット間休憩：2～3分
トレーニングセッション間の休息時間：各部位ごとに72時間の休息を入れる。月曜に脚のトレーニングを行ったら，次の脚のトレーニングセッションは木曜日となる。

第1，3日目		第2，4日目	
種目	セット×挙上回数	種目	セット×挙上回数
スクワット	1×10，3×6～8RM	ベンチプレス	1×10，3×6～8RM
レッグエクステンション	3×6～8RM	インクラインベンチプレス	3×6～8RM
レッグカール	3×6～8RM	ショルダープレス	1×10，3×6～8RM
カーフレイズ	3×6～8RM	アップライトロウ	3×6～8RM
ラットプルダウン	4×6～8RM	トライセッププッシュダウン	3×6～8RM
シーテッドロウ	4×6～8RM	シットアップ	3×20
バイセップカール	4×6～8RM		
ベントニーシットアップ	3×20		

プログラム例2：筋肥大用プログラム

トレーニング頻度：週4日
セット間休憩：1分
トレーニングセッション間の休息時間：各部位ごとに72時間の休息を入れる。

第1，3日目		第2，4日目	
種目	セット×挙上回数	種目	セット×挙上回数
スクワット	1×10，3×10～12RM	ベンチプレス	1×10，3×10～12RM
レッグエクステンション	3×10～12RM	インクラインベンチプレス	3×10～12RM
レッグカール	3×10～12RM	ショルダープレス	1×10，3×10～12RM
カーフレイズ	3×10～12RM	アップライトロウ	3×10～12RM
ラットプルダウン	3×10～12RM	トライセッププッシュダウン	3×10～12RM
シーテッドロウ	3×6～8RM	ディップ	3×10～12RM
バイセップカール	3×6～8RM	シットアップ	3×20
ベントニーシットアップ	3×20		

このプログラム例では，大筋群から小筋群へ移行するような順序で種目をリストしてあるので，ここにリストした種目の順序を変えずに行ってもらいたい。また，セット×挙上回数のところに「1×10, 3×6～8RM」と書いてあるのは，「1×10」のウォームアップを行ってから，「3×6～8RM」の挙上を行うということである。ここでは，基本的に6～10RMの負荷を中心にプログラムを組んである。

プログラム例3：筋調整および筋力プログラム

トレーニング頻度：週3日
セット間休憩：1～2分
トレーニングセッション間の休息時間：48時間の休息を入れる。

第1日目		第2日目		第3日目	
種目	セット×挙上回数	種目	セット×挙上回数	種目	セット×挙上回数
レッグプレス	3×8～10RM	ダンベルラング	3×8～10RM	レッグプレス	3×8～10RM
ベンチプレス	3×8～10RM	インクラインベンチプレス	3×8～10RM	ベンチプレス	3×8～10RM
ショルダープレス	3×8～10RM	アップライトロウ	3×8～10RM	ショルダープレス	3×8～10RM
ラットプルダウン	3×8～10RM	シーテッドロウ	3×8～10RM	ラットプルダウン	3×8～10RM
レッグカール	3×8～10RM	レッグエクステンション	3×8～10RM	レッグカール	3×8～10RM
トライセッププッシュダウン	3×8～10RM	バイセップカール	3×8～10RM	トライセッププッシュダウン	3×8～10RM
バイセップカール	3×8～10RM	シットアップ	3×20	バイセップカール	3×8～10RM
シットアップ	3×20			シットアップ	3×20

プログラム例4：サーキットトレーニング

トレーニング頻度：週2～3日
セット間休憩：1～2分
トレーニングセッション間の休息時間：48時間の休息を入れる。
サーキットの回数：2～3回

種目	セット×挙上回数
レッグプレス	1×12～15RM
ベンチプレス	1×12～15RM
レッグカール	1×12～15RM
ショルダープレス	1×12～15RM
レッグエクステンション	1×12～15RM
ラットプルダウン	1×12～15RM
トライセッププッシュダウン	1×12～15RM
バイセップカール	1×12～15RM
シットアップ	1×12～15
自転車エルゴメーター	2分

> **要約**
>
> 　この章では，運動強度，量，休憩時間等のレジスタンストレーニングの短期的調整要素が，身体適応に大きく影響を及ぼすことを解説した。そして，選手が求めるニーズを的確に把握したうえで，これらの調整要素を調整し，選手の求める身体能力を養成するためのプログラムを作成することが重要であることを紹介した。また，レジスタンストレーニングの方法には多くの種類があることから，それぞれの方法でのメリットとデメリットも説明した。さらに，レジスタンストレーニングは，筋力や筋量を向上させるばかりでなく，スピードやジャンプ等のその他の身体能力を改善させることも可能である。

第8章

無酸素性運動のコンディショニングとスピードとアジリティの養成

competitive中，無酸素性エネルギー代謝が主なエネルギー供給源であるアメリカンフットボール，バスケットボール，ホッケーなどの競技種目で高い競技力を発揮するためには，スピード，アジリティといった身体能力は非常に重要である。先行研究では，NCAAの1部に所属するアメリカンフットボールチームのレギュラー選手と控えの選手の間には，スピードとアジリティに能力差があると報告している（Fry and Kraemer 1991; Black and Roundy 1994）。さらに，NCAAの1部に所属するバスケットボール選手のスピードとアジリティの能力の高さは，試合出場時間と比例しているとの報告もある（Hoffman et al. 1996）。この章では，無酸素性エネルギー代謝が主なエネルギー供給源である競技選手のコンディショニングとスピードとアジリティ能力の養成のための方法について説明していく。

1 無酸素性運動のコンディショニング

すでに，本書の第I部で，トレーニングの結果起こる無酸素性エネルギー代謝機構の生理学的適応ついて説明した。表8.1では，無酸素性トレーニングにより起こる生理学的適応を表記したので参考にしてもらいたい。これらの適応は，高強度運動の遂行を可能にするだけでなく，運動間の回復時間を短縮し，高強度運動を繰り返し遂行できる能力を高める。最適なトレーニングプログラムを作成するためには，これらの無酸素性エネルギー代謝機構の生理学的適応に関する知識を深めるだけではなく，選手が試合中に強いられている生理学的変化を理解することが不可欠である。短距離走のような個人種目の場合，単一的な動作を最大努力で行うという種目特性であるため，競技中に起こる生理学的変化を理解するのは容易である。ところが，バスケットボールやアメリカンフットボール，ラグビーのようなチームスポーツ選手の競技中の生理学的変化は，より複雑になってくる。なぜなら，競技中に求められる動作やその持続時間などが，ゲーム展開により，多様化してしまい常に一定なものとはならないからである。さら

に，競技種目によってはポジションごとに求められる身体能力は異なり，それぞれに違うトレーニングプログラムが必要な場合もあるので，スポーツ指導者は選手ごとのニーズを注意深く分析する必要がある。

前述したように，試合の状況により様々な要因が変化していくので，チームスポーツの選手が必要とする身体能力を完全に理解することは困難である。そこで，先行研究は，これらのスポーツにおける動作のタイプ，運動強度，連続した動きの回数を分類をすることを試みている。これらの研究結果は，スポーツ種目ごとのエネルギー代謝の競技特性を把握し，スポーツ種目に応じた最適なコンディショニングの方法を探る手がかりとなる。ここからは，バスケットボールとアメリカンフットボールを対象にした先行研究の結果を基に，無酸素性トレーニングの処方に必要な情報を提供していきたいと思う。

表8.1　高強度の無酸素性トレーニングの結果起こるとされている生理学適応

- タイプⅡ筋線維の増加特にFG線維の増加
- 解糖系酵素の著しい上昇（ホスフォフルクトキナーゼ，ホスフォリラーゼ，乳酸脱水酵素）
- 最大血中乳酸値の増加
- 最大下負荷での運動中の血中乳酸値の低下
- 緩衝能力の改善

[1] バスケットボール

バスケットボールは，オフェンスとディフェンスへの移行がゲーム中にスムーズに行われ，常にプレーが途切れない種目である。すべての選手は，ポジションに関係なくシュートやリバウンドなど同様にこなす。動作としては，様々な運動強度でのジャンプ，ラン（ジョグからスプリントまで），シャッフル（後方，側方）などが含まれる。McInnes ら（1995）の研究では，バスケットボールでの動作を八つのカテゴリーに分類して（立つ・歩く，ジョグ，ラン，スプリント，遅いシャッフル，中程度のシャッフル，速いシャッフル，ジャンプ），試合時間中のそれぞれの動作の割合を調査している。彼らの研究結果は，バスケットボールでは48分間のプレー中，997 ± 183回の動作の変化が見られたと報告している。この研究の対象となった選手は平均で36.3分間出場しているので2秒に1回は動きの変化があったということになる。全体のうち34.6%がシャッフル（遅いシャッフル，中程度のシャッフル，速いシャッフル）を占め，31.2%が走動作（ジョグ，ラン，スプリント）であった。そしてジャンプは，全体のうちの4.6%，立つ・歩くは29.6%であった。さらに，高強度運動として分類される動作は21秒に1回の割合で起こっている。この中で，速いシャッフルとジャンプに注目してみると高強度運動として分類される動作は，全試合時間の15%だけであった。ところが，ゲーム中の平均血中乳酸値は6.8 ± 2.8mmol，さらに最大心拍数の85%に達していたのはプレー時間全体の75%（95%に達していたのは全体の15%）であった。このように，バスケットボールのゲーム中のほとんどの活動が有酸素運動として分類されているにもかかわらず，生理学的指標は無酸素性運動としての性質を示しているのである。Hoffmannら（1996）は，NCAA 1部のバスケットボールチームの選手の4年間のプレー時間を分析した。その結果，無酸素性能力が高い選手ほど試合出場時間は長く，有酸素性能力ではその逆の結果が示された。このような結果からバスケットボール選手のトレーニングプログラムを作成する時，無酸素性運動能力を向上させることを優先に考えることが重要であるということがわかる。

しかし，無酸素性運動能力を向上させるトレーニングを導入するのは，一般的にプレシー

ズンの時期に入るまで控えたほうがよいとされている（Hoffman and Maresh 2000）。選手のコンディショニングを考えた時，高強度トレーニングを早くに開始しすぎてしまうと，長期間続くシーズン中にオーバートレーニング症候群が発生するリスクを高めてしまう（第21章参照）。米国大学バスケットボールを例にとると，プレシーズン（約6週間）に選手たちのコンディションがピークに至る必要はない。実際のチーム状況にもよるが（初戦からの勝利が不可欠であるようなチームもある），プレシーズン後期から無酸素性運動能力を向上させるためのドリルを積極的に導入していく。当然であるが，急激にトレーニング強度をピークに持っていくことは選手に身体的負担をかけ，場合によってはオーバートレーニングに陥る場合もある。そこで，コンディショニングコーチは，この時期までに選手の筋力や有酸素系運動能力などベースとなる身体能力の増強を図っていくことが重要である。

プレシーズンに無酸素性運動能力を向上させるためのトレーニング例を表8.2に示したので参考にしてもらいたい。この例は，週4日で行われるプログラムで，運動量および運動強度を漸進的に増加させていくものである。また，バスケットボールでは，高強度運動とそうでない運動が交互に行われる。そのため，なるべく短時間で無酸素性エネルギー代謝システムを回復させる能力が求められる。そこで，スプリントトレーニングのワーク／レスト率（高強度の運動と休息の割合）の休息時間を短縮していくことも重要なトレーニング要素となってくる。さらに，前述したようにバスケットボールではゲーム中に必要とされる動作や運動強度は多様で，トレーニングプログラムを作成する時は，これらの現実に用いられる運動パターンや運動強度を想定して作っていくことが重要である。たとえば，インターバルトレーニングやファルトレクトレーニングなどを用いることで，運動強度や運動持続時間，ワーク／レスト率などを自由に調整できバスケットボールの競技特性に合わせたトレーニングプログラムを作成することができる。また，インターバルトレーニングやファルトレクトレーニングに関しては，後ほど詳細を述べる。

表8.2　バスケットボール選手が行う無酸素性トレーニングプログラムの例

	1日目	2日目	3日目	4日目
1〜2週目	インターバル 3〜4周	スプリント（距離×本数） 400 m×1 100 m×2 30 m×8 高強度の運動／休息＝1：3	インターバル 3〜4周	スプリント（距離×本数） 200 m×4〜5 高強度の運動／休息＝1：4
3〜4週目	インターバル 4〜5周	スプリント（距離×本数） 400 m×1 100 m 30 m 高強度の運動／休息＝1：4 高強度の運動／休息＝1：4	インターバル 4〜5周	スプリント（距離×本数） 200 m×5〜6
5〜6週目	インターバル 5〜6周	スプリント（距離×本数） 400 m×2 100 m×4〜5 30 m×10〜12 高強度の運動／休息＝1：3	インターバル 5〜6周	スプリント（距離×本数） 200 m×6〜7 高強度の運動／休息＝1：3

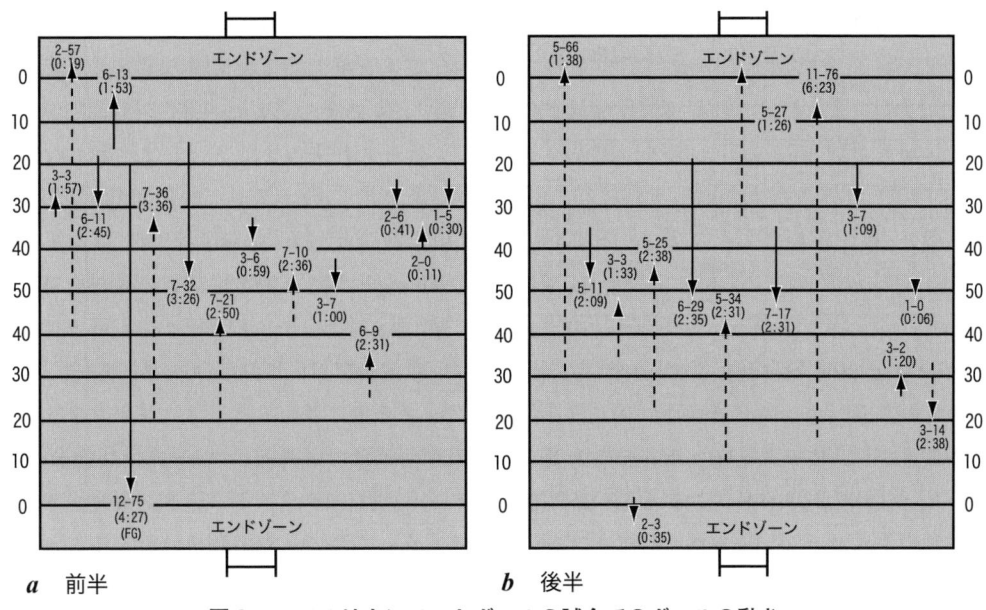

図8.1　アメリカンフットボールの試合でのボールの動き

[2] アメリカンフットボール

　アメリカンフットボールは，最大運動強度での運動を何度も繰り返す競技である．また，それぞれのポジションごとに選手は違った役割を持っており（ラインマン vs. レシーバー），求められる身体能力はポジションにより様々である．このように役割は様々であるが，どのポジションの選手も，試合中，全力でのプレーを求められることから，無酸素性エネルギー代謝機構が最も重要な代謝機構である競技種目と考えられる（Gleim, Witman, and Nicholas 1984; Kraemer and Gotshalk 2000）．アメリカンフットボールでは90％がATP-PC系，残りが解糖系によるエネルギー供給で行われる競技であると考えられている．

　アメリカンフットボールでは連続してプレーが行われるのではなく，一回一回のプレーを止めながら行っていく．図8.1-a, bは，NCAA 3部リーグで行われた実際の試合中の結果をまとめたものである．アメリカンフットボールの試合ではシリーズ制（攻守交替制）をとっており，オフェンスのチームには，当初4回のプレーを行う権利が与えられる．4回以内のプレーで10ヤード以上前進すると，再び4回のプレーを行う権利が与えられる．逆に10ヤード前進できなければ攻守交替となるのだが，このように相手に攻撃権が奪われるまでを1回のシリーズという．通常1回の試合で15回程度のオフェンスのシリーズがあるといわれているが，各々のシリーズで平均4.5回のプレーがある．表8.3では，NCAA 3部リーグであるシーズンに行われた全試合（9ゲーム）のシリーズとプレー数のデータを示したものである．このデータでは，1試合あたり平均で14.4回のオフェンスのシリーズがあり，その内シリーズごとのプレー数は4.6回であった．ちなみに1991年，1992年のNFLスーパーボウルでは，シリーズの平均数は若干少ない（12.3回と13.3回）（Plisk and Gambetta 1997）．しかし，1シリーズあたりのプレー数は，5.3〜5.6と大学チームに比べて多いとの報告がある．さらに，それぞれのプレーの長さは，大学フットボールチームでは平均5.49秒（Kraemer and Gotshalk 2000），NFLでは

表8.3 NCAA3部リーグで行われたアメリカンフットボールの全試合（9ゲーム）の平均シリーズとプレー数のデータ

観察項目	総数
総プレー数	1193
総シリーズ数	259
ゲームごとのシリーズ	14.4
シリーズごとのプレー数	4.6
6プレー以上行われたシリーズのパーセント	31.2%
10プレー以上行われたシリーズのパーセント	8.1%

5.0秒であった（Plisk and Gambetta 1997）。またルール上，プレー間のインターバルは最大25秒であるが，実際には審判がボールをセットするまでプレーは開始しないので現実的にインターバルの時間は25秒を超えることが多い。ある報告では，米国大学レベルのアメリカンフットボールで平均32.7秒のインターバルがあるといわれている（Kraemer and Gotshalk 2000）。また，NFLレベルの試合では，26.9～36.4秒であると報告されている（Plisk and Gambetta 1997）。これらのデータを基に考えると，アメリカンフットボール選手が行うオフシーズントレーニングでは，実際の試合で必要とされる比較的短い距離を使ったスプリントトレーニングを長い休憩を挟み（1：5程度のワーク／レスト率）行うべきである。このように，プレーの継続時間とプレー間のインターバルの休息時間を分析することにより，アメリカンフットボール選手のために必要なワーク／レスト率を知ることが可能になり適切な無酸素性トレーニングの組み立てにも役に立つ。

　アメリカンフットボール選手のオフシーズントレーニングでは，無酸素性トレーニングの一環としてレジスタンストレーニングを取り入れている。もちろん，ドリルなどもオフシーズンに行われるが（Hoffman et al. 1990），オフシーズンに行われるドリルの強度は，シーズン中に行われるものほど高くはない。オフシーズンに行われるドリルの意味合いは，シーズン中に無酸素性能力を最大限発揮できるよう準備をすることで，高強度でのドリルを導入する必要はない。高強度のドリルを組み入れるタイミングは，前述したバスケットボール選手へのトレーニング同様，シーズン開始時期の6～10週間前が推奨されている。ドリルの強度や量を漸進的に増加させるトレーニングの組み立ては，表8.2に示したバスケットボール選手のものと差異はないが，アメリカンフットボール選手が必要とする競技特性を踏まえたプログラムを組むべきであろう。特にワーク／レスト率に関しては，シリーズごとに5秒ほどしか続かない運動を行っている競技なので，バスケットボール選手が行うトレーニングプログラムとは大きく異なってくる。また，アメリカンフットボールの場合，スプリントの距離や回数も試合の展開によって大きく変わってくるので（たとえば，1回のシリーズで何度も10ヤード以上を獲得し10回以上のプレーができるような場合と4，5回しかできなかった場合では，スプリントの距離や回数は変わってくる），このような状況も踏まえてトレーニングプログラムを作成していく必要がある（Plisk and Gambetta 1997）。

[3] 無酸素性運動を必要とする個人種目

　アメリカンフットボールやバスケットボールのようなチームスポーツでのコンディショニングに比べて，陸上短距離走のような個人種目のほうが，トレーニングプログラムの作成は容易である。その理由として，陸上短距離走のほうが，競技に必要な動作や運動強度を分析しやすいことがあげられる。競技に用いられる距離は様々であるが，短距離走は基本的に競技中全力で走ることを求められるスポーツ種目である。パワーの向上，ランニング技術，スピードおよ

表8.4　100mおよび200m選手のトレーニングプログラムの例

1日目	2日目	3日目	4日目	5日目	6日目
			プレシーズン		
スプリントドリル スピード養成 ターンアラウンド 40mまたは 50mダッシュ フォーリング アクセレーション スタート練習	インターバルトレーニング	スプリントドリル ランニングフォーム ブロックスタートと 30mダッシュ スティックドリル	15分ジョッグ	スプリントドリル ランニングフォーム ロータリー ランニング スピードスティックドリル ロールオーバー スタート	2×300m (80〜85%の力で) 4〜6×100m 上り坂走
			早期シーズン		
スプリントドリル スピード養成 ターンアラウンド 40mまたは 50mダッシュ	スプリントドリル スピードスティッククランニング 4×60mブロックスタート 4×30mの加速走 ウエイトベストを着てのバウンディング	技術練習 4×100m リラックスしたストライドで	スプリントドリル 2〜3×30m 6×50m スレッド引き	スプリントドリル ロータリーランニング 3〜4×20m スタート練習 2×100m スムーズなストライドで	早い時期の競技会
			後期シーズン		
100m選手の場合 5×200m（90％の力で，スプリント間の休息時間は3分間） 200m選手の場合 4×300m（85〜90％の力で，スプリントの休息時間は10〜12分間）	スプリントドリル スピードスティックドリル 2×100m 加速走2×120m	6×100m リラックスしたストライドで	スプリントドリル 2〜3×30m ブロックスタート 1×150m（全力）	軽いウォームアップのみ	最も重要な競技会

USA Track and Field 2000 から引用

びスピード持久力を養成することが短距離選手のトレーニング内容となってくる．表8.4では，短距離選手のトレーニングプログラム一例を表記したので参考にしてもらいたい．

　前述したようにアメリカンフットボールやバスケットボール選手は，無酸素性運動を断続的に継続することを求められるため限られた休息時間にエネルギー供給機構の回復を強いられるが，短距離選手の場合は，限られた時間での疲労の回復について考える必要はない．それよりも1回のスプリントでの運動強度をどれだけ高く保つことができるかということが重要になってくる．表8.5では，400m選手のスピード持久力向上ために用いられているスプリント間の休息時間の推奨例を示している．この例を見れば，1回のスプリントの運動強度を最大限

表8.5　400m選手のスピード持久力養成のためのトレーニング

スプリントの本数	走る距離	スプリント間の休息時間（分）
10	100	5〜10
6	150	5〜10
5	200	10
4	300	10
3	350	10
2	450	10

それぞれのスプリントの本数は様々であるが，トータルの距離を合計すると実際の競技での距離の約2.5倍に設定してある．このように400m選手であれば，1回のトレーニングで1000m程度の距離を走るべきである．また休息時間は，疲労を回復するのに十分な時間を確保するようにする．(USA Track and Field 2000 から引用)

上げることを目的に作成されたものであることをわかってもらえると思う。

2 無酸素性能力向上のためのコンディショニング

　有酸素，無酸素性にかかわらずエネルギー代謝機構を向上させようとするトレーニングのことを代謝系コンディショニングと呼んでいる。無酸素性エネルギー代謝の向上を目的とするトレーニング方法は，数多く考案されている。これらの方法を以下に紹介するので参考にしてもらいたい。

[1] インターバルスプリント

　インターバルスプリントは無酸素性代謝による運動を長く持続させる能力，つまりスピード持久力の養成に適したトレーニングである。この方法では，強度の高いスプリントと強度の低いジョグやウォークを交互に行う。たとえば，100mのスプリントを行い，その後100mをジョグする，そしてまた100mのスプリントを行うというふうに繰り返し強度の高い無酸素性エネルギー代謝優位の運動を低強度運動を挟みながら行っていくものである(図8.2参照)。実際にコンディショニングプログラムに組み込む場合は，競技特性や競技者のレベルに合わせて高強度のスプリントの持続時間や距離と低強度のジョグによる休憩時間や距離（ワーク／レスト率）を調整していく。

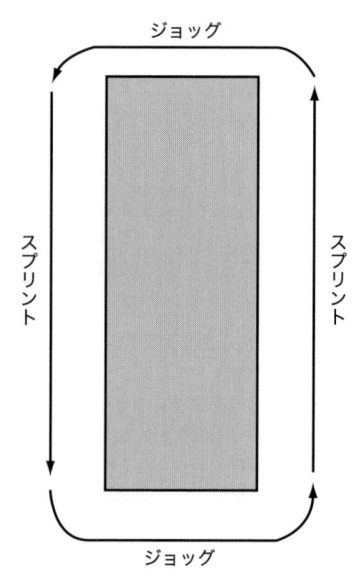

図8.2　インターバルトレーニング

[2] ファルトレク

　ファルトレクトレーニングは，一般的に屋外の3〜5km程度のクロスカントリーコースなどを用いて行うものであるが，トラックを用いても行うことができる。自然の地形を利用したトレーニング法であるファルトレクは，森林や公園，野原などにあるアップ・ダウンの起伏を自由に走るものであるが，通常のクロスカントリー走との違いは，丘陵などの自然の地形を活用し，下り坂では急走，平地ではジョギングなど，ペース変化を伴うトレーニングであるということである。この方法もインターバル同様，スプリントとジョギングを交互に行っていくものであるが，地形の変化（登り坂や下り坂など）でも運動負荷を変化させることができ多用な刺激が与えられる。

[3] レペティションスプリント

　レペティションスプリントは，設定した距離での全力スプリントを完全休息を挟んで繰り返すトレーニングである。設定する距離は，20〜40mのような短い距離から，100〜400mの比較的長い距離まで任意で設定することができるが，基本的には競技特性とトレーニングの目的，選手の特性などを踏まえて走る距離を設定する。またスプリント間の休息は，ジョギング

などで積極的回復を図るものではなく，各セットでのスプリントで最大限のスピードと運動強度を発揮できるよう完全に身体を休める。スプリントの本数とワーク／レスト率は，選手のコンディショニングのレベルを踏まえて考える。

[4] 加速走

基本的にはレペティションスプリントと同様のトレーニングであるが，違いはスプリントを行う時に約20m程度の加速する区間を設けるということである。つまり，このトレーニングでは加速期での走りよりも中間疾走で最大限のスピードを維持することを強調することを目的としたトレーニングである。

[5] エンドレスリレー

選手同士でグループを組みリレー形式でスプリントトレーニングを行うものである。図8.3-aを例にとって説明すると，トラックの各所に選手を配置しリレーを行うが，A選手がB選手のところまで走り，タッチをしたらA選手はそこで待つ。その後，C選手，D選手，E選手とタッチをしながらスプリントでつないでいき，E選手からタッチを受け再び走る。このように，リレー形式でスプリント繰り返していくが，メンバーの数を調整することでワーク／レスト率を調整することができる。また，複数のチームを結成し競いながらトレーニングを行ってもよい。

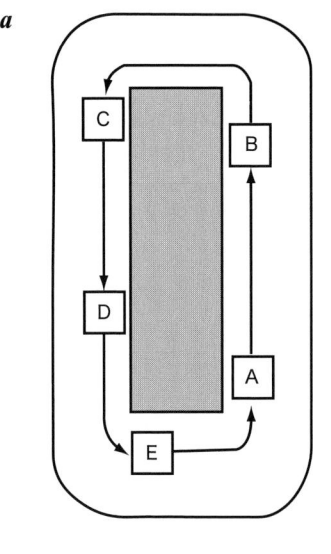

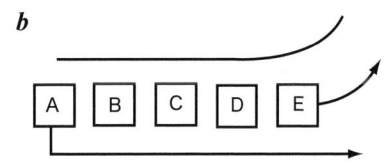

図8.3　エンドレスリレー(a)と追い越し走(b)

[6] 追い越し走

このトレーニングは4人以上で行う。初めは全員で一列になりジョギングでトラックを周回する（図8.3-b）。指導者の合図とともに，一番後ろの選手が，スプリントし全員の選手を抜き先頭に出たら，ジョギングに切り替える（図8.3-b）。その後もコーチは合図を続け，そのたびにその時一番後ろにいる選手がスプリントし，全員を抜いていく。合図のタイミングを調整したり，選手の数を増やしたりすることにより運動強度や持続時間，緩走による休息時間などを調整することができる。

3 スピード

スピードとは，なるべく短時間に一定の距離を移動する能力のことである。ランニングスピードは，ストライド率とストライド長の組み合わせで決まってくる。ストライドとは，2度，地面に足が接地したことをさす。ストライド率とは走った距離の中でステップを踏んだ回数を時間で除し，1秒間に何回のストライドが刻まれたかを表すものである。たとえば100mの距

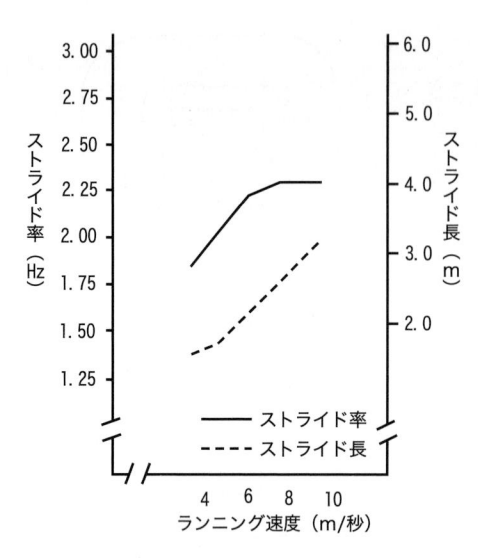

図8.4　ランニング速度の変化に伴うストライド長とストライド率の変化
（Luhtannen and Komi 1978 からデータを引用）

離を右足で24回，左足で23回接地したとすると合わせて47ストライドということになる。そして，もし11秒5で走ったとすると，ストライド率は，4.1スライド／秒ということになる。エリート短距離選手の場合のストライド率は約5スライド／秒になると報告されている（Mero, Komi, and Gregor 1992）。つまり，ストライド率が上がるほどに，選手の足が地面に接地している時間は短くなり，逆に空中にいる時間が延長していく結果となる。ストライド長が一定のまま，ストライド率が上がればランニングスピードは上昇する。同様に，ストライド率が一定のまま，ストライド長が上がればランニングスピードは上昇する。

図8.4が示すように，ランニング速度の上昇とともにストライド長とストライド率のいずれも上昇していくが，スピードの上昇へのストライド率とストライド長の関与は，そのスピードにより異なってくる；低速でのスピード上昇は，ストライド長の増加が大きく関与しているが，その後は，ストライド長とストライド率の両方が上昇していき，秒速8mを超えるとストライド長は若干低下するもののストライド率は増加し続ける。このようなことから，ストライド長よりもストライド率が選手の最大速度を決定する最も大きな要因であることがわかる（Mero, Komi, and Gregor 1992）。ストライド長とストライド率はいずれも，様々な要因により影響される。たとえば，身長や足の長さは，ストライド長に大きく影響を与える（Mero, Komi, and Gregor 1992; Plisk 2000）。また，トレーニングの習熟度合も，ストライド率に影響を与える要因である。よく鍛練された選手は，25mまでストライド率を増加させることができるが，鍛練されていない選手は10〜15mまでしか増加させることができない（Plisk 2000）。また，この報告からストライド率は，トレーニングにより改善が可能であることも読み取れる（Plisk 2000）。また，パワー発揮能力を高めることにより地面への接地時間を短縮し，地面に対する力積を増加させることができるので，スプリント中の加速能力が高まりスピードの向上に繋がる。さらに，ランニングフォームも走動作の効率に影響を与えるものでランニングスピードの改善には不可欠なものである。これに関しては，図8.5でスプリントのメカニズムを示したので参照してもらいたい。

このような様々な要因が影響するスピード能力であるが，測定方法は，非常に単純である。スポーツ現場で最も多く使われているのは，ストップウォッチを使って任意の距離を走りきる時間を測定する方法である。しかし，この方法では，もし選手が100mを11秒で走ったとしても，100mの区間の平均スピードが算出できるだけで，スタートからの加速やスピード持久力の後半の減速などの情報を読み取ることができない。そのため，現在は，光電管や磁気を利用して，スプリント中の途中通過時間を1/100秒単位で測定することのできる測定器なども市販されており，チームによっては，このような機器を使ってスピード測定を行っている。

図 8.5　スプリントのメカニズム

4 アジリティ

　アジリティとは，スピードや正確な動作を損なうことなしに方向を転換する運動能力のことである。このような一般的なアジリティの定義に加え，動作の形態を素早く変化させる能力もこの能力に分類される。アメリカンフットボールのディフェンスバックがバックペダル（後方へのランニング）から前方へのスプリントへ変換することも，その一例である。アジリティは，筋力，パワー，バランス，運動の協調性など様々な身体能力を組み合わせた運動能力である。多くのスポーツ種目で，成功するのに不可欠な要素であるとされているが，アジリティと競技力の直接的関係を明らかにすることは難しく，科学的に証明されているわけではない。しかし，Hoffmannら（1996）は，NCAA 1部に所属するバスケットボール選手が試合に出場することのできる時間とTテストのタイムの速さに関係があると報告している。さらに，アメリカンフットボール（Kraemer and Gotshalk 2000）やサッカー（Kirkendall 2000）のような種目でもアジリティ能力の高さは成功するのに必要な要素である。

　オフシーズン中に行われるアジリティ能力を養成するトレーニングでは，実際の試合での動作を想定したドリルを用いるべきである。アジリティ能力を高めるための多くのドリルが存在するが，指導者は自分が指導する競技種目の特異性を分析し，競技力向上に直接繋がるような動作を組み入れたドリルを導入することを心がけてもらいたい。また，この章では，実際のプログラム作成の参考にしてもらうためアジリティ能力向上のためのドリルの例を次頁に記した。

　このように，スピードやアジリティの能力は，競技に直結する身体能力であるが，そのトレーニング効果に関しては，未だ明らかでない部分が多い。現場のパーソナルトレーナーが選手の40ヤード走のタイムを短期間で0.3秒縮めることに成功したと聞いたことがあるが，この

ような劇的な改善を報告する先行研究は存在しない。このような現場での声はおそらく，シーズンの推移に伴う選手のコンディショニングレベルが，大きく関与していると推測される。つまり，ピークコンディションではないオフシーズン中の選手の測定タイムを基準として，その後シーズンインしコンディションがピークに達した時とのタイム差を比較すればこのような劇的なタイム短縮も考えられる。このように，スピードやアジリティ能力は，コンディショニングレベルが大きく関与するので，前年のシーズン中におけるタイムなどを基準としてトレーニング効果を評価する必要がある。

❶サイドシャッフル

5〜7m離してコーンを置く。選手は，二つのコーンの中央に肩幅よりも広めのスタンスで中腰になり立ち，スタートの準備をする。スタートとともに，どちらかのコーンに向かってシャッフル（横へのステップ）を始め，近いほうの手でタッチしたらすぐに反対側のコーンへ向かう。10回のタッチをどのくらいのタイム，もしくは10秒間で何回タッチできるかを測定する（図8.6-a参照）。またこの時，クロスステップにならないように気をつける。

❷Tドリル

図8.6-bのようにT字にコーンを置く。選手はスタート位置から2のコーンに向かってダッシュする。2のコーンに到達したら4.5m離れた3のコーンに向かってシャッフルし到達したら9m離れた4のコーンに向かっていく。その後2のコーンまでシャッフルで戻り，バックペダル（背走）でスタート位置まで戻る。

❸ジグザグドリル

図8.6-cのようにコーンをジグザグに置く。図8.6-c1のように順番にコーンに向かってダッシュをし，カッティングの動きをトレーニングすることもできるし，図8.6-c2のようにコーン外側ぎりぎりを走るS字走のトレーニングにもなる。

❹四角ドリル

図8.6-dのように四つコーンを5〜7mほど離して四角形に置く。1のコーンから2へ向かって背走する。そして2のコーンで素早くシャッフル（横へのステップ）に切り替え3へと向かう。そこで素早くキャリオカに切り替え4のコーンに向かう。

❺クイックフット

選手は，両足をそろえて，ラインのすぐ脇に立つ。ラインを踏まないぎりぎりのところで図8.6-eのようになるべく素早く前後に跳んでいく。

❻Lドリル

図8.6-fのように9mずつ離し，L字型にコーンを置く。1のコーンか

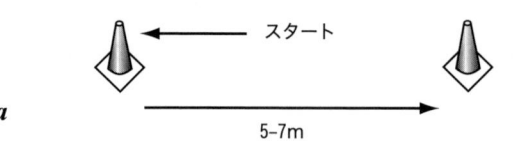

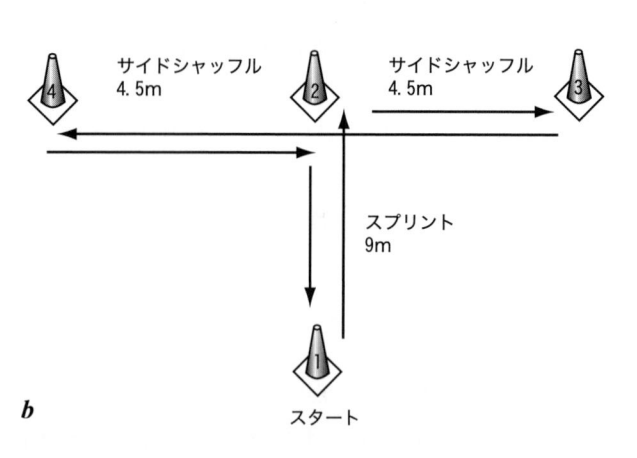

図8.6 サイドシャッフルアジリティドリル (a), Tドリル (b)

らスタートし2のコーンに向かって直線ダッシュをする。そして，そこで素早いターンをして8の字を描きながら2のコーンに戻り，1のコーンまで再び直線ダッシュをする。

Hoffmanら（1991, 1991a, 1991b）は，コネチカット大学のバスケットボールとアメリカンフットボール選手のオフシーズントレーニングの結果，スピードとアジリティがどの程度改善するかを調査した。その結果，6週間のオフシーズントレーニング後のバスケットボール選手のスピード（30ヤード走）とアジリティ能力（Tテスト）に改善は見られなかったと報告している。また，同大学のアメリカンフットボール選手に10週間，週に2回のランニングフォーム矯正トレーニングおよびプライオメトリクストレーニングを処方したが40ヤード走に改善は見られなかった。その一方で，スピードとアジリティの能力がトレーニングにより改善すると報告している先行研究もある（Rimmer and Sleivert 2000）。このような矛盾は，おそらく研究対象となった被験者のもともと持っているスピードとアジリティの能力レベルに関連がある。スピード・アジリティ能力がトレーニングにより改善した研究では，平均的な身体能力を持った被験者を用いているが，コネチカット大学のバスケットボールとアメリカンフットボール選手は，NCAAの1部に所属しており，これまでもスピード・アジリティ向上のためのトレーニングを行ってきて

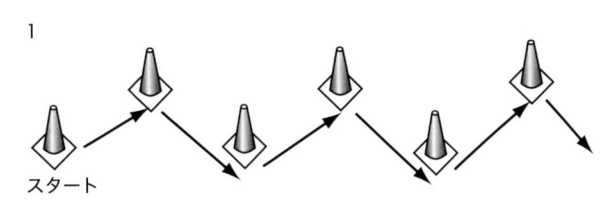

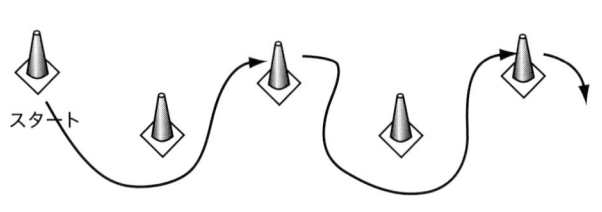

図8.6　ジグザグアジリティドリル(c)

図8.6　四角ドリル(d)

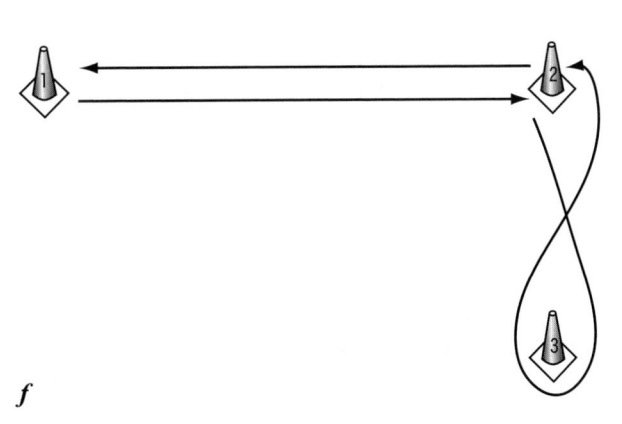

図8.6　クイックフット(e)，Lドリル(f)

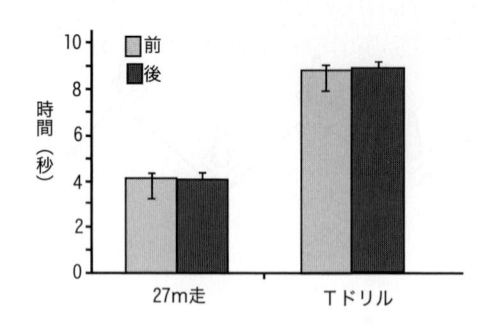

図8.7 6ヶ月のオフシーズントレーニング後のバスケットボール選手のスピード・アジリティの変化
(Hoffman et al. 1991 から引用)

いる。つまり，もともと十分に高いスピード・アジリティ能力を持っていた。スピード・アジリティ能力のトレーニング効果に関しては未だ研究の余地があるものの，これらの能力は，十分にトレーニングされた選手よりも，未だトレーニングされていない選手のほうが，トレーニング効果が高いといわれている。これらのことを総合して考えると，スピード・アジリティ能力のトレーニング効果は，筋力と同様，遺伝学的要素が大きく関与しているのではないだろうか。特にこれに関連する要因として，筋線維組成がある。つまり，速筋線維が多い人のほうがスピード・アジリティ能力には有利といえる。

しかしながら，このようにスピード・アジリティ能力のトレーニングによる改善が統計学的確認できないとしても，それが実際の競技力向上に十分な改善かどうかということが重要であることを忘れてはならない。実際に，わずか0.01秒の改善であっても競技結果を左右するようなケースも少なくない。たとえば，100m走のような短距離競技においては，このようなごくわずかなタイム差が順位を決定する。また，その他の競技においても，1/100秒程度のごくわずかなタイミングの遅れがチームプレーの成否を決定的にするケースも多く存在する。それゆえ，スピード・アジリティのトレーニング効果に関する研究結果の解釈に関しては，慎重に行う必要がある。また，Plisk (2000) は，アジリティを向上させるためには急激にスピードを減速させる能力が重要であると示唆している。そして，アジリティ能力をトレーニングするためには，他の身体能力同様，強度を漸進的に上げ段階的にアプローチしていく必要がある。最初の段階として全力の50%程度のスピードで前方へ走り，ホイッスルの合図で減速し，3歩以内で止まるよう努力する。その後，75%程度のスピードで5歩以内，100%で7歩以内というように段階的に強度を漸増していく。また，前方への動きだけでなく，左右，後方への動きでも同様のトレーニングを行っていく。

要約

スピード・アジリティ能力は，様々な競技での成否に大きな影響を与える重要な身体能力である。オフシーズン中，これらの能力をどれだけ改善させられるかは未だ明らかではない。しかし，もともと高いスピード・アジリティ能力を持っている選手のほうが，そうでない選手に比べ改善は困難である。また競技種目によっても求められるスピード・アジリティ能力が大きく違う。陸上短距離選手は，それぞれのレースでのスピードを上げることを考えるが，バスケットボールやアメリカンフットボール選手は，高強度運動を断続的に繰り返し続けられることが重要である。それゆえ，同じスピード・アジリティ能力でも，競技特性に合ったトレーニングプログラムを作成していく必要がある。

第9章

持久トレーニング

　運動を長時間続ける能力を持久力と呼ぶ。持久力は，大きく筋持久力と心肺持久力に分類される。筋持久力とは，特定の筋または筋群が高強度運動，反復運動，静的運動を維持する能力のことを指す（Wilmore and Costill）。レスリングやボクシングなどの無酸素系競技の選手が筋持久力向上を目的とした筋力トレーニングプログラムに取り組んでいる（第7章参照）。心肺持久力は長時間運動を維持する能力であり，この能力の向上は長距離走者，サイクリスト，長距離スイマー，トライアスリートなどの持久系競技選手にとって最も重要な課題といえる。この章では心肺持久力向上のためのコンディショニングプログラムについて述べていく。また，サッカーやバスケットボール，ホッケーなどの無酸素系動作を多く含むような競技でのコンディショニングプログラムの中にも持久トレーニングは含まれるため，このような種目のための持久トレーニングについても解説していく。なおこの章では，「心肺持久力」を単に「持久力」として表現するので注意してもらいたい。

1 持久トレーニングによる生理的適応

　持久トレーニングは筋力トレーニングや無酸素系トレーニングとは異なった生理的適応をもたらす。持久トレーニングの効果については第1〜5章ですでに詳細を記載しているので，次のセクションで簡潔にまとめることとするが，主な持久トレーニングの生理的適応は，ATP供給量が増加し，活動筋に多くのエネルギーが行き渡るようになることといえる。適応は，各個人のトレーニング歴と遺伝学的に持ち合わせた素質により，その限界点が決まるとされており，このような限界点に関しては，筋力トレーニングや無酸素系トレーニングに関しても同様のことがいえる（第7, 8章）。よくトレーニングされ，コンディションが良好な持久系アスリ

心肺系
心拍出量の増加
1回拍出量の増加
血液量およびヘモグロビン濃度の増加
活動筋への血流量の増加
安静心拍数および血圧の低下
代謝系および筋骨格系
ミトコンドリアサイズと数の増加
酸化系酵素の増加
毛細血管密度の上昇
エネルギー基質としての貯蔵脂肪利用へのシフト
ミオグロビン量の増加の可能性

ートの生理的適応やパフォーマンス向上は，初心者やディトレーニング中の選手と比較するとその程度はかなり小さい。持久系競技も他の競技と同様に，その向上の程度や成功の可能性は遺伝子学的要因が大きく影響しているようである。

2 持久性パフォーマンスに関連する要因

持久系アスリートが，競技での成功を収めるには多くの要因が求められ，遺伝的要因（最大酸素摂取能力や筋線維組成）やトレーニングにより変化する要因（乳酸性作業閾値や運動効率）など様々な要因が関係している。また，食事，脱水，休息，心理状態などの短期的に影響を及ぼす要因もあるが，これらの要因については他の章で解説するので参考にしてもらいたい。

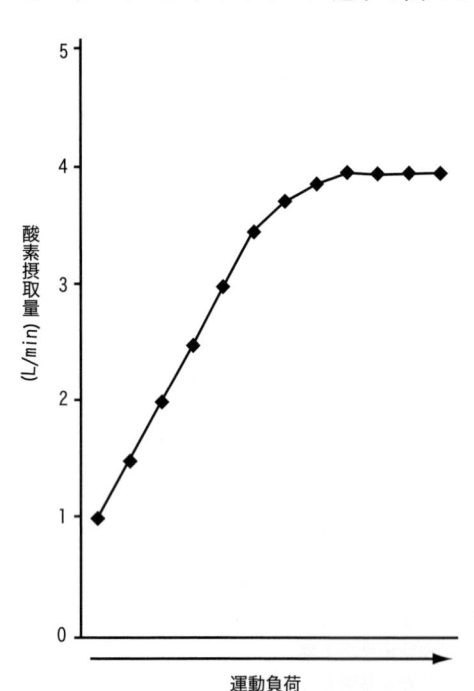

[1] 最大酸素摂取能力 ($\dot{V}O_2max$)

最大酸素摂取能力もしくは $\dot{V}O_2max$ は持久能力の客観的な指標として最も一般的なものである。$\dot{V}O_2max$ は運動時の酸素消費量の最大値と定義されている。有酸素運動での運動強度が高まるとともに酸素消費量も比例して増加していくが，ある運動強度を越えると，それ以上酸素消費が上昇しないポイントに到達する。この定常状態に陥るポイントが最大酸素摂取能力または $\dot{V}O_2max$ である（図9.1）。

表9.1では20〜29歳の一般成人とエリート長距離ランナーの $\dot{V}O_2max$ を表記している。一般成人とエリート長距離ランナーの間にある差は，トレーニングおよび遺伝的要因によるものであると考えてよいだろう。ところが，Hoffman らの $\dot{V}O_2max$ に関する研究で，一般男性とエリートバスケットボール選手の間には，さほど差がないことが報告されている（Hoffman and Maresh 2000）。この違いはトレーニングの原則である「特異性の原則」に基づくもので，各指標の解釈にはトレーニングの原則の理解が必要である。さらに，最大酸素摂取能力をフィットネスの絶対的な指標として解釈する時にも配慮が必要である。

持久トレーニングを開始すると通常，$\dot{V}O_2max$ は増加するが，この上昇はフィットネスレベルの上昇に伴ったものであると考えてよい。$\dot{V}O_2max$ はトレーニングの最初の3ヵ月で15〜30％増

図9.1　最大酸素摂取能力（$\dot{V}O_2max$）

表9.1　20〜29歳の一般成人とエリート長距離ランナーの $\dot{V}O_2max$ の比較

テスト群	$\dot{V}O_2max$ (ml/kg/min^{-1})	
	男性	女性
一般成人	44〜51	35〜43
エリート長距離ランナー	71〜90	60〜75

（Martin and Coe 1997 から引用）

加し，2年のトレーニングでは50％程度増加する可能性があると報告されている（McArdle, Katch, and Katch 1996）。持久トレーニングを始めることによってアスリートでない人でも最大酸素摂取能力を高めることができ，マラソンを走れるほどのコンディションにまで到達する。しかし，実際に競技レースで勝つための能力は$\dot{V}O_2max$だけでなく，その他の様々な要因も大きく影響する。表9.1に示すようにエリート長距離男性ランナーの$\dot{V}O_2max$は70ml/kg/min以上（70～90ml/kg/min）である。たとえば，初期の$\dot{V}O_2max$が50ml/kg/minの一般的な男性が2年間トレーニングをした後に最大酸素摂取能力を50％向上させたと仮定すると，$\dot{V}O_2max$は75ml/kg/minになる。このように飛躍的な有酸素能力の向上が可能になったとしても，エリート持久ランナーに勝つことができるとは限らない。なぜなら，$\dot{V}O_2max$は，持久活動を規定する一要因にすぎず，他の様々な要素（乳酸性作業閾値，運動効率，栄養状態，体水分状態，心理的影響）も同様に持久系パフォーマンスに影響を与えるからである。この章では持久系アスリートが勝利するために重要な他の要素についても論じていく。

[2] 筋線維組成

持久性パフォーマンスにおいて遅筋線維（slow-twich〈type I〉fibers）が重要な役割を果たしていることは本書ですでに述べた（第1章および第9章）。長距離ランナーのような持久系アスリートの遅筋線維の割合（約70％が遅筋線維）は，中距離ランナーや短距離ランナーに比べて高い（図9.2）（Costill, Fink, and Pollock 1976）。タイプⅠ線維はタイプⅡ線維（速筋線維：fast-twich fibers）と比較して毛細血管密度，ミトコンドリア含有量，酸化酵素活性が高く，長時間続く運動時に貯蔵脂質や炭水化物をより効率よく使用しエネルギーを産生することができる。持久トレーニングによりタイプⅡ線維がタイプⅠ線維に変化することは大きなメリットであるが，持久トレーニングにより遅筋線維の割合が増加するという明確なデータはこれまで示されていない。持久トレーニングによりタイプⅡ線維が酸化型のタイプⅠ線維に変化するという研究結果もあるが（Howald et al. 1985; Simoneau et al. 1985），大多数の研究では，このような筋線維の変化はないと報告している。しかし，筋線維サブタイプの変化は起こるようである。つまり，筋線維はトレーニングプログラムの内容により酸化的にも解糖的にも変化しうるのである（第1章参照）。

また，持久トレーニングにより，代謝メカニズムの変化が起こることも知られている。持久トレーニングの重要な適応に毛細血管密度やミトコンドリア含有量の変化がある。毛細血管密度はトレーニングに応じて増加するが，その増加と$\dot{V}O_2max$との間には正の相関関係がある（p<0.05）（Saltin et al. 1977）。毛細血管密度の増加により筋が酸素に，より長く曝され，酸素の利用率を上げることができる。つまり，毛細血管の発達によって

図9.2　遅筋線維 (type I fibers) の比率

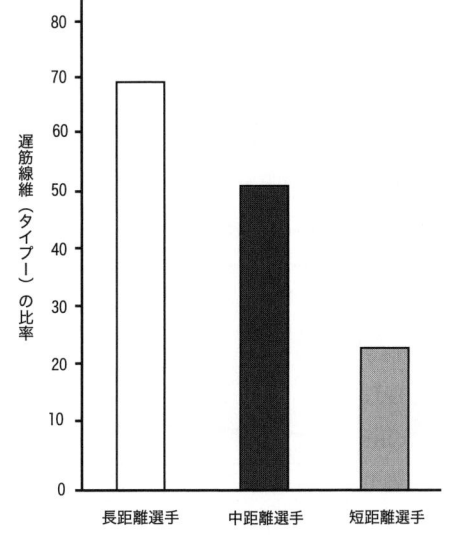

酸素が筋内に長く留まり，筋血流速が速くても筋がより多くの酸素を利用できる状態になるのである（Bassett and Howley 2000）。

　また，遅筋線維の割合が高いということは細胞内ミトコンドリアの酸化系酵素の濃度が高いということである。長距離選手は中距離，短距離選手と比較してコハク酸エステル脱水素酵素（SDH）の濃度が有意に高く，筋SDH濃度と$\dot{V}O_2max$の間には正の相関が認められる（r=0.79, p<0.05）（Costill, Fink, and Pollock 1976）。つまり，筋SDH濃度が高ければ筋の酸化能力が高いことになる。また，持久トレーニングにより酸化系酵素濃度は2倍にまで増加し（Gollnick et al. 1972; Holloszy et al. 1970），結果的に細胞内のミトコンドリアの数と大きさが増加する。実際，ミトコンドリア含有量の増加と毛細血管密度の上昇により$\dot{V}O_2max$は増加する。ところが，持久パフォーマンスがミトコンドリア数や毛細血管密度に比例して向上するわけではない。

[3] 乳酸性作業閾値

　血中乳酸濃度は乳酸の産生と除去のバランスを表す指標となる。軽い運動や中程度の運動では酸素が十分に存在するので筋肉に必要なエネルギーは，有酸素性エネルギー代謝機構により十分に供給されている。運動強度が上昇するにつれ，筋は有酸素代謝だけではエネルギーの需要と供給のバランスを保てなくなり，血中乳酸濃度は増加し始める。有酸素性代謝ではエネルギーを十分供給できなくなると筋は無酸素性代謝にエネルギー供給を頼るようになり，この点を血中乳酸蓄積開始点（OBLA）という。

　OBLA出現のパターンは持久トレーニングの有無に関係なく同じだが，OBLAが現れる運動強度（%$\dot{V}O_2max$）はトレーニングにより変化する。非鍛練者では血中乳酸の蓄積は最大有酸素能力の55%以上で見られるが（Davis et al. 1979），鍛練者では80〜90%$\dot{V}O_2max$程度である（Martin and Coe 1997）。図9.3では，鍛練者と非鍛練者の運動強度と血中乳酸濃度の関係を示している。この違いは遺伝的差異や遅筋線維の割合，ミトコンドリア含有量，酸化系酵素，毛細血管密度などの生理的適応様式に関係すると考えられる（Gollnick and Saltin 1982; Holloszy and Coyle 1984）。

　OBLAはトレーニングにより変化し，持久性パフォーマンスの指標となるものである。また，運動処方では強度を決定する指標としても使用される。たいてい運動強度はOBLAかそれより少し高く設定し，常にコンディションが向上するように調整し続ける必要がある。OBLAの測定は比較的簡単で，一般的には運動強度（走速度）に対して血中乳酸濃度をプロットし，

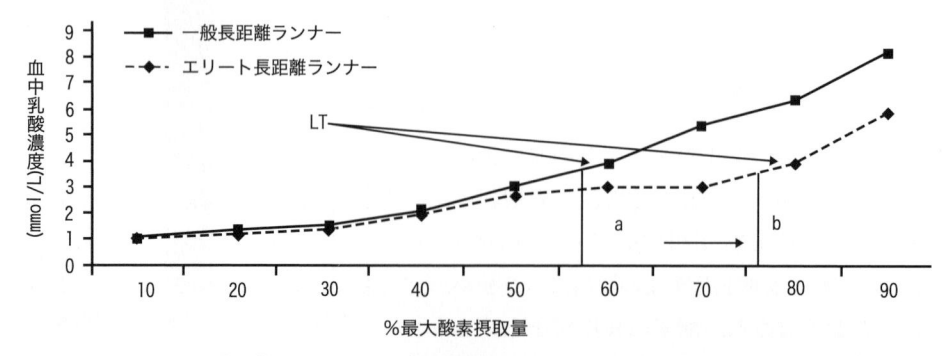

図9.3　エリート長距離ランナーと一般長距離ランナーの各運動強度での血中乳酸濃度の変化

血中乳酸が4mmol/Lになる速度をOBLAとする（Heck et al. 1985）。

[4] 運動効率

ある走速度を維持するのに必要な相対的酸素消費量は選手ごとに異なり，この必要量の差に関係しているのが運動効率である。図9.4では，同等レベルの$\dot{V}O_2max$を持つ2名の被験者のランニング効率を示しているが，同等の$\dot{V}O_2max$を持つ陸上長距離選手の能力差は運動効率の差により起こっていると説明できる（Bassett and Howley 1997）。

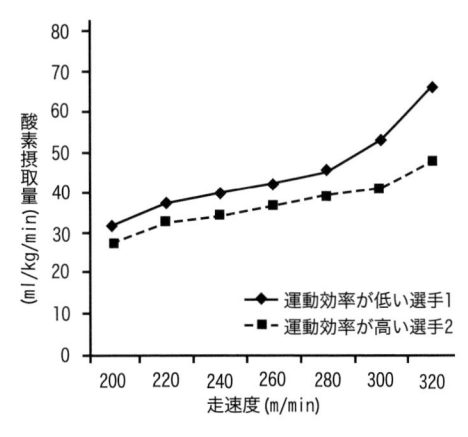

図9.4 運動効率による酸素摂取量の比較

また，ある先行研究では，運動効率が10km走のパフォーマンスを左右する大きな要因となると報告しており（Conley and Krahenbuhl 1980），運動効率と持久系パフォーマンスの間に高い関連性があることがうかがえる。このような運動効率の違いによる持久系パフォーマンスの変化は自転車競技（McCole et al. 1990）や水泳競技（Van Handel et al. 1988）にも見られる。ランニング効率に関連する要因のほとんどは，体組成やランニングテクニックであると考えられており，主に走フォームが改善されればエネルギー要求量は低下し効率が上がるとされている。走フォームと運動効率に関連して，先行研究はストライド長の延長が運動中のエネルギー要求量を増加させると報告しており（Cavanagh and Williams 1982），ストライド長とストライド速度は運動効率と持久性パフォーマンスに影響を与えることもわかっている。また，ランニング，サイクリング，スイミングのテクニックに加えて体温や風抵抗，重量（靴の重量など）のような他の要素も運動効率の差に影響することもわかっている（Daniels 1985）。

3 持久トレーニングの処方について

持久トレーニングを処方する場合の三大調整要素は，トレーニング頻度，運動持続時間，そしてトレーニング強度である。運動様式は，各個人が参加する種目（サイクリング，ランニング，スイミングなど）を用いるのが一般的であるが，時にはクロストレーニング（異なった様式の運動を行うこと）も効果的で，運動様式による特異性については，後ほどこの章で述べることとする。

[1] トレーニング頻度

先行研究では，週2回と週5回の頻度のトレーニング効果を比較したが，両頻度での$\dot{V}O_2max$に差はなかったと報告しており（Fox et al. 1973; McArdle, Katch, and Katch 1996），適切な持久トレーニングの頻度については未だ議論の余地がある。このように科学的根拠に基づいた適切なトレーニング頻度は不明であるものの，現実的には，選手の行うトレーニングの強度や目的等を考慮し決定するのがよいと思われる。一般的にトレーニング強度が低い場合にはトレーニング頻度を上げなければ有酸素能力の増加は期待できないと考えられている。また，

トレーニングの目的・目標が，パフォーマンスレベルを向上させるというより有酸素フィットネスを維持する程度であれば週に数回の持久トレーニングでも十分である（Potteiger 2000）。一方，その目標が体脂肪の減少であればトレーニング頻度を増やすほど消費カロリー量も増加するため，できれば毎日行ったほうが効果的である（ACSM 2000a）。

［2］運動持続時間

運動持続時間は，運動強度の変化に大きく影響される。運動強度が高ければ，早い段階で疲労が発生してしまうため自ずと運動持続時間は短くなってしまうが，運動強度が低～中程度であれば長時間続けられる。適切な運動持続時間に関する根拠はないものの，一般人であれば1日5分の低強度運動であっても十分に効果が得られると思われる。しかし，実際に大きな効果を期待するならば，少なくとも70% $\dot{V}O_2max$ 程度の強度で1日に20～30分程度の運動が推奨されている（ACSM 2000a）。ちなみに，NCAAに所属する大学長距離ランナーは，シーズン中の練習では1日に8～10マイル（13～16 km）を走ると報告されている（Kurz et al. 2000）。

高い競技力を得ようと，コーチはトレーニング時間を長くする傾向にあるが，トレーニング時間を増やしてもパフォーマンス向上が見られない場合も多くある。実際に，先行研究では，1.5時間のトレーニングを1日に1回行うのと2回行うのでは，泳パワー，泳持久力，泳パフォーマンスに差は見られなかったと報告している（Costill et al. 1991）。さらに，トレーニング時間を増やす場合，オーバートレーニングのリスクが高まることから，それに対する配慮も必要である（第21章参照）。

［3］トレーニング強度

トレーニング強度の変化は，他のすべての調整要素に影響を与えるため，調整要素の中で最も重要な要素であるといえる。前述したように，トレーニング強度が上がれば運動持続時間は短くなり，逆に低くなれば長くできる。また，トレーニング頻度についても強度が高ければ効果的な頻度は少なくなるが，低強度のトレーニングでは頻度を増やさなければ，求める生理的適応と持久パフォーマンスの向上を期待するのは難しくなる。また，トレーニングの原則に基づいて考えると，有酸素能力を最大限に引き出すためにトレーニング強度は過負荷でなければならない。しかし，運動強度が高すぎるとすぐに疲労してしまい，トレーニング刺激が不十分になってしまうリスクもあるのでトレーニング強度は，適切に調整されなければならない。

トレーニング強度の表記にはいくつかの方法があるが，%$\dot{V}O_2max$ や%最大心拍数といった最大値に対する相対値での表記や主観的運動強度（RPE）などの方法が使われる（表9.2）。運動強度を決定するその他の方法として，LT，OBLAに対応する運動速度（ランニング，サイクリング，スイミングなど）を求める方法もある。

❶心拍数

心拍数は，しばしば有酸素運動の強度の指標として使われる。心拍数と酸素消費量の間には高い相関があり（図9.5），年齢，コンディショニングのレベル，性別にかかわらず，%$\dot{V}O_2max$ と%最大心拍数の間には高い関係性が見られる（ACSM 2000a）。この関係は運動様式が異なったとしても成り立つ。しかし，運動様式の種類や運動に動員される筋量が少ない場

合（腕と脚の比較など）には最大心拍数の値にずれが出る。たとえば，水泳中の最大心拍数は走運動中の最大心拍数よりも約13回/分少なくなると報告されている（Magel et al. 1975; McArdle et al. 1978）。泳動作中の最大心拍数が低い理由として，地上の運動と異なり体位が水平であること，水による冷却，上半身の筋活動量が少ないために神経刺激が低いことが考えられている（McArdle, Katch, and Katch 1996）。

健康な成人の場合，最大心拍数の70％程度の運動強度での持久トレーニングが最も有酸素能力を向上させるといわれている。たとえば，20歳男性の最大心拍数が200拍（最大心拍数は「220－年齢」で予測可能）であれば，心拍数140回/分程度のペースのランニングが最も適しているということになる。このように，パーセント最大心拍数を用いて運動強度を決めるのは比較的簡単な方法であるといえる。その他の方法として心拍の機能的能力を表す予備心拍数（HRR）を用いる方法がある（Karvonenの方法）。この方法は，最大心拍数と安静時心拍数を用い，次のように計算する。

HRR＝最大心拍数－安静時心拍数

HRRを計算した後に目標心拍数を決定する。目標心拍数は心臓の機能的能力の範囲に安静時心拍数を加えたものである。

目標心拍数＝（HRR×運動強度）＋安静時心拍数

たとえば，20歳の大学生で安静時心拍数60回/分の運動処方として，60～70％の機能的能力の運動を規定したい場合，まず，年齢から予測した最大心拍数を計算し，HRRを算出する。

HRR＝最大心拍数－安静時心拍数

HRR＝200回/分－60回/分

HRR＝140回/分

HRRが140回/分と算出されたので，次に目標心拍数を算出する。

目標心拍数（THR）＝（HRR×運動強度）＋安静時心拍数

THR＝（140×0.60）＋60＝144回/分

THR＝（140×0.70）＋60＝158回/分

つまり，この人の60～70％の運動強度は心拍数が144～158回/分の範囲ということになる。また，持久トレーニングによる身体適応として絶対的運動負荷量に対する心拍数の低下が起こ

表9.2　運動効率による酸素摂取量の比較

RPE スケール（6～19）
6
7　非常に楽である
8
9　かなり楽である
10
11　楽である
12
13　ややきつい
14
15　きつい
16
17　かなりきつい
18
19　非常にきつい

（Borg 1988, Borg's Perceived Exertion and Pain Scales(Champaign, IL: Human Kinetics), 47. を改変）

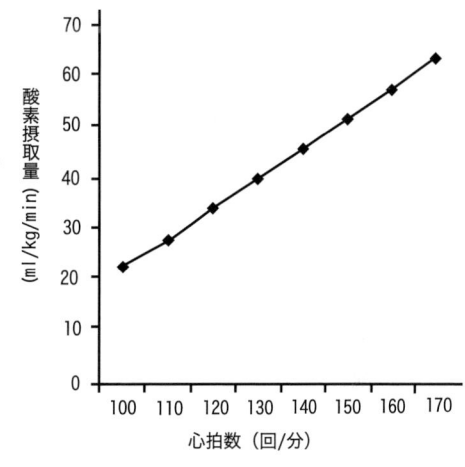

図9.5　Division I所属のクロスカントリー選手のトレーニング方法
（Kurz et al. 2000を改変）

るので同程度の運動刺激を維持するには運動強度を常に調整していく必要がある。

❷ 主観的運動強度

主観的運動強度（RPE）も持久トレーニングで運動強度を規定する指標となる。表9.2に示した通り，15点の主観的運動強度が示され（Borg 1982），運動を行っている者がどのくらい運動ストレスを感じているかを表す。エネルギー消費量や生理的負荷が増加すると，主観的な負荷も増加する。RPEが13～14程度，表現としては「ややつらい」程度が最大心拍数の70％程度に対応する（McArdle, Katch, and Katch 1996）。しかし近年の研究では，RPEは20分以上持続する運動には適応できないとされている（Kang et al. 2001）。

4 持久トレーニングプログラム

持久系パフォーマンスを最大限高めるためのトレーニング方法は科学的見地から調査・研究され常に見直されてきた。トレーニング量（1週間あたりの総走行距離）でマラソンの記録を推測することができるとの報告もあり（Dotan et al. 1983），米国では，レース距離が長くなるほど持久トレーニングの量が重要になると多くの指導者達により信じられてきた（Kurz et al. 2000）。しかし最近では，持久系アスリートのトレーニングが高トレーニング量/低強度から低トレーニング量/高強度のトレーニング方法へと移行してきている。しかし，未だに唯一無二のトレーニング理論というものは存在せず，持久系アスリートは効果が期待できそうな方法を複合しながら採用しているのが現状である。

Kurzら（2000）はNCAA 1部に所属する持久系ランナーのトレーニング方法を調査した。14校の1部のチームでのトレーニングプログラムを調査したこの研究では，採用されているトレーニングプログラムとトレーニング期間ごとの週間トレーニングセッション数が報告された（表9.3，図9.6）。この研究ではトレーニング期間を移行期（5月～8月），試合期（8月～10月），ピーク期（11月）の3局面に分類して調査している。移行期ではトレーニング量（週の走行距離）を増加させる期間として徐々にその量を増加させ，試合期に突入する。試合期は特に乳酸耐性のための能力の改善を重視し，ピーク期へと移行していく。ピーク期では最終レースへの準備に全精力を注ぐため，トレーニング量は徐々に減らし，スピード系トレーニングを重点的に行

表9.3　長距離選手のトレーニング法　　　　　　　　　　　　　　　　（Kurz et al. 2000から引用）

トレーニングの種類	内容
インターバルトレーニング	高強度もしくはレースペースを超える速度でのランニングを繰り返す 1回の走行時間よりも短いレストを組み込む
レペティション	400m以上の距離のランをレースペースよりも速い速度で行う 各試行の間のレストは十分にとり，完全に回復するようにする
テンポ走	20～30秒のランをレースペースよりも遅い速度で行う
坂道走	上り坂走を85～90％の力で繰り返す レストは30秒～5分とし，レストの間にジョグで坂道を下る
ファルトレク	様々な強度，距離のランを行う
ゆっくりとしたランニング	名前から想像できる通り，比較的短距離をゆっくりとしたペースで走る
補強トレーニング	上記以外の補強的なトレーニング（筋力トレーニング，プライオメトリクス，フォームドリルなど）

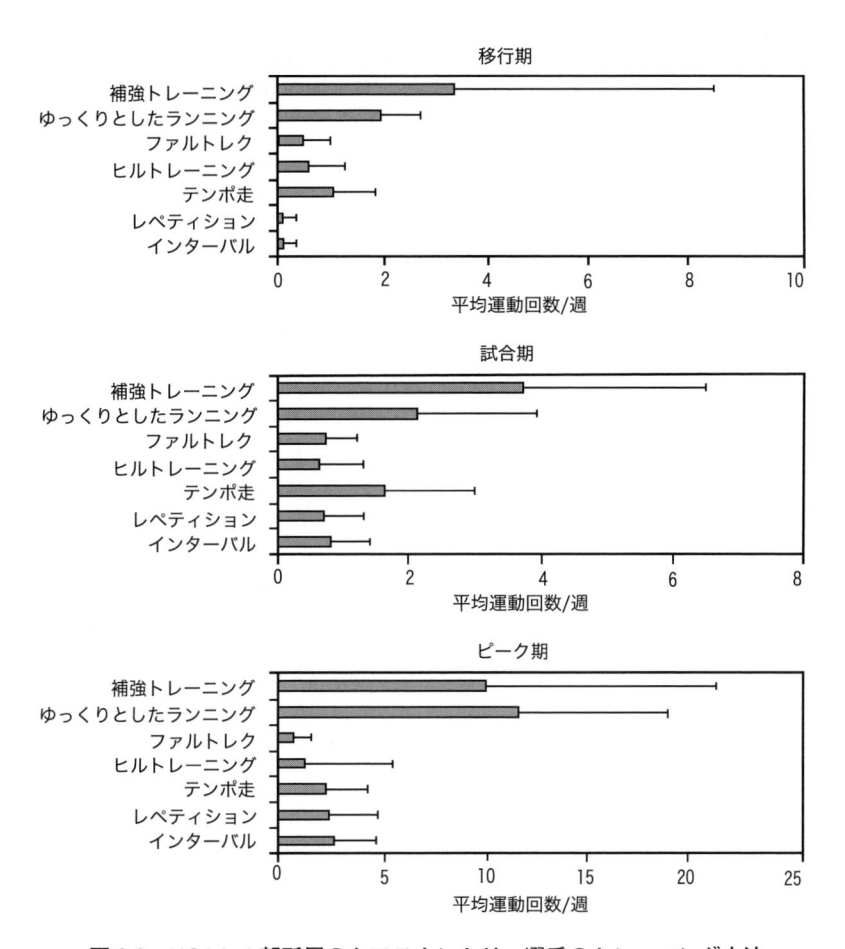

図9.6　NCAA 1部所属のクロスカントリー選手のトレーニング方法

う。それぞれの期間のトレーニング量の例を図9.7に示したので参照してもらいたい。

[1] クロストレーニング

　基礎体力維持のために時々クロストレーニング（参加している競技とは異なった種目の運動を行うこと）を取り入れる選手もいる。クロストレーニングは故障で通常のトレーニングが行えない場合にも有効である。たとえば，ランナーがケガをして通常のトレーニングが行えない期間に体力レベルを維持するため，水泳や自転車など異なる種目のトレーニングを行う。また，クロストレーニングによりトレーニングプロ

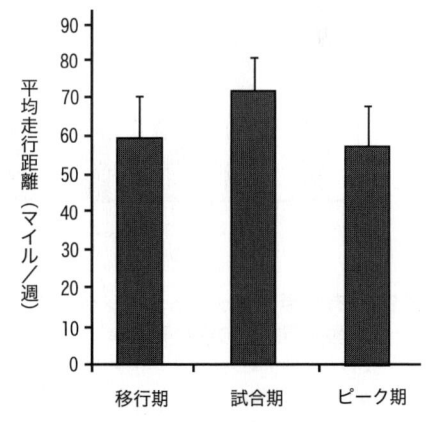

図9.7　NCAA 1部所属のクロスカントリー選手のトレーニング量
（Kurz et al. 2000を改変）

グラムに変化が与えられ退屈さや単調さを回避できるだけでなく，通常と異なる種目の運動を行うことで異なる筋群を刺激することができ，オーバートレーニングのリスクを軽減することができる（Potteiger 2000）。クロストレーニングのように異なった種目でも持久力を維持することができるが，元来の種目でのトレーニングと同程度の向上は期待できないことも忘れては

ならない（Foster et al. 1995; Gergley rt al. 1984; Magel et al. 1975）。なお，クロストレーニングは複合的種目を行うアスリートにとっては必須である。トライアスロンはその一例といえる。

[2] 無酸素系アスリートの持久トレーニング

　フットボールやバスケットボールのような無酸素系スポーツ種目においても有酸素能力を高めるためのコンディショニングプログラム（ロングジョグのような）を行う必要がある。これらの競技種目では大部分の運動が高強度で行われるため，持久トレーニングを行うことは理に反するように思われる。実際，有酸素能力はバスケットボール選手の試合参加時間と負の相関があることも確認され（Hoffman et al. 1996），種目によっては有酸素能力が優れている選手ほど実際にプレーしている時間は短いこともわかっている。したがって，無酸素系アスリートの有酸素能力の向上が直接的にパフォーマンス向上に結びつくかどうかは疑問であり，トレーニングメニューに組み込むことの重要性は示されていない。しかし，酸素供給と骨格筋の回復には相関があることが知られており（Idstrom et al. 1985），有酸素性能力は繰り返し高強度運動を行うような競技選手の回復過程には重要であると考えられる。無酸素活動時の疲労回復に対する有酸素能力の意義について調べた研究はわずかであり，その結果も様々である。趣味程度にトレーニングを行っている男女の有酸素能力とウィンゲイト無酸素テスト（30秒の高強度自転車漕ぎ）の後半の疲労との関係には相関は見られなかった（Koziris et al. 1996）。同様に，エリートバスケットボール選手における有酸素能力と高強度運動後の回復の関係にも相関は見られなかった（Hoffman, Epstein, Einbinder, et al. 1999）。しかし，様々な有酸素能力レベルの被験者を対象に有酸素能力と断続的高強度運動後の回復の関係を調べたところ，相関が認められたという研究結果もある（Hoffman 1997）。しかしこの関連性には限界がある。高強度運動のセット間の疲労度は被験者の有酸素能力（2000 m走のタイム向上）が高くなるほど低下していくが，有酸素能力のレベルが一般平均値もしくは，それより高い集団ではこのような相関は見られなくなっていくのである（図9.8）。有酸素能力のコンディショニングは無酸素系アスリートにとってもメリットがあると思われるが，有酸素能力のレベルがいったんある程度まで高まったら，さらなる向上をめざしても意味がないと思われ，チーム練習や試合の中で有酸素能力を維持すれば十分なのではないだろうか。

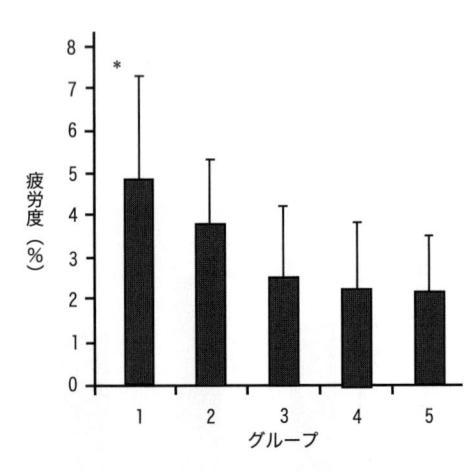

図9.8　有酸素フィットネスのレベルによる無酸素運動中の疲労発生率
1の有酸素フィットネスレベルが最も低く，5が最も優れている
　＊＝有意な変化あり

(J.R. Hoffman 1997, "The relationship between aerobic fitness and recovery from high-intensity exercise in infantry soldiers," Military Medicine 162: 484-488 を改変)

> **要約**
>
> 　この章では，持久トレーニングによる身体適応について述べた。このような身体適応はすべての人に平等に起こるわけではなく，持久系選手の競技力は遺伝的要因により決定されているのかもしれない。しかし，現在の科学レベルでの調査・研究では未だ不明な部分が多く，トレーニングによる有酸素能力の改善によってこの限界を超えられる可能性を完全に否定することもできない。ただ，持久性パフォーマンスを効率よく高めるためには LT レベルかそれよりも少し高い強度の運動が適しているようである。実際に LT 強度を計算できない場合には最大心拍数や主観的運動強度を用いて運動強度を決める方法もある。また，無酸素系アスリートの持久トレーニングに関しては，有酸素能力レベルがいったんある程度に達したら，その後のさらなる有酸素能力の改善は必要ないと思われる。

第10章

コンカレントトレーニング

多くの競技では，競技中，様々な運動強度での運動を行わなければならないため，複数のエネルギー代謝機構によるエネルギー供給を余儀なくされる。複数のエネルギー代謝機構によりエネルギー供給がなされるよう様々な強度の運動を組み合わせて行うトレーニングのことをコンカレントトレーニングという。ここまでの章では，個々のエネルギー代謝機構を適応させるトレーニング方法に関して解説してきた。たとえば，有酸素トレーニングでは，長時間継続する運動に適した身体適応を引き起こし（例：酸化酵素の活性化，ミトコンドリアの増加，毛細血管密度の増加など），レジスタンストレーニングでは，筋肥大や筋力増加という形で身体適応する。ところが，その一方，レジスタンストレーニングによる筋量増加は，ミトコンドリア密度を低下させ有酸素性能力を阻害する身体適応をとなりうる (Mac Dougall et al. 1979)。このようなトレーニングの方法の違いにより起こる身体適応の矛盾は，時としてスポーツ指導者に新たなトレーニング方法の導入を躊躇させる原因となる。そこで本章では，有酸素能力向上および筋力・筋肥大増加という両方のトレーニング効果を狙うコンカレントトレーニングに関して解説していく。また，後半部分では，スポーツ選手だけでなく，一般人の健康に関わる体脂肪減少への効果についても紹介していく。

■1 筋力トレーニングと有酸素トレーニングを組み合わせたコンカレントトレーニングの最大酸素摂取量への効果

Hickson, Rosenkoetter, Brown ら（1980）は，レジスタンストレーニングの有酸素能力への効果を調査する初めての研究を行った。彼らは，趣味でスポーツをしている大学生の被験者に対して週5日のレジスタンストレーニングプログラムを処方した。10週間後，被験者の下肢筋力（スクワットでの1RMを測定）は，平均で38％の増加を見せたが，最大酸素摂取量の相対値（体重で除した値）に関しては変化がなかった。ところが，自転車エルゴメーターとトレッドミルを使った疲労困憊までの時間に関しては，トレーニング処方前よりも延長していることがわかったのである（自転車エルゴメーターで47％の延長，トレッドミルでは12％の延長）。

この研究は，レジスタンストレーニング自体は，全身持久力を妨げるものではなく，持久系パフォーマンスを改善する可能性があると示唆したのである。この研究では，持久系パフォーマンスの改善を導くと考えられる生理学的メカニズムを，以下のように推察している。①ヒトのエネルギー源であるATPの再合成を促す糖分解酵素を活性し，運動全体でエネルギー供給が増加したこと，②レジスタンストレーニングの結果，神経系の適応が起こったため，それまで動員されていなかった運動単位の動員が促され運動効率が改善したこと，の二つである。

その後の研究で，有酸素トレーニングとレジスタンストレーニングの組み合わせが，ヒトの有酸素能力および無酸素能力へ与える影響を検証している。これまでトレーニングを行っていない被験者を用いて行われた研究では，このような相反するトレーニングを組み合わせたとしても被験者の有酸素能力を制限するようなことはなかったと報告している（Dudley and Djamil 1985; Hunter, Demment, and Miller 1987; Kraemer et al. 1999; McCarthy et al. 1995）。これらの研究で用いられているトレーニング期間は，6～12週間で週3日の有酸素および無酸素トレーニングを各々行っている。また，有酸素およびレジスタンストレーニングを同じ日に行わせた研究と（McCarthy et al. 1995; Hunter, Demment, and Miller 1987; Kraemer et al. 1999），トレーニング日を分けて交互に行った研究があるが（Dudley and Djamil 1985），いずれの研究も無酸素トレーニングであるレジスタンストレーニングが有酸素能力を阻害するものではなかったと報告している（図10.1参照）。

また，これらの研究とは違い，すでにトレーニングを行っている鍛練者を用いて行われた研究もあるが，非鍛練者による研究と類似した結果が得られている（Bishop et al. 1999; Hennessy and Watson 1994; Hickson et al. 1988）。Bishopらの研究（1999）では，オフシーズン中に，持久系競技の女子アスリートに週2日のレジスタンストレーニングを課した群とそうでない群との比較を行っている。12週間のトレーニング期間終了後，両群の乳酸閾値と最大酸素摂取量に差は見られなかった。さらに，HennessyとWatsonの研究では，主に無酸素性能力を必要とする競技選手に8週間のトレーニング期間で，週5日のうち，週3日間筋力トレーニングを行いながら有酸素性トレーニングを行った群と有酸素性トレーニングを週4日行った群で比較した。その結果，両群の有酸素能力に差はなかった。HennessyとWatsonの研究では，主に無酸素性能力を必要とする競技選手に8週間のトレーニング期間で，週5日のうち3日間筋力

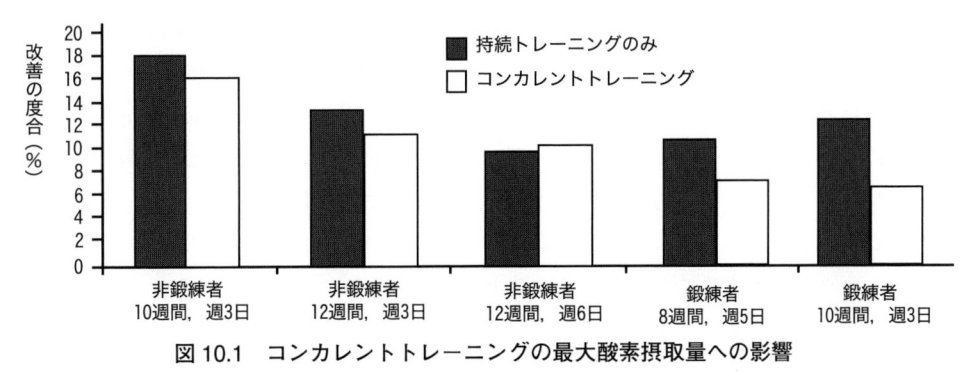

図10.1 コンカレントトレーニングの最大酸素摂取量への影響

（McCarthy et al. 1995; Kraemer et al. 1999; Hunter et al. 1987; Hennessy and Watson 1994; Dolezal and Potteiger 1998 らの研究から引用）

トレーニングを行いながら有酸素性トレーニングを行った群と有酸素性トレーニングを週4日行った群で比較した。その結果でも両群の有酸素能力に差はなかったのである。また，持久性競技に携わる選手にレジスタンストレーニングを処方したところ，最大酸素摂取量が維持できただけでなく，自転車エルゴメーターとトレッドミルを使った疲労困憊までの時間に関しては，トレーニング処方前よりも延長していることがわかった（自転車エルゴメーターで11％の延長，トレッドミルでは13％の延長）。これらの研究結果からもわかるように，有酸素性能力を高める可能性があるのにもかかわらず，筋力トレーニングと有酸素トレーニングを組み合わせたコンカレントトレーニングの有益性は選手や指導者の間で認識されにくい。この要因として，非鍛練者に対しての有酸素性能力向上の効果ほど，鍛練者での効果が小さいということがあげられる（Dolezal and Potteiger 1998）。

　これらの研究結果を踏まえコンカレントトレーニングと有酸素性能力の関係に関して総括すると，トレーニング経験にかかわらず，持久トレーニングにレジスタンストレーニングを付加することは，最大酸素摂取量を制限するものではなく，むしろ，持久性パフォーマンス（疲労困憊までの時間）を向上させる。持久トレーニングへのレジスタンストレーニング付加は，持久トレーニングの時間が制限されることさえなければ，持久性パフォーマンスを改善する可能性を持っていると考えられる。

❷ 筋力トレーニングと有酸素トレーニングを組み合わせたコンカレントトレーニングの最大筋力への効果

　筋力トレーニングと有酸素トレーニングを組み合わせたコンカレントトレーニングが，筋力向上を阻害すると報告している先行研究がある一方，阻害しないと報告している先行研究も存在する。これらの研究結果の相違は，被験者のトレーニング歴と研究で用いられたトレーニングプログラムの方法に起因しているようだ。DudleyとDjamil（1985）の先行研究では，有酸素トレーニングとレジスタンストレーニングを組み合わせた7週間のプログラムを非鍛練者に処方している。その結果，特に速い角速度で被験者の最大発揮トルクが減少したことを報告しているが，遅い角速度での最大発揮トルクに関しては，逆に増加していることがわかった。Hunterらの先行研究（1987）でも，非鍛練者に対して週6日のコンカレントトレーニングプログラムを課したが，筋力向上が阻害されることはなかった。また，有酸素トレーニングとレジスタンストレーニングを同日に行いトレーニング頻度を減らしても筋力向上が阻害されることはなかったと報告している（Bell et al. 1991; Gravelle and Blessing 2000; McCarthy et al. 1995）。このように，トレーニング頻度にかかわらず，コンカレントトレーニングが非鍛練者のレジスタンストレーニングによる筋力向上を妨げることはないようである。

　ただ，レジスタンストレーニングの経験が十分ある被験者のトレーニングプログラムに有酸素トレーニングを付加することにより筋力向上が阻害されるのは確かなようである。先行研究では，レジスタンストレーニングを恒常的に行っている被験者の上肢での筋力（ベンチプレスでの1RM）と下肢での筋力（スクワットでの1RM）が，有酸素トレーニングの付加により制限されると報告している（Dolezal and Potteiger 1998; Hennessy and Watson 1994）。この二つの研

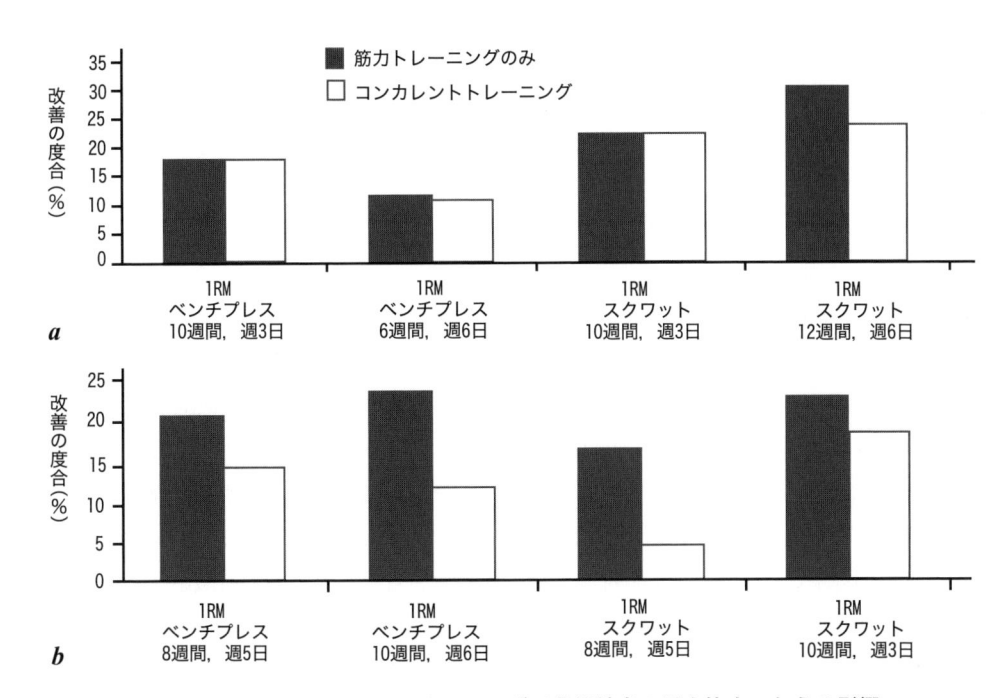

図 10.2　コンカレントトレーニングが非鍛練者の最大筋力へ与える影響
(McCarthy et al. 1995; Hunter 1987; Watson 1994; Delezal and Potteiger 1998 から引用)

究では，いずれも有酸素トレーニングとレジスタンストレーニングを1日おきに週6日行っている。このような高頻度トレーニングでは回復が阻害され，オーバートレーニング（第21章参照）になっている可能性も考えられる。実際，疲労の蓄積が，恒常的にトレーニングを行っている人の筋力向上の阻害要因となることはよく知られている。ところが，経験の浅いウエイトリフターを対象に行った研究では週6日のコンカレントトレーニングプログラムを行ったとしても筋力向上が阻害されることはなかった（Hunter, Demment, and Miller 1987）。レジスタンストレーニングを開始して最初の2ヶ月程度は，神経系の適応により筋力が増加するといわれており，その後は，筋肥大などの形態的変化が筋力増加の大きな要因となるといわれている。このような身体適応の特徴からも推測できるように，疲労が筋力向上を阻害するのは，筋肥大などの形態的変化に影響を与えるからかもしれない。

3 トレーニングの順序が有酸素能力および筋力に与える影響

　トレーニング順序がトレーニング効果に及ぼす影響に関して考察する時，関連してくるのがトレーニング頻度の問題である。前述したが，有酸素トレーニングとレジスタンストレーニングを1日おきに週6日行っている研究と同日に両トレーニングを行い週3日で行っているものがある。先にも述べたように，有酸素トレーニングとレジスタンストレーニングを1日おきに週6日行うような高頻度トレーニングでは，筋肥大などの形態的適応を阻害する可能性がある。ところが，有酸素トレーニングとレジスタンストレーニングを同じ日に行いトレーニング頻度を減らせば筋力および有酸素能力を阻害することはないとの報告がある（Bell et al. 1991; Gravelle and Blessing 2000; McCarthy et al. 1995）。このようなことから，1日のトレーニング量

が増加したとしても，身体適応に十分な休息がとれるようなプログラムのほうがトレーニング効果が高いことがわかる．

　事実，選手のスケジュールや練習環境によっては，違う目的を持った2種類のトレーニングを同日に行わざるをえない．コンカレントトレーニングでの種目の順序が，有酸素能力および筋力に与える影響に関する調査は，これまで十分されているとはいえないが，その中で，CollinsとSnow (1993) が，非鍛練者を用いた先行研究では，有酸素トレーニングとレジスタンストレーニングの順序が，有酸素能力および筋力のそれぞれに影響を与えることはなかったと報告している．このように非鍛練者では，コンカレントトレーニングのトレーニング順序が，それぞれのトレーニング効果にそれほど影響していない．しかしながら，これらの先行研究では，1 RM の50～90％を使い，3～12回を2セットしか行っていない．このようなプログラムは，トレーニング初心者の筋力を向上させるには十分であるが，トレーニング歴の長い競技者にとっては，一般的なプログラムではない．また，一方，LeverittとAbernethy (1999) の先行研究では，趣味でトレーニングを行っている被験者を対象に高強度の有酸素運動がレジスタンストレーニングに与える影響を調査した．図10.3で示すように，レジスタンストレーニング前に30分間の有酸素運動を行わせてみたところ，有酸素運動を行わない時に比べ，スクワットでの挙上回数が13～36％減少した．さらに等速性筋力も10～19％減少した．このように，レジスタンストレーニング前に有酸素運動を行うことにより，レジスタンストレーニングのトレーニング効果が薄れてしまうが，その順序を逆にすれば，レジスタンストレーニングのトレーニング効果を妨げずにすむことがわかる．しかしながら，いずれの研究でも，十分に鍛練された被験者を用いておらず，今後は，トレーニング経験者を被験者として用いた研究を行っていく必要があるであろう．

　では，コンカレントトレーニングを処方する時，十分な疲労回復期間があったとしても，2種類のトレーニング法を同日に行ったほうが効果が高いのだろうか．Sale (1990a) らは，大学生の非鍛練者を被験者として用い，レジスタンストレーニングと有酸素トレーニングの各々を週2回ずつ，同じ日に行う群と違う日に行う群に分けて研究を行っている．その結果，両群において有酸素能力は高まり，群間にも有意差は見られなかった．筋力においても，両群とも筋力は高まったが，レジスタンストレーニングと有酸素トレーニングの日を変えて行った群の向上率のほうが有意に高い結果となった（24％の増加 vs. 13％の増加）．このように，この研究では週6日トレーニングを行っていた先行研究と違い，週4日と週におけるトレーニング頻度が

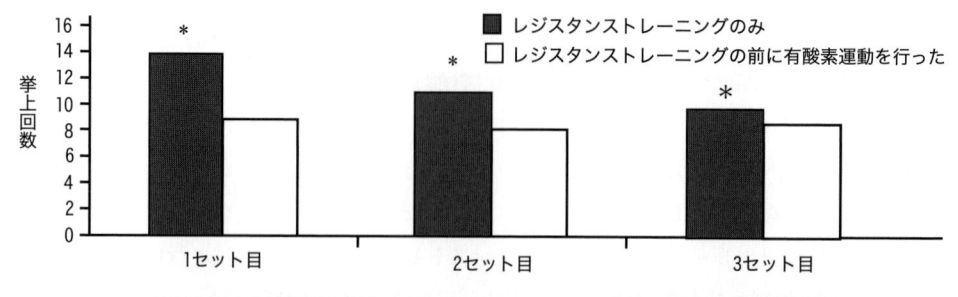

図10.3　有酸素運動がレジスタンストレーニングに与える短期的影響

＊＝有意差あり（Leveritt and Abernethy 1999から引用）

少ないため，各々のトレーニングを違う日に行ったとしても，疲労を回復させるのに十分な時間があることが筋力が向上した要因といえるであろう。また，有酸素トレーニングを行ってから，レジスタンストレーニングを行わないので，それぞれのトレーニングセッションでのトレーニングの質が向上したこともこのような結果に影響していると考えられる。

　このように，コンカレントトレーニングにおける最適なトレーニング順序に関しては，不明な点が多いものの（特に鍛練者に関して），トレーニングスケジュールの中で十分な疲労回復期間の確保と各々のトレーニングの質を確保することが大切である。

4 コンカレントトレーニングが筋肥大と筋線維組成に与える影響

　陸上競技の長距離選手のように高い有酸素性能力を必要とする持久系アスリートは，しばしば，レジスタンストレーニングの導入を躊躇する。事実，レジスタンストレーニングにより起こる筋肥大は，ミトコンドリア数や毛細血管密度を減少させるため有酸素能力にとっては不利な身体適応であると考えられる。しかしながら，10〜12週間のトレーニング期間で行われた先行研究では，これらの種目に携わる選手にレジスタンストレーニングを導入したとしても，筋量や筋線維タイプの比率が著しく変化しなかったと報告されている（Bishop et al. 1999; Hickson et al. 1988）。一方，非鍛練者へのコンカレントトレーニングへの適応は，持久系アスリートのものとは違った。非鍛練者に6週間のレジスタンストレーニングを課した結果，タイプⅠおよびタイプⅡ筋線維の横断面積が有意に増加し，その後も12週間筋肥大は続いた。ところが，同じメニューのレジスタンストレーニングに加え，有酸素トレーニングを行った群では，6週間後でも筋横断面積に有意差は見られず，12週間後にタイプⅡ筋線維のみで有意な増加が見られたのである（Bell, Syrotuik, et al. 2000）。ところが，Kraemerら（1995）が鍛練者を対象に行った研究では，また違った結果が報告されている。彼らの研究によると，レジスタンストレーニングのみを行う群とレジスタンストレーニングに加え，有酸素トレーニングを行った群で筋肥大が見られたが，有酸素トレーニングのみを行った群では，筋が萎縮していた（図10.4）。この研究結果から，有酸素トレーニングを行う選手にレジスタンストレーニングを加

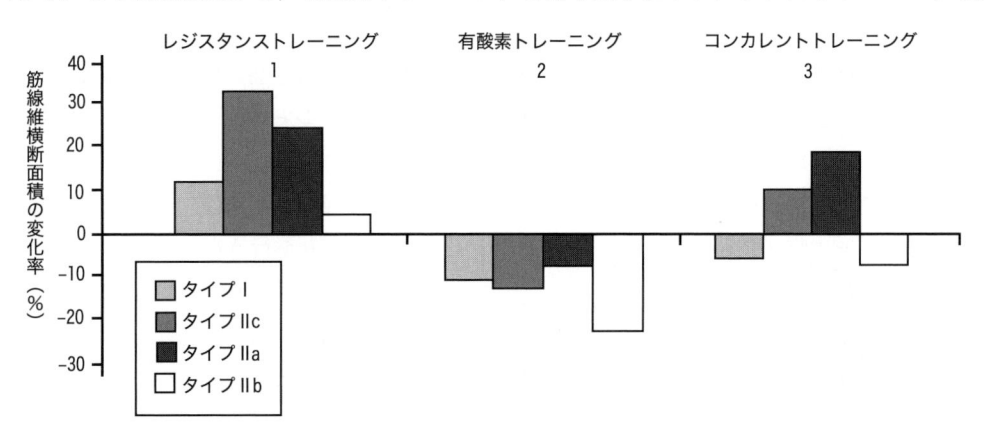

図10.4　筋線維の変換にコンカレントトレーニングが与える影響
（W.J. Kraemer et al. 1995 "Response of IGF-1 to endogenous increases in growth hormone after heavy-resistance exercise," Journal of Applied Physiology 79:1310-1315 から引用）

えて行うことにより，有酸素能力を制限することなく，本来，有酸素トレーニングの結果起こる筋萎縮を防ぐことが示唆されたのである．後により詳細を述べるが，このような筋量の維持は，ダイエットなどで必要な基礎代謝の維持にも貢献することが期待される．

さらに，Kraemerら（1995）は，導入されるトレーニングの特異性に順じた筋線維のサブタイプの変換が起こることを示した．レジスタンストレーニングのみを行った被験者とレジスタンストレーニングに加え有酸素トレーニングを行った群で，タイプIIbからタイプIIaへの変換が起こった．それとは対照的に，有酸素トレーニングのみを行った群では，より酸化能力の高いタイプへの変換（IIb → IIa → IIc）が起こった．つまり，レジスタンストレーニングを組み合わせることにより，酸化能力の高いタイプへの変換を抑制することができるということになる．

通常，筋肥大が起こり始めるといわれている6～8週間よりも長期間で行われている，これらの研究結果を基に推察すると，コンカレントトレーニングでは，通常，レジスタンストレーニングで起こりうる筋の適応様式よりも，時間がかかる可能性が考えられるのではないだろうか．未だ3ヶ月以上のトレーニング期間を用いた研究は存在しないものの，このような，コンカレントトレーニングによる筋の適応様式の変化を利用し，トレーニング頻度やトレーニング方法をコントロールしていくことにより高い有酸素性能力を必要とする選手に必要な身体適応を導くことができるかもしれない．

5 コンカレントトレーニングが内分泌系の適応に与える影響

非鍛練者へのコンカレントトレーニングの処方は，筋力と有酸素能力の両方を制限するものではないといわれている．しかしながら，レジスタンストレーニングを恒常的に行ってきた被験者の場合，コンカレントトレーニングの処方は，筋力の向上を妨げる要因となりうる．前述したように，レジスタンストレーニングの導入初期に起こる筋力向上は，神経系の適応により起こるとされているが，このような神経系の適応が，コンカレントトレーニングの処方により妨げられることはないとされており，非鍛練者の筋力向上が妨げられないのはこのためである．しかしながら，レジスタンストレーニングを恒常的に行っている被験者の場合，身体適応の主たる要因は筋肥大であり，これが有酸素トレーニングの付加により阻害されるのである．筋肉の同化および異化に作用するホルモンの応答が，コンカレントトレーニングにより変化することが，この筋力向上の阻害に関連しているようである．

先行研究では，非鍛練者を，以下の三つのトレーニング群に振り分け実験を行った：①レジスタンストレーニングのみを行う群，②有酸素トレーニングのみを行う群，③コンカレントトレーニングを行う群．そして週3日のトレーニングを12週間続けてもらった結果，群間でのホルモン応答（テストステロンとコルチゾル）に有意差はなかった（Kraemaer et al. 1999）．ところが，鍛練者を対象に行った研究では，また違った研究結果が報告されている．レジスタンストレーニングのみを行った群では，トレーニング開始から8週間後，テストステロンの増加とコルチゾルの減少が起こり筋肥大に適した状態となった．そして，有酸素トレーニングのみを行った群では，コルチゾルのみの上昇が見られ，筋肥大には適していないことがわかる．

一方，コンカレントトレーニングを行った群では，テストステロンとコルチゾルのいずれも上昇したが，コルチゾルの上昇率のほうが高く，同化よりも，異化の応答のほうが強かったのだ。また，Bellら（1997）も，類似した研究結果を報告しており，Kraemerら（1995）の先行研究を裏づける形となった。

これらの研究結果を基に，トレーニング方法とホルモン応答の関係を図10.5で図解した。このように，コンカレントトレーニングでは，レジスタンストレーニングほどの筋力向上に必要なホルモン分泌を得ること

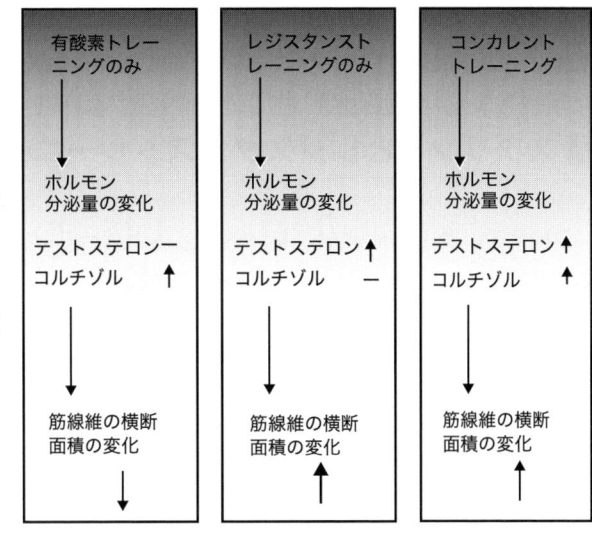

図10.5　コンカレントトレーニングにより起こるホルモンと筋線維合成の関係

はできないものの，有酸素トレーニングのように，明らかに筋を異化させるようなホルモン応答ではないので，全身持久力を高めながら筋量を維持することに貢献できる可能性がある。

❻ コンカレントトレーニングが基礎代謝量やダイエットに与える影響

体重を落とし身体組成を改善するためには，長時間の有酸素運動を行いエネルギー消費量を増加させることが最も効果的であると一般的に認識されている。また，有酸素運動は，基礎代謝と安静時代謝の両方を増加させると考えられている（Ballor and Poehlman 1992）。しかしながら，有酸素運動の基礎代謝・安静時代謝への影響を調査した多くの先行研究は，有酸素運動が必ずしも基礎代謝や安静時代謝を増加させるということを示唆しているわけではない。基礎代謝に関しては変化しない（Sjodin et al. 1996）という研究結果や，安静時代謝に関しては逆に減少させるとの報告もある（Thompson, Manore, and Thomas 1996）。一方，レジスタンストレーニングは，除脂肪体重を増やし身体組成を改善するといわれ，除脂肪体重の増加は，結果として基礎代謝および安静時代謝を増加させる。このように，ダイエットや身体組成の改善を考えると，レジスタンストレーニングと有酸素運動を組み合わせて行うことより，より高い効果が得られる可能性が考えられる。しかしながら，このようなレジスタンストレーニングと有酸素運動の組み合わせが，代謝量や体重減少に及ぼす影響に関しての研究は，これまでわずかしか行われていない。ある先行研究によると，コンカレントトレーニングを行って10週間後，基礎代謝の増加と体脂肪率の低下が起こったと報告している（Dolezal and Potteiger 1998）。ところが，これらの運動様式を組み合わせることによる効果が必ずしも，各々の運動様式単独での効果に匹敵するものではなく，コンカレントトレーニングの効果を証明するものとはいえない。

しかしながら，レジスタンストレーニングを有酸素トレーニングと組み合わせることにより，有酸素トレーニングだけでは，減少すると考えられている筋量を維持することができる

ことは基礎代謝や安静時代謝の増加に繋がり，ダイエットとしての効果は期待できるであろう（Kraemer et al. 1999）。

7 スプリントとレジスタンストレーニングの組み合わせによる効果

　これまで，多くの研究が，レジスタンストレーニングと有酸素トレーニングの組み合わせに関して調査してきた。しかしながら，無酸素性トレーニング（例：スプリントとインターバル）とレジスタンストレーニングの組み合わせによる生理学的変化を客観的な指標を用い調査した研究はこれまでない。ところが，実際のスポーツ現場では，しばしば行われている組み合わせである。このような高強度のトレーニングの組み合わせにおいて，最も注意すべき点は，トレーニング量の増加により，選手の疲労が過度になってしまう可能性があることである。しかしながら，シーズン中は，特に無酸素性トレーニングへの比重が大きくなっていき，レジスタンストレーニングへの比重は少なくなり，そのトレーニング量を減らすことができる（Hoffman, Maresh, et al. 1991）。このように，競技への明確なゴールを設定することにより，これらのトレーニングの組み合わせによるオーバートレーニングへのリスクも軽減されることになる。

要約

　コンカレントトレーニングにより，鍛練者および非鍛練者の有酸素能力が低下することはない。さらには，持久系種目の選手の練習にレジスタンストレーニングを加えることにより，持久性パフォーマンスが向上すると報告されている。ところが，レジスタンストレーニングを恒常的に行ってきた選手に，有酸素トレーニングを付加すると筋力向上が妨げられることがわかっている。一方，非鍛練者の場合は有酸素トレーニングを加えても，このような筋力への阻害は見られない。さらに，このようなコンカレントトレーニングにより，除脂肪体重を維持したまま，基礎・安静時代謝を活発にできるというメリットもあり，体脂肪率を落とすことを目的としたダイエットには適した方法であるといえる。

第11章

ピリオダイゼーション（期分け）

　指導者は，選手のパフォーマンスレベルを最大限に発揮させるためにトレーニング要素の調整を行う。パフォーマンスのピーキングの仕方は，スポーツ種目によっても異なる。たとえば，野球等のスポーツでは，長期間にわたって行われるシーズン全体を通して，高いパフォーマンスレベルを維持し続けることを求められる。ところが，水泳や陸上競技のような種目の場合，目標とする競技会に向け最高のコンディションを整えることが重要となる。このように，種目ごとに異なるトレーニング目標に向け，指導者はトレーニングの調整要素を調整していくのである。この章では，ピリオダイゼーション（期分け）の理論的背景を解説していく。また，多くのピリオダイゼーションに関する研究は，筋力・パワーに関するものであるが，この章では，その他のスポーツ種目に関するピリオダイゼーションも紹介していく。

■ピリオダイゼーションとは

　トレーニングの期分けの起源は，古代オリンピックにまで遡り，20世紀では，多くのスポーツ指導者により取り入れられるようになっていった（Bompa 1999）。特に，20世紀後半では，多くの科学者が研究を行い，ピリオダイゼーションに関する研究が多く発表されたが，そのほとんどは，ロシア，ルーマニア，東ドイツなど旧社会主義圏からのものであった。

　1965年，ロシアのスポーツ科学者であるLeonid Matveyev博士は，1年間をいくつかの期に分け，それぞれの期で目的にあったトレーニングを処方することを提唱した。このピリオダイゼーションという考え方は，Hans Selye（ハンスセリエ）博士により提唱された汎適応症候群（GAS; General Adaptation Syndrome）に基づいて構成されている。GASとは，ストレス反応は固定的なものではなく，時間の経過によって，その反応は変化していくという考え方である。トレーニング等により身体へ加わったストレスに対する身体応答は，3段階を経て変化していく（図11.1参照）。最初の段階は，警告期である。この段階では，ストレスに曝されることにより身体はショックを受け，痛みなどの形で応答する。新たにトレーニングを始めたり，トレーニング強度を上げたりすることにより起こる身体的ストレスの増加により，パフォーマ

ンスは一時的に低下する。次の段階は抵抗期と呼ばれ，身体的ストレスに対して，身体は抵抗し適応することを試みる。そして，その結果，身体が適応することができればパフォーマンスは上がっていく。しかしながら，身体的ストレスに対して適応することができず身体が疲憊してしまうような場合，疲憊期という段階を迎える。このような状態は，時にオーバートレーニングと呼ばれ，多少トレーニング量を落としても身体適応が起こらない状態のことである。ピリオダイゼーションの目的は，オーバートレーニングを防ぎ，トレーニング効果が最大限効率よく発揮できるようにすることでもある。

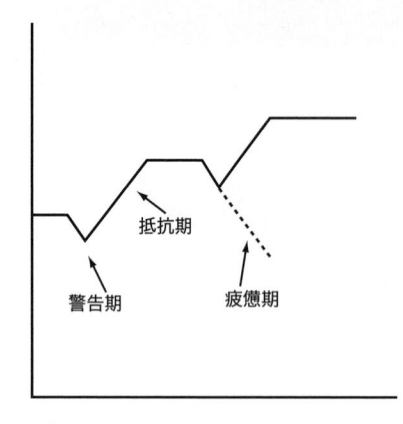

図11.1 ハンスセリエにより提唱された汎適応症候群
(GAS; General Adaptation Syndrome)

ピリオダイゼーションの基本的な考え方は，低強度で量の多いトレーニングから，より競技特性に近い高強度で量を絞ったトレーニングへと移行していくというものである。このような基本に基づいた，Matveyev博士らのピリオダイゼーションモデルを図11.2に示したので参照してもらいたい。彼らは，準備期，試合期，移行期の三つの時期に分けてこのモデルを展開している。それぞれの時期は，トレーニング量とトレーニング強度の変化を基準に区分されている。準備期はさらに，一般準備期と専門準備期の2期に分けられている。一般準備期では，運動強度を低く，運動量を多く設定する。この期での主な目的は，実際の競技で不可欠な高い強度の運動に耐えうる身体を作ることである。そして，専門準備期では，一般準備期よりも運動量を減少させ，高い運動強度へと上げていき，より競技特性に近い運動に近づけていく。

次に試合期はオープン戦やプレシーズンマッチが行われる試合準備期と実際のリーグやトーナメントが行われる本試合期へと，さらに区分されている。試合準備期では，準備期よりも，さらに競技特性を意識したトレーニング強度へと上げていき，トレーニング量もさらに絞っていく。そして，その後の本試合期では，実際の競技で使われる運動強度と同等の高さまでトレーニング強度を上げていくことが目的となるため，逆に運動量は極力絞られたものになっていく。シーズン終了後には，トレーニング強度と量をともに減少させ積極的休養をとる時期があ

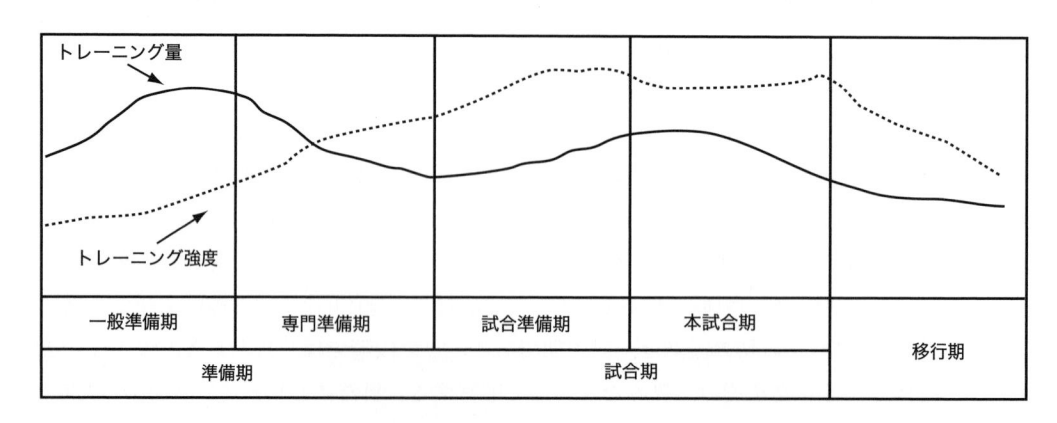

図11.2 Matveyevが提唱するピリオダイゼーションモデル (Bompa 1999から引用)

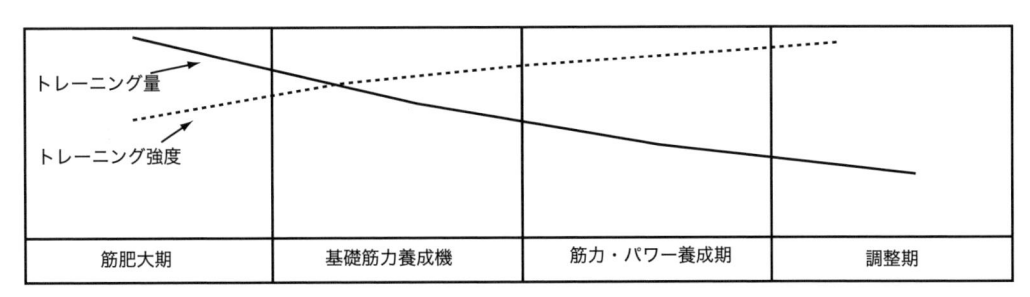

図 11.3-a　ある試合に向けた筋力 / パワー系選手のピリオダイゼーションモデル

（縦軸：トレーニング量、トレーニング強度　横軸：筋肥大期／基礎筋力養成機／筋力・パワー養成期／調整期）

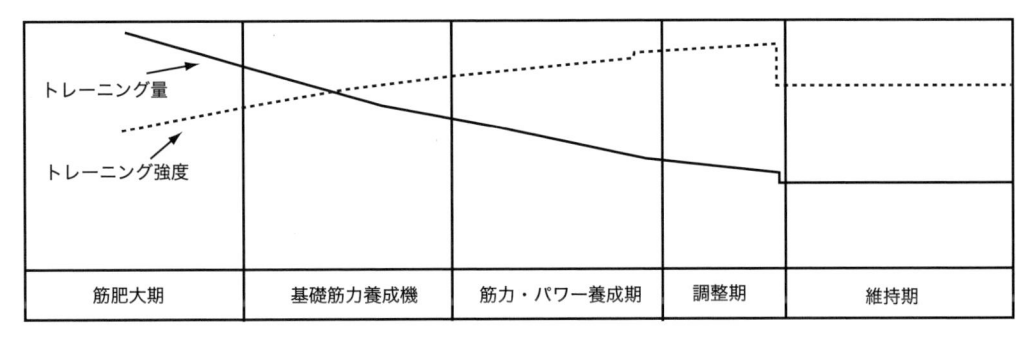

図 11.3-b　全シーズン中の筋力 / パワー系選手のピリオダイゼーションモデル

（縦軸：トレーニング量、トレーニング強度　横軸：筋肥大期／基礎筋力養成機／筋力・パワー養成期／調整期／維持期）

り，それを移行期と呼んでいる。

　20世紀後半，西側のスポーツ科学者らは，筋力トレーニングでの適切なセット数と挙上回数に関する研究を行ってきた（Berger 1962, 1963; O'Shea 1966）。しかしながら，1960〜1970年代には東側諸国のウエイトリフティングが全盛だったことから，彼らの研究の認知度は低かった。その後，O'Bryant と Garhammer（1981）は，Matveyev の研究を基にした新たな筋力トレーニングのピリオダイゼーションモデルを発表した。彼らのモデルは，大きく四つの期で成り立っている。そして，それぞれの期は2〜3ヶ月で構成されており，このような期をメゾサイクルと呼ぶ（図11.3-a）。最初のメゾサイクルを，筋肥大もしくは準備期と呼ぶ。この期では，筋肥大および筋持久力の養成を主な目的としている。Matveyev のモデル同様，トレーニング開始初期は，低強度で，量の多いトレーニング内容にすることにより，後の高強度トレーニングに耐えうる身体づくりをめざす。その後，基礎筋力養成，筋力・パワー養成期へと移っていくにつれ，徐々にトレーニング強度を上げていく。そして強度の上昇に伴いトレーニング量は逆に絞っていく。このメゾサイクルの主な目的は，筋力やパワーを増加させることである。そして，最後は，目標とする競技会に向け，トレーニング強度を極力上げ，量を絞っていく調整期へと移行していく。この期は，Matveyev のモデルでいう本試合期である。表11.1では，このピリオダイゼーションモデルのそれぞれのメゾサイクルでのトレーニング量とトレーニング強度の代表例を示したので参照してもらいたい。

　ところが，多くのスポーツ種目の場合，試合や競技会のシーズンは，ある程度の期間続き，調整期に得られたピークパフォーマンスを維持する必要があるため，維持期と呼ばれるメゾサイクルも必要となってくる（図11.3-b 参照）。この期では，トレーニング強度は，一般的に基礎筋力養成期で用いられる6〜8RM程度に抑え，トレーニング量も抑えるのが一般的である

(図 11.3-b 参照)。また，メゾサイクル間での移行が行われる時，急に移行するのではなく，より期間の短いマイクロサイクルを挟んでいったほうが身体への負担を軽減できる。

表 11.1　筋力トレーニングにおけるメゾサイクルごとのトレーニング量と強度の目安

メゾサイクル	トレーニング量		トレーニング強度
	セット数	挙上回数	1RM
筋肥大期	3〜5	8〜12	60〜75%
基礎筋力養成期	3〜5	6〜8	80〜85%
筋力・パワー養成期	3〜5	4〜6	85〜90%
調整期	3〜5	2〜4	>90%

[1] ピリオダイゼーションの効果

　ここまでのセクションで，ピリオダイゼーションは，選手の身体能力を最大限引き出すために行われるものであることを説明してきた。また，ピリオダイゼーションは，ピークコンディションを適切な時期に合わせるためにも不可欠であると考えられている。では，本当にピリオダイゼーションによりトレーニング効果が上がるのだろうか。このような疑問を検証している先行研究の要旨を表 11.2 に表記したので参照してもらいたい。これらの先行研究は，ピリオダイゼーションが，最大筋力とその他の身体能力（垂直跳，スピード，アジリティ）の養成に与える影響を調査したものである（Baker, Wilson, and Carlyon 1994; Kraemer 1997; McGee et al. 1992; O'Bryant, Byrd, and Stone 1988; Stowers et al. 1983; Willoughby 1992, 1993）。

　これらの研究では，ピリオダイゼーションの有無にかかわらず，トレーニング後の筋力は向上している。期分けを行っていない複数セットでのトレーニングで上肢筋力は（ベンチプレスの 1RM で測定），9〜17%の上昇，下肢筋力（スクワットの 1RM で測定）は 20〜32%の上昇であった。また，1セットのみのトレーニングを処方した群でも，筋力は増加していたが，その増加率は複数セットのものほどではなく（上肢で 3〜13%，下肢で 6〜14%），複数セットでのレジスタンストレーニングが，より高いトレーニング効果を持っていることがわかる。さらに，この複数セットでのレジスタンストレーニングを期分けすることにより，より効率よく筋力を増加させることができ，トレーニング効果が高まることが先行研究の結果からわかる（表 11.2 参照）。また，垂直跳でのパワー発揮とジャンプ高においてピリオダイゼーションがトレーニング効果を高めるとの報告があり（Stone, O'Bryant, and Garhammer 1981; Stowers et al. 1983），ピリオダイゼーションにより，より効率よく筋力とパワー発揮が向上することが示唆されている。

　このように，ピリオダイゼーションがレジスタンストレーニングのトレーニング効果を上げると多くの先行研究が示唆している一方，Fleck (1999) は総説の中で，その効果に関しては，様々な疑問が残っていると述べている。身体組成や持久性パフォーマンスへの効果を調査している研究がほとんど存在しないこともその一つである。また，これらのピリオダイゼーションに関わる研究は，非鍛練者を被験者として用いており，トレーニング歴が，期分けしたトレーニングのトレーニング効果に与える影響に関しては，未だ明らかでないと Fleck は示唆している。

表 11.2　期分けしたレジスタンストレーニングの効果を調査した研究

引用文献	トレーニング期間	トレーニング頻度	コアエクササイズのセット数×挙上回数	パフォーマンステスト	増加率
Baker ら, 1994	12	3	5 × 6	ベンチプレス	12*
				スクワット	26*
				垂直跳	9*
			4週 5 × 10		11*
			4週 5 × 5	ベンチプレス	18*
			4週 3 × 3	スクワット	4*
			2週 5 × 10	垂直跳	16*
			2週 5 × 6	ベンチプレス	28*
			2週 5 × 6	スクワット	10*
			2週 5 × 4	垂直跳	
			2週 4 × 3		
Kraemer 1997	14	3	1 × 8～10 フォースドロップ	ベンチプレス	3*
				ハングクリーン	4*
				垂直跳	3*
			3週 2～3 × 8～10	ベンチプレス	11*,#
			2週 3～4 × 6	ハングクリーン	19*,#
			1RMの50%	垂直跳	17*,#
			1RMの70～85%		
			1RMの85～95%		
			すべての週で繰り返し行う		
	24	3	1 × 8～10 フォースドロップス	ベンチプレス	13*
			筋力養成期	レッグプレス	6*
		4	2～4 × 12～15, 8～10, 3～5	ベンチプレス	29*,#
			筋肥大期	レッグプレス	20*,#
			2～4 × 8～10		
McGee ら, 1992	7	3	1 × 8～12	オールアウトまでのスクワット挙上回数	46
			3 × 10	オールアウトまでのスクワット挙上回数	
			2週 3 × 10		71*
			3週 3 × 5		74*
			2週 3 × 3		
O'Bryant ら, 1988	11	3	3 × 6	スクワット	32*
			トレーニング前の81～97%	サイクルパワー	6*
			1RM		
			4週 5 × 10	スクワット	38*,#
			4週 3 × 5, 1 × 10	サイクルパワー	17*,#
			3週 3 × 2, 1 × 10		
			トレーニング前の70～117%		
			1RM		
Stowers ら, 1983	7	3	1 × 10	ベンチプレス	7*
				スクワット	14*
				垂直跳	0
			3 × 10	ベンチプレス	9*
				スクワット	20*
				垂直跳	1*
			2週 5 × 10	ベンチプレス	9*
			3週 3 × 5	スクワット	27*,#
			2週 2 × 3	垂直跳	10*
Willoughby ら, 1992	12	2	3 × 10	ベンチプレス	8*
				スクワット	13*
			5 × 6～8	ベンチプレス	17*,**
				スクワット	26*,**
			4週 5 × 8～10	ベンチプレス	28*,#
			4週 4 × 5～7	スクワット	48*,#
			4週 3 × 3～5		
Willoughby ら, 1993	16	3	5 × 10	ベンチプレス	8*
				スクワット	14*
			6 × 8	ベンチプレス	10*
				スクワット	22*,#
			4週 5 × 10	ベンチプレス	23*,#
			4週 4 × 8	スクワット	34*,#
			4週 3 × 6		
			4週 3 × 4		

すべて RM（最大挙上回数）で表してある。＊＝ テスト前後で有意な増加がある。＃＝ 期分けしていない群と有意差がある。＊＊＝ 期分けしていない他群と有意差がある。（Fleck 1999 から引用）

[2] ピリオダイゼーションモデル

　ここまで紹介してきたピリオダイゼーションは，それぞれのメゾサイクルで漸進的にトレーニング強度・量を変化させていくものであった．このようなモデルを線形モデルと呼び，昔から用いられているピリオダイゼーションモデルである．しかしながら，近年，このような線形モデルではなく波動型（非線形）モデルが用いられるようになってきている（Fleck and Kraemer 1997）．波動型モデルの例を表11.3に示したが，この波動型モデルでは，トレーニング強度・量をトレーニングセッションごとに変化させていくものである．たとえば，月曜日を第1日目のトレーニングセッションとすると，そこで8～10RMの負荷で3～4セット行い，次のトレーニング日である水曜日には，3～5RMの負荷で4～5セット，週最後のトレーニング日には12～15RMの負荷で3～4セット行う．このように，低，中，高強度のトレーニングを週間のトレーニングで交えながら行うのである．波動型モデルによるトレーニング効果は，線形モデルによるもと同様の効果があるとされており（Baker, Wilson, and Carlyon 1994; Poliquin 1988），シーズン制をとっている競技種目の選手のシーズン中のトレーニングに適している（Fleck and Kraemer 1997）．たとえば，バスケットボール，サッカー，野球といった競技では，比較的長期間シーズンが続き，試合も頻繁にあることから，筋力維持のためレジスタンストレーニングを行うのにスケジュール的に障害が生ずる．しかしながら，波動型モデルを用いれば，試合の前日などは低強度トレーニングを用い，試合に疲れを残さないようにして，スケジュール的に余裕のある日に高強度トレーニングを行い，シーズン中でも試合スケジュールに合わせて調整しながら筋力維持のためのトレーニングが行える．

　ここからは，筋力・パワー系選手（チームスポーツ種目），筋力・パワー系選手（個人種目），持久系競技選手のピリオダイゼーションの例を紹介していく．

❶筋力・パワー系選手（チームスポーツ種目）のピリオダイゼーション

　1年間のうち，試合や競技会が頻繁に行われる時期にピークコンディションを維持することが期分けの目的であるが，一度だけピークコンディションを作るようなピリオダイゼーションプログラムのことをモノサイクルと呼ぶ（Bompa 1999）．チームスポーツ種目に所属する筋力・パワー系選手のピリオダイゼーショントレーニングの例を図11.4に示したので参照してもらいたい．試合期の後，トレーニングは，移行期へと移行していく．ここで選手は，トレーニング強度・量をともに低下させ積極的休養をとり，スポーツ外傷・障害を持つ選手は治療やリハビリ行い体調を万全に整えていく．その後，図11.4にあるように準備期へと移行していくのだが，試合で必要となる高強度運動に耐えうる身体を作ることがこの期の目的となる．この準備期は，6～8週間続くが，筋量を増加させる必要のある選手が筋肥大のためのトレーニングを行うことも可能である．このことから，準備期は筋肥大期とも呼ばれている．また，レジスタンストレーニングと平行しながら，有酸素能力を維持することも忘れてはならない（ジョギング，自転車，水泳など20～30分継続するような

表11.3　ピリオダイゼーションの波動型（非線形）モデルの例

	セット数	挙上回数	セット間の休憩
1日目	3～4	8～10RM	2分
2日目	4～5	3～5 RM	3～4分
3日目	3～4	12～15RM	1分

(Fleck and Kraemer 1997 から引用)

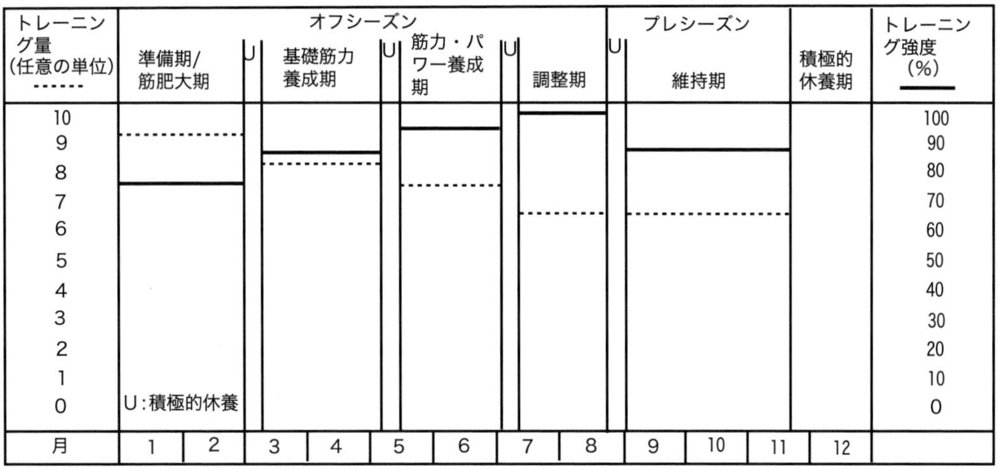

図11.4　筋力・パワー系選手（チームスポーツ）のピリオダイゼーションの例

運動を週に2～3回は取り入れていく）。そして，次の基礎筋力養成期に移行する前にトレーニング強度と量を落とすアンローディングと呼ばれる期間を設け，若干の積極的休養をとってから，運動強度が変化する次のメゾサイクルへの移行の準備を行ったほうがよい。これは，メゾサイクルの移行に伴う運動強度の変化が与える身体的ストレスの軽減のために行うもので，他のメゾサイクルに移行する時も設けるべきである（図11.4参照）。

　次の基礎筋力養成期では，準備期よりもトレーニング強度を上げ，それに伴いトレーニング量は減少させていく。この基礎筋力養成期は，6～8週間続くが，ここでの主な目的は，競技に必要な基礎的な筋力を上げていくことである。さらに基礎筋力養成期でも，準備期で行っている有酸素トレーニングを継続して行っていく。

　そして，筋力・パワー養成期へと移行していくが，もし，クイックリフト（パワークリーンやスナッチなど）がプログラムの中に導入されていなければ，ここで組み入れていくようにする。ここでは，基礎筋力養成期よりもさらにトレーニング強度を上げ，トレーニング量を絞っていくが，セット数は減らさず，最大挙上回数を減らすようにする。やはり，この筋力・パワー養成期も6～8週間続き，より競技特性に近い伸張‐短縮サイクルを含むような種目やアジリティドリルを導入していく。また，ここでは，より競技特性を意識し，有酸素運動から無酸素性トレーニング（インターバル，レペティショントレーニングなど）へ移行していくのが望ましい。

　そして，比較的短期間の4～6週間のプレシーズン期へと入っていく。ここでは，筋力，コンディションともに目標とする試合に向けてピークに近い状態に合わせるため，さらなるトレーニング強度の増加を試みると同時にトレーニング量を絞っていく。ここでも，筋力・パワー養成期より導入し始めた伸張‐短縮サイクルを含む種目やアジリティドリル，無酸素性トレーニングをより積極的に導入していく。このプレシーズン期は，リーグやトーナメントが開始される試合期まで続くが，試合期ではここまで向上させてきた身体能力を維持することが目的となるため，レジスタンストレーニングに関しては，週2日程度にし，トレーニング強度は，基礎筋力養成期での強度を目安に設定する。トレーニング量に関しては，プレシーズン期程度に抑えるようにする。また，インターバルやダッシュなどの無酸素性トレーニングも強度・量と

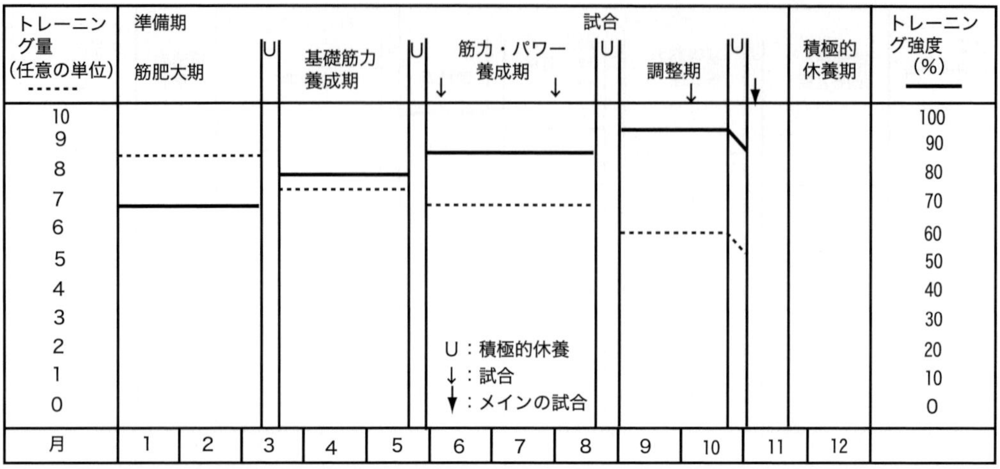

図11.5　筋力・パワー系選手(個人種目)のピリオダイゼーションの例

もに制限しながら週2～3日程度は行い，無酸素性代謝能力を維持していくことも重要である。

❷筋力・パワー系選手（個人種目）のピリオダイゼーション

　図11.5では，筋力・パワー系の個人種目のピリオダイゼーションの例を示した。この例も，1年間で一度だけピークコンディションを作るモノサイクルモデルである。個人種目の場合，シーズン終盤にメインとする試合が来る。そして，その一試合でのベストパフォーマンスの発揮が求められる。そのため，チームスポーツよりもコンディションのピーキングに微細な調整が必要となってくる。

　図11.5にあるようにピリオダイゼーションの基本的な流れは，チームスポーツの選手と同様であるが，個人種目の場合，長く続く試合期の中に複数の試合がある。そのため，すべての試合でピークコンディションを維持することは不可能であり，試合期の終盤にあるメインの試合にピークコンディションを合わせる努力をしていくのが普通である。このように，メインの試合にピークを合わせなければいけないことから，ある程度の期間，ピークコンディションを維持していくチームスポーツとは異なり，試合期の中にさらにメゾサイクルを作り，ピークの時期を調整していく。

　また，多くの種目では，春シーズン，秋シーズンのように2回のピーキングを行わなければならないものがある。このように2回のピーキングを作るピリオダイゼーションモデルのことをバイサイクルと呼ぶ（Bompa 1999）。さらに，体操やボクシング競技のように，多くのピーキングを行う場合のモデルをマルチサイクルと呼ぶ。図11.6では，筋力・パワー系選手を対象としたバイサイクルのモデルを示してあるので参考にしてもらいたい。

　バイサイクルによるピリオダイゼーションは，二つのモノサイクルのピリオダイゼーションモデルを積極的休養期を挟んでつなぎ合わせたものである。それゆえ，トレーニング強度と量の基本的な調整方法は，モノサイクルのものと同じである。ただ，二度の試合期があるといっても多くの場合，二つの試合期の間にも優先順位がある場合が多い。そこで，重要性の低いほうの試合期に向けての準備期では，同じ準備期であっても低トレーニング強度・高トレーニング量に設定する。つまり，最終的に，重要性の高いほうの試合期で，トレーニング強度を最大

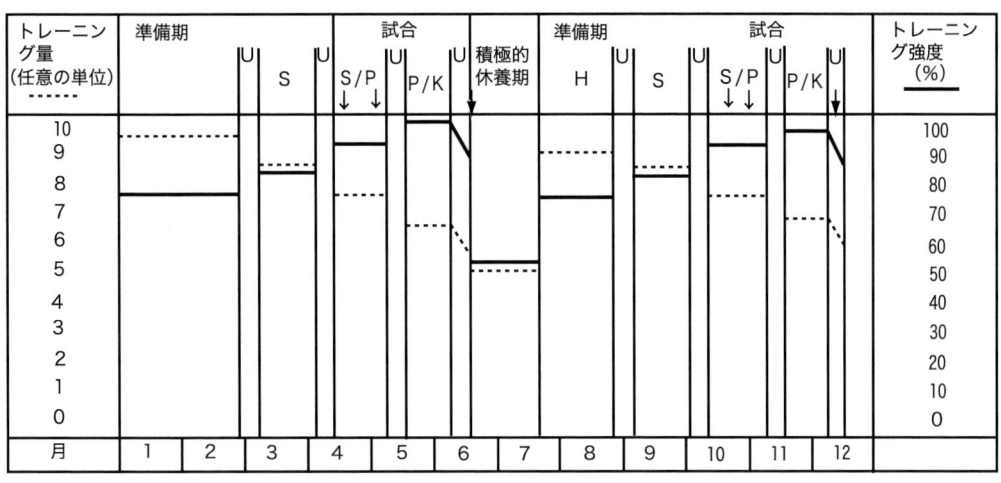

図11.6 筋力・パワー系選手のバイサイクルピリオダイゼーションの例

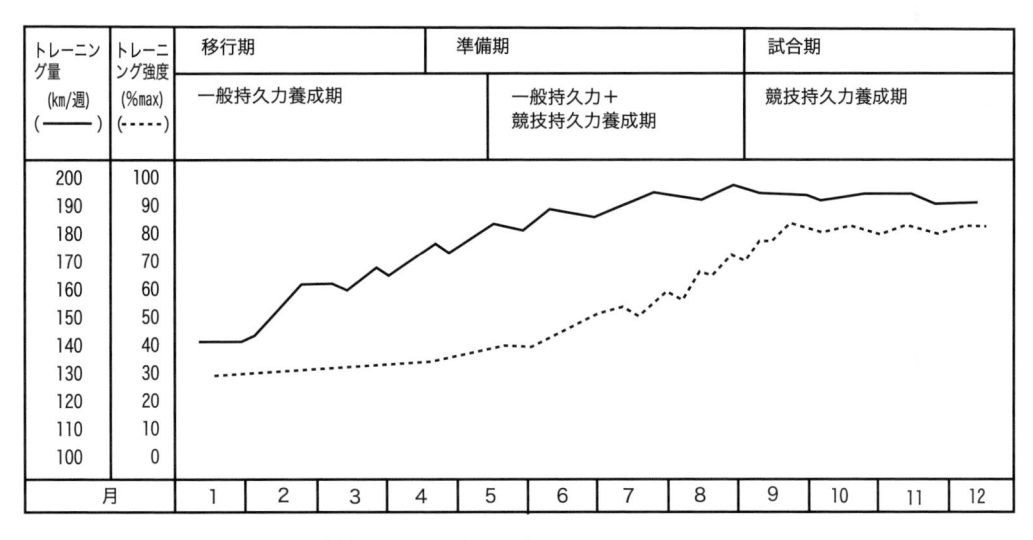

H：筋肥大期　　　U：積極的休養　　S/P：筋力・パワー養成期　　↓：試合
S：基礎筋力養成期　PK：調整期　　　　　　　　　　　　　　　　↓：メインの試合

図11.7 持久系競技選手のピリオダイゼーション（Bompa 1999から引用）

限高く設定し，1年のうちで最も重要性の高い試合で，コンディションを真のピークに合わせていく。また，二つ以上のピリオダイゼーションを必要とするマルチサイクルの場合も同様に，最も重要な試合や競技会が含まれる試合期でのコンディションを最高の状態にするように合わせていく。しかしながら，3回以上の試合期を含むようなピリオダイゼーションの場合，トレーニング強度を増加させる期間が頻繁になるため，オーバートレーニングのリスクが高まっていく点に注意が必要である（Bompa 1999）。

❸持久系競技選手のピリオダイゼーション

　基本的にトレーニング量の確保が競技成績に直接的に関わってくる持久系競技選手の場合，これまで紹介した筋力・パワー系選手と違い，恒常的にトレーニング量を多く維持していかなければならない。そのため，トレーニング期間全体で，常にトレーニング量が，トレーニング

強度よりも高くなっている（図11.7）。Bompaは，基本的な持久系選手のピリオダイゼーションモデルとして，一般持久力養成期，一般持久力＋競技持久力養成期，競技持久力養成期の三つの期に分けることを推奨している（図11.7参照）。一般持久力期は主に移行期に当たる期である。ここでは，中程度の運動強度で，少しずつトレーニング量を増加させていく（この図では陸上長距離選手の例を示しているので，トレーニング量は，1週間当たりの走行距離で表してある）。その後，主に準備期に当たる一般持久力＋競技持久力養成期では，トレーニング量を維持したまま，強度を漸進的に増加させていく。そして，試合期にあたる競技持久力養成期では，さらにトレーニング強度を上げていく，時にはインターバルトレーニングなどを用いレースペース以上の速さでのトレーニングを導入していくことも必要である。また，持久系競技選手の場合，他の競技種目に比べてオーバートレーニングに陥るリスクが高いことから，シーズン終了後には，必ず積極的休養期を導入することが不可欠であると先行研究は示唆している（Bompa 1999）。

要約

　ピリオダイゼーションの目的は，トレーニングの強度と量を調節することにより，選手の競技力を試合に向けてピークに持っていくことである。また，競技力のピーキングだけでなく，適切なピリオダイゼーションを行うことによりオーバートレーニングのリスクを軽減することができる。限られた報告しかないものの，ピリオダイゼーションを行ったトレーニングが，そうでないトレーニングと比較してトレーニング効果が高いとの報告もされている。

第12章

プライオメトリクス

> プライオメトリクスは，運動中のパワー発揮を増加させるため筋・腱を一度伸張してからタイミングよく収縮をさせる運動形態の総称である。その性質からプライオメトリクスは，しばしば伸張‐短縮運動とも呼ばれている。当時，陸上競技，体操，ウエイトリフティング等の種目で活躍が著しかった東ヨーロッパ勢が，プライオメトリクスを多くトレーニングに取り入れていたことを知り，米国では1970年代前半から一部の運動指導者により注目されるようになった。米国で最初にプライオメトリクストレーニングを取り入れたのは陸上競技であった (Chu 1992)。それから，間もなくバレーボール，アメリカンフットボール，バスケットボールの指導者もプライオメトリクスを積極的に導入するようになっていった。この章では，特に筋力とパワー向上という点に注目して，プライオメトリクストレーニングの有効性を論じ，どのように全体のトレーニングプログラムの中に組み入れていくべきかを述べていきたい。さらに，この章の後半で，プライオメトリクスの代表的なトレーニング方法を記載しているので参考にしてもらいたい。

1 プライオメトリクストレーニングの科学的分析

カウンタームーブメントジャンプ（図12.1参照）のようなプライオメトリクス運動を行う時，下肢筋は急激に伸張（伸張性収縮）され，その直後，収縮（短縮）に転じ，身体を垂直方向に加速させる力を発揮する。このような伸張‐短縮サイクルを含む筋収縮は，単なる短縮性筋収縮に比べ，はるかに大きなパワー発揮が可能になる（Bobbert et al. 1996; Bosco and Komi 1979; Ettema, Van Soest, and Huijing 1990）。事実，プレストレッチ（予備伸張）を用いたカウンタームーブメントジャンプのジャンプ高は，短縮性収縮のみで行うスクワットジャンプよりも18～20％高いと報告されている（Bosco et al. 1982）。カウンタームーブメントジャンプがパワーを増大させる主な要因は，筋の伸張時に弾性エネルギーを蓄積させることであると考えられている（Bosco and Komi 1979）。さらに，カウンタームーブメントジャンプに伴うプレストレッチが固有受容器を機械的に伸張させ神経系への刺激を増加させること（Schmidtbleicher, Gollhofer, and Frick 1988），関節のモーメントが増加することなど（Kraemer and Newton 2000）もパワーを増大させる要因として考えられる。関節モーメントの増大は，インパルス（力積，

図12.1　カウンタームーブメントジャンプ

力×時間）を増大させ地面に対してより多くの力が加わる，その結果として，身体を上方へと持ち上げるための加速が促されるのである。Bobbertら（1996）は，この関節モーメントの増大が最も大きな要因であり，その他のメカニズムは補助的な要因であると考察している。

　伸張 - 短縮サイクル運動は非常に短時間で遂行されるため，主動筋と協同筋が瞬時に協調して大きな力を発揮することが不可欠である。そのため，伸張 - 短縮サイクル運動の長所を最大限に活かすためには，主動筋，拮抗筋，協同筋の動きが，運動中，絶妙に協調しながら働かなければならない。さらに，主動筋の筋力発揮に合わせて，拮抗筋がタイミングよく弛緩することも重要となってくる。このように伸張 - 短縮サイクル運動では様々な筋が絶妙に協調しながら働かなければならないため，導入初期段階ではこれらの筋群の協調性を高めるトレーニングを行うとよい。特に拮抗筋の活動を低くするトレーニングを行うことにより，主動筋，拮抗筋，協同筋の協調性は高まるとされており，垂直跳の運動効率を高めることが可能になる（Schmidtbleicher, Gollhofer, and Frick 1988）。さらにプライオメトリクス導入の初期段階では，主動筋の筋活動が低下するとされているが（Schmidtbleicher, Gollhofer, and Frick 1988），これはゴルジ腱器官により引き起こされる（筋が過剰に伸張することを防ぐ）現象であると考えられている。しかしながら，プライオメトリクストレーニングを継続して行うことにより，ゴルジ腱器官による抑制効果が薄れ，効果的な伸張 - 短縮サイクルの遂行が可能になるのである（Schmidtbleicher, Gollhofer, and Frick 1988）。

　ここまでの説明で，短縮性収縮だけを使った運動に比べ伸張 - 短縮サイクルを含むプライオメトリクスが，パワー発揮に優れていることが理解できたと思う。そのうえで，実際のトレー

ニング導入方法に関しての疑問がいくつか残る。全体のトレーニング期間の中で，いつごろからプライオメトリクストレーニングを導入するべきなのか，プライオメトリクストレーニングは通常のレジスタンストレーニングに比べ筋力・パワー向上にどの程度の効果があるのか，またプライオメトリクスをトレーニングの一部として導入することにより，選手たちの競技力は向上するのか，などの点である。

パワー発揮を向上させるトレーニングとして三つの主要な方法があるといわれている。第一の方法は，比較的高強度（4〜6RM）で，ゆっくりとした速度で行うレジスタンストレーニングである。しかし，レジスタンストレーニングによるパワー発揮の有効性に関しては第7章において述べたのでここでは割愛させてもらう。第二の方法としてプライオメトリクストレーニングがあげられる。プライオメトリクストレーニングはダイナミックな動きを用い自身の身体を素早く加速したり減速したりするものである。ほとんどの場合は，自重を使って行うがメディシンボールなど外的な負荷を用いて行うものもある。第三の方法は，第一と第二の方法の混合，つまりレジスタンストレーニングとプライオメトリクストレーニングを複合して行うものである。このタイプのトレーニングは，比較的軽い負荷（1RMの30％程度）を用い，通常のレジスタンストレーニングよりもかなり速い速度で行うトレーニングである（Wilson et al. 1993）。このようなトレーニングをバリスティックトレーニングと呼ぶ，これに関する競技力向上への有効性に関しても第7章で述べさせてもらった。

プライオメトリクストレーニングによるパワー発揮の指標として，多くの先行研究は，垂直跳のジャンプ高を用いている（Adams et al. 1992; Bosco et al. 1983; Brown, Mayhew, and Boleach 1986; Ford et al. 1983; Hakkinen and Komi 1985b; Wilson et al. 1993）。レジスタンストレーニングにより垂直跳のジャンプ高が上がったと先行研究で報告されているが（Adams et al. 1992; Wilson et al. 1993; Young and Bilby 1993），十分な筋力が養成されている選手や（Hakkinen and Komi 1985a），すでに高い跳躍力を持っている選手を対象にした研究では（Hoffman et al. 1991b），その効果は限られたものであったとも報告されている。また，レジスタンストレーニングにプライオメトリクストレーニングを組み合わせることにより，それぞれを単独で行うよりも垂直跳におけるトレーニング効果が高まるとも報告されている（Adams et al. 1992）。

Wilsonら（1993）は，趣味でスポーツを行っている愛好家を対象に，これら三つのトレーニング方法の効果を比較する研究を行っている。10週間のトレーニング期間終了後，バリスティックトレーニングを行っている群の跳躍高（カウンタームーブメントとスクワットジャンプの両方），等速性筋力（レッグエクステンション），30mダッシュ，6秒間の自転車運動における最大パワーなどの指標が，その他2群（レジスタンストレーニング群，プライオメトリクストレーニング群）よりも著しく上昇した。この研究の詳細な結果に関しては，図12.2に示したので参照していただきたい。

すべてのトレーニング方法でカウンタームーブメントジャンプの跳躍高が向上したが，特にバリスティックトレーニングは，その他二つの方法に比べてより有効なトレーニング方法であることがわかった。一方，スクワットジャンプの跳躍高においてトレーニング効果が見られたのは，レジスタンストレーニングとバリスティックトレーニングのみで，プライオメトリクストレーニングでは向上しなかったのである。さらに，バリスティックトレーニングでのスク

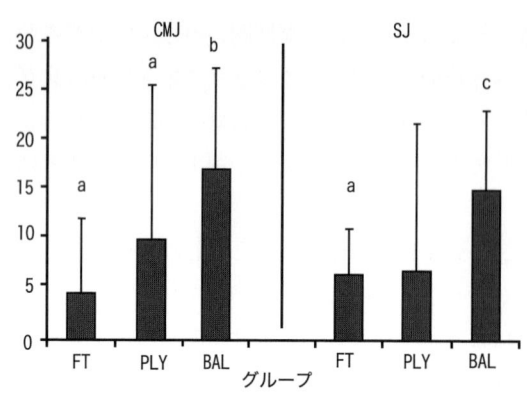

図 12.2 レジスタンストレーニング，プライオメトリクストレーニング，バリスティックトレーニングの垂直跳の跳躍高への効果

CMJ= カウンタームーブメントジャンプ，SJ= スクワットジャンプ；RT= レジスタンストレーニング群、PLY= プライオメトリクストレーニング群、BAL= バリスティックトレーニング群；a= トレーニング開始前後に有意差あり，b= レジスタンストレーニング群と有意差あり，c= レジスタンストレーニング群とプライオメトリクストレーニング群の両方と有意差あり（Wilson et al. 1993 から引用）

ワットジャンプの跳躍高の増加幅は，レジスタンストレーニングとプライオメトリクストレーニング単独によるものよりも著しく高いこともわかっている。Wilson らにより行われたこの研究は，バリスティックトレーニングがパワー向上に最も有効な手段であるということを示唆するとともに，自重を用いたプライオメトリクストレーニングだけでは，高いパワー発揮能力のトレーニングとして適切でない可能性も示唆している。この研究報告から，パワーを向上させるのに最も効果的なトレーニング方法は，バリスティックトレーニングを用いることであることがうかがえる（図 12.3）。

図 12.3 バリスティックトレーニング

2 トレーニングプログラムへのプライオメトリクストレーニングの組み込み方

パワーは，〔筋力×速さ〕として定義されており，筋力増加もパワー発揮の向上に重要な要素となる。それゆえ，パワー向上をめざす時，最初の段階では，遅い速度での高負荷レジスタンストレーニングを利用するのが一般的な方法である。しかし，パワーを最大限向上させるためには，最終的に筋力と速さ両方の要素を改善させることが不可欠となってくる（Kraemer and

Newton 2000）。

　レジスタンストレーニングを開始して間もなくは，大幅な筋力増加が起こる。垂直跳やスプリント能力等のパワー発揮の要素を含むパフォーマンスが，この筋力増加とともに改善していくのは必然である。しかし，レジスタンストレーニングを続け筋力が増加していくと，やがて筋力の増加率は減少し，最終的には定常状態となってしまう。このような状態になってくると，レジスタンストレーニングによる最大筋力の増加が難しくなってくるだけでなく，初期段階では改善していたパワー発揮の向上も難しくなってくる。さらに，最大筋力増加のため行われる遅い速度でのトレーニングは時としてパワー発揮の向上を妨げる要因となりうる。本来，パワー発揮を最大限活かすためには極力短時間に筋出力を発揮する必要があるので遅い速度でのトレーニングでは，このような短時間での筋力発揮能力を養成するトレーニングにはならず，逆にパワー発揮を妨げる要因となってしまう可能性があるのである（Kraemer and Newton 2000）。実際に，高負荷のレジスタンストレーニングの経験が浅い被験者にトレーニングを行わせると，パワーが向上していくが，高負荷レジスタンストレーニングに熟練した被験者の場合，パワーを改善させないと多くの先行研究は報告している。ところが，これらのトレーニングに加え，プライオメトリクスもしくはバリスティックトレーニングを行わせることにより，レジスタンストレーニングに熟練した被験者でもパワー発揮が向上していくと考えられている（Newton, Kraemer, and Hakkinen 1999; Wilson et al. 1993）。

　パワーを最大限高めるための様々な要素がある。これらの要素をKraemerとNewtonは，「パワー発揮のための身体的適応の窓」として表現している（図12.4参照）。それぞれの窓は，適応することが可能な潜在能力を示している。たとえば，選手の筋力が増加していけば，その分最大パワーを改善するための潜在能力が低下していくことを示し「パワー発揮のための身体適応の窓」は小さくなっていく。つまり，選手が最も苦手とする部分は逆に最も改善可能な部分が大きいと考えられるので，トレーニングを行う際そこを狙っていく必要がある。

　Newton, KraemerとHakkinen（1999）はNCAA I 部のバレーボール選手のプレシーズントレーニングに関しての研究を行っている。この研究では，レジスタンスおよびプライオメトリクストレーニングの経験が十分にある16人のバレーボール選手を対象にしており，これらの対象者は，無作為に二つのグループに分けられた：一つはコントロール群としてこれまで行ってきたのと同様のレジスタンストレーニングを続けてもらう群，もう一つは，バリスティックトレーニングを行う群である。そして8週間のトレーニングを続けた結果，バリスティックトレーニングを行った群の対象者の垂直跳はトレーニング前に

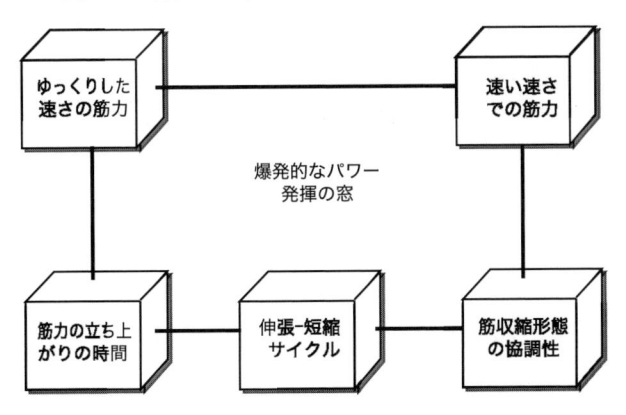

図12.4　パワー発揮のための身体的適応の窓
(W.J. Kraemaer and R.U. Newman, 2000, "Training for muscular power," Physical Medicine and Rehabilitation Clinics of North America 11(2):361 から承諾を得て引用)

比べ明らかに向上したが，レジスタンストレーニングプログラムを続けた群の対象者の垂直跳の能力に変化は見られなかった。さらに，両群での下肢最大筋力に増加がなかったことがわかっており，バリスティックトレーニングを行った対象者の垂直跳の向上の要因は，筋力ではなく短時間で大きな筋張力を発揮することができるようになったためであると彼らは結論づけている。さらにこれらの対象者の最大筋力までの上昇時間がトレーニング前に比べ短くなっていることがわかっており，このことからも，より短時間の筋収縮が可能になったのではないかと推測している（Hakkinen, Komi, and Alen 1985）。これらの研究は，エリートスポーツ選手においても身体的に適応可能な潜在能力が多く残っている部分をトレーニングしたほうが，すでに身体的適応が限界まで近づいている部分をトレーニングするよりも効率よく競技力を向上させることができる可能性が高いことを示唆している。

ここでは，スポーツ選手のパワー発揮能力を最大限に高めるためには，その選手のトレーニング歴を考慮しながら，様々なトレーニング方法を組み合わせる必要があるということを紹介してきた。ここまで，解説してきたように選手が，鍛練されているほど，筋力とパワーの関係性が薄れてくる。このようにパワー発揮の能力が定常化してくる時期こそプライオメトリクストレーニングの導入が競技力向上のために必要となってくるのである。

❸ プライオメトリクストレーニングの組み立て方

プライオメトリクストレーニングがケガの発生率を高めるという根拠を示す客観的データが存在するわけではないが，プライオメトリクストレーニングでは，筋骨格系に高い負荷が加わる。そのため，プライオメトリクストレーニング導入前に選手に十分な筋力が備わっていることが，スポーツ外傷・障害を避けるために不可欠である。ある研究者によると下肢のプライオメトリクスを行う前に少なくとも体重の1.5〜2.5倍の重量でスクワットを行える筋力が必要であるとされている（Chu 1992; Wathen 1993）。また上肢におけるプライオメトリクストレーニングを開始する際の基準としては，ベンチプレスにおいて体重90kg以上の選手の場合は体重以上，体重90kg以下の選手の場合は体重の1.5倍の重量を挙上する能力が備わっていることが必要であるとされている（Wathen 1993）。しかし，これらの推奨基準は，コントロールされた研究結果を基に決められたものではない。特に下肢の基準に関してはかなり難易度の高いものである。そこで，より実現可能な基準を下記にリストしたので参考にしてもらいたい。

- 1年以上レジスタンストレーニングを続けており選手が十分な筋力を備えていること。
- 靴やトレーニングを行うサーフェイス（地面）が十分にショックを吸収する素材であること。
- トレーニング開始前に十分なウォームアップを行うこと。
- 適切な漸進性をもってトレーニングをプログラムする；強度の低い方法から始め，少しずつ強度を高くしていく。
- トレーニングに用いられる箱は，しっかり固定し滑らないようにする。
- 十分なスペースを確保すること。バウンディングやランニングドリルを行う場合には30〜40mの直線路が必要となってくる。垂直跳のようにその場で行うドリルの場合，屋内では3〜4m以上の天井の高さがあるのが望ましい。

- 選手の競技力向上に繋がる競技特性にあった運動種目を選ぶ。
- すべてのドリルが適切な技術のもと行われているかを確認する。
- セット間でしっかりと休養をとる。疲労を残したまま次のドリルを行わない。
- 適切な運動量を把握するため，何回接地したかをしっかりと数えておく。

レジスタンストレーニングと同様，プライオメトリクスを導入する際には，運動強度，運動量，運動頻度，休養を各選手の運動能力，フィットネスレベル，トレーニング時期などを勘案しながら行う。

4 トレーニング強度

プライオメトリクスの場合，自重を用いた運動が多くウエイトトレーニングのような重量の調整によるトレーニング強度の調節ができない。そこで，運動方法を変えることで運動強度を調節していく（Chu 1992）。たとえば，両足でのジャンプから片足でのジャンプへと移行することによって運動強度を上げることができる。このような運動方法の変化に加え，メディシンボール等のウエイトやドロップジャンプの高さの調節によっても，強度調節を行うことができる。

[1] 運動量

運動量とは1回のトレーニングで行う総運動量のことで，プライオメトリクスの場合，接地した数でその運動量を算定することができる。初心者の場合，1回のトレーニングセッションで80～100回，中級者の場合100～150回程度，さらに上級者になると150～250回程度の接地数がオフシーズンでのトレーニング量の目安となる。このように選手の熟練度合にしたがって適切な運動量が増えていくのである。またシーズンによっても，その推奨量は変わってくる。その詳細は表12.1に示してある。またバウンディングやランニングを含むドリルの場合は距離を運動量の指標とする場合もある。このように距離を基準とする場合，初心者は，大体30 m程度から始めていくのが適切だと考えられ，熟練の度合にしたがって，100 mぐらいまで漸増していけばよいのではないかと考えられている（Chu 1992）。

[2] トレーニング頻度

トレーニング頻度とは，1週間のうち何日くらいプライオメトリクスを取り入れるかということだが，適切なトレーニング頻度に関する研究は，これまで行われていない。しかし，経験的にトレーニング強度の高さにより，その頻度の設定の仕方を変えるべきだといわれている（Chu 1992）。たとえば，スキップやホッピングなどの低強度のプライオメトリクスに関しては

表12.1 ジャンプトレーニングにおける各シーズンごとの適切な接地数

	初級者	中級者	上級者	運動強度
オフシーズン	60～100	100～150	120～200	低～中強度
プレシーズン	100～250	150～300	150～450	中～高強度
インシーズン	競技特性に合わせたもの	競技特性に合わせたもの	競技特性に合わせたもの	中強度

毎日行っても支障はないが，強度の高いバウンディングやデプスジャンプなどを行った場合は，48〜72時間の間隔を空けてから次回のプライオメトリクスを行うことが推奨されている。陸上競技やアメリカンフットボールなど，アメリカのほとんどのスポーツチームでは週に2〜3回の頻度でプライオメトリクスを導入していると報告されているが（Allerheiligen 1994a），実際のところシーズンによってその頻度は変化しているようである。特に身体能力やコンディションの向上を狙うオフシーズンでは，その頻度が高くなり，技術的な練習が中心となるシーズン中では頻度が低くなっていくのが一般的である。しかし，その競技のスケジュールもトレーニング頻度の設定に大きく関わってくる。たとえば，同じシーズン中であってもバスケットボールの場合は，週に何試合か行うことに加え実戦形式のトレーニングを日常的に行っているので，プライオメトリクストレーニングをさらに加えると，身体へのストレスが過度に高まってしまう恐れがある。そのため，受傷のリスクを軽減するには，プライオメトリクスの導入頻度は少なくせざるをえない。対照的に陸上競技の場合は，シーズン中に複数の競技会に参加するものの最終的にベストパフォーマンスを狙っている競技会を中心にコンディションを調整していくのでシーズン中にプライオメトリクストレーニングを頻繁に行ったとしても特に受傷のリスクを高めず，競技力向上のために有効な種目であるといえる。このように競技を取り巻く環境要因もプライオメトリクスのトレーニング頻度に影響を与えることを考慮しながら，設定することが必要となってくる。

[3] 休息と回復

　プライオメトリクストレーニングはパワー発揮能力の向上を目的とするものなので，セットやレペティション間の休息は十分にとって実行したほうがよい。レジスタンストレーニング同様（第7章参照），エネルギー代謝の回復を考えると2〜3分はセット間の休息が必要となってくるはずである。またレペティション間の休息時間に関しては，その根拠となるデータは存在しないが，強度の高いドリルであれば5〜10秒の休息時間が必要となってくるとAllerheiligen（1994）は示唆している。

[4] プライオメトリクスとレジスタンストレーニングの組み合わせ方

　これまで述べてきたように，レジスタンストレーニングとプライオメトリクストレーニングを組み合わせることは，パワー発揮能力の養成に効果的であることがわかっている。しかしながら，レジスタンストレーニングとプライオメトリクストレーニングの組み合わせは，身体的ストレスを高め，スポーツ外傷・障害のリスクをも高める可能性がある。そこで，トレーニング効果を維持しつつ受傷のリスクを最小限に抑えるためには，高強度のプライオメトリクスとレジスタンストレーニングを同日に行わないように注意したほうがよい（Chu 1992）。陸上競技選手のようにレジスタンストレーニングとプライオメトリクスを組み合わせることにより成果をあげている例もあるが，原則としては，高強度のこれらのトレーニングは日を変えて行うよう指導するべきである（Chu 1992）。一般的に理想的なプログラミングは，下肢における高強度プライオメトリクストレーニングを行った日に上肢の高強度レジスタンストレーニングを行い，反対に上肢における高強度プライオメトリクストレーニングを行った日に下肢の高強度

表 12.2　レジスタンスおよびプライオメトリクストレーニングの組み合わせの例

	レジスタンストレーニング	プライオメトリクストレーニング
月曜日	上肢における高強度トレーニング	下肢における低強度トレーニング
火曜日	下肢における高強度トレーニング	
水曜日		
木曜日	上肢における低強度トレーニング	下肢における高強度トレーニング
金曜日	下肢における高強度トレーニング	

　プラオメトリクスドリルは，レジスタンストレーニング終了直後に行わなければならないわけではない。プライオメトリクスがオフシーズンにコンディショニングプログラムの一環として行われる場合，スプリントドリルやフォームドリルと交えながら行われている（Hoffman et al. 1990）。現在のところプライオメトリクスとレジスタンストレーニングの適切な組み合わせ方に関する根拠を示す研究は存在しない。これに関するさらなる研究が今後，必要となってくるであろう。

　レジスタンストレーニングを行うというように交互に行えば，身体へのストレスが軽減でき受傷のリスクを抑えられる。レジスタンスおよびプライオメトリクストレーニングの組み合わせの例を表12.2に示したので参考にしてもらいたい。

5 プライオメトリクスエクササイズ

　プライオメトリクスを用いたドリルは，動きとその強度によって分類されている。プライオメトリクスを大きく分類すると，ジャンプ，ボックスドリル，バウンド，メディシンボールドリルの四つのカテゴリーに分類することができる。これら，それぞれのカテゴリーのドリルを154〜155頁の表にまとめたので参照してもらいたい。これら以外にも，実際のスポーツ現場で用いられている方法は，まだ数多く存在するが，実際のトレーニングで十分に使えるだけのドリルは網羅しているので参考にしてもらいたい。

> **要約**
>
> 　この章では，選手のパワー向上のためにプライオメトリクスの導入は非常に有効であることを紹介した。特に一度筋力を限界近くまで高めた選手にとっては有効で，プライオメトリクスを導入することによりさらなる競技力向上が可能になる。さらに，プライオメトリクスとレジスタンストレーニングを適切に組み合わせたバリスティックトレーニングを用いることにより，選手のパワーをより効率よく高めることができる。

プライオメトリクスドリル

ドリル	強度	開始の姿勢	身体の動かし方
立ち幅跳	低	足を肩幅に開き膝を軽く曲げたスクワットの姿勢をとる。	両上肢を大きく振り前方にできる限り跳ぶ。
スクワットジャンプ	低	スクワットの姿勢をとり，膝は大腿が床と平行になるくらいまで曲げる。この時，手は頭の後ろに組む。	腕を振ることなしに垂直跳を行う。着地後，すぐに開始の姿勢に戻す。
フロントコーンホップ	低	適切な数のコーンを直線に並べる。そしてコーンの前に足を肩幅に開き立つ。	足幅は肩幅程度に維持しながらコーンをジャンプで越えていく。この時，両腕を大きく振り，接地時間は極力短くするように意識する。
タックジャンプ	中	足を肩幅に開き膝を軽く曲げたスクワットの姿勢をとる。	垂直跳を行い，その時に膝を胸のほうに抱え込み手で下腿をしっかりとつかむ。着地後，すぐに開始の姿勢に戻す。
ラテラルコーンホップ	中	3～5個のコーンを60～100cmほど離して直線に並べる。	コーンを側方に連続で飛び越えていき，両足で着地する。コーンをすべて跳び終えたら反対側へと跳んでいく。
両足/片足ジグザグホップ	中	6～10個のコーンを50～70cmほど離してジグザグに置く。足を肩幅に開き軽く膝を曲げた姿勢から始める。	対角線上に斜めにジャンプをしながらコーンを飛び越えていく。一つのコーンを越えたら次のコーンもめがけて方向を変えて連続してジグザグにジャンプしていく。
立ち三段跳び	中	足を肩幅に開き，膝を軽く曲げ，若干身体を前に倒す。	反動を使ったカウンタームーブメントジャンプで，できるだけ高く遠くへ跳ぶ意識で行い，着地は反対の片足で行う。そして着地したらすぐに2歩目のジャンプに移り，またその足とは反対の足で接地し，すぐに3歩目のジャンプへと移行し，最後の着地は両足で行う。
パイクジャンプ	中～高	軽く膝を曲げ足を肩幅に開き立つ。	上方へジャンプして，膝を伸展させたまま股関節を屈曲させながら，上方へジャンプする。ジャンプ高が最高に達する時につま先を手で触る。
スプリットスクワット	高	両足を前後に開いた姿勢をとる。この時，前方にある脚の膝および股関節の屈曲角度が90度になるようにする。	前後にある足を入れ替えながら最大限の垂直跳を行う。上空で足を入れ替える動作を行う時に膝を屈曲させ後方にある足の踵が臀部に付くように意識する。足の位置を入れ替えた開始の姿勢と左右対称の姿勢で着地し，そのまま連続でジャンプする。
片足ホップ	高	片足で立って準備する。	軽く走りながら開始姿勢に持っていき，片足で極力高く遠くへ跳ぶように心がける。この時，両腕を大きく振り推進力に変える。ジャンプに使わない足は膝を曲げたまま維持しておく。ジャンプ中の意識は極力空中に浮いている時間を長くすることに集中する。
ボックスを使った片足プッシュオフ	低	15～30cm位の高さの箱の前に立ち，片足をその箱の縁にかける。	箱の縁にかけた片方の足を使って，できるだけ高く上に跳ぶ。両腕をできるだけ使い高く跳ぶ。空中ではバランスを崩さないように努力する。
フロントボックスジャンプ	低～中	30～106cm程度の高さのある箱の前に足を肩幅に開き立つ(高さは能力によって変える)。	両足を使って箱に跳び乗る。より難度の高い方法として箱に跳び乗った後，跳び下りるが，この時に接地時間をなるべく短くし極力速くまた箱の上に跳び乗る。

ドリル	強度	開始の姿勢	身体の動かし方
マルティプルボックスジャンプ	中	30～106cm 程度の箱を3～5個，適度に離して直線に並べる。そしてその箱の前に足を肩幅に開き立つ(高さは能力によって変える)。	最初の箱の前に立ち，最初の箱に跳び乗る。その後，地面へ跳び下りさらに次の箱へと跳び乗る。ジャンプする際に両腕をできるだけ使い高く跳ぶ努力をしながらバランスを崩さないようにする。
マルティプルボックススクワットジャンプ	高	30～106cm 程度の箱を3～5個，適度に離して直線に並べる。そしてその箱の前に足を肩幅に開きパラレルスクワットのポジションで立つ，この時，手は頭か腰に固定する(高さは能力によって変える)。	最初の箱の前に立ち，しっかりとしたスクワットポジションを維持しながら最初の箱に跳び乗る。これを繰り返す。ジャンプ中，手は頭か腰に固定したままにする。
デプスジャンプ	低～中	30～106cm 程度の箱に乗りその縁に足を肩幅程度に開き立つ(箱の高さが高いほど運動強度が高くなる)。	箱から跳び降り地面に接地してすぐにできるだけ上方へジャンプする。この時，地面への接地時間を短くする。
連続デプスジャンプ	中	30～106cm 程度の箱を二つ以上適切な間隔を空け並べる。箱の上に立ち，その縁に足を肩幅程度に開き立つ(箱の高さが高いほど運動強度が高くなる)。	箱から跳び降り地面に接地してすぐにできるだけ上方へジャンプしてもう一つの箱に跳び乗る。この時，地面への接地時間を短くする。感覚としては接地した時の衝撃を吸収するではなくその衝撃を上方への反発として伝えるようにする。
片足デプスジャンプ	高	30～106cm 程度の箱に乗りその縁に足を肩幅程度に開き立つ。	箱から跳び降り片足で地面に接地してすぐにできるだけ上方へジャンプしてもう一つの箱に跳び乗る。この時，地面への接地時間を短くする。感覚としては接地した時の衝撃を吸収するではなく，その衝撃を上方への反発として伝えるようにする。
スキップ	低	自然な状態で立つ。	スキップを行う。
パワースキップ	中	自然な状態で立つ。	普通のスキップよりも，より大きな力で蹴り出すように意識する。
バウンディング	中	片足を少し前に出した状態で立つ。	軽く走りながら開始姿勢に持っていき，前方の足で地面を下方に蹴り出し，その勢いで膝を振り上げる。選手はできるだけ高く遠くへ跳ぶことを意識して左右交互に腕を前後に大きく振る。バウンディングの目的は，跳躍距離を伸ばすことで，速さを競うものではないことを忘れさせないようにする。
片足バウンディング	高	片足で立って準備する。	片足でのバウンディングを行う。選手はできるだけ高く遠くへ跳ぶことを意識して両腕ともう一つの脚をうまく使い空中姿勢を維持しながら跳ぶ。
メディシンボールスロー	低	メディシンボールを頭の上に持って立つ。	前方にステップしながらボールをできるだけ遠くに投げる。投げ方をチェストパスのようにしたり，座位や立位で行うこともできる。
メディシンボールを使ったパワードロップ	中～高	選手は30～106cm 程度の箱の脇に仰向けに寝転び，パートナーがその箱の上に立ち，メディシンボールを持って準備する。	パートナーがメディシンボールを選手に向かって落とす。それを選手はキャッチしボールの勢いに負けないようにする。そして落ちてきたボールの衝撃を殺さないよう，その衝撃を上方への反発として伝えるようにする。

第13章

ウォームアップと柔軟性

　運動開始前に行われるウォームアップは，スポーツをする人の間で一般的な手順としてよく知られている。ウォームアップはスポーツにより強いられる身体への負荷に徐々に慣れさせ，スポーツ外傷・傷害発生のリスクを軽減する目的で行われている。この章では，ウォームアップの有効性とトレーニングセッションへの組み入れ方を解説していく。ここでは特に柔軟性に注目し，柔軟性に影響を与える要因，柔軟性を高める方法，柔軟性が運動効率を高める理由などに関して詳細に説明していく。

1 ウォームアップ

　これから始まる運動や競技会に対して身体・心理的準備を整えることがウォームアップの目的である。一般的には，5～10分程度のジョギングが行われることが多い。しかし，参加する競技とは関係ない自転車運動，縄跳び，体操などの運動形態が使われることもある一方，実際の競技で用いられる動作で，その運動強度を低くして行う場合もある。
　ウォームアップは，活動筋への血流を増やし深部温を上昇させる効果がある。この筋や深部温の上昇により，筋力やパワー（Bergh and Ekblom 1979），反応速度，筋力の上昇率（Asmussen, Bonde-Peterson, and Jorgensen 1976; Sargeant 1987）を向上させさせることはわかっており，ウォームアップがパフォーマンスを高める役割をしていることがわかる。また体温上昇は，柔軟性を改善し，筋組織においては，約20％増加するといわれている（Wright and Johns 1960）。さらに心拍数の増加，主動筋と拮抗筋の収縮と弛緩をコントロールする相反性抑制支配の改善，関節周囲の結合組織の弾性の増加などの様々な生理学的変化を引き起こす。
　ウォームアップはトレーニングの一部として実施され，それほど長時間を割く必要はないが，体温上昇する兆候の一つである発汗が始まる程度の時間はかけ，ウォームアップ終了後ストレッチを始めるのが一般的な手順である。

2 柔軟性

　高い柔軟性とは，関節可動域（ROM：range of motion）が広く保たれている状態のことをいう。ウォームアップは，この関節可動域を制限する要因である筋組織や関節周囲の結合組織の柔軟性を高める効果がある。柔軟性を高めるための手技であるストレッチをウォームアップ後に行うことにより，その効果が高まるといわれている。また，ストレッチは運動前に行われるばかりでなく，トレーニング後のクールダウンの時にも用いられている。運動後のクールダウンの一環として行われるストレッチは運動後 5 〜 10 分程度の短時間で筋温を上昇させる効果があるといわれており，筋肉痛を軽減させる効果もあるといわれているが（Prentice 1983），その効果に関しての科学的根拠は未だ明らかでない。

3 ストレッチが筋・腱の固有受容器に与える影響

　ゴルジ腱器官，筋紡錘等を含む筋腱の固有受容器（図 13.1 参照）は，筋が伸張された感覚情報を上位中枢へ運ぶ役割をしている。これらの固有受容感覚器の主な役割は，筋が過伸張され，組織が受傷することを予防することである。まず，ゴルジ腱器官であるが，これは，文字通り腱内に存在する固有受容器である。ゴルジ腱器官は筋腱複合体への張力増加に反応し，感覚情報を上位中枢へ送る働きをしている。筋腱複合体への張力が損傷を引き起こすレベルまで高まると主動筋の緊張を高め損傷の危険を回避するのである。次に筋紡錘であるが，これは錘内筋として通常の骨格筋線維の間に散在している。筋紡錘は，筋の伸張の割合と，その長さを監視する役割をしており，これらの変化に敏感に反応し筋を収縮させ，受傷を防ぐのである。ストレッチングにより筋が伸張されると筋紡錘は賦活し，伸ばされた筋の収縮を引き起こす，これがいわゆる伸張反射である。特に反動をつけながら行ういわゆるバリスティックストレッチは筋と腱両方を伸張させる。これにより筋紡錘とゴルジ腱器官の両方が賦活され，伸ばされた筋は収縮してしまう。それゆえ，これらの反射を誘発しないため静的ストレッチのほうが筋を伸ばすのに効果的であるとされているのである（Alter 1996）。

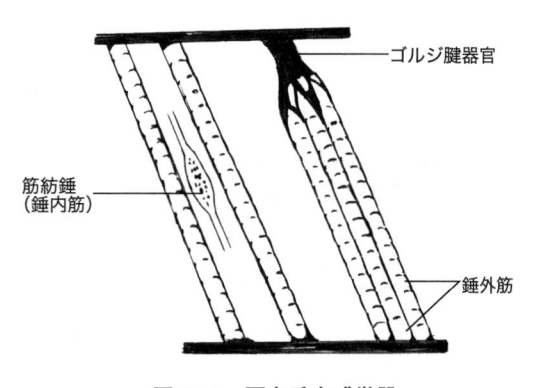

図 13.1　固有受容感覚器

4 ストレッチのテクニックの種類

　ストレッチには大きく分けて静的ストレッチ，バリスティックストレッチ，PNF（固有受容感覚神経筋促通法）を利用したストレッチの 3 種類のテクニックがある。すべてのストレッチ

表 13.1　ストレッチング法の違いによる効果とリスク

要素	静的ストレッチ	バリスティックストレッチ	PNFを利用したストレッチ
受傷のリスク	低	高	中
疼痛誘発の度合	低	中	高
伸張への抵抗	低	高	中
やりやすさ	簡単	普通	難
効果	有	有	有

ングテクニックは，関節可動域を広げる目的で行われる（Holt, Travis, and Okita 1970; Worrell, Smith, and Winegardner 1994）。特にPNFを利用したストレッチは関節可動域を大幅に改善する効果があるといわれている。それぞれのテクニックの利点とリスクを表13.1に示した。

[1] 静的ストレッチ

　静的ストレッチは，筋をストレッチし若干の伸展痛が起こる位置で10～30秒程度止めながら，ストレッチを繰り返していく方法である。このストレッチング法は最も簡単な方法でエネルギー消費量もきわめて少なくてすむ。また，ゆっくりとした動きで行うので痛みの誘発や受傷のリスクも最小限ですむというメリットもある。現在，最も一般的に用いられているストレッチング法でもある。

[2] バリスティックストレッチ

　バリスティックストレッチとは，リズミカルに反動を使いながらストレッチを行う方法である。柔軟性を改善させるとの報告もあるものの（Holt, Travis, and Okita 1970; Worrell, Smith, and Winegardner 1994），実際のところ，その効果や安全性に関して疑問視されている。このストレッチング法は，反動を使いダイナミックな動きを要求されるので筋腱複合体の固有受容器への刺激が大きくなり，結果として伸ばそうとする筋肉が伸張反射により筋収縮をしてしまう。さらにダイナミックな動作であるがために筋腱複合体が断続的に伸び続け，固有受容器からの感覚信号が適応する間もなく発射され続け，継続的に伸張反射が発現し続けることになる（Alter 1996）。また，反動を使うため関節可動域の限界点を超えてしまう可能性もあり，痛みや受傷のリスクも大きくなるストレッチング法である。しかしながら，格闘技の世界では，未だ一般的に用いられている方法でもある（Alter 1996）。

[3] PNF（固有受容感覚神経筋促通法）を利用したストレッチ

　このストレッチング法は通常2人組で行い，大きく分けて2種類の手法がある。一つはコントラクト・リラックスと呼ばれる方法である。この方法では，まず筋を伸張させ，若干の伸展痛が起こる位置まで緩やかに伸ばしていく。その後，ストレッチされる側は伸ばされている筋を5～15秒程度パートナーの加える抵抗に向かって等尺性収縮させる。等尺性収縮終了後，ストレッチされる側はその筋を弛緩させパートナーは，またゆっくりと筋を伸ばし関節可動域を広げていく。ゴルジ腱器官は一過性に伸張されると伸ばされた筋の筋収縮を促すが，コントラクト・リラックスのように等尺性収縮が腱を継続的に伸張すると逆に筋を弛緩させる効果がある。その結果，伸ばされる筋の収縮が抑制され関節可動域を改善するのである（Heyward 1997）。図13.2では，コントラクト・リラックスを用いたハムストリングスのパートナースト

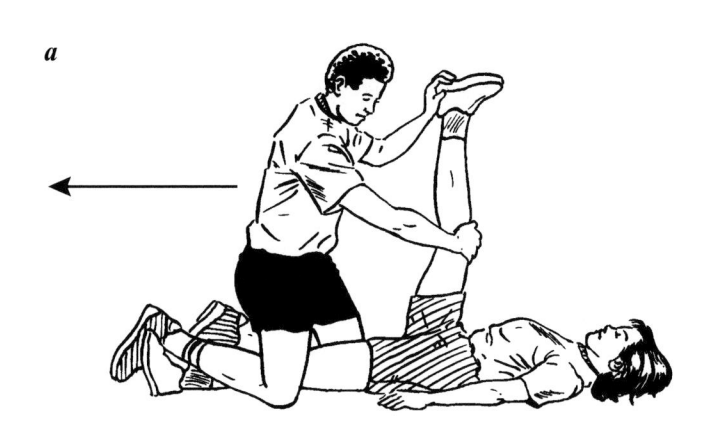

(a) 第一段階：仰向けに寝て膝を伸ばしたまま足関節を90度に維持し，股関節を50〜60度屈曲させる。パートナーはストレッチをする人の上にまたがり，ハムストリングスを伸ばすように脚を上に持ち上げ，股関節を屈曲させていく。そして，限界のところまで伸ばしそこで維持する。

(b) 第二段階：そしてストレッチをされている人は，パートナーの加える抵抗に対して股関節を伸展させハムストリングスを等尺性に筋収縮させる。

(c) 第三段階：その後筋収縮を緩め完全にリラックスさせたあとさらに股関節を屈曲させ関節可動域を拡大していく。

図 13.2　PNF（固有受容感覚神経筋促通法）を利用したストレッチを用いてハムストリングスのストレッチング

レッチの一例を図解している。

　コントラクト・リラックス・コントラクトテクニックは，コントラクト・リラックスと同様な方法でストレッチを始め，筋収縮についで筋弛緩を誘導するが，筋を弛緩させている時に伸ばしている筋の拮抗筋（ハムストリングスをストレッチしている時は大腿四頭筋）の収縮を起こさせながらパートナーはさらに筋をストレッチさせていく。これは，主動筋が収縮するとその反対側にある拮抗筋が弛緩するという相反性抑制支配を利用した方法である（Moore and Hutton 1980）。しかしながら，このストレッチの完全なメカニズムが理解されているわけではなく今後さらなる解明が必要となってくるであろう。

5 柔軟性に影響する要素

　同じスポーツチームなどに所属し，活動レベルや年齢が似ているにもかかわらず柔軟性には個人差がある。このことは，活動レベルや年齢以外の要因が柔軟性に影響を与えていることを示唆している。柔軟性を決定する要因は大きく構造的要因と生理学的要因の二つに分けられる。構造的要因は，関節の構造，筋の起始・停止，筋横断面積，結合組織の柔軟性などに関わる要因である。一方，生理学的要因は年齢，性別，活動レベル等の要因である。

[1] キネシオロジーの観点から見た構造的要因

　キネシオロジーとは，ヒトの身体の構造が人体の動きにどのように影響を与えるか，そのメカニズムを解明する学問分野である。キネシオロジーの観点から見ると関節の構造そのものや関節周辺にある筋，腱，靭帯などの組織は，ヒトの関節可動域に影響を与える大きな要因である。まず，柔軟性に大きく関わる要因として，関節周囲の結合組織の性質があげられる。結合組織は，コラーゲンや弾性組織により構成されており，コラーゲンが多く含まれている組織のほうが柔軟性に乏しくなる。関節可動域を制限する組織として靭帯が47％と最も大きく関与しており，次に筋膜（41％），腱（10％），皮膚（2％）と続く（Johns and Wright 1962）。この中で筋線維や筋束を包んでいる筋膜は，コラーゲンの量が比較的少ない結合組織なので柔軟性が高まる可能性が高い。ところが，靭帯や腱は，筋膜に比べコラーゲンの配分が大きく柔軟性に乏しいので，たとえ筋膜のみの柔軟性が高まったところで関節可動域は靭帯や腱の性質により阻害される。しかし，もともとこれらの結合組織は，関節を安定させるために柔軟性の少ない組織構造になっているので必要以上に柔軟性があり，関節の緩みが大きくなりすぎると筋骨格系での受傷のリスクが高くなるということも忘れてはならない。

　次に，筋の起始・停止の位置も，柔軟性に大きな影響を与える要因である。筋の起始・停止の位置は解剖学書に詳細に記載されているものの，実際の付着位置に関しては各個人間で若干の違いがあって当然である。この個人差が各個人の柔軟性に影響を与え，個人間での柔軟性の差異に繋がってくるのも当然といえる。また，筋肉が大きすぎることも柔軟性を阻害する要因となりうる。レジスタンストレーニングは，筋の柔軟性を低下させるものではないが（第7章参照），特に四肢において体積が大きすぎると（筋量に限らず肥満などの場合も含めて），関節可動域は阻害される（Allerheiligen 1994b）。上腕二頭筋や三角筋が大きすぎるとパワークリーンのキャッチやフロントスクワット時に邪魔になる場合があるが，これもこの一例といえる。

　また，ヒトの身体には多くの関節が存在し，その形状によりいくつかのタイプに分類されているが，その関節タイプも柔軟性に大きく影響を与える要因の一つである。たとえば肩関節や股関節のような球状関節の場合，矢状面，前額面，水平面いずれの方向へも動くので，肘や膝関節に比べて関節可動域が広く，非常に柔軟性の高い関節であるといえる（図13.2参照）。このように関節可動域は元来持っている関節の構造によっても違うのである。

　ここまで述べてきたように，構造による柔軟性の制限には先天的要素が柔軟性に大きく関わっているが，それでもなおストレッチングを恒常的に行っていけば十分に柔軟性は改善される。

[2] 生理学的要素

ヒトの柔軟性に関わる生理学的要素として，加齢，性別，身体活動の有無等があげられる。まず，加齢は，変性した筋にとって代わる繊維性軟骨を増加させたり，癒着やカルシウムの蓄積を起こし，筋の柔軟性を低下させる要因となることはわかっている（Alter 1996）。しかし，週3日のストレッチエクササイズを10週間，高齢者に行ってもらったところ関節可動域が改善したと先行研究は報告しており（Girouard and Hurley 1995），加齢に伴う生理学的変化が柔軟性を阻害するとしても，恒常的にストレッチングを行うことにより柔軟性を改善できる可能性が高いことを示唆している。

また，性別も柔軟性に大きく影響を与える要因である。実際，女性の場合，結合組織を軟化する作用のあるホルモンが多く分泌する。そのため，一般的に女性のほうが男性に比べて柔軟性が高い（Alter 1996）。しかしながら，女性が柔軟性において男性よりも優れている点は，ホルモンによる影響によるものばかりではない。事実，特定の関節（股関節の伸展や胸・腰椎間の伸展・屈曲）で，関節可動域が大きいということもわかっており，関節の構造にも性差があり，それが関節可動域の大きさに関係しているのである。

また，身体活動量が乏しい人のほうが，活発に活動している人よりも柔軟性に欠けることがわかっている（Kirby et al. 1981; McCue 1953）。活動が制限されることにより筋は固くなっていくといわれているが，これは関節可動域を制限する一つの要因である筋の結合組織が短縮する結果起こるといわれている。

6 柔軟性の評価

関節や筋の柔軟性を評価する様々な評価法が存在するが，関節や筋の柔軟性を評価することにより関節可動域の制限や受傷のリスクを予測することができる。柔軟性を直接的に評価する方法として，ゴニオメーター，フレクソメーター，傾斜角度計 などを使用し関節の可動域を測る方法がある。ゴニオメーターとは，蝶番により二つのアームが連結された器械で，その蝶番部分は分度器の中心部に連結されている。関節可動域を測定するために関節の中心に分度器の中心部分を合わせ，それぞれのアームを関節を構成する骨の走行に沿って置き，関節角度を測定し関節可動域を断定する。表13.2は，標準的な関節可動域を示したものである。フレクソメーターと傾斜角度計も関節可動域を測定する機器である。

表13.2　一般成人の平均的関節可動域 (ROM)

関節	関節可動域(ROM)(度)	関節	関節可動域(ROM)(度)
肩関節		胸・腰椎	
屈曲	150〜180	屈曲	60〜80
伸展	50〜60	伸展	20〜30
外転	180	側屈	25〜35
内旋	70〜90	回旋	30〜45
外旋	90		
肘関節		股関節	
屈曲	140〜150	屈曲	100〜120
伸展	0	伸展	30
		外転	40〜45
		内転	20〜30
		内旋	40〜45
		外旋	45〜50
橈尺関節		膝	
回内	80	屈曲	135〜150
回外	80	伸展	0〜10
手関節		足関節	
屈曲	60〜80	背屈	20
伸展	60〜70	底屈	40〜50
橈屈	20		
尺屈	30		
頚椎		距骨下関節	
屈曲	45〜60	回内	30〜35
伸展	45〜75	回外	15〜20
側屈	45		
回旋	60〜80		

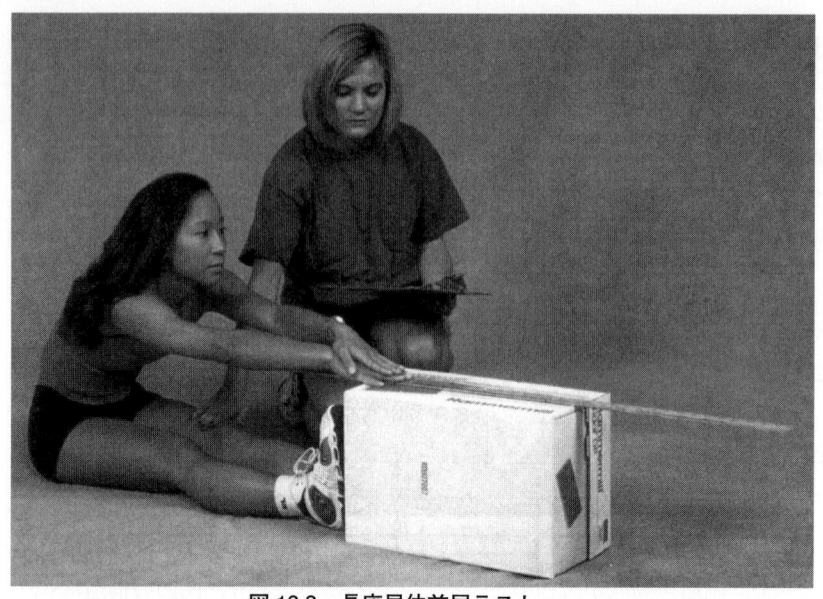

図 13.3　長座居体前屈テスト

表 13.3　長座体前屈をパーセント表示で表したランキング (単位：cm)

パーセント表示した ランク	女性				男性			
	18 歳	19～35 歳	36～49 歳	50 歳	18 歳	19～35 歳	36～49 歳	50 歳
99	57.4	53.3	50.3	43.7	51.1	62.7	48.0	41.1
95	49.5	49.0	48.8	40.0	49.8	48.0	46.2	40.1
90	47.5	45.5	44.2	38.1	46.2	43.7	41.0	38.1
80	45.2	42.4	41.1	36.1	45.2	43.2	37.1	33.8
70	41.9	41.1	38.6	34.5	40.6	40.1	35.3	31.2
60	40.6	40.1	36.8	31.2	38.6	38.1	34.0	29.2
50	38.0	37.6	34.3	28.2	36.8	36.6	32.0	25.9
40	36.8	36.8	32.5	25.7	35.6	34.3	29.5	24.6
30	34.8	34.8	31.0	23.4	34.0	33.0	27.4	23.6
20	32.0	32.0	27.9	21.1	30.0	29.5	25.1	22.4
10	29.0	25.6	24.6	19.1	24.1	23.4	21.1	19.8

(Hoeger 2000 の文献から引用)

　これらも，やはりヒトの身体に当てて関節可動域を測定するものである。これらの機器による関節可動域測定の妥当性と再現性は十分確認されているが，測る側の技術や関節のタイプにより，その精度は影響されるようである。下肢の関節可動域測定よりも上肢の関節可動域測定のほうが妥当性が高いと報告されていることも，その一例といえる（Norkin and White 1995）。

　関節可動域のより簡易な測定方法として直接的に関節可動域を測るのではなく，距離を用いた間接的測定法がある。距離を用いた間接的測定法の最も代表的な例として長座位体前屈が挙げられる（図 13.3）。この測定では箱の側面に足底をつけ長座位をとり，膝を伸展したまま体幹を屈曲させ重ねた両手をなるべく遠くまで伸ばしていき，足底から何センチメートル先に指先が届いたかを測るものである。この方法は，腰背部と股関節の動きを測るものであるが，二関節筋であるハムストリングスの柔軟性が最も大きく関与するする要因である（Minkler and Patterson 1994）。表 13.3 にて，男女別の長座位体前屈のスコアーを示したがこれは一般人の値を示すもので特定のスポーツ選手の値を示すものではない。

7 柔軟性と筋力・パワー発揮

　近年，先行研究は，ストレッチを施すことにより筋力とパワーの発揮が低下すると報告している（Kokkonen and Nelson 1996; Nelson and Heise 1996: Nelson et al. 1998）。ストレッチングは筋腱複合体の長さを伸ばし（Magnusson et al. 1996），筋の柔軟性を高め受傷のリスクを低めてくれるが，この筋腱複合体の伸張は可逆的で，すぐに元に戻ってしまう。最大筋力，パワー発揮，筋力の立ち上がり速度はストレッチングにより低下すると報告されていることから（Rosenbaum and Henning 1997），本練習や試合が始まる20分以上前までには終了しておいたほうがよい。このように筋力やパワーに悪影響を与える可能性をここでは紹介したが，これらの筋力やパワーを必要とする競技の選手がストレッチ運動を控えることを推奨しているわけではないので断っておきたい。ただ，いつどのようなタイミングこれらの柔軟運動をトレーニングの中に組み入れていくかについての疑問が残っているので，今後，筋力やパワーのような身体能力を必要とする競技と柔軟運動との関わりに関してはさらなる研究が必要となってくるであろう。

8 柔軟運動

　ストレッチ運動の例を以下に示す。伸ばす筋群を中心に示してある。

アキレス腱と下腿部後面
- 仰臥位でのアキレス腱のストレッチ
  1. 両膝を伸ばしたまま仰向けに寝る。
  2. ストレッチをしない側の腰部への緊張を取るために片膝を曲げ，足を地面に着ける。そしてストレッチする側の膝を胸のほうへと持ってくる。
  3. そして，自分の手で足部を背屈させるようにゆっくりとアキレス腱を伸ばす。
  4. アキレス腱を伸ばしたまましばらく維持し，その後リラックスする。
  5. 反対の足でも同様の手順で行う。
- パートナーを使った下腿三頭筋のストレッチ
  1. 伸ばす側の足を持ち上げ，仰向けで寝る。
  2. パートナーは，ストレッチされる人の上にまたがり，持ち上げている踵とつま先を握り持ち上げる。
  3. PNFを利用したストレッチを行うため，足関節を背屈させるようにストレッチしていく。
  4. その後，パートナーの手に向けて底屈させる方向に力を入れさせ，等尺性収縮を行わせ，その後リラックスをさせる。
  5. 反対側も同様に行う。

ハムストリングス
- セミストラドル（ハムストリングスと腓腹筋）
  1. 体幹を垂直になるくらいまで起こして膝を伸ばして長座位をとる。
  2. ストレッチしないほうの膝を曲げ，その踵を反対側の膝の横に置く。
  3. 股関節から体幹を前方に折り曲げ，伸ばしたままの側のつま先を握り，足関節を背屈させる

方向にストレッチする。
4. しばらく腓腹筋などの下腿後面の筋を伸張させた状態を維持した後，弛緩させる。

● **長座体前屈**
1. 体幹を垂直になるくらいまで起こして膝を伸ばして長座位をとる。
2. 胸を大腿に着けるように股関節を屈曲させ体幹を前方に倒していく。
3. しばらく筋を伸張させた状態を維持した後，弛緩させる。

● **開脚体前屈（ハムストリングスと内転筋）**
1. 長座体前屈同様，体幹を垂直になるくらいまで起こして膝を伸ばして長座位をとるが，この時，股関節を左右にできるだけ外転させる。
2. 胸を床につけるように股関節を屈曲させ体幹を前方に倒していく。
3. この時，手をなるべく前方へ伸ばしていく。
4. しばらく筋を伸張させた状態を維持した後，弛緩させる。
　このストレッチは，開いた左右大腿それぞれに胸を着けるようにすることで，ハムストリングス単独のストレッチとなる。

● **パートナーを使った長座体前屈**
1. 体幹を垂直になるくらいまで起こして膝を伸ばして長座位をとる。
2. パートナーはストレッチをする人の背部に立ち，背中の上側と下側にそれぞれ手を置く。
3. 胸を大腿に着けるように股関節を屈曲させ，体幹を前方に倒していく。この時パートナーは背中をゆっくりと押していく。ケガをしないようストレッチ中，痛みや異常がないかを聞きながら行う。
4. しばらく筋を伸張させた状態を維持した後，弛緩させる。

● **パートナーを使った開脚体前屈**
1. 長座体前屈同様，体幹を垂直になるくらいまで起こして膝を伸ばして長座位をとるが，この時，股関節を左右にできるだけ外転させる。
2. パートナーはストレッチをする人の背部に立ち，腰背部に手を置く。
3. 胸を床に着けるように股関節を屈曲させ，体幹を前方に倒していく。この時，パートナーは背中をゆっくりと押していく。ケガをしないようストレッチ中，痛みや異常がないかを聞きながら行う。
4. しばらく筋を伸張させた状態を維持した後，弛緩させる。

内転筋群

● **バタフライストレッチ**
1. 床に座る。
2. 座ったまま膝を曲げ，両足の裏（足底）を合わせて足を身体のほうへ引く。
3. 両脚の内側を自身の両肘を使って下へ押し下げる。
4. しばらく筋を伸張させた状態を維持した後，弛緩させる。

大腿四頭筋

● **側臥位による大腿四頭筋および腸腰筋ストレッチ**
1. 側臥位になり，上にある側の踵を臀部に着けるように膝を曲げていく。
2. この時，自身の足首を手で持ち踵を臀部に着けるように力を加える。
3. しばらく筋を伸張させた状態を維持した後，弛緩させる。
4. 反対側でも同様にストレッチを行う。

● **ハードラーズストレッチ**
1. 膝を伸ばし長座位で床に座る。

2. ストレッチする側の膝を曲げる。この時，膝と大腿の内側が床に着くようにし足部は下腿と一直線になるようにする。
  3. 折り曲げている足とは反対側の肘を初めに曲げ，身体を後方へ傾けていく。
  4. 腰背部の前湾が過剰にならないように気をつけながら床に平行に体幹を倒す。
  5. しばらく筋を伸張させた状態を維持した後，弛緩させる。
  6. 反対側でも同様にストレッチを行う。
     膝に問題のある選手はこのストレッチは避けるようにする。

股関節屈曲筋群のストレッチ
● フォワードランジ
  1. 両脚を前後に 70cm ほど広げ立つ。
  2. 前方にある脚の膝を前方に出しながら曲げる。この時，膝はつま先よりも前方へ出すようにする。
  3. この時，前方の足部はしっかりと床に着け，反対の脚は後方へまっすぐ伸ばすので，反対側の足部の踵は床から離れつま先で保持する形になる。
  4. 体幹はまっすぐにして手は腰や前側の足に置く。
  5. ゆっくりと腰を前下方へと落としていく。
  6. しばらく筋を伸張させた状態を維持した後，弛緩させる。
  7. 反対側でも同様にストレッチを行う。

臀部，腰背部，股関節周辺
● 腰背部のストレッチ（片脚）
  1. 両膝を伸ばしたまま仰向けに寝る。
  2. 片膝を曲げ，大腿部を胸のほうへ持っていく。
  3. 頭，肩，肘を床に着けたまま手で曲げた膝を持ち，大腿部を胸のほうへ引くような力を入れ腰背部を丸めるようにストレッチをする。
  4. しばらく筋を伸張させた状態を維持した後，弛緩させる。
  5. 反対側でも同様にストレッチを行う。
● 腰背部のストレッチ（両脚）
  1. 両膝を伸ばしたまま仰向けに寝る。
  2. 両膝を曲げ大腿部を胸のほうへ持っていく。
  3. 頭，肩，肘を床に着けたまま手で両膝を持ち，大腿部を胸のほうへ引くような力を加え，腰背部を丸めるようにストレッチをする。
  4. しばらく筋を伸張させた状態を維持した後，弛緩させる。
● 腰部の捻転によるストレッチ
  1. 体幹を垂直になるくらいまで起こして膝を伸ばして長座位をとる。
  2. 右の足部を左膝の外側にクロスするように置く。この時，左肘は右膝の外側に当てる。
  3. そして体幹を右側に捻っていく。この時，右膝を支点として左肘で押し込むようにする。
  4. しばらく筋を伸張させた状態を維持した後，弛緩させる。
  5. 反対側でも同様にストレッチを行う。

胸部
● パートナーを使った大胸筋ストレッチ
  1. 両手を組み，頭の後ろに置き体幹を垂直になるくらいまで起こして座る。
  2. パートナーはストレッチをする人の両肘を後ろからつかむ。

3. そして，ゆっくりとストレッチする人の両肘を後方へと引いていく。
4. ケガをしないようストレッチ中，痛みや異常がないかを聞きながら行う。
5. 反対側でも同様にストレッチを行う。

肩周辺
●肩の外側のストレッチ
このストレッチは立位でも座位でも行われる。
1. 肩関節を水平屈曲させ，肘を反対側の肩のほうへ持っていく。
2. 自分で反対側の肩へ持っていった肘をつかみ，胸のほうへと引くように力を入れてストレッチを行う。
3. しばらく筋を伸張させた状態を維持した後，弛緩させる。
4. 反対側でも同様にストレッチ行う。

●内旋筋のパートナーストレッチ
1. 肘を90度に屈曲させた状態で伸ばす側の腕を肩の高さまで持ち上げる。
2. パートナーはストレッチする人の前方に立ち持ち上げた肘と手首を持つ。
3. ゆっくりと手首を後方かつ下方へ押しストレッチを行う。ケガをしないようストレッチ中，痛みや異常がないかを聞きながら行う。
4. しばらく筋を伸張させた状態を維持した後，弛緩させる。
5. 反対側でも同様にストレッチを行う。

●外旋筋のストレッチ
このストレッチは立位でも座位でも行われる。
1. 背筋を伸ばして，肘を屈曲させて伸ばす側の腕を背中の後面へ持っていく。
2. 伸ばすのとは反対側の手で後ろに回した肘を持つ。
3. そして肘を正中線のほうへ引きストレッチを行う。もし肘を持つことができなければ手首を持って行う。
4. しばらく筋を伸張させた状態を維持した後，弛緩させる。
5. 反対側でも同様にストレッチを行う。

●肩伸展筋のストレッチ
1. 座位もしくは立位をとり，両腕をまっすぐ頭の上に伸ばす。
2. 両腕をまっすぐ伸ばしたまま頭の上で手を組む。
3. そして，まっすぐに伸ばした肘の部分が耳よりも後ろにいくように後方に腕全体を伸展させストレッチをしていく。
4. しばらく筋を伸張させた状態を維持した後，弛緩させる。

首
●頚部の回旋ストレッチ
1. 背筋を伸ばした状態で立位もしくは座位をとる。
2. 右側の頚部を伸ばすため首を左に傾けて，しばらく維持してから弛緩させる。
3. 左側の頚部を伸ばすため首を右に傾けて，しばらく維持してから弛緩させる。

●頚部屈曲および伸展ストレッチ
1. 背筋を伸ばした状態で立位もしくは座位をとる。
2. アゴを胸に着けるように頭を前に曲げ，首の後側を伸ばす。
3. しばらく筋を伸張させた状態を維持した後，弛緩させる。
4. アゴを上に挙げるようにして頭を後方にできる限り曲げ，首の前側を伸ばす。
5. しばらく筋を伸張させた状態を維持した後，弛緩させる。

上腕三頭筋

1. 背筋を伸ばした状態で立位もしくは座位をとり，肘を曲げたまま耳に着くまで腕を上げる。
2. そして上げた手の肘を反対の手でつかみ，首の後ろへ向かって引いていく。
3. しばらく筋を伸張させた状態を維持した後，弛緩させる。
4. 反対側でも同様にストレッチを行う

要約

　本章ではウォームアップと柔軟性の重要性について解説した。運動開始前のウォームアップを行うのは不可欠であり，この章では様々なストレッチング法や柔軟性に影響を与える要因について解説した。柔軟性の能力には個人差があり，時に選手自身ではコントロールすることができない場合もある。また，ストレッチングにより筋力やパワー発揮が低下する可能性があると先行研究が報告していることから，筋力やパワー発揮が競技成績に大きく関係する選手の場合，運動後に行うクールダウンの時に柔軟運動を行い柔軟性を高めるほうが効果的なのかもしれない。

第14章

競技力評価のための
テスト法

　近年，生理学，生化学，心理学など様々な分野で，身体運動学やトレーニング方法に関する研究がなされるようになってきた。このような取り組みにより，指導者が科学的根拠に基づいた指導を行えるようになってきただけでなく，理想的なトレーニング方法の開発も可能になってきている。しかし，選手が競技で成功を収めるために不可欠な身体能力は，競技種目ごとで様々である。そこで，近年，スポーツ科学者たちは身体能力の分析方法に注目した研究を行っている。このようにそれぞれの競技種目で必要な身体能力を把握できれば，指導者がその競技種目に適した能力を持つ選手を見きわめることができるだけでなく，選手や指導者がトレーニングの目標をより明確にとらえることができるようになる。

　競技にとって必要な身体能力を把握するためには，競技の身体的要素（例：筋力，無酸素性パワー，スピード，アジリティ，有酸素性能力や持久力，身体組成）を分類・解析することが必要となってくる。これらの要素を解析し，競技特性に合った身体能力を理解することができればトレーニングを組む際に，どういった身体能力を主に鍛えていくことが必要なのか明確になる。また過去のデータを元に，同競技選手の身体能力の基準がわかれば，選手と指導者は，明確な目標とモチベーションを持ちながらトレーニングを行える。さらに，このような身体能力の分析は，各個人への運動処方の基準値としてや，ケガからの復帰を果たすための基準値としても活用することができる。

■1 競技力評価のためのテスト法に影響する要因

　競技力評価テストを行うにあたり，身体のサイズ，筋線維のタイプ，これまでのトレーニング歴，競技特性（どれだけその競技やトレーニングと関連があるのか），テストの妥当性と再現性を認識しておく必要がある。

[1] 身体のサイズ

　評価テストの種類によっては，選手の身体のサイズが，その結果に大きく影響を与える。たとえば筋力を評価する時，筋力の絶対値と身体のサイズには正の相関関係が存在するが，筋

力の絶対値を体重で割った値は，身体のサイズと負の相関関係になる（Hoffman, Maresh, and Armstrong 1992）。ラグビーを例にとって考えると，ディフェンスポジションは筋力の絶対値を高めることが優先事項であるが，ウィングなどのポジションでは，体重との相対筋力を高めることがより重要となるのである。

[2] 筋線維の組成

筋肉のサイズやその構造は，筋出力，収縮速度，筋疲労への耐久性など，筋肉の持つ様々な性質に大きな影響を与える。これらの筋肉の性質に大きな影響を与える要因の一つは，先天的に持っている筋線維タイプの組成（速筋線維と遅筋線維の割合）である。速筋線維の割合が多いと，大きな筋出力発揮や速い筋収縮をするのに優れている（第1章参照）。このように速筋線維を多く持つ人は，無酸素性エネルギー代謝を多く必要とする陸上短距離走やアメリカンフットボールなどの競技に向いている。一方，遅筋線維の割合が多い選手の場合，大きな筋出力発揮や速い筋収縮には適していないが，疲労に対して耐久性があり，長時間運動を続けることができ，陸上長距離走などの持久力を必要とする競技に適している。トレーニングにより筋線維組成が変わることはごく稀で，選手のスピードやアジリティを評価することにより，選手の先天的身体能力を知ることができるというメリットもある。

[3] 選手のトレーニング歴

トレーニングを十分に積んできた選手ほど，さらに競技力を上げるための潜在能力が低下しているということを本書では，すでに述べてきた。トレーニングを開始したばかりの時期は競技力向上の割合は大きいが，段階が進むにつれて，その割合は少しずつ小さくなっていく。つまり，ある一定のトレーニング期間を経た後，競技力が伸び悩む時期がくる。これは，必ずしもトレーニング期間に関係するわけでなく，関連するトレーニングを，これまで十分に行ってきた選手の場合，たとえその競技に参加した期間が浅いとしても著しい競技力の向上が見られない場合がある（Hoffman et al. 1990, 1991b）。トレーニングプログラムの適正な効果の評価をしたり，現実にあった競技力達成のための目標を立てるうえで，指導者が選手のトレーニング歴をしっかりと把握することは不可欠である。

[4] 競技特性を踏まえたテスト評価

選手の競技力を評価する場合，用いられるテストが実際に行われているトレーニングや競技の特性に合ったものであることが不可欠である。筋力を評価する際にも，なるべくトレーニング特性に直結してくるような筋力測定を行うことが重要である；たとえば，トレーニング方法（例：フリーウエイト vs. マシーントレーニング）やトレーニング種目（例：スクワット vs. レッグエクステンション）の違いにより最大筋力の現れ方は変わってくる。Fryらは，トレーニングによる筋力増加がスクワットとレッグエクステンションによる最大筋力の評価にどのように反映するかを比較した（1991）。その結果，スクワットでは21％の増加が見られたが，レッグエクステンションでは8％の増加しか見られなかったと報告している。

さらに，評価に用いられるテストは，その結果の良し悪しが，なるべく競技の成否に直結し

てくるような競技特性に合ったものにするべきである。たとえば，ウィンゲート無酸素テストは最も一般的に用いられているパワー発揮を評価するテスト方法であるが，自転車エルゴメーターを用いて行われるテストであることから競技によっては必ずしも競技特性に合っていないことが指摘されている。そこで，より多くの種目の競技特性に合っているランニングやジャンプを用いたパワー発揮の評価方法の開発が期待されている（Hoffman et al. 2000）。

[5] 測定方法の妥当性と再現性

妥当性と再現性は，このようなテストにとって必要不可欠な性質である。まず妥当性とは，意図する要因を評価できるテストであるか否かという性質である。つまり，妥当性の高いテストとはテストにより得られる結果の良し悪しが競技力の変化を敏感に反映するものであるということである。そして再現性とは，何度やってもテストの結果が一定になる性質のことである。ここからは，現在，一般的に用いられている身体能力を測定するテストに関しての解説をしていく。

2 筋力

筋力測定の種目は，選手が普段から慣れている種目を用いたほうが適切である。普段から行っている種目を用いることで，そのトレーニングプログラムの効果を明確にできる。また，選手が適切な方法をすでに習得していることから，ケガが起こるリスクを軽減できる。新人選手の場合，その種目を，まだ行ったことがない可能性も考えられるが，今後その種目を継続的にトレーニングプログラムの中に組み込んでいくのであれば，その種目を用いて筋力テストを行うべきである。

また，筋力測定の種目は，なるべく実際に行っている競技種目の動きに即したもの，つまり競技特性に合ったものであることが重要である（Hoffman, Maresh, and Armstrong 1992）。原則的には多関節を同時に使い，できるだけ多くの筋群を用いる種目を選ぶのが一般的である。このように普段から使っている種目を用いることにより，各選手の筋力の伸び率を評価したり，選手間でのトレーニング効果を比較・評価することができる。しかし，あえて少ない筋群しか使わない単関節での運動種目を利用することで，左右の筋力バランス（例：左右のハムストリングスの筋力の比較）や，主動筋と拮抗筋の筋力バランス（例：大腿四頭筋とハムストリングスの筋力の比較）を把握することもできる。これにより，潜在的に弱い部位を洗い出しスポーツ外傷などの予防に役立てられる。

また，筋力評価の方法の中に等速性筋力測定器を使ったものがある。等速性筋力測定器は文字通り，一定速度で起こる関節運動での筋力を測るものである。ヒトの場合，関節を軸として骨が回転運動を起こすことにより身体活動が起こる。このような回転運動時に発揮される力のことをトルクと呼び，Nm（ニュートンメーター）という単位で表す。トルクは関節可動域全域で常に一定というわけではなく，角度により変化していく。等速性筋力測定器を使った筋力測定の再現性が非常に高いことはすでによく知られているが（Farrel and Richards 1986），この測定は多くの場合，単関節を用いた動作で行われるので，筋力バランスを把握し，スポーツ外傷・

障害の予防の目的で用いられることが多い（Hoffman, Maresh, and Armstrong 1992）。

[1] 等速性筋力測定

　前述したように等速性筋力測定は，主動筋 vs. 拮抗筋や，左右の筋力バランスの把握に用いられることが多い。スポーツ外傷・障害を負った選手のリハビリテーションの際，健患側での筋力バランスを復帰の指標として用いていることが多い。また，主動筋と拮抗筋のバランスの指標としてよく用いられているものとして，ハムストリングスと大腿四頭筋の比率であるH：Q比率がある。一般的に3：5のH：Q比率が，理想であるといわれているが（Hoffman, Maresh, and Armstrong 1992），2：3（Fry and Powell 1987）や3：4（Knapic et al. 1991）の比率を主張する研究者もいる。また，ハムストリングスの大腿四頭筋の筋力の割合をパーセントで示す場合もあるので注意してもらいたい。

　このH：Q比率は，レジスタンストレーニングのやり方でも変化するといわれている。ゆっくりとした速度でのスクワットをしていると膝伸展筋である大腿四頭筋筋力が強くなりH：Q比率が低下すると先行研究は報告している（Fry and Powell 1987）。さらに，高強度の無酸素性運動を強いられるバスケットボール，アメリカンフットボール，アイスホッケーなどの選手の膝屈曲筋群は強い傾向にあり，あらゆる角速度においてH：Q比率は高くなると報告されている（Hoffman et al. 1991a, 1992; Housh et al. 1988）。

　また，速い角速度での筋力測定は，時として有効なスクリーニングテストとなりうるようである。Knapikらによると，180度／秒の角速度でのH：Q比率が75％に満たない女性スポーツ選手の場合，スポーツ外傷の発生率が1.6倍にもなると報告している（1991）。また，彼らは論文の中でH：Q比率のみがスポーツ外傷の発生原因となるとは述べておらず，左右の筋力の不均衡もその要因であり，軽視してはならないとも指摘している。

　古い研究では，膝屈曲筋筋力に左右10％以上の差が見られる場合，筋損傷を引き起こす可能性が高くなると報告しているものもあるが（Burkett 1970），近年の研究は，15％以上の左右の筋力差が現れて初めて筋損傷のリスクが2.6倍に高まると報告している（Knapic et al. 1991）。一方，左右の筋力差が下腿のスポーツ外傷の要因となるとは限らないと述べる研究者もいる（Worrell et al. 1991）。一般的に10〜15％を超える筋力の左右差はスポーツ外傷を引き起こす要因となりうると考えられているものの，その正確な基準に関しては，まだ明らかになっていないのが現状である。

　また，ピッチャーやテニス選手のように一側性の上肢の動作を頻繁に用いるスポーツ選手の場合，肩，肘，手関節において筋力の左右差が大きくなる（Cook et al 1987; Ellenbecker 1991）。ピッチャーやテニス選手の場合，上肢における筋力の左右差が20％以上ある場合も見られるが，これは頻繁に使われる側の筋のほうが発達してしまうことが原因である。しかしながら，このような上肢筋力の左右差がスポーツ外傷の発生率を上げるか否かに関しては不明である。

　このような一側性の上肢動作が頻繁に使われるスポーツ選手の場合，主動筋と拮抗筋のバランスにも大きな差が見られる（Cook et al. 1987; Ellenbecker 1991; McMaster, Long, and Caiozzo 1991）。特にピッチャーやテニス選手の場合，そのスポーツ動作の特性から肩の外旋筋と外転筋は内旋筋と内転筋に比べ弱くなり筋力の不均衡が起こる。特に肩関節の外旋筋は肩の安定

性を保つ働きをしておりスポーツ障害や関節包の弛緩を引き起こす可能性もある（McMaster, Long, and Caiozzo 1991）ことから軽視してはならない問題である。

［2］ダイナミックコンスタントレジスタンステスト

　等速性筋力測定と比較した時のダイナミックコンスタントレジスタンステストの利点は，①測定時に用いられる動作が実際のスポーツ種目の動作特性に近いということと，②大筋群を使った動作での評価が可能であるということであるといえる。しかしながら，問題点は，最大負荷である1RMで測定するのか，最大下負荷での最大挙上回数で推定値を算出しその測定値にするのかという点である。たとえば，ラグビーのように多くの選手を抱えるチームで最大挙上回数からの推定法を用いると測定時間が長時間にわたってしまうというデメリットがある。一方，1RMを使った最大筋力測定の場合は，身体への負荷が高まりスポーツ外傷を引き起こすリスクが高まるというデメリットを抱えている。

　最大下負荷での挙上回数から最大筋力を推定する方法には，かなり高い妥当性があると報告されている（r>0.9）（Landers 1985; Mayhew, Ball, and Bowen 1992; Mayhew et al. 1999; Shaver 1970）。実際，多くのNFL（米国アメリカンフットボールリーグ）チームでは，最大下負荷での推定最大筋力を算出する方法を用いている。しかし，最大下負荷を用いて，その挙上回数をカウントする場合，種目によってその回数から算出される推定値は大きく変わってくる。さらに，同一種目内においても被験者間での多様性は大きいと報告する研究もある（Hoeger et al. 1987, 1990）。近年，最大下負荷を用いて最大筋力を推定する方程式が4種類紹介されているが，いずれの式も筋力トレーニングをよく積んでいる選手ほど，過大もしくは過小評価される（Ware et al. 1995）。NFLでは，225 lb（約100 kg）の負荷でのベンチプレスの最大挙上回数により上半身の最大筋力を推定しているが，この方法に関しても10回以下の挙上回数の選手の場合は，正確な数値を推定することができるが（Mayhew et al. 1999），それを超えるとその妥当性は低下するのである。

　一方，先にも述べたように1RMの負荷を使った最大筋力の評価テストはケガのリスクを高めるといわれているが，正確なフォームで行う最大負荷を使ったテストが最大下負荷を使った

表14.1　NCAAに所属する大学アスリートの筋力のデータ

	ベンチプレス（kg）	スクワット（kg）
アメリカンフットボール（1部のデータは，Black and Roundy 1994の文献から引用，2部のデータは，Mayhew et al. 1987の文献から引用，ニュージャージー大の未発表データから引用）		
1部		
バックス	127.4 ± 19.1	183.6 ± 26.4
ラインマン	167.3 ± 26.2	228.6 ± 42.5
2部		
バックス	115.0 ± 22.3	165.9 ± 29.5
ラインマン	126.8 ± 22.3	179.1 ± 43.2
3部		
バックス	119.7 ± 17.4	158.3 ± 26.5
ラインマン	133.2 ± 16.3	173.8 ± 32.2
バスケットボール（Latin et al. 1994のデータから引用）		
ガード	100.8 ± 17.6	151.1 ± 35.5
フォワード	104.0 ± 22.3	161.9 ± 37.7
センター	104.4 ± 17.0	138.1 ± 32.1

テストよりもケガのリスクを高めるという報告があるわけではない。実際に，補助者をつけたり，適切な方法を用いることにより，ケガの可能性は最小限に抑えることができる。さらに，最大下負荷を用いた方法では，挙上することのできる最大限の回数を数えるので最後の挙上では筋疲労がピークを迎える。そのため，疲労時にケガの可能性が高まる可能性は否めない。このようにリスク管理という点では，必ずしもどちらが優れているというわけではないので，いずれの場合においても，そのリスクを最小限にする努力が必要になってくるであろう。

ダイナミックコンスタントレジスタンステストの代表的な種目としてベンチプレス，スクワット，パワークリーンが多く使われる。これらはそれぞれ，上肢の筋力，下肢の筋力，パワー発揮の基準値の測定のために使われている。また，これらの種目の再現性は非常に高いと報告されている（Hoffman et al. 1990, 1991a）。表14.1ではある年のNCAAのアメリカンフットボールチームとバスケットボールチームの筋力の平均値を示してあるので参考にしてもらいたい。

3 無酸素性パワー

無酸素性パワーは，実験室のみならずフィールド上でも評価することができる。実験室での評価テストとして，トレッドミル上での全力走や（Cunningham and Faulkner 1969; Falk et al. 1996），フォースプレート上での連続ジャンプ（Bosco, Mognoni, and Luhtanen 1983），最大努力での自転車運動（Ayalon, Inbar, and Bar-Or, 1974; Katch et al. 1977; Sargeant Hoinville, and Young 1981）など様々な方法が行われている。また，等速性筋力測定器を用いる方法やスプリントを用いた方法などもある（Margaria, Aghemo, and Rovelli 1966）。これらの評価テストで用いられる指標は，ピークパワー，平均パワー，疲労率など様々である。

この中で，無酸素性能力を測るテストとして最も広く用いられているのがウィンゲート無酸素テスト（Bar-Or 1987）である。これは，体重から算出した負荷に対して，最大努力の自転車運動もしくは腕を使ったアッパーエルゴメーターを使った運動を行うものである。ウィンゲート無酸素テスト（WAnT）は，イスラエルのウィンゲート研究所で考案された方法（Ayalon, Inbar, and Bar-Or 1974）で，これまで最も多くの研究がなされ，その再現性も非常に高いテストである（r>0.9）（Bar-Or 1987）。そこで，その詳細なプロトコルを以下に示すので参考にしてもらいたい。

1. 測定を行うために被験者は，自転車エルゴメーターに座り，本テストで用いられる20％の負荷で60〜70rpm程度のペースで4〜5分間のウォーミングアップを行う。
2. またウォーミングアップの中で，5秒程度の全力こぎを2〜4回行う。
3. ウォームアップ終了後，被験者はストレッチを行う。この時測定者は，方法の詳細を説明し，エルゴメーターの調節も行う。
4. 測定者の合図とともに被験者は，全力で自転車のペダルをこぎ始める。そして最高速度に達した時点で測定者は，0.075 kg／体重（kg）の割合で負荷を加える。研究室によっては，ウォーミングアップの時に行った全力での自転車運動の最速のペダリングの回数（rpm max）を記録しておき，その値の75％の速度に達した時点で，負荷を加え始めるようにする（Hoffman et al. 2000）。

5. 被験者がこぎ始めの慣性を克服しやすくするために無負荷の時に自転車運動を行うので，実際の30秒のカウントは負荷が加えられてから始める。

　WAnTは，ピークパワー，平均パワー，疲労指数の三つを評価するものである。ピークパワーとは，全測定の過程において最も大きな機械的パワーの発揮がなされた時の数値のことで，選手の下肢筋の瞬発力を反映するものである。ほとんどの場合，5秒間隔での平均ピーク値をその値としているが，3秒間隔を用いている研究機関もある。それに対し平均パワーとは，30秒間に発揮されたパワーの合算を時間単位で除し平均値を求めたものである。平均パワーは無酸素性エネルギー代謝を維持できる能力を評価する指標となる。疲労指数は，最もパワー発揮が低かった5秒間の数値（通常は最後の5秒間となる）をピークパワーで除したものである。この値が無酸素性能力を評価するのに適切な値であるかどうかに関しては，未だ疑問は残るものの，選手が先天的に持つ速筋線維の比率と非常に相関関係が高いといわれている（Bar-Or et al. 1980）。速筋線維が多いとされているスポーツ選手の場合，疲労指数は高い傾向にあり，逆に持久力を養成するトレーニングを積んできたスポーツ選手の場合低くなる。図14.1では30秒間のWAnTにより得られた典型的な結果を図示したので参照いただきたい。

　WAnTは，実験用のパワー測定方法としては普及しているものの，実際のスポーツ現場で一般的に用いられているものではない。これらのテストが実際の現場で用いられない最大の原因は，自転車運動が，実際の競技特性に即した動作ではないということである。たとえば，バスケットボール選手のパワー測定を行う場合，連続のカウンタームーブメントジャンプをフォースプレートやコンタクトマット上で行うパワー測定方法のほうがWAnTより競技特性に近いといえる。このジャンプを使ったパワーテストでは，空中に浮上している時間からジャンプ高を算出（Bosco, Mognoni, and Luhtanen 1983），そして，そのジャン

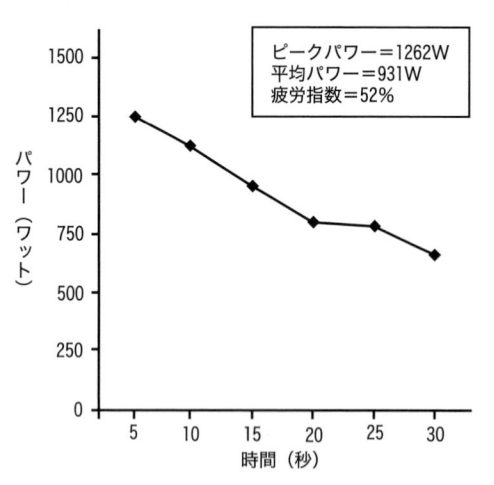

図14.1　ウィンゲート無酸素テスト（WAnT）の結果の例
（College of New Jerseyの研究室で得られたアメリカンフットボール選手のデータを引用）

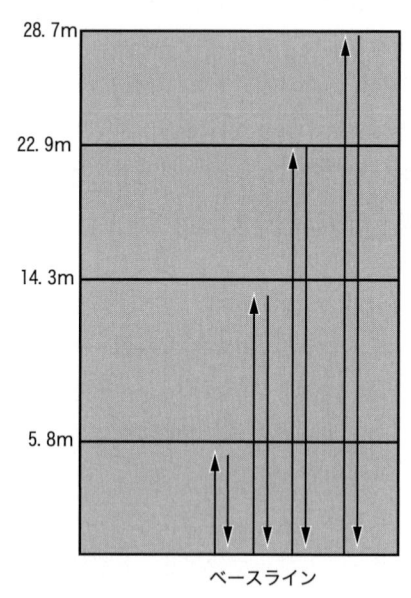

図14.2　ラインドリルの方法
選手はベースラインに立ち，そこから全力で走り，5.8mに置かれたコーンをタッチしてベースラインに戻りベースラインのコーンをタッチする。次に14.3mのコーンをめざして全力疾走しそれをタッチしてベースラインに戻り，次は22.9m，最後に28.7mのコーンをめざしベースラインまで戻ってきたタイムを測定する。
（Seminick 1994から引用）

プ高と体重とを積して機械的パワーを算出，さらには機械的パワーと各ジャンプ間の接地時間の長さから無酸素性パワーを評価するものである。このように，バスケットボールやバレーボールのようなジャンプを用いる種目ではジャンプを用いた無酸素性パワーテストのほうが競技特性に向いている（Hoffman et al. 2000）。

また，これらのテストが実際の現場で使用されないもう一つの原因として，人数の多いチームでの測定の場合，時間や機材の問題が起こることがあげられる。そこで多くの指導者たちはフィールド上で行えるラインドリルを，無酸素性能力の測定法として使用している。その具体的方法に関しては図 14.2 に示したので参照してもらいたい。このテストは，無酸素性パワーや無酸素性能力の指標として十分に有効なものであるとされている（Seminick 1994）。しかしながら，競技力や疲労との関係に関しては，未だ十分な研究がされているわけではなく確固たる科学的根拠があるわけではないことも忘れてはならない。

4 持久力

持久力系の競技種目では，有酸素性能力に長けている選手が多いのはもちろんであるが（図 14.3 参照），その能力を決定する要因には，毛細血管密度，最大酸素摂取量，ミトコンドリア数，筋線維の組成など様々ある。有酸素性能力を評価するうえで，最も重要とされるのが最大酸素摂取量である（McArdle, Katch and Katch 1996）。最大酸素摂取量（$\dot{V}O_2max$）の測定は運動中の酸素摂取量（$\dot{V}O_2$）を測定しながら，運動負荷を漸増的に上昇させる。そして，完全に疲労し運動が行えなくなるまで負荷を上げ，その時の $\dot{V}O_2$ の値を $\dot{V}O_2max$ とするのが標準的な方法である。最大酸素摂取量測定に関する理論的背景に関してはすでに第 9 章に示したので参照してもらいたい。また，測定は，トレッドミルランニング，自転車エルゴメーター，水泳を用いたものなど，様々な運動方法で行うことができるが，選手が普段行っている競技の競技特性を踏まえた運動方法を用いるのが理想的である。ちなみにではあるが，競技特性を考慮しなければ，トレッドミルで行うランニングが最も値が高くなるようだ。実際，これらすべての運動方法に慣れているトライアスロン選手を被験者に行った先行研究では，トレッドミルランニングで得られた最大酸素摂取量は，水泳に比べると 13 〜 18％，自転車に比べると 3 〜 6％高くなっているのである（O'Toole, Douglas, and Hiller 1989）。

図 14.4，図 14.5，図 14.6 では，それぞれトレッドミルランニング，自転車エルゴメーターを用いた $\dot{V}O_2max$ の測定の時に用いられる最も一般的な方法を示した。これらの違いは，開始時の

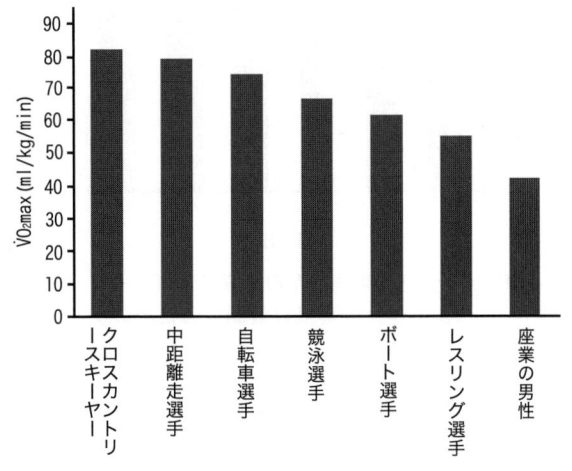

図 14.3　様々な種目の男性アスリートと一般人における最大酸素摂取量（$\dot{V}O_2max$）の値

（Saltin and Astrand 1967 から引用）

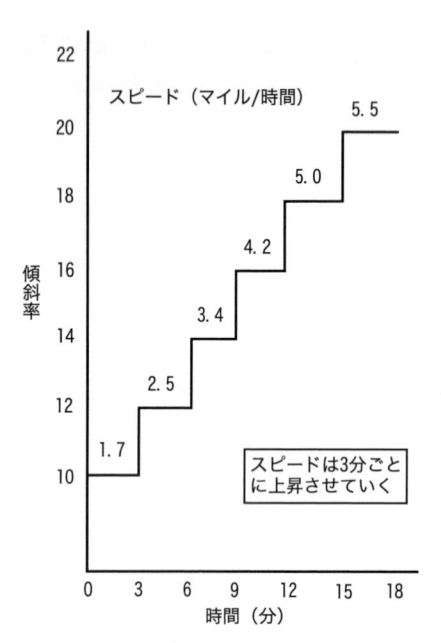

図14.4 トレッドミルランニングで最大酸素摂取量を測るためにBruceが提唱したプロトコル

(Bruce et al. 1973 から引用)

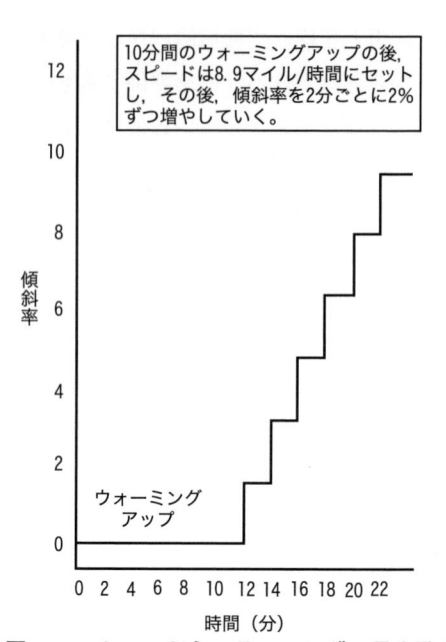

図14.5 トレッドミルランニングで最大酸素摂取量を測るためにCostillとFoxが提唱したプロトコル

(Costill and Fox 1969 から引用)

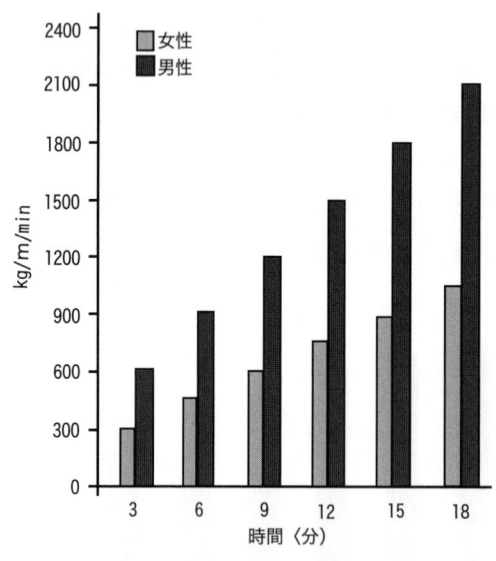

図14.6 Astrandが考案した自転車エルゴメーターによる最大酸素摂取量測定のためのプロトコール

男性は600kg/m/minの負荷よりスタートし、3分ごとに300kg/m/min上昇させていく。女性は300kg/m/minの負荷よりスタートし、3分ごとに150kg/m/min上昇させていく。ペダルをこぐスピードは50rpmとする。（Astrand 1965 から引用）

負荷と漸増させる負荷の大きさである。通常、$\dot{V}O_2max$測定を行う前には、傾斜をつけない状態のトレッドミルで最低でも5分程度のウォーミングアップを行い、その後呼気ガスを収集するためのマスクを着けテストを開始する。$\dot{V}O_2max$測定は、被験者が完全に疲労し切った状態になるか、以下の三つの基準のうち二つに当てはまった時に測定を終了する。

- 運動強度が上昇しているにもかかわらず酸素摂取量が150ml以上増加しなくなった時（定常状態）。
- 年齢から算出される最大心拍数に達した時。
- 呼吸商（$\dot{V}CO_2/\dot{V}O_2$）が1.1を超えた時。

また、測定終了4分後に血中乳酸値が8mmol/minを超えているかを確認することで、結果の正確性を確認することができる。

このように呼気ガス分析を使い最大酸素摂取量を測定するのが最も正確な方法であるが、機材やコストなどを考えると研究施設以外の所で測定するのは非常に難しい。このような最大

酸素摂取量の直接的測定が不可能な場合，様々な推定方法を用いることができる。これらの推定方法の妥当性はすでに証明されているものの，以下にリストする項目が仮定されて初めて成り立つものである。

- それぞれのステージの運動負荷時で心拍数が安定している。
- 運動負荷の増加と心拍数の増加が双方とも一次関数的な増加をしているということ。
- 年齢より算出した最大心拍数が正しいということ。
- 運動効率が被験者間で同じであるということ（同じ運動強度で最大酸素摂取量得られる）。

最大下の負荷を用いた$\dot{V}O_2max$の推定は，通常，自転車エルゴメーターかトレッドミルを使って測定する。一般的に，年齢から算出した最大心拍数の85％に達する時点で測定を終了する。トレッドミルを使う場合は，直接測定法と同様にスピードと傾斜率を漸増的に増加させていき，最終段階のスピードと傾斜率を利用して$\dot{V}O_2max$を推定する（図14.7参照）。自転車エルゴメーターに比べ，トレッドミルを用いたほうが運動方法としては，だれもが慣れているという利点もある。しかし，転倒の危険性が低いことやその他の測定（血圧や心電図）を行うことが容易であること，関節への負荷が少ないことなどから自転車エルゴメーターを用いた方法のほうが一般的に使われている。図14.8では，YMCAで使われている最大下負荷での$\dot{V}O_2max$推定値算出用のプロトコルを紹介しているので参考にしてほしい。

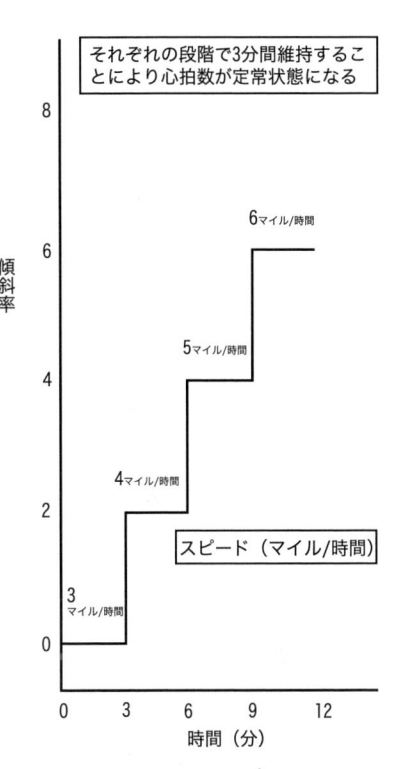

図14.7 最大下負荷での$\dot{V}O_2max$推定法；トレッドミルを使ったプロトコル

$\dot{V}O_2max$を推定するために以下の方程式を用いる。(Ebbeling et al. 1991)
　$\dot{V}O_2max$（ml/体重/分）= 15.1 +（21.8 ×スピード（マイル/時間））−（0.372 ×心拍数）−（0.263 ×（マイル/時間）×年齢）+（0.00504 ×心拍数×年齢）+（5.98 ×性別（男性の場合は1，女性の場合は0））
この方法で得られた推定値と実際の最大酸素摂取量から誤差は，4.85ml/体重/分以内である。

また，多人数の$\dot{V}O_2max$を測定するには，無酸素性パワーの推定同様，フィールドテストを用いたほうが効率がよいであろう。フィールドテストとして一般的なのは，距離走におけるタイム測定や一定の時間内にどの位の距離を走ることができるかを測定することである。一般的に使われている方法としてクーパー走（12分間走）と1.5マイル（2,400 m）走（ACSM 2000a）がある。クーパー走とは，12分間で最大限走れる距離から有酸素性能力を推定するものである。1.5マイル（2,400 m）走では，そのタイムを以下の公式にあてはめて最大酸素摂取量を推定する。

　$\dot{V}O_2max$（ml/体重/分）=3.5 + 483/（1.5マイル（2,400 m）走のタイム（分））

このようなランニングによる$\dot{V}O_2max$推定法に加え，ステップ（踏み台昇降）を用いた様々な方法もある。本書では，McArdle, Katch, and Katch（1996）により考案された大学生の年齢の被験者の$\dot{V}O_2max$を推定する方法であるThe Queens College Step Testを紹介する。男性は，16.25インチ（41.27cm）の台を1分間に24回のペース，女性は22回のペースで3分間

	HR<80	HR 80〜89	HR 90〜100	HR>100
第1段階		150kgm/min (0.5kp)		
第2段階	750kgm/min (2.5kp)	600kgm/min (2.0kp)	450kgm/min (1.5kp)	300kgm/min (1.0kp)
第3段階	900kgm/min (3.0kp)	750kgm/min (2.5kp)	600kgm/min (2.0kp)	450kgm/min (1.5kp)
第4段階	1050kgm/min (3.5kp)	900kgm/min (3.0kp)	750kgm/min (2.5kp)	6000kgm/min (2.0kp)

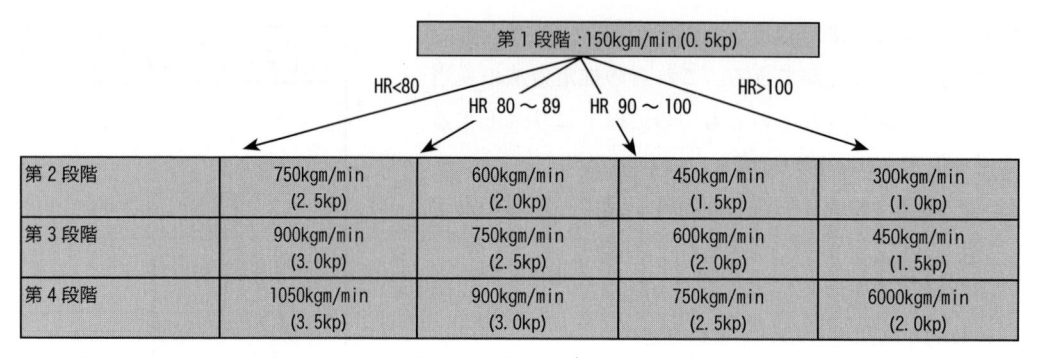

図14.8 YMCAで用いられている最大下負荷での$\dot{V}O_2max$推定値算出のためのプロトコル

1. 最初の負荷を150kgm/min（0.5kp）に設定する。
2. それぞれの段階で持続時間は3分間にする。
3. 第2段階の負荷値は，第1段階での最後の1分間の心拍数により決定される。
4. 各段階の最後の1分間の心拍数をそれぞれグラフに座標表記していく。そして，そこから得られた一次直線に年齢から推定される最大心拍数を代入することにより被験者が行うことのできる最大仕事率を算出する。
5. そして$\dot{V}O_2max$は，以下の公式に当てはめて算出する。
   $\dot{V}O_2max(ml/min) = (kgm/min \times 2mlkg/m) + 3.5ml/kgmin \cdot kg$

(Guidelines for exercise testing and prescription 6th ed., B. Frankline 編集 (Philadelphia, PA: Lippincott, Willams, and Wilkens), 75. から引用)

昇降する。そして，昇降が終了後，脈拍を立ったまま15秒間測定し性別によって以下の公式に当てはめ$\dot{V}O_2max$を算出するものである。

男性：$\dot{V}O_2max$推定値＝111.33 −（0.42×心拍数）

女性：$\dot{V}O_2max$推定値＝65.81 −（0.1847×心拍数）

ところが，この推定方法の場合約16％の誤差があるといわれており正確性には難がある。しかし，多くの被験者の$\dot{V}O_2max$を推定し，その平均値を算出するのには十分に有効であると考えられている（McArdle, Katch, and Katch 1996）。

5 スピード

スピードとは，極力，短時間に動作を遂行する能力である。ストップウォッチと走る場所があればできるので比較的簡単に測定ができる項目であるが，測定者がストップウォッチを押す時に誤差が生じやすい。十分に経験のある測定者であっても，スタート時とゴール時にストップウォッチを押す反応速度の遅れにより合計0.24秒の誤差が起こるといわれている（Hrmon, Garhammer, and Pandrof 2000）。そこで十分に予算のあるチームでは，計測器を使って測定を行っている場合もある。

40ヤード（約36m）走は，米国で最も頻繁に使われているスピードの評価項目である。特にアメリカンフットボールの指導者の間で使われているが，40ヤードである理由は，それほど明確になっていない。実際に他のスポーツでは，40ヤードではない距離を用いて評価することもある。たとえば，バスケットボールでは，コートの長さにあわせて30ヤードを使ったり，野球では，ベース間の距離ということで60ヤードを使うこともある。

表14.2では，ある年のNCAAのアメリカンフットボールチームとバスケットボールチームの筋力の平均値を示してあるので参考にしてもらいたい。

表 14.2 NCAA に所属する大学アスリートのスプリント走のデータ

	40 ヤードスプリント (秒)	30 ヤードスプリント (秒)
アメリカンフットボール (1 部のデータは、Black と Roundy (1994) らの文献から引用, 2 部のデータは, Mayhew ら (1987) の文献から引用, ニュージャージー大の未発表データから引用)		
1 部		
バックス	4.47 ± 0.11	
ラインマン	5.04 ± 26.2	
2 部		
バックス	4.91 ± 0.22	
ラインマン	5.22 ± 0.26	
3 部		
バックス	4.89 ± 0.15	
ラインマン	5.15 ± 0.41	
バスケットボール (Latin ら, 994 のデータから引用)		
ガード	4.68 ± 0.20	3.68 ± 0.14
フォワード	4.84 ± 0.29	3.83 ± 0.16
センター	4.97 ± 0.21	3.97 ± 0.21

6 アジリティ

　アジリティとは，正確かつ迅速に方向転換をする能力と定義されている。選手の身体能力を評価するうえで，頻繁に測定される項目の一つである。スピードの測定と同様にストップウォッチとコーンがあれば比較的簡単に測定ができる項目である。アジリティの測定は，実際の試合やトレーニングで使われている動作に近いもの用いているので指導者にとって有効なデータ

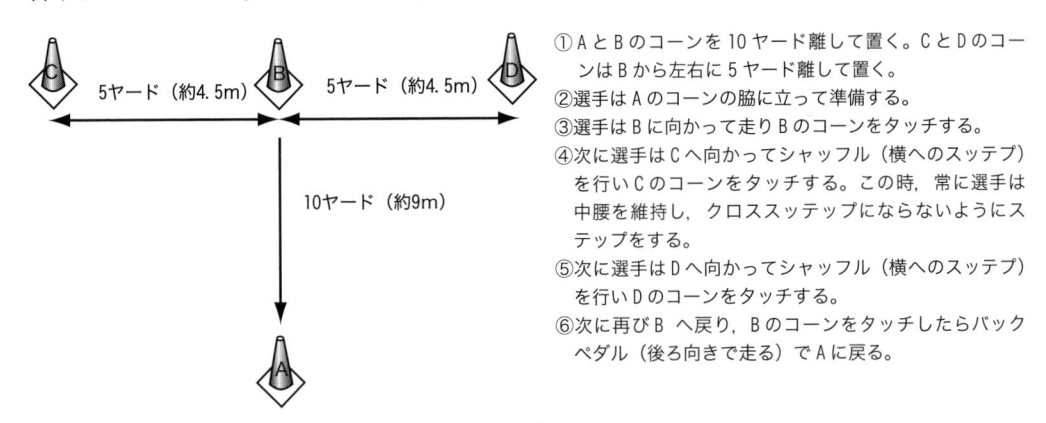

① A と B のコーンを 10 ヤード離して置く。C と D のコーンは B から左右に 5 ヤード離して置く。
② 選手は A のコーンの脇に立って準備する。
③ 選手は B に向かって走り B のコーンをタッチする。
④ 次に選手は C へ向かってシャッフル（横へのステップ）を行い C のコーンをタッチする。この時，常に選手は中腰を維持し，クロスステップにならないようにステップをする。
⑤ 次に選手は D へ向かってシャッフル（横へのステップ）を行い D のコーンをタッチする。
⑥ 次に再び B へ戻り，B のコーンをタッチしたらバックペダル（後ろ向きで走る）で A に戻る。

図 14.9　T- テストのやり方 (Seminick 1990 から引用)

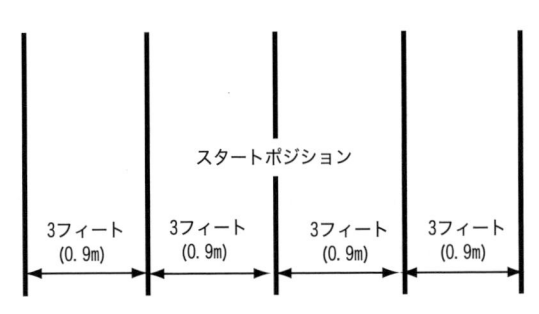

① 図のように 3 フィートずつ離してラインを引く。
② 選手はまず中央のラインをまたいで立って準備する。そして右に向かってサイドステップしていく。この時，足が必ずラインに触れるかまたがなければならない。
③ 右の一番外側のラインを越えたら今度は左側へ向かってサイドステップをしていく。
④ このように左右のサイドステップ 10 秒間できる限り繰り返す。
⑤ 10 秒間でどのくらいの回数ラインをまたいだかをカウントする。この時，しっかりとラインを越えていないものは，トータルから引いていく。

図 14.10　Edgren サイドステップテストのやり方 (Harmon et al. 2000 から引用)

表 14.3　NCAA所属選手のT-テストの標準値

T-テスト	40ヤードスプリント（秒）
アメリカンフットボール（ニュージャージー大の未発表データから引用）	
3部	
バックス	9.24 ± 0.36
ラインマン	9.70 ± 0.65
バスケットボール（Latin et al. 1994のデータから引用）	
ガード	8.74 ± 0.41
フォワード	8.94 ± 0.38
センター	9.28 ± 0.81

となることが多い。ここでは，一般的に用いられているアジリティーテストであるT-テストとEdgrenサイドステップテストを紹介する。実際の具体的方法に関しては図14.9（T-テスト）と図14.10（Edgrenサイドステップテスト）に記してあるので参考にしてもらいたい。また表14.3には，アメリカンフットボールとバスケットボールの選手の標準的なデータを記載したのでこれも合わせて参考にしてもらいたい。

7 身体組成

　身体組成とは，脂肪と除脂肪組織との割合のことをいう。スポーツ種目の違いも，選手の体脂肪率に大きく影響を与える要因である（図14.11参照）。持久力を必要とする種目や体操などの選手は，一般的に除脂肪組織の割合が多い。ところが，アメリカンフットボールのラインマンなどは，体脂肪率が高く，25％を越えることもある。彼らの体格は，境界型肥満として分類されるものの（Snow, Mllard-Stafford, and Rosskopf 1998），種目特性から考えると必要な脂肪量である。性別ごとの体脂肪率の割合の基準値を表14.4に示したので参考にしてもらいたい。

　身体組成を評価する方法は数多く存在するが，方法により，やりやすさ，正確性，コストなど様々なメリットとデメリットがある。最も周知されている方法の一つに水中体重測定法がある。この方法は，大気中と水中での体重を測定し，その差から身体密度を算出，この身体密度を使って脂肪量を測定するもので，以下の方程式で計算することができる。

　　身体密度＝大気中での身体の質量/{[大気中での身体の質量－水中での身体の質量/水の密度]－残気量}

　正確な身体密度の測定を行うためには，肺内に残る残気量をなるべく正確に把握することが重要となってくる。残気量の推定には様々な公式があり，それに代入して算出する。算出された身体密度を使って体脂肪率を算出するが，本来，身体密度は年齢，性別，民族などに影響されるものである。体脂肪率を算出するための最も一般的な方程式は以下の通りである。

　　体脂肪率＝（495/身体密度）－450

　また，近年の科学技術の進歩に伴い水中体重測定法と同様の理論で体脂肪率を測定する空気

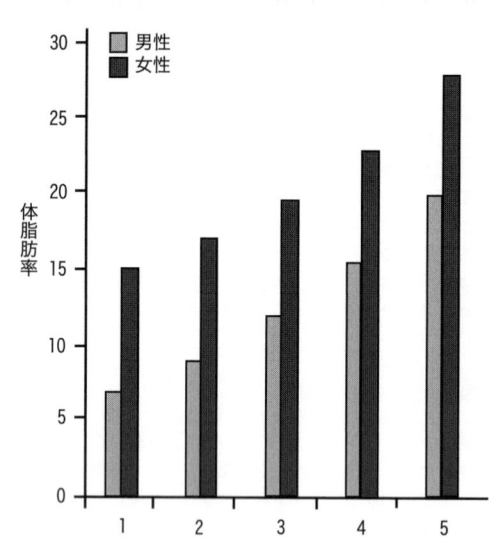

図14.11　様々なスポーツ種目の体脂肪率の違い
1＝体操，ボディビル，レスリング，長距離ランナー
2＝サッカー，バスケット（男子），陸上競技
3＝野球，スキー，スピードスケート，ウエイトリフティング
4＝バスケット（女子），アメフト（スキルポジション），ホッケー，テニス，バレーボール，ソフトボール
5＝アメフト（ライン），女子砲丸投げ

（Harmon et al. 2000から引用）

表 14.4　一般的な男性と女性の身体組成 (American College of Sports Medicine 2000 から引用)

比率	男性（年齢）			女性（年齢）		
	20〜29	30〜39	40〜49	20〜29	30〜39	40〜49
90	7.1	11.3	13.6	14.5	15.5	18.5
80	9.4	13.9	16.3	17.1	18.0	21.3
70	11.8	15.9	18.1	19.0	20.0	23.5
60	14.1	17.5	19.6	20.6	21.6	24.9
50	15.9	19.0	21.1	22.1	23.1	26.4
40	17.4	20.5	22.5	23.7	24.9	28.1
30	19.5	22.3	24.1	25.4	27.0	30.1
20	22.4	24.2	26.1	27.7	29.3	32.1
10	25.9	27.3	28.9	32.1	32.8	35.0

置換法が可能になった。これはプレチスモグラフという密閉された装置内に入り，空気の圧力変化を測定して身体密度を計測する方法である。水中体重測定法と比べても同等に正確な測定が可能で，かつ水中に潜る必要もなく簡便で苦痛を伴わない方法である。

その他の体脂肪率算出法として，生体インピーダンス法と皮下脂肪厚法（キャリパー法）がある。これらの方法は，水中体重測定法と高い相関関係があることが報告されている（$r=0.7 \sim 0.9$）(ACSM 2000a)。これらは，これまで紹介した方法ほど正確性は高くないが，測定方法としては簡便であるという利点がある。

皮下脂肪厚法（キャリパー法）は，局所的な皮下脂肪の厚さが，全身の脂肪量の多さに比例しているという仮定で行う方法である。皮下脂肪の厚さを測り，その厚さを回帰方程式に当て

表 14.5　キャリパー法を使って体脂肪率を算出するために使われている回帰方程式と皮脂厚を測る部位の例

引用文献	部位	回帰方程式
Durnin and Womersley 1974	上腕二頭筋	D＝身体密度
男性	上腕三等筋	
17〜19	肩甲下部	$D = 1.1620 - 0.0630 \times (\log \Sigma)$
20〜29		$D = 1.1631 - 0.0632 \times (\log \Sigma)$
30〜39		$D = 1.1422 - 0.0544 \times (\log \Sigma)$
女性		
17〜19		$D = 1.1549 - 0.0678 \times (\log \Sigma)$
20〜29		$D = 1.1599 - 0.0717 \times (\log \Sigma)$
30〜39		$D = 1.1423 - 0.0632 \times (\log \Sigma)$
Jackson and Pollock 1985	胸，腋窩中線，	$D = 1.112 - 0.00043499 \times (\Sigma 7 皮脂厚) +$
（7 部位）	上腕三頭筋の部分	$0.00000055 (\Sigma 皮脂厚)^2 - 0.00028826 (歳)$
男性		
女性	肩甲下部，腹部，腸骨の上の部分，大腿部	$D = 1.097 - 0.00046971 \times (\Sigma 7 皮脂厚) +$ $0.00000056 (\Sigma 皮脂厚)^2 - 0.00012828 (歳)$
（3 部位）		
男性	胸，腹部，大腿部	$D = 1.10938 - 0.0008267 \times (\Sigma 3 皮脂厚) +$ $0.0000016 (\Sigma 皮脂厚)^2 - 0.0002574 (歳)$
女性	上腕三頭筋の部分，腸骨の上の部分，大腿部	$D = 1.1099421 - 0.0009929 \times (\Sigma 3 皮脂厚) +$ $0.00000023 (\Sigma 皮脂厚)^2 - 0.0001392 (歳)$

表 14.6 民族，年齢，性別による身体密度から体脂肪率への換算式の違い

	年齢	性別	体脂肪率（% BF）の換算式
白人	17～19	男性	% BF = 4.99/D − 4.55
		女性	% BF = 5.00/D − 4.62
	20～80	男性	% BF = 4.95/D − 4.50
		女性	% BF = 5.01/D − 4.57
黒人	18～32	男性	% BF = 4.37/D − 3.93
	24～79	女性	% BF = 4.85/D − 4.39

（Heyward and Stolarczyk 1996 から引用）

表 14.7 皮脂厚の測定部位とその方法

測定部位	方法
腹部	臍の脇 2cm を水平につまむ
上腕二頭筋の部位	上腕の前面の上腕二頭筋の筋腹の部分を縦につまむ
胸部	男性：腋窩線と乳首をつないだ線の 1/2 のところを斜めにつまむ
	女性：腋窩線と乳首をつないだ線の 1/3 のところを斜めにつまむ
腋窩中線	胸骨の剣状突起の高さの腋窩中線を水平につまむ
肩甲下部	肩甲骨の下角から 1～2cm 下のところを斜め 45 度の角度でつまむ
腸骨の上の部分	腋窩線を垂直に降ろした延長線上にある腸骨稜の部分を斜めにつまむ
大腿部	膝蓋骨の上部と鼠径部をつないだ大腿部の前部中心線の真ん中を縦につまむ
上腕三頭筋の部分	肩峰突起と肘頭をつないだ線上の上腕部の真ん中を縦につまむ

はめ，全身の体脂肪率を推定する．ところが，体脂肪率は年齢，性別，民族により影響されるので，適切な回帰方程式を選択することが不可欠である（Lohmnan 1981）．しかしながら，適切な回帰方程式で体脂肪率を算出したとしても 3～4% の誤差は避けられないといわれている（Lohmnan 1981）．表 14.5 では，皮下脂肪の厚さを測る場所と，そこから全身の脂肪率を推定するための回帰方程式を示したので参考にしてもらいたい．生体インピーダンス法（BIA）は，方法の簡便性に加え，キャリパー法程度の正確性があることから，近年，最も普及している方法である．この方法は，生体が持つ通電への抵抗値を利用して体脂肪率を推定するものである．除脂肪組織は優れた伝導体である水を脂肪組織よりも多く含んでいるので，通電に対しての抵抗値の大小を利用して体脂肪率を推定することができるのである．このように，体内に含まれる水分量が推定値に大きく影響するので，測定 4 時間前の飲食を避けることや完全に排尿しておくこと，さらにはアルコール，カフェイン，利尿剤などの服用を避けたほうが正確な値を得ることができる（ACSM 2000a）．

8 テストを行う順序について

これまで紹介してきたような評価テストを複数行う場合，選手のパフォーマンスを最大限発揮させるため，施行する順序が重要になってくる．テストによっては疲労が大きく影響するので，不適切な順序でテストを行うと選手の能力を正確に測れない恐れも出てくる．たとえば，持久力を評価するテストを筋力評価のテストの前に行うと，筋力低下が起こり，正確な結果を得られない可能性がある（第 10 章）．また，皮脂厚測定やストップウォッチの扱いなどは，測

定者ごとに多少の差異が生じるので，同じ測定者が同じ測定項目の測定を行うのが理想とされている。

> **要約**
>
> 本章で紹介してきたテストは，選手の競技力を分析，評価するためのものである。これらの競技力評価のテストは，オフシーズントレーニングの組み立て，スポーツ外傷・障害からの復帰基準，競技力の基準などとして用いることができる。選手と指導者にとってこれらのテストが意味のあるものであるためには，妥当性と再現性を兼ね備えたものであることが不可欠である。測定によるエラーを最小限に抑えるために，同じフォーマットに沿ってテストを遂行していく必要がある。また，測定者ごとでその結果には多少の誤差が現れ得るので極力同じ測定者が同じ測定項目を行うのがよいとされている。しかしながら，これは実際のチーム状況により不可能な場合もあり，このような誤差は避けられないが，それでもなお，トレーニングによる効果を客観的に評価していくことはトレーニングの組み立てには重要な要素となってくる。

第III部

栄養
水分補給
エルゴジェニックエイド

第15章

スポーツ栄養

　20～25年ほど前から，アスリートの適切な栄養摂取の重要性が取沙汰されている。質の高いトレーニングを行うためには，エネルギー消費量に見合った栄養摂取は不可欠である。一般成人には，健康を維持するための栄養摂取の指標としてRDA（recommended daily allowance：1日あたりの推奨摂取量）が提唱されている。しかし，アスリートはそれ以上に摂取する必要があり，体格や性別，運動種目などによって異なるが，一般的にはRDA基準の3～4倍のエネルギー摂取が求められる。スポーツ栄養学の分野で研究者は，パフォーマンスを最大に高めるためには，「何を食べるべきか」「いつ食べるべきか」「どのようなサプリメントを摂取すべきか」という点に注目し研究を行ってきた。一般的に，摂取エネルギー比は炭水化物：脂質：タンパク質＝55～60％：30％：10～15％が推奨されている。アスリートは，タンパク質や炭水化物の摂取比率を変えずに必要な栄養を摂取する必要がある。これを達成するために，アスリートの適切な食事摂取に関する研究が行われ，タンパク質や炭水化物のサプリメントの効果が検討されてきたのである。

　スポーツ栄養学は個々の栄養要求量が特異的であるため，一般の栄養学に比べ幅広いトピックを扱う必要がある。たとえば，マラソン選手とレスリング選手とでは必要とされる栄養摂取量が異なり，注目するポイントも変わってくる。この章では，栄養学を簡単に説明した後に，競技人口の多い競技種目の栄養学について述べていく。

1 栄養素の分類とその機能

　栄養素は炭水化物，脂質，タンパク質，ビタミン，ミネラル，水の六つに分類される。炭水化物，脂質，タンパク質は体を構成し，エネルギーとなる主要成分である。ビタミンとミネラルはエネルギー代謝に重要な役割を果たし，骨の代謝や免疫に関わるが，直接的にエネルギーになることはない。水は最も重要な栄養素であり，各種栄養素の運搬や老廃物の除去，体温低下など体内の多くの化学反応に関わる。水については，第16章で詳しく述べる。

［1］炭水化物

　炭水化物は体内で様々な形で存在している。炭水化物の最も単純な形は単糖であり，砂糖を構成するグルコース（ぶどう糖）やフルクトース（果糖），ガラクトースがある。ガラクトースだけはそのままの形ではエネルギーとして利用されないため，グルコースへ変換されてから利用される。二糖は単糖が二つ結合したものであり，シュークロース（ショ糖，砂糖）（グルコースとフルクトースからなる），マルトース（麦芽糖）（グルコース2分子からなる），ラクトース（乳糖）（グルコースとガラクトースからなる）がある。いずれも消化過程で単糖に分解される。単糖と二糖は素早くエネルギーとして使われる栄養素である。

　炭水化物は，二糖より大きい多糖と複合糖質を示す。多糖とはでんぷん，グリコーゲンであり，グルコース分子が多数結合したものである。これらは結合の仕方によって，消化できるもの（いも，パスタ，パン，豆など）と消化できないものがある。消化できない多糖は食物繊維として知られており，穀物の一部や果物，野菜に含まれる。

　単純炭水化物は吸収されると素早く血中に現れ，血糖値を上昇させる。その後，インスリンの作用により筋に取り込まれ，エネルギーに変換されたり，蓄積されたりする。すぐに利用されない炭水化物はグリコーゲンとして筋肉と肝臓に蓄えられる。長時間運動では貯蔵グリコーゲン量を満タンにしておくことが重要であるが，貯蔵グリコーゲンが満タンになると，余計な炭水化物は脂肪に変換されて脂肪細胞に蓄積される。でんぷんのように消化に時間のかかる食品を摂取すると，ゆっくりと消化・吸収されるために，徐々に血糖値を上昇させることができる。運動パフォーマンスとグリコーゲンの利用については，後に詳細を説明する。

［2］脂質

　脂質は疎水性物質で，非常に効率のよいエネルギー貯蔵体である。脂肪（Fat）は脂質（Lipid）ともいわれ，体内に様々な形で存在する。最も一般的な形は中性脂肪（3本の脂肪酸＋グリセロール）である。また，コレステロールとしても存在する。脂質は疾病とも関係があるが，体内では以下のように非常に重要な役割を果たしている。

- 安静時のエネルギー供給の約70％を担っている。
- 各組織のクッションとなる。
- 細胞膜や神経線維を構成する。
- ステロイドホルモンの前駆体となる。
- 脂溶性ビタミンの貯蔵・輸送に関わる。
- 体温保持のための断熱材の役割を果たす。

　脂質の基本単位は脂肪酸であり，エネルギー産生に関わっている。脂肪酸は炭素原子の結合様式により飽和型と不飽和型とに分類される。飽和脂肪酸は炭化水素鎖に二重結合がなく，すべての炭素原子に水素原子が飽和して結合している。多くは常温で個体であり，動物由来の脂質である。一方，不飽和脂肪酸は炭化水素鎖に少なくとも一つ以上の二重結合が存在し，二重結合が一つのものをモノ不飽和脂肪酸，二つ以上のものを多価不飽和脂肪酸といい，常温では液状のものが多い。飽和脂肪酸は，心疾患リスクと非常に関連が高いといわれているが，多価

不飽和脂肪酸の多い植物油では心疾患リスクは低いとされている。

[3] タンパク質

　タンパク質は窒素化合物であり，アミノ酸より構成される。筋肉などの組織の主要構成成分であり，また，ホルモンや酵素，ヘモグロビンも構成する。実際，エネルギー源として使われる場合，体タンパク質を分解してしまうというデメリットもある。体の成長や代謝には20種類のアミノ酸が必要とされており（表15.1），そのうちの11種類は非必須アミノ酸といわれ，体内で他のアミノ酸から合成ができるため日常的に摂取する必要はない。ところが，残りの9種類のアミノ酸は必須アミノ酸といわれており，体内で合成することができないため日常的に摂取する必要がある。体は20種類のアミノ酸のうち，どれか一つでも不足するとタンパク質を合成することができない。

　ある食品のタンパク質がすべての必須アミノ酸必要量を満たしている場合，そのタンパク質は完全タンパク質といわれる。肉や魚，卵，牛乳などの動物性タンパク質は完全タンパク質である。一方，植物や穀物由来のタンパク質は必須アミノ酸を完全に含んでおらず，不完全タンパク質といわれる。したがって，野菜などからタンパク質を摂取する場合には，何種類かの野菜や穀物を組み合わせる必要がある。

表15.1　必須アミノ酸と非必須アミノ酸

必須アミノ酸	非必須アミノ酸
ヒスチジン（子どものみ）	アラニン
イソロイシン	アルギニン
ロイシン	アスパラギン
リジン	アスパラギン酸
メチオニン	システイン
フェニルアラニン	グルタミン
スレオニン	グルタミン酸
トリプトファン	グリシン
バリン	ヒスチジン（大人のみ）
	プロリン
	セリン
	チロシン

[4] ビタミン

　ビタミンは生体機能を正常に維持するため，また，炭水化物・脂質・タンパク質をエネルギー源として利用するために必要で，水溶性と脂溶性に分類される（表15.2）。疎水性ビタミンはビタミンA，D，E，Kの四つで，吸収後は脂質を介して体全体へ輸送される。過剰に摂取すると体内に蓄積し，過剰症が引き起こされる。その他のビタミンは水溶性で，吸収後は水を介して体全体へ輸送され，過剰に摂取しても体内に蓄積することはなく尿とともに排泄される。

　ビタミンはエネルギー代謝や筋肉の成長に関わるため，運動パフォーマンスには非常に重要な栄養素である。ビタミンのサプリメントを多量に摂取している選手は多いと思われるが，ビタミン欠乏状態である場合を除き，パワー系競技でも持久系競技でもビタミンサプリメントが有効であったという研究はない（Benardot 2000; Singh Moses, and Deuster 1992; Telford et al. 1992）。エネルギー摂取量の多い場合はそれに応じてビタミン摂取量も増やす必要があるが，バランスのとれた食事を摂れていない場合や減量のための食事制限をしている場合などを除いて，ビタミンサプリメントを摂取する必要はない。

　現在ではビタミンC，Eのような抗酸化ビタミンに注目が集まっている。抗酸化物質は細胞が活性酸素からダメージを受けるのを防ぐ役割を果たす。一方，フリーラジカルはミトコンドリアでのエネルギー産生過程で電子リン酸化反応中に一価の酸素中間体が電子輸送体から離れ，酸化ストレスとして生成されたものであり（Kanter 1995），反応性が非常に高く，疲労や

表 15.2　ビタミンの機能と推奨量

ビタミン	給源	機能	欠乏症	食事摂取基準（推奨量）18〜29歳	RDA*
A（レチノール：β-カロテン）	動物由来食物（肝臓、卵黄、バター、牛乳など）βカロテンは緑黄色野菜や濃色の果物からも摂取できる	ロドプシン合成（視力）、皮膚および軟骨組織の維持、骨成長・再生、免疫機能　βカロテンは強力な抗酸化物質	ロドプシン欠乏、夜盲症、感染症、成長阻害、皮膚病	750μg（男）600μg（女）	1,000μg（男）800μg（女）
B_1（チアミン）	胚芽、全粒、マメ、牛乳	炭水化物代謝、アミノ酸代謝、成長に不可欠	脚気（心筋を含めた筋肉が弱体化する）、幻暈、うつ	1.4mg（男）1.1mg（女）	1.2mg（男）1.0mg（女）
B_2（リボフラビン）	乳製品、肉、緑色葉野菜、胚芽食品	エネルギー代謝、視覚機能（特に太陽光）、皮膚の正常化	明光過敏症、皮膚発疹（特に口角）	1.6mg（男）1.2mg（女）	1.3mg（男）1.1mg（女）
B_3（ナイアシン）	乳製品、肉、鶏肉、魚、胚芽食品	エネルギー代謝、神経機能、消化機能、皮膚の正常化	ペラグラ（下痢、皮膚炎、精神錯乱、精神衰弱）	15mg（男）12mg（女）	16mg（男）14mg（女）
B_5（パントテン酸）	ほとんどの食品に含まれる	コエンザイムAの構成要素としてエネルギー代謝に関与	筋神経系機能不全	6mg（男）5mg（女）	5mg
B_6（ピリドキシン）	肉、鶏肉、魚、緑色葉野菜、胚芽食品	アミノ酸代謝	組織修復能力低下、発達遅延、過興奮、嘔吐	1.4mg（男）1.2mg（女）	1.3mg
B_{12}（コバラミン）	肉、鶏肉、魚、卵、乳製品	赤血球産生、アミノ酸代謝、神経細胞維持	貧血、疲労、精神錯乱	2.4μg	2.0μg
葉酸	緑色葉野菜、マメ	赤血球産生、消化管の正常化	貧血、消化管障害（下痢、便秘など）	240μg	400μg
C（アスコルビン酸）	柑橘系果物、野菜	コラーゲン構成成分、感染予防、タンパク質代謝、強い抗酸化作用	壊血病、怪我治癒の遅延、筋肉痛、歯肉出血	100mg	90mg（男）75mg（女）
D（コレカルシフェロール）	すべての乳製品、卵、野菜、魚油	カルシウム、リン酸の吸収促進、骨のミネラル化	くる病、骨の弱体化、関節痛	5μg	5μg
E（トコフェロール）	植物油、野菜、ナッツ、種子、胚芽食品	酸化ダメージから細胞膜、ビタミンAを保護する強い抗酸化作用	未成熟赤血球死、筋ジストロフィー	9mg（男）8mg（女）	10mg（男）8mg（女）
H（ビオチン）	ほとんどすべての食品	エネルギー代謝、グリコーゲン合成	精神障害、筋機能不全、疲労、嘔吐	45μg	30μg
K（フィロキノン）	緑色野菜、牛乳、肝臓、胃内のバクテリアからも作られる	凝固因子合成	凝固因子不全による出血多量	75μg（男）60μg（女）	70〜140μg

筋損傷に関係すると考えられている。抗酸化機能を有する食品は多いが，ビタミンCとEが，現在最も注目されている。

ビタミンEは細胞膜に関連することから，生体機能の中で最も重要な抗酸化物質であるとされている（Bjorneboe, Bjorneboe, and Drevon 1990）。フリーラジカルは細胞膜にダメージを与えるが，ビタミンEは抗酸化物質として機能している。ビタミンEは，一重項酸素を除去し酸素誘導されたフリーラジカルに直接的に作用し，また，βカロテンの保護やセレン利用の抑制などの間接的にも作用する（Kanter 1995）。セレンは抗酸化酵素であるグルタチオンペルオキシダーゼの構成成分となるミネラルである。βカロテンとセレンは互いに代用はされないが，補完的に働き，フリーラジカルの攻撃に対し防御的に作用する。βカロテンは強い抗酸化力で知られ，体内に最も多く存在するカロテノイド化合物である（Bendich 1989）。ビタミンEと同様に，一重項酸素を除去することでフリーラジカルに直接的に作用する。また，ビタミンCも同様の効力を示すとされている（Kanter 1995）。

ビタミン摂取によって運動後の過酸化脂質の増加が抑制できる。Cannonら（1990）やMeydani（1992）の研究では，ビタミンEの摂取により運動後のマロニルアルデヒド（MDA, 骨格筋における過酸化脂質マーカー）濃度が低下したため，ビタミンEが運動により誘導される脂質の過酸化を抑制したと結論づけている。ビタミンCもまた同様である。また，ビタミンCの摂取においては，運動後に発生する筋肉痛の程度が小さく，回復が早かったという結果もあるが（Jakeman and Maxwell 1993; Kaminski and Boal 1992），この研究では過酸化脂質への影響は検討していないため，メカニズムは不明である。また，抗酸化ビタミン混合物を摂取した場合にMDA活性が低下するという実験結果もあるが（Kanter, Nolte, and Holloszy 1993），個々のビタミンの単独摂取に比べて混合物摂取で相加効果があるかどうかは定かではない。また，このような効果があらゆるタイプの運動で同様に現れるかどうかも不明である。ビタミンは特にエネルギー代謝が活発な時に効果的であるといわれているが（Kanter 1995），高いメカニカルストレスがかかるような運動（ダウンヒルランニング，レジスタンストレーニング）では抗酸化物質の保護機構が作用しないようである。つまり，抗酸化ビタミンの効果の有無は負荷のタイプによるようである。現在までに，多くの研究で高強度トレーニング時のビタミン摂取は効果的であるといわれており，ビタミンCの摂取（600mg/日）がマラソン選手の上気道感染症の発症を軽減することも示されている（Peters et al. 1993）。

[5] ミネラル

ミネラルは細胞機能に必要な無機質である。生体の約4％はミネラルで，体全体に分布しており，単独もしくは他のミネラルや有機物とともに作用する。1日に100mg以上摂取する必要があるミネラルをマクロミネラルといい，それ以外のミネラルを微量元素もしくはミクロミネラルという。表15.3に主要なミネラルの供給源，機能，欠乏症，RDAについてまとめる。

カルシウムとリンが体内に最も多く存在するミネラルで，体内ミネラルのそれぞれ40％と22％を占める。これらは両方とも骨に欠かせないものであり，また，カルシウムは筋収縮にも非常に重要な働きをしている（第I部参照）。しかし，鉄以外のミネラルはサプリメントとして摂取してもエルゴジェニック効果を発揮することはない。鉄は微量元素で体内での量は比較的

表15.3 ミネラルの機能と推奨量

ミネラル	給源	機能	欠乏症	食事摂取基準（推奨量）18〜29歳	RDA
カルシウム	すべての乳製品，緑色葉野菜，マメ	骨，歯の成分，血液凝固，筋・神経機能	骨粗鬆症，子どもの成長阻害	650mg（男）600mg（女）（目標量）	1,200mg
塩素	食卓塩	消化酵素の構成成分	痙攣，昏睡		750mg
クロミウム	全粒食品，肉	血糖コントロールおよび糖代謝	知られていない	40μg（男）30μg（女）	50〜200μg
銅	肉，飲用水	ヘモグロビンおよびメラニン生成，酵素の構成成分	貧血，エネルギー低下	0.8mg（男）0.7mg（女）	1.5〜3.0mg
フッ素	フッ素添加水，シーフード	エナメル質を作ることにより歯の強度を高める	虫歯リスクの上昇		4.0mg（男）3.0mg（女）
ヨウ素	ヨウ素添加塩	甲状腺ホルモン産生，代謝維持	疲労，代謝の低下，甲状腺腫（甲状腺腫拡大）	150μg	150μg
鉄	肉，鶏肉，魚，マメ，ドライフルーツ	ヘモグロビンの成分，電子伝達系でのATP産生	貧血，酸素運搬能の低下，疲労	7.5mg（男）10.5mg（女）	10mg（男）15mg（女）
マグネシウム	ナッツ類，豆類，全粒，緑色葉野菜，魚介類	歯の強度を高める，タンパク質合成，筋・神経機能	神経過敏，筋の弱体化	340mg（男）270mg（女）	420mg（男）320mg（女）
マンガン	全粒粉，ナッツ類，種，マメ，果物	ヘモグロビン合成，骨・軟骨の成長，酵素の活性化	骨格筋異常（変形性関節症，骨粗鬆症，骨折リスク増加）	4.0mg（男）3.5mg（女）（目安量）	2.5〜5.0mg
モリブテン	マメ，全粒食品	酵素の構成成分	知られていない	25μg（男）20μg（女）	75〜250μg
リン	動物由来食品のほとんど，マメ	骨および歯の成分，エネルギー運搬，体内のpH調節	細胞機能の低下	1,050mg（男）900mg（女）（目安量）	700mg
カリウム	肉，鶏肉，乳製品，果物，野菜，マメ	筋・神経機能	筋の弱体化，心電図異常	2,000mg（男）1,600mg（女）（目安量）	示されていない
セレン	食物生育のための土壌や水にセレンが含まれている場所で育った食物	細胞抗酸化，酵素の構成成分	がん発症リスクの上昇，心機能異常	30μg（男）25μg（女）	55μg
ナトリウム	食卓塩，ほとんどの加工食品	体液調節，筋・神経機能	吐き気，嘔吐，疲労，めまい	600mg（推定平均必要量）	示されていない 約2,500mg
イオウ	ほとんどの食品	ホルモン，ビタミン，酵素の構成成分	知られていない	示されていない	示されていない
亜鉛	肉，鶏肉，魚	酵素の構成成分，タンパク質代謝とCO_2運搬に必須	タンパク質代謝およびCO_2運搬の低下	9mg（男）7mg（女）	15mg（男）12mg（女）

少ないが，酸素運搬に重要な働きを果たしており，ヘモグロビンとミオグロビンの形で存在している．ヘモグロビンは赤血球の中に存在し，ミオグロビンは筋の細胞質内に存在する．両方

とも酸素と結合し，酸素を貯える働きがある。

　鉄欠乏は深刻な問題であり，一般的には月経や妊娠中の女性に多い。鉄欠乏が引き起こす最大の問題はヘモグロビン濃度が低下する貧血である。結果として，酸素運搬能が低下し疲労や頭痛などの症状が見られるようになる。食事をきちんと摂らなかったり長時間の持久運動を行うことにより，鉄欠乏性貧血に陥りやすくなる。実際に，非鍛練者が長時間持久運動や高強度トレーニングを継続すると鉄濃度が低下するといわれている（Magazanik et al. 1988; Pattini, Schena, and Guidi 1990）。持久系アスリートは通常，一般人と比較してヘモグロビン濃度が低い傾向にあり，これはしばしばスポーツ貧血と呼ばれる（Clarkson 1991）。鉄欠乏気味の選手にとってサプリメントによる鉄の摂取は有効であり，特に持久系パフォーマンスを向上させると考えられるが，鉄欠乏状態でない場合にはこのような効果は期待できない。

[6] 水

　水は生命の維持には欠かせないものである。男性で体重の60％，女性で50％は水であり，体温上昇の抑制，血液を介した栄養素の体内運搬，老廃物の除去などの働きを担い，運動時にも非常に重要である。体重の2％の水分が奪われると，パフォーマンスの低下が見られる（Hoffman, Stavsky, and Falk 1995）。脱水については第16章で詳細に述べる。

2 運動中の栄養素の利用

　あらゆる栄養素が機能してこそ高いレベルでの運動パフォーマンスが維持できる。ここでは特に，炭水化物，脂質，タンパク質の役割について述べる。

[1] 運動中の炭水化物の利用

　炭水化物は運動を持続するには欠かすことのできないエネルギー源である。2〜3秒以上続く運動を行う場合，ATPは筋グリコーゲンか血中グルコースより供給される。タンパク質や脂質もエネルギー産生に寄与するが，これらは炭水化物存在下でのみ機能する。たとえば，解糖過程で生成する炭水化物の分解物はクレブス回路の中間体となる。脂質酸化にはこの中間体が必要で，筋・肝グリコーゲンがともに枯渇するとクレブス回路の中間体が激減し，エネルギー源である脂質やタンパク質が十分存在しても運動の継続が不可能となる。マラソン選手がレース中に感じる「壁に当たる」感覚というのは，グリコーゲンの枯渇によるものと考えられ，この時点でレースペースは格段に低下する。

　運動開始時のエネルギー供給源は主に筋グリコーゲンであるが，運動が長時間に及ぶと血中グルコースの寄与が大きくなる。活動筋での血中グルコースの取り込み量が増加すると肝臓ではグリコーゲン分解が活性化されるが，肝グリコーゲン量には限界があり，また肝臓でのグリコーゲン以外の基質（アミノ酸など）からのグルコース生成も速いわけではないため，血中グルコースレベルは低下する。この状態になると筋グリコーゲン量がさらに低下し，すぐに疲労してしまう。

　また，骨格筋には脱リン酸化酵素（ホスファターゼ）が存在しないため不活動筋のグリコー

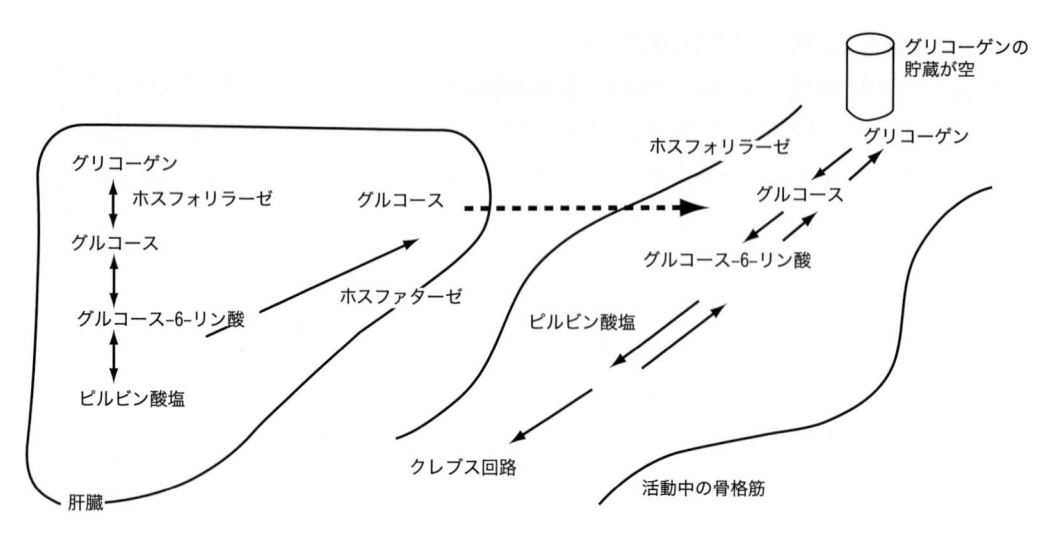

図 15.1　運動中の炭水化物の利用

ゲンを活動筋のエネルギー源として利用することはできない。一方，肝臓にはこの酵素が存在するため（腎臓にも少しある），活動筋から離れた組織であるにもかかわらずグルコースを供給することができるのである。この流れを図15.1に示した。

　グルコースは解糖系を介して代謝される。グルコース分子は細胞に取り込まれた後，即座にエネルギー源として利用される場合とグリコーゲンとして骨格筋に貯蔵される場合がある。グリコーゲンが生成される過程ではグルコース分子の重合（グルコース分子同士が結合すること）にグリコーゲン合成酵素（グリコーゲンシンセターゼ）が関わっている。一方，グリコーゲンがグルコースに分解される過程はリン酸化酵素（ホスフォリラーゼ）が制御しており，この酵素はエピネフリン（第2章にて前述）の分泌により活性化される。反応の第一段階としてグルコースはATPによりリン酸化されグルコース-6-リン酸になる。骨格筋ではリン酸化するためにグルコース分子を骨格筋内で捕捉する。肝臓や腎臓では脱リン酸化酵素がグルコースからリン酸基をスプリットし，細胞から放出し，全身へ輸送することが可能である。

　グリコーゲン利用率は運動強度や身体的コンディション，運動様式，環境温，運動前の食事の状態により変化する（Costill 1988）。運動強度が上がると活動筋の酸素供給が要求量を超え，エネルギー供給のほとんどが糖質由来となる。これを示したのが図15.2であり，運動強度が上がるにつれて筋グリコーゲンの消費が増えることがわかる。全力疾走時のグリコーゲンの利用率はウォーキング時と比較して40倍にもなる（Costill 1988）。グリコーゲン貯蔵量が低下すると活動筋のエネルギー源が脂質にシフトするため，運動強度は低下せざるをえなくなる。

　この本では多くの章で，環境，運動効率，運動様式などの代謝への影響を述べている。どの要因もグリコーゲン利用を高める方向に作用すると疲労困憊までの時間が短くなり，長時間運動時の疲労困憊までの時間は運動前のグリコーゲン貯蔵量に比例する。Bergstromらの研

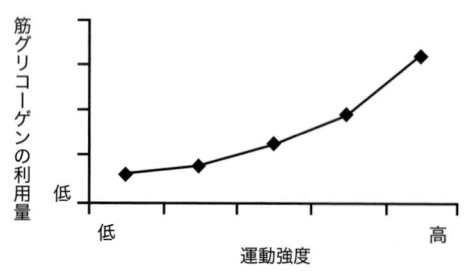

図 15.2　筋グリコーゲンの利用は運動強度の上昇とともに増加していく（Costill 1988から引用）

究（1967）は，通常条件下（筋グリコーゲン含量100mmol/kg wet weight）で75% $\dot{V}O_2max$ の運動を行うと115分で疲労に至るが，筋グリコーゲン含量を35mmol/kg wet weight まで低下させると運動継続時間は35分にまで低下することを観察している。また，運動の3日前から炭水化物が豊富な食事を摂取すると筋グリコーゲン量は200mmol/kg wet weight にまで増加し，運動継続時間も170分にまで延長する（図15.3）。疲労の要因として，60分以上続くような長時間運動時にはグリコーゲンの枯渇と低血糖があげられ，それより短時間の運動では乳酸や水素イオンが関係しているようである（Costill 1988）。

体内の炭水化物が不足している時や飢餓状態では，筋肉や肝臓のタンパク質を分解し糖新生によりグルコースを生成するが，この経路で十分量の炭水化物を供給するのは難しい。そのため，日常の食事で十分量の炭水化物を摂取し，筋や肝臓のグリコーゲン貯蔵量を高めておくことが推奨される。

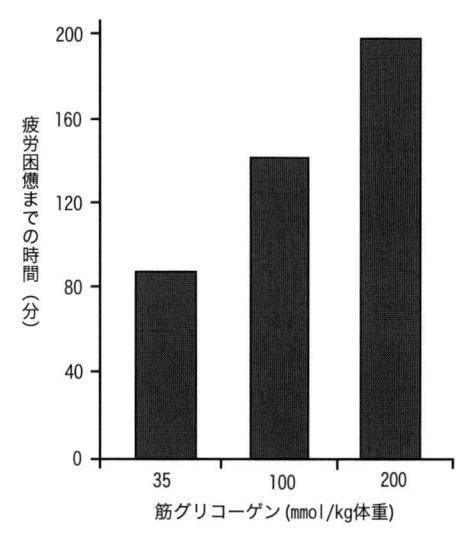

図15.3　筋グリコーゲンの貯蔵量と運動持続時間の関係
（Bergstrome et al. 1967 から引用）

先ほどのBergstromら（1967）の研究では，通常の炭水化物食（炭水化物の摂取量が総カロリーの55%）を摂取していた被験者の筋グリコーゲン含量は100mmol/kg wet weight だったが，炭水化物リッチ食（炭水化物の摂取量が総カロリーの60〜70%）を運動前に3日連続で摂取すると筋グリコーゲン含量は2倍にまで増加する。この手法はグリコーゲンローディングといわれており，特に持久系アスリートが試合前に実践している。

また，食事と運動の組み合わせによりグリコーゲン合成の超回復が見られるといわれている。1960年代半ばまでは，筋グリコーゲン量を一度低下させてからグリコーゲンローディングを行うと効果が高いといわれていた。試合の1週間前に疲労困憊になるようなトレーニングを行い，その後3日間は低炭水化物食を摂取し，筋グリコーゲン貯蔵量を低下させる。このようにグリコーゲン量が低下するとグリコーゲン合成に重要なグリコーゲン合成酵素が活性化されるため，試合の直前の3日間に高炭水化物食を摂取する。この時，グリコーゲン合成酵素が活性化されているため，高炭水化物食の摂取により超回復が起こり，筋グリコーゲン量が増えるのである（Wilmore and Costill 1999）。この方法で重要なのは，筋グリコーゲン量を低下させるための疲労困憊運動時に，実際に試合で使う筋を動員するような運動を選択することである。さらに疲労困憊運動を行った日以降，試合までの期間はトレーニングの量と強度を極力下げることも重要である。このように実践すれば筋グリコーゲン含量を2倍まで増加させることができる。

また，疲労困憊運動と低炭水化物・高脂肪・高タンパク質食を取り入れずに，試合前3日間に運動量を減らし（10〜15分間のウォーミングアップのみを行う），食事を高炭水化物食にするだけでも筋グリコーゲン含量を200mmol/kg wet weight までに増やすことが可能であると報告されている（Sherman et al. 1981）。

[2] 運動中の脂質利用

　運動時の筋活動に必要なエネルギー源は炭水化物と脂質である。炭水化物からのエネルギー供給は限られているが，脂質は体内に十分量存在する。低〜中強度の運動時のエネルギーは筋のトリグリセリドか遊離脂肪酸から供給される。遊離脂肪酸は脂肪組織から放出され，血中では輸送体であるアルブミンタンパク質と結合して活動筋まで運ばれる。運動開始時は炭水化物と脂質が同程度利用されるが，運動が長時間に及ぶと脂質利用の割合が高まる。1時間以上の運動になると貯蔵炭水化物は枯渇し始め，運動終盤には脂質からのエネルギー供給割合は全体の80％にも達する（McArdle et al. 1996）。図15.4では，運動時間とエネルギー供給に対する各基質の利用割合を示している。低〜中程度の運動強度であれば脂質で十分だが，より高強度な運動では脂質の利用に加えて血中グルコースや筋グリコーゲンも動員される。

　脂肪分解（リポリシス，トリグリセリドを遊離脂肪酸に分解する過程）が増加すると交感神経刺激が活性化される。交感神経刺激は血中グルコース濃度の低下で活性化され，インスリン低下，グルカゴン上昇を引き起こす。交感神経ホルモンであるノルエピネフリンは脂肪細胞のレセプターと結合し，リパーゼ（脂肪分解酵素）を活性化させ，トリグリセリドから遊離脂肪酸への分解を抑制する。脂肪組織で生成したグリセロールは肝臓へ運ばれ，糖新生に使われ（Bjorntorp 1991），遊離脂肪酸はアルブミンと結合し，筋などの組織まで運ばれる。

　よくトレーニングされた持久系アスリートは運動時の脂質利用率が高く（Saltin and Astrand 1993），筋・肝グリコーゲンの利用を抑えることができる。これは持久トレーニングの適応の結果起こる脂質分解やβ酸化（脂肪酸の代謝）に関わる酵素の発現量の増加と筋への輸送系システム（毛細血管量の増加など）の機能向上により起こる。つまり，トレーニングによって脂質の生成（トリグリセリドから遊離脂肪酸への分解）と輸送（脂肪組織から活動筋への遊離脂肪酸の運搬）の両方の能力が向上し，結果として脂質をより効率のよいエネルギー源として利用することができるようになるのである。

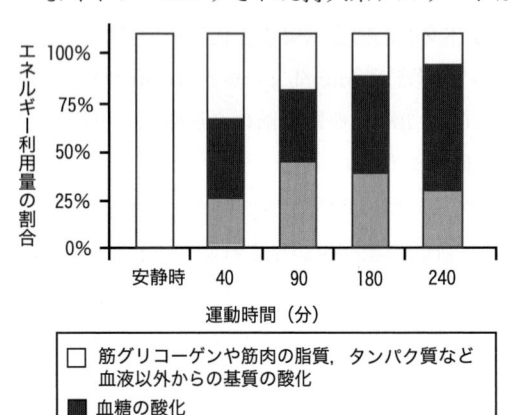

図15.4　運動時間と基質利用の関係
（Ahlborg et al. 1974から引用）

[3] 運動中のタンパク質利用

　タンパク質は運動時の主要なエネルギー供給源ではなく，主に身体組織の同化（合成）に利用される栄養素である。しかし，炭水化物摂取量が少ない時や運動が長時間に及ぶ時にタンパク質もエネルギー源として利用される。タンパク質は炭水化物の筋・肝グリコーゲンや脂質の脂肪細胞のような貯蔵体が存在しない。タンパク質をエネルギー源として利用するには骨格筋や肝臓のタンパク質を分解する必要があり，異化（分解）過程でタンパク質がアミノ酸に分解される。肝臓では脱アミノ反応によってアミノ酸分子から窒素が取り除かれ，その窒素は尿素

として排泄される。骨格筋ではアミノ基転移反応で酵素によってアミノ酸分子から窒素が取り除かれ，その窒素は他の化合物と結合する。どちらの経路も炭素骨格はエネルギー源として利用される。体内の窒素排泄量が窒素摂取量を上回る状態は負の窒素バランスといわれ，筋で異化反応が起こっていることを示す。一方，窒素摂取量が窒素排泄量を上回るのが正の窒素バランスであり，この時，筋では同化反応が生じているのだ。

体内のすべてのタンパク質がエネルギー源として利用されるわけではなく，特に結合組織や神経由来のタンパク質はエネルギー源として代謝されない（McArdle et al. 1996）。しかし，骨格筋タンパク質は簡単に分解され，体内の炭水化物が枯渇状態に近い場合にはエネルギー源として利用される。また，グルコース-アラニンサイクルではアミノ酸をエネルギー基質として利用する（Felig and Wahren 1971）。骨格筋で代謝されるアミノ酸はグルタミンに変換され，その後アラニンになり肝臓に運ばれる。炭素骨格は糖新生の過程を経てグルコースに変換され，血液を介して活動筋に運ばれる。Ahlborgら（1974）は，4時間の低強度運動後には，グルコース-アラニンサイクルによるグルコース生成が肝臓からのグルコース放出の45％にも達すると報告している。炭水化物の貯蔵量（グリコーゲン貯蔵量），運動強度・時間によっては，エネルギー源としてタンパク質が利用される割合はより高くなりうる。このため運動時の炭水化物摂取は非常に重要で，筋量・筋力の増加に焦点をあてたトレーニングであっても，炭水化物摂取を制限せずに十分に摂取しなければトレーニング効果は現れにくいのだ。

一般成人のタンパク質要求量は0.8g/kg（体重）とされている。しかし，アスリート，コーチの多くは高強度運動トレーニングを行う場合には体タンパク質要求量が増えると信じており，これまでに様々な議論がされてきた。ここからは，推奨されるタンパク質の摂取量をアスリートのタイプごとに説明していく。

❶パワー系アスリートの適切なタンパク質摂取量

タンパク質（アミノ酸）を多く摂取すると活動筋のタンパク質合成が高まるという概念から，パワー系アスリートはタンパク質を積極的に摂取する必要があると信じられている。レジスタンストレーニングはアミノ酸プールを刺激することで窒素バランスを正にし，理論上は筋タンパク質合成を促進するように思われるが，タンパク質の多量摂取の短期的な効果はあまり理解されていない。Tarnopolskyら（1991）による，放射性アミノ酸を用いた実験によると，1RMの70％負荷でレジスタンストレーニング（9種類のエクササイズを10 repetition × 3セット）を60分間行わせても，体全体のロイシン酸化には影響を与えないことがわかっている。タンパク質は短時間のトレーニングでは主要なエネルギー源として使われるわけではないため，この結果は驚くべきことではない。しかし，運動時間が長時間に及ぶ場合にはタンパク質消費量も増えるため，結果としてタンパク質合成，筋サイズ，体重にも影響を及ぼすのである。

4週間のレジスタンストレーニング中，被験者に3.3g/kg/日または1.3g/kg/日のタンパク質を摂取させた場合，タンパク質摂取量の多い群でタンパク質合成および体重の増加が認められた（Fern, Bielinski, and Schutz 1991）。また，非鍛練者で2.62g/kg/日と0.99g/kg/日のタンパク質摂取で比較した場合，タンパク質合成においては上記実験と同様の結果が得られた（タンパク質摂取量の多い群で合成が増加している）が，筋サイズ・筋力への影響は認められなかった（Lemon 1992）。この二つの試験結果の違いは被験者の違いによるものと思われる。一般に

トレーニングをしていない人がトレーニングを行うと筋力の適応（筋力増加）は筋の構造的変化ではなく，神経系の適応により起こるとされているが，興味深いことに10週に及ぶトレーニングとタンパク質摂取に関する実験においてはタンパク質合成の増加が筋の構造的変化をもたらしていたのだ。

　筋力トレーニング時に高タンパク質を摂取すると筋タンパク質および筋量の増加に効果的である（Lemon 1995）。ボディビルダーに 0.8g/kg/ 日または 1.6g/kg/ 日タンパク質食を摂取させると，高タンパク質食摂取群では窒素バランスが正であったが，RDA 推奨量のタンパク質摂取群（0.8g/kg/ 日）では窒素バランスが常に負であった（Walberg et al. 1988）。さらに，Tarnopolsky ら（1992）は，窒素バランスを正に保つためのタンパク質摂取量は，運動を行わない人では 0.89g/kg/ 日で十分なのに対し，筋力トレーニングを行う場合には 1.76g/kg/ 日が必要であると示している。この他の研究結果でも 1.4 〜 2.4g/kg/ 日が適当であると示されている（Lemon 1995）。しかし，これらの研究では，タンパク質摂取量の上限が示されていない。2.0g/kg/ 日以上のタンパク質を摂取してもそれ以上の効果は期待できない（Fern, Bielinski, and Schutz 1991; Lemon et al. 1992; Tarnopolsky et al. 1992）ことから，パワー系アスリートのタンパク質摂取量は 1.4 〜 1.8g/kg/ 日が適当であると考えられる。

❷持久系アスリートの適切なタンパク質摂取量

　持久系アスリートにおいてもタンパク質摂取の重要性は同じである。タンパク質は活動筋の主要なエネルギー源ではないが，長時間運動中にはエネルギー源としてタンパク質を利用する割合は高まる。運動中にタンパク質摂取が不足すると骨格筋などの組織を分解し，タンパク質がエネルギー源として利用されてしまうので，組織の損失を防ぐために持久系アスリートもタンパク質を積極的に摂取する必要がある（Lemon 1995）。持久系アスリートのタンパク質摂取の目的は筋量・筋力を増加させることではないが，骨格筋などの組織の損失は持久パフォーマンスを著しく低下させるため，筋量低下を抑制するようにタンパク質を摂取する必要がある。持久系アスリートは 1.2 〜 1.4g/kg/ 日のタンパク質摂取が推奨されている。

3 栄養摂取のタイミング

　アスリートは適切な栄養を摂取し練習や試合に備えることが重要である。食事の重要性は理解されているが，練習や試合前にどのようなタイミングで摂取すべきかということはあまり知られていない。ここでは，運動時に摂取する食物や飲料の効果について紹介する。

［1］試合前

　練習や試合の前に食事を摂取したほうが空腹の場合よりも優れたパフォーマンスが期待できる（ACSM Joint Position Statement 2000）。食事に関するガイドラインは各団体より示されている（下記参照）。理想をいえば，200 〜 300g の炭水化物を練習・試合の 3 〜 4 時間前に摂取するのが望ましい（Schabort et al. 1999; Sherman et al. 1989）が，実際にはなかなか難しい。以前は試合前の食事が重要視されていたが，最近はそれほどでもない（Alberici et al. 1993; Devlin, Calles-Escandon, and Horton 1986; Horowitz and Coyle 1993）。試合前の食事は筋グリコーゲン量

にあまり影響を与えないが，血糖の維持や空腹感を避けるためには効果的である。試合前の食事は胃に不快感を与えない液状のものがよい。試合前の食事として推奨されているガイドラインは次の通りである。

・脱水状態にならないように，水分を十分に摂取する。
・消化・吸収において胃腸に負担のかかる脂肪や食物繊維の摂取は控える。
・血糖維持および体内のグリコーゲンを満タンにするために炭水化物を多めに摂取する。
・タンパク質は適度に摂取する。
・日ごろ食べ慣れたものを摂取する。
・練習・試合の3～4時間前に食べ終える。

[2] 試合中

運動中の炭水化物の摂取により血糖値の維持と運動パフォーマンスの改善が期待できる（Ball et al. 1995; Coggan and Coyle 1989; Davis et al. 1997; Jeukendrup et al. 1997）。70% $\dot{V}O_2max$ の運動強度で自転車こぎ運動を行わせ，85%ブドウ糖ポリマー，15%ショ糖の割合で混合した糖質を50%濃度で含む飲料を3g/kg体重の量で135分時点に摂取させると，より長時間の運動が可能になったと先行研究は報告している（図15.5，Coggan and Coyle 1989）。この時，血清インスリン濃度の上昇は認められなかった。

最近の研究では，運動開始から2時間もの時間，何も摂取しないよりも15～20分ごとに炭水化物を摂取したほうがよいことがわかっている（McConnell et al. 1997）。もちろん，運動中の摂取量・摂取タイミングは，運動前の食事摂取状況やグリコーゲンローディングの有無などを考慮して決定すべきである。運動中に摂取する炭水化物にはグルコースが一番適していると思われるが，グルコースとフルクトースの混合物の摂取は胃腸の不快感が少なく有効と考えられている（Coggan and Coyle 1991）。また，適当な水分補給をしていれば，炭水化物の摂取形態は液体，固体，ジェル状のものなどのような形態でもよい（ACSM Joint Position Statement 2000）。

一方，間欠的高強度の運動であるサッカー，バスケットボール，ホッケーなどの競技での炭水化物摂取は持久運動ほど研究されていない。しかし，何日も試合が続くようなトーナメント方式の大会では筋グリコーゲン回復が十分でない場合も考えられるので，運動中の炭水化物摂取は効果的であると思われる。

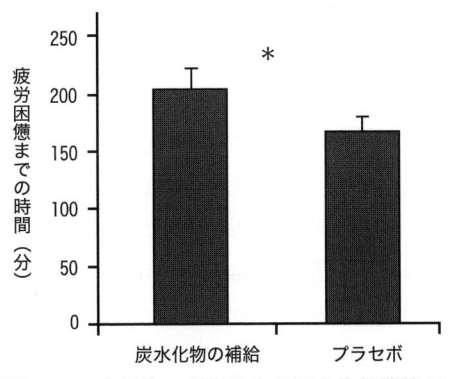

図15.5　自転車こぎ運動中の炭水化物補給が疲労困憊までの時間に及ぼす影響
（Coggan and Coyle 1989のデータを引用）

[3] 運動後

運動後の食事はタイミングが非常に重要で，運動後2～4時間以内に食事をすることが推奨されている（Ivy et al. 1988; Volek, Houseknecht, and Kraemer 1997）。運動後は早く食事を摂取したほうがグリコーゲン回復に効果的であるといわれており，運動後6時間の筋グリコーゲン

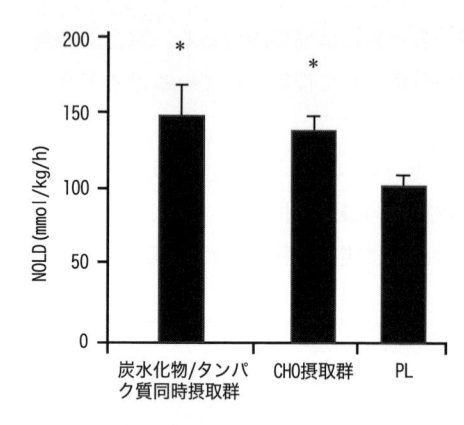

図15.6 様々なサプリメントの運動後摂取がタンパク質合成に与える効果の比較
(Roy et al. 1997 から引用)

回復において，運動直後の摂取のほうが2時間後の摂取と比較してはるかに効果的であることが示されている（Ivy and colleagues 1988）。

また，摂取する炭水化物の種類も重要で，グリセミックインデックス（GI）が高い炭水化物が適している。GIとは血糖値の上昇の程度によって食品を分類する方法である。GIが高い食品は一般的に消化が速く，血中グルコースの上昇もかなり速い。高GI食品にはベイクドポテト，餅，ワッフル，インスタント米などがある。逆に，GIが低い食品は消化が遅く，ナッツ，フルーツ，乳製品，パスタなどがある。運動後には高GIの炭水化物食を摂取したほうが低GIの炭水化物食の摂取に比べて，筋グリコーゲン回復に効果的であるという結果がある(Burke, Collier, and Hargreaves 1993)。

運動後のタンパク質摂取の主目的は，筋の修復と同化であり，グリコーゲン再合成には効果を示さない。運動直後の（特にレジスタンストレーニング直後の）タンパク質と炭水化物の同時摂取は同化を促進する可能性があるといわれている（Roy et al. 2000）。これは，インスリン分泌（血糖上昇とタンパク質合成の両方に作用）と運動の相互作用により活性化された同化作用が炭水化物とタンパク質同時摂取によりさらに刺激されるというメカニズムによるものだと考えられている。Royら（2000）は，運動直後と1時間後に炭水化物とタンパク質を同時摂取（CHO/PRO）した場合と炭水化物単独摂取（CHO）の場合の効果を検討した。CHO/PRO摂取群は炭水化物（～66％），タンパク質（～23％），脂質（～12％）の混合物を摂取し，CHO摂取群はコーンシロップ固形由来の56％シュークロースと44％グルコースポリマーの混合物を摂取し，残り一群はプラセボ群（PL）とした。CHO/PROおよびCHO摂取でPLと比較してタンパク質合成が有意に促進されたがCHO/PROとCHOの2群間では差が認められなかった（図15.6）。炭水化物摂取後には高インスリン血により筋でのアミノ酸取り込みが促進されることでタンパク質合成が活性化されると考えられる。

> **要約**
>
> この章では六つの栄養素の重要性について述べてきた。高いレベルでのパフォーマンスを維持するために，アスリートはエネルギー消費量の増加に見合うだけのエネルギーを摂取する必要がある。ただし，エネルギー消費量が増加した状態でも体重制限中でない限り，ビタミンとミネラルの摂取量は変化させる必要がない。アスリートの食事で一般の人と最も異なるのはタンパク質の摂取量である。一般成人のRDAは0.8g/kg体重であるが，アスリートは体タンパク質合成が活性化されているため2倍程度の摂取が必要である。
>
> 筋グリコーゲン量を最大まで高める努力は多くのアスリートが試みている戦術である。ローディング（運動中・運動直後の炭水化物摂取を含む）により，疲労の発生を遅らせることができ，運動後の筋グリコーゲン再合成を促進するだけでなく，運動継続時間を延長することもできる。さらに，運動直後の炭水化物とタンパク質の同時摂取はグリコーゲン再合成だけでなくタンパク質合成も促進するので，ストレングス/パワー系アスリートにとっても非常に重要である。

第 16 章

水分補給

　水は人の生命維持に欠かせない。水は体内で起こる生化学反応の媒体であり，血液量の維持にも不可欠である。このため，心臓血管機能維持と体温調節に重大な役割を担っている。体重の約 60% は水分であり，除脂肪体重の 72% にもなる。総体液量の 2/3 は細胞内に存在し（細胞内液），残りの 1/3 は細胞外の様々な区画に存在する（細胞外液）。細胞外液には細胞を包む液体（間質液）や血漿，リンパ液，他の体液などがある。水は生命維持のために酸素の次に不可欠なものである。飢餓で体重の 40% を失っても持ちこたえられるが，体水分の 9〜12% を失うと重篤な状態に陥る。

　水は体内で生理的に重要な機能を果たしているので，運動パフォーマンス維持にも重要な役割を果たす。運動中，体内の代謝は安静時の 5〜20 倍にまで上昇する。体温の恒常性を維持のため，体は熱放散をして運動により上昇した体温を下げる。運動を高温環境下で行った場合には，熱放散はさらに促進される。熱放散は主に気化冷却（発汗）によって行われ，これにより体内の水分が失われる。発汗により失われた水分量に見合った量の水分摂取を行わなければ体は水分不足状態になり，脱水状態になる。低水分状態は生理機能と運動パフォーマンスの両方に多大な影響を及ぼす。この章では低水分状態における生理機能と運動パフォーマンスへの影響について焦点をあて，運動中の水分補給についても述べる。

1 安静時および運動時の水分バランス

　通常の状態では，体内の水分は均衡を保っている（体水分正常状態という）。水分摂取は飲料摂取（日常の水分摂取のおよそ 60%），食物からの摂取（日常の水分摂取のおよそ 30%），体内の代謝過程を通して行われる。また，腎臓と大腸からの排出や肌表面および呼吸路からの蒸発により水分損失が起こる。安静状態では，水分損失の主要経路は腎臓からの排出（排尿）であり（全体の約 60%），肌表面および呼吸路からの蒸発は全体の約 35% となる。残りの 5% は排出物（糞便）による水分損失である。

　運動中は代謝熱の産生増加により水分損失が加速される。発汗は環境（大気温，湿度，風速），衣服（防温性，透湿性），運動強度に依存して劇的に変化する（Sawka and Pandolf 1990）。普通，

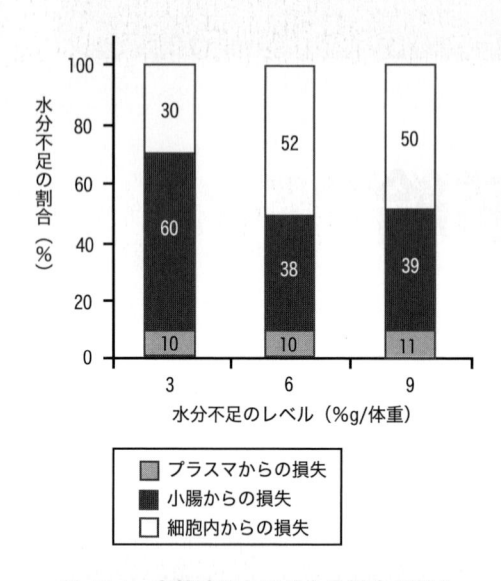

発汗速度は1時間あたり1〜1.5Lで，体重70kgの人で1時間あたり体水分の約2％が失われる計算になる。これまでに測定された最も高い発汗速度は1984年オリンピックマラソン競技に向けた練習中Alberto Salazarが測定した3.7L/時間である（Armstrong et al. 1986）。

高温環境下での運動中発汗による水分損失量に見合う量の水分補給が口渇感に応じて自発的に行えることが理想である。ところが，自由摂取による水分の摂取（思いのままに飲料を摂取する能力）の研究からは適切量の水分が用意されていたにもかかわらず脱水状態になってしまうことが示されている（Armstrong et al. 1986; Hubbard et al. 1984）。口渇感は通常体水分量の2％以上の脱水状態でないと現れず（Rothstein, Adolph, and Wells 1947），脱水の程度によっては運動後半の水分補給能力を悪化させる可能性がある。実際に，高温環境下（華氏102°F，摂氏39℃）で中程度強度の運動をして脱水（体重の5％の損失）になっている状態では胃内容物の通過速度は約20〜25％も低下している。ところが，脱水状態がそれほど進んでいなければ（体重の3％の損失），胃内容物の通過や小腸での吸収はほとんど低下しない（Ryan et al. 1998）。つまり，運動前半できちんと水分補給ができれば，後半でのダメージを避けることが可能となる。

脱水になると，水分は細胞内と細胞外の両方から失われる。体水分損失量が体重の3％以内の場合は，細胞内からの水分の損失がほとんどである（図16.1）。これは長時間運動中の細胞内のグリコーゲン低下と関係がある。グリコーゲンは1g当たり3〜4gの水分と結合しているが（Olsson and Saltin 1970），運動強度が上がるにつれグリコーゲンは分解され，細胞内水分が低下するのである（Costill et al. 1981）。また，体水分量が低くなると細胞内または細胞外の水分を生命維持に必要な組織（脳や肝臓）へ再分配することも知られている（Nose, Morimoto, and Ogura 1983）。

2 脱水が生理機能に及ぼす影響

脱水は心臓血管機能と体温調節機能の両方に影響を及ぼす。脱水状態になると血漿体積が減少し，活動筋や肌に行き渡る血液量が低下する。また，血漿体積の減少は1回拍出量の低下にもつながり（Nadel, Fotney, and Wenger 1980），中心静脈圧の低下，さらに心充満圧の低下も起こす（Kirsch, von Ameln, Wicke 1981）。これを補い，正常な血流を維持するために心拍数は増加する。さらに脱水の程度が進むと，心拍数を増加させても1回拍出量の低下を十分補うことができなくなる。高温ストレス下では体重の2％を超える脱水状態で，心拍を増加させても低下した1回拍出量を十分補うことができず，心拍出量も低下するといわれている（Nadel,

Fortney, and Wenger 1980; Sawka, Knowlton, and Critz 1979)。しかし，脱水がさらに進んだ状況であっても高温ストレスがなければ心拍出量を維持することができることも報告されている (Sproles et al. 1976)。

脱水は体温調節機能にも影響を及ぼす。深部温（熱ストレスの指標となる）は脱水の程度に伴い上昇する (Sawka, Young, Francesconi, et al. 1985)。そして，脱水が進むにつれ，熱放散能力は低下していく。特に高温環境下での運動では，血液量の低下と末梢血管系への血液の移動により静脈還流が低下し，心拍出量も低下する (Nadel, Fortney, and Wenger 1980; Sawka, Knowlton, and Critz 1979)。結果として皮膚への血液量が低下するために熱放散能力は低下し，深部温が上昇してしまう (Sawka and Pandolf 1990)。深部温の変化を含めたこれらの反応は脱水の程度によって変化すると考えられている。

発汗量および皮膚血流量の低下の生理的メカニズムは完全に明らかになっているわけではなく，血漿浸透圧上昇と血漿量減少に関係していると考えられている (Sawka and Pandolf 1990)。血漿浸透圧が上昇すると血液量が減少しない状態でも発汗と血管拡張の閾値温を上昇させてしまう。このメカニズムには中枢と末梢の両方の関与が考えられる。中枢では浸透圧変化の受容体である視床下部の浸透圧受容器が関与していると考えられる。そして，末梢では汗腺での浸透圧変化が発汗反応を軽減させるらしい。血漿と汗腺の間で起こる浸透圧勾配の変化が汗腺の水分を減少させるようである。また，高温下での運動中の血液量と発汗量の変化には有意な相関 ($r = 0.53 - 0.75$) が認められている (Sawka, Young, Francesconi, et al. 1985)。血液量の減少は末梢血流の低下を引き起こし，熱放散能力を低下させる。血液量変化を受容する心房圧受容器は汗による水分損失を低下させるために視床下部へと求心性入力を与えると考えられている (Sawka and Pandolf 1990)。これにより体温調節能力は低下するが，重要な組織の水分バランスの維持が優先されるのだ。

また，筋グリコーゲン再合成に対する脱水の影響も報告されている (Neufer et al. 1991)。グリコーゲン再合成における問題は先に述べた水とグリコーゲンの関係によるものである。水分がグリコーゲン合成過程で重要な役割を果たすため，脱水は筋グリコーゲン再合成を抑制する

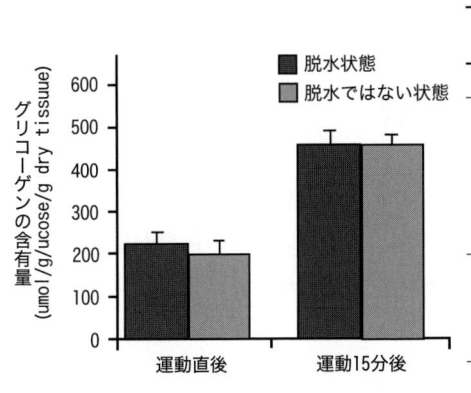

図 16.2 脱水がグリコーゲン合成に及ぼす影響

(Neufer et al. 1991 から引用)

表 16.1 脱水による生理的変化と身体的サイン

体重減少 (%)	生理的変化	身体的サイン
0～2	↑深部温	なし
2～4	↓血漿量 ↓筋水分量 ↓1回拍出量 ↓皮膚および筋肉への血流量 ↑心拍数	のどの渇き，言葉による不満，不快症状
4～6	↓発汗量	肌の紅潮，無気力感，筋持久力の明らかな低下，焦燥感，筋痙攣，腕や背中，首のうずき
6～8	↑尿の酸性度 ↑尿タンパク ↓腎臓への血流	口の渇き，頭痛，幻暈，呼吸の不足，不明瞭な話し方
8～12		舌の腫れ，痙性，幻覚症状

(Armstrong 1988 から引用)

可能性がある。体重の5％脱水状態の被験者と脱水状態でない被験者で2時間の疲労困憊運動直後および15時間後の筋グリコーゲン量を比較したところ，筋中の水分量には有意な差が認められたが筋グリコーゲン濃度には差がなかった（図16.2）(Neufer and colleagues 1991)。つまり，脱水が筋グリコーゲン再合成を低下させるわけではないと考えられる。

表16.1に脱水による生理変化と起こりうる身体的サインをまとめた。体重の5％以上の水分を損失すると健康を害し，体重の9％の水分を損失すると，生理機能を維持できず，生命の危険にさらされる。

3 運動中の電解質バランス

運動中の発汗による水分損失は結果として汗中に多量に含まれる電解質の損失にも繋がる。汗はそのほとんどが水分である（ほぼ99％）が，カリウム（K^-），ナトリウム（N^+），塩素（Cl^-），マグネシウム（Mg^{++}），カルシウム（Ca^{++}）のようなミネラルが含まれている。汗中のミネラル濃度は血漿や体水分の濃度よりもかなり低い（表16.2）。汗中の主要なミネラルはN^+とCl^-で，塩味を構成するものである。

電解質損失の程度は個人差もあり，また発汗量，生理的状況，熱順化の状態などによる(Maughan and Noakes 1991)。運動時の発汗によりN^+とCl^-を多量に損失するとアルドステロン（体液調節ホルモン，第2章を参照）が分泌され，腎臓での電解質の再吸収が促進される。血漿のこれら電解質の濃度が上昇すると血漿浸透圧は上昇する。この結果視床下部の浸透圧受容器が活性化され，喉の渇きが誘発され水分摂取が行われるのである。また，発汗による電解質損失時にはこれら電解質が体の各組織へ再分配される。このため細胞内外の電解質バランスは変化し，結果として運動単位の膜電位（神経と筋線維を刺激する）が変化し，運動パフォーマンスが低下する可能性が考えられる（Sjogaard 1986)。

表16.2 汗，血漿，筋肉中の主要電解質の濃度

電解質	電解質濃度 (mEq/L)		
	血漿	汗	筋肉
ナトリウム（N^+）	137～144	40～80	10
塩素（Cl^-）	100～108	30～70	2
カルシウム（Ca^{2+}）	4.4～5.2	3～4	0～2
カリウム（K^-）	3.5～4.9	4～8	148
マグネシウム（Mg^{2+}）	1.5～2.1	1～4	30～40

(Maughan 1991 から引用)

4 運動パフォーマンスに対する脱水の影響

脱水により生じる生理的変化は運動パフォーマンスに大きな影響を与える。心臓血管機能および体温調節機能に影響を及ぼし，特に持久系パフォーマンスにおいて負の影響が出ると考えられる。有酸素運動中においては中程度から重度の脱水状態で明らかなパフォーマンス低下が見られる。その度合は脱水の程度，運動するコンディション，運動時間などの影響を受ける。

[1] 脱水の有酸素運動への影響

高温環境や脱水は，有酸素運動に悪影響を与える (Sawka 1992)。温暖環境下では，体重の3％以下の脱水であっても最大有酸素能力が維持できなくなり (Armstrong, Costil, and Fink

1985; Caldwell, Ahonen, and Nousiainen 1984)，体重の3%を超える脱水状態では有酸素パワーは明らかに低下する（Buskirk, Iampietro, and Bass 1958; Caldwell, Ahonen, and Nousiainen 1984; Webster, Rutt, and Weltman 1990）。高温環境下では脱水と高温ストレスにより運動パフォーマンスは著しく低下する。高温環境下（華氏115°F，摂氏46℃）での運動で水分を体重の2%損失すると有酸素能力は有意に低下すると報告されている（10%）（Craig and Cummings 1966）。

また，脱水の影響は，身体的作業能力（physical work capacity; PWC）にも及ぶ。有酸素能力と同様に，軽度の脱水であってもPWCの低下が見られる。さらに，1500m走において体重の1.9%の脱水であっても記録は3.3%も低下することが報告されている（$p>0.05$）（Armstrong, Costill, and Fink 1985）。この記録の低下は統計的に有意なものではないが，実際のスポーツの現場においては非常に大きな変化である。1500m走のような中距離レースではタイム差が小さく，3%のタイムの差がレースの勝敗に影響を与えかねない。5000m走や10000m走のような比較的長時間に及ぶレースでは軽度の脱水（5000mで体重の1.6%，10000mで体重の2.1%）であっても記録の有意な低下（5000mで6.7%，10000mで6.3%）が見られる（Armstrong, Costill, and Fink 1985）。これらを図16.3にまとめた。

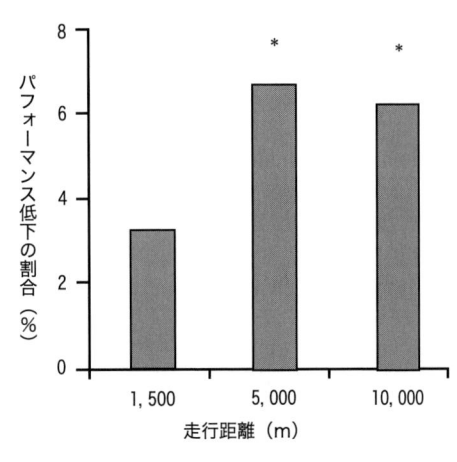

図16.3　脱水が1500m，5000m，10000m走のタイムに及ぼす影響
（Armstrong et al. 1985から引用）

また，同程度の脱水でもかなり大きな記録の低下を報告している先行研究もある。サイクリストを被験者として体重の1.8%の脱水を誘発し，90% $\dot{V}O_2max$強度の運動をさせた場合に疲労困憊に至るまでの運動時間が31%低下した（$p<0.05$）（Walsh et al. 1994）。これらのパフォーマンス低下の程度の違いは脱水を誘発させる方法の違いと関連があるかもしれない。先のランナーに対する研究（Armstrong et al. 1985）では，利尿薬を使用しているのに対し，後のサイクリストでの研究（Walsh et al. 1994）では60分間の70% $\dot{V}O_2max$強度の自転車運動により脱水を誘発し，その後90% $\dot{V}O_2max$強度の運動を行わせた。そのため，後の研究では疲労の蓄積が大幅なパフォーマンスの低下を引き起こしたと考えられ，脱水誘発の方法がパフォーマンスの低下の程度に大きな影響を及ぼすと考えられる。

また，脱水が重度であるほど，PWCの低下も大きいと考えられている。温暖環境で脱水のレベルが2%から4%に進行すると自転車パフォーマンスの低下は3倍以上（7Wから23W）にもなる（Caldwell, Ahonen, and Nousiainen 1984）。体液の3.3%の減少で自転車での運動継続時間の低下は3.7%にもなった（$p>0.05$）（Dengel and colleagues 1992）。さらに，5.6%の脱水でも6.4%低下したという報告もある（$p>0.05$）。しかし，高温下ではパフォーマンスの低下はより大きいものとなる。高温環境下（華氏115°F，摂氏46℃）で疲労困憊までウォーキング（3.5mph，5.6km/h）をさせると，体重の2%の脱水であっても運動時間は22%も短くなる（Craig and Cummings 1966）。さらに脱水の程度が4%になると，疲労困憊までの時間は48%も短くなった。脱水により心臓血管系および体温調節系の両方の機能が低下するような状況では，有酸素能力

に確実に悪影響が現れる。

[2] 脱水の無酸素運動への影響

無酸素パワーに対する脱水の影響は未だ明らかになっていない。無酸素運動への脱水の影響は主に急激な減量中のアスリートを対象として研究がされており，多くはレスリング選手のような高強度運動を行う選手を対象にしている。40秒以上継続できないほどの高強度運動の場合，筋力，無酸素パワー，無酸素能力においては脱水の程度にかかわらず影響はないと報告されている（Houston, Marin, et al. 1981; Jacobs 1980; Park, Roemmick, and Horswill 1990; Viitasalo et al. 1987）。体重の5％の脱水状態であっても平均パワー，ピークパワーともに差が認められず，パワー出力は脱水が進むにつれむしろ増加する傾向にあった（p=0.06）（Jacobs 1980）。ところが，持続的または間欠的要素が加わり運動時間が長くなると無酸素パワーや無酸素能力は低下するようで（Hickner et al. 1991; Horswill et al. 1990; Webster, Rutt, and Weltman 1990），レスリングのスタンダードドリルのパフォーマンス低下（Klinzing and Karpowicz 1986）などが確認されている。これらの結果から，筋力・パワー系パフォーマンスは比較的短時間（40秒以下）であれば脱水によりむしろ増強され，急激な減量は結果として競技パフォーマンスを向上させる可能性があるとしている。しかし，運動時間が40秒以上に及ぶと脱水の悪影響が現れるようである。

また，間欠的高強度運動が長時間に及んだ場合の脱水の影響もあまり知られていない。バスケットボールやサッカー，ホッケーのような運動においては水分補給が十分なされるため試合中に脱水状態になることはあまりない。しかしながら，ある程度長時間（30～60分程度）にわたって持続的に無酸素パワーを発揮しなければならない状態では，脱水によりパフォーマンスが低下するのは間違いないようだ。バスケットボールの試合のシミュレーションゲームにおいて水分摂取量を制限した条件下で，無酸素パワーとスキルの変化を測定した研究がある（Hoffman, Stavsky, and Falk 1995）。40分間の水分摂取制限で体液の1.9％が低下したが，垂直跳高，無酸素パワー，シュートパフォーマンスに影響は見られなかった。しかし，ゲーム中のシュート成功率に8％の差が認められ（p>0.05），結果として6ポイントの差（試合中のシュートを打つ平均数/成功シュート％）が生じる計算となった（図16.5）。事実上，これは試合結果

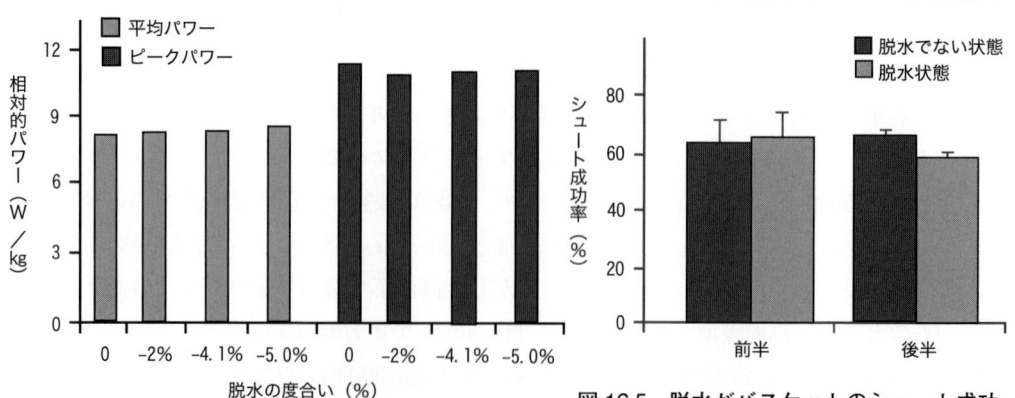

図16.4 脱水の度合いが相対的無酸素パワー（体重比）に与える影響
（Jacobs 1980から引用）

図16.5 脱水がバスケットのシュート成功率に与える影響
（Hoffman, Stavsky, and Frank 1995から引用）

を左右する可能性がある。この結果から，正確な運動制御を必要とするようなパフォーマンスでは喉の渇きを感じないような軽度の脱水であっても悪影響が懸念される。実際，運動と脱水ストレスによる体温の上昇と電解質バランスの乱れにより運動単位動員と筋収縮機能が低下する可能性は十分にある（Sjogaard 1986）。

5 運動中の水分補給

　体水分バランスの乱れにより生理機能が低下し，運動パフォーマンスの低下が見られる場合には水分補給が必要である。前述の通り，喉の渇きは2％の脱水が起こった時に初めて感じるため，口渇感を感じた時だけ水分補給を行っても脱水状態になる可能性は高い。この程度の脱水であっても生理的変化は現れ，パフォーマンス低下も認められる。水分補給は不可欠であるが，多くのスポーツシーンではその試合のルール（休憩時間やタイムアウト，レースコースとドリンクステーションまでの距離など）により水分補給のタイミングと量を制限されてしまう。さらに，水分補給が可能であっても0.5 L/h以上の水分補給をする選手はほとんどいない（Noakes 1993）。したがって，体内の水分バランスを保つためには様々な策を取らなければならないと考えられる。ここではその方法をいくつか紹介する。

- 運動の2時間前に0.5Lの水を摂取する。積極的に水分を補給し，余分な水分は排出しても構わない。
- 運動中は強制的に水分補給を行う（喉の渇きがなくても摂取する）。これにより生理機能の低下とパフォーマンス低下を防ぐ。
- 摂取する水分の温度は華氏59〜72°F（摂氏15〜22℃）が望ましい。味は水分補給を最大限促すような味に調整する。
- ロードレース中は頻繁に水分摂取ができるように準備をしておく。競技会などではタイムアウトごとにまた，競技が中断するごとに水分摂取するように選手に促す。
- 3〜4時間以下の運動中であれば電解質ドリンクで疲労を遅らせることができる。しかし，それ以上に短時間の運動であればグルコース-電解質ドリンクも適していると思われる。
- 選手は練習，試合ごとに前後に体重測定を行い，体内の水分バランスを意識すべきである。体重が1kg減少したら1Lの水分を摂取する必要があるということである。

[1] 水分の温度，味，摂取量

　摂取する水分の温度，味は水分補給を促すためには重要な要素である。水の温度が高い場合，摂取量は明らかに低下し（Armstrong, Costill, and Fink 1985; Szlyk et al. 1990），最適温は華氏59〜72°F（摂氏15〜22℃）と報告されている（Hubbard, Szlyk, and Armstrong 1990）。華氏104°F（摂氏40℃）の中でトレッドミルウォーキング（3.0mph，4.8km/h）を6時間行わせている最中に水分補給を行わせたところ，華氏59°F（摂氏15℃）の飲料のほうが華氏104°F（摂氏40℃）の飲料よりも摂取量が多かった（図16.6）。また，この試験からは被験者には2タイプいることがわかった。一つは熱心に水分補給を行うタイプで，自由摂取でも水分損失を体重の2％以内に維持することができる。もう一方はあまり水分摂取をしたがらず，自由摂取では水分損失は

体重の2％を超えてしまうタイプである。

また，摂取する飲料の風味も重要である。摂取する飲料の色，香り，味が好みでない場合，水分摂取は進まない（Hubbard, Szlyk, and Armstrong 1990）。しかし，水に風味がついていれば温度にかかわらず摂取量は増加し（Hubaard et al. 1984; Szlyk et al. 1989），さくらんぼ，ラズベリー，シトラスなどの味が好まれるようだ（Hubbard, Szlyk, and Armstrong 1990）。

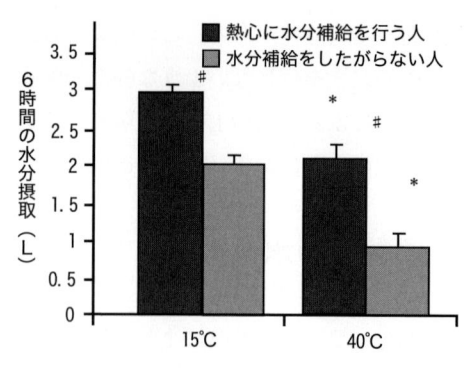

図16.6 水温が水分摂取に及ぼす影響
＊－15℃で有意差あり，＃＝群間で有意差あり
（Szlyuk et al. 1990から）

[2] 水分摂取量と胃内容物の通過

水分摂取の次に問題となるのは摂取した飲料の胃の通過である。胃の通過時間は主に摂取飲料の量と組成により影響される（Maughan and Noakes 1991）。胃内容物の通過時間は胃内に液量が多い場合には遅く，胃内容物が減少すると速くなる（Leiper and Maughan 1988）。運動中は繰り返し飲料を摂取するが，一度に多量に摂取すると胃拡張が起こり，胃膨満感を感じる。この結果，摂水行動が変化してしまう可能性がある。大切なのは，発汗による損失量と同量の水分を摂取することである。試行錯誤を繰り返しパフォーマンスが悪化しない適切な水分摂取の方法（量とタイミング）をあらかじめ見つけておくとよい。運動中は胃内の水分が機械的に大きく移動するため（Neufer et al. 1986），胃内容物の通過は安静時より運動時のほうが活発である。したがって，運動中は膨満感を感じずにかなり多くの量の水分を摂取することができるはずである。

摂取する飲料の組成も胃の通過に影響を与える。特に飲料のエネルギー量と浸透圧が影響する。市販のスポーツドリンクは損失した水分の補給に加えて筋グリコーゲン回復と電解質補給を目的とするものが多いため，糖質，電解質が含まれている。飲料のエネルギー組成に関してはエネルギー量が多いほど胃通過には時間がかかる（Murray 1987）。カロリーのある飲料の平均胃通過時間は<5ml/分～20ml/分程度で，水や生理食塩水はさらに速い（Brener, Hendrix, and McHugh 1983; Costill and Saltin 1974）。同様に，通常飲料の浸透圧とエネルギーとは比例関係であるため，高浸透圧溶液は低浸透圧溶液に比べて胃通過速度が遅い（Murray 1987）。加えて，高濃度のグルコース飲料では高浸透圧飲料摂取時に生ずる腸への水分移動のために血漿量が減少してしまう（Maughan, Fenn, and Leiper 1989）。

グルコースポリマーはグルコースに比べて総糖質量を減らさずに飲料の浸透圧を下げることができるため吸収が速く，運動中に摂取する糖質‐電解質溶液に適している（Maughan 1991）。多くの研究でグルコースポリマー溶液は同程度の濃度のグルコース溶液と比較して胃の通過時間が速いことが確認されている（Foster, Costill, and Fink 1980; Sole and Noakes 1989）が，未だ一致した見解が得られているわけではない。たとえば，5％濃度の飲料で比較した場合にはグルコース溶液よりグルコースポリマー溶液のほうが胃の通過速度が有意に速かったが，10％，20％，40％溶液では差が見られなかった（Foster, Costill, and Fink 1980）。他の研究では，15％濃度の場合にグルコースポリマー溶液で胃通過速度が有意に高いことが観察されたが，それ以

下の濃度（5%，10%溶液）では差がなかったという結果になっている（Sole and Noakes 1989）。このように一致した見解は得られていないが，統計的有意差が見られないにしても，グルコースポリマー溶液は胃の通過速度が速いとされている。しかし，水と比較した場合の違いは未だ不明である。

[3] 電解質補給飲料

電解質飲料摂取の一番の目的は発汗で失った電解質の補給である。ナトリウムは運動中75mmol/h の割合で失われる。この結果，血漿の電解質濃度が上昇し発汗速度は低下する。さらに血液と汗腺の浸透圧勾配が変化する。発汗によって失った水分を水で補給すると血漿浸透圧は低下し，発汗速度は元に戻る（Senay 1979）。しかし，最初に損失したナトリウムを補給・回復させない限り細胞外液は完全には元に戻らない（Takamata et al. 1994）。

3～4時間以内の運動では電解質飲料の有効性を支持するような結果はないが，4時間を越えるような長時間運動中では電解質飲料を摂取することで低ナトリウム血症を予防することができる。低ナトリウム血症とは血症の Na^+ 濃度が低下した状態（117mmol/L ～ 128mmol/L）で虚脱感，疲労感，精神錯乱，痙攣などの症状が認められる（Noakes et al. 1990）。運動中に電解質飲料を摂取しておくとこれらの症状を比較的軽度に抑えることができる。

また，糖質・電解質飲料の摂取により持久運動を長時間継続できるという結果があるが，高強度短時間運動を繰り返すような競技（サッカー，バスケットボール，ホッケー等）に対する電解質摂取の効果はよく知られていない。電解質不足により運動単位の動員パターンが悪化したり筋収縮能の機能が低下するといわれているが，高強度運動競技への影響の検討は今度の研究課題であろう。

要約

この章では脱水が生理機能と体温調節系に及ぼす影響について述べきた。この影響は軽度の脱水（体重の1%の減少）ですでに見られ，脱水が深刻になるにつれてひどくなる。脱水による有酸素運動パフォーマンスの低下は証明されており，40秒を越えるような高強度無酸素運動や高強度短時間運動を繰り返す運動でのパフォーマンス低下も確認されている。生理機能やパフォーマンス低下を抑制するためには体液バランスを保つことが重要である。また，飲料の風味と温度は摂取量を増加させるためには非常に重要である。さらに，脱水時に電解質葉著しく低下するが，3～4時間以内の運動時における電解質飲料摂取の効果は確認されていない。

第17章

エルゴジェニックエイド

> エルゴジェニックエイドは運動パフォーマンスを高めるためにアスリートが使用するものの総称であり，バイオメカニクス的，栄養的，薬理的，生理的，心理的なものに分類される。多くのエルゴジェニックエイドの使用は健康面，倫理面において問題があるとしてIOC，NCAA，NFLなどのスポーツ運営団体が注意を促し，禁止薬物・手法のリストを作成している。これらのエルゴジェニックエイドには副作用や潜在的リスクがあり，選手生命が絶たれる危険性もはらんでいるにもかかわらず，選手たちはこれらの薬物を使い続け，検出されない方法を模索している。様々な調査結果からエルゴジェニックエイドの使用はあらゆる競技のあらゆるレベルの選手にまで広がっていることがわかっている。この章ではその現状と近年アスリートの間で流行しているエルゴジェニックエイドについても述べる。
> 【訳者注】 本章で扱われているほとんどの物質は，現在，世界アンチドーピング機関によって禁止されているものである。詳細な規定に関しては，日本アンチドーピング機構のホームページ (http://www.anti-doping.or.jp/) を参照してほしい。

　エルゴジェニックエイドは運動パフォーマンスを高めるためにアスリートが使用するものの総称であり，バイオメカニクス的（生体力学的：ランニングシューズの軽量化），栄養的（タンパク質，ビタミン補給），薬理的（タンパク同化ステロイド，利尿薬），生理的（血液ドーピング），心理的（催眠）なものに分類される (Swirzinski et al. 2000; Williams 1992)。エルゴジェニックエイドは長い間パフォーマンスを高めるために使われてきたが，1954年にウィーンで行われたウエイトリフティングの大会までアメリカ国内ではほとんど調査されていなかった。当時アメリカチームの医師であったJohn Ziegler は旧ソビエト連邦のパワー系アスリートの間ではタンパク同化ステロイドが広く使用されており，成功を収めたほとんどのアスリートがステロイドを使用していたと報告している (Yesalis, Courson, and Wright 1993)。この他の多くの調査結果においてもステロイドや他の薬物を競技力維持・向上のために使用していたことがわかっている。過去50年間でアスリートのエルゴジェニックエイドの使用は増加の一方で，不幸なことにこのような薬物の使用による健康被害も確認されている。アンフェタミンの使用，血液ドーピングなど競技力向上のために使用したにもかかわらず，多くの死亡例も報告されているので

ある（Tricker and Connolly 1997）。

多くのエルゴジェニックエイドの使用は健康面，倫理面において問題があるとしてIOC, NCAA, NFLなどのスポーツ運営団体が注意を促し，禁止薬物・手法のリストを作成している。これらのエルゴジェニックエイドには副作用や潜在的リスクがあり，選手生命が絶たれる危険性もはらんでいるにもかかわらず，選手たちはこれらの薬物を使い続け，検出されない方法を模索している。

選手たちがそのリスクを理解しないままにこのような薬物使用を続ける理由は選手たちが本来持つ競争心と関係があるかもしれない。Bob Goldmanは著書"*Death in the Locker Room*"（1984）の中でワールドクラスのアスリート198人（オリンピック十種競技選手からミスターユニバースまで）からパフォーマンス向上のための薬物使用について繰り返し質問を行っている。「もし君がとてもすばらしい魔法のような薬を手に入れたとする。それを摂取すると毎回試合に勝つことができるような薬だ。しかし，この薬には一つ欠点がある。一度摂取すると5年後に死ぬんだ。君はそれでもこの薬を飲むかい？」この質問に対して，驚くような答えが返ってきた。半数以上のアスリート（52％）はその薬を飲むと答えた。この調査は科学的ではないが，同様の結果が他の調査からも得られている（Kerr 1982; Tricker and Connolly 1997; Yesalis 1993）。

様々な調査結果からエルゴジェニックエイドの使用はあらゆる競技のあらゆるレベルの選手にまで広がっていることがわかっている。90％のオリンピック選手がパフォーマンス向上のためのエルゴジェニックエイドを使用しており，プロのアメフト選手のタンパク同化ステロイドの使用は40〜90％にまで拡大している（Yesalis 1993）。しかし，IOC公認の研究施設での検査において陽性と判定されたのはわずか1〜3％である（Laure 1997）。多くのアスリートが薬物使用を隠蔽し，また，ペプチドホルモン（エリスロポエチンや成長ホルモンなど）のような尿から検出されない薬物を使用しているために，薬物使用の割合は高いという調査結果に反して，検査での陽性判定の検出率が低くなるのである。加えて，エルゴジェニックエイドとして使用されている多くの物質は禁止されたものではないため（クレアチン，アミノ酸，抗酸化物質等），検査項目に該当しない場合も多くみられる。また，選手各個人に禁止薬物の使用について直接回答を求めると使用率は5〜15％となる。しかし禁止薬物を使用している選手を知っているかと問いかけると使用率は15〜25％に増加する（Laure 1997）。この結果は多くの選手は自分がエルゴジェニックエイドを使用しているということをいいたがらないということを示している。NCAAの学生アスリートに関する調査では，禁止薬物であるタンパク同化ステロイドやアンフェタミンの使用はここ12年間で減少していると報告されている（図17.1）

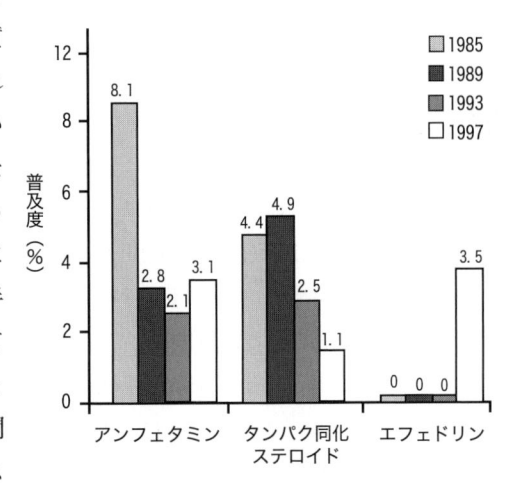

図17.1　大学スポーツ選手におけるエルゴジェニックドラッグの使用状況

（NCAA 1997のデータから）

(NCAA 1997)。しかし，禁止されていない試験中の薬物などの使用は確実に増加しているようである。

NCAA 1部に属するアスリートでは男子の48％，女子の4％がクレアチンの使用を認めた（LaBotz and Smith 1999）。種目別では，バスケットボール（81％），サッカー（71％）（以上男子），競泳（19％），バスケットボール（14％）（以上女子）の順に使用率が高かった。また，エルゴジェニックエイドは高校生アスリートにも蔓延している。アンフェタミンを大学時代に使用したアスリートの53％がこの薬物を高校時代から使用していたのである（NCAA 1997）。タンパク同化ステロイドに関しては25％の使用者が，また，エフェドリンに関しては37％の使用者が高校時代から使用していたのだ。

高校アメフト選手に対する最近の調査（n=170）では31％の選手がパフォーマンス向上のためのサプリメントを使用しており，13％の選手に関しては2種類以上のサプリメントを摂取している（Swirzinski et al. 2000）。サプリメントの使用理由は主に体重増加と筋の増強である。クレアチンは栄養的サプリメントを摂取する選手の間では群を抜いて有名なエルゴジェニックエイド（>90％）であった。なお，この調査では禁止薬物の使用状況については報告がされていないが，他の中高生の調査ではタンパク同化ステロイドの使用率は6％であった（Buckley et al. 1988）。また，タンパク同化ステロイドの使用者のほとんどがアメフト選手もしくはレスリング選手の3年生であるが，高校でタンパク同化ステロイドを使用している者の35％は学校主催の運動プログラム（部活）には属していないのである。また，NCAAの1997年の調査結果では大学生アスリートのタンパク同化ホルモンの使用率は低下していることがわかったが（図17.1），実際にはタンパク同化ステロイドに代わるもの（クレアチン等）の入手が非常に簡単になっているためにこのような結果になっているのかもしれない。

この章の残りの部分では最近アスリートの間で流行しているエルゴジェニックエイドについて述べる。最近は科学的根拠が確認される前にエルゴジェニックエイドが次々と市販されている状況であるため詳細を述べるのは難しいが，ここでは，クレアチン，タンパク同化ステロイド（アンドロステンジオンのようなタンパク同化前駆物質），エフェドリン，カフェイン，血液ドーピング，エリスロポエチン，β-ハイドロキシ-β-メチルブチレン（HMB）を紹介する。

1 クレアチン

クレアチンは，人体ではクレアチンリン酸（PC）の形で存在し，エネルギー代謝には不可欠である。PCはADPを再リン酸化し，ATP合成するのを助け，特に短時間の高強度運動時に働く。ADPは素早くリン酸化されATPに再合成されるが，その速度は筋中のクレアチンキナーゼとPCの働きに依存する。PC貯蔵量が枯渇すると高強度運動パフォーマンスは低下することが知られている（Tesch, Thorsson, and Fujitsuka 1989）。筋内PCの役割は以下の通りである。

- クレアチンキナーゼ反応を通じてADPを素早くリン酸化する（短時間の高強度運動中のATP再合成の材料となる）。
- ミトコンドリア（ATP合成場所）からATP利用場所（筋原線維など）へ高エネルギーリン

酸の輸送を促進する。
- 運動中の筋の酸性化を緩衝する（正味のPC加水分解では水素イオンが使われるため）。
- PC加水分解の生成物（クレアチンと無機リン酸）がグリコーゲン分解と他の異化経路を活性化する

　クレアチンは主に肝臓で体内合成される窒素有機化合物であり，腎臓や膵臓でも少量合成される。アルギニン，グリシン，メチオニンから合成される（Walker 1979）が，食事からも摂取することができ，肉や魚に多く含まれている。体内では98％が骨格筋に分布し，40％がクレアチン，60％がクレアチンリン酸の形で存在する（Heymsfield et al. 1983）。残りは心臓，脳，睾丸にも少量分布している。クレアチンは血液循環により合成組織から骨格筋に輸送され，血漿濃度は通常50〜100m/gm/mol/Lである（Harris, Soderlund, and Hultman 1992）。

[1] クレアチンサプリメント

　筋中PC濃度は平均125mmol/kg乾燥重量（90〜160mmol/kg乾燥重量）であり（Juhn and Tarnopolsky 1998），女性は男性よりわずかに濃度が高く，ベジタリアンは濃度が低い（Juhn and Tarnopolsky 1998）。クレアチンサプリメントの摂取により筋中クレアチン濃度は約20％高くなるといわれている（Febbraio et al. 1995; Hultman et al. 1996）が，その増加には上限があると思われる。筋中濃度が150〜160mmol/kg乾燥重量に達すると，それ以上サプリメントを摂取しても筋中濃度は増加しない（Balsom, Soderlund, and Ekblom 1994; Greenhaff 1995）。このことは「多ければよい」という哲学を信じているアスリートに対する重要な提言であり，サプリメントの適切な摂取量を決定することにも役立つ根拠である。

　クレアチンサプリメントの一般的な摂取法はローディング期に1日20〜25gの摂取を5日間続け，その後のメンテナンス期に1日2gを摂取する方法である。体重あたりで摂取量を決定する場合には，メンテナンス期に0.3g/kg体重の摂取が推奨されている（Hultman et al. 1996）。初期のローディングを行わずに1日3gの摂取を続けても時間はかかるが，筋中濃度は同程度まで上昇する（約30日間）。メンテナンス期の摂取量を継続して摂取すれば筋中濃度の維持は可能であり（Hultman et al. 1996），摂取を中止すると約4週間で元のレベルに戻る（Febbraio et al. 1995; Hultman et al. 1996）。

[2] クレアチン摂取と運動パフォーマンス

　クレアチンの研究が広く行われるようになってから数年が経過している。実際に，クレアチンサプリメントが広くアスリートに浸透していることから，このサプリメントの危険性と利点をより深く理解することが不可欠になっている。

　クレアチン摂取の筋力パフォーマンスへの効果に関しては一致した見解が得られている（Becque, Lochmann, and Melrose 2000; Brenner, Walberg-Rankin, and Sebolt 2000; Kreider et al. 1998; Pearson et al. 1999; Volek et al. 1999）。図17.2に大学アメフト選手（Division I所属）を対象とした研究結果を示した（Pearson and colleagues 1999）。5gのクレアチンまたはプラセボを10週間摂取させ（ローディング期は設けず），筋力の変化を比較したところ，ベンチプレス，スクワット，パワークリーンでクレアチン摂取群（それぞれ3.4％, 11.6％, 6.5％）はプラセボ群（−

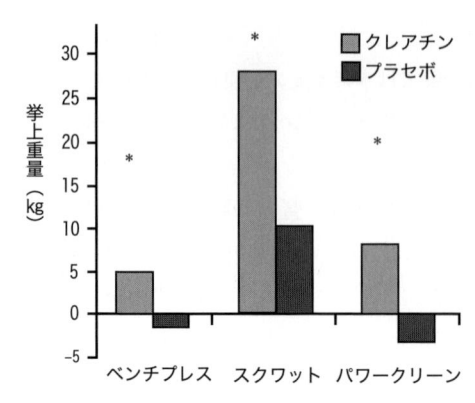

図17.2 クレアチン摂取が大学アメフト選手の筋力増強に与える効果
＊＝プラセボに比べて有意差あり
（Pearson et al. 1999 から引用）

1.1％，4.5％，－2.7％）より著しい筋力増加を示した。これは，経験的に筋力増加に限界を感じていたパワー系アスリートにとってもクレアチンの有効性を期待させるものである。

また，楽しむ程度にスポーツを行っている人にはクレアチンの摂取が効果的ではない可能性もある。トップアスリート以外の被験者での筋力増加が報告されている研究もある（Becque, Lochmann, and Melrose 2000）が，効果が確認できていない研究もあり（Syrotuik et al. 2000），一致した見解が得られていない。この結果の違いは，クレアチンの摂取期間に関係しているのかもしれない。効果が見られた試験では6週間の摂取であるのに対し，効果が見られなかった試験では4.5週間しか摂取していなかった。どちらの試験においても5日間のローディング期を設け，その後摂取量を減らしたメンテナンス期を設置していることから，結果の違いはトレーニング期間とサプリメント摂取期間に関係があると思われる。また，別の実験では，トップアスリートではないが筋力トレーニングを行っている男性に12週間クレアチンまたはプラセボを摂取させている（Volek and colleagues 1999）。両群とも筋力は増加したが，クレアチン摂取群でベンチプレスとスクワットの筋力増加が8％大きかった。トップアスリートがクレアチンを摂取し，トレーニングの質を高めることができれば（疲労軽減，回復促進），筋肉により有効的に刺激を与えることができ，トレーニング効果を高めることができると思われる。

クレアチン摂取の効果は単回の爆発的運動（短距離走やジャンプなど）には効果が見られなかったが（Cooke, Grandjean, and Barnes 1995; Dawson et al. 1995; Mujika et al. 1996; Odland et al. 1997; Snow, McKenna, et al. 1998），これらの研究ではローディングとして3～5日間摂取させているだけであった（Mujika et al. 1996; Odland et al. 1997; Snow, McKenna, et al. 1998）。一方，摂取期間を延長した場合（28～84日間）にはジャンプやパワー系パフォーマンスにも効果が見られているため（Hafe et al. 2000; Kreider et al. 1998; Volek et al. 1999），クレアチンはパフォーマンスに直接的に影響するというよりはトレーニング時に摂取するサプリメントとして効果があると思われる。クレアチンは無酸素競技系アスリートがトレーニングの質を向上させるために使用するのに適しており，結果としてパフォーマンス向上に結びつくが短期間にパフォーマンスを改善することはないと思われる。

[3] クレアチン摂取と体重変化

クレアチンは摂取期間に比例して体重増加を招く。図17.3にはクレアチン摂取期間と体重増加の様子を示した。この体重増加は主に脂肪以外の増加，特に体水分量の増加によるものと考えられている。筋中にクレアチン含量が増えたことにより細胞内の浸透圧勾配が変化し，結果として細胞に水が溜まり体重が増加していると考えられる（Volek and Kraemer 1996）。また，筋中クレアチン濃度の増加は筋収縮タンパク質の合成も促進する可能性がある（Balsom et al.

1993; Bessman and Savabi 1990)。

[4] クレアチン摂取と副作用

　体重増加は望ましくない副作用として扱われることがあるが（Schilling et al. 2001），クレアチンを摂取している多くのアスリートにとっては望ましい結果である。なぜなら，副作用は通常薬やサプリメントにより生じた身体の衰弱状態を指すので体重増加は副作用ではないと考えられているのだ。クレアチン摂取による副作用としては胃腸，心臓，筋などでの症状が報告されている（ACSM 2000b）。筋痙攣はクレアチン摂取との関係が取沙汰されているが，クレアチン

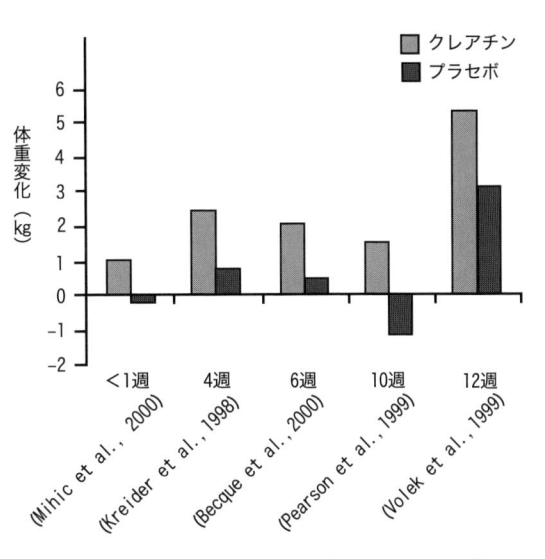

図 17.3　クレアチン摂取が筋量に与える影響

摂取による重大な副作用の報告はなく，比較的長期の摂取（10～12週間）であってもトップアスリート，スポーツ愛好者どちらにおいても副作用は報告されていない（Kreider et al. 1998; Volek et al. 1999）。

　しかし，さらに長期にわたる健康への影響も懸念されている。Schilling ら（2001）はクレアチンを4年間摂取していた引退選手または現役選手26名に対して健康面でのレトロスペクティブ研究を行っている。この研究結果ではクレアチン摂取によると思われる副作用はローディング期の胃腸の不具合のみで，その程度は放屁から軽度な下痢であった。この他の副作用として考えられるのはクレアチンに高濃度で含まれる窒素による腎臓の負担で，短期間の摂取でもクレアチニン排出量の増加が観察される（クレアチニン排出量の増加により腎機能の負担が増え，特に，糸球体濾過量が増加する）(Harris, Soderlund, and Hultman 1992)。しかし腎機能異常も短期(5日間)，長期（～5年）摂取の両方において観察されているわけではない（Poortmans et al. 1997; Poortmans and Francaux 1999）。

❷ タンパク同化ステロイド

　タンパク同化ステロイドは筋力と筋量を増加させるために最も広く使われているエルゴジェニックエイドのひとつである。男性ホルモン作用タンパク同化ステロイドが一般に最も知られており，男性ホルモンであるテストステロン様の働きをする。テストステロンの生理的作用は第2章に述べているが，簡潔にいうと，タンパク質合成を促進し，筋量，体重，筋力を増加させる。この男性ホルモン作用は男性の第二次性徴の一部である。

　テストステロンは主に睾丸の間質ライディッヒ細胞から分泌される。睾丸からは他の男性ホルモン作用タンパク同化様ステロイドホルモン（ジヒドロテストステロンやアンドロステンジオンなど）も生成されるが，テストステロンはかなり多量に生成されている。さらに，これらの男性ホルモンはごく少量だが副腎や卵巣からも分泌されている。分泌量は男性で10.4～

表 17.1　一般に使用されている経口または非経口摂取のタンパク同化ステロイド

経口薬		非経口薬	
商品名	一般名	商品名	一般名
ジアノボール	メタンドロステノロン	デカ–デュラボリン	ナンドロロン デカノテート
アナバー	オキサンドロロン	デラテストリル	テストステロン エナンテート
アナドトル	オキシメタノロン	デポ–テストステロン	テストステロン シピオネイト
ウィンストール	スタノゾロール	デュラボリン	ナンドロロン フェニルプロプリオネイト
マキシボリン	エチルエステレノール	プリモボリン–デポ	メタエノロン エナンテート
ハロテスティン	フルオキメステロン	パラボラン	トレボラン アセテート

34.7nmol/L，女性で 0.69～2.6nmol/L である（Chattoraj and Watts 1987）。テストステロンや他のステロイドホルモンはコレステロールから作られる。律速となるのはコレステロールから側差を切断しプレグネノロンを生成する過程である。プレグネノロンからテストステロンへの変換は二重結合の場所を移動する二経路のうちの一つを通して行われる。Δ-5 経路では C-5 と C-6 の間に二重結合が存在するが，Δ-4 経路では二重結合は C-4 と C-5 の間に存在する。男性では主に Δ-5 経路が優勢である（Hedge, Colby, and Goodman 1987）。このテストステロンの生合成経路の研究が今日の市場における多くのエルゴジェニックエイドに結びついているのである。これらのエルゴジェニックエイドの多くはテストステロンの前駆物質（アンドロステンジオンなど）でありこの章でさらに論議を深めていく。

実際には，テストステロンはそれ自体ではとても弱いエルゴジェニックエイドで，経口または非経口（注射）摂取のどちらにおいてもすぐに分解されてしまう（Wilson 1988）。テストステロンの血中濃度を長く維持し，低濃度の摂取でも男性化やタンパク同化の効果を得られるような科学的加工がされるようになったことで使用が可能になったのだ（Wilson 1988）。これらのリストを表 17.1 に示した。アスリートはこれら薬物の質には差があると主張するが，動物実験では質的に特に優れた薬物などは特定されていない（Wright and Stone 1993）。

[1] 投薬方法

外因的に生理的用量の範囲（睾丸や副腎などの臓器由来の内因性アンドロゲンと同程度の濃度）でアンドロゲンを投与しても負のフィードバックメカニズムにより体内のアンドロゲン生成を抑制するように働くだけである。このような投与方法では内因性由来のアンドロゲンに取って代わるだけである。また，一般男性であれば筋にあるテストステロン受容体は通常のアンドロゲン分泌でほぼ飽和状態である（Wilson 1988）。つまり，外因性アンドロゲン投与で何らかのエルゴジェニック効果を求めようとすると，薬理的濃度もしくはそれ以上の量を摂取しなければならない。また，除脂肪体重の変化とタンパク同化ステロイドの摂取量との関係を図 17.4 に示した（Forbes 1985）。

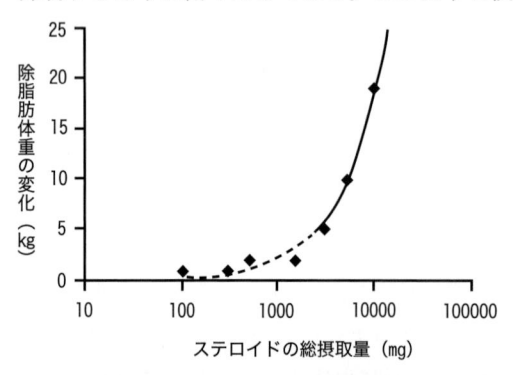

図 17.4　除脂肪体重とタンパク同化ステロイド摂取量の関係　　（Forbes 1985 から引用）

タンパク同化ステロイドを使用する多くの

アスリートが何種類かの異なるステロイドを同時に使用するスタッキングと呼ばれる投薬方法を採用している（Alen, Reinila, and Vihko 1985）。使用者の多くは周期性パターンに則って薬物を使用する。周期性パターンとは数週間から数ヶ月の周期で投与と非投与を繰り返すというものである。投与期間中は毎日同量投与かピラミッドパターン（投与初期は少量で徐々に投与量を増加させるパターン）かのどちらかを採用する。投与期終盤には投与量を減少させる。周期性パターンで投与するのは，予想される副作用を最小限に抑えるためであり，ピラミッド的に投与量を減少させるのは負のフィードバックメカニズムにより停止している内因性アンドロゲン生成を徐々に復活させるためである。しかし，これらの手法の科学的根拠は確認されていない。

[2] 筋力と筋量へのタンパク同化ステロイドの効果

タンパク同化ステロイドの摂取はまず西ヨーロッパで流行し，その後，他の国へと広まった。そして，筋力や筋量への効果が科学的，医学的見地から調査され始めたのだ。初期の研究ではプラセボと比較して筋力，筋量ともに有意な効果が認められなかったため（Fahey and Brown 1973; Fowler, Gardner, and Egstrom 1965; Golding, Freydinger, and Fishel 1974; Loughton and Ruhling 1977; Stromme, Meen, and Aakvaag 1974），タンパク同化ステロイドの運動パフォーマンスへの効果はほとんどないといわれていた。この結果はスポーツ現場のアスリートからあげられる感想と食い違っていたが，研究の中にいくつかの方法論的欠点が見えてきた。投与量に関しては現場アスリートが薬理量を超えた投与量であるのに対し，研究では生理的量の投与量であった。要するに，研究では内因性のアンドロゲン生成を停止し外因性のものに取って代わられただけなのである。また筋力測定の方法にも問題があり，トレーニングと違う運動様式で筋力を測定している研究があった。これではステロイドの効果が見られたとしてもマスキングしてしまう可能性がある。また，筋力トレーニング未経験者を被験者としている研究もある。筋力トレーニングをそれほど行っていない者は潜在的筋力増加量が大きく，パフォーマンスを高めるようなサプリメントを摂らなくても十分筋力は増加してしまうため，このような実験の被験者としては適切ではなかったのだ。

実際に，筋力トレーニング経験者におけるアンドロゲン投与の効果を確認した研究では筋力，筋量ともに有意な増加が認められている（Alen, Hakkinen, and Komi 1984; Alen, Reinila, and Vihko 1985; Hervey et al. 1981; O'Shea 1971; Stamford and Moffatt 1974; Ward 1973）。よく鍛練された重量挙げ選手の筋力増加量は，初心者重量挙げ選手に比べて小さいが，タンパク同化ステロイド投与群の筋力は非投与群に比べて2～3倍増加している（図17.5）（Hervey et al. 1981; Ward 1973）。これらの研究では，筋力トレーニングを5～6週間行わせタンパク同化ステロイドの効果をプラセボと比較して確認しており，比較的短期間の投与でも筋力に顕著な差が認められた。しかし，注意すべき点はこれらの実験では筋力系／パワー系のトップアスリートではなく，趣味程度に筋力トレーニングを行っている選手を対象としているということである。筋力系競技選手やボディビルダーを対象とした実験はごくわずかしか行われていない。ある先行研究では，タンパク同化ステロイドを1年間投与したエリートボディビルダーの調査を行っている（Alen and Hakkinen 1985）。この調査では，筋力が投与期には増加するが，非投与期には低下するという結果であった。トップアスリートを対象としたきちんとコントロールされた研

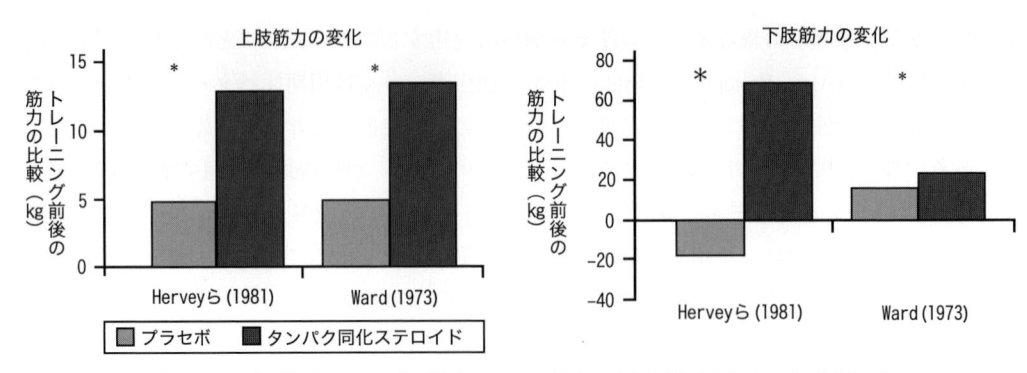

図17.5　短期間のタンパク同化ステロイドの使用が筋力増強に及ぼす効果
＊＝群間で有意差あり（Hervey et al. 1981; Ward 1973から引用）

究は未だになく，調査報告がいくつかある程度である。

　薬理量のタンパク同化ステロイドを投与した場合には筋タンパク合成の活性化が確認されている（Griggs et al. 1989）。この筋タンパクの合成は，トレーニング経験者，競技アスリートの両方で確認されており，体重と除脂肪体重の増加に寄与すると考えられている（Alen, Reinila, and Vihko 1985; Hervey et al. 1981; O'Sea 1971; Stamford and Moffatt 1974; Ward 1973）。パワーリフティングの選手を対象とした研究では，26週間のタンパク同化ステロイドの投与で体重が5 kg以上増加したが（Alen, Reinila, and Vihko 1985），パワーリフターとボディビルダーで構成されたコントロール群では体重の増加は見られなかった。また，タンパク同化ステロイド投与による除脂肪体重の変化は見られないとする研究が多い（Crist, Stackpole, and Peake 1983; Fahey and Brown 1973; Fowler, Gardner, and Egstrom 1965）が，筋力トレーニングとタンパク同化ステロイドの投与，適切な食事を組み合わせることで除脂肪体重は増加すると考えられている（Lombardo 1993）。

　筋力や除脂肪体重増加のメカニズムはタンパク合成の促進と高強度トレーニング時の異化の抑制と考えられる。アンドロゲン投与による体タンパク異化の抑制はテストステロン／コルチゾル比（T/C比）の変化に反映される（Rozenek et al. 1990）。T/C比が高ければ体内の同化が促進されており，高強度トレーニングの質と量を維持できるだけでなく，運動時の回復も促進される（Wright and Stone 1993）。つまり，より高強度で長時間のトレーニングを維持できれば，筋が刺激され，結果的にトレーニング効果も大きくなる。このようにアンドロゲンはパフォーマンスと筋量に対して間接的効果を示すと思われる。

[3] タンパク同化ステロイドに関連した副作用

　タンパク同化ステロイドに関しては多くの副作用が報告されている。これらの副作用の多くは調査などを基にしており厳密な研究結果とはいいがたい。また，その重篤性も様々であり，肌の変化（抜け毛，にきび）から致命的事態（肝腫瘍など）にまで及んでおり，一時的なもの（脂肪上体の変化や高血圧）から恒久的なもの（女性の声変わり）まである。副作用のリスクは使用するアンドロゲンのタイプにより異なり（Friedl 1993），代謝の差異によると考えられているが未だにそのメカニズムは明らかでない。

　タンパク同化ステロイド使用による健康上のリスクには以下のものがあげられている。

- HDL コレステロール（高比重リポタンパク質）の減少
- コレステロールの増加
- 肝腫瘍と肝損傷のリスク上昇
- 男性の女性化乳房
- 高血圧
- 精子数の減少
- にきび
- 女性の声変わり
- 陰核の拡大
- 男性型抜け毛症
- 女性の顔ひげ
- 多毛症
- 精巣萎縮
- 精神病症状
- 攻撃性の上昇
- 汚染された針によるAIDSリスクの増加

　よく知られた副作用は体表面の変化であり，抜け毛，にきび，女性化乳房などがあげられる（Friedl 1993）。抜け毛は男性に起こる現象で遺伝的素因により髪の毛が抜ける。にきびは男性ホルモン作用により皮脂腺サイズの膨張と分泌量の増加が起こり，見られる症状である。男性の女性化乳房（女性のように乳房が発達すること）は増加したテストステロンがエストロゲンに変換されることにより起こる。

　攻撃性，興奮性の増加といった心理的，行動的変化も報告されている（Pope and Katz 1988; Rejeski et al. 1988; Silvester 1995; Strauss et al. 1983; Yesalis et al. 1990）。これらの心理的変化にはメリット（覚醒，自発性の改善，高揚感など）とデメリット（攻撃性，躁鬱，精神病の発症）とがあるといわれている。タンパク同化ステロイド使用経験者の59％が主観的に行動変化を感じた（攻撃性，興奮性の増加）という報告があり（Silvester 1995），他の研究でも同様の心理的変化が報告されている（Pope and Katz 1988）。しかし，心理的変化への影響を検討している研究には方法上の問題（サンプル数の不足，対照群の欠如，数種類の異なったステロイドの使用，被験者の選定ミス）があることが指摘されており（Bahrke 1993），詳細は未だ不明である。また，筋力系/パワー系アスリートでタンパク同化ステロイドの使用により怒りや敵対行為が増加したと報告されているが（Wright et al. 1993），タンパク同化ステロイドを投与していない場合でも非競技者と比較すると怒りや敵対のスコアは高い傾向にあったとも報告している。つまり，タンパク同化ステロイドの使用と心理的変化の因果関係は認められていない。また，ステロイドの使用を中止した後の回復期に心理的，行動変化を経験した者もいるようである（Bahrke 1993）。

　タンパク同化ステロイドは心臓血管系の病気や肝機能障害のリスクも高めることが知られている。報告が多いのは，HDLコレステロールの減少と総コレステロールの上昇であり（Friedl 1993），アンドロゲンによる血清脂質制御のための肝臓の酵素の活性化に関連すると考えられている（Alen and Rahkila 1988）。肝臓はアンドロゲン主要標的組織でありステロイド代謝臓器

でもあるので，タンパク同化ステロイドの使用が肝機能低下を招くとする報告もある（Alen 1985）。しかしながら，これらのリスク要因に関連する長期的影響については未だよく理解されていない。

3 テストステロン前駆物質
（アンドロステネジオンとデヒドロエピアンドロステロン）

テストステロン前駆物質も今日広く使われているエルゴジェニックエイドである。プロ野球選手であるマークマグワイヤーがシーズン中にアンドロステネジオンを使用し，ホームラン記録を更新して以来これらのサプリメントの使用は飛躍的に増加した。アンドロステネジオンは店頭で手軽に買えることから市場規模は500万ドルから1億万ドルにまで拡大している（Sica and Johns 1999）。

テストステロン前駆物質のエルゴジェニックエイドとしての研究は1962年にまで遡る（Mahesh and Greenblatt 1962）。健康な女性に100mgのアンドロステネジオンもしくはデヒドロエピアンドロステロン（DHEA）を摂取させると，急激にテストステロン濃度が上昇し，アンドロステネジオンではDHEAよりもその上昇が約3倍も大きかった。つまり，これらのサプリメントを摂取すると，タンパク同化ステロイドを摂取した場合と同様のテストステロン濃度の上昇とそれに続くパフォーマンスの向上が得られると考えられる。現在では，IOCやNCAA，NFLなど多くのプロ組織でこれらのテストステロン前駆物質の使用を禁止している。現在までにこれら物質の効果に関する研究はほとんどなかったが，メディアで取り上げられるようになってから徐々に研究されるようになってきたのである。

最近の研究では，中年男性に3ヶ月間筋力トレーニングを課し，DHEAもしくはアンドロステネジオンを100mgを摂取させた。その結果，パフォーマンス（ベンチプレス，レッグプレスの1RM，持久能力，身体組成）には差が見られず，タンパク同化ステロイド使用に関係すると思われる健康リスクにも差が認められなかった（Wallace et al. 1999）。また，DHEA 150mgを若年男性（19～29歳）に2週間摂取，1週間非摂取のサイクルで8週間摂取させたが，筋力，除脂肪体重ともに増加が見られず，血清テストステロン，エストロン，エストラジオール，脂質の各濃度にも変化は見られなかった（Brown et al. 1999）。同様のプロトコールでアンドロステネジオンを300mgに増加させた場合でも筋力，筋量，テストステロン濃度には変化が認められなかったが，血清エストラジオールとエストロン濃度の上昇，HDLコレステロールの低下が観察された（King et al. 1999）。この結果は，これらのサプリメントの摂取はパフォーマンスには効果がないにもかかわらず，健康リスクは増加する可能性があることを示唆している。

これらの結果からテストステロン前駆物質の摂取ではタンパク同化ステロイドの摂取と同様の効果は期待できないことが示された。テストステロン前駆物質の摂取によるテストステロン濃度への効果は未だに確認されていない。テストステロン濃度の上昇が認められているのは1962年のMaheshらの研究での中年女性に対する検討試験の一つだけである。特に男性においてテストステロン前駆物質の摂取によるテストステロン濃度の上昇は観察されていない。さらに留意すべきは，これらの実験はトップアスリートを対象としていないのである。他の男性

ホルモン作用サプリメントと同様に，競技アスリートを対象とすると，ある程度一致した結果が得られると思われるが，競技レベルまで達していない運動愛好者が摂取した場合，パフォーマンスへの効果に関しては一致した見解が得られない。

4 クレンブテロール

クレンブテロールは逆流気管支狭窄に使用されている β_2 作用薬であるが，動物実験で筋タンパク質合成促進効果が検証されたため（MacRae et al. 1988; Reeds et al. 1986），最近ではアスリートが除脂肪体重増加や皮下脂肪減少の目的で使用している（Prather et al. 1995）。ヒトでの実験は限定的あるが，筋力への効果が示唆されている（Maltin et al. 1993; Martineau et al. 1992）。クレンブテロールのエルゴジェニックエイドとしての使用法は周期的（3週間の摂取，3週間の非摂取，摂取期間中は2日間摂取し，2日間非摂取というサイクルを繰り返す）に1日2回摂取することが推奨されている（Prather et al. 1995）。この使用方法により β_2 受容体ダウンレギュレーション（下方制御）を避けられると信じられている。気管支狭窄の症状緩和のためには通常吸入が用いられるが，アスリートはクレンブテロールをカプセルで摂取するのが普通である。クレンブテロール摂取による副作用は数多く報告されている（一時的な頻脈，異常高熱，震え，幻暈，動悸，倦怠感）が，実際に文書化された事例は少ない。クレンブテロールをエルゴジェニックエイドとして検討したデータも少ないため，効果があるとはいいがたいのが実情である。

5 カフェイン／エフェドリン

カフェインは世界で最も使用されている物質の一つであり，コーヒーや紅茶，ソフトドリンク，チョコレートなど多くの食品に含まれている。中枢神経系を刺激する点ではアンフェタミンに似ているがその作用は弱い。カフェインは30年以上パフォーマンス向上のために使用されており，パワー系・持久系アスリートのどちらにも使われている数少ないエルゴジェニックエイドである。持久系アスリートは持久力への効果を期待してカフェインを使用している。そのメカニズムは，脂肪組織や筋肉に貯蔵された脂肪から遊離脂肪酸を動員し，脂質酸化を高めることである（Spriet 1995b）。脂質を主要エネルギー基質として利用することができればグリコーゲンの枯渇，そして疲労を遅延することができる。また，高強度短時間運動時はカフェインはパワー産生を刺激する効果がある。興奮収縮連関を刺激し，神経筋電導に影響をもたらし，筋小胞体からの細胞内カルシウムイオンの遊離を促進する（Tarnopolsky 1994）。さらに，カフェインはリン酸化酵素のような解糖系律速酵素も活性化する（Spriet 1995a）。

カフェイン摂取の持久運動への効果を最初に検討した研究では，80% $\dot{V}O_2$max での自転車運動がカフェイン摂取により運動時間が21分延長したと報告している（プラセボ摂取群：75分，カフェイン摂取群：96分）(Costill, Dalsky, and Fink 1978)。その後の研究でも，これと同様の結果が多く報告されており，カフェインの持久運動への効果はかなり確かなものであると考えられる（Essig, Costill, and Van Handel 1980; Graham and Spriet 1995; Ivy et al. 1979; Spriet et al. 1992）。これらの研究での摂取量は 3～9mg/kg 体重（70kgの人でコーヒーを1.5～3.5杯分）で

ある。

　同様の効果が高強度短時間（5分程度）運動でも確認されているが（Bruce et al. 2000; Jackman et al. 1996），瞬発系，パワー系パフォーマンスでの効果はそれほど明確になっていない。実際に，スポーツ愛好者を被験者とした先行研究ではパワーパフォーマンスに効果が認められなかった（Collomp et al. 1991; Greer, McLean, and Graham 1998）。ところが，トップスイマーにカフェイン（250mg）を摂取させ，100mスプリントを20分の休息を挟んで2本行わせたところ，記録がそれぞれ2％および4％縮まったと報告されているのだ（Collomp et al. 1992）。また，6秒スプリントを繰り返すプロトコールでもパワーパフォーマンスが7％（$p<0.05$）改善した（Anselme et al. 1992）。持久運動への効果を検討した研究に比べ，瞬発系，パワー系パフォーマンスへの効果を検討した研究は少ないため，パワー系パフォーマンスへのカフェイン摂取のエルゴジェニック効果はまだ決定的なものであるとはいえない。

　最近では，コーヒーを摂取することでカフェインタブレット摂取と同様の効果が得られるかどうかが検討されている（Graham, Hibbert, and Sathasivam 1998）。コーヒーで摂取するカフェインではカフェインタブレットと同様の効果は得られず，コーヒー中のカフェインと単独摂取するカフェインとで生体利用効率に差はないが，コーヒーに含まれる何らかの物質が持久パフォーマンス向上を阻害するようである。

　カフェインの副作用はよく知られており，不安神経症，胃腸不良，情緒不安定，不眠，震え，不整脈などがある。なお，カフェインには利尿作用があるため，熱暑での運動中の摂取は危険である。また，長期に及ぶカフェインの摂取は中毒性があり，摂取を中止すると禁断症状が現れる。カフェインを9mg/kg体重以上摂取すると副作用のリスクがかなり高まる（Spriet 1995b）。

　β_2作用薬として特にボディビルダーの間で有名なのがエフェドリンである（Gruber and Pope 1998; Philips 1997）。エフェドリンはボディビルダーが求める体脂肪減少を促す強い発熱作用があると考えられており，カフェインと併用摂取される場合もある（Phillips 1997）。カフェインと同様に，脂質酸化を促進し，筋グリコーゲン利用を抑制する作用があり，カフェインと併用した場合にのみエルゴジェニック効果が確認されている（Bell, Jacobs, and Zamecnik 1998），特に持久パフォーマンスにおける効果は確実である（Bell and Jacobs 1999; Bell, Jacobs, et al. 2000）。しかし，5mg/kg体重のカフェインと1mg/kg体重のエフェドリンの混合摂取では25％の被験者が運動後に悪心嘔吐を訴えた（Bell and Jacobs 1999）。4mg/kg体重のカフェインと0.8mg/kg体重のエフェドリンに減らすと，特に副作用はなく，摂取量が多い場合と同程度のエルゴジェニック効果が得られた（Bell, Jacobs, et al. 2000）。カフェインとエフェドリンはそれぞれ単独で摂取するよりも同時摂取したほうが効果が得られそうである。

6 βヒドロキシ-β-メチルブチレート

　βヒドロキシ-β-メチルブチレート（HMB）はアミノ酸ロイシンの誘導体であるαケトイソカプロエイトである。比較的新しいエルゴジェニックエイドであり，タンパク同化作用と脂質代謝への効果を期待して，特にボディビルダーの間で人気であるが（Phillips 1997），その結果を裏づける研究結果はほとんど得られていない。HMB摂取による抗異化作用は動物と

人の両方で確認されており（Sapir et al. 1974; Tischler, Desautels, and Goldberg 1982），HMBが高負荷筋の筋ダメージを抑制し，回復を促進するように作用すると考えられている（Nissen and Abumrad 1997）。しかし，パフォーマンスへの効果を検討した研究は少ない。非鍛練者にHMB摂取と4週間の筋力トレーニングを課した結果，筋力と除脂肪体重が有意に増加した（Nissen et al. 1996）。さらに，その後の研究で同じく非鍛練者にHMB摂取と8週間の筋力トレーニングを課したところ10種の運動様式の1RMの上昇の割合がプラセボ群に比較して高いという結果が得られた（それぞれ，HMB群：43.5〜45.5％，プラセボ群：32.5％の増加，$p>0.05$）（Gallagher et al. 2000a）。これらの結果から，HMBの摂取がパフォーマンスを向上させる可能性はありそうである。また，8週間のHMB摂取においても，肝酵素機能，脂質プロフィール，腎機能，免疫システムに悪影響は観察されていない（Gallagher et al. 2000b）。このサプリメントの人気の高まりを鑑みるに，今後，さらなる効果の検討と副作用のモニタリングを続けるべきであろう。

7 炭酸水素ナトリウム

高強度運動時，筋中乳酸の上昇により水素イオン（H^+）が蓄積し，筋pHが低下する。筋アシドーシス（酸性化）は興奮収縮連関とクロスブリッジサイクルの機能障害およびATP再合成に必要な解糖系酵素（ホスフォフルクトキナーゼ）の阻害を起こし，張力発揮を低下させる（Heigenhauser and Jones 1991）。このように高強度運動時には細胞内が高濃度のアシドーシスになるため，体内の重炭酸イオン緩衝系を高める目的で炭酸水素ナトリウムが摂取されている。

多くの研究によって重炭酸ローディングによる瞬発系，パワー系パフォーマンスの向上が確認されている。最大努力運動時の疲労軽減が確認されてはいるが（Costill et al. 1984; Goldfinch, McNaughton, and Davies 1988; Wilkes, Gledhill, and Smyth 1983），それ以上に重炭酸ローディングの効果はないとする研究結果が多い（Gaitanos et al. 1991; Horswill et al. 1988; Katz et al. 1984; Kozak-Collins, Burke, and Schoene 1994; Tiryaki and Atterbom 1995）。また，筋力トレーニング時の炭酸水素ナトリウムの摂取においては疲労を遅延させる効果が観察されている（Portington et al. 1998; Webster et al. 1993）が，パフォーマンスの低下を抑制（レッグプレスの4〜5セットの総挙上数〈1RMの70〜85％で約12回挙上〉）する効果は認められなかった。この研究の被験者はウエイトリフターでもボディビルダーでもないため，このサプリメントが競技アスリートに効果的であるかどうかは未だ不明である。

1.0〜7.5分の高強度運動パフォーマンスにおいては0.3g/kg体重の炭酸水素ナトリウムの摂取が推奨されている（Heigenhauser and Jones 1991）。トレーニングによる代謝系の違いや摂取方法の違いにより結果は異なるが，全体を通していえるのは多くの実験ではエルゴジェニックエイドの効果が出やすい非競技者を被験者としているため，競技者への効果については十分確認できていないということである。

炭酸水素ナトリウム摂取の副作用は少ないが，炭酸水素ナトリウムと一緒に摂取する多量の水分により吐き気，下痢，膨満感などの胃腸不良が報告されている（Heigenhauser and Jones 1991）。長期的症状は認められていないが，生理的変化の一つとして血漿カリウム濃度の低下

が見られ，不整脈に陥る可能性も示唆されている（Heigenhauser and Jones 1991）。

8 血液ドーピング

　ここ20年間でオリンピック，各種世界大会，競技大会などでの持久系アスリートの血液ドーピングに関する調査報告が増えている。血液ドーピングは一定量の血液を取り出し，赤血球を凍結させておき，赤血球数回復後に生理食塩水中に溶解した赤血球を再注入する手法である。血液ドーピングの目的は血液量あたりの赤血球数を増加させ，活動筋へ運搬される酸素量を増やし，最大酸素摂取量を増加させることによって持久パフォーマンスを向上させることである。

　血液ドーピングによる$\dot{V}O_2max$の増加と持久パフォーマンスの向上は多くの試験で裏づけられている（Buick et al. 1980; Robertson et al. 1984; Sawka et al. 1987; Thomson et al. 1983）。2～4ユニット（1ユニット～450ml）の血液の再注入で対照群に比較して$\dot{V}O_2max$の5～13%の向上が報告されている。Spriet（1991）はレースタイムへの血液ドーピングの効果を検討した研究結果を集めて分析をした。その結果，2ユニットの血液再注入により，2km走で7秒，6km走で30秒，10km走で68秒の記録短縮の可能性が示唆された（図17.6）。これらのデータでは，$\dot{V}O_2max$と持久パフォーマンスの両方が改善されていた。

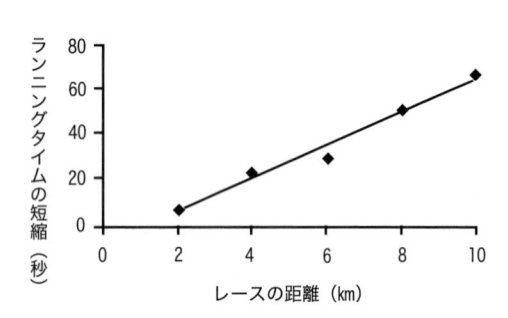

図17.6　血液ドーピングのランニングタイムへの効果
（Goforth et al. 1982; Spriet 1991; Williams et al. 1981のデータによる）

　しかし，血液ドーピングは輸血を行うため肝炎やAIDS感染のリスクがある。自己血ではない輸血も可能で，1984年のオリンピックでは相同輸血（家族からの輸血）が報告されているが（Spriet 1991），相同輸血では感染リスクはさらに高まる。また，血液再注入は心臓血管系に過負荷がかかり，血液粘性が高まる可能性がある。血液粘性が高まると血液凝固が起こり，心臓病のリスクが高まるため注意が必要である。

9 エリスロポエチン

　多くの持久系アスリートは血液ドーピングに代わる方法としてエリスロポエチン投与を行っている。エリスロポエチン（EPO）は腎臓で合成されるホルモンで，赤血球合成を刺激する。高所曝露で赤血球量が増加するのはこのホルモンの働きによるが（第20章参照），EPOがアスリートに及ぼす影響を調査する研究はあまり進んでいない。6週間のEPO注射でヘモグロビン濃度が10%，持久能力が6～8%，疲労困憊までの時間が17%増加することが確認されている（Ekblom and Berglund 1991）。興味深いことに，持久能力と疲労困憊までの時間はほとんど一致すると報告されている。しかしこの実験の4ヶ月前には15名中7名が赤血球を再注入している（血液ドーピング）ため，EPO単独の効果は不明である。

　EPO注射は大きなリスクを伴う。自転車競技者においてEPO注射により多くの死亡例があ

るが（Gareau et al. 1996），申し立ては確認されていない。EPO 使用の一番のリスクは血液ドーピングと比較した場合の予見可能性の欠如にあると思われる。一度 EPO を注入すると体はもはや赤血球合成を制御できない。この結果，血液合成が促進され，血液凝固，心臓病へのリスクが高まるのである。

10 βブロッカー

βブロッカーはβアドレナリン受容体をブロックする薬物群で，カテコールアミン（ノルエピネフリン，エピネフリン）の結合を抑制するため，通常は心臓専門医が高血圧を含む様々な心臓血管系疾患の患者に処方するものである。この薬のエルゴジェニック効果は運動中の不安や震えを抑制することである。平常状態を維持し，手元のブレをコントロールしたい競技者（アーチェリーや射撃の選手）はこの薬の恩恵に与れるであろう。また，βブロッカーはβ受容体の上流制御により持久運動における生理的適応を促進するとされており（Williams 1991），いったん投与をやめると，激しい運動中の交感神経放電(収縮反応)が過度に作用する可能性がある。

βブロッカーが射撃の正確性を高めることは確認されている（Antal and Good 1980; Kruse et al. 1986; Tesch 1985）。摂取量がパフォーマンス改善の程度に影響し，80mg もしくは 40mg のオキシプレノロールを摂取した場合，用量が多いほうが正確性に優れていた（Antal and Good 1980）。ボウリング競技において，オキシプレノール（βブロッカー薬）を使用してパフォーマンスが改善された競技者は薬の使用にもかかわらず，パフォーマンスが改善されなかった者と比較して運動前，中，後の心拍数が有意に高かったと報告されている。

βブロッカーはエルゴライティック効果（パフォーマンスを低下させる）を持つ可能性もある。βブロッカーの投与により，心臓血管系反応が低下し，活動筋への酸素や基質の運搬が減少することが確認されている（Williams 1991）。また，喘息患者の気管支痙攣，立ち眩み（血圧低下による），疲労増加，II 型糖尿病患者の低血糖（βブロッカーはインスリン分泌を促進する）などの症状とも関係がある。

要約

エルゴジェニックエイドの使用はあらゆる競技のあらゆるレベルのアスリートに広まっており，サプリメントを習慣的に摂取するようになるのは高校生からだといわれている。この章では今日使用されている主要なサプリメントについて述べてきた。多くの研究結果が得られているものもあれば，未だほとんど研究されていないものもある。エルゴジェニックエイドの研究の問題点はアスリートの実際の使用量と研究での使用量の違いにあると思われる。ほとんどの研究機関の審査委員会は FDA で定める量を超える使用量や被験者にリスクが生じる可能性がある実験を禁じている。また，研究者がサプリメントを日常的に使用しているトップアスリートと接点がないことも事実であり，多くの研究ではスポーツを楽しむ程度に行っている者を被験者としているため一致した結果が得られにくい。このような実験で得られた結果は，実際にサプリメントを使用しているアスリートには適用されない可能性があり，結果を鵜呑みにはできない。

第IV部

環境要因

第18章

暑熱環境下における運動

　運動中の代謝率は，安静時の5〜15倍になる。代謝率が高ければ高いほど，より多くの熱が産生されるが（代謝されるすべてのエネルギーの約80％は，熱へと変換される），これは，体内における熱バランスを維持するために熱を発散しなければならないことが原因である。このような働きは，体内の深部温を維持するための体温調節機構に大きな負担をかける。もし運動が，暑熱環境下で行われるならば，体温調節機構にかかる負担はさらに大きなものとなる。この身体的負担の度合は，個人の暑熱環境への順化の度合，フィットネスレベル，体内の水分保有量など様々な要素により決まってくる。これらの要素は，選手のパフォーマンスにも大きな影響を与える。暑熱環境のように過酷な条件下での運動は，選手の健康を害する危険性もある。

　この章では，暑熱環境下での運動が身体にどのような影響を与えるかを学び，暑熱環境下での運動により起こりうる生理学的変化と選手のパフォーマンスに与える影響に関して論じていく。それに付け加え，熱中症のメカニズムに関して学び，熱中症のリスクを最小限に抑えるために選手が注意すべき点について述べていく。

1 暑熱環境下での運動に対する生理学的応答

　暑熱環境下での運動中，深部温は急速に上昇する。この上昇は，運動で産生される代謝熱の上昇と相関している。放熱が熱産生に追いつくまで深部温は上昇し続ける。いったん，放熱が熱産生に追いつくと深部温は，定常状態になる（Sawka et al. 1993）。運動中の体温調整で最も重要なのは，身体から熱を放散することである。もし，高体温（hyperthermia）をコントロールできなければ，体温は，致死レベルまで上昇する可能性も出てくる。視床下部で熱のシグナルを受けると，深部温は上昇する。視床下部の温度調節中枢は，このようなシグナルを受けることにより温度の恒常性が崩れたと認識し深部温を元のレベルに戻そうと働くのである。深部温を低下させるために，①汗腺による発汗の促進，②末梢への血流増加（皮膚の細動脈の平滑筋が弛緩し血管拡張を起こすことにより起こる）が起こる。また，脳は放熱を促すために内臓への血流を減少させる代わりに皮膚への血流を増やす司令を出す。

[1] 身体はどのように放熱するのか

体温は，気化もしくは非気化（nonevaporative）により外界へ熱を放散する。気化による放熱として発汗により起こる水分の蒸発も含まれる。高温かつ湿度の低い環境では，気化による放熱が 85〜90％を占める（Adams et al. 1975）。ところが，高温多湿の環境（50〜70％より上の湿度）になると気化による放熱が難しくなり，より多くの熱が身体に滞ってしまう。高温多湿の条件で，皮膚は熱く赤くなるが，これは皮膚への血流が増加していることを示す。こうなってくると身体は，放熱するために非気化（nonevaporative）による方法に頼らなければならない。非気化（nonevaporative）による放熱は，熱伝導（conduction），放射熱（radiation），対流（conversion）などの効果が複合する結果起こる。熱伝導（conduction）とは，二つの固体の表面が接触することにより熱交換が起こることである。熱伝導率は，二つの固体の表面における温度差により決定される。通常，運動中に直接何らかの固体に接触するのは，せいぜいグランドの表面ぐらいで，運動中の熱伝導による放熱がされることはほとんどない。ほとんどの状況で，熱伝導による放熱は全体の 2％に満たないといわれている（Armstrong 2000）。熱伝導のたとえとしてよく用いられるのが，冬山でのキャンプである。登山者が，雪面に寝ると雪と身体の間で熱交換が起こるので，朝には雪面が溶けテントの床が沈んでいる状況が見られる。これは，熱伝導により登山者の体温と雪の間で熱伝導が起こったことを示す。

放射熱（radiation）は，ある物体から発散されたエネルギー波が移動し，他の物体に吸収されることにより起こる（Armstrong 2000）。対流（convection）は，物体の表面と流体の媒体の間で起こる熱交換である。空気と汗のような体液の間では，対流（convection）により熱の放散が起こる。前述したように，高温多湿の環境になると気化による放熱がされにくくなる。このような環境において，身体は，放射熱（radiation）や対流（convection）による放熱に頼らざるえなくなる。図 18.1 には，運動中に起こりうる熱交換の方法を記した。

常に熱を放熱することができる気化と違い，放射熱と対流による体温の放熱の効率は，周

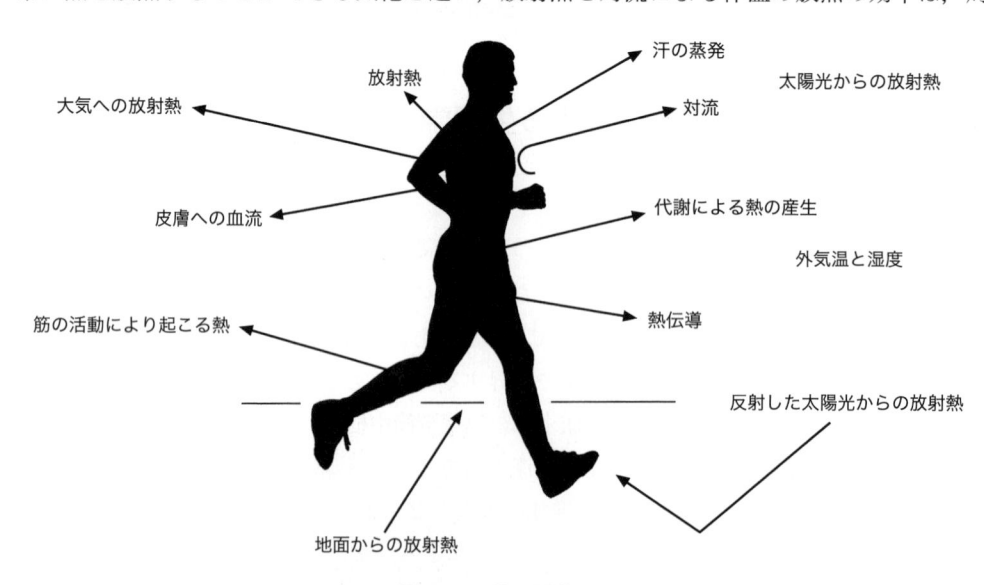

図 18.1　熱の調節

囲温度により変わってくる。皮膚温は，通常34～37℃であるので，もし周囲温度が38℃を超えると体温の上昇が始まる。周囲温度が38℃を超え，湿度が高い状況になると気化，非気化（nonevaporative），いずれの方法においても，体温を放熱することは難しくなってくる。このような環境下において，スポーツ選手が，熱中症になる可能性は非常に高くなるのである。

[2] 暑熱環境下での運動に対する心臓血管系の応答

　暑熱環境下での運動中には皮膚への血流量が1分間あたり7リットルにまで達する（Rowell 1986）。このような末梢への血流量の増加により皮膚温度が上昇し，対流と放射熱による放熱を促すことになる。皮膚への血流が増加するとともに，皮膚の血管にある血液量が増加する（Sawka et al. 1993）。末梢に多くの血液が滞ることは，静脈からの血液還流を減少させ心臓への還流血を低下させる結果となる。このような心臓への還流血量の低下は1回拍出量を低下させるので，心拍出量が低下する結果となる。しかしながら，心拍出量を維持するために心拍数は増加するので心臓血管系への負担は増加する結果となる。それに付け加え，運動中は活動筋や末梢への血流が増え腎臓やその他の内臓への血流が減少する（Rowell 1986）。暑熱環境が運動に与える影響は，図18.2に示す。

　暑熱環境下で運動を行うと，発汗率は増加していく。その結果，より多くの熱が気化により

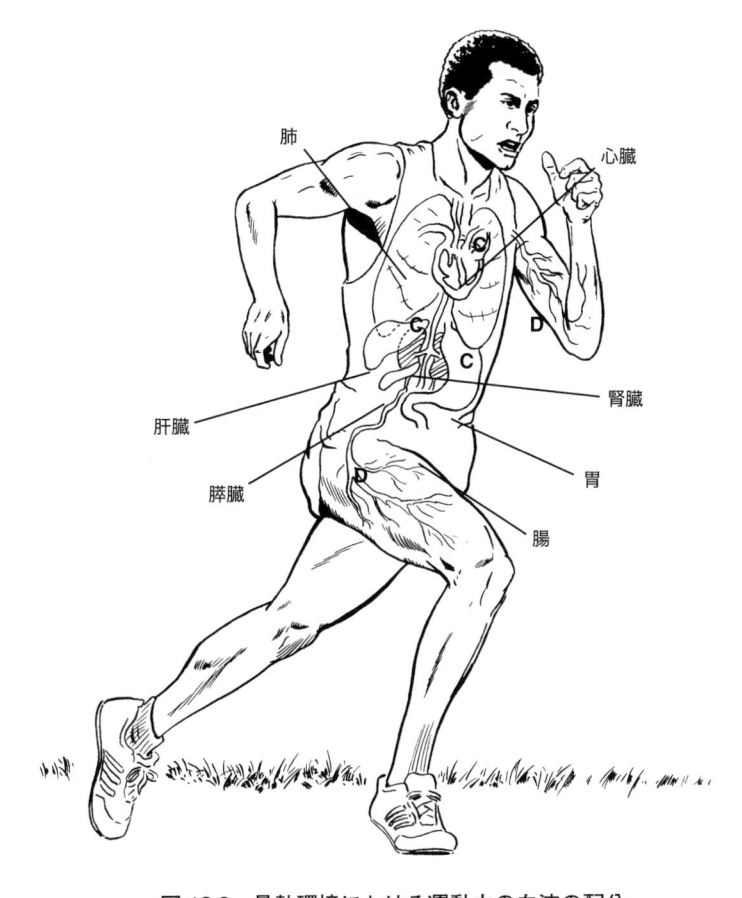

図 18.2　暑熱環境における運動中の血液の配分
C= 血管収縮が起こっている部分； D= 血管拡張が起こっている部分

放出されていく。発汗率には個人差があるが,一般的に1L/時間であるといわれている(Sawka et al. 1993)。文献で確認されたこれまで最も多い発汗率は,3.7L/時間であった(Armstrong et al. 1993)。発汗による体液の損失に伴い,血量の低下と血漿強度の増加が見られる(Sawka and Pandolf 1990)。血量の低下により,皮膚への血流量は低下し,発汗量は低下していくため,身体からの放熱はしにくくなっていく。結果として,深部温は上昇し心臓血管系への負荷と熱中症の危険性が高まるのである。暑熱環境下で運動を行う際の身体的ストレスは脱水により高まるので,暑熱環境下での運動中,水分量を維持することは非常に重要である。水分補給の重要性に関しては,第16章に記した通りである。

2 暑熱環境とパフォーマンス

暑熱環境は,運動のパフォーマンスに大きな影響を与える。しかしながら,その影響の大きさは,暑熱環境の度合と運動の形態により変わってくる。

[1] 暑熱環境下で行われる有酸素性運動

暑熱環境下での運動は選手の最大酸素摂取量($\dot{V}O_2max$)を低下させる(Sawka, Young, Cadarette, et al. 1985; Smolander et al. 1986)。この最大酸素摂取量の低下は,暑熱環境への順化のレベル,体力レベルに関係なく起こる(Sawka, Young, Cadarette, et al. 1985)。暑熱環境下で運動を行うと,有酸素能力が低下するだけでなく,疲労困憊に至る時間もまた短縮される(MacDougall et al. 1974)。

末梢の血管に血流が集中してしまうことが,このパフォーマンス低下に関連している。前述したように,静脈還流血の減少により心拍出量は低下する。暑熱環境での運動中の心拍出量は,1.2L/分以下になってしまうと報告されている(Rawell 1986)。末梢における血管拡張は,活動筋から皮膚への血流量の増加を引き起こす(Sawka and Young 2000)。この活動筋から皮膚への血流増加は,心拍出量の低下も引き起こし,筋収縮の代謝様式にも影響を与える。

暑熱環境で最大下運動を続けると深部温が増加し,活動筋や肝臓で代謝様式に変化が起こる(有酸素性代謝から無酸素性代謝へと変わっていく)(Dimri et al. 1980; Young et al. 1985)。Dimriら(1980)は,周囲温度の上昇とともに代謝率が上昇し,無酸素性代謝によるエネルギー供給の割合が高くなっていくと報告しているのだ。Youngら(1985)は,暑熱環境下での運動後に筋および血中乳酸濃度が上昇していると報告しており,暑熱環境下での運動により,無酸素性代謝によるエネルギー供給の割合が高くなる根拠を示している。暑熱環境下で運動を行う際,より疲労感を覚えるのは,このような代謝様式の変化が起因しているようである。

[2] 暑熱環境下で行われる無酸素性運動

暑熱環境下で行われる無酸素性運動に関しての研究は比較的少ないが,暑熱環境はパワー系競技のパフォーマンスにほとんど影響を与えないか(Dotan and Bar-Or 1980; Stanley et al. 1994),パフォーマンスを増加させると報告されている(Falk et al. 1998; Sargeant 1987)。Sargeant(1987)は,温かいお湯(44℃)に浸かることにより,最大パワーが増加し,それに

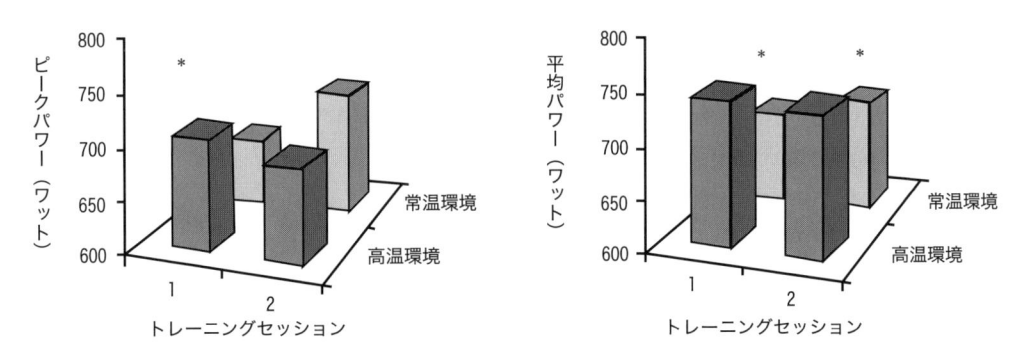

図 18.3 高温かつ湿度の低いコンディションが無酸素性パワー競技能力に与える影響

(Falk et al. 1998 のデータに基づいた図)

伴い疲労も早くなると報告している。これとは対照的に Falk ら（1998）は，暑熱環境において疲労が促進されることはないと報告している。暑熱環境下での運動中，パワー増加が見られるのは，ウォームアップ効果に関係しているといわれている。実際，周囲温度の上昇は，筋温の上昇をもたらす。ある先行研究は，5℃の筋温上昇が，10％のパワー効率を上昇させると報告している（Binkhorst, Hoofd, and Vissers 1997）。また，他の先行研究では，1℃の筋温上昇により，4％のパワー増加が見られると報告している（Sargeant 1987）。このような暑熱環境下でのパワーパフォーマンスの上昇は，筋収縮スピードや代謝率の上昇に関係してる可能性がある（Falk et al. 1998）。

Falk らの研究では，高温および常温環境（22℃，湿度40％）での運動からの回復の度合の違いを比較した。その結果，高温の環境が回復を防げることはないと報告している（図18.3参照）。この研究では，被験者は，1セット15秒のウィンゲート無酸素テスト（Wingate Anaerobic Test：WAnT）（負荷をつけたサイクリング運動）を5セットを30秒間の積極的休養（負荷なしのサイクリング運動）を挟んで行った。高温の環境下で60分間の完全休養を挟んだ後，同様の1セット15秒のウィンゲート無酸素テスト（WAnT）を5セット行ったところ，パフォーマンスの低下は見られなかった。また暑熱環境下で，無酸素性パワーを維持するためには，回復期中の十分な水分補給が重要であることも彼らは報告している。

3 暑熱環境への順化

暑熱環境で初めて運動をする時，高温に曝されるストレスにより，めまい，脱力感など様々な症状・兆候を示す。しかしながら，その数日後に同様の環境で運動を行ったとしても，その症状・兆候は軽減する。これは，身体の温度調節機能が改善した結果の生理学的適応である。このような適応が，自然に起こることを順化（acclimatization）と呼び，冬季などに実験室などを使い人工的に適応させることを順応（acclimation）と呼ぶ。順化と順応の両方は，生理学的には同じような適応を起こす。それゆえ，順化が両方を含む表現として用いられている。

暑熱環境への順化は，深部温を上昇させ，ある程度の発汗が起こるような高温の環境に繰り返し曝されることにより起こる（Wenger 1988）。最大酸素摂取量の50〜95％の運動強度で，1日1時間このような高温の環境で運動することが，暑熱環境への順化には最も適してい

表 18.1 暑熱環境への順化が起こす生理学的適応 [1]

適応	順化にかかる日数													
	1	2	3	4	5	6	7	8	9	10	11	12	13	14
心拍数の減少			━━━	━━━	━━━	━━━								
血漿量の増加			━━━	━━━	━━━	━━━								
深部温の低下					━━━	━━━	━━━							
自覚的疲労度の低下				━━━	━━━	━━━								
汗中における Na⁺ と Cl⁻ 濃度の減少 [2]						━━━	━━━	━━━	━━━					
発汗率の増加								━━━	━━━	━━━	━━━	━━━	━━━	━━━
腎臓内の Na⁺ と Cl⁻ 濃度の低下				━━━	━━━	━━━	━━━							

[1] = 約95%の適応が起こっているところ
[2] = 少量のNaClしか摂取していない時

(Armstrong and Dziados 1986から引用)

る。暑熱環境への順化は，大きく2段階を経て起こる。暑熱環境へ曝されて数日後に起こる主な順化は，心臓血管系への負荷の軽減である（例：心拍数の低下）（Armstrong and Maresh 1991; Wenger 1988）。血漿量の増加，運動への耐性の向上，深部温・疲労感の低下が心臓血管系の負荷を軽減する要因である。さらに長期の暑熱環境への曝露は（最大14日），発汗率と発汗に対する感度（例：汗の喪失は，深部温の上昇の度合となる）の上昇や，汗や尿からの電解質喪失量の抑制を引き起こすようだ（しかしながらこのような適応は，環境の状態に依存している）（Armstrong et al. 1987）。表18.1は，暑熱環境への順化を要約したものである。

　発汗率は，湿度により変わってくる。低湿度・高温の環境では，発汗率にそれほど変化はない。しかし，高湿度・高温の環境になると発汗率が上昇する（Armstrong and Maresh 1991; Wenger 1988）。低湿度・高温の環境では，気化による放熱が効率よく起こる。ところが，高湿度・高温の環境では，空中により多くの水分が存在するため，外界の水蒸気圧が高くなり，低湿度・高温の環境と同様の気化による冷却効果を得るためには，濡れている皮膚の面積を増やす必要がある。ヒトの身体は，暑熱環境への順化のため発汗する面積の増加，発汗率の上昇という形で適応するのである（Wenger 1988）。多くの発汗がすでになされている部分で発汗量が増えたとしても，全身における冷却効果は，それほど増加しないことが考えられる。なぜならある特定部分でたくさんの汗が出たとしても，滴としてたれてしまい，汗が気化されることはないからである。このような，暑熱環境への適応を最大限活かすために，身体はこれまで発汗が少なかった部分での発汗量を増やすのである。

　ここで，暑熱環境への順化に関して以下のような疑問が出てくる：①運動を行う，行わないにかかわらず個人の順化する潜在能力に依存して順化が起こるのか，②個人のもともと持つ有酸素能力の高さが，暑熱環境下での運動能力を高めてくれるのか，という2点である。もともと温暖湿潤な気候に育った人は深部体温が低く，運動中にも効率よく発汗することができる（Wenger 1988）。また，このような気候で育っていない人でも，運動することなく単に高温な環境に曝露されるだけで，暑熱環境に順化し体温の放熱が効率よく行われるようになるといわれている。しかし，暑熱環境への順化の能力を最大限引き出すためには，暑熱環境下で高強度の運動を行うことが不可欠であると報告されている（Gisolfi and Robinson 1969; Shvartz et al. 1977）。一方，軽度から中程度の強度で運動を行ったとしても高温の環境への耐性が高まるとの根拠も示されている（Armstrong and Maresh 1991; Houmard et al. 1990）。軽度の運動を連続

14日間の暑熱環境で行うことにより，完全な暑熱環境への順化がなされ，4日でも不完全ながら，ある程度の順化が見られるとの報告がある (Hoffman et al. 1994)。

この数日間で起こるある程度の順化は，機能的に十分有益なものである。たとえば，年間を通して寒い地域のチームの次の試合が1週間後，暑い場所で開かれるとする。このような環境では，選手たちの暑熱環境への順化が，ゲームの行方を大きく左右する可能性がある。ところが，1週間しか準備期間がないため，選手たちに完全な暑熱環境への順化を望むことはできない。このような状況では，数日，早めに敵地に入り，暑熱環境下でのトレーニングを積んだり，温度を上昇させた室内でのトレーニングを数日間積むことによりある程度順化が可能となる。

フィットネスレベルを高く保つことによりある程度，暑熱環境への耐性が向上するものの，順化による耐性の向上ほど効果はない。フィットネスレベルが高いことは，暑熱環境における運動への生理学的応答に有利に働く (Armstrong and Pandolf 1988; Armstrong and Maresh 1991)。ところが，フィットネスレベルが高いからといって，完全な順化ほど耐性が高まるわけではない (Pandolf, Burse, and Goldman 1977)。さらに，適度に温暖な環境で2週間の高強度トレーニングを行ったとしても暑熱環境下でのトレーニングほど暑熱環境への耐性が高まるわけではないと先行研究は報告している (Gisolfi and Cohen 1979; Strydom and Williams 1969)。また，Armstrongら (1994) は，持久系競技の選手が，冬期にしっかりとトレーニングを積んでおけば，暑熱環境への耐性は低下することなく維持することができると報告しているが，しっかりとトレーニングが積まれている持久系アスリートが，暑熱環境への順化のためのプログラムをこなせば暑熱環境への耐性がさらに高まるようだ (Gisolf 1973; Piwonka et al. 1965)。

4 熱中症

暑熱環境によるストレスは，体温を維持するために心臓血管系に負荷をかける。ところが，運動が暑熱環境下で行われる時，血流は体温調節よりパフォーマンスを維持するために優先的に使われるため熱中症を引き起こす危険性が高まるのである (Hubbard 1990)。言い換えると，血流は，活動筋に優先的に運ばれ，皮膚などの末梢の組織へ行かなくなり，体温の放熱が難しくなるのである。スポーツ選手によく見られる熱中症として，熱痙攣，熱疲労，熱射病，熱卒倒などがある。これらの熱による障害は，すべて一連のものであるという専門家もいるが，個別に症状を示すこともあり，個別な障害として捉えることもできる (Armstrong and Maresh 1993)。選手が，暑熱環境に順化すれば熱中症の発生率は低下するといわれている (Armstrong and Maresh 1991)。

[1] 熱痙攣

暑熱環境下において長時間の運動を行うと，苦痛の伴う不随意な筋収縮が起こることがあり，これを熱痙攣と呼ぶ。熱痙攣は，Na^+ と Cl^- が，汗とともに大量に排出されたにもかかわらず，真水などの水分補給しか行われなかったために体内の Na^+・Cl^- 濃度が極端に薄まってしまうことにより起こる (Armstrong 2000)。スポーツ現場では，熱痙攣により起こる筋の痙攣と単なる筋疲労からの痙攣を混同しないようにしなければならない。熱痙攣は，通常四肢の大きな

筋肉や腹筋などで起こる。通常は，軽い痺れを感じる程度であるが，徐々に局所的な筋収縮が起こる。運動による疲労のために起こる痙攣の場合，筋全体で起こるが，熱痙攣の場合，筋全体ではなく筋の特定部分だけで痙攣が起こるのが特徴である。

熱痙攣を起こすメカニズムは定かではないが，NaClの喪失が細胞内外のNaClと水の割合を変化させることにより起こると考えられている。これにより，筋の細胞膜の電気的特性を変化させ不随意的筋収縮を引き起こす結果となる（Armstrong 2000）。実際，熱痙攣の発症と対処に電解質が関連しているのは明らかである（Armstrong 2000）。熱痙攣を発症した患者の尿内NaCl量が減少していることが報告されており（Leithead and Gunn 1964），体内のナトリウムバランスが崩れ，腎臓によりナトリウムが再吸収されている可能性が示唆されている。電解質を含む飲料を飲むことにより，熱痙攣の症状は迅速かつ完全に治まると先行研究で報告されており，これらの研究結果からも熱痙攣と電解質の関連に関する根拠が示されている（Armstrong and Maresh 1993; Bergeron 1996）。

熱痙攣の基本的対処法は，水分と電解質を補給し恒常性バランスを正常に戻すことである。静脈注射を用いた電解質と水分の補給が最も迅速な方法である。経口によるNaClを含む溶液の摂取もまた一般的な方法であり，この場合は，10グレーン（640.8mg）の塩のタブレットを1リットルの水に溶かしたものを用いる。食事での多めの塩分の摂取や運動中に電解質を含む水分の摂取することにより熱痙攣を予防できる。

[2] 熱疲労

熱疲労は，熱中症の中で最も一般的な症状である。極端な体液量減少により起こる心拍出量の低下により活動筋や末梢組織へ十分な血流を供給できなくなることが原因とされている。熱疲労は，「暑熱環境下で運動を続けることが不可能になること」として定義づけられており（Armstrong and Maresh 1993; Hubbard and Armstrong 1989），症状は，吐き気，嘔吐，神経過敏，頭痛，不安，下痢，寒気，鳥肌，過呼吸，頭部・上半身に感じる熱感などである（Armstrong et al. 1987）。また，めまいや卒倒などを引き起こす場合もある。熱疲労の場合，直腸温は40℃以下である。熱疲労などの症状・兆候は様々で，発症した環境により異なってくる（Armstrong and Maresh 1993）。

熱疲労は，総体液量が低下した結果，心臓血管系による血液の供給が十分になされないことにより起こる。それゆえ，水分を補給することにより，15〜30分でその症状は改善するのだ（Hubbard and Armstrong 1988）。ほとんどの場合，経口による水分補給で十分に対応できるが，意識の喪失や記憶喪失などの症状が見られる場合は，静脈注射による水分補給のほうが推奨される場合もある。

熱疲労の生理学的要因として，体内の水分量低下と塩分量低下が考えられるが，多くの熱疲労はこれらの要因が複合して起こる。ところが，同じ熱疲労でも，原因によりその対処法は各々変わってくる。水分量の低下により起こる熱疲労の場合，真水でもいいので，水分を補給することが効果的である。ところが，塩分不足は一般的に長期的な電解質不足（3〜5日間）により引き起こされ，食塩を補給したとしても補いきれないほどの大量の水分が発汗により失われる（Armstrong 2000）。このような塩分の枯渇による熱疲労の場合，適切な量のNaClを含む水

分を補給することが不可欠である。Armstrong（2000）は，文献の中で，中程度から高強度の運動を連続して行うと1時間に2gのNaCl，1.5リットルの水分が喪失されると見積もっている。必要に応じ，これらを静脈注射もしくは経口により補給していくことが有効な対処法となるであろう。

［3］熱射病

熱疲労と違い，熱射病は選手の命をも脅かしうる。熱射病の場合，直腸温は39℃以上となり，細胞へのダメージの指標となる血清酵素（例：ALT, AST, CPK, LDH）の値が増加する。さらに，熱疲労の場合は，身体の体温調節機能は現存しており体温を放熱することができるのが普通であるが，熱射病に至ってしまった場合，選手の肌は熱く乾いてしまい自力で体温調節することはできなくなっている。また熱射病では，患者が奇怪な行動をとることがある。熱射病にかかってしまった人は，精神に混乱を起こし最悪の場合には昏睡状態となる。

致死率と多臓器不全のような重大な組織破壊に陥る危険性は，患者が倒れた時の深部温と患者が倒れてから冷却を始めるまでに経過した時間が大きく影響する。冷却が発症後なるべく素早く行われれば致死率や後遺症残存の危険性は著しく低下する（Cosrtrini 1990）。また，冷却の方法も患者の回復の度合に影響を与える。

このような場合の冷却の目的は，生命の危機から回避させることのできる体温（37℃）まで低下させることである。深部温を低下させるための冷却法には以下のようなものがある。①鼠径部，腋下，頸部前面にアイスパックを置く方法，②アイスパックで全身を覆う方法，③周囲温度が高くない状況で，全身に水を吹きかける方法，④氷水に全身を浸す方法，などである。ちなみに氷水に全身を浸す方法では，震えによる熱産生や末梢血管の収縮など冷却を妨げる可能性も考えられると報告されている（Yarbrough and Hubbard 1989）。また，CPRやAEDのように心不全に対して行う処置の妨げになる場合や，嘔吐や下痢などが水に入ってしまう可能があり，衛生上の問題も考えられる。このような制限事項があるが，氷水に全身を浸す方法が最も効果的な冷却方法であるとArmstrongらはいっている。

［4］熱卒中

熱卒中は，コンディションがよい選手に起こることは稀である。ほとんどの場合は，暑熱環境下に長時間立ち続けたり，起立姿勢で運動を続けた時に起こる。周囲温度が高いために四肢や皮膚の血管に多くの血液が行き，滞ってしまうことが熱卒中の原因である。暑熱環境に対する適応として皮膚の小水疱が拡張し，体温の冷却を促す。拡張した血管が増えることにより心臓への還流血が減少し，心拍出量と血圧が減少するので，脳への血流が減少し意識を失うのである。

直腸温が上昇することなしに意識喪失が起こることが，熱卒中の診断基準である（Armstrong 2000）。熱卒中が起こる前に患者は，吐き気，脱力感，視野狭窄などを訴える。熱卒中の患者は，水分と電解質を補給し足を少し上げて仰向けに寝かせるとよい。横になることにより，心臓へより多くの血液を還流させることができ，その結果，心拍出量と血圧が上昇し脳へ血流が供給されやすくなる。

5 暑熱環境から受けるストレスの監視

暑熱環境下で運動を行う時，選手が熱中症になる危険性を最小限に抑えなければならない。まずは，気候を把握することが大切である。天気予報などで温度と湿度を知ることで，トレーニングや試合中の熱中症の危険性を評価することができる。図18.4で見て，温度と湿度の交わる点が「中程度の危険性」のエリアに入っているならば，熱疲労・熱射病の兆候と症状を注意して監視する必要がある（表18.2）。また，もし「危険性が高い」「危険性が非常に高い」のエリアに入っているならば，トレーニングの

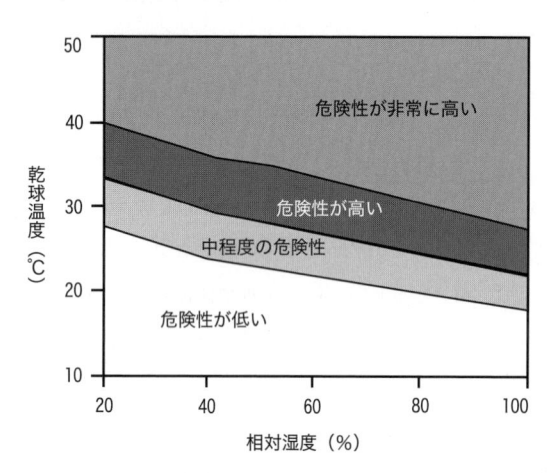

図18.4 暑熱環境下での熱疲労，熱射病の危険性
(Armstrong 1996から引用)

内容を変更する必要が出てくる。このような場合，熱中症の危険性がなくなる天候になるまでトレーニングを延期するか，もし無理ならトレーニングの距離，時間などを減らす必要がある（Armstrong 2000）。

また，湿球黒球温度（wet bulb globe temperature：WBGT）の値を使って，暑熱環境下で運動を行う際の危険性の指標を算出することもできる（Armstrong 2000）。WBGTは，乾球温度（周囲温度を測定するもの），湿球温度（水に浸された布製の芯に包まれている），黒球温度（乾球が黒い金属の球体の中に入れられたもの）の三つの温度を用いて算出するものである。これにより，活動場所における周囲温度と相対湿度がわかる。

周囲温度を測定するだけでは，暑熱環境で運動する際の身体へのストレスを予測するのは難しい。WBGTの値を算出する際に，乾球温度が，全体の数値のたった10%しか占めないが，湿度の指標である湿球温度は70%を占める。このことからもわかるように，暑熱環境で運動する際の身体へのストレスを乾球温度で予測しようとすると過少評価してしまう。WBGT値は以下の数式で求められる。

$$\text{WBGT値} = (0.7 \times 湿球温度) + (0.2 \times 黒球温度) + (0.1 \times 乾球温度)$$

表18.2 熱疲労と熱射病の警告サイン

熱疲労	熱射病
頭痛	頭痛
頭部，頸部，背部，四肢で起こる痺れや麻痺	意識の消失，昏睡状態*
寒気，震え	知的な明晰さの低下*
極端な倦怠感*	不可解な行動*
頻脈	頻脈
青白い顔色，湿って冷たい肌	熱く，赤い肌*
めまい*	ほとんどの場合多量の汗をかく
嘔吐、吐き気	失神
脱水*	

*＝重要，ほとんどの場合における兆候

(Armstrong, 2000から引用)

WBGT値は，図18.4の値に対応する。WBGT値が28℃以上だとしたら熱中症にかかる危険性が非常に高くなる。23〜28℃では，危険性が高いと判定される。18〜23℃は，中程度の危険性が存在，18℃以下は，危険性が低いと判定される。しかしながら，たとえWBGT値が18℃未満だとしても熱疲労や熱射病が起こらないとは限らない。なぜなら，その他の要因（例：睡眠不足，摂取水分量の不足など）が，熱中症を引き起こす要因となりうるからである（Armstrong, De Luca, and Hubbard 1990; Epstein 1990）。

要約

　暑熱環境下での運動中，体温を放熱し深部温が過度に上昇することを防がなければならない。暑熱環境下での運動では，活動筋や皮膚などの末梢血管への血流が多くなるので，結果として心臓血管系に負担をかけることになる。このような温度調節に伴い起こる生理学的変化は，心臓血管系の機能を低下させ，その結果，有酸素能力を阻害するため，熱中症の危険性が高まるのである。もし身体が深部温を調節することができなくなれば，体温が異常に上昇し死に至る可能性もでてくる。また，選手が暑熱環境に順化し高温への耐性が高まっているとしても，熱中症を完全に防ぐことはできないので注意が必要である。以下に熱中症の危険性を最小限に抑えるためのポイントを示した。
・運動開始前に暑熱環境の状態を把握し，それに見合った危険性の少ないトレーニングを行う。
・軽装かつゆったりとした衣類を身につける。
・なるべく涼しい時間帯を利用してトレーニングを行う。
・高温多湿の環境では，長すぎるウォーミングアップを行わない。
・運動前に水分補給をしておく（運動後の体重減少を1％以内に抑える）。
・運動中発汗により失う水分量を補給する（運動中減少した体重1kgに対し1リットルの水分を補給する）。
・食事で十分な塩分を補給する。
・熱中症の兆候・症状を知る。

第19章

寒冷地における運動

　熱中症に比べ，寒冷により引き起こされる障害は，比較的避けることが容易である．基本的に人間は，寒冷により起こる損傷の危険を避けるため寒冷環境を避けるものである．さらに，衣類の開発技術の発達は，外気を遮断し保温するとともに動きやすくエネルギーロスを最小限にすることを可能にした．にもかかわらず，不適切な衣類の着用や，突然の天候の変化により寒冷へのストレスに曝される場合がある．このような環境下で，人体は体温を保持するための生理学的応答をする．このような変化は競技力へ影響を及ぼしたり，寒冷により引き起こされる損傷の原因となる．この章では，体温の喪失に関わる要素，寒冷環境への生理学的応答，寒冷が競技力に及ぼす影響，寒冷環境に曝されることで起こる障害について説明していく．

1 寒冷のストレス：体温の喪失に関わる要素

　陸上にしろ水中にしろ，寒冷への曝露により体温は外界へ奪われていく．体温の放熱は段階を追って起こる；深部温が皮膚へと移動し，皮膚から外界へと奪われていく．皮膚からの放熱は，ほとんど熱伝導と対流により起こる（第18章参照）．周囲温度が低くなり，深部温との温度差が大きくなることにより放熱が起こる．風により深部温と周囲温度の格差はさらに大きくなる．風は，衣類に留まっている温かい空気を取り除く．さらに衣類が湿っていると気化による放熱が起こり，皮膚が濡れていれば直接皮膚からの放熱が促される（Hamlet 1988; Armstrong 2000）．ウインドチル（windchill）という用語は，低温で風が吹く状態のことを指す．ウインドチル指数（図19.1参照）は，寒冷により引き起こされる障害の危険性を予測するための指標だが，何人かの専門家はこの指数には問題点があることを指摘している（Danielsson 1996; Kaufman and Bothe 1986; Sawka and Yong 2000）．この指数では，風速の要素は過大に，皮膚温の低下は過少に評価されている（Danielsson 1996）．さらに，この指数は，皮膚が直接外気に触れている場合のことを想定して作られており，衣類などで外気から遮断されていることを想定していない（Kaufman and Bothe 1986）．それゆえ，衣類などで皮膚が外気から遮断され

ている場合にこの指数では危険性を予測できない。しかしながら，もし身体の一部分(例：指や顔)が外気に曝されていれば，この指数にもメリットがある。

　身体が，冷たい水の中にある場合，寒冷により引き起こされる障害を負う危険性はその他のいかなる条件よりも高くなる。水中での熱伝導による体温の喪失の効率は，空気中でのものに比べ25倍大きいといわれている（Toner and McArdle 1988）。氷水に浸されると体温の低下は，1時間に6℃以上になる。この体温の低下率では，ヒトは，45分〜3時間で死亡する（Hayward and Eckerson 1984）。このような環境では，運動を行い代謝熱を産生しても，体温低下を止めることは不可能である。水中での体温の低下は，熱伝導と対流の両方で起こるためその放熱効果は増大する（Nadel et al. 1974）。雨などで濡れている場合も，衣類による外気との遮断効果は低下してしまうため，消耗性の衰弱は，激しくなる。寒冷かつ濡れている環境では，熱伝導，対流，気化により，より多くの熱が奪われる結果となるということである。

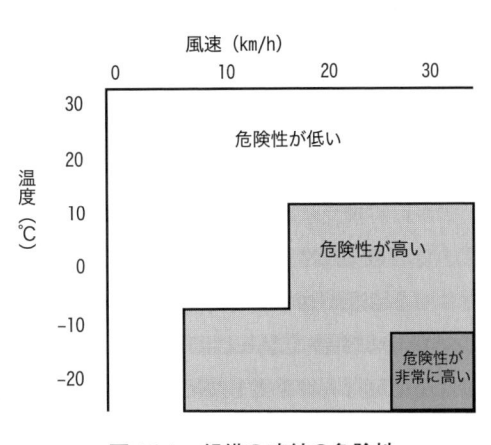

図 19.1　組織の凍結の危険性
（Armstrong　2000から承諾を得て引用）

2 寒冷環境下で行われる運動中に起こる生理学的応答

　寒冷環境下で運動を行うと体温を維持するための生理学的変化が起こる。寒冷に曝されると，深部温は末梢に奪われ急激に低下していく。深部温を維持するために，末梢の血管は収縮する。皮膚温が35℃以下に落ちると血管収縮は始まり，31℃以下になるとその効果は最大になる（Veicteinas, Ferretti, and Rennie 1982）。さらに，身体は筋を震わせ代謝による熱産生を促し深部温を維持しようとするが，寒冷への曝露により起こる熱産生のすべてが筋によってなされるわけではない（Toner and McArdle 1988）。

　ある種の動物では，代謝熱を産生するのに筋を使わないものもあり，それらは褐色細胞を代謝することにより産生すると考えられている（Toner and McArdle 1988）。褐色細胞の代謝による熱産生は寒冷によるストレスを受けた乳児にも見られるが，成人にはこのような熱産生は見られない。筋の震え以外の熱産生としてカテコールアミン，糖質コルチコイド，甲状腺ホルモン等の働きによるものが考えられているが（Toner and McArdle 1988），実際にどの程度の熱産生に関わっているのかはまだわかっていない。

　震えは，寒冷時の代謝上昇に大きく関わっている。寒冷環境に曝されてから数分後に体幹の筋がリズミカルに収縮を始め，その後四肢の筋肉でも起こる（Horvath 1981）。震えにより産生されたエネルギーの70％は，熱を作り出すために使われる（Sawka and Young 2000）。寒冷のストレスがさらに増していくと，震えはより大きくなっていく。震えによる酸素摂取量の増加は，最大酸素摂取量の15％にまで達すると報告されている（Young et al. 1986）。実際に震えがどのくらいまで大きくなるのかを数値化することは難しいが，被験者を12℃の冷水に浸から

せると，被験者の酸素摂取量は最大酸素摂取量の46％まで達したとも報告されている（Golden et al. 1979）。

[1] 運動による体温維持の効果

確かに，震えは代謝の増加による熱産生を促すが，運動により体温を維持することが最も理想的である。寒冷環境下における身体活動の増加は，震えなしでも十分なくらいの代謝熱を上昇させることが可能である。Claremontら（1975）は，0～35℃の周囲温度の中で運動が行われても，深部温の変動は0.5℃以内であると報告している。適切な服装をすれば，−30℃の環境で運動が行われたとしても深部温はほとんど変化しない（Toner and McArdle 1988）。身体活動は，寒冷環境下における代謝熱の産生に有効であることは間違いない（図19.2）。

運動が体温維持に有効であることは証明されているものの，いくつかの文献では冷水内での運動が低体温症を引き起こす危険性を高めると報告している（Centers for Disease Control and Prevention 1983; Danzl, Pozos, and Hamlet 1995; Pugh 1966）。運動により産生される熱は，熱伝導，対流，気化による体温低下には追いつかず，水中での運動中の体温低下の度合は増大される。冷水内での運動の危険性は，先行研究により報告されている（Hayward, Eckerson, and Costill 1975）。事実，冷水内で運動をしている被験者の深部温は水中で静止している被験者のものよりも低かった。冷水内での運動が，低体温症を引き起こすメカニズム（Toner and McArdle 1988）を以下に記した。

- 血流が上昇することにより，深部温から末梢への熱の伝導がより促されてしまう。
- 運動をしない状態と比較すると，運動をすることにより体幹よりも四肢での熱産生が高まってしまう。
- 上下肢の動きが増加することにより，皮膚と水の間の温度の層が崩れ熱が逃げてしまう。
- 血流が，体幹から四肢へ移動することにより熱伝導が起こる体表面積が増えてしまう。

これら四つのメカニズムの組み合わせにより，体表面積の大きい四肢における熱の伝導が起こりやすくなり，著しい深部温の低下が起こる。

さらに寒冷環境下での運動中，温度調節機能（筋による震えや血管収縮）の低下が起こるといわれている。また，Youngらの研究（1998）は，寒冷環境下での長時間にわたる運動が睡眠を妨げ，震えの起こる閾値を下げると報告している。しかしながら，これらの実験の被験者が経験した状態は，通常の練習中・試合中の選手に起こる状態ではない。温暖な環境における運動中の体温調節は，熱を発散することが大切であるが，その一方，寒冷環境に曝された時は，熱を保存することが大切になり，放熱から保熱に切り替わる体温調節遅延と呼ばれるポイントがあると考えられている（Castellani et al. 1999）。

活動筋への血液の流入が運動後かなりの時間増加し続けることを示している先行研究からこ

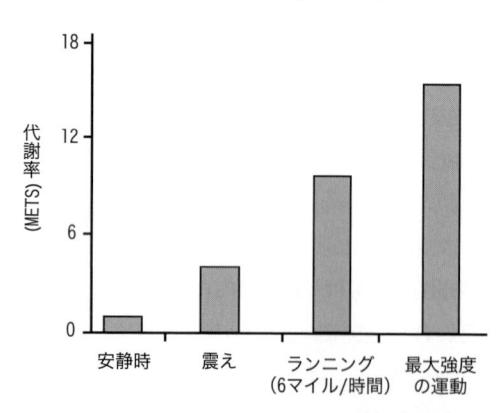

図19.2 寒冷下における代謝率の比較
（Sawka et al. 1987から承諾を得て引用）

のような仮説が提唱されるようになった（Thoden et al. 1994）。Castellani ら（1999）は，単に暑熱環境下に曝された被験者と1時間の間，最大酸素摂取量の55％の強度のサイクル運動を35℃の水中で行わせた被験者を室温4.6℃の環境に2時間休憩させた。その結果，運動を行った群の体温の低下は，運動しなかった群に比べ激しかった。この冷却効果の違いは，震えが十分に起こらなかったためではなく，体温調節遅延によるものであると考えられている。研究者らは，運動後も血流が，それまで活動していた筋肉で顕著に増加している根拠を示している。それに付け加え，運動中・後の血流の変化により深部から末梢への体温の移行が起こるといわれている。実際のところ体温調節機構の機能低下は，厳しい寒冷かつ湿った環境において4時間を越える運動を行っても起こらないといわれている（Thompson and Hayward 1996）。それゆえこれらの結果は，温暖な環境から急に寒冷環境へ曝されることにより，体温調節機構の切り替えが間に合わず，体温の保持が難しくなることを示唆しているといえるのだ。

[2] 体温バランスを保つための身体組成の役割

通常，高い体脂肪率が有益である状況はほとんど見られないが，寒冷環境における体温の維持に関しては，体脂肪率が高いことは有利に働く。いくつかの先行研究は，寒冷環境下における体脂肪率と深部温には正の相関関係があると報告している（Toner et al. 1986; Toner and McArdle 1988）。皮下脂肪は，外気を遮断する働きがあるので熱伝導率を減少させ，深部温が末梢へ移行していくのを防いでくれる。

通常女性は男性に比べ体脂肪率が高いので，一般的に女性のほうが寒さに対する耐性は高い。しかし，寒冷環境下における体温調節の機能に関していうと，男性より女性が優れているわけではない。女性は，男性よりも身体の質量が小さい割には体表面積が大きい。体表面積が大きいということは，対流により体温の低下を引き起こしやすい（Sawka and Young 2000）。トータルすると女性のほうが，男性よりも体温低下を起こしやすいと考えられている。

3 寒冷環境への順化

寒冷環境への順化に関する研究は，暑熱環境への順化に関するものほど広く行われていない。慢性的に寒冷環境へ曝露されると，順化するための生理学的変化が見られるといわれている。長時間の寒冷環境への曝露に対する耐性は2種類の適応のメカニズムにより高まる。第一の適応のメカニズムとして震えと震え以外の方法での代謝熱産生能力の向上があげられる。常に寒冷環境下で働いているフィンランドの労働者は，通常より多い褐色細胞を持っていると報告されている（Huttunen, Hirvonen, and Kinnula 1981）。しかしながら，この説は一般的には受け入れられていない。第二の適応のメカニズムは，交感神経応答の促通である。交感神経応答の促通により，皮下の血管収縮が素早く行われ体温低下を防ぐ（Sawka and Young 2000）。暑熱環境への順化と比較すると，寒冷環境への曝露により起こる生理学的適応は，ゆっくりと起こり，その効果も低いといわれている。

4 寒冷環境下での競技能力の変化

　寒冷環境下における運動に備えるために，通常，選手は外気を遮断するための衣類を着る。このような衣類を着けることにより，選手は深部温を維持するだけでなく，上昇させることが可能になる。ところが，保温性の高いかさばる衣類は動きを妨げるため，選手によっては，適切な衣類を着けずにすまそうとする。また時として，練習中や試合中に突然天候が変わり，選手は十分な準備ができないまま競技に臨まなければならない場合もある。厳しい環境への曝露により，身体は深部温度を維持するために働かなければならず，寒冷への曝露により起こる生理学的変化が，選手の競技能力に大きな影響を与えることがある。

[1] 寒冷環境下における有酸素性運動能力の変化

　持久運動中の酸素摂取量は，周囲温度と負の相関関係がある（Beelen and Sargeant 1991; Claremont et al. 1975; Galloway and Maughan 1997）。同程度の運動強度では，周囲温度が低下するとともに，酸素摂取量が増加していく。GallowayとMaughan（1997）の報告によると，外気温4℃の環境で運動が行われることにより，炭水化物の利用と毎分換気量が増し，その結果として酸素摂取量が増加する（図19.3参照）。これらの変化は，運動効率を低下させ，短時間で疲労が起こる原因となる。11℃の外気温で運動を行った場合，疲労困憊に至るに93.5分間かかったのに対して，4℃の外気温では81.4分間しかかからなかった。ところが，より温暖な環境で行う運動の場合，寒冷環境下で行われる運動よりも，明らかに消耗が激しい（21℃の環境で行われる場合，81.2分かかるのに対して，31℃の環境では51.6分かかった）。このような温度変化による競技力の低下は，深部温よりむしろ皮膚や筋肉での温度低下に関係

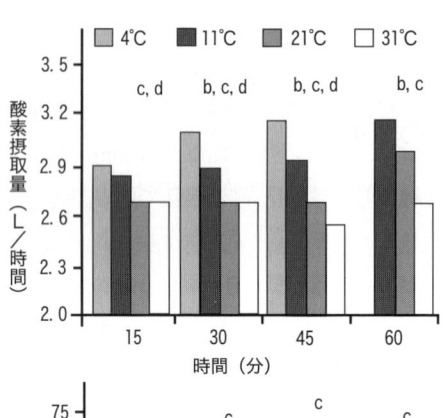

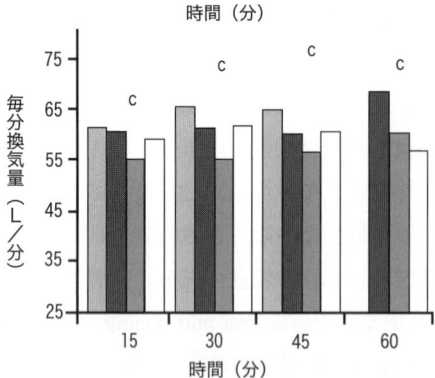

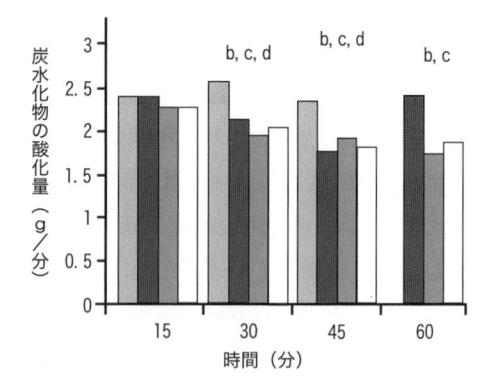

図19.3　運動中の酸素摂取量，毎分換気量，炭水化物の酸化量
b＝4℃と11℃の間に有意な差がある。c＝4℃と21℃の間に有意な差がある。d＝4℃と31℃の間に有意な差がある。

（Galloway and Maughan 1997から承諾を得て引用）

しているようだ。4℃の環境下で運動を行っても被験者の深部温は 38℃ まで上昇しており，寒冷によるストレスが加わっていないことを示している。このような運動効率の変化は末梢における温度変化が原因で起こり，これが必ずしも体温調節機能の阻害を引き起こすものではないことが考えられる。

　また，すべての先行研究で寒冷環境が持久運動中の酸素摂取量を増加させると報告しているわけではない。ある先行研究では，寒冷環境下での運動中の酸素摂取量は，温暖な気候で行われるよりも低くなると報告している（Young 1990）。これは，深部温の変化に関係している。もし深部温が著しく低下すると，運動への影響はいっそう明らかになる。これまでされてきた酸素摂取量と寒冷に関する先行研究によると，深刻な寒冷ストレスが起こるくらいの深部温の低下が起こらない限り，最大酸素摂取量は変化しないと報告している（Horvath 1981; Bergh and Ekblom 1979）。Bergh と Ekblom も，深部温が少なくとも 0.5℃ 低下しないと最大酸素摂取量の低下は見られないと報告している。深刻な寒冷ストレスに曝されている時の有酸素性能力の低下には，心筋の収縮性の変化と最大心拍数に到達することが妨げられていることが関係しているようである（Sawka and Young 2000）。

　もしかしたら，寒冷環境下で持久運動中の酸素摂取量が増加するのは，震えによる筋収縮により，必要とする酸素供給量が増加することと関連しているかもしれない。しかしながら，この関連性は，低い運動強度で運動が行われている場合のみ当てはまるものである。なぜなら，高強度での運動では代謝率が上がり震えは起こらない。それゆえ，高強度の運動中の酸素摂取量は，寒冷環境下においても温暖な気候下においてもそれほど変わらないようである（Sawka and Young 2000）。

[2] 寒冷環境下における無酸素性運動能力の変化

　最大筋力や最大パワーを発揮する能力は，筋温と関係している。寒冷環境下で運動が行われる時，十分なウォームアップを行われなければ筋温は低下してしまう。筋温の低下とともに，無酸素性運動能力の低下が見られる。Davies と Young（1983）は，筋温が 8℃ 以下になると，ジャンプのパワーにおいては 43%，自転車運動のパワーにおいては 32% の低下が見られると報告している。それに付け加え，筋温の低下によりピーク筋力に達するまでの時間が延長することも報告されている（Davies, Mecrow, and White 1982; Davies and Young 1983a）。筋パワー・筋力低下の度合と筋温の低下には相関関係があり，筋温低下 1℃ あたり 3〜6% のパワー低下が起こるといわれている（Bergh and Ekblom 1979; Sargeant 1987）。

　寒冷環境下における筋力・パワー低下は，動きの速度にも関係してくる。冷水内での運動に関する研究では，45 分間 12℃ の冷水に浸かった被験者の膝伸展運動におけるピークトルク・平均パワーは，常温で行った場合と比べ低下していた。ところが，このようなトルク・パワー低下は，180 度/秒よりも速い角速度の場合のみ起こった。角速度 0〜30 度/秒の比較的ゆっくりとした運動の場合，有意差は見られなかったのだ（図 19.4）。これらの結果は，他の先行研究の結果とも一致してくる；寒冷環境への曝露前後の等尺性筋力を比較したところ変化は見られなかった（Binkhorst, Hoofd, and Vissers 1977; Bergh and Ekblom 1979）。寒冷への曝露により起こる筋機能の低下は，以下のような様々な要因により引き起こされるようだ。ク ロ

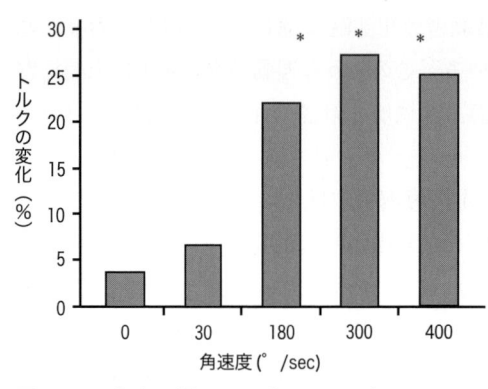

図19.4　冷水へ浸かることによるピークトルクの変化
＊＝温暖な気候下で行われたトルクと比較すると有意な差がある（Howard et al. 1994から承諾を得て引用）

スブリッジの形成がされにくくなる（Godt and Lindly 1982; Stein, Godon and Shriver 1982），神経伝達速度の低下（Montgomery and MacDonald 1990），運動単位動員パターンの変化（Rome 1990）などがこの要因として考えられる。筋温の低下に伴い，筋の酵素活性率もまた低下し，高エネルギーを含むリン酸化合物を補充する能力が低下する（Ferretti 1992）。しかしながら，提唱されている寒冷による筋機能低下のメカニズムのほとんどは，推測の域を出ておらず，今後，さらなる研究が必要である。

5 医学的問題点

　寒冷により起こる障害のほとんどは，適切な服装をせずに長時間寒冷環境に曝されることにより起こるといわれている。スポーツ選手が，寒冷による障害を受けることは稀である。通常，衣類で外気を遮断することにより，体温を維持することが可能だからである。しかしながら，外でのウインタースポーツに参加する選手（クロスカントリースキー，スピードスケート，アメリカンフットボール）は，動きが制限されることを嫌い，かさばる衣類を着るのを避ける場合がある。これにより身体活動の生理学的応答が変化するだけでなく，寒冷により起こる障害を負う危険性が高くなる。

　また，寒冷により起こる損傷は，突然の天候変化により年間のどの季節でも起こりうる。Armstrong（2000）は，4～10℃の寒冷環境下やレース中に外気温が突然に低下した時のマラソンレースでは，寒冷により起こる障害を負う危険性があると報告している。このようなレース中，選手は対流，放射熱，気化などの方法でかなりの体温低下を引き起こす。体温は，急激に低下し，レース後半で疲労が蓄積するにつれて深部温を維持するのが困難になってくる。それに付け加え，途中で予期しない突然の気温低下や雨などの気候変化が起こるような場合，選手は環境に適した衣類を着けておらず，その危険性がより高くなる。

　寒冷により起こるいくつかの障害があるが，低体温症と凍傷は最も危険性の高いものとしてあげられる。浸水足と凍瘡（しもやけ）も，寒冷により起こる障害であるが，生命の危機となるのは稀である。

[1] 低体温症

　低体温症は，深部温が35℃以下に下がることとして定義されている（Hamlet 1988; Ward, Milledge, and West 1995）。その度合とタイプは深部温と寒冷への曝露の長さにより分類される。深部温が32～35℃の間の場合は，軽度の低体温症として考えられる。これに対して，深部温が32℃以下になる場合は，重度の低体温症として分類される。寒冷へ曝される時間が短くても，

寒冷によるストレスが個人の体温維持機能を超えてしまうような場合には低体温症が起こる。このような低体温症のことを急性低体温症と呼ぶ。登山のように，疲労やエネルギーの枯渇が伴う長時間の寒冷環境下での活動により深部温を維持する能力が低下することが原因で起こる低体温症のことを亜急性と分類する（Ward, Milledge, and West 1995）。急性と亜急性を区分するポイントは以下の通りである：急性低体温症の場合，身体は依然，熱産生を行う能力が残っているが，寒冷ストレスがその能力をはるかに超えてしまうことにより起こる。これに対して，亜急性低体温症の場合，深部温を維持する能力は残っているものの，長時間続いた運動による疲労のため熱産生を行えなくなることにより起こる。軽度の寒冷ストレスに長時間曝され続けると（数日もしくは数週間），体温調節機能が不全になることはないものの十分な体温を維持し続けることが難しくなる。このように徐々に低下していく低体温症のことを慢性低体温症と呼び，高齢者などによく見られる（Ward, Milledge, and West 1995）。

　低体温症の特徴は，表19.1に記した。軽度の低体温症の場合，①震えが始まる，②皮膚の色が灰色になる，③発音が不明瞭になり口調がゆっくりになる，④目の前の仕事に対して緩慢になる，⑤筋の協調性が悪くなり明らかな疲労が見られるようになる（Ward, Milledge, and West 1995），などの症状・兆候があげられる。さらに深部温が32℃以下に低下していくにしたがって，知力が減少していく：思考は遅くなり，記憶が不鮮明になったり記憶の混乱が起こるようになる。低体温症により起こる兆候は，脳卒中患者に見られるものと似ている。深部温が低下していくにしたがって，これらの兆候は進行していき，最終的には昏睡状態に陥る。

　低体温症に陥った場合の処置として最も重要なのは，さらなる体温の放熱を防ぐことと正常な体温まで戻すことである。このような患者に対する処置として，風雨，雪などに曝されない環境に移すことが大切である。軽度の低体温症の場合，ゆっくりと暖めていってもよいが，重度の低体温症の場合，迅速に暖める必要がある（Ward, Milledge, and West 1995）。軽度の低体温症の場合，体表から暖めるべきである。濡れた衣類を取り除いて乾いたもと取り替え，体全体を寝袋や毛布などの外気から遮断するもので覆い，お湯の入ったボトルなどを患者の腋下や鼠径部に置く。もし乾いた衣類がない場合などは，一度濡れた衣類を脱がせ，よく絞ってからもう一度着せる必要がある。またさらなる放熱が起こらないよう，外気と遮断するもので覆う

表19.1　低体温症の特徴

温度		医学的特徴
℃	℉	
37.0	98.6	正常な体温
36.0	96.8	体温低下を防ぐため代謝率を上昇させる
35.0	95.0	震えが最大になる
34.0	93.2	運動を持続することのできる最低の温度
31.0〜33.0	87.8〜91.4	重度の低体温症，記憶喪失，意識の混濁
28.0〜30.0	82.4〜86.0	意識の喪失，筋肉が固くなる，呼吸や脈が遅くなる，心室細動
27.0	80.6	随意運動がなくなる，死んだような容貌になる，瞳孔，腱反射などの反射が起こらない
26.0	78.8	稀に意識がある場合もある
25.0	77.0	心室細動が自然に進行する
21.0〜24.0	69.8〜75.2	肺浮腫が起こる
20.0	68.0	心停止
17.0	62.6	脳波の測定が不能になる

（Ward et al. 1995; Armstrong 2000から承諾を得て引用）

ことも重要である。健常な人間の体温を利用し，身体を患者に合わせることで暖める方法や暖かい液体を経口もしくは，静脈注射により補給することで体温を上昇させる方法もある。さらに，寒気を吸い込むことによっても体温が低下するので，暖かい空気を呼吸させることが望ましい。

重度の低体温症の場合，患者は死に至る危険性が高いことことから，患者を早急に医療機関に運び，できるだけ早く深部温を上昇させる努力をしなければならない（Ward, Milledge, and West 1995）。軽度の低体温症の処置として上記した方法を実践するのはもちろんのこと，早急に医療機関へ搬送して，静脈注射による暖かい液体の注入や気管内挿管による暖かい空気の吸入が薦められる（Hamlet 1988）。さらに医療機関では，胃洗浄や腹腔洗浄法により，暖かい生理食塩水を注水し，内臓を温める処置を施す場合もある。

[2] 凍傷

周囲温が10℃まで低下すると，皮膚の触感と痛感は麻痺する（Hamlet 1988）。この感覚異常は，一時的な血管収縮により起こると考えられる。周囲温度がさらに低下していくと，皮膚は実際に凍結し始める。このような皮膚の凍結により起こる障害の度合は，周囲温度の低さ，風速，曝露の時間により変わる。皮膚の表面だけが凍った場合は，凍傷痛が起こったと考えられる。凍傷痛は多くの場合，組織へのダメージはそれほど深刻なものではなく，重度の損傷とは考えられていない。皮膚は赤くぼろぼろになり感覚は局所的に麻痺するものの，皮膚は依然しなやかな状態である。暖めると，皮膚は軽度の日焼けのような状態となる。

表層凍傷は，皮膚と皮下組織が凍結することにより起こる。表層凍傷を起こすと皮膚は白く凍結した状態となるものの，深い組織に関しては未だしなやかな状態が保たれている。暖めた後，皮膚は腫れあがり，青や紫のまだらができる。数日以内に，損傷した部分が壊疽する場合もある。

もし，筋・腱，骨などの組織より深い組織が凍るならば，より重傷な深層凍傷となる。損傷した部分の感覚がなくなり，組織にはしなやかさは見られず，関節の動きは阻害される。深層凍傷の場合は，皮膚の色は灰色がかかった紫色もしくは白くなり，皮膚と皮下組織間にある組織間液の結晶化が起こる。その他の組織に比べ腱は比較的冷却に対して耐性があり（Ward, Milledge, and West 1995），それに着いている筋肉が凍結せず機能していれば，その凍傷が起こっている部分の動きは失われることはない。そのため，凍結しているにもかかわらず組織が強制的に動かされるので，周辺組織の恒久的ダメージが必然的に起こってしまうのである（Ward, Milledge, and West 1995）。

凍傷を引き起こすメカニズムは，損傷部位への血流の変化と組織の凍結である（Foray 1992）。寒冷への曝露により起こる血液粘性の上昇と血管拡張により，酸素の供給量が減少し，最終的には，血流が完全に止まってしまう。まもなくその周辺の組織では，低酸素症とアシドーシスが起こる。それに加えて，表面の組織は結晶化し，細胞と毛細管は結果として死滅するのである。

また凍傷への処置は低体温症への処置より優先して行われるべきものではないことを忘れてはならない。凍傷痛になっている場合，その部位を何かで覆い暖めなければならない（手袋を

使用したり，腋下や鼠径部で手を覆う方法もある）。そして，なるべく早く感覚と運動機能を取り戻すよう努める。凍傷痛を何度も繰り返すことにより凍傷になっていくということを忘れてはならない（Riddell 1984）。

　凍傷になっている部位を迅速に暖めることが処置としては最も重要な点である。最も効果的な方法は，凍傷が起こっている部分をお湯の中に浸すことである。凍傷が起こっている部位を叩いたり，擦ったり，温めすぎたりしてはいけない。感覚が麻痺しているので，雪や氷などで擦ったり，熱すぎるお湯（44℃以上）で温めるとさらなる損傷を起こす可能性が考えられるからである（Flora 1985）。それに付け加え，凍結を溶かしたとしてもその後もう一度凍結を起こすことがありうるような場合，さらに損傷が悪化していくことが考えられる。雪山などで，医療機関とのアクセスが困難であるような場合，見通しがつくまで解凍を試みないほうがよい場合もある。

［3］浸水足

　浸水足もしくは塹壕足炎は，長時間，足を冷たく濡れた環境に曝した時に起こる。水や雪の中に長時間入っているような場合に起こるが，数時間でその症状が明らかになる場合もあれば，数日にわたるこのような環境への曝露が繰り返されて初めて顕著になる場合もある。これは，筋肉や神経に長期間続くダメージを与える損傷であるが，組織の凍結を伴うものではない。この種の損傷は，手にも起こりうるが，手の場合は，簡単にその初期症状をチェックでき暖かく乾燥した状態に保つことができるので，足で起こるのが一般的である。

　浸水足の症状は，いくつかの段階を伴って進行していく。まず初めに四肢は冷たく変色し，感覚が麻痺してくる（Hamlet 1988）。数日後，腫れ，水ぶくれ，上皮外層の剥離，潰瘍形成，壊疽に伴い針を刺すような痛みに変化してくる。このような第二段階の症状・兆候は，2～6週間続き，その後数ヶ月，場合によって一生続く第三段階へと進行していく。寒冷へ過敏に応答し激しい痛みを起こすといわれているレイノー症候群もこれにあたる。

　浸水足を予防するのに最も有効なのは，厚手の靴下を履き，しっかりとフィットしたブーツや靴を履くということである。麻痺と刺すような痛みは，浸水足の兆候なので，そのような場合は，ただちに足を暖めるようにしたほうがよい。

［4］凍瘡（しもやけ）

　凍瘡は，組織の凍結を伴わない寒冷により起こる損傷で男性よりも女性に多い。寒冷に曝されることにより炎症反応が起こる症状である（Ward, Milledge, and West 1995）。この症状は，乾燥している状態よりも湿気がある寒冷環境のほうが起こりやすい。ほとんどの場合，四肢背部の関節周辺に起こる。血管拡張と皮下浮腫が起こるのが凍瘡（しもやけ）の特徴である。主な症状としては痒みがあげられる（Hamlet 1988）。慢性になっていくと，血管拡張はなくなり，痒みが痛みへと変わっていく。寒冷ストレスに曝される時間が長くなるにつれて損傷の度合は悪化していき，塹壕足炎へとなっていく危険性が高まる。表19.2では，寒冷環境下で運動を行う際に最小限準備すべき点を記した。

表 19.2　寒冷環境下で運動が行われる際の注意点

- 循環を妨げる恐れがあるようなぴったりした衣類を着用しない。
- 手袋（ミトンのほうがよい），スカーフ，ウールの帽子，ハイカットの靴，ブーツなどで外気に曝されている部分を覆う。
- 濡れた衣類を付けないようにする（服，靴，靴下など）。そして，乾いた靴下，靴，下着を用意しておく。
- 雪や雨などの濡れているところで運動をすることを避ける。
- 水性のスキンローションの代わりに，油性のものを使うようにする。
- ジャージ，スウェットパンツ，下着，タイツ，ゴアテックス製の衣類などを組み合わせ，下肢や陰部を覆うようにする。
- 過度に衣類を着すぎると発汗が促され，衣類が濡れてしまうため保温効果が損なわれてしまうので気をつける。また汗で濡れた場合素早く着替えをする。
- 外で運動をする時は，気温や天候の変化に気を使いなるべく安全な環境下で運動を行うようにする。
- 寒冷による障害の既往歴がある選手の場合，さらに酷い症状に陥る場合があるので気をつける。
- 脱水などによる身体的ストレスが選手の代謝熱産生能力を低下させることがある。
- 水分補給を怠らない。

（Armstrong 2000 から引用）

要約

　寒冷環境下で運動が行われる時，身体は，深部温を維持することにより体温を一定に維持しようとする。通常，選手は，適切な衣類をつけることにより寒冷によるストレスを和らげ寒冷が原因で起こる障害の危険性を低下させる。しかしながら，その危険性をコントロールすることができない場合もある。寒冷環境への順化は起こりにくいといわれている。またそれに関する研究も十分になされておらず，今後の課題となっていくであろう。今後は，スポーツウェアの技術の発展から，運動中の動きを極力妨げることなく寒冷から選手を守ることが可能になっていくであろう。

第20章

高地での運動

　低圧環境へ曝されることにより，身体的・心理的変化を引き起こし短期的には競技力は低下する。しかしながら，低圧環境への長期的曝露により順化が起こる。順化を刺激する生理学的適応は，高地での競技だけでなく平地での競技力を向上させるといわれている。この章では，低圧環境が身体に及ぼす影響とその結果起こる競技力の変化に関して論じていく。また，低圧環境への身体的順化が起こす平地での競技力向上に関しても触れていく。

1 低圧環境

　海面レベルから高度が上がっていくにつれて，気圧は低下していく。周囲温度の変化も気圧の変化に影響を与える。この圧力，温度，体積の間の相互関係は，物理学的法則により説明できる。低圧環境が身体に与える影響に関して，より理解を深めるためにこの物理学的法則をここで簡単に説明する。

　Boyleの法則：圧力と体積の関係を示すもので，一定温度における気体の圧力は，その体積と負の比例関係がある。

　Charlesの法則：体積と温度の関係を示すもので，一定の外圧環境において気体の体積は温度と比例関係にある。

　Daltonの法則：混合気体に含まれるそれぞれの種類の気体の濃度が圧力を決定する。

　それぞれの気体が持つ圧力のことを分圧という。気体の分子はランダムに動くため，それぞれの種類の気体は均等に配置されるまで動き最終的には分圧が一定になる。圧力と体積との間の制御に関するこれらの法則は，国家海洋大気庁により提唱された標準大気モデルに基づいている（図20.1参照）。

　高度の上昇に伴い外圧は低下していくが，空気を構成する気体の割合は一定のままである（酸素：20.93％，二酸化炭素：0.03％，窒素：79.04％）。また高度の上昇に伴い，各々の気体の分圧も

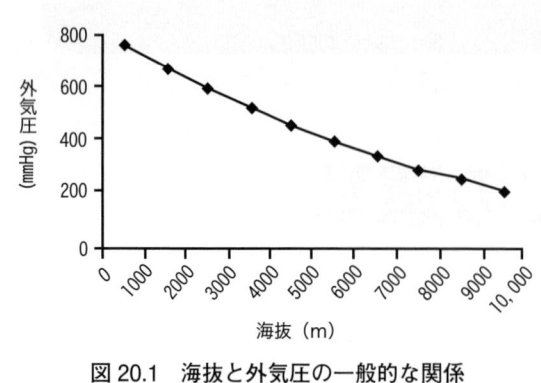

図20.1 海抜と外気圧の一般的な関係

表20.1 様々な標高における外気圧 (P_B) と酸素分圧 (PO_2) の変化

標高 (m)	外気圧 (mmHg)	酸素分圧 (mmHg)
0	760	159
1000	674	141
2000	596	125
3000	526	110
4000	463	97
5000	405	85
6000	354	74
7000	308	65
8000	267	56
9000	231	48

低下していく。酸素分圧（PO_2）の低下は圧力勾配を減少させ血液から組織への酸素の拡散を阻害する。

　高地での運動は，酸素の減少に加え寒冷障害の危険性も高まる。周囲温度は，高度が150 m上がるにつれて1℃ずつ低下していくといわれている。たとえば，世界一標高が高いエベレスト山の場合，冬期の頂上の平均気温は−40℃である。そのため，ほとんどの登山は，夏期に行われるが，それでも周囲温度は−9℃である（Ward, Milledge, and West 1995）。さらに，風の影響を考慮すると，体感温度はさらに低くなると考えられる。ヒマラヤの頂上では，風速150km/時間以上の風が観測されており（Ward, Milledge, and West 1995），高地では寒冷ストレス以上に体感温度が問題になってくる。

　標高の上昇に伴う周囲温度の低下は，気体の単位体積あたりの水分蒸発量を減少させる。それゆえ，高地ではたとえ空気の水分が完全に飽和状態であったとしても，実際の水分蒸発量は非常に少ない。たとえば，周囲温度が20℃の場合，水蒸気圧は17mmHgであるが，−20℃の場合，水蒸気圧はわずか1mmHgである。このように高地では湿度がきわめて低く空気に水分がわずかしか含まれていないため，乾燥した空気を換気することにより気化熱による放熱が促されてしまう。たとえ安静時でも，高地では脱水症状に陥る危険性が高いといわれている。当然であるが，運動時にその危険性はさらに高まる。標高5,500m以上の環境で中程度の強度の運動を行うと，肺からの水分喪失量は200ml/時間に相当するといわれている（Pugh 1964）。長期にわたり高地に住んでいる人でさえ，この水分喪失量を減少させるような身体的適応は起こらない。水分補給や食事状況が変わらないにもかかわらず，エベレスト登山中，標高6,300mにいる被験者の血漿浸透圧が上昇したとBlumeら（1984）は報告している。この先行研究は，高地での運動中に起こる脱水症状の危険性に焦点を当てたもので，このような極限の環境の中ではたとえ渇きを感じなくても多量の水分補給を行うことの重要性を強調しているものである。

2 高地環境への身体の応答

　高地環境において身体が受ける最大のストレスは，組織への酸素の供給量が低下することである。動脈内，吸気，組織内で酸素濃度が減少すると低酸素症の状態になる。初めて高地環境に曝された時に起こる急性低酸素症は，身体の様々な生理学的機能に影響を与える。これ

らの影響は図20.2に示した。多様性はあるものの，中程度の高地で見られる身体的変化のほとんどは，中枢神経系に関わるものである。標高1,500mでは，夜間の視覚が減衰する。標高2,200mで安静時脈拍が増加し始め，その後のさらなる標高の上昇とともに増加し続ける。標高約3,000mを超えると自覚症状はなくなるが，複雑課題に対する選択的反応時間などの慣れない作業に対する能力が低下する（Ernsting and Sharp 1978）。

3,000mから4,500mの標高の上昇では，低酸素症の症状は現れない（表20.2参照）ものの，協調性を必要とする作業を遂行する能力は低下する。また，身体的作業能力も著しく減少する。さらに，周囲温度の低下が起こるとさらに低酸素症の症状は顕著になるといわれている（Ernsting and Sharp 1978）。

4,500mから6,000mの標高になると，安静時においてもこれらの低酸素症の兆候と症状が現れるようになる。指や口に軽い痺れが起こり，精神状態や神経筋機能に影響が起こる（Ernsting and Sharp 1978）。これら身体能力を低下させる症状は，本人が気がつかないうちに進行しており，非常に危険な状態を引き起こす。上機嫌の人が急に不機嫌になったりと精神状態の著しい変化が見られる。生理学的機能に障害が見られ，さらに身体的疲弊がある場合はこれらの症状はさらに悪化することとなる。また，場合によっては意識の消失を引き起こすこともある。

標高6,000m以上では，安静時でも激しい低酸素症の兆候と症状が起こる。理解力と精神の両方に機能の低下が起こり，突然，意識の喪失が起こる（Ernsting and Sharp 1978）。

有効意識時間は，標高7,600m地点で，約35.0±1.36分間である（Ernsting and Sharp 1978）。こ

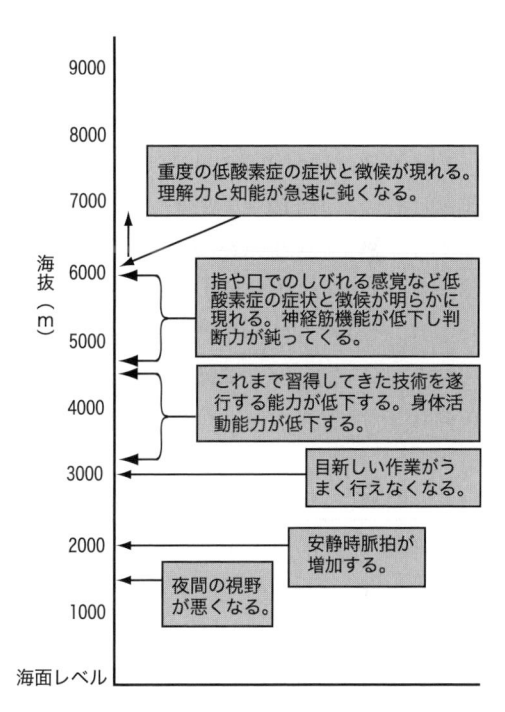

図20.2　様々なレベルの高地環境への曝露が及ぼす身体的影響

表20.2　低酸素症の症状

軽度	中程度	重度
陶酔感	不安感の増加	めまい
見当識の喪失	吐き気をもよおす	せん妄
吐き気	胸の痛み	こん睡状態
頭痛	無呼吸	嘔吐
血圧の若干の上昇	血圧が上昇する	交代性無呼吸症に伴い呼吸数が減少する；また呼吸が停止する場合もある
心拍の上昇（時には不整脈）	心拍数が減少，規則性が失われる	
呼吸数の上昇	筋は痙攣し硬くなる	呼吸数の急激な低下
筋の協調性の低下	皮膚はチアノーゼとなり，汗をかく	血圧は弱くなり，場合によってはなくなる
皮膚は軽いチアノーゼになる	瞳孔の拡張が不均一になる	心拍数低下
瞳孔の大きさが不揃いになる		筋肉は弛緩し，麻痺に近い状態になる
		皮膚は灰色になり冷たくじめじめした感じになる
		瞳孔が著しく拡張したままになる

のような身体機能の低下の度合は様々で、精神運動を遂行できないものから簡単な命令に応答できないものまである。

[1] 高地環境への曝露が呼吸器へ及ぼす影響

標高が上がっていくにつれて、酸素分圧（PO_2）は減少していく。減少した PO_2 を補うために呼吸数は上昇していく。ところが、呼吸数が上昇するとともに（呼吸亢進）、肺胞における二酸化炭素分圧（PCO_2）は低下していく。PCO_2 は、呼吸を亢進させる要素になることから、その低下に伴い換気率は低下していく。PCO_2 の低下は、血中水素イオン濃度（pH）を上昇させていき、その結果として呼吸性アルカローシスといわれる状態を引き起こす。血中水素イオン濃度（pH）の上昇を抑えるために、腎臓はより多くの重炭酸イオン（HCO_3^-）を分泌し HCO_3^-/PCO_2 の割合を正常に戻す働きをする。ところが、腎臓からの重炭酸イオンの分泌が増加することにより、緩衝能力が低下していく結果となる。

換気と PO_2 は双曲線の関係である。ところが、換気と動脈血酸素飽和度（SaO_2）の関係は比例している（図20.3を参照）。個人差はあるが、換気の増加は吸気の PO_2 が約100mmHg に達するまで（肺胞内では、50mmHg に相当する PO_2）起こらない。この分圧は、約3,000m の標高に相当する外気圧であり（Ward, Milledge, and West 1995）、この標高で酸素飽和度は海面レベルの正常値である98%から92%以下へと落ちる。

ところが、高地での競技力を制限する最も大きな要因は SaO_2 の低下ではない。動脈内の PO_2（PAO_2）と組織内の PO_2 の間の圧力格差は、海面レベルにおいて約64mmHg である（動脈内の PO_2〈PAO_2〉は104mmHg で組織内の PO_2 は40mmHg）。しかしながら、高地における PAO_2 の低下は圧力格差を減少させ、血管から組織への酸素の拡散を阻害する。たとえば、標高2,500m の地点で PAO_2 は約60mmHg まで減少するが、組織内の PO_2 は、40mmHg のままであるため圧力格差はわずか20mmHg にしかならず、約70%の圧力格差の減少が起こる。この減少は毛細血管から組織の間で移動する酸素の速度を著しく減少させる。高地で見られる SaO_2 の低下が比較的わずか（〜6-7%）であるのに対して、このような高地における血管と組織の間の圧力格差の減少は非常に大きく高地における競技力低下に大きな影響を及ぼしている要因であると考えられる。

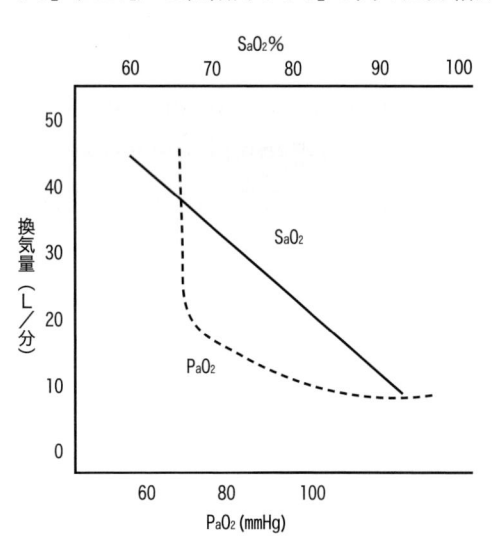

図20.3 肺胞内酸素分圧と酸素飽和度の変化に対する換気量の応答
（Ward, Milledge, and West 1995 から承諾を得て引用）

[2] 高地環境への曝露が心臓血管系へ及ぼす影響

急性低酸素症は、安静時・運動時いずれの場合においても心拍出量の増加を引き起こす。これは PO_2 低下の結果起こる酸素摂取量の減少を代償するためのメカニズムである。この心拍

出量の増加は主に心拍数増加により起こる。実際，安静時には40〜50%の心拍数の上昇が起こるが，1回拍出量が増加することなしに起こると報告されている（Vogel and Harris 1967）。運動中においても心拍数の増加が心拍出量増加の最も大きな要因となっている。さらに高地では，運動中の1回拍出量が減少するといわれている（Vogel and Harris 1967）。1回拍出量の減少は，高地に到着後すぐに起こる血漿量の低下により起こる（Singh, Rawal, and Tyagi 1990; Wolfel et al. 1991）。

初期の高地環境（標高3,000〜6,000m）への曝露では，血漿量の減少は利尿（通常よりも多量の排尿のこと）とナトリウムの排泄増加（尿からのナトリウムの排出が増加すること）の結果起こるといわれている（Honing 1983）。高地で乾燥した空気を換気することにより，より多くの熱を気化により奪われることが利尿の原因とされる。またナトリウムの排泄増加は，低圧による刺激が，自律神経を刺激し腎臓でのナトリウム再吸収を減少させることにより起こると考えられている（Honing 1983）。先行研究によると高地に居住している人々の血漿量は海面レベルに居住している人よりも低く（Ward, Milledge, and West 1995），長期間の高地環境への曝露により血漿量は正常値以下になるといわれている。このように，高地環境への適応が，還流血に対して著しい影響を与えるわけではない。

[3] 高地環境への曝露が代謝能力へ及ぼす影響

高地での運動では，同じ運動強度でも乳酸値が上昇する。このことから，高地では無酸素性代謝が増加すると考えられている。高地では使用できる酸素量が減少することから，このような反応は十分に予想できることである。ところが興味深いことに，高地環境への曝露中，最大乳酸値濃度は減少すると報告されているのだ（Green et al. 1989; Sutton et al. 1988）。これは，緩衝能力の減少と解糖系によるエネルギー産生の減少に結果，最大努力での運動を十分に遂行できなくなる結果起こると考えられている（Wilmore and Costill 1999）。前述したように，高地環境での過換気により起こる呼吸性アルカローシスは，高水素イオン濃度を低下させるため腎臓から重炭酸イオンを増加させる。高地での運動が，このように解糖系の効率を低下させてしまうメカニズムは未だわかっていない。

❸ 高地環境への曝露が競技力に及ぼす影響

短期的な高地環境への曝露により起こる生理学的応答は，競技力を低下させるが，長期間の高地環境への曝露が引き起こす生理学的適応は，高地での競技力を向上させるばかりでなく，平地においてもそれを向上させると考えられている。

[1] 持久系アスリートの競技力

600〜1,200mの比較的標高の低い高地においてトレーニングを行っても持久系競技能力は向上すると報告されている（Gore et al. 1996, 1997; Terrados, Mizuno, and Andersen 1985）。しかしながら，その持久系競技への効果は，それまで選手がトレーニングによりどれだけ鍛練されているかにより変わってくる。非常によく鍛練された持久系アスリートの場合，著しい最大酸

素摂取量の低下が見られるのに対し，鍛練されていない被験者の場合は大きく変化しない。このようによく鍛練された持久系アスリートのほうが，周囲環境の変化に敏感に反応するといわれている。ところがその後の研究で，よく鍛練された選手の間でもその度合に多様性があると報告されている。ある先行研究によると，1,000m程度の高地環境でのトレーニングで8人の持久系アスリートの最大酸素摂取量は有意に低下したが，その他6人の被験者の最大酸素摂取量に変化は見られなかったと報告されている（Chapman, Emery, and Stager 1999）。この研究では，平地における最大酸素摂取時のSaO_2が，高地での最大酸素摂取量の低下の度合と有意に相関していると報告しており，このような被験者間での応答の多様性は平地での被験者のSaO_2に関係していることを示唆している。また，この研究グループのその後の研究によると，平地での最大努力運動中のSaO_2が最も高かった被験者の標高約2,100 mの高地での3,000 m走の記録の低下が最も少なかった（Chapman and Levine 2000）。これらの結果から，高地での競技力を維持させる能力は，それまでの選手がトレーニングによりどれだけよく鍛練されているかというよりも，高地でもSaO_2を維持することのできる能力が深く関係しているということがわかる（Chapman and Levine 2000）。

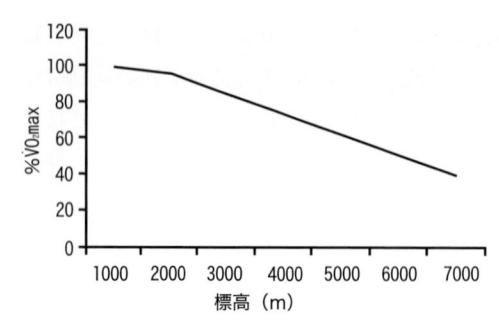

図20.4 標高ごとの最大酸素摂取量の変化

標高がさらに上昇すると持久系競技に対する影響はさらに大きなものになっていく。標高1,600mを超えると最大酸素摂取量の低下が始まり，さらなる標高の上昇に伴い最大酸素摂取量は比例的に減少していく（図20.4）。標高が1,000m上昇するごとに約11%の最大酸素摂取量の低下が見られる（Buskirk et al. 1967）。これは平地で50ml/kg/分の最大酸素摂取量を持つ男性の場合，エベレストの頂上近くでは5ml/kg/分になってしまう計算となり，このような環境では酸素の補給なしでは運動を行うことができない状況となる。

[2] 無酸素系アスリートの競技力

1968年のメキシコオリンピック以来，短距離走，跳躍，投擲（とうてき）の世界記録は高地において樹立されることが多くなった。このような高記録の樹立は，ATP-PC系と解糖系を主に代謝機能として用いる競技に多く見られる。このような無酸素系競技の競技力を向上させるのは，空気による抗力の低下が要因である。平地でのランニング動作に対する抗力は，3～9%である（Pugh 1970）。さらに時速40km以上で自転車により走行する場合は，90%以上になる。ところが，高地では空気が薄いため抗力が減少し，エネルギー消費の減少とタイムの向上が図れるのである。このような高地での競技力の向上は，短距離走や自転車走では見られるが，水泳では見られない。水に対する低圧の影響は，競技力を改善するほどのものではないようである（Chapman and Levine 2000）。

実際のところ，繰り返し高強度運動を行う無酸素系競技に対する高地環境の影響は未だよくわかっていない。しかしながら，筋の緩衝能力が低下することから少なくとも中程度の高地環境は，長時間にわたって行われる高強度運動に影響を与えるはずである。さらに最大努力運動

中の乳酸値が低下することからこれらの競技力が低下することも考えられる。しかしながら，これらの競技に対する悪影響は短期的な高地環境への曝露により起こるものであり，長期間にわたる曝露により競技力が改善する可能性も否めない。

4 高地環境への適応

長期間の高地環境への曝露は，生理学的適応を引き起こし競技力を向上させる。しかしながら，これらの適応は低圧や低酸素による生理学的能力の低下を完全に埋め合わすものではない。また，身体の様々な生理学的機能は高地環境に適応することはできるが，すべての生理学的機能が同時に起こるわけではなく，それぞれの機能が時間経過を経て起こるといわれている。

[1] 長期間の高地環境への曝露が起こす呼吸器系の変化

高地で数日間過ごすだけで，呼吸器系に変化が起こる。まず呼吸数の増加と動脈内の酸素分圧の低下が起こる。数日後，動脈内の酸素分圧は上昇し，二酸化炭素分圧が低下してくる。しかしながら，換気率は二酸化炭素量への換気の応答と頸動脈小体の感受性の変化により増加し続ける。頸動脈小体は，頸動脈分岐の上に位置し血中の酸素飽和量を感知する役割をしている。頸動脈分岐上には多くの血が流れるので酸素飽和量を感知するのには非常に適している場所である（Ward, Milledge, and West 1995）。頸動脈小体の感受性は二相性に変化するといわれている。最初の3〜5日間の高地環境への曝露により換気量は低下していくが，その後を過ぎると換気量が増加していく（Ward, Milledge, and West 1995）。

このような換気量の変化に加え，酸素の拡散能力が高まることが高地環境に呼吸器系が適応するもう一つのメカニズムであると考えられている。7〜10週間の長期にわたる高地環境への曝露により拡散の能力は15〜20%上昇すると報告されている（West 1962）。拡散の能力を改善させる主な要因はヘモグロビン濃度の増加である。また高地に居住しているヒトは，平地に居住しているヒトに比べ高い酸素の拡散能力を持っていると報告されている（Dempsey et al. 1971）。長期的に低酸素状態に曝されることで肺の容量が増え，酸素を拡散できる表面積が増加する可能性があることから，このような拡散能力の違いは肺の容量が関係している可能性も考えられる（Bartlett and Remmers 1971）。

短期的な高地環境への曝露でも換気血流不均衡が起こることにより，拡散能力に影響が及ぶ（Ward, Milledge, and West 1995）。肺胞から肺循環への酸素分子の拡散能力は，換気血流不均衡が起こることにより制限されるのである。そしてこの換気血流不均衡には，標高と運動強度の上昇で動脈内で酸素飽和度が低下することが関係している。しかしながら，先行研究は長期間にわたる高地環境への曝露が換気血流不均衡を正常化させると報告している（Wagner, Saltzman, and West 1974; Wagner et al. 1987）。

[2] 長期間の高地環境への曝露により起こる心臓血管系と血液学的変化

数週間の間，高地環境へ曝露されたとしても心拍出量はそれほど変わらない。しかしながら，その後さらに高地環境に曝露されると，短期間の曝露による変化同様，1回拍出量が低下

し，その結果として心拍数が上昇していく（Reeves et al. 1987）。高地に居住している人々は，1回拍出量が低い傾向にある。また高地環境に適応した平地に居住している被験者の1回拍出量も，高地居住者のものと近い値である（Ward, Milledge, and West 1995）。このように慢性的に高地環境に曝露されたとしても1回拍出量が増加するわけではないことから，減少した血漿量を補うための何らかのメカニズムがあることが考えられる。

長期的な高地環境への曝露が引き起こす適応のメカニズムとして一番有名なのは，血液の単位体積あたりの赤血球の数が増えるということである。低酸素環境への曝露は，エリスロポエチンというホルモンの分泌を促す。エリスロポエチンは，赤血球の産生を促す働きをし，2時間以内の高地環境への曝露でも増加する。そして24～48時間でその増加率は最高値に達する（Eckardt et al. 1989）。3週間の曝露によりエリスロポエチン濃度は減少していき元のレベルまで戻るが，この時に赤血球は約20～25%増加している（Milledge and Cotes 1985）。エリスロポエチン濃度が減少しても赤血球の増加は続くが（Milledge and Cotes 1985），なぜひき続き赤血球が増加していくのかのメカニズムに関しては未だ不明である。赤血球とヘモグロビン濃度の上昇に伴い血液の粘性もまた高まる。これは高地環境への生理学的適応であるが，人体に対して危険性もある。ヘモグロビン濃度は，標高が上昇するとともに上昇していく（Wilmore and Costill 1999）。これは，利尿の増加とその結果起こる血漿量の低下に起因している。高地環境曝露後の血液の酸素運搬能力に関して図20.5に示した。

[3] 長期間の高地環境への曝露により起こる代謝機能と神経筋の変化

長期間の高地環境（4,000～5,000m）への曝露は，解糖系酵素の活動を変化させない一方，酸化酵素を増加させる（Ward, Milledge, and West 1995）。このような変化は，持久トレーニングを積むことにより起こる変化と似ている。高地環境への曝露や持久トレーニング中に起こる酸素不足に抗するため，筋が酸化酵素を増やし有酸素性代謝の効率を上げる適応を引き起こすと考えられている。

しかしながら，より極度な高地環境へ曝された場合の酸化酵素と解糖系酵素に与える影響はまた違ったものになる。6,000mを超える高地環境に長期間曝露されると酸化酵素が減少すると先行研究は報告している（Gerretelli 1987; Green et al. 1989; Howald et al. 1990）。Greenら（1989）は，長期間の6,000mを超える高地環境への曝露により酸化酵素（例：コハク酸デヒドロナーゼ，シトレイトシンターゼ，ヘクソキナーゼなど）が21～53%減少したと報告している。これらの研究結果は，低圧低酸素の環境への曝露が酸化能力を向上させるという仮説に反したものである。極度の高地環境への曝露が解糖系酵素に与える影響に関してはさらに不明な点が多い。ローツェ山への遠征後やエベレスト登頂のシ

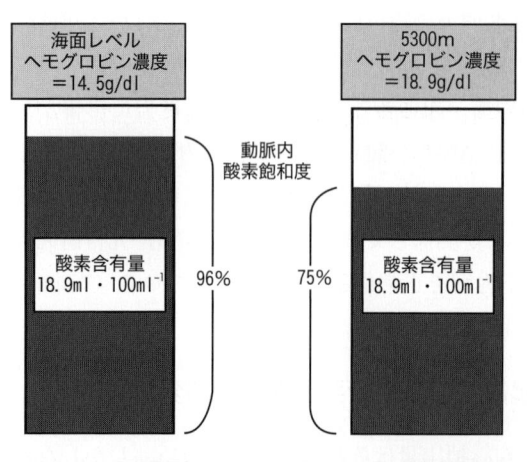

図20.5　高地環境に順化した動脈血内の酸素含有量
（Ward, Milledge, and West 1995から承諾を得て引用）

ミュレーション後に解糖系酵素は減少している（Gerreteli 1987; Green et al. 1989）。それとは対照的に，Howaldら（1990）の先行研究は，ローツェ山やエベレスト山への遠征後，解糖系酵素が増加していると報告しており，筋のエネルギー代謝能力が有酸素性から無酸素性へと移行したことを示唆している。このように矛盾した研究結果が報告されている理由を説明することは難しく，今後さらなる研究を行っていく必要があろう。

長期間にわたる高地環境への曝露は，筋の組成と毛細血管密度にも影響を与える。40日間の漸進的な減圧によりエベレスト山頂をシミュレーションしたところ，タイプⅠ（25% $p<0.05$）とタイプⅡ（26% $p<0.05$）線維の断面積が減少した（McDougall et al. 1991）。これらの結果は，8,000mを超える高地環境が筋萎縮を起こすという先行研究結果に順ずるものである（Boutellier et al. 1983; Cerretelli et al. 1984）。しかしながら，このような極度の高地環境よりも低い高地環境が筋線維の太さに与える影響に関してはさらにわからない部分が多い。ヒマラヤ山（標高5,000m）への8週間の遠征により筋断面積が10%減少したと報告されているが（Hoppeler et al. 1990），他の研究では，2,000mの標高では筋線維の太さに変化はなかったと報告している（Saltin et al. 1995）。さらに，約2,000mの標高に居住しながら持久トレーニングを積んでいるアスリートの筋線維の太さも平地に居住し持久トレーニングを積んでいるアスリートのものと変わらなかったとも報告されている（Saltin et al. 1995）。これらの筋線維の形態と標高の関係を調査した先行研究の結果をまとめると，標高の高さにより筋断面積の萎縮の度合が変わってくるということである（図20.6）。

高地環境に滞在することにより起こる筋線維の断面積減少は，筋へ十分な酸素供給を可能にするための生理学的適応かもしれない。筋量の減少により身体が必要とする酸素供給量が減少するので生存の可能性が高くなるといえる。そして，筋肉内の毛細血管数が減少することなしに，この筋断面積の減少が起こるため（Green et al. 1989; Hoppeler et al. 1990），結果として毛細血管密度の上昇が起こるのである。この適応は，持久トレーニングを積むことによって起こる適応と類似している。ただ，トレーニングによる毛細血管密度の上昇は毛細血管数を増やし起こるのに対して，高地環境への曝露による毛細血管密度の上昇は筋を萎縮させることによって起こるという違いがある。表20.3は，長期間の高地環境への曝露により起こりうる筋の形態的変化と代謝機能の変化をまとめた。

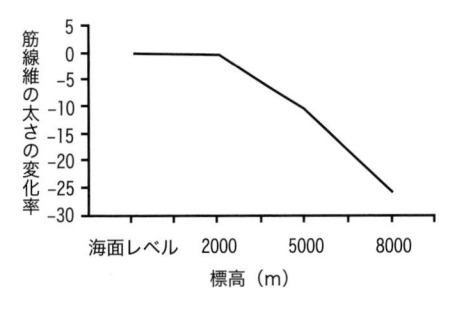

図20.6 高地環境が筋線維の太さに与える影響

表20.3 長期間の高地環境への曝露により起こりうる筋の形態的変化と代謝機能の変化

適応	海抜1,000〜5,000mの標高	海抜5,000m以上の標高
筋線維の太さ	↔または↓	↓
毛細血管数	↔	↔
毛細血管密度	↔または↑	↑
酸化酵素	↑	↓
解糖系酵素	↔	↕

5 高地トレーニングにより起こる高地での競技力向上

　高地環境への順化の結果として起こる生理学的適応は，高地における競技力を改善する。換気量，ヘモグロビン濃度，毛細血管密度，ミオグロビン濃度の増加などが，持久系パフォーマンスを改善するのに役立っている。しかしながら，5,000m以上の高地環境への曝露により起こる筋線維のサイズや体重の減少は，最大筋力やパワーを低下させてしまうので注意する必要がある。高地で試合が行われる時の準備として二つの方法があるといわれている。一つ目は，選手を試合の24時間以内に試合地に到着させるという方法である。この方法では，選手が高地環境に順化することはできないものの，急性高山病の症状が現れる前に試合を終えることができる。急性高山病は高地環境に曝露後24時間以降に現れるため，この方法が成り立つのである。もう一つの方法は，最低でも2週間前に試合地に入り選手に高地環境への順化をさせる方法である。もし可能であるならば，4～6週間前に現地に入ることにより，より完全な順化が期待できる。

高地環境で行われる試合のための作戦とトレーニング

- 選手を試合の24時間以内に試合地に到着させる。
- もし可能であるならば，最低でも2週間前に試合地に入り選手に高地環境への順化をさせる方法である。4～6週間かけより完全な順化させることが理想的である。
- 海抜1,500～3,000mの間の環境でトレーニングを行うべきである。1,500mは，順化が起こる最低レベルの標高で，3,000mは筋萎縮などの悪影響を引き起こさない標高の限界点である。
- トレーニング強度は，平地での60～70%に抑え，10～14日かけ少しずつ強度を増していく。

---

6 高地トレーニングにより起こる平地での競技力の向上

　高地環境に対する身体適応は，理論的には持久トレーニングによる適応と同様のものである。平地での持久系競技力を向上させる高地トレーニングの効果が，高地におけるトレーニングによるものなのか，居住することによる高地環境への曝露によるものなのか，またはこれら二つの複合によるものなのかについては多くの研究者たちにより論争されている。これらの疑問に答えるために，いくつかの先行研究では，"Living high/Training low"（高地に居住し，平地でトレーニングを行う），"Living high/Training high"（高地に居住し，高地でトレーニングを行う），"Living low/Training high"（平地に居住し，高地でトレーニングを行う）という三つのパターンのトレーニング効果の検証を試みている。

　高地でのトレーニングの効果を検証した先行研究は数多く存在するが，その結果は様々である（Chapman and Levine 2000）。これらの研究の実験手法には，いくつかの欠点があることに加え，高地でのトレーニングの際に平地トレーニングほどの運動強度を維持することができなかったという問題点があった（Levine and Stray-Gundersen 1997）。その結果として，高地で行われたトレーニングの強度が平地で行われるよりも低下してしまい身体適応が十分に起こらなかったのだ。実験手法を改善した近年の研究では，海抜2,500mの高地に居住し，トレーニン

グは比較的低い海抜1,250 m程度の場所で行わせた。その結果，"Living high/Training low"（高地に居住し，平地でトレーニング）でトレーニングを行った被験者は，"Living high/Training high"（高地に居住し，高地でトレーニングを行う）と"Living low/Training low"（平地に居住し，平地でトレーニングを行う）の被験者よりも著しい競技力の改善が見られた（Levine and Stray-Gundersen 1997）。この研究では，39人の大学生ランナー（男子27人，女子12人）を被験者として用いた。これらの被験者は，6週間の準備期間で平地でのトレーニングを積み，その後，三つの群（①"Living high/Training low"〈高地に居住し，平地でトレーニングを行う〉，②"Living high/Training high"〈高地に居住し，高地でトレーニングを行う〉，③"Living low/Training low"〈平地に居住し，平地でトレーニングを行う〉）に分け，さらに4週間のトレーニングを行った。高地に居住した2群では，最大酸素摂取量の著しい改善が見られ（5％の増加），この改善は，赤血球量の増加と有意な相関関係があった（9％，r=0.37，p<0.05）。また，5,000m走のタイムが有意に縮んだのも（13.4 ± 10s）"Living high/Training low"（高地に居住し，平地でトレーニングを行う）群だけであった。

またこの先行研究を行った研究者らは，その後，被験者を高地トレーニングの効果があった群となかった群の二つの群に分け遡及的な研究を行った（Chapman, Stray-Gundersen and Levine 1998）。この研究では，5,000m走で14.1秒以上タイムを縮めたグループを効果ありとし，14.1秒以上タイムを縮めることができなかったグループを効果なしとした。海抜2,500mの高地で30時間過ごした後，両グループの被験者のエリスロポエチン濃度は上昇したものの，効果ありのグループのエリスロポエチン濃度のほうが効果なしのグループに比べ有意に高い値を示した。また高地環境曝露14日後，効果なし群のエリスロポエチン濃度が基準値まで戻ったのに対し，効果あり群のエリスロポエチン濃度は上昇したままだった。結果として，効果あり群の赤血球量は7.9％，最大酸素摂取量は6.5％上昇したのに対し効果なし群の被験者の赤血球量と最大酸素摂取量は有意に上昇しなかったのだ。これらの結果から，赤血球の産生を促し平地での競技力を高めるためには，エリスロポエチンが必要かつ十分な濃度に達することが必要であると考えることができる。

高地トレーニングにより起こる平地での競技力の向上に関しては未だ論議の余地がある。近年の研究では，高地トレーニングの明らかな優位性を示しているものの，いくつかの先行研究は，高地に滞在することがすべての選手に有益であるとは限らないとしている。今後，どのような選手が高地トレーニングの効果を最大限に活かすことができるのか，その要素を明らかにしていく研究が必要となってくるであろう。

平地での競技力向上につなげる高地トレーニングの注意点

エリスロポエチン濃度の上昇は，高地環境への代表的な身体適応である。標高が高くなればなるほど，エリスロポエチン濃度は上昇していく（Eckardt et al. 1989）。特定の標高でエリスロポエチンが上昇しない選手の場合はさらに標高の高い高地でトレーニングをする必要があるが，標高が高くなれば高くなるほど急性高山病（AMS）にかかるリスクも高くなる。海抜2,000m以上の高地に居住しているヒトの赤血球量は増加している（Chapman, and Levine 2000）。トレーニングは，その強度を低下させないために極力海面レベルに近い標高で行うべきである。海抜1,250mは，より高い標高に滞在しながらであれば，持久性競技能力を高めるた

> めのトレーニング強度を確保するのに十分な高さである（Levine and Stray-Gundersen 1997）。高地環境への曝露によりエリスロポエチンは二相性に変化する（24〜48時間以内に増加し，その後3〜4週間以内に曝露以前のレベルに戻る）ということを考慮に入れる。このような性質を考えると競技力を最大限に向上させるために高地環境に滞在する期間は，3〜4週間で十分である。

7 急激な高地環境への曝露に関連する医学的問題

　高地環境へ曝されることにより起こる様々な症状のことを急性高山病と呼ぶ。その症状には，頭痛，吐き気，嘔吐，疲労感や倦怠感，めまいや立ちくらみ，呼吸困難，睡眠障害などが含まれる。このような症状は，高地環境への曝露後6〜96時間の間に起こる。症状は徐々に進行し，2〜3日後にピークに達し，4〜5日でなくなり再発することはない。その症状が悪化していかない限り，急性高山病は生命の危機を脅かすものではない。

　急性高山病はいくつかの要因により起こる。①どれだけ急激に標高が高くなったかと，②最終的に曝露される標高の高さが，その発生に深く関連する。そして，急性高山病の症状が発生しうる最も低い標高は，2,500mであるといわれている（Ward, Milledge, and West 1995）。もし高地環境への曝露が1〜2時間程度であるならば，その症状はほとんど起こらない（Ward, Milledge, and West 1995）。個人のフィットネスレベルと急性高山病との間に関係はないものの（Milledge et al. 1991），高地環境での運動はその症状を悪化させる（Roach et al. 2000）。さらに，高山病へのなりやすさには個人差があり（Forster 1984），高山病になりやすい人もいるのだ。

　急性高山病を引き起こすメカニズムとして，低圧低酸素状態が引き起こす水分と電解質の恒常性の崩れが関係しているのは確かである（Hackett and Rennie 1979; Hackett et al. 1981）。低酸素症は，酸素分圧の低下と二酸化炭素分圧の増加を引き起こす。その結果として血管が拡張し，水分・ナトリウムが体内に多く保持されてしまう。また低酸素症は脳と肺循環を増加させるので，それら周辺の毛細管の浸透性を高め水分が漏れ出すことになる（Ward, Milledge, and West 1995）。組織内の二酸化炭素の増加と細胞内から細胞外への水分の移動による水分量の変化がこれらの症状に関係しているのは確かである。さらに細胞外の水分量の増加は，HACE (high altitude cerebral edema) やHAPE (high altitude pulmonary edema) といった致命的な症状へと発展する原因となりうる。

　HACEは，急性高山病と同様な症状を示すが，運動失調，理性を失った行動，幻覚，目のかすみ，意識の混濁などが現れてくる場合はHACEの兆候といえる。HPCEもまた急性高山病と同様な症状であるが，HPCEの場合は肺浮腫が起こるため呼吸が妨げられ唇や指先が青く変色したり，精神の混乱，意識の消失などが起こる。HACEとHAPEの発生には，標高の高さ，標高上昇の速さ，個人の高地環境に適応する能力などが関わってくる。たとえば，標高5,000mまで空路を使い一気に上昇した場合は，4〜6日かけて歩いて行った場合に比べ，HAPEの発生率は2.5〜15.5%高くなるといわれている（Bartsch 1999）。また，過去にHAPEになったことのない登山家が標高4,600mの場所に22時間滞在した場合，約10%がHAPEになったと報告されているが，過去に既往歴を持つ登山家の場合は約60%がHAPEになっている（Bartsch 1999）。これら重度の急性高山病に対する対処法は，酸素の吸入と高地からただち

に下山することである。

　急性高山病の危険性を最小限にするために，急激に標高を高めないことが大切である。さらに，海抜3,000mから上へ登る時には，1日あたり300mの上昇に抑えるべきである。もし急性高山病の症状が現れたなら，症状がなくなるまで，それ以上の登山を行わないようにする必要がある。また，これらの症状の予防に薬を使う場合もある。アセタゾラミドとデキサメタゾンは急性高山病の発生率を軽減させ，その症状を和らげるのに用いられている。

要約

　標高の上昇は，選手の競技力を低下させる生理学的変化を引き起こす。これらの競技力低下は主に持久系アスリートに起こる。一方，高地では，空気が薄く抗力が小さくなるので短距離走などの無酸素系アスリートの競技力は向上するといわれている。2～6週間の長期にわたる高地環境への曝露は，身体適応を起こし選手の高地での競技力を向上させる。長期にわたる高地環境への曝露により起こる身体適応（例：換気量の増加，赤血球量の増加，ヘモグロビン量の増加）は，平地での競技力も向上させる。短時間の高地環境への曝露が選手の身体に医学的問題を引き起こすことはない。ところが，高地環境への曝露が長期化すると，その症状は悪化し医学的問題を引き起こすことがある。このような高地環境への曝露により起こる様々な症状のことを急性高山病と呼ぶが，基本的には生命を脅かすものではない。だが，HACEやHPCEといった生命を脅かす症状に発展する場合もあるので注意が必要である。

第Ⅴ部

コンディショニング

第21章

オーバートレーニング

> トレーニングにより競技力は，一時的に低下する。その後，身体が必要な生理学的適応を起こすことを超回復と呼び，その結果として競技力が向上する。もし回復や休息が不十分ならば，トレーニングの刺激に対して身体が適応しきれず，競技力が低下してしまう。このような状態をオーバートレーニングと呼ぶ。この章では，オーバートレーニングの様々な段階とパフォーマンスを低下させる要因に焦点を絞る。また，持久系競技，無酸素系競技，筋力/パワー系競技などそれぞれの競技に起こる特異的なオーバートレーニングの症状の見きわめ方と予防の方法を説明していく。

種目や選手のレベルによっても様々であるが，トレーニングの目的は試合や競技会などで個人やチームの持つ目標を達成することである。バスケットボール，アメリカンフットボール，野球などのチームスポーツの選手は，年間をインシーズン，オフシーズン，プレシーズンの3期に分ける。それぞれのシーズンで技術練習と身体能力を向上させるためのコンディショニングトレーニングの両方が行われるが，どちらを強調するかは時期により異なる。一般的にオフシーズン中は，身体能力をあげるためのトレーニングを中心に行うが，インシーズンにおいては，競技特有の技術練習を重点的に行うことになる。

チームスポーツと個人種目との間でも，コンディションの整え方には違いがある。チームスポーツの場合，シーズンイン直前に競技力をピークにもっていき，シーズン中には技術練習や試合を通してそれを維持しようとする。それとは対照的に，陸上競技や水泳競技の選手は，シーズン初めのレースで競技力をピークにもっていくのではなく，最も重要な競技会に向けコンディションを整えピークにもっていく。

個人・チームスポーツいずれの場合においても，コーチは年間で最も適切な時期に競技力をピークにもっていくことを目標に指導している。ピーキングのために運動強度と運動量を調節していくのだが（第11章参照），トレーニングにより選手の競技力は一時的に低下する。ところが，身体が生理学的に適応することができれば，超回復が起こり結果として競技力が以前よりも向上するのである（図21.1参照）。もし回復や休息が不十分ならば，トレーニングの刺激に対して身体が適応しきれなくなる。そうなると，競技力は著しく低下していく。また，選手

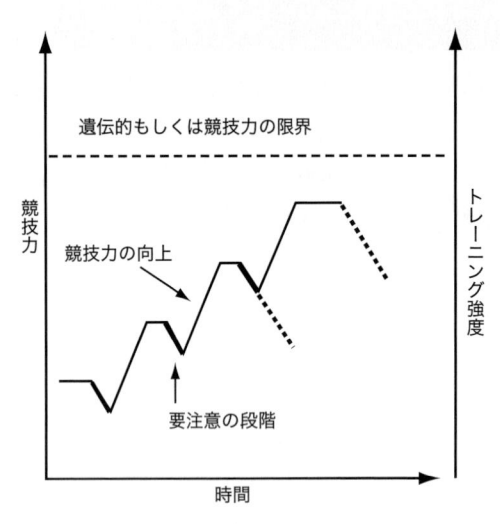

図 21.1　トレーニング対する適応，オーバートレーニング，競技力の間の関係を示す仮説

の競技力が個人の遺伝学的限界に近づくにつれて，トレーニングへの適応や競技力の向上は限られたものとなり，場合によっては不可能となってくる。このような限界を超えたトレーニングを長期間続けることにより競技力は低下してしまう。このような状態をオーバートレーニングと呼ぶ。競技力のピークとオーバーオレーニングの分かれ目を直線と点線を使って図21.1に表した。

オーバートレーニングを引き起こさずに最大限競技力を向上させる最適な運動強度と運動量を決定することが指導者達の重要な課題だといえる。

この章では，オーバートレーニングの様々な段階とパフォーマンスを低下させる要因に焦点を絞っていく。また，持久系競技，無酸素系競技，筋力／パワー系競技などそれぞれの競技に起こる特異的なオーバートレーニングの症状の見きわめ方と予防の方法を説明していく。

1 オーバートレーニングの定義

オーバートレーニング症候群は，トレーニングに適応できない状態が繰り返されることにより起こると考えられている。オーバートレーニング症候群は，運動強度と運動量の両方，もしくは，いずれかが過度に増えすぎ，適切な休養がとれなくなったような場合に発症する。オーバートレーニングの初期症状として，主に慢性的な疲労感のような主観的感覚が起こるといわれているが，場合よっては競技力の低下が先に起こる場合もある。さらに症状が進んでいくと，疲労感の増加に伴い，明らかな競技力低下も起こってくる。運動強度が過度に高くなり，一定期間内に適応が起こらなくなった時に，選手はオーバーリーチングになったと考えられる。オーバーリーチングとは，運動強度・量の抑制と適切な回復期をとることにより，通常1〜2週間以内に完全に回復する状態でオーバートレーニングの手前の状態といえる（Kreider, Fry and O'Toole 1998）。この回復には，超回復が伴い，競技力が向上することもある。それゆえオーバーリーチングは，トレーニング計画を組む中であえて組み込まれるトレーニング期間でもある。

このようなトレーニング期と回復期の間でアンバランスな状態が続くと，単なる慢性的疲労感の残存であるオーバーリーチングの段階から，さらに深刻なオーバートレーニングの症状へと発展していく。選手自身やコーチにより認知されない兆候が，時としてオーバートレーニング発症の警告サインとなる場合がある。トレーニング中しばしば起こる競技力の頭打ちや低下もオーバーリーチングの兆候の一つであるが，選手やコーチは，この兆候に気がつかず，トレーニングを減らし回復を図ることを怠り，逆にトレーニングの強度・量を増し競技力を取り戻そうとすることがよくある。その結果として，オーバートレーニングの状態に陥り，慢性疲労

は蓄積され，競技力はさらに低下していってしまうのである。オーバートレーニングからの回復には約6ヶ月という非常に長期間の回復期を必要とするような場合もある（Kreider, Fry and O'Toole 1998）。

2 オーバートレーニングに関連する要素

選手をオーバートレーニングに陥る要因は多く存在する。トレーニングプログラムの組み方，トレーニングの環境，心理的要因，栄養，遠征（時差）など様々な要因が関連している。ただ，単一の要因が，オーバートレーニングを引き起こすことは稀で，いくつかの要因が複合することにより起こることが多い。

トレーニングに関連した最も一般的なオーバートレーニングの発生要因は，十分な休養の不足である（Fry, Morton, and Keast 1991）。特にトレーニング量や強度を増加させた時に起こりやすくなるといわれている。しかし，トレーニング量・強度の増加が選手にかかるストレスを増加させるからといって，それが直接オーバートレーニングの原因になっているかに関しては未だ明らかにはなっていない。さらに，トレーニング量・強度の変化が選手に与えるストレスの度合は，選手のタイプ（持久系もしくはパワー系）によっても違ってくる。これに関しては，次章でさらに詳しく解説していく。

トレーニングの量や強度を急激に上げると，アミノ酸をエネルギー源として用いるため筋肉が異化されタンパク質が分解される。そのため，トレーニング量や強度を上げているトレーニング期間には，選手は十分な量の炭水化物とカロリーを摂取し，筋の異化を防ぐ必要がある。また，低血糖状態で長時間の運動を行うことは，競技力に悪影響を与える（Kuipers and Keizer 1988）。選手の食欲は，トレーニングによるストレス，個人的な問題，睡眠，環境条件のような要因に影響される（Berning 1998）。実際，高温多湿な環境で長時間運動をすることにより体温は上昇し，食欲は減退する（Berning 1998）。カロリー摂取を減退させるのがどのようなメカニズムだとしても，必要なエネルギーが摂取できなければ，選手がオーバートレーニングの状態に陥る可能性は高くなるといえる。

また心理的要因も大きく関わってくる。単調なトレーニングや家族，学校，職場からの期待感により初期段階のオーバーリーチングが起こる。コーチや周りの人間からの過度な期待感により起こる心理的ストレスもまたオーバートレーニングの原因となる。また時として，選手自身による過度な期待感もその要因となる場合もある（Kuipers and Keizer 1988）。

3 持久系アスリートと筋力／パワー系アスリートとの比較

持久系アスリートと筋力／パワー系アスリートでは，それぞれ違ったトレーニングの目標を持っていることから，運動量（走行距離の増加やセット数の増加）と運動強度（1 RMのように運動強度を増加させる）を調節することによりトレーニングに競技特性を反映させている。

持久系アスリートに起こるオーバートレーニングを検証している先行研究はいくつか存在するが，これらの研究デザインではオーバートレーニングの要因を確定するのは難しいように思

われる。ある先行研究では，短期間であれば運動量が増加したとしてもオーバートレーニングの症状を引き起こすことはないと報告しているが（Costil et al. 1988; Kirwin et al. 1988），急激な運動量の増加はオーバートレーニングを引き起こすきっかけになると報告している先行研究もある（Hooper et al. 1993, 1995; Lehmann et al. 1992）。さらに短期間にオーバーリーチングの状態を誘発させた先行研究では，最終的に競技力が向上してしまっているのだ（Lehmann et al. 1992）。持久系アスリートは，運動強度と運動量を調節しトレーニングを行うわけだが，長期にわたるトレーニング期間中に適切な休養期間をとらずにトレーニング量を過度に増加させることがオーバーリーチングやオーバートレーニングの状態に陥らせる危険性を高めると文献では示唆されている。実際に持久系アスリートがオーバートレーニングの状態に至る場合，長期間のトレーニング期間を経て起こるが，ほとんどの先行研究が短期のトレーニング期間を用いて研究を行っていることもこれらの研究の問題点である。

　筋力／パワー系アスリートの場合，トレーニングにおける運動強度の変化（Stone and Fry 1998）と運動量の変化（Fry 1998）の両方がオーバートレーニングの原因になってくる。十分な休息や回復期をとらずに運動強度や運動量を増加させることで，短期間でもオーバートレーニングの状態に陥ることは明らかである。持久系アスリートを対象に行った先行研究同様，筋力／パワー系アスリートのオーバートレーニングに関する先行研究も短期間の調査で行われたものがほとんどであり実際の状況に添ったものではない。さらに，筋力／パワー系アスリートに関するオーバートレーニングの研究のほとんどはウエイトリフターを対象に行っている。いくつかのトレーニング方法（例：筋力，パワー，スピード，持久トレーニングなど）を複合して行っている無酸素系アスリート（例：アメリカンフットボールやバスケットボール）を対象にした研究はこれまでなされていない。しかしながら，これらの競技をやっている競技者の数は莫大であり，これらの競技者を対象に今後さらなる研究を行っていく必要があろう。

　オーバートレーニングの症状を評価すると，持久系アスリートと筋力／パワー系アスリートとの間の違いは明らかである。これらの違いに関しては，この章の「オーバートレーニングの認識」の部分で触れていく。

4 オーバートレーニング発生のリスクについて

　あらゆる競技レベルのすべてのスポーツ選手がオーバートレーニング症候群に陥る可能性があり，実際にどういったタイプの選手がオーバートレーニングになりやすいのかを限定することは難しい。しかしながら，競技に対する向上心の高い選手ほど，オーバートレーニングに陥る可能性が高いようである（Fry, Morton, and Keast 1991）。個々の競技者がどの程度トレーニングによる刺激に応答することができるかがそのリスクに関係してくる。個々の競技者に対してでなくチーム全体にあわせたトレーニングプログラムを組むチームスポーツにおいては，ある特定の選手がオーバートレーニングの症状を引き起こすことがある。チームのほとんどの選手が与えられた練習メニューに適応する応答をしているにもかかわらず，ある特定の選手が上昇した運動強度と運動量に適応することができない状況がチームスポーツでは起こりうるのである。一部の選手がオーバートレーニングの症状を引き起こしているにもかかわらず，それを

指導者が認識することができないと，さらなる精神的・身体的ストレスを選手に強いることになり症状は悪化していく。

　陸上，水泳，ウエイトリフターのような個人競技の場合はチームスポーツに比べて選手がオーバートレーニングに陥っているかどうかを把握することが容易である。オーバートレーニングに陥る危険性の高い選手を予知することは難しくても個人競技の場合，指導者が選手の競技力低下を認知することは容易である。それゆえ，早い段階でそれを予防することができるのである。個人種目の場合，練習時のタイムなどの客観的データが，オーバートレーニングの指標となり，その予防に役立つ。それに対して，チームスポーツの選手の場合，選手の主観的感覚により評価されることになる。チームスポーツの選手を対象としたオーバートレーニングの研究（Hoffmann, Epstein, et al.; Verma, Mahindroo, and Kansal 1978）に比べ，持久性スポーツを行っている選手（Flynn et al. 1994; Lehmann et al. 1995; Morgan et al. 1987），水泳選手（Costil et al. 1988; Hooper et al. 1993; Raglin, Morgan, and O'Connor 1991）やウエイトリフター（Fry, Kraemer, van Borselen, Lynch, Marsit, et al. 1994）などの選手に対する研究が多くなされているのも客観的評価をするのが難しいからである。

5 オーバートレーニングを認知する

　競技力低下が，オーバートレーニングを知る最も一般的な指標となる。ところが，競技力が低下しておらず，単に停滞している選手でもオーバートレーニングに陥っている可能性があると報告されている（Hooper et al. 1995; Kuipers and Keizer 1988; Rowbottom, Keast, and Morton 1988）。オーバートレーニングに関する文献のほとんどは，指導者が早い段階でオーバートレーニングの兆候を見きわめることが重要であることを示唆している。もし初期段階でその存在を認知することができれば，指導者はトレーニング量・強度の調節を行いオーバートレーニングの悪化と長期化を防ぐことができる。オーバートレーニングの症状は，身体的，心理的，免疫的，生化学的兆候に分類され先行研究で報告されている。文献において示唆されているオーバートレーニングの生物学的な症状は，Fry, Morton, Keast（1991）によりまとめられたものである（表21.1）。競技力低下が起こっている選手には，単一もしくは，複合的にいくつかの症状が存在するといわれている。しかし残念なことに，これらの症状は，オーバートレーニングの絶対的兆候となるような客観的指標を測定しているわけではない。さらにこれらの症状の発現は，選手がオーバートレーニングのある段階にいることを確認するにすぎない。これらの症状を認知しても，オーバートレーニングやオーバーリーチングの発生の閾値を知ることは不可能である。ここから先のセクションでは，オーバートレーニングに陥っているスポーツ選手に起こる生物学的障害を検討していく。

[1] 自律神経系の障害

　オーバートレーニングは，自律神経のバランスを崩すと考えられており，交感神経が優位になる場合と副交感神経が優位になる場合の両方のケースが考えられている（Israel 1976）。交感神経優位型のオーバートレーニングの場合，休息期においても交感神経が活発になってしまう

表 21.1 文献において示唆されているオーバートレーニングの症状

生理学的変化		
競技力の低下	以前達成した競技力の基準に達することができない	回復に時間がかかる
負荷への耐性が減少する	筋力低下	
協調性の欠落	運動効率や動きの大きさが減る	一度修正された欠点が再び現れる
技術的欠点を修正する能力が低下する	起立時と臥床位の心拍数の差が大きくなる	脳波に異常なT波のパターンが現れる
わずかな運動強度の上昇で心臓が苦しくなる	血圧の変化	安静時,運動時,回復時における心拍数の変化
呼吸数の上昇		体脂肪の減少
酸素摂取量の増加	最大下運動時の換気量と心拍数の上昇	
練習後の体重の減少	基礎代謝量の上昇	慢性的な疲労
不眠症(夜間の発汗を伴うものと伴わないもの)	のどの渇きを感じる	拒食症
食欲の減退	過食症	無月経や過少月経
頭痛	吐き気	痛みの憎悪
胃腸障害	筋肉痛	腱の痛み
骨膜での炎症	筋肉へのダメージ	C反応性タンパクの上昇
横紋筋融解		
心理的要因		
落ち込み	ものごとに無関心になる	自尊心の低下
心理的に不安定になる	仕事やトレーニングに集中することが困難になる	環境や心理的ストレスへ過敏になる
競技への恐怖心	人格の変貌	集中力の低下
内的にも外的にも注意散漫になる	多量の情報を処理する能力の低下	困難な状況に対面するとすぐにあきらめてしまう
免疫系		
風邪等の疾病やアレルギーの症状が重くなったり,発症しやすくなる	風邪のような疾病	原因不明の腺熱
細かい傷などの治りが遅くなる	リンパ腺の腫れ	カゼ
好中球の機能的活動低下	総白血球数の低下	
好酸球数の低下	ヌルリンパ球の比率が減少する	
ヘルペスウイルスによる感染	CD4:CD8比に変化が起こる	細菌による感染
生化学的変化		
負の窒素バランス	視床下部機能の障害	糖耐性の曲線が平坦になる
筋グリコーゲンの低下	骨内のミネラルの減少	初潮の遅れ
ヘモグロビンの低下	血清鉄の減少	血中フェリチンの低下
TIBCの低下	ミネラルの枯渇(Zn, Co, AL, Mn, Se, Cuなど)	尿素濃度が高まる
コルチゾルレベルの上昇	尿内のケトステロイドの増加	遊離テストステロンの低下
グロブリンと結合する血中ホルモンの増加	遊離テストステロンとコルチゾルの割合が30%以上低下する	尿酸産生の増加

(Fry et al. 1991のデータによる)

が,副交感神経優位型の場合,休息期・運動中いずれにおいても,副交感神経が優位になってしまう。

交感神経優位型の場合,落ち着きがない,精神のいらつき,睡眠障害,体重減少,安静時心

拍数・血圧の上昇が起こる。副交感神経優位型の場合は，疲労感，気分の落ち込み，安静時心拍数・血圧の低下，運動に対する糖質代謝と乳酸産生の応答低下などが起こる。また神経筋活動の低下も起こるとも報告されている（Lehman et al. 1998）。副交感神経優位型のオーバートレーニングは，持久系アスリートの間で多く起こる。一方，筋力／パワー系アスリートの場合は，交感神経優位型のオーバートレーニングに陥ることが多い。両タイプのオーバートレーニングで競技力低下が起こるものの，副交感神経優位型の場合，初期段階における兆候も判断しにくくトレーニングに対する適応のための正常な反応と似ていることから，発見することは難しい（Fry, Morton, and Keast 1991）。

　副交感神経優位型のオーバートレーニングは，より進化したオーバートレーニングの様式で，神経内分泌系の疲労と深く関係していると考えられている。また，オーバートレーニングの初期段階に見られる疲労状態は，交感神経型のオーバートレーニングによるもののようである（Kuipers and Keizer 1988）。いずれの型のオーバートレーニングにおいても，恒常性のバランスの変化がその発症に大きく関与しているようだ。

[2] 神経内分泌系の障害

　運動ばかりではなく，いかなるストレスも神経内分泌系に影響を及ぼす。これらの変化は，短期的，長期的なトレーニングによるストレスから引き起こされる。トレーニング強度の上昇などの変化によりホルモン応答は急激に変化する。そして，身体が新しいトレーニングの刺激に適応すると，ホルモンは素早く元のレベルに戻る。長期的なトレーニングによる刺激に対して身体が適切に適応することができなければ，ホルモン分泌に異常が起こる。持久トレーニングとレジスタンストレーニングのいずれの場合においてもトレーニングの増加に対する内分泌の応答は類似している。しかしながら，オーバートレーニングの状態にある時，これらの類似点は存在しない（Fry 1998）。

　オーバートレーニングの状態をホルモンを用いて検査するには，テストステロンとコルチゾルを利用する。コルチゾル濃度の増加に伴う総テストステロンと遊離テストステロンの低下が見られる場合，組織の異化が強い状態にあると考えられる。それゆえテストステロン／コルチゾル比は，トレーニングにより引き起こされたストレスの状態を反映することが可能であると考えられている（Adlercreutz et al. 1986）。遊離テストステロンとコルチゾルの比率が30％以上もしくは，$0.35 \cdot 10^{-3}$になる場合，運動から十分に回復していない状態であると考えられる。もしトレーニングの翌日このような状態が見られれば，回復期が不十分であると考えられ，3ヶ月間のトレーニング後に起こるのであれば，オーバートレーニングの状態に陥っていると考えられる。同化と異化のバランスが長期間崩れると，除脂肪組織の低下に伴い体重の低下が起こる。しかしながら，いくつかの研究ではオーバートレーニングの状態にある選手のテストステロン／コルチゾル比に変化がなく，テストステロン／コルチゾル比の変化と競技力の変化の間にも相関関係がないとも報告している（Fry et al. 1992; Fry, Kraemer, et al. 1993; Kirwin et al. 1988; Urhausen, Gabriel, and Kindermann 1995）。これらのことから，テストステロン・コルチゾル濃度は，競技力低下というよりもトレーニングによる刺激の変化を多く反映していると考えられる。

カテコールアミンは，トレーニングによるストレスに敏感に応答することから，しばしばオーバートレーニングの指標として用いられている。オーバートレーニングの状態にある持久系アスリートでは，トレーニングによる刺激に対して敏感であるはずのカテコールアミンの応答が，糖質代謝の減少とともに低下していく（Urahausen, Gabriel, and Kindermann 1995)。さらに，オーバートレーニングの状態にある持久系アスリートのエピネフリンとノルエピネフリンの夜間レベルも低下するといわれている（Lehamann et al. 1998）。このエピネフリンとノルエピネフリンの夜間レベルの低下は，副交感神経型のオーバートレーニングに陥っている選手に一般的に見られる。この副交感神経型のオーバートレーニングの状態にある持久系アスリートの尿カテコールアミン濃度は50～70％も低下する（Lehamann et al. 1998）。カテコールアミン濃度の低下は，疲労とREM睡眠の潜時に対して負の相関関係があると報告されている。それゆえ，カテコールアミン濃度の低下は，中枢神経系の疲労と関係があると示唆されているのである（Lehamann et al. 1992, 1998）。

　安静時と運動時におけるカテコールアミン濃度の上昇は，オーバートレーニングの状態にある持久系および筋力／パワー系アスリートのいずれにも見られると報告されている（Hooper et al. 1995; Lehmann et al. 1992; Fry, Kraemer, van Borselen, Lynch, Triplett, et al. 1994）。カテコールアミンの目標器官の感受性の低下により，血中カテコールアミン濃度が上昇するといわれている。そして長期間にわたりトレーニング量過多のまま維持されるとβアドレナリン作用受容体の数が減少すると報告されている（Jost, Weiss, and Weicker 1989）。カテコールアミン濃度の上昇は，高強度のレジスタンストレーニングを行っている選手にも起こる。運動による刺激を与えたとしても，筋におけるβアドレナリン作用受容体が減少していると筋肉の機能は低下していく。運動直後のカテコールアミン濃度とレジスタンストレーニングを行っている個人の最大筋力の間には有意な相関関係（相関係数0.79～0.96）があると報告されているが，オーバートレーニングに陥っている選手では，この相関関係は見られなくなる（Fry, Kraemer, van Borselen, Lynch, Triplett, et al. 1994）。

　視床下部‐下垂体の機能異常は，オーバートレーニングに陥っている持久系アスリートにしばしば見られる。ところが，筋力／パワー系アスリートの場合，たとえオーバートレーニングに陥っていても視床下部‐下垂体の機能異常は見られないのだ（Fry 1998）。視床下部‐下垂体の機能異常に関して報告したBarronら（1985）の先行研究では，オーバートレーニングの状態にあるマラソン選手の低血糖に応答するホルモンであるプロラクチンの量が減少すると報告している。オーバートレーニングによる機能異常は主に視床下部に見られると報告しているものの，下垂体の感受性低下もその要因になりうる可能性があると報告している。さらに，LHの拍動性の分泌（Hackney, Sinning, and Brout 1990; MacConnie et al. 1986），βエンドルフィン，甲状腺刺激ホルモン，成長ホルモンの濃度の低下（Fry, Morton, and Keast 1991; Keizer 1998; Urhausen, Gabriel, and Kindermann 1995）も見られる。また，オーバートレーニングにより下垂体の機能異常が存在する選手の場合，生殖器の機能に異常が起こっている場合が多い；女性の場合では無月経のような性周期異常，男性の場合では性衝動や精子数の低下が起こる。図21.2は，視床下部‐下垂体‐副腎／生殖腺とオーバートレーニングの関連を図式化したものである。さらに神経内分泌系に関連する主な症状に関しても記してある。

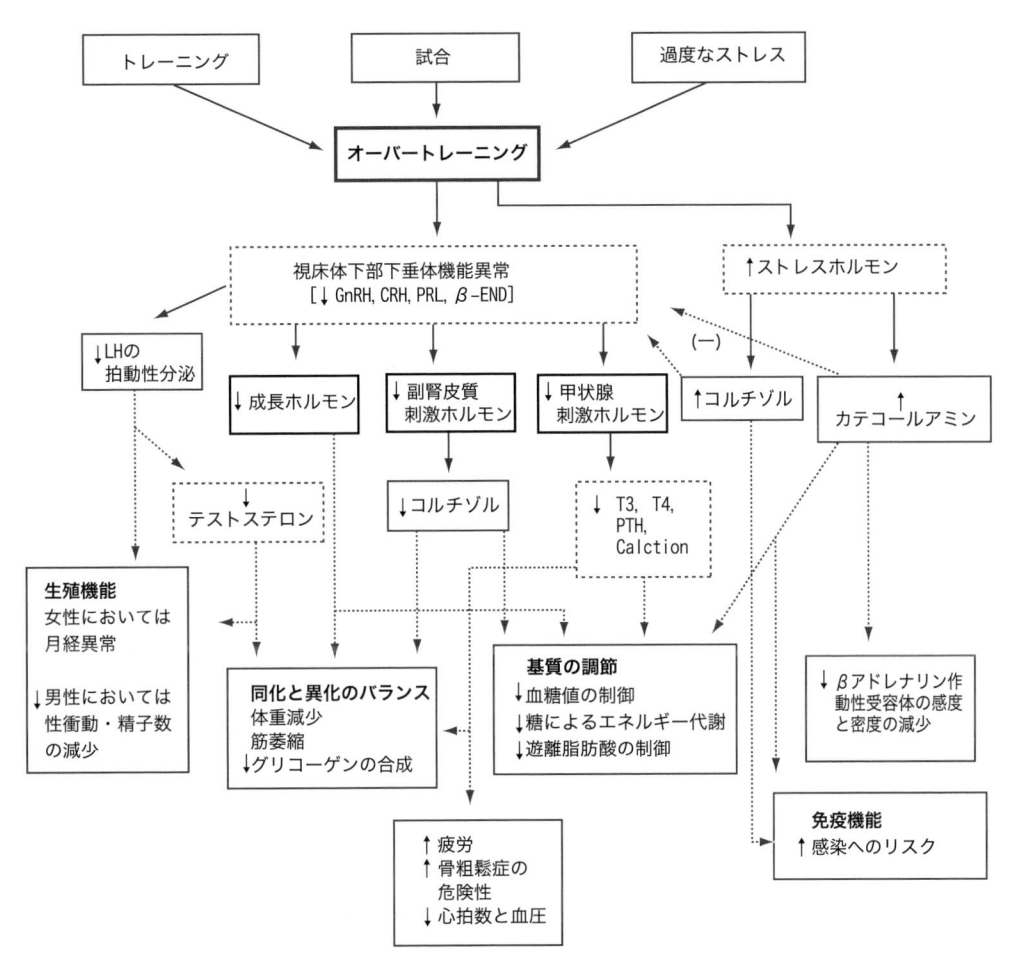

図 21.2　視床下部 - 下垂体 - 副腎 / 生殖腺とオーバートレーニングの関連
(Fry et al. 1991; Urhausen et al. 1995 のデータから引用)

[3] 心理的障害

　選手の心理学的な気分は，トレーニング量の変化に敏感に応答すると報告されている (Morgan et al. 1987; Raglin, Morgan and Luchsinger 1990)，そして選手のトレーニングへの適応の度合を反映する指標になりうると考えられている。ポムス (profile of mood states ; POMS) は，選手の気分を評価するのにしばしば使われている指標である (Morgan et al. 1987)。スポーツ選手の場合，緊張 (tension)，不安 (anxiety)，情緒 (confusion)，疲労 (fatigue) の点数は，一般人に比べ低く，活気 (vigor) の項目に関しては一般人よりも高い点数を示す。このようなパターンは，グラフの形状が氷山に似ていることから "iceberg profile"（氷山型）と呼ばれている。シーズンが進むにつれてトレーニング量が増加してくると選手の POMS の結果は著しく変化し，健常な一般人のパターンに似てくるといわれている。ところが，調整期に入りトレーニング量が低下してくると再び氷山型に戻ってくるのだ。しかし，疲弊したり，オーバートレーニングの状態になっている選手の場合，調整を行っても POMS の結果が氷山型に戻らず，平坦なグラフのままであるといわれている。

また，オーバートレーニングは選手の競技への自信を低下させるといわれている。オーバートレーニングの状態にある筋力／パワー系アスリートを検査した先行研究によると，過度なトレーニングのプロトコルを与えても2週間は，競技力低下の自覚はない。しかしながら，過度なトレーニングのプロトコルを与えて8日以内に選手の競技への自信が顕著に低下していくと報告されている（Fry, Fry, and Kraemer 1996）。この先行研究は，オーバートレーニングの選手の自信の喪失が競技低下につながっている可能性があることを示唆している。

[4] 免疫機能障害

オーバートレーニングの状態に陥っている持久系アスリートは，感染症などにかかる可能性が非常に高くなる。特に上気道における感染症（URTI）にかかる危険性は高くなるといわれている。オーバートレーニングに関するほとんどの先行研究は，持久系アスリートを対象に行っていることから筋力／パワー系競技の選手でも同様のリスクが高まるかに関しては定かではない。しかしながら，免疫機能の低下は，神経内分泌系バランスの崩れと明らかな関係があり，オーバートレーニングにより筋力／パワー系アスリートの神経内分泌系に異常が起こるといわれている。それゆえ，オーバートレーニングの状態にある筋力／パワー系アスリートもまた感染症にかかる危険性が高まる可能性は十分に考えられる。

オーバートレーニングに陥ったり，トレーニングを増加させている時期に起こると報告されている免疫機能低下には，内分泌系機能の変化（例：コルチゾル，カテコールアミン，βエンドルフィン）が関係していると考えられているが，その他複数の要因も関係しているようである。第5章で説明したように，激しいトレーニングを積んでいる期間は免疫機能低下が起こり疾病を引き起こす危険性が高くなる。オーバートレーニングによる安静時白血球数，リンパ細胞数，好中球の活動性，免疫グロブリン濃度の低下は，明らかに感染症のリスクを高める要因である。

いくつかの先行研究では，マラソンや激しい持久トレーニングを行った選手のURTIの発生率が高くなると報告されているが（Heath et al. 1991; Niemann et al. 1990; Peters and Batemann 1983），疾病の発生とオーバートレーニングとの因果関係を直接検査している先行研究は，ごくわずかしか存在しない。MackinnonとHooper（1996）は，トレーニングに適応できていない選手（全被験者の33％）の疾病の発生率をトレーニングに十分に適応している選手のものと比較した。その結果，オーバーリーチングの症状を持つ選手のURTIの発生率（12.5％）は，オーバーリーチングの症状を持たない選手のもの（56％）よりもはるかに高かった。この研究は，URTIの増加がトレーニングに対する適応よりもトレーニング強度の変化に依存しているということを示唆している。

[5] 生化学的障害

高強度トレーニングをある一定期間をこなした選手にはクレアチンキナーゼと尿酸値の上昇，グリコーゲン量と乳酸濃度の低下が起こると報告されており，これらの数値の変化は，オーバートレーニングの指標になりうると考えられている（Fry, Morton, and Keast 1991）。しかしながら，これらの生化学的変化は，運動によるストレスに対する正常な応答の一部でもあり，運動後，数日間続くこともある。たとえば，グリコーゲンの再合成の能力は，筋肉の損傷によ

り低下する。実際，マラソンを行った後，筋グリコーゲンの貯蔵量の完全な回復には数週間かかる場合もある（Sherman et al. 1983）。このように，オーバートレーニングの評価のための生化学的な変化の解釈には注意が必要である。適切な評価のためには十分な回復期間をおいてから行うべきである。

[6] 競技力の低下をオーバートレーニングの指標として用いる

いくつかの先行研究は，競技力をオーバートレーニングの指標として用いている（Fry, Lawrence, et al. 1993; Fry, Kraemer, van Borselen, Lynch, Marsit, et al. 1994; Hoffman and Kaminsky 2000; Lehmann et al. 1992）。競技力の変化をトレーニングによるストレスの指標として用いることは，現場にとって非常に魅力的な方法である。オーバートレーニングの指標として用いられる生化学的指標は多くあるが，いずれも完全な指標となることは困難である上に費用がかかることから，多くの場合，スポーツチームが取り入れるのは困難である。

Rewbottom, Keast, Morton（1998）らは，最大酸素摂取量や OBLA（$4 mmol \cdot L^{-1}$ の乳酸値）レベルでのランニング，最大努力でのランニングのタイムトライアル，オールアウトするまでのトレッドミルランニングなどを測定している先行研究を評論する総説を書いている。競技力をオーバートレーニングの指標として用いるためには，その有効性と信頼性を確立した競技力テストであることが不可欠である。オーバートレーニングの状態に陥っている選手の競技力は，29％程度低下するといわれているが，初期段階においてその違いはわずかであるといわれている（Rewbottom, Keast, and Morton 1998）。筋力／パワー系競アスリートに対してオーバーリーチングの指標となる競技力テストを選択することはさらに難しい。Hoffman と Kaminsky（2000）は，ユースのナショナルレベルのバスケットボール選手を指導するためのプログラム用テストの報告を行った。指導者達の最も大きな関心事は，対象となる選手がプレーするチームの数だった。彼らはナショナルチームに加え，高校やクラブチームに所属している。バスケットボール選手に重要とされる様々な体力要素を反映するいくつかの競技力テストを用い，毎月そのスコアの観察をした。トレーニング量や主観的トレーニング強度を含むこれらのテストの結果は，図 21.3 に示した。

この研究では，27 m スプリントが，選手の疲労を最も反映するテストであることがわかる。選手のベストタイムよりも 1.5 秒以上遅いタイムを示す時のトレーニング記録を解析してみるとテスト前の 2 週間でトレーニング量と強度が上昇していることがわかる。そして，その選手らが所属するチームの指導者に選手の練習量を減らすように指示をした結果，1 ヶ月後の次のトレーニングセッションには，27 m スプリントのタイムは元に戻っていた（表 21.2）。

6 オーバートレーニングに対する処置

オーバートレーニングにおいて，最も重要なことは発生を未然に防ぐことである。指導者は，慢性疲労やオーバートレーニングのリスクを最小限に抑えるために，適切な期分け（ピリオダイゼーション）に基づいた（第 11 章参照）トレーニングプログラムを組むことが必要となってくる。しかしながら，十分に考慮してトレーニングをプログラムしたとしても，トレーニン

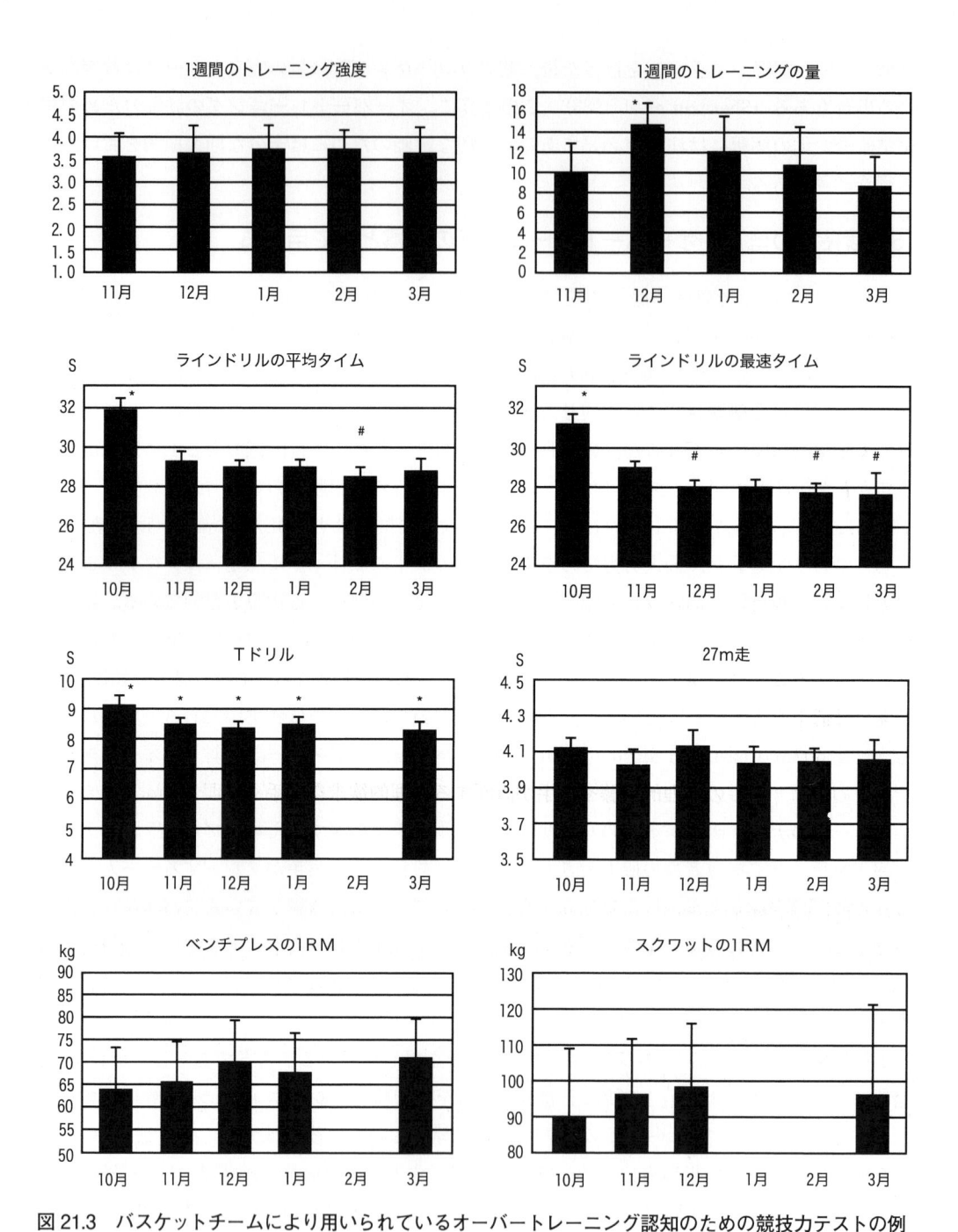

図21.3 バスケットチームにより用いられているオーバートレーニング認知のための競技力テストの例

トレーニング強度のレベルは，主観的強度として1～5の値で表されている．1は「非常に楽」，5は「非常にきつい」を示す．

グの刺激に対する応答は選手ごとに異なってくる．このような選手間の個人差やその他のコントロール不可能な要因（例：環境の劇的変化，高地環境への曝露，時差など）により，選手はトレーニングに対して適応することができなくなることがある．その結果として，競技力の停滞や低下が起こるのである．このような状況を防ぐためにオーバートレーニングを初期段階で発見することが重要なのである．

オーバートレーニングの初期段階では，数日間トレーニングを行わないだけで十分に回復が図れるため，その後すぐに通常トレーニングを再開することが可能である。しかし，それでもなお疲労を引き起こした要因を明確にし，適切なトレーニングプログラムの調節を行うことが重要である。チームスポーツの指導者にとっての問題は，チームから個人を離脱させなければならないという点である。練習や試合により起こるストレスは，チーム内のすべての選手に均等にかかるわけではない。たとえば，レギュラーと補欠とでは，そのストレスの度合いは明らかに変わってくる。トレーニング強度や量を減少させることによりレギュラー選手の疲労を防ぐことはできるかもしれないが，ほとんどプレーに参加できていない補欠選手などはトレーニング不足に陥る可能性がある。このことは，いかにチームスポーツといえども指導者は，練習を個別化しプログラムする必要があることを示唆している。

オーバートレーニングの状態に陥っている選手は，極力トレーニングを抑え試合への出場は控えなければならない。オーバートレーニングの回復には長期間要するといわれており，場合によっては6ヶ月以上かかるともいわれている（Kuipers and Keizer 1988）。さらにカウンセリングの利用は，選手の心理的葛藤や選手が直面する心理的欲求を上手く処理する助けとなる。

表21.2 パフォーマンスからみたオーバートレーニングのサイン（太字）とトレーニング量の減少により回復したパフォーマンスの例

月	27 m走	トレーニング量 (h・wk^{-1})	トレーニング強度
11月	4.00	15.3	3.6
12月	**4.17**	22.3	4.2
1月	3.98	17.3	4.0

トレーニング強度は，主観的な5段階スケールが用いられた。5段階の内容は以下の通りである。
1=非常に楽, 2=楽, 3=普通, 4=きつい, 5=非常にきつい
結果は，ナショナルチームで行われた練習期間の2週間の間の平均値を表す。

要約

十分な休息をとらずにトレーニング強度や量を増加させるとオーバートレーニングに陥る結果となる。組織の再生のために十分な回復期をとらなければ競技力は低下する。オーバートレーニングは段階を経て起こり，段階が進むにつれ悪化していく。オーバートレーニングの初期段階では，選手は疲労感を訴えるが，この段階ですべての選手に競技力の低下や停滞が起こるわけではない。その後，競技力の低下に伴いオーバートレーニングの症状は，目に見えたものとなっていく。持久系アスリートと筋力／パワー系アスリートとでは，オーバートレーニングが起こるメカニズムが異なる。オーバーリーチングの段階では，数日の休養で競技力は完全に回復する。実際，多くのコーチは，回復期において超回復を起こすためあえてオーバーリーチングを起こすようなトレーニングプログラムを組む。オーバートレーニング症候群に陥ってしまった選手は，練習を止めなければならず，完全な回復まで6ヶ月以上の期間を要する場合もある。

第 22 章

糖尿病

　糖尿病は，最も一般的な内分泌系異常疾患である，そして全米では5％の人が持っている疾病である。また，ほぼ同じ比率の人が，気づかないまま糖尿病にかかっているといわれる。健康状態を著しく害し，死因ともなりうる疾病であるが，多くの場合糖尿病患者は合併症として血管の異常を持っており，心不全や脳卒中を引き起こすことが多い。そのため糖尿病と致死率との直接的関係を評価することは難しい。さらに糖尿病は，視力低下や腎臓障害を引き起こす原因ともなる。糖尿病の発生は，加齢とともに増加していく。糖尿病が原因で起こる合併症は深刻な場合が多いが，定期的に観察・調整していくことができれば通常の健康状態を保つことは可能である。また，適切に糖尿病をコントロールすることができれば，生活も特に制限されることはない。多くのスポーツ選手は，糖尿病をコントロールしながら高い競技力を発揮している。殿堂入りしたテニス選手であるBill Talbertは70年間，病とともに生きてきた。オリンピックのゴールドメダリストであるSteve Redgrave（ボート）やGray Hall Jr.（水泳）も糖尿病と診断されている選手である。この章では，二つのタイプの糖尿病の病理学を学び，糖尿病のコントロールに有効とされている運動について解説していきたい。

1 糖尿病について

　糖尿病は，血糖値と炭水化物の代謝に異常をきたす疾病である。膵臓のランゲルハンス島内のβ細胞が十分なインスリン（ブドウ糖の移動とグリコーゲン合成を司るホルモン）を分泌することができなくなることにより起こるケースと肝臓や末梢組織が十分なインスリン濃度を保つことができなくなることにより起こるケースがある。前者のものをⅠ型（インスリン依存性：IDDM），後者のものをⅡ型（インスリン非依存性：NIDDM）と呼ぶ。

[1] Ⅰ型糖尿病

　Ⅰ型糖尿病は，膵臓のβ細胞が十分なインスリンを分泌できないという特徴を持つ。この疾病は，小児期や思春期に突然発生する。Ⅰ型糖尿病は，糖尿病全体の約5～10％の割合で起こると報告されている（Ivy, Zedric, and Fogt 1999）。Ⅰ型糖尿病の患者は，ケトーシスを引き起こす可能性が高く，外部からインスリンを補わなければ生命に危機が及ぶ可能性がある。

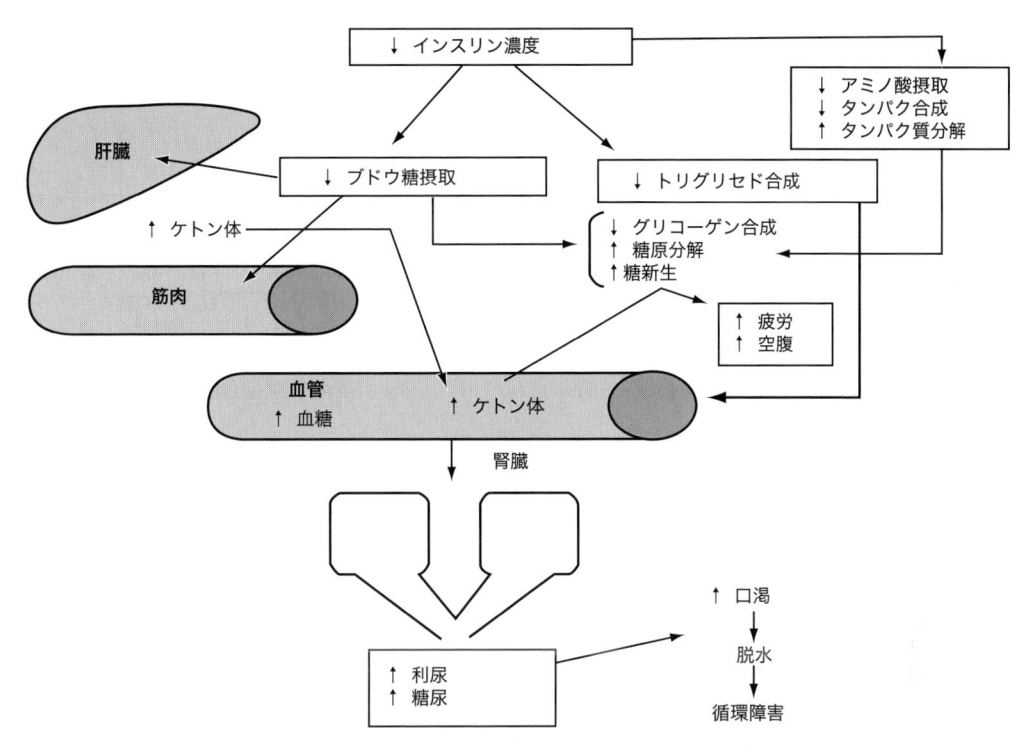

図 22.1　インスリン不足により起こる急性反応

　インスリンの欠乏は，炭水化物，脂質，タンパク質の代謝に大きく影響を及ぼす。インスリンの分泌が不十分だと，骨格筋や肝臓でのブドウ糖の取り込みが減少してしまい，グリコーゲン合成量が低下する。グリコーゲンが合成されないため，糖原分解と糖新生の両方が増加し，結果として血糖値が上昇するのである。血糖が上昇し，腎臓が再吸収することのできる量を超えると尿内に糖が出てくるようになる（糖尿）。尿細管内で糖質の濃度が高くなるので，浸透圧利尿が起こり尿の排泄量が多くなる。尿の排泄量の増加は，水分摂取の必要量を増加させ，もし水分摂取が不十分であれば，脱水症状になり循環器系障害を引き起こすという悪循環に陥る。この悪循環に関しては，図 22.1 に示したので参照してほしい。

　インスリンの分泌不全が起こると，トリグリセリドの合成量が低下し遊離脂肪酸の循環量が増加する。多くの遊離脂肪酸は，肝臓でエネルギーとして用いられるので，ケトン体が多く作り出され血中に放出される。その結果として，Ⅰ型糖尿病を持つ患者は，ケトーシスや代謝性アシドーシスになる危険性が高まるのである。

[2]　Ⅱ型糖尿病

　Ⅱ型糖尿病では，膵臓によるインスリンの産生量が変化するが，ほとんどの場合，インスリン濃度は正常で，場合によっては，正常人よりも多いことがある。その一方，β 細胞の機能不全が伴うインスリンレベルの低いⅡ型糖尿病もある。Ⅱ型糖尿病の場合，肝臓と骨格筋におけるインスリン作用への抵抗が大きいこと（インスリン抵抗性）が問題となる (Ivy, Zderic, and Fogt 1999)。Ⅱ型糖尿病は全糖尿病患者の約 95％を占める。未だ発症のメカニズムに関しては不明であるが，Ⅱ型糖尿病は主に成人に見られる糖尿病であり（95％が 24 歳以上の成人に

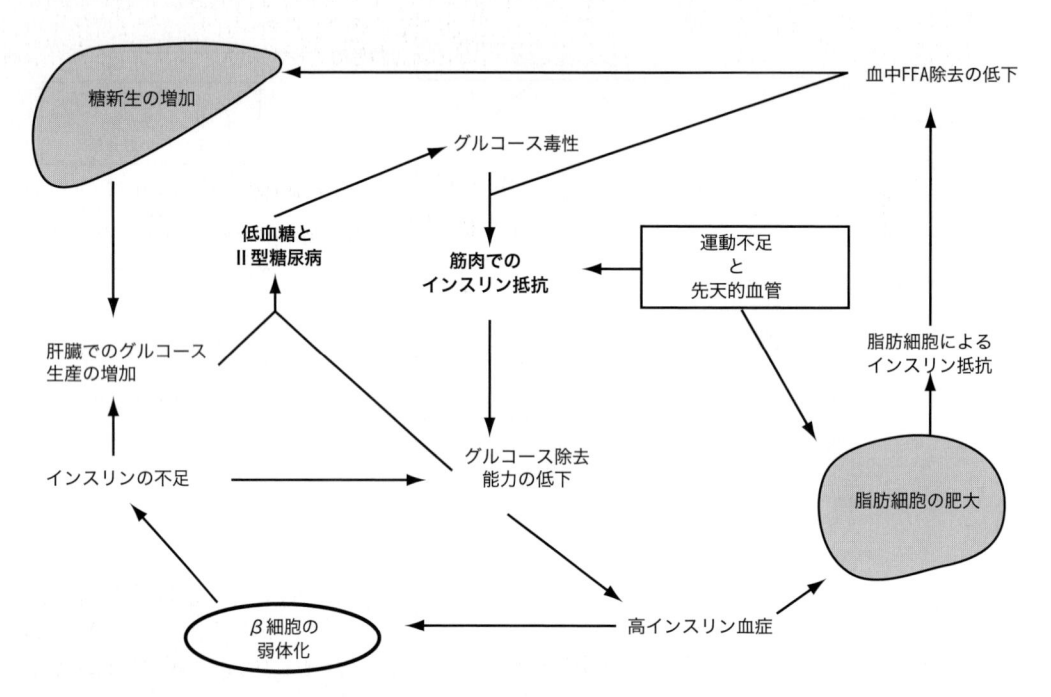

図22.2　Ⅱ型糖尿病を引き起こす可能性のある二つのメカニズム
（J.L. Ivy, T.W. Zderic, D.L. Fogt, 1999から承諾を得て引用）

起こる），加齢とともに発症の危険性は高まるといわれている（Ivy, Zderic, and Fogt 1999）。また，肥満や運動不足などの生活習慣もその発症に深く関わっていると考えられている（Ivy, Zderic, and Fogt 1999）。

　インスリン抵抗性とは，インスリンに対し身体が適切に応答することができなくなることである。インスリン抵抗性はインスリン応答性やインスリン感受性の低下に伴い高まっていく。インスリン応答性の減少とは，最大に刺激された時のインスリン濃度への生物学的応答が低下することである。それに対して，インスリン感受性の低下は，最大下インスリン濃度に対してインスリン受容体の機能が十分に働かないことを示す（Ivy, Zderic, and Fogt 1999）。肥満は，インスリン抵抗性を高める最大の要因である。肥満により高インスリン症とインスリン受容体のダウンレギュレーション（受容体数の減少）が起こる。ほとんどの場合，ヒトは必要量よりも多くのインスリンを分泌することができ，炭水化物代謝の恒常性を保つことができる。ところが，糖尿病の資質を生まれ持っている個人の場合，肥満により膵臓にかかるストレスが高まりβ細胞の能力を超えてしまう。そのため耐糖性が著しく減少してしまうのである（Hedge, Colby, and Goodman 1987）。

　Ⅱ型糖尿病の発生には二つのメカニズムがあるとIvy（1997）は示唆している（図22.2参照）。一つ目のメカニズムは，運動不足やカロリー摂取過多による脂肪量の増加や脂肪細胞の肥大である。脂肪細胞が増加・肥大していくにつれインスリン受容体の密度が低下し，その結果としてインスリン抵抗性は高くなる。また，遊離脂肪酸が血漿内で増加していくことにより血糖に様々な影響を及ぼす；糖新生や肝臓でのグルコースの生産の促進，インスリンによる筋グリコーゲン除去の抑制などである。遊離脂肪酸は，筋組織内に溜まりインスリン抵抗性を高め，それを補うためにβ細胞でのインスリン産生が増加する。この一連のサイクルは，β細胞が弱体

化し，インスリン分泌が減少するまで起こる。さらに，このサイクルは，インスリン抵抗性の増加，遊離脂肪酸除去の減少，肝臓でのグルコース生産の増加を促し，結果としてⅡ型糖尿病へと移行していく。

二つ目のメカニズムは，もともと骨格筋にあった遺伝的欠陥が運動不足が原因で現れ，筋肉におけるインスリン抵抗性が高まることにより起こるというものである。高インスリン血症は，遊離脂肪酸の酸化を抑制するのでトリグリセリドの貯蔵が増え，脂肪細胞を肥大させる。脂肪細胞の肥大はインスリン抵抗を高めることにより遊離脂肪酸濃度を高める。このようなサイクルの結果としてβ細胞は弱体化し，Ⅱ型糖尿病に発展していくのである。

糖尿病，特にⅡ型糖尿病では，多くの合併症が起こりうる。これらの合併症の中に，心臓の冠動脈におけるアテローム硬化がある。アテローム硬化は，糖尿病患者に多く見られるもので，その発症は冠動脈にかかわらず大脳やその他末梢における血管にも見られる。糖尿病により起こるインスリン濃度の上昇は脂質合成を促し，それが血管壁に蓄積することからアテローム硬化は起こると考えられている。さらに，糖尿病患者の場合，腎臓や網膜の毛細管の損傷により腎機能障害や視覚障害を引き起こすことも多い。神経障害もまた，糖尿病患者によく見られ，末梢神経，脊髄，脳いずれのレベルでも障害が起こりうる。これらの合併症を引き起こす直接的なメカニズムに関しては，未だ明らかになってはいないものの，インスリンの分泌不足と代謝異常の結果起こると考えられている。ところが，糖尿病に対して適切な処置をすることによってこれらの合併症が減少するかどうかという点に関しては未だよくわかっていない。ある学説では，糖尿病患者に起こる血管障害は，遺伝的なものであると示唆しているものもある (Hedge, Colby, and Goodman 1987)。

[3] 糖尿病患者の管理と処置

Ⅰ型糖尿病の場合，インスリンの投与が唯一の有効な処置である。またⅡ型糖尿病においても，場合によってはインスリンの投与が最も有効な処置となる。薬品としてのインスリンには様々な形態があり，その形態によりインスリンが作用するまでの時間，最大作用，作用する持続時間が異なってくる。インスリンと接合している化学物質を変えることにより，30分以内にその作用を起こしたり，摂取後24時間その作用を持続させたりすることができる。また，注射をする場所，注入するインスリンの量，患者の身体活動量などの要因により，インスリンが作用するまでの時間を調整することができる。

Ⅱ型糖尿病では，経口により摂取する血糖低下薬を用いることが最も一般的である。しかしながら，インスリンを分泌することができる患者に血糖低下薬は使われない。なぜなら，血糖を下げる物質は，末梢での受容体とインスリンとの結合を強め，ブドウ糖の使用を増加させるので肝臓でのブドウ糖産生を低下させると考えられているからである。

2 運動と糖尿病

糖尿病を管理するにあたり運動が有効であるということは，すでに1世紀もの間知られている (Wallberg-Henriksson 1992)。過去にインスリンによる療法が存在していなかった時代にも

糖尿病患者に対して運動療法は処方されていた。糖尿病患者に運動を処方することにより，ブドウ糖の取り込みとインスリン感受性を高め，血糖をコントロールすることができる。さらに，運動による効果はそれだけではなく，Ⅱ型糖尿病患者に多く起こる冠状動脈性の心疾患の危険性を低下させることもわかっている。

[1] 健常者における運動と炭水化物代謝

運動中ヒトは，安静時より多くの炭水化物を代謝させる。運動と代謝に関してはすでに第3章で述べたが，ここでは，運動中の糖尿病患者の代謝変化をより正しく理解するために，健常者における運動中の炭水化物代謝について復習する。

糖尿病を持たない個人の場合，運動中のブドウ糖の取り込みと消費は10倍以上になる (Kanj, Schneider, and Ruderman 1988)。しかしながら，健常人の身体は血糖濃度を効率よく制御できるため血糖値の変化は最小限となる。低血糖状態にならないために，運動中に増加するブドウ糖の必要量を肝臓で作り出す。肝臓でのブドウ糖の産生は，インスリン濃度低下に加え，カテコールアミンやグルーカゴンの血中濃度の上昇などにより刺激され促される。インスリンとグルーカゴンはいずれも膵臓から分泌され，相反する作用をする。血中におけるインスリン濃度の上昇により，肝臓におけるグリコーゲンホスフォリラーゼ（グリコーゲンの分解を司る酵素）の活動が上昇し糖原分解（グリコーゲンを単糖類のブドウ糖に分解するプロセス）が促される。同時に糖原分解を起こす作用のあるグルーカゴンは上昇傾向になる。運動が終わり枯渇したグリコーゲンを再補充しなければならなくなると，肝臓においてインスリンとグルーカゴンは，運動中とは反対の作用を起こす。この肝臓におけるホルモン（インスリンとグルーカゴン）の相互作用は，ブドウ糖産生とグリコーゲン合成の両方を調節する際に不可欠となる。

運動後，インスリンの感受性が高まっているため，食事を摂ることにより容易に枯渇したブドウ糖を補充することができる。インスリンの感受性の上昇は，運動後数時間続く。そして，それは持久トレーニングにおける代謝性適応が起こっている証明でもある（図22.3参照）。

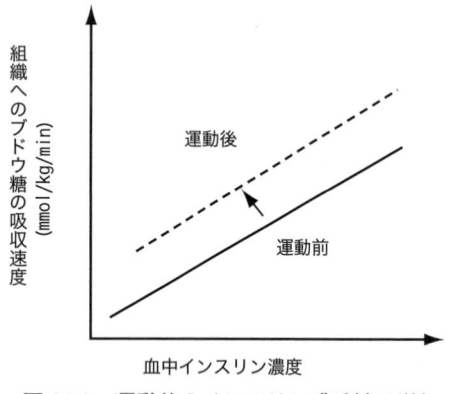

図22.3 運動後のインスリン感受性の増加

[2] Ⅰ型糖尿病に対する運動の効果

Ⅰ型糖尿病において最も注意すべき点は，低血糖・高血糖の状態を引き起こさないことである。Ⅰ型糖尿病患者が運動を行う際，最も頻繁に起こる障害は，低血糖状態に陥ることである。前述したように，Ⅰ型糖尿病患者はブドウ糖量を調節することができない。運動開始時にインスリン濃度が高すぎると（インスリンの投与が多すぎたり，注射をした場所からのインスリンの吸収が過度に促された場合などが原因と考えられる），運動中，正常なインスリン濃度まで低下しない。そして，末梢の組織において，その高いインスリン濃度に見合うだけのブドウ糖を肝臓が作り出すことができないために低血糖状態に陥るのである。運動により起こる低血糖の度合は，

運動強度と運動持続時間に関係してくる（Wallberg-Henriksson 1992）。

　運動強度と運動持続時間のいずれかの増加に伴い，低血糖に陥る危険性は高まる。また，運動中にのみ低血糖状態に陥るわけではなく，運動後4～6時間後に発症する場合もある（Campaign, Wallberg-Henriksson, Gunnarsson 1987）。

　Ⅰ型糖尿病の場合，運動により高血糖が引き起こされることは非常に稀であるが，運動開始時に血糖値が高すぎる場合に起こることもあるので注意が必要である（Wahren Hagenfeldt, and Felig 1975）。インスリンの欠乏は，活動筋へのブドウ糖の輸送能力を低下させるので，エネルギー源として遊離脂肪酸の利用が余儀なくされる。ケトン値の上昇は，グルコース-脂肪酸サイクルの結果起こるが，そのサイクルは，反作用を引き起こすホルモン（例：グルーカゴン，カテコールアミン，成長ホルモンなど）によりさらに促される。これは，徐々に高血糖状態を悪化させ，ケトーシスの発症へとつながっていく。これらの理由から，Ⅰ型糖尿病患者は運動開始前に適切な調整を行う必要がある。全米大学スポーツ医学会（American College of Sport Medicine），米国栄養協会（American Dietetic Association），カナダ栄養士会（Diettians of Canada）などの学会は，糖尿病患者が，運動中に低血糖や高血糖のような状態に陥る危険性を最小限に抑えるためにいくつかの注意点を呼びかけている（2000）。

- 運動前，中，後の血糖値を測定する。
- インスリンの作用が最大になる時間帯に運動を行わない。
- 運動前に炭水化物を余分に摂取し（運動の30分前に20～30g），運動後のインスリン量は減らす。
- 計画的に運動を行う際，運動強度と運動持続時間により運動前後のインスリンの投与を減らさなければならない。インスリン投与は，普段の使用量の50～90％減少させる。
- 運動中，吸収のよい炭水化物を摂取する。
- 運動後，必要に応じて炭水化物を多く含むスナックなどを摂る。
- 低血糖の兆候・症状に関する知識を知っておく。
- パートナーとともに運動をする。

　Ⅰ型糖尿病患者に運動を行わせることで，血糖値は減少する（Wallberg-Henriksson 1992）。活動筋によりブドウ糖の摂取が促され，インスリン投与のような効果が得ることができる。しかし，長期的な研究では，運動がⅠ型糖尿病患者の血糖をコントロールすることができるという報告はされていない（Wallberg-Henriksson et al. 1982, 1986; Zinman, Zuniga-Guajardo, and Kelly 1984）。小児期や青年期におけるⅠ型糖尿病患者に関する研究では，様々な結果が報告されている。運動が血糖をコントロールすることができると報告しているものもあれば（Campaign et al. 1984; Dahl-Jorgensen et al. 1980），コントロールすることができないと報告している先行研究もある（Hansen et al. 1989; Huttunen et al. 1989）。このような結果の矛盾には，運動プログラム開始前に患者の血糖がどれだけコントロールされているかが関係している（Wallberg-Henriksson 1992）。データ収集時に，あまり血糖を管理されていない小児の場合，運動により血糖値が改善される。ところが，運動プログラム開始前にしっかりと血糖がコントロールされている小児の場合，運動プログラム処方前後にそれほど変化が見られない。

　運動が血糖のコントロールに有効ではないとしても，長期間の運動はⅠ型糖尿病患者のイン

スリン感受性を改善するといわれている。インスリン感受性が高まることにより，減少したインスリン濃度でも，必要量のブドウ糖をの筋肉へ輸送することができる。

16週間の運動プログラムを与えた後のⅠ型糖尿病患者のインスリン感受性は，約20％の上昇を示した（Wallberg-Henriksson 1992）。運動を処方することによりⅠ型糖尿病患者は，インスリン投与量を減らすことができるようになるのである。

Ⅰ型糖尿病患者においても，運動により健常者と同様の有酸素性能力の改善を図ることができる（Wallberg-Henriksson 1992）。さらに，ミトコンドリア内の酵素の増加など持久トレーニングにより得られる生理学的適応がⅠ型糖尿病患者にも見られる（Costill, Cleary, et al. 1979; Wallberg-Henriksson et al. 1984）。しかしながら，長期間Ⅰ型糖尿病を患っている患者の場合，トレーニングにより得られる生理学的適応がすべて健常者と同様に起こるわけではなく，制限される要素もある。たとえば，15年以上Ⅰ型糖尿病を患っている患者の場合，毛細血管密度の増加の度合は15年以内の患者や健常者と比較すると鈍くなる（Wallberg-Henriksson et al. 1984）。さらにⅠ型糖尿病患者では，グリコーゲン酵素の低下があると報告されている（Wallberg-Henriksson 1992）。また，自律神経障害やネフロパシーなどの合併症を持っているⅠ型糖尿病患者の場合，運動による生理学的適応や運動能力の改善は制限されるようだ。

[3] 運動がⅡ型糖尿病患者へ及ぼす影響

運動がⅡ型糖尿病患者へ及ぼす影響を調査した先行研究では，血糖のコントロールとインスリン感受性の改善に運動が有効であると報告している（Dela et al. 1995; Holloszy et al. 1986; Reitman et al. 1984; Schneider et al. 1984）。しかしながら，血糖のコントロールに関しては，Ⅰ型糖尿病の場合と同じく，運動プログラム開始前に患者の血糖がどれだけコントロールされているかが大きく関係してくる。運動プログラム開始前にしっかりと血糖がコントロールされている患者の場合，運動プログラム処方前後にそれほど変化が見られないが，あまり血糖を管理されていない患者の場合，運動により血糖値の著しい改善が見られる（Holloszy et al. 1986）。

前述したように，Ⅱ型糖尿病は肥満や運動不足との関連が深い。20～30％の体重過多がある個人の場合，Ⅱ型糖尿病を発症する危険性が高まる（Wallberg-Henriksson 1992）。運動が，Ⅱ型糖尿病患者の耐糖性とインスリン感受性に対して有効であるのはもちろんのこと，体脂肪や血中脂肪，血圧などを減少させる点でも有効であると考えられている。また，これらの運動に対する適応は，先天的に心臓疾患を発症する危険性の高い糖尿病患者のリスクを軽減し健康で質の高い生活を過ごすことを可能にする。さらに長期的な運動は，Ⅱ型糖尿病の悪化に関連している細胞の変性を防いでくれる（Ivy, Zderic and Fogt 1999）。運動により糖尿病患者のインスリンの作用と血糖のコントロールが改善されるメカニズムに関しては，図22.4に示した。

体脂肪の減少は，肥満の人のインスリン抵抗性を低下させるのに非常に有効な手段であるといわれている（Despres, Nadeau, and Bouchard 1988）。未だ正確なメカニズムは解明されていないものの，先行研究（Ivy, Zderic and Fogt 1999）では，そのメカニズムに関しての報告をしている。肥満のⅡ型糖尿病患者の場合，血中遊離脂肪酸がインスリン抵抗性を高める原因となることは知られている。血中遊離脂肪酸の増加とともに，糖新生と肝臓でのグルコース産生の両方が増加する。血中から組織内へブドウ糖を輸送する能力は低下していき，Ⅱ型糖尿病患者の

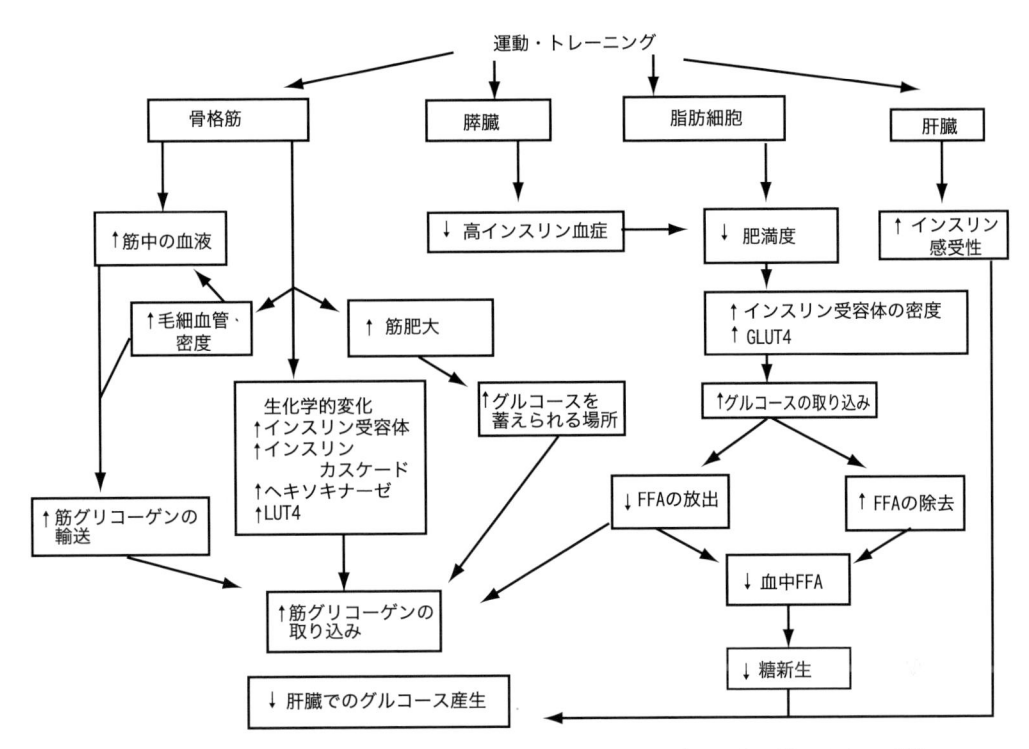

図22.4　運動がⅡ型糖尿病患者のインスリンの作用とブドウ糖耐性に与える影響
(J.L. Ivy, T.W. Zderic, D.L. Fogt, 1999から承諾を得て引用)

一般的な症状である高血糖状態に陥っていく。脂肪細胞の大きさとインスリン受容体密度の間には，負の相関があると報告されている（Craig et al. 1981）。インスリン受容体の数が減少することによりインスリンがその受容体と結合し作用する機会を減らし，ブドウ糖の組織への取り込みは阻害される結果となる。さらに，血中遊離脂肪酸の増加によりより多くのトリグリセリドの形成がなされるようになり，筋内にもトリグリセドが蓄積していってしまう。トリグリセリド濃度が筋肉内で増加すると，インスリンの作用により組織内に取り込むことができるブドウ糖の量は減っていく（Goodpaster et al. 1997; Phillips et al. 1996）。結果として，インスリン抵抗性が高まりⅡ型糖尿病が悪化していくのだ（Ivy, Zderic and Fogt 1999）。運動不足の生活様式が肥満を引き起こすことを考えれば，運動や食事により体脂肪を減少させることの重要性は理解できると思う。

3 糖尿病のための運動処方

　Ⅰ型糖尿病を持っていたとしても，年齢が若く活動的で血糖がしっかりコントロールされていれば，特に身体活動を制限する必要はない。それよりも，安全に競技に参加できるようインスリンの摂取と食事のコントロールをすることが重要である。また，その選手の指導者やスタッフが低血糖への対処をできるようにあらかじめ教育しておくことも必要である。
　もともと運動習慣がないインスリン依存型糖尿病患者やⅡ型糖尿病患者は，症状を発症していなくても冠動脈に問題がある場合があるので，運動を始める前に心臓血管系のメディカルチェックを行うことが推奨される。さらに，運動方法を選択する時に，糖尿病による合併症を考

慮し，選択した運動方法に，その合併症に対する禁忌事項が含まれていないかを確認することを忘れてはならない。

　また，数は少ないが，糖尿病患者にとって適切な運動強度と運動持続時間を調査した先行研究も存在する。1997年に米国大学スポーツ医学連盟（American College of Sports Medicine）が，米国糖尿病協会（American Diabetes Association）と協力して行った研究によると50～80％の最大酸素摂取量の運動強度で，1回あたり30～60分の運動を週に3～4日の頻度で運動を行うことが，代謝能力の向上に最も適していると報告している。この報告からもわかるように，有酸素運動（早歩き，ジョギング，サイクリング，水泳）が，糖尿病患者にとって最も有益な方法であるのは間違いないようであるが，レジスタンストレーニングもまた糖尿病患者の糖耐性を高める有効な手段といえる（Miller, Sherman, and Ivy 1984）。しかしながら，高齢の糖尿病患者の場合，網膜症等の合併症を引き起こす可能性もあるので，その処方には注意が必要となってくる（Kanj, Schneider, and Ruderman 1988）。

要約

　この章では，I型およびII型糖尿病患者に運動を処方する重要性を述べた。I型糖尿病患者の場合は，特に身体活動を制限する必要はないが，低血糖のリスクを避けられるようなインスリン摂取と食事のコントロールをする必要がある。
　糖尿病患者の代謝機能を改善するのに運動は不可欠なものである。また，糖尿病の予防や進行を遅らせる方法としても運動は，重要な手段といえるだろう。早歩き，ジョギング，サイクリング，水泳のような大筋群を使った有酸素運動は，運動方法として最も適した方法といえる。一方，レジスタンストレーニングもII型糖尿病患者にとって有益な運動療法であると考えられている。

第 23 章

運動誘発性喘息

　　運動誘発喘息（EIA）とは，激しい運動により過敏に気道が収縮して生じる症状のことである。通常の喘息に比べ，運動誘発喘息患者の数は2〜3倍多いといわれている。スポーツ選手においても同様の比率の喘息患者がいることが疑われている。しかしながら，喘息がスポーツ選手の能力を阻害する要因になるとは限らない。本章ではその実態を見ていこう。

　運動誘発喘息（EIA）とは，激しい運動により過敏に一過性の気道収縮が起こる結果でる症状のことである。そういう意味では Exercise induced Bronchospasm（運動により誘発される気管の収縮）が，より適切な病名かもしれない（McFadden Jr. and Gilbert 1994）。運動誘発喘息の症状として運動中・後に起こる咳，胸が苦しくなる，喘鳴（呼吸が「ヒューヒュー」いうこと）などがあげられる（Storms 1999）。運動誘発喘息とは日常生活では健康であるにもかかわらず，運動によりのみ喘息の症状が発症するものである。これまで運動誘発喘息を経験したことのあるほとんどの人は（90％），高強度の運動を行っている最中に発症している（Godfrey 1988）。通常の喘息に比べ，運動誘発喘息の患者は2〜3倍多くいるといわれている（Smith and LaBotz 1998）。喘息は，アメリカ合衆国において最も一般的な疾患の一つで，診断された人の数は，ここ15年で2倍以上になっている（Center of Disease Control and Prevention 1998）。全米で，約1,500万人の人が喘息と診断を受け，そのうちの25％が14歳未満だといわれている。スポーツ選手においても同様の比率の喘息患者がいることが疑われている。しかしながら，喘息がスポーツ選手の能力を阻害する要因になるとは限らない。事実，1986年の夏季オリンピックでは，597人のアメリカ代表の選手のうち67人が運動誘発喘息であると報告されており（Voy 1986），41個のメダル（金メダル＝15個，銀メダル＝20個，銅メダル＝6個）が，運動誘発喘息を持つ選手により（14の種目で）獲得された。また，1976〜1992年の間のオーストラリアのオリンピック代表チームでも9％以上の選手が喘息を持っており，運動誘発喘息患者の多さは種族の違いからきているわけではないことがわかる（Morton 1995）。冬季オリンピックにおいて，その比率はさらに高く，1998年の冬季オリンピックアメリカ代表チームでの運動誘発喘息患者の比率は23％であったと Wilber ら（2000）により報告されている。また冬季スポー

ツにおける運動誘発喘息患者の比率は同様であると他の先行研究においても報告されている（Heir and Oseid 1994; Larsson, Hemmingsson, and Boethius 1994）。

1 運動誘発喘息（EIA）とは？

　喘息は，公害物質，アラーゲン（例：花粉，埃，ある特定の食物），心理的ストレスなどに対して気管が過敏に反応してしまうもので，寒暖の差や疲労などが引き金となり症状を引き起こすこともある疾患である。これらの刺激に対して気管支収縮や粘膜の炎症という形で反応し可逆的な気管閉塞を起こす。結果として，喘息による発作を引き起こした患者は完全に肺内の空気を吐き出すことができず，残気量と肺活量が減少してしまう。安静時に軽度から中程度の発作を起こしたとしてもそれほど支障はないが，運動中の発作の場合，激しい呼吸困難に陥る（Morton 1995）。

　身体活動が喘息発作の誘発原因になる場合を運動誘発喘息（EIA）と呼ぶ。一般に高強度の運動が開始されると最大呼気速度（PEFR），1秒率（FEV1），パーセント肺活量（FEV%）などの値は上昇する。ところが，EIAを持つ患者の場合，高強度の運動を続けていくと，これらの値は運動前の値に減少していく。これらの具体的数値に関しては後ほど述べる。

　EIAの発作は，運動強度が高くなった時に起こることが多い。運動強度が65% $\dot{V}O_2max$ より大きくなった時に気管支痙攣が起こりやすいといわれている（Morton 1995）。運動強度の上昇とともにカテコールアミン濃度も上昇する（第2章参照）。カテコールアミン濃度の上昇は，EIAの有無にかかわらず被験者の気管支拡張を引き起こすと報告されている。ゆえにカテコールアミン濃度の上昇は，運動中の気管支収縮を防ぐためのメカニズムである可能性がある。また，EIAの発作の多くが運動後に起こるといわれており，運動後にカテコールアミン濃度が安静時レベルまで低下することに関係しているといわれている。ところが，注意しなければいけないのが，これらは臨床検査により得られた情報であり，ほとんどの検査では高強度の運動負荷を6〜8分程度しか与えないという点である。実際の競技では，6〜8分以上の高強度運動を強いられ，その結果EIAの発作が起こる。

　運動終了時に喘息患者のFEV1とPEFRは少なくとも運動開始前の15%程度に低下し，運動後3〜10分で最低値に達する（Morton 1995）。回復は漸進的に起こり運動後約60分かけて元の値に戻る（図23.1参照）。子どもの場合は，反応が遅く運動後3〜4時間かけて回復する場合もある（Morton 1995）。

　運動が喘息の発作を引き起こした場合，その後運動を行っても一定期間の間，気管支収縮が起こりにくくなる。この期間は最大数時間続き，不応期として知られている。不応期を引き起こすメカニズムとして気管拡張を起こすプロストグランジン増加があげられる

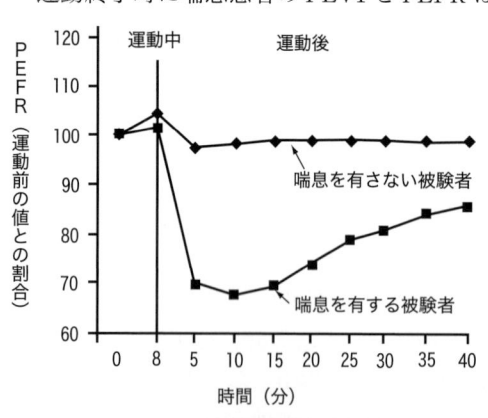

図23.1　喘息を有する被験者と有さない被験者のPEFR（最大呼気速度）の変化

(Manning, Watoson, and O'Byrne 1993)。

2 EIAの病理学

　EIAの病理学的メカニズムは未だ完全には解明されていないものの，気管支樹における熱と水分の交換過程での変化に関連していると考えられている（McFadden Jr. and Gilbert 1994）。高強度運動中に過換気が起こると，吸気の温度と湿度が十分に上昇せず，冷たく乾燥した空気が気管支樹を通過することになる。それにより気管の流体層の恒常性が損なわれる結果となる（Smith and LaBotz 1998）。気管支内の温度低下と水分喪失のどちらがどの程度EIAに関係しているのかに関しては未だ論議されている最中である。そのためEIAの原因に関しては，未だ異なる二つの仮説が考えられている。

　高浸透圧説がその一つである。運動中，換気率は高まり上気道から下気道へと移動する空気の量が飛躍的に多くなるため粘膜表面からの水分の蒸発量が増える結果となる。水分喪失が増加するため細胞内の浸透圧と温度が変化する。気道表面の浸透圧上昇と気道の乾燥が，マスト細胞の脱顆粒（細胞質顆粒の喪失），ヒスタミンの放出，気道の平滑筋収縮を引き起こすというのがこの仮説である（McFadden Jr. and Gilbert 1994）。この仮説は安静時に高浸透圧の食塩水吸入後，気管支収縮が起こったという先行研究が基となり唱えられている（Storms 1999）。しかしながら，運動中，実際に気管内の乾燥が起こっているという直接的根拠は示されていない（Gilbert, Fouke, and McFadden Jr. 1987, 1988）。

　もう一つの仮説は，温度上昇説と呼ばれるものである。これは，運動後に起こる気管内の急激な温度上昇が気管支収縮を引き起こすというものである（Storms 1999）。この仮説では，気管支血管における充血（血流の増加）が原因で起こる浮腫によりEIAが誘発されると考えられており，気管支の平滑筋自体の収縮が原因ではないというものである。運動中，気管支血管内の血液の熱を使い吸気を温めようとするので運動終了後に換気量が低下すると，気管支の急激な温度上昇が起こる。その結果として，気管支血管は拡張し，気管が狭窄すると考えられている。健常人に比べ喘息患者の毛細血管床の浸透性が高いという先行研究の結果がこの仮説の裏づけとなっている（McFadden Jr. and Gilbert 1994; Persson 1986）。さらに，これらの気管支血管の拡張は気管支の温度調節と肺機能にも影響を与える（Gilbert and McFadden Jr. 1992; McFadden Jr. and Gilbert 1994）。これらの血管拡張により血管内から液体が組織内に漏れ出す。その結果，炎症性メディエータが放出され気管支痙攣が引き起こされる（Storms 1999）。図23.2はEIAを引き起こすと考えられている二つの仮説を図説したものである。

3 EIAの診断

　EIAの診断は，肺機能検査を行うことなしに患者本人の自覚症状（胸の苦しさ，咳，運動による呼吸困難，ゼイゼイと息をする，過剰な痰が出るなど）を基に行われることが多い。しかし，Rundellら（2000）は，症状の問診だけで運動誘発喘息を診断する方法に警鐘を鳴らしている。寒冷環境下での競技を行うアメリカ代表レベルの選手の45％が正常な肺機能を持っているに

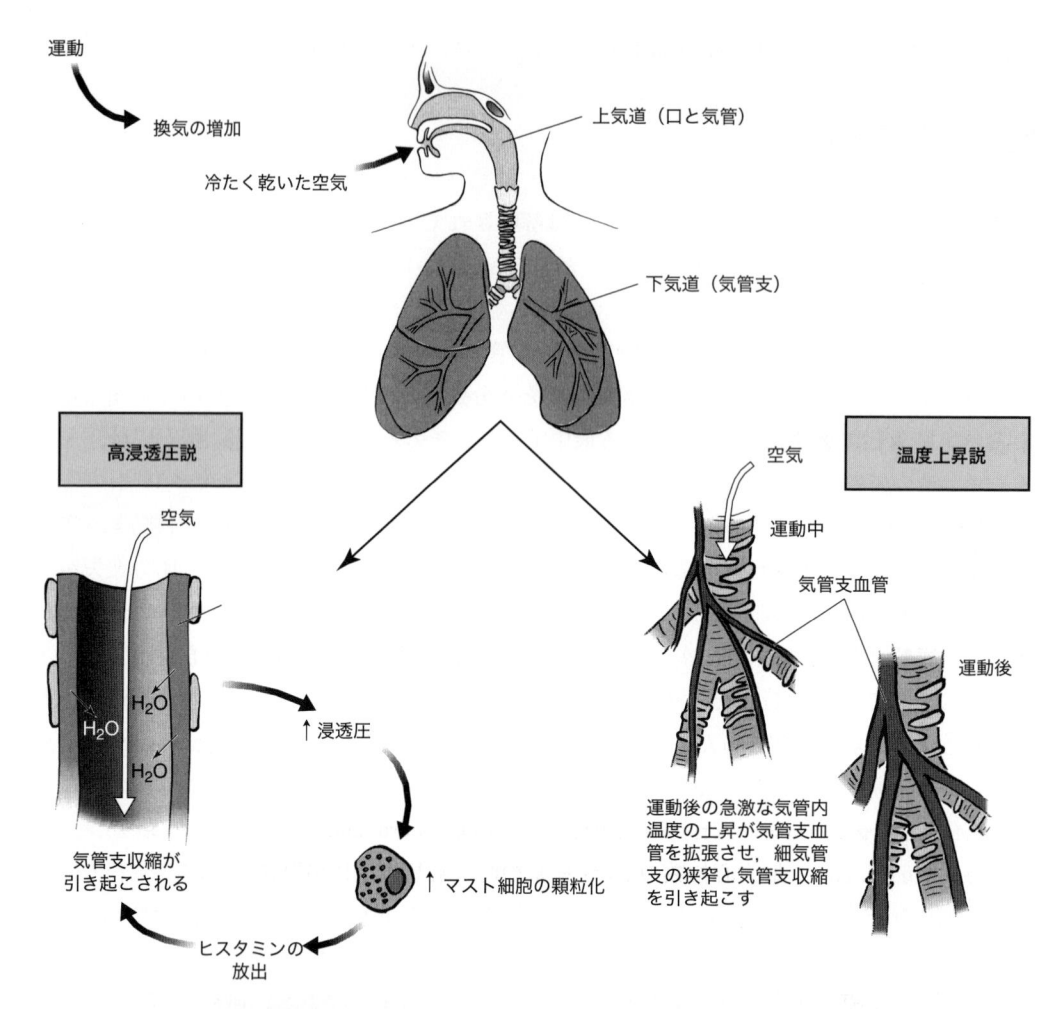

図23.2 運動誘発喘息を引き起こすと示唆されている二つの仮説のメカニズム

もかかわらず，運動誘発喘息の症状を訴えていた。それに対して，実際に肺機能検査で陽性の選手のうち61％の選手しかEIAの症状を訴えていなかったのである。この結果を受けて，研究者らは，肺機能の検査を行うことなしに自覚症状だけを基に行う診断では正確な判断ができないと結論づけた。

　EIAの評価の一般的なガイドラインとして，常温の部屋で最大心拍数の約85％の運動強度で6〜8分の運動を行わせるとなっている。ところが，たとえEIAを持っていたとしても，周囲温度が低い中で最大心拍数の90〜100％の運動強度まで追い込まなくてはその症状を呈さない場合もある (Rundell et al. 2000)。このような一般的なガイドラインにそぐわない応答は，特に寒冷環境下で競技を行っている選手によく見られる。また，最大心拍数の代わりに最大酸素摂取量を運動強度の基準として用いて行う方法も推奨されている (McFadden Jr. and Gilbert 1994)。EIAの診断のための肺機能検査では，気管での空気の流れが障害されていることが示唆され，15％以上のPEFRとFEV1の低下が基準となる (McFadden Jr. and Gilbert 1994; Rupp et al. 1992)（研究によっては，10％以上が臨床的に陽性であると報告しているものもある〈Tan and Spector 1998〉）。Rundellら（2000）の先行研究では，このような室内での検査よりも寒冷環境

下の屋外で検査を行ったほうが，EIA の診断には有効であると報告している。また，彼らは運動方法も実際に選手が行っている競技を用いて行っている。運動の持続時間もスピードスケートの選手の場合は 1 分と 20 秒，クロスカントリースキー選手の場合は 1 時間以上と選手によって様々な形で行った（Rundell et al. 2000）。この Rundell らの研究結果は，実際の運動方法を用いた寒冷環境下での検査のほうが EIA の診断には有効であることを示唆しただけでなく，これまで用いられてきた EIA の診断の基準には制限があることを示唆している。この研究結果から，Rundell らは寒冷環境下での運動後の強制肺活量が －8.3%，FEV1 が －6.5%，PEFR が －12% になることが診断の基準になると結論づけた。

4 EIA に影響を与える要素

様々な要因が EIA に影響を与える。前述したように，もし喘息の症状を誘発するのが目的であるのならば，普段行っている運動を行うのが最も適切である。しかし，一般的には，水泳やウォーキングに比べ，ランニングのほうが EIA を誘発しやすい方法だとされている。

運動持続時間と強度は，喘息の症状を誘発させる時，最も重要な要因である。運動持続時間が短い時，運動中には気管支拡張が起こり，気管支収縮は運動後の回復時に起こる。運動が長時間続く時，気管支収縮は 15 分間の活動が続いた後に起こり，運動が終わるまで続くといわれている（Beck 1999）。間欠的な運動の場合，運動強度が高くなっている時には気管支拡張が起こり，低くなっている時に気管支収縮が起こる（Beck, Offord, and Scanlon 1994）。運動強度が $\dot{V}O_2max$ の 65〜75%，最大心拍数の 75〜85% の時に喘息の症状が現れるといわれているが（Morton 1995），前述したようにエリート選手の場合にはこれよりも高い運動強度でないと誘発できないようである。

また，環境も EIA に大きな影響を与える。冷たく，乾燥した気候では EIA の発作が起こりやすい。EIA 関連するその他の環境要因として公害物質やアラージェンなどもあげられる。

5 EIA の治療

EIA 患者を治療する第一の目的は発作を予防することである。EIA 患者の治療プランには，薬を用いる場合と用いない場合があるが，いずれの場合も喘息発作が選手の競技を妨げることを防ぐことが目的である。競技選手の場合は，喘息の治療に用いられる薬に禁止薬物が含まれていることがあるため注意が必要である。

吸入剤を用いた治療は，最も一般的な治療法である。β_2 アゴニストは，初期の EIA の治療と予防に用いられる（Smith and LaBotz 1998）。これらの薬は，β_2 アドレナリン受容体と結合し気管支拡張を引き起こす。β_2 アゴニストの受容体との結合様式はカテコールアミンのものとよく似ているが，内因性のカテコールアミンによる作用と比較して β_2 アゴニストの作用は長時間持続する点に優位性がある。この薬物治療が用いられ始めた当初は，α 受容体と β_1 受容体とのクロスリアクティビティにより起こる副作用（頻脈と振せん）が心配されたが，現在用いられている β_2 アゴニストは，β_2 受容体に対して高い選択性を持ち，クロスアクティビティ

により起こる副作用の心配も少なくなっている。アルブテロールは β_2 受容体に対して高い選択性を持ち，近年最も多く使われている β_2 アゴニストである。これは作用の持続時間が比較的短く，発作の予防を目的として用いられている。投与後，1～2時間の持続作用がある(Smith and LaBotz 1998)。もし運動がそれ以上続くのであれば，より長時間の持続作用のある β_2 アゴニスト（例：カナダやヨーロッパで使われているビトルテロールやサルメテロール）を用いることを考えるべきであろう。また，β_2 アゴニストは運動中に用いられることもある。

　その他の一般的な薬物治療として，ケリン誘導体（クロモリンナトリウムとネドクロミル），抗コリン剤，グルココルチコイド等を用いて行う方法もある。ケリン誘導体は，EIAや喘息の発作の予防を目的として用いられる β_2 アゴニストの次の段階で用いられる薬であり，クロモリンはマスト細胞の顆粒化を抑制し，ネドクロミルは，炎症反応を抑える性質を持つ。副作用の少なさとその効果から，状況によっては β_2 アゴニストよりも優先的に使われる（Smith and LaBotz 1998)。抗コリン剤の場合，作用がゆっくりと発揮されるためEIAの場合はその使用を制限される場合がある。グルココルチコイドは，通常の喘息のコントロールには用いられているがEIAに関しての効果は未だ不明な点が多い。しかしながら β_2 アゴニストとの併用は重度のEIAに対して有用性があるようである (Smith and LaBotz 1998)。その他の薬物治療（例：抗ヒスタミン剤，ロイコトリエン，アンタゴニスト）に関しては未だ実験段階であるが，EIAの治療に有用である可能性がある。

　気管支拡張剤は，喘息患者の換気能力を効果的に改善するが，これは正常レベルに戻すだけであって通常よりも換気能力を高めるというものではない。しかしながら β_2 アゴニストは筋の同化を促す作用があるといわれていることから NCAA（National Collegiate Athletic Association）とアメリカ合衆国オリンピック委員会（USOC）は，禁止薬物として指定している。NCAAは，β_2 アゴニストの治療目的使用（TUE）を認めているが，USOCはアルブテロール，硫酸テルブタリン，サルメラロール以外の β_2 アゴニストを禁止している。またUSOCは，β_2 アゴニストの使用に関して書面による承諾を得ることを義務づけている。しかしながらケリン誘導体に関しては書面による承諾の必要はない。

6 喘息をコントロールしながら運動する方法（薬物を使用しない治療）

　この章の序文でも紹介したように，EIAは選手の競技力を制限するものではない。さらに，薬を使わずにEIAをコントロールすることも可能である（Smith and LaBotz 1998)。

　もし選手が喘息の発作発生を予想できるようであれば，運動の際にしっかりとウォームアップを行うことが薦められる。ウォームアップは，低い運動強度で，ある程度の時間をかけ十分に体温を上昇させるように行うべきである（第13章参照）。ウォームアップが喘息患者の運動中の気管支の機能を正常にするのに有効であるかどうかに関しては未だ不明であるものの，運動中に起こる気管支収縮に対する抗療性の時間が短縮すると考えられている。抗療性の時間は1～4時間続く（Weiler 1998)。

　また，活動や環境を調整することによってEIAをコントロールすることもできる。趣味でスポーツを行っている人の場合，このような調整は簡単である。たとえばランニングのよう

な発作を誘発しやすいスポーツを避け，水泳やウォーキングを行ったり，アウトドアスポーツを避け，インドアスポーツを行えばよい。ところが，競技としてスポーツを行っている人の場合，このようなコントロールは難しくなってくる。

前述したように，EIA患者にとって乾燥した寒冷環境下での運動が最も発作を引き起こしやすい状況である。このような発作の危険性を極力減らすため，スカーフやマスクを使って吸気の温度と湿度を上げる工夫もできる（Smith and LaBotz 1998）。ランニングを必要とするスポーツは最も発作を引き起こしやすい。表23.1に喘息発作を引き起こしやすいスポーツと引き起こしにくいスポーツを列挙した。可能であるならば，喘息発作を引き起こしにくいスポーツを選択するべきであろう。

コンディショニングを高めることは，喘息患者にとって有益であることは疑いようがない事実である。先行研究によると，有酸素性コンディショニングプログラムにより喘息患者の有酸素性能力は改善されると報告されている（Ram, Robinson, and Black 2000）。しかしながら，喘息患者にとってさらに重要なのは，有酸素性能力のコンディショニングを高めることが，発作を引き起こす閾値と耐性を高めるということである（Morton 1995）。

表23.1 喘息発作を引き起こす危険性の高い競技と低い競技

喘息発作を引き起こす危険性の高い競技	喘息発作を引き起こす危険性の低い競技
バスケットボール	ベースボール
クロスカントリースキー	ボクシング
自転車競技	アメリカンフットボール
アイスホッケー	ゴルフ
アイススケート	体操競技
長距離走	空手道
ラグビー	ラケットスポーツ(例：テニスやラケットボール)
サッカー	短距離走
	競泳や水中スポーツ
	レスリング
	ウエイトリフティング

(Storm 1999から引用)

要約

運動誘発喘息（EIA）を持つスポーツ選手は多く存在する。特に冬季スポーツを行う選手には多く見られる。ところが，必ずしもEIAは選手の競技力を制限するものではなく，薬物治療や非薬物治療によりEIAによる制限因子を最小限にすることができる。また競技選手は，使用する薬の種類に関して注意を払わなくてはならない。なぜなら，事前申告をしていない場合，ドーピングコントロールに抵触する可能性があるからである。

REFERENCES

Adamovich, D.R. 1984. *The heart: Fundamentals of electrocardiography, exercise physiology and exercise stress testing.* Freeport, NY: Sports Medicine Books.

Adams, D., J.P. O'Shea, K.L. O'Shea, and M. Climstein. 1992. The effect of six weeks of squat, plyometric, and squat-plyometric training on power production. *Journal of Applied Sport Science Research* 6:36-41.

Adams, G.R., B.M. Hather, K.M. Baldwin, and G.A. Dudley. 1993. Skeletal muscle myosin heavy chain composition and resistance training *Journal of Applied Physiology* 74:911-15.

Adams, W.C., R.H. Fox, A.J. Fry, and I.C. MacDonald. 1975. Thermoregulation during marathon running in cold, moderate and hot environments. *Journal of Applied Physiology* 38:1030-37.

Adlercreutz, H., M. Harkonen, K. Kuoppasalmi, I. Huhtaniemi, H. Tikanen, K. Remes, A. Dessypris, and J. Karvonen. 1986. Effect of training on plasma anabolic and catabolic steroid hormones and their response during physical exercise. *International Journal of Sports Medicine* 7(supp):227-8.

Ahlborg, G., P. Felig, L. Hagenfeldt, R. Hendler, and J. Wahren. 1974. Substrate turnover during prolonged exercise in man: Splanchnic and leg metabolism of glucose, free fatty acids, and amino acids. *Journal of Clinical Investigations* 53:1080-90.

Akil, H., S.J. Watson, E. Young, M.E. Lewis, H. Khachaturian, and J.M. Walker. 1984. Endogenous opioids: Biology and function. *Annual Review of Neuroscience* 7:223-55.

Alberici, J.C., P.A. Farrell, P.M. Kris-Etherton, and C.A. Shively. 1993. Effects of pre-exercise candy bar ingestion on glycemic response, substrate utilization, and performance. *International Journal of Sports Nutrition* 3:323-33.

Alen, M. 1985. Androgenic steroid effects on liver and red cells. *British Journal of Sports Medicine* 19:15-20.

Alen, M., and K. Hakkinen. 1985. Physical health and fitness of an elite bodybuilder during 1 year of self-administration of testosterone and anabolic steroids: A case study. *International Journal of Sports Medicine* 6:24-9.

Alen, M., K. Hakkinen, and P.V. Komi. 1984. Changes in neuromuscular performance and muscle fibre characteristics of elite power athletes self-administering androgenic and anabolic steroids. *Acta Physiologica Scandinavica* 122:535-44.

Alen, M., A. Pakarinen, and K. Hakkinen. 1993. Effects of prolonged training on serum thyrotropin and thyroid hormones in elite strength athletes. *Journal of Sports Sciences* 11:493-7.

Alen, M., and P. Rahkila. 1988. Anabolic-androgenic steroid effects on endocrinology and lipid metabolism in athletes. *Sports Medicine* 6:327-32.

Alen, M., M. Reinila, and R. Vihko. 1985. Response of serum hormones to androgen administration in power athletes. *Medicine and Science in Sports and Exercise* 17:354-9.

Alexander, M.J.L. 1989. The relationship between muscle strength and sprint kinematics in elite sprinters. *Canadian Journal of Sport Science* 14:148-57.

Allerheiligen, W.B. 1994a. Speed development and plyometric training. In *Essentials of strength training and conditioning,* ed. T. Baechle, 314-43. Champaign, IL: Human Kinetics.

———. 1994b. Stretching and warm-up. In *Essentials of strength training and conditioning*, ed. T. Baechle, 289-313. Champaign, IL: Human Kinetics.

Alter, M. 1996. *Science of flexibility and stretching*. Champaign, IL: Human Kinetics.

Alway, S.E., W.H. Grumbt, W.J. Gonyea, and J. Stray-Gunderson. 1989. Contrasts in muscle and myofibers of elite male and female body builders. *Journal of Applied Physiology* 67:24-31.

Alway, S.E., W.H. Grumbt, J. Stray-Gunderson, and W.J. Gonyea. 1992. Effects of resistance training on elbow flexors of highly competitive bodybuilders. *Journal of Applied Physiology* 72:1512-21.

Alway, S.E., J.D. MacDougall, and D.G. Sale. 1989. Contractile adaptations in human triceps surae after isometric exercise. *Journal of Applied Physiology* 66:2725-32.

Alway, S.E., P.K. Winchester, M.E. Davis, and W.J. Gonyea. 1989. Regionalized adaptations and fiber proliferation in stretch-induced muscle enlargement. *Journal of Applied Physiology* 66:771-81.

American College of Sports Medicine (ACSM). 2000a. *Guidelines for exercise testing and prescription*. Edited by B.A. Franklin. Philadelphia: Lippincott, Williams, and Wilkins.

———. 2000b. The physiological and health effects of oral creatine supplementation. Consensus Statement. *Medicine and Science in Sports and Exercise* 32:706-17.

American College of Sports Medicine and American Diabetes Association Joint Position Statement. 1997. Diabetes mellitus and exercise. *Medicine and Science in Sports and Exercise* 29(12):i-vi.

American College of Sports Medicine, American Dietetic Association, and Dietitians of Canada Joint Position Statement. 2000. Nutrition and athletic performance. *Medicine and Science in Sports and Exercise* 32:2130-45.

Anderson, M.A., J.B. Gieck, D. Perrin, A. Weltman, R. Rutt, and C. Denegar. 1991. The relationships among isometric, isotonic and isokinetic quadriceps and hamstring force and three components of athletic performance. *Journal of Orthopedic Sports Physical Therapy* 14:114-20.

Anderson, T., and J.T. Kearney. 1982. Effects of three resistance training programs on muscular strength and absolute and relative endurance. *Research Quarterly for Exercise and Sport* 2:27-30.

Andrew, G.M., C.A. Guzman, and M.R. Becklake. 1966. Effect of athletic training on exercise cardiac output. *Journal of Applied Physiology* 21:603-8.

Anselme, F., K. Collump, B. Mercier, S. Ahmaidi, and C. Prefaut. 1992. Caffeine increases maximal anaerobic power and blood lactate concentrations. *European Journal of Applied Physiology* 65:188-91.

Antal, L., and C. Good. 1980. Effects of oxprenolol on pistol shooting under stress. *Practitioner* 224:755-60.

Antonio, J., and W.J. Gonyea. 1993. Skeletal muscle fiber hyperplasia. *Medicine and Science in Sports and Exercise* 25:1333-45.

———. 1994. Muscle fiber splitting in stretch-enlarged avian muscle. *Medicine and Science in Sports and Exercise* 26:973-77.

Appell, H.J., S. Forsberg, and W. Hollmann. 1988. Satellite cell activation in human skeletal muscle after training: Evidence for muscle fiber neoformation. *International Journal of Sports Medicine* 9:297-9.

Armstrong, L.E. 1988. Research update: Fluid replacement and athlete hydration. *National Strength and Conditioning Journal* 10:69-71.

———. 2000. *Performing in extreme environments*. Champaign, IL: Human Kinetics.

Armstrong, L.E., D.L. Costill, and W.J. Fink. 1985. Influence of diuretic-induced dehydration on competitive running performance. *Medicine and Science in Sports and Exercise* 17:456-61.

Armstrong, L.E., A.E. Crago, R. Adams, W.O. Roberts, and C.M. Maresh. 1996. Whole-body cooling of hyperthermic runners: Comparison of two field therapies. *American Journal of Emergency Medicine* 14:355-58.

Armstrong, L.E., J.P. Deluca, and R.W. Hubbard. 1990. Time course of recovery and heat acclimation ability of prior exertional heatstroke patients. *Medicine and Science in Sports and Exercise* 22:36-48.

Armstrong, L.E., and J.E. Dziados. 1986. Effects of heat exposure on the exercising adult. In *Sports Physical Therapy,* ed. D.B. Bernhardt, 197-214. New York: Churchill Livingstone, Inc.

Armstrong, L.E., R.W. Hubbard, B.H. Jones, and J.T. Daniels. 1986. Preparing Alberto Salazar for the heat of the 1984 Olympic marathon. *Physician and Sportsmedicine* 14:73-81.

Armstrong, L.E., R.W. Hubbard, W.J. Kraemer, J.P. Deluca, and E. Christensen. 1987. Signs and symptoms of heat exhaustion during strenuous exercise. *Annals of Sports Medicine* 3:182-9.

Armstrong, L.E., and C.M. Maresh. 1991. The induction and decay of heat acclimatization in trained athletes. *Sports Medicine* 12:302-12.

———. 1993. The exertional heat illnesses: A risk of athletic participation. *Medicine, Exercise, Nutrition, and Health* 2:125-34.

Armstrong, L.E., C.M. Maresh, M. Whittlesey, M.F. Bergeron, C. Gabaree, and J.R. Hoffman. 1994. Longitudinal exercise-heat tolerance and running economy of collegiate distance runners. *Journal of Strength and Conditioning Research* 8:192-197.

Armstrong, L.E., and K.B. Pandolf. 1988. Physical training, cardiorespiratory physical fitness and exercise-heat tolerance. In *Human performance physiology and environmental medicine at terrestrial extremes,* ed. K.B. Pandolf, M.N. Sawka, and R.R. Gonzalez, 199-226. Indianapolis: Benchmark Press.

Asmussen, E., and F. Bonde-Peterson, and K. Jorgensen. 1976. Mechano-elastic properties of human muscles at different temperatures. *Acta Physiologica Scandinavica* 96:86-93.

Astrand, P.O. 1965. *Work tests with the bicycle ergometer.* Varberg, Sweden: AB Cykelfabriken Monark.

Atha, J. 1981. Strengthening muscle. *Exercise and Sport Sciences Reviews* 9:1-73.

Ayalon, A., O. Inbar, and O. Bar-Or. 1974. Relationships among measurements of explosive strength and anaerobic power. In *International series on sport sciences.* Vol. 1. Biomechanics IV, ed. Nelson R.C. and C.A. Morehouse, 527-32. Baltimore: University Park Press.

Ayers, J.W.T., Y. Komesu, T. Romani, and R. Ansbacher. 1985. Anthropometric, hormonal, and psychological correlates of semen quality in endurance trained male athletes. *Fertility and Sterility* 43:917-21.

Bahrke, M. 1993. Psychological effects of endogenous testosterone and anabolic-androgenic steroids. In *Anabolic steroids in sport and exercise,* ed. C.E. Yesalis, 161-92. Champaign, IL: Human Kinetics.

Baker, D., and S. Nance. 1999. The relation between running speed and measures of strength and power in professional rugby players. *Journal of Strength and Conditioning Research* 13:230-35.

Baker, D., G. Wilson, and R. Carlyon. 1994. Periodization: The effect on strength of manipulating volume and intensity. *Journal of Strength and Conditioning Research* 8:235-42.

Ball, T.C., S.A. Headley, P.M. Vanderburgh, and J.C. Smith. 1995. Periodic carbohydrate replacement during 50-min of high-intensity cycling improves subsequent sprint performance. *International Journal of Sports Nutrition* 5:151-8.

Ballor, D.L., and E.T. Poehlman. 1992. Resting metabolic rate and coronary-heart-disease risk factors in aerobically and resistance-trained women. *American Journal of Clinical Nutrition* 56:968-74.

Balsam, A., and L.E. Leppo. 1975. Effect of physical training on the metabolism of thyroid hormones in man. *Journal of Applied Physiology* 38:212-5.

Balsom, P.D., B. Ekblom, K. Soderlund, B. Sjoden, and E. Hultman. 1993. Creatine supplementation and dynamic high-intensity intermittent exercise. *Scandinavian Journal of Medicine and Science in Sports* 3:143-9.

Balsom, P.D., K. Soderlund, and B. Ekblom. 1994. Creatine in humans with special reference to creatine supplementation. *Sports Medicine* 3:143-9.

Bar-Or, O. 1987. The Wingate anaerobic test: An update on methodology, reliability and validity. *Sports Medicine* 4:381-94.

Bar-Or, O., R. Dotan, O. Inbar, A. Rotstein, J. Karlsson, and P. Tesch. 1980. Anaerobic capacity and muscle fiber type distribution in man. *International Journal of Sports Medicine* 1:89-92.

Barron, J.L., T.D. Noakes, W. Levy, C. Smith, and R.P. Millar. 1985. Hypothalamic dysfunction in overtrained athletes. *Journal of Clinical Endocrinology and Metabolism* 60:803-6.

Bartlett, D., and J.E. Remmers. 1971. Effects of high altitude exposure on the lungs of young rats. *Respiratory Physiology* 13:116-25.

Bartsch, P. 1999. High altitude pulmonary edema. *Medicine and Science in Sports and Exercise* 31:S23-7.

Bassett, D.R., and E.T. Howley. 1997. Maximal oxygen uptake: "Classical" versus "contemporary" viewpoints. *Medicine and Science in Sports and Exercise* 29:591-603.

———. 2000. Limiting factors for maximum oxygen uptake and determinants of endurance performance. *Medicine and Science in Sports and Exercise* 32:70-84.

Baum, M., H. Liesen, and J. Enneper. 1994. Leucocytes, lymphocytes, activation parameters and cell adhesion molecules in middle-distance runners under different training conditions. *International Journal of Sports Medicine* 15:S122-6.

Beck, K.C. 1999. Control of airway function during and after exercise in asthmatics. *Medicine and Science in Sports and Exercise* 31:S4-11.

Beck, K.C., K.P. Offord, and P.D. Scanlon. 1994. Bronchoconstriction occurring during exercise in asthmatic subjects. *American Journal of Respiratory Critical Care Medicine* 149:352-7.

Becque, M.D., J.D. Lochmann, and D.R. Melrose. 2000. Effects of oral creatine supplementation on muscular strength and body composition. *Medicine and Science in Sports and Exercise* 32:654-8.

Beelen, A., and A.J. Sargeant. 1991. Effect of lowered muscle temperature on the physiological response to exercise in men. *European Journal of Applied Physiology* 63:387-92.

Bell, D.G., and I. Jacobs. 1999. Combined caffeine and ephedrine ingestion improves run times of Canadian forces warrior test. *Aviation, Space and Environmental Medicine* 70:325-9.

Bell, D.G., I. Jacobs, T.M. McLellan, and J. Zamecnik. 2000. Reducing the dose of combined caffeine and ephedrine preserves the ergogenic effect. *Aviation, Space and Environmental Medicine* 71:415-519.

Bell, D.G., I. Jacobs, and J. Zamecnik. 1998. Effects of caffeine, ephedrine and their combination on time to exhaustion during high-intensity exercise. *European Journal of Applied Physiology and Occupational Physiology* 77:427-33.

Bell, G.J., S.R. Petersen, J. Wessel, K. Bagnall, and H.A. Quinney. 1991. Physiological adaptations to concurrent endurance training and low velocity resistance training. *International Journal of Sports Medicine* 12:384-90.

Bell, G., D. Syrotuik, T.P. Martin, R. Burnham, and H.A. Quinney. 2000. Effect of concurrent strength and endurance training on skeletal muscle properties and hormone concentrations in humans. *European Journal of Applied Physiology* 81:418-27.

Bell, G., D. Syrotuik, T. Socha, I. Maclean, and H.A. Quinney. 1997. Effect of strength training and concurrent strength and endurance training on strength, testosterone and cortisol. *Journal of Strength and Conditioning Research* 11:57-64.

Bendich, A. 1989. Carotenoids and the immune response. *Journal of Nutrition* 119:112-5.

Benoni, G., P. Bellavite, A. Adami, S. Chirumbolo, G. Lippi, G. Brocco, G.M. Guilini, and L. Cuzzolin. 1995. Changes in several neutrophil functions in basketball players before, during and after the sports season. *International Journal of Sports Medicine* 16:34-7.

Berger, R.A. 1962. Effect of varied weight training programs on strength. *Research Quarterly for Exercise and Sport* 33:168-81.

———. 1963. Comparative effects of three weight training programs. *Research Quarterly for Exercise and Sport* 34:396-8.

Bergeron, M.F. 1996. Heat cramps during tennis: A case report. *International Journal of Sports Nutrition* 6:62-8.

Bergh, U., and B. Ekblom. 1979. Influence of muscle temperature on maximal muscle strength and power output in human muscle. *Acta Physiologica Scandinavica* 107:332-7.

Bergstrom, J., L. Hermansen, E. Hultman, and B. Saltin. 1967. Diet, muscle glycogen and physical performance. *Acta Physiologica Scandinavica* 71:140-50.

Bergstrom, M., and E. Hultman. 1988. Energy cost and fatigue during intermittent electrical stimulation of human skeletal muscle. *Journal of Applied Physiology* 65:1500-5.

Berk, L.S., D.C. Nieman, W.S. Youngberg, K. Arabatzis, M. Simpson-Westerberg, J.W. Lee, S.A. Tan, and W.C. Eby. 1990. The effect of long endurance running on natural killer cells in marathoners. *Medicine and Science in Sports and Exercise* 22:207-12.

Benardot, D. 2000. *Nutrition for serious athletes.* Champaign, IL: Human Kinetics.

Berning, J.R. 1998. Energy intake, diet, and muscle wasting. In *Overtraining in sport,* ed. R.B. Kreider, A.C. Fry, and M.L. O'Toole, 275-88. Champaign, IL: Human Kinetics.

Bessman, S.P., and F. Savabi. 1990. The role of the phosphocreatine energy shuttle in exercise and muscle hypertrophy. In *Biochemistry of exercise VII,* ed. A.W. Taylor, P.D. Gollnick, H.J. Green, C.D. Ianuzzo, E.G. Noble, G. Metivier, and J.R. Sutton, 167-77. Champaign, IL: Human Kinetics.

Binkhorst, R.A., L. Hoofd, and A.C.A. Vissers. 1977. Temperature and force-velocity relationship of human muscles. *Journal of Applied Physiology: Respiratory, Environmental, Exercise Physiology* 42:471-5.

Bishop, D., D.G. Jenkins, L.T. Mackinnon, M. McEniery, and M.F. Carey. 1999. The effects of strength training on endurance performance and muscle characteristics. *Medicine and Science in Sports and Exercise* 31:886-91.

Bjorneboe, A., G.A. Bjorneboe, and C.A. Drevon. 1990. Absorption, transport and distribution of vitamin E. *Journal of Nutrition* 120:233-42.

Bjorntorp, P. 1991. Importance of fat as a support nutrient for energy: Metabolism of athletes. *Journal of Sports Sciences* 9:71-6.

Black, W., and E. Roundy. 1994. Comparisons of size, strength, speed and power in NCAA division I-A football players. *Journal of Strength and Conditioning Research* 8:80-5.

Blannin, A.K., L.J. Chatwin, R. Cave, and M. Gleeson. 1996. Effects of submaximal cycling and long-term endurance training on neutrophil phagocytic activity in middle aged men. *British Journal of Sports Medicine* 30:125-9.

Blomqvist, C.G., and B. Saltin. 1983. Cardiovascular adaptations to physical training. *Annual Review Physiology* 45:169-89.

Bloom, S., R. Johnson, D. Park, M. Rennie, and W. Sulaiman. 1976. Differences in the metabolic and hormonal response to exercise between racing cyclists and untrained individuals. *Journal of Physiology* 258:1-18.

Blume, F.D., S.J. Boyer, L.E. Braverman, A. Cohen, J. Dirkse, and J.P. Mordes. 1984. Impaired osmoregulation at high altitude: Studies on Mt. Everest. *Journal of the American Medical Association* 252:524-6.

Bobbert, M.F., K.G.M. Gerritsen, M.C.A. Litjens, and A.J. Van Soest. 1996. Why is countermovement jump height greater than squat jump height? *Medicine and Science in Sports and Exercise* 28:1402-12.

Bogdanis, G.C., M.E. Nevill, L.H. Boobis, and H.K.A. Lakomy. 1996. Contribution of phosphocreatine and aerobic metabolism to energy supply during repeated sprint exercise. *Journal of Applied Physiology* 80:876-84.

Bompa, T.O. 1999. *Periodization: Theory and methodology of training.* Champaign, IL: Human Kinetics.

Bonow, R.O. 1994. Left ventricular response to exercise. In *Cardiovascular response to exercise,* ed. G.F. Fletcher, 31-48. Mount Kisco, NY: Futura.

Boobis, L.H. 1987. Metabolic aspects of fatigue during sprinting. In *Exercise: Benefits, limitations and adaptations,* ed. D.R. Macleod, R. Maughan, M. Nimmo, T. Reilly, and C. Williams, 116-43. London: E&FN Spon.

Borg, G.A.V. 1982. Psychophysical bases of perceived exertion. *Medicine and Science in Sports and Exercise* 14:377-81.

Bosco, C., and P.V. Komi. 1979. Mechanical characteristics and fiber composition of human leg extensor muscles. *European Journal of Applied Physiology* 24:21-32.

Bosco, C., P. Mognoni, and P. Luhtanen. 1983. Relationship between isokinetic performance and ballistic movement. *European Journal of Applied Physiology* 51:357-64.

Bosco, C., J.T. Viitalsalo, P.V. Komi, and P. Luhtanen. 1982. Combined effect of elastic energy and myoelectric potentiation during stretch-shortening cycle exercise. *Acta Physiologica Scandinavica* 114:557-65.

Bottecchia, D., D. Bordin, and R. Martino. 1987. Effect of different kinds of physical exercise on the plasmatic testosterone level of normal adult males. *Journal of Sports Medicine and Physical Fitness* 27:1-5.

Boutellier, U., H. Howald, P.E. di Prampero, D. Giezendanner, and P. Cerretelli. 1983. Human muscle adaptations to chronic hypoxia. *Progress in Clinical Biology Research* 136:273-85.

Brandenberger, G., V. Candas, M. Follenius, J.P. Libert, and J.M. Kahn. 1986. Vascular fluid shifts and endocrine responses to exercise in the heat. *European Journal of Applied Physiology* 55:123-9.

Brener, W., T.R. Hendrix, and P.R. McHugh. 1983. Regulation of the gastric emptying of glucose. *Gastroenterology* 85:76-82.

Brenner, M., J. Walberg-Rankin, and D. Sebolt. 2000. The effect of creatine supplementation during resistance training in women. *Journal of Strength and Conditioning Research* 14:207-13.

Brooks, S., J. Burrin, M.E. Cheetham, G.M. Hall, T. Yeo, and C. Williams. 1988. The responses of the catecholamines and β-endorphin to brief maximal exercise in man. *European Journal of Applied Physiology* 57:230-4.

Brooks, S., M.E. Nevill, L. Meleagros, H.K.A. Lakomy, G.M. Hall, S.R. Bloom, and C. Williams. 1990. The hormonal responses to repetitive brief maximal exercise in humans. *European Journal of Applied Physiology* 60:144-8.

Brown, C.H., and J.H. Wilmore. 1974. The effects of maximal resistance training on the strength and body composition of women athletes. *Medicine and Science in Sports and Exercise* 6:174-7.

Brown, G.A., M.D. Vukovich, R.L. Sharp, T.A. Reifenrath, K.A. Parsons, and D.S. King. 1999. Effect of oral DHEA on serum testosterone and adaptations to resistance training in young men. *Journal of Applied Physiology* 87:2274-83.

Brown, M.E., J.L. Mayhew, and L.W. Boleach. 1986. Effect of plyometric training on vertical jump performance in high school basketball players. *Journal Sports Medicine Physical Fitness Quarterly Review* 26:1-4.

Bruce, C.R., M.E. Anderson, S.F. Fraser, N.K. Stepto, R. Klein, W.G. Hopkins, and J.A. Hawley. 2000. Enhancement of 2000-m rowing performance after caffeine ingestion. *Medicine and Science in Sports and Exercise* 32:1958-63.

Bruce, R.A., F. Kusumi, and D. Hosmer. 1973. Maximal oxygen uptake and nomographic assessment of functional aerobic impairment in cardiovascular disease. *American Heart Journal* 85:546-62.

Buckley, W.E., C.E. Yesalis, K.E. Friedl, W.A. Anderson, A.L. Streit, and J.E. Wright. 1988. Estimated prevalence of anabolic steroid use among male high school seniors. *Journal of the American Medical Association* 260:3441-5.

Buick, F.J., N. Gledhill, A.B. Froese, L. Spriet, and E.C. Meyers. 1980. Effect of induced erythrocythemia on aerobic work capacity. *Journal of Applied Physiology* 48:636-42.

Bunt, J.C., R.A. Boileau, J.M. Bahr, and R.A. Nelson. 1986. Sex and training differences in human growth hormone during prolonged exercise. *Journal of Applied Physiology* 61:1796-801.

Buono, M.J., J.E. Yeager, and J.A. Hodgdon. 1986. Plasma adrenocorticotropin and cortisol responses to brief high-intensity exercise in humans. *Journal of Applied Physiology* 61:1337-9.

Burke, L.M., G.R. Collier, and M. Hargreaves. 1993. Muscle glycogen storage after prolonged exercise: Effect of the glycemic index of carbohydrate feeding. *Journal of Applied Physiology* 75:1019-23.

Burkett, L.N. 1970. Causative factors in hamstring strains. *Medicine and Science in Sports and Exercise* 2:39-42.

Buskirk, E.R., P.F. Iampietro, and D.E. Bass. 1958. Work performance after dehydration: Effects of physical conditioning and heat acclimatization. *Journal of Applied Physiology* 12:189-94.

Buskirk, E.R., J. Kollias, R.F. Akers, E.K. Prokop, and E.P. Reategui. 1967. Maximal performance at altitude and return from altitude in conditioned runners. *Journal of Applied Physiology* 23:259-66.

Caizzo, V.J., J.J. Perrine, and V.R. Edgerton. 1981. Training-induced alterations of the in vivo force-velocity relationship of human muscle. *Journal of Applied Physiology: Respiratory, Environmental, Exercise Physiology* 51:750-4.

Caldwell, J.E., E. Ahonen, and U. Nousiainen. 1984. Differential effects of sauna-, diuretic-, and exercise-induced hypohydration. *Journal of Applied Physiology: Respiratory, Environmental, Exercise Physiology* 57:1018-23.

Campaign, B.N., T.B. Gilliam, M.L. Spencer, R.M. Lampman, and M.A. Schork. 1984. Effects of a physical activity program on metabolic control and cardiovascular fitness in children with insulin dependent diabetes mellitus. *Diabetes Care* 7:57-62.

Campaign, B.N., H. Wallberg-Henriksson, and R. Gunnarsson. 1987. Glucose and insulin responses in relation to insulin dose and caloric intake 12 h after acute physical exercise in men with IDDM. *Diabetes Care* 10:716-21.

Cannon, J.G., S.N. Meydani, R.A. Fielding, M.A. Fiatarone, M. Meydani, N. Farhangmeh, S.F. Orencole, J.B. Blumberg, and W.J. Evans. 1991. Acute phase response in exercise II: Association with vitamin E, cytokines and muscle proteolysis. *American Journal of Physiology* 260:R1235-40.

Cannon, J.G., S.F. Orencole, R.A. Fielding, M. Meydani, S.N. Meydani, M.A. Fiatarone, J.B. Blumberg, and W.J. Evans. 1990. Acute phase response in exercise: Interaction of age and vitamin E on neutrophils and muscle enzyme release. *American Journal of Physiology* 259:R1214-19.

Cappon, J., J.A. Brasel, S. Mohan, and D.M. Cooper. 1994. Effect of brief exercise on circulating insulin-like growth factor I. *Journal of Applied Physiology* 76:2490-6.

Caro, J.F., M.K. Sinha, S.M. Raju, O. Ittoop, W.J. Pories, E.G. Flickinger, D. Meelheim, and D. Dohm. 1987. Insulin receptor kinase in human skeletal muscle from obese subjects with and without noninsulin dependent diabetes. *Journal of Clinical Investigations* 79:1330-7.

Carr, G. 1999. *Fundamentals of track and field.* Champaign, IL: Human Kinetics.

Carroll, J.F., V.A. Convertino, C.E. Wood, J.E. Graves, D.T. Lowenthal, and M.L. Pollack. 1995. Effect of training on blood volume and plasma hormone concentrations in the elderly. *Medicine and Science in Sports and Exercise* 27:79-84.

Castell, L.M., J.R. Poortmans, R. Leclercq, M. Brasseur, J. Duchateau, and E.A. Newsholme. 1997. Some aspects of the acute phase response after a marathon race, and the effects of glutamine supplementation. *International Journal of Sports Medicine* 75:47-53.

Castellani, J.W., A.J. Young, J.E. Kain, A. Rouse, and M. Sawka. 1999. Thermoregulation during cold exposure: Effects of prior exercise. *Journal of Applied Physiology* 87:247-52.

Cavanagh, P.R., and K.R. Williams. 1982. The effect of stride length variation on oxygen uptake during distance running. *Medicine and Science in Sports and Exercise* 14:30-5.

Centers for Disease Control and Prevention. 1983. Current trends hypothermia: United States. *Morbidity and Mortality Weekly Report* 32:46-48.

———. 1998. Surveillance for Asthma: United States, 1960-1995. *Morbidity and Mortality Weekly Report* 47:1-28.

Cerretelli, P. 1987. Extreme hypoxia in air breathers. In *Comparative physiology of environmental adaptations,* ed. P. Dejours. Basel, Switzerland: Karger.

Cerretelli, P., C. Marconi, O. Deriaz, and D. Giezendanner. 1984. After-effects of chronic hypoxia on cardiac output and muscle blood flow at rest and exercise. *European Journal of Applied Physiology* 53:92-6.

Chang, F.E., W.G. Dodds, M. Sullivan, M.H. Kim, and W.B. Malarkey. 1986. The acute effects on prolactin and growth hormone secretion: Comparison between sedentary women and women runners with normal and abnormal menstrual cycles. *Journal of Clinical Endocrinology and Metabolism* 62:551-6.

Chapman, R.F., M. Emery, and J.M. Stager. 1999. Degree of arterial desaturation in normoxia influences the decline in $\dot{V}O_2$max in mild hypoxia. *Medicine and Science in Sports and Exercise* 31:658-63.

Chapman, R.F., and B.D. Levine. 2000. The effects of hypo- and hyperbaria on performance. In *Exercise and sport science,* ed. W.E. Garrett and D.T. Kirkendall, 447-58. Philadelphia: Lippincott, Williams, and Wilkins.

Chapman, R.F., J. Stray-Gundersen, and B.D. Levine. 1998. Individual variation in response to altitude training. *Journal of Applied Physiology* 85:1448-56.

Charlton, G.A., and M.H. Crawford. 1997. Physiological consequences of training. *Cardiology Clinics* 15:345-54.

Chattoraj, S.C., and N.B. Watts. 1987. Endocrinology. In *Fundamentals of clinical chemistry,* ed. N.W. Tietz, 175-80. Philadelphia: W.B. Saunders.

Cheetham, M.E., L.H. Boobis, S. Brooks, and C. Williams. 1986. Human muscle metabolism during sprint running. *Journal of Applied Physiology* 61:54-60.

Chu, D. 1992. *Jumping into plyometrics.* Champaign, IL: Human Kinetics.

Claremont, A.D., F. Nagle, W.D. Reddan, and G.A. Brooks. 1975. Comparison of metabolic, temperature, heart rate and ventilatory responses to exercise at extreme ambient temperatures (0° and 35°C). *Medicine and Science in Sports and Exercise* 7:150-4.

Clarkson, P.M. 1991. Minerals, exercise performance and supplementation in athletes. *Journal of Sports Sciences* 9:91-116.

———. 1997. Eccentric exercise and muscle damage. *International Journal of Sports Medicine* 18(supp):S314-6.

Coggan, A.R., and E.F. Coyle. 1989. Metabolism and performance following carbohydrate ingestion late in exercise. *Medicine and Science in Sports and Exercise* 21:59-65.

———. 1991. Carbohydrate ingestion during prolonged exercise: Effects on metabolism and performance. *Exercise and Sport Sciences Reviews* 19:1-40.

Collins, M.A., and T.K. Snow. 1993. Are adaptations to combined endurance and strength training affected by the sequence of training? *Journal of Sports Sciences* 11:485-91.

Collomp, K., S. Ahmaidi, M. Audran, J.L. Chanal, and C. Prefaut. 1991. Effects of caffeine ingestion on performance and anaerobic metabolism during the Wingate test. *International Journal of Sports Medicine* 12:439-43.

Collomp, K., S. Ahmaidi, J.C. Chatard, M. Audran, and C. Prefaut. 1992. Benefits of caffeine ingestion on sprint performance in trained and untrained swimmers. *European Journal of Applied Physiology* 64:377-80.

Conley, D.L., and G. Krahenbuhl. 1980. Running economy and distance running performance of highly trained athletes. *Medicine and Science in Sports and Exercise* 12:357-60.

Convertino, V.A. 1991. Blood volume: Its adaptation to endurance training. *Medicine and Science in Sports and Exercise* 23:1338-48.

Convertino, V.A., L.C. Keil, E.M. Bernauer, and J.E. Greenleaf. 1981. Plasma volume, osmolality, vasopressin, and renin activity during graded exercise in man. *Journal of Applied Physiology: Respiratory, Environmental, Exercise Physiology* 50:123-8.

Convertino, V.A., L.C. Keil, and J.E. Greenleaf. 1983. Plasma volume, renin and vasopressin responses to graded exercise after training. *Journal of Applied Physiology: Respiratory, Environmental, Exercise Physiology* 54:508-14.

Cook, E.E., V.L. Gray, E. Savinar-Nogue, and J. Medeiros. 1987. Shoulder antagonistic strength ratios: A comparison between college-level baseball pitchers and nonpitchers. *Journal of Orthopedic and Sports Physical Therapy* 8:451-60.

Cooke, W.H., P.W. Grandjean, and W.S. Barnes. 1995. Effect of oral creatine supplementation on power output and fatigue during bicycle ergometry. *Journal of Applied Physiology* 78:670-3.

Costill, D.L. 1988. Carbohydrates for exercise: Dietary demands for optimal performance. *International Journal of Sports Medicine* 9:1-18.

Costill, D.L., P. Cleary, W.J. Fink, C. Foster, J.L. Ivy, and F. Witzmann. 1979. Training adaptations in skeletal muscle of juvenile diabetics. *Diabetes* 28:818-22.

Costill, D.L., R. Cote, and W.J. Fink. 1976. Muscle water and electrolytes following varied levels of dehydration in man. *Journal of Applied Physiology* 40:6-11.

Costill, D.L., R. Cote, W.J. Fink, and P. Van Handel. 1981. Muscle water and electrolyte distribution during prolonged exercise. *International Journal of Sports Medicine* 2:130-4.

Costill, D.L., E. Coyle, G. Dalsky, W. Evans, W.J. Fink, and D. Hoopes. 1977. Effects of elevated plasma FFA and insulin on muscle glycogen usage during exercise. *Journal of Applied Physiology* 43:695-9.

Costill, D.L., E.F. Coyle, W.J. Fink, G.R. Lesmes, and F.A. Witzmann. 1979. Adaptations in skeletal muscle following strength training. *Journal of Applied Physiology* 46:96-9.

Costill, D.L., G.P. Dalsky, and W.J. Fink. 1978. Effects of caffeine ingestion on metabolism and exercise performance. *Medicine and Science in Sports and Exercise* 10:155-8.

Costill, D.L., W.J. Fink, and M.L. Pollock. 1976. Muscle fiber composition and enzyme activities of elite distance runners. *Medicine and Science in Sports and Exercise* 8:96-100.

Costill, D.L., M.G. Flynn, J.P. Kirwin, J.A. Houmard, J.B. Mitchell, R. Thomas, and S.H. Park. 1988. Effects of repeated days of intensified training on muscle glycogen and swimming performance. *Medicine and Science in Sports and Exercise* 20:249-54.

Costill, D.L., and E.L. Fox. 1969. Energetics of marathon running. *Medicine and Science in Sports and Exercise* 1:81-6.

Costill, D.L., and B. Saltin. 1974. Factors limiting gastric emptying during rest and exercise. *Journal of Applied Physiology* 37:679-83.

Costill, D.L., R. Thomas, R.A. Roberge, D.D. Pascoe, C.P. Lampert, S.I. Barr, and W.J. Fink. 1991. Adaptations to swimming training: Influence of training volume. *Medicine and Science in Sports and Exercise* 23:371-7.

Costill, D.L., F. Verstappen, H. Kuipers, E. Jansson, and W. Fink. 1984. Acid-base balance during repeated bouts of exercise: Influence of HCO_3^-. *International Journal of Sports Medicine* 5:228-31.

Costrini, A. 1990. Emergency treatment of exertional heatstroke and comparison of whole body cooling techniques. *Medicine and Science in Sports and Exercise* 22:15-8.

Coyle, E.F., M.K. Hemmert, and A.R. Coggan. 1986. Effects of detraining on cardiovascular response to exercise: Role of blood volume. *Journal of Applied Physiology* 60:95-9.

Coyle, E.F., W.H. Martin III, S.A. Bloomfield, O.H. Lowry, and J.O. Holloszy. 1985. Effects of detraining on responses to submaximal exercise. *Journal of Applied Physiology* 59:853-9.

Coyle, E.F., W.H. Martin III, D.R. Sinacore, M.J. Joyner, J.M. Hagberg, and J.O. Holloszy. 1984. Time course for loss of adaptation after stopping prolonged intense endurance training. *Journal of Applied Physiology* 57:1857-64.

Craig, B.W., and H.Y. Kang. 1994. Growth hormone release following single versus multiple sets of back squats: Total work versus power. *Journal of Strength and Conditioning Research* 8:270-5.

Craig, B.W., G.T. Hammons, S.M. Garthwite, L. Jarett, and J.O. Holloszy. 1981. Adaptations of fat cells to exercise: Response of glucose uptake and oxidation to insulin. *Journal of Applied Physiology* 51:1500-6.

Craig, B.W., K. Thompson, and J.O. Holloszy. 1983. Effect of stopping training on size and response to insulin of fat cells in female rats. *Journal of Applied Physiology* 54:571-5.

Craig, F.N., and E.G. Cummings. 1966. Dehydration and muscular work. *Journal of Applied Physiology* 21:670-4.

Crist, D.M., P.J. Stackpole, and G.T. Peake. 1983. Effects of androgenic-anabolic steroids on neuromuscular power and body composition. *Journal of Applied Physiology* 54:366-70.

Cunningham, D.A., and J.A. Faulkner. 1969. The effect of training on aerobic and anaerobic metabolism during a short exhaustive run. *Medicine and Science in Sports and Exercise* 1:65-9.

Cunningham, D.A., D.H. Paterson, C.J. Blimkie, and A.P. Donner. 1984. Development of cardiorespiratory function in circumbertal boys: A longitudinal study. *Journal of Applied Physiology*. 56:302-7.

Dahl-Jorgensen, K., H.D. Meen, K.F. Hanssen, and O. Asgenaes. 1980. The effect of exercise on diabetic control and hemoglobin A_1 (HbA_1) in children. *Acta Paediatics Scandinavica* 283(supp):53-6.

Daniels, J.T. 1985. A physiologist's view of running economy. *Medicine and Science in Sports and Exercise* 17:332-8.

Danielsson, U. 1996. Windchill and the risk of tissue freezing. *Journal of Applied Physiology* 81:2666-73.

Danzl, D.F., R.S. Pozos, and M.P. Hamlet. 1995. Accidental hypothermia. In *Wilderness medicine: Management of wilderness and environmental emergencies,* ed. P.S. Auerbach, 51-103. St. Louis: Mosby.

Davies, C.T.M., I.K. Mecrow, and M.J. White. 1982. Contractile properties of the human triceps surae with some observations on the effects of temperature and exercise. *European Journal of Applied Physiology* 49:255-69.

Davies, C.T.M., and K. Young. 1983a. Effect of temperature on contractile properties and muscle power of triceps surae in humans. *Journal of Applied Physiology: Respiratory, Environmental, Exercise Physiology* 55:191-5.

———. 1983b. Effects of training at 30 and 100% maximal isometric force on the contractile properties of the triceps surae of man. *Journal of Physiology* 336:22-3.

Davis, J.A., M.H. Frank, B.J. Whipp, and K. Wasserman. 1979. Anaerobic threshold alterations caused by endurance training in middle-aged men. *Journal of Applied Physiology* 46:1039-46.

Davis, J.M., D.A. Jackson, M.S. Broadwell, J.L. Query, and C.L. Lambert. 1997. Carbohydrate drinks delay fatigue during intermittent, high-intensity cycling in active men and women. *International Journal of Sports Medicine* 7:261-73.

Dawson, B., M. Cutler, A. Moody, S. Lawrence, C. Goodman, and N. Randall. 1995. Effects of oral creatine loading on single and repeated maximal short sprints. *Australian Journal of Science and Medicine in Sport* 27:56-61.

Dela, F., J.J., Larson, K.J. Mikines, and H. Galbo. 1995. Normal effect of insulin to stimulate leg blood flow in NIDDM. *Diabetes* 44:221-6.

Delecluse, C. 1997. Influence of strength training on sprint running performance: Current findings and implications for training. *Sports Medicine* 24:147-56.

Delecluse, C., H.V. Coppenolle, E. Willems, M.V. Leemputte, R. Diels, and M. Goris. 1995. Influence of high-resistance and high-velocity training on sprint performance. *Medicine and Science in Sports and Exercise* 27:1203-9.

Deligiannis, A., E. Zahopoulou, and K. Mandroukas. 1988. Echocardiographic study of cardiac dimensions and function in weight lifters and body builders. *Journal of Sports Cardiology* 5:24-32.

Dempsey, J.A., W.G. Reddan, M.L. Birnbaum, H.V. Forster, J.S. Thoden, R.F. Grover, and J. Rankin. 1971. Effects of acute though life-long hypoxic exposure on exercise pulmonary gas exchange. *Respiration Physiology* 13:62-89.

Dengel, D.R., P.G. Weyand, D.M. Black, and K.J. Cureton. 1992. Effect of varying levels of hypohydration on responses during submaximal cycling. *Medicine and Science in Sports and Exercise* 24:1096-101.

Deschenes, M.R., W.J. Kraemer, C.M. Maresh, and J.F. Crivello. 1991. Exercise-induced hormonal changes and their effects upon skeletal tissue. *Sports Medicine* 12:80-93.

DeSouza, M.J., C.M. Maresh, M.S. Maguire, W.J. Kraemer, G. Flora-Ginter, and K.L. Goetz. 1989. Menstrual status and plasma vasopressin, renin activity, and aldosterone exercise responses. *Journal of Applied Physiology* 67:736-43.

Despres, J.P., A. Nadeau, and C. Bouchard. 1988. Physical training and changes in regional adipose tissue distribution. *Acta Medical Scandinavica* 723(supp):205-12.

Dessypris, A., K. Kuoppasalmi, and H. Adlercreutz. 1976. Plasma cortisol, testosterone, androstenedione and luteinizing hormone (LH) in a non-competitive marathon run. *Journal of Steroid Biochemistry* 7:33-7.

Devlin, J.T., J. Calles-Escandon, and E.S. Horton. 1986. Effects of preexercise snack feeding on endurance cycle exercise. *Journal of Applied Physiology* 60:980-5.

Dickerman, R.D., R.M. Pertusi, N.Y. Zachariah, D.R. Dufour, and W.J. McConathy. 1999. Anabolic steroid-induced hepatotoxicity: Is it overstated? *Clinical Journal of Sports Medicine* 9:34-9.

Dimri, G.P., M.S. Malhotra, J. Sen Gupta, T.S. Kumar, and B.S. Arora. 1980. Alterations in aerobic-anaerobic proportions of metabolism during work in heat. *European Journal of Applied Physiology* 45:43-50.

Dohm, G.L., M.K. Sinha, and J.F. Caro. 1987. Insulin receptor binding and protein kinase activity in muscle of trained rats. *American Journal of Physiology* 252:E170-5.

Dolezal, B.A., and J.A. Potteiger. 1998. Concurrent resistance and endurance training influence basal metabolic rate in nondieting individuals. *Journal of Applied Physiology* 85:695-700.

Donevan, R.H., and G.M. Andrew. 1987. Plasma β-endorphin immunoreactivity during graded cycle ergometry. *Medicine and Science in Sports and Exercise* 19:229-33.

Dotan, R., and O. Bar-Or. 1980. Climatic heat stress and performance in the Wingate anaerobic test. *European Journal of Applied Physiology* 44:237-43.

Dotan, R., A. Rotstein, R. Dlin, O. Inbar, H. Kofman, and Y. Kaplansky. 1983. Relationships of marathon running to physiological, anthropometric and training indices. *European Journal of Applied Physiology* 51:281-93.

Drinkwater, B.L., and S.M. Horvath. 1972. Detraining effects in young women. *Medicine and Science in Sports and Exercise* 4:91-5.

Dudley, G.A., W.M. Abraham, and R.L. Terjung. 1982. Influence of exercise intensity and duration on biochemical adaptations in skeletal muscle. *Journal of Applied Physiology* 53:844-50.

Dudley, G.A., and R. Djamil. 1985. Incompatibility of endurance and strength training modes of exercise. *Journal of Applied Physiology* 59:1446-51.

Dufaux, B., U. Order, and H. Liesen. 1991. Effect of a short maximal physical exercise on coagulation, fibrinolysis, and complement system. *International Journal of Sports Medicine* 12:S38-42.

Durnin, J.V.G.A., and J. Womersley. 1974. Body fat assessment from total body density and its estimation from skinfold thickness: Measurements on 481 men and women aged 16-72 years. *British Journal of Nutrition* 32:77-97.

Ebbeling, C.B., A. Ward, E.M. Puleo, J. Widrick, and J.M. Rippe. 1991. Development of a single-stage submaximal treadmill walking test. *Medicine and Science in Sports and Exercise* 23:966-73.

Eckardt, K., U. Boutellier, A. Kurtz, M. Schopen, E.A. Koller, and C. Bauer. 1989. Rate of erythropoietin formation in humans in response to acute hypobaric hypoxia. *Journal of Applied Physiology* 66:1785-8.

Eckert, H.M. 1968. Angular velocity and range of motion in the vertical and standing broad jump. *Research Quarterly for Exercise and Sport* 39:937-42.

Ekblom, B., and B. Berglund. 1991. Effect of erythropoietin administration on maximal aerobic power. *Scandinavian Journal of Medicine and Science in Sports* 1:88-93.

Eldridge, F.L. 1994. Central integration of mechanisms in exercise hyperpnea. *Medicine and Science in Sports and Exercise* 26:319-27.

Ellenbecker, T.S. 1991. A total arm strength isokinetic profile of highly skilled tennis players. *Isokinetic Exercise Science* 1:9-21.

Enoka, R.M. 1994. *Neuromechanical basis of kinesiology.* 2nd ed. Champaign, IL: Human Kinetics.

Epstein, Y. 1990. Heat intolerance: Predisposing factor or residual injury. *Medicine and Science in Sports and Exercise* 22:29-35.

Ernsting, J., and G.R. Sharp. 1978. Prevention of hypoxia at altitudes below 40,000 feet. In *Aviation Medicine, Physiology and Human Factors,* ed. J. Ernsting, 84-127. London: Tri-Med Books.

Esperson, G.T., A. Elbaek, E. Ernst, E. Toft, S. Kaalund, C. Jersild, and N. Grunnet. 1990. Effect of physical exercise on cytokines and lymphocyte transformation and antibody formation. *APMIS* 98:395-400.

Esperson, G.T., E. Toft, E. Ernst, S. Kaalund, and N. Grunnet. 1991. Changes of polymorphonuclear granulocyte migration and lymphocyte subpopulations in human peripheral blood. *Scandinavian Journal of Medicine and Science in Sports* 1:158-62.

Essig, D., D.L. Costill, and P.J. Van Handel. 1980. Effects of caffeine ingestion on utilization of muscle glycogen and lipid during leg ergometer cycling. *International Journal of Sports Medicine* 1:86-90.

Ettema, G.J.C., A.J. Van Soest, and P.A. Huijing. 1990. The role of series elastic structures in prestretch-induced work enhancement during isotonic and isokinetic contractions. *Journal of Experimental Biology* 154:121-36.

Evans, W.J., and J.G. Cannon. 1991. The metabolic effects of exercise-induced muscle damage. *Exercise and Sport Sciences Reviews* 19:99-126.

Fagard, R.H. 2001. Exercise characteristics and the blood pressure response to dynamic physical training. *Medicine and Science in Sports and Exercise* 33(6)(supp): S484-92.

Fahey, T.D., and C.H. Brown. 1973. The effects of an anabolic steroid on the strength, body composition, and endurance of college males when accompanied by a weight training program. *Medicine and Science in Sports and Exercise* 5:272-6.

Fahey, T.D., R. Rolph, P. Moungmee, J. Nadel, and S. Martara. 1976. Serum testosterone, body composition, and strength of young adults. *Medicine and Science in Sports and Exercise* 8:31-4.

Falk, B., S. Radom-Isaac, J.R. Hoffman, Y. Wang, Y. Yarom, A. Magazanik, and Y. Weinstein. 1998. The effect of heat exposure on performance of and recovery from high-intensity, intermittent exercise. *International Journal of Sports Medicine* 19:1-6.

Falk, B., Y. Weinstein, R. Dotan, D.R. Abramson, D. Mann-Segal, and J.R. Hoffman. 1996. A treadmill test of sprint running. *Scandinavian Journal of Medicine and Science in Sports* 6:259-64.

Farrel, M., and J.G. Richards. 1986. Analysis of the reliability and validity of the kinetic communicator exercise device. *Medicine and Science in Sports and Exercise* 18:44-9.

Farrell, P.A., T.L. Garthwaite, and A.B. Gustafson. 1983. Plasma adrenocorticotropin and cortisol responses to submaximal and exhaustive exercise. *Journal of Applied Physiology: Respiratory, Environmental, Exercise Physiology* 55:1441-4.

Farrell, P.A., A. Gustafson, T. Garthwaite, R. Kalkhoff, A. Cowley Jr., and W.P. Morgan. 1986. Influence of endogenous opioids on the response of selected hormones to exercise in humans. *Journal of Applied Physiology* 61:1051-7.

Farrell, P.A., M. Kjaer, F.W. Bach, and H. Galbo. 1987. Beta-endorphin and adrenocorticotropin response to supramaximal treadmill exercise in trained and untrained males. *Acta Physiologica Scandinavica* 130:619-25.

Farrell, P.A., J.H. Wilmore, E.F. Coyle, J.E. Billing, and D.L. Costill. 1979. Plasma lactate accumulation and distance running performance. *Medicine and Science in Sports and Exercise* 11:338-44.

Febbraio, M.A., T.R. Flanagan, R.J. Snow, S. Zhao, and M.F. Carey. 1995. Effect of creatine supplementation on intramuscular TCr, metabolism and performance during intermittent, supramaximal exercise in humans. *Acta Physiologica Scandinavica* 155:387-95.

Fehr, H.G., H. Lotzerich, and H. Michna. 1988. The influence of physical exercise on peritoneal macrophage functions: Histochemical and phagocytic studies. *International Journal of Sports Medicine* 9:77-81.

———. 1989. Human macrophage function and physical exercise: Phagocytic and histochemical studies. *European Journal of Applied Physiology* 58:613-17.

Felig, P., and J. Wahren. 1971. Amino acid metabolism in exercising man. *Journal of Clinical Investigations* 50:2703-14.

Felsing, N.E., J.A. Brasel, and D.M. Cooper. 1992. Effect of low and high intensity exercise on circulating growth hormone in men. *Journal of Clinical Endocrinology and Metabolism* 75:157-62.

Fern, E.B., R.N. Bielinski, and Y. Schutz. 1991. Effects of exaggerated amino acid and protein supply in man. *Experientia* 47:168-72.

Ferretti, G. 1992. Cold and muscle performance. *International Journal of Sports Medicine* 13(supp):S185-7.

Ferry, A., F. Picard, A. Duvallet, B. Weill, and M. Rieu. 1990. Changes in blood leukocyte populations induced by acute maximal and chronic submaximal exercise. *European Journal of Applied Physiology* 59:435-42.

Few, J.D. 1974. Effect of exercise on the secretion and metabolism of cortisol in man. *Journal of Endocrinology* 62:341-53.

Fielding, R.A., T.J. Manfredi, W. Ding, M.A. Fiatarone, W.J. Evans, and J.G. Cannon. 1993. Acute phase response in exercise III: Neutrophil and IL-1β accumulation in skeletal muscle. *American Journal of Physiology: Regulatory, Integrative, Comparative Physiology* 34: R166-72.

Fisher, A.G., and C.R. Jensen. 1990. *Scientific basis of athletic conditioning*. Malvern, PA: Lea & Febiger.

Fitts, R.H. 1992. Substrate supply and energy metabolism during brief high intensity exercise: Importance in limiting performance. In *Energy metabolism in exercise and sport,* ed. D.R. Lamb and C.V. Gisolfi, 53-105. Carmel, IN: Brown & Benchmark.

Fleck, S.J. 1988. Cardiovascular adaptations to resistance training. *Medicine and Science in Sports and Exercise* 20:S146-51.

———. 1992. Cardiovascular responses to strength training. In *Strength and power in sport,* ed. P.V. Kovi, 305-15. Oxford, England: Blackwell Scientific.

———. 1999. Periodized strength training: A critical review. *Journal of Strength and Conditioning Research* 13:82-9.

Fleck, S.J., and J.E. Falkel. 1986. Value of resistance training for the reduction of sports injuries. *Sports Medicine* 3:61-8.

Fleck, S.J., C. Henke, and W. Wilson. 1989. Cardiac MRI of elite junior Olympic weight lifters. *International Journal of Sports Medicine* 10:329-33.

Fleck, S.J., and W.J. Kraemer. 1997. *Designing resistance training programs*. Champaign, IL: Human Kinetics.

Fleck, S.J., and R.C. Schutt. 1985. Types of strength training. *Clinics in Sports Medicine* 4:159-68.

Flora, G. 1985. Secondary treatment of frostbite. In *High altitude deterioration,* ed. J.P. Rivolier, P. Cerretelli, J. Foray, and P. Segantini, 159-69. Basel, Switzerland: Karger.

Florini, J. 1985. Hormonal control of muscle growth. *Journal of Animal Science* 61(supp):21-37.

Flynn, M.G. 1998. Future research needs and discussion. In *Overtraining in sport,* ed. R.B. Kreider, A.C. Fry, and M.L. O'Toole, 373-84. Champaign, IL: Human Kinetics.

Flynn, M.G., F.X. Pizza, J.B. Boone, F.F. Andres, T.A. Michaud, and J.R. Rodriguez-Zayas. 1994. Indices of training stress during competitive running and swimming seasons. *International Journal of Sports Medicine* 15:21-6.

Foray, J. 1992. Mountain frostbite. *International Journal of Sports Medicine* 13(supp):S193-6.

Forbes, G.B. 1985. The effect of anabolic steroids on lean body mass: The dose response curve. *Metabolism* 34:571-3.

Ford, L.E. 1976. Heart size. *Circulatory Research* 39:299-303.

Ford Jr., J.F., J.R. Puckett, J.P. Drummond, K. Sawyer, K. Gantt, and C. Fussell. 1983. Effects of three combinations of plyometric and weight training programs on selected physical fitness test items. *Perceptual and Motor Skills* 56:59-61.

Forster, P. 1984. Reproducibility of individual response to exposure to high altitude. *British Medical Journal* 289:1269.

Fortney, S.M., C.B. Wenger, J.R. Bove, and E.R. Nadel. 1984. Effect of hyperosmolality on control of blood flow and sweating. *Journal of Applied Physiology* 57:1688-95.

Foster, C., D.L. Costill, and W.J. Fink. 1979. Effects of preexercise feedings on endurance performance. *Medicine and Science in Sports and Exercise* 11:1-5.

———. 1980. Gastric emptying characteristics of glucose and glucose polymers. *Research Quarterly for Exercise and Sport* 51:299-305.

Foster, C., L.L. Hector, R. Welsh, M. Schrager, M.A. Green, and A.C. Snyder. 1995. Effects of specific versus cross-training on running performance. *European Journal of Applied Physiology* 70:367-72.

Foster, N.K., J.B. Martyn, R.E. Rangno, J.C. Hogg, and R.L. Pardy. 1986. Leukocytosis of exercise: Role of cardiac output and catecholamines. *Journal of Applied Physiology* 61:2218-23.

Fowler Jr., W.M., G.W. Gardner, and G.H. Egstrom. 1965. Effect of an anabolic steroid on physical performance in young men. *Journal of Applied Physiology* 20:1038-40.

Fox, E.L., R.L. Bartels, C.E. Billings, D.K. Mathews, R. Bason, and W.M. Webb. 1973. Intensity and distance of interval training programs and changes in aerobic power. *Medicine and Science in Sports and Exercise* 5:18-22.

Fraioli, F., C. Moretti, D. Paolucci, E. Alicicco, F. Crescenzi, and G. Fortunio. 1980. Physical exercise stimulates marked concomitant release of β-endorphin and ACTH in peripheral blood in man. *Experientia* 36:987-9.

Francesconi, R.P., M.N. Sawka, K.B. Pandolf, R.W. Hubbard, A.J. Young, and S. Muza. 1985. Plasma hormonal responses at graded hypohydration levels during exercise-heat stress. *Journal of Applied Physiology* 59:1855-60.

Freund, B.J., E.M. Shizuru, G.M. Hashiro, and J.R. Claybaugh. 1991. Hormonal, electrolyte and renal responses to exercise are intensity dependent. *Journal of Applied Physiology* 70:900-6.

Friedl, K.E. 1993. Effects of anabolic steroids on physical health. In *Anabolic steroids in sport and exercise,* ed. C.E. Yesalis, 107-50. Champaign, IL: Human Kinetics.

Friedman, J.E., and P.W.R. Lemon. 1989. Effect of chronic endurance exercise on the retention of dietary protein. *International Journal of Sports Medicine* 10:118-23.

Froberg, S.O. 1971. Effect of training and of acute exercise in trained rats. *Metabolism* 20:1044-51.

Fry, A.C. 1998. The role of training intensity in resistance exercise overtraining and overreaching. In *Overtraining in sport,* ed. R.B. Kreider, A.C. Fry, and M.L. O'Toole, 107-30. Champaign, IL: Human Kinetics.

Fry, A.C., C.A. Allemeier, and R.S. Staron. 1994. Correlation between percentage fiber type area and myosin heavy chain content in human skeletal muscle. *European Journal of Applied Physiology* 68:246-51.

Fry, A.C., and W.J. Kraemer. 1991. Physical performance characteristics of American collegiate football players. *Journal of Applied Sport Science Research* 5:126-38.

Fry, A.C., W.J. Kraemer, M.H. Stone, J.T. Kearney, S.J. Fleck, and C.A. Weseman. 1993. Endocrine and performance responses to high volume training and amino acid supplementation in elite junior weightlifters. *International Journal of Sports Nutrition* 3:306-22.

Fry, A.C., W.J. Kraemer, F. van Borselen, J.M. Lynch, J.L. Marsit, E.P. Roy, N.T. Triplett, and H.G. Knuttgen. 1994. Performance decrements with high-intensity resistance exercise overtraining. *Medicine and Science in Sports and Exercise* 26:1165-73.

Fry, A.C., W.J. Kraemer, F. van Borselen, J.M. Lynch, N.T. Triplett, L.P. Koziris, and S.J. Fleck. 1994. Catecholamine responses to short-term high-intensity resistance exercise overtraining. *Journal of Applied Physiology* 77:941-6.

Fry, A.C., W.J. Kraemer, C.A. Weseman, B.P. Conroy, S.E. Gordon, J.R. Hoffman, and C.M. Maresh. 1991. The effects of an off-season strength and conditioning program on starters and non-starters in women's intercollegiate volleyball. *Journal of Applied Sport Science Research* 5:174-81.

Fry, A.C., and D.R. Powell. 1987. Hamstring/quadricep parity with three different weight training methods. *Journal of Sports Medicine and Physical Fitness.* 27:362-7.

Fry, M.D., A.C. Fry, and W.J. Kraemer. 1996. Self-efficacy responses to short-term high-intensity resistance exercise overtraining. *International Conference on Overtraining and Overreaching in Sport: Physiological, Psychological, and Biomedical Considerations.* Memphis, TN.

Fry, R.W., S.R. Lawrence, A.R. Morton, A.B. Schreiner, T.D. Polglaze, and D. Keast. 1993. Monitoring training stress in endurance sports using biological parameters. *Clinical Journal of Sports Medicine* 3:6-13.

Fry, R.W., A.R. Morton, P. Garcia-Webb, G.P.M. Crawford, and D. Keast. 1992. Biological responses to overload training in endurance sports. *European Journal of Applied Physiology* 64:335-44.

Fry, R.W., A.R. Morton, and D. Keast. 1991. Overtraining in athletes. *Sports Medicine* 12:32-65.

Gabriel, H., H.J. Miller, A. Urhausen, and W. Kindermann. 1994. Suppressed PMA-induced oxidative burst and unimpaired phagocytosis of circulating granulocytes one week after a long endurance exercise. *International Journal of Sports Medicine* 15:441-5.

Gabriel, H., L. Schwarz, P. Bonn, and W. Kindermann. 1992. Differential mobilization of leucocyte and lymphocyte subpopulations into the circulation during endurance exercise. *European Journal of Applied Physiology* 65:529-34.

Gabriel, H., A. Urhausen, and W. Kindermann. 1992. Mobilization of circulating leucocyte and lymphocyte subpopulations during and after short, anaerobic exercise. *European Journal of Applied Physiology* 65:164-70.

Gaitanos, G.C., M.E. Nevill, S. Brooks, and C. Williams. 1991. Repeated bouts of sprint running after induced alkalosis. *Journal of Sports Science* 9:355-70.

Gaitanos, G.C., C. Williams, L. Boobis, and S. Brooks. 1993. Human muscle metabolism during intermittent maximal exercise. *Journal of Applied Physiology* 75:712-9.

Galbo, H. 1981. Endocrinology and metabolism in exercise. *International Journal of Sports Medicine* 2:2203-11.

———. 1985. The hormonal response to exercise. *Proceedings of the Nutrition Society* 44:257-66.

Galbo, H., L. Hammer, I.B. Peterson, N.J. Christensen, and N. Bic. 1977. Thyroid and testicular hormone responses to gradual and prolonged exercise in man. *Journal of Applied Physiology* 36:101-6.

Gallagher, P.M., J.A. Carrithers, M.P. Godard, K.E. Schulze, and S. Trappe. 2000a. β-hydroxy-β-methylbutyrate ingestion, part I: Effects on strength and fat free mass. *Medicine and Science in Sports and Exercise* 32:2109-15.

———. 2000b. β-hydroxy-β-methylbutyrate ingestion, part II: Effects on hematology, hepatic and renal function. *Medicine and Science in Sports and Exercise.* 32:2116-19.

Galloway, S.D.R., and R.J. Maughan. 1997. Effects of ambient temperature on the capacity to perform prolonged cycle exercise in man. *Medicine and Science in Sports and Exercise* 29:1240-9.

Garagioloa, U., M. Buzzetti, E. Cardella, F. Confaloneieri, E. Giani, V. Polini, P. Ferrante, R. Mancuso, M. Montanari, E. Grossi, and A. Pecori. 1995. Immunological patterns during regular intensive training in athletes: Quantification and evaluation of a preventive pharmacological approach. *Journal of International Medical Research* 23:85-95.

Gareau, R., M. Audran, R.D. Baynes, C.H. Flowers, A. Duvallet, L. Senecal, and G.R. Brisson. 1996. Erythropoietin abuse in athletes. *Nature* 380:113.

Garhammer, J., and R. Gregor. 1992. Propulsion forces as a function of intensity for weightlifting and vertical jumping. *Journal of Applied Sport Science Research* 6:129-34.

Gergley, T.J., W.D. McArdle, P. DeJesus, M.M. Toner, S. Jacobowitz, and R.J. Spina. 1984. Specificity of arm training on aerobic power during swimming and running. *Medicine and Science in Sports and Exercise* 16:349-54.

Gettman, L.R., and M.L. Pollock. 1981. Circuit weight training: Critical review of its physiological benefits. *Physician and Sportsmedicine* 9:45-57.

Gilbert, I.A., J.M. Fouke, and E.R. McFadden Jr. 1987. Heat and water flux in the intrathoracic airways and exercise-induced asthma. *Journal of Applied Physiology* 63:1681-91.

———. 1988. Intra-airway thermodynamics during exercise and hyperventilation in asthmatics. *Journal of Applied Physiology* 64:2167-74.

Gilbert, I.A., and E.R. McFadden Jr. 1992. Airway cooling and rewarming: The second reaction sequence in exercise-induced asthma. *Journal of Clinical Investigations* 90:699-704.

Gillam, G.M. 1981. Effects of frequency of weight training on muscular strength. *Journal of Sports Medicine* 21:432-6.

Girandola, R.N., and F.L. Katch. 1976. Effects of physical training on ventilatory equivalent and respiratory exchange ratio during weight supported, steady-state exercise. *European Journal of Applied Physiology and Occupational Physiology* 21:119-25.

Girouard, C.K., and B.F. Hurley. 1995. Does strength training inhibit gains in range of motion from flexibility training in older adults? *Medicine and Science in Sports and Exercise* 27:1444-9.

Gisolfi, C.V. 1973. Work-heat tolerance derived from interval training. *Journal of Applied Physiology* 35:349-54.

Gisolfi, C.V., and J.S. Cohen. 1979. Relationships among training, heat acclimation, and heat tolerance in men and women: The controversy revisited. *Medicine and Science in Sports and Exercise* 11:56-9.

Gisolfi, C.V., and S. Robinson. 1969. Relations between physical training, acclimatization, and heat tolerance. *Journal of Applied Physiology* 26:530-4.

Gleeson, M., W.A. McDonald, A.W. Cripps, D.B. Pyne, R.L. Clancy, and P.A. Fricker. 1995. The effect on immunity of long-term intensive training in elite swimmers. *Clinical and Experimental Immunology* 102:210-16.

Gleim, G.W., P.A. Witman, and J.A. Nicholas. 1984. Indirect assessment of cardiovascular "demands" using telemetry on professional football players. *American Journal of Sports Medicine* 9:178-83.

Gmunder, F.K., P.W. Joller, H.I. Joller-Jemelka, B. Bechler, M. Cogoli, W.H. Ziegler, J. Muller, R.E. Aeppli, and A. Cogoli. 1990. Effect of herbal yeast food supplements and long-distance running on immunological parameters. *British Journal of Sports Medicine* 24:103-12.

Godfrey, S. 1988. Exercise-induced asthma. In *Allergic diseases from infancy to adulthood.* 2nd ed., ed. W.C. Bierman and D.S. Pearlman, 597. Philadelphia: Saunders.

Godt, R.E., and B.D. Lindly. 1982. Influence of temperature upon contractile activation and isometric force production in mechanically skinned muscle fibers of the frog. *Journal of General Physiology* 80:279-97.

Goforth, H.W., A.N. Campbell, J.A. Hodgdon, and A.A. Sucec. 1982. Hematologic parameters of trained distance runners following induced erythrocythemia. *Medicine and Science in Sports and Exercise* 14:174.

Goldberg, L., D.L. Elliot, and K.S. Kuehl. 1994. A comparison of the cardiovascular effects of running and weight training. *Journal of Strength and Conditioning Research* 8:219-24.

Golden, F.S.C., I.F.G. Hampton, G.R. Hervery, and A.V. Knibbs. 1979. Shivering intensity in humans during immersion in cold water. *Journal of Physiology* 277:48.

Goldfarb, A.H., B.D. Hatfield, D. Armstrong, and J. Potts. 1990. Plasma beta-endorphin concentration: Response to intensity and duration of exercise. *Medicine and Science in Sports and Exercise* 22:241-68.

Goldfinch, J., L. McNaughton, and P. Davies. 1988. Induced metabolic alkalosis and its effects on 400-m racing time. *European Journal of Applied Physiology* 57:45-8.

Golding, L.A., J.E. Freydinger, and S.S. Fishel. 1974. The effect of an androgenic-anabolic steroid and a protein supplement on size, strength, weight and body composition in athletes. *Physician and Sportsmedicine* 2:39-45.

Goldman, R. 1984. *Death in the locker room*. South Bend, IN: Icarus Press, Inc.

Goldspink, G. 1970. The proliferation of myofibrils during muscle fibre growth. *Journal of Cell Science* 6:593-603.

Gollnick, P.D., R.B. Armstrong, C.W. Saubert, K. Piehl, and B. Saltin. 1972. Enzyme activity and fiber composition in skeletal muscle of untrained and trained men. *Journal of Applied Physiology* 33:312-9.

Gollnick, P.D., D. Parsons, M. Riedy, and R.L. Moore. 1983. Fiber number and size in overloaded chicken anterior latissimus dorsi muscle. *Journal of Applied Physiology: Respiratory, Environmental, Exercise Physiology* 54:1292-7.

Gollnick, P.D., and B. Saltin. 1982. Significance of skeletal muscle oxidative enzyme enhancement with endurance training. *Clinical Physiology* 2:1-12.

———. 1988. Fuel for muscular exercise: Role of fat. In *Exercise, nutrition, and energy metabolism,* ed. E.S. Horton and R.L. Terjung, 72-88. New York: Macmillan.

Gollnick, P.D., B.F. Timson, R.L. Moore, and M. Riedy. 1981. Muscular enlargement and number of fibers in skeletal muscle of rats. *Journal of Applied Physiology: Respiratory, Environmental, Exercise Physiology* 50:936-43.

Gonyea, W.J. 1980a. Muscle fiber splitting in trained and untrained animals. *Exercise and Sport Sciences Reviews* 8:19-39.

———. 1980b. Role of exercise in inducing increases in skeletal muscle fiber number. *Journal of Applied Physiology: Respiratory, Environmental, Exercise Physiology* 48:421-6.

Gonyea, W.J., D.G. Sale, F. Gonyea, and A. Mikesky. 1986. Exercise induced increases in muscle fiber number. *European Journal of Applied Physiology* 55:137-41.

Goodman, H.M. 1988. *Basic medical endocrinology*. New York: Raven Press Publishers.

Goodman, H.M., and J.C.S. Fray. 1988. Regulation of sodium and water balance. In *Basic medical endocrinology,* ed. H.M. Goodman, 153-74. New York: Raven Press Publishers.

Goodpaster, B.H., F.L. Thaete, J.A. Simoneau, and D.E. Kelly. 1997. Subcutaneous abdominal fat and thigh muscle composition predict insulin sensitivity independently of visceral fat. *Diabetes* 46:1579-85.

Gore, C.J., A.G. Hahn, G.C. Scroop, D.B. Watson, K.I. Norton, R.J. Wood, D.P. Campbell, and D.L. Emonson. 1996. Increased arterial desaturation in trained cyclists during maximal exercise at 580 m altitude. *Journal of Applied Physiology* 80:2204-10.

Gore, C.J., S.C. Little, A.G. Hahn, G.C. Scroop, K.I. Norton, P.C. Bourdon, S.M. Woolford, J.D. Buckley, T. Stanef, D.P. Campbell, D.B. Watson, and D.L. Emonson. 1997. Reduced performance of male and female athletes at 580 m altitude. *European Journal of Applied Physiology* 75:136-43.

Gorostiaga, E.M., C.B. Walter, C. Foster, and R.C. Hickson. 1991. Uniqueness of interval and continuous training at the same maintained exercise intensity. *European Journal of Applied Physiology and Occupational Physiology* 63:101-7.

Graham, T.E., E. Hibbert, and P. Sathasivam. 1998. Metabolic and exercise endurance effects of coffee and caffeine ingestion. *Journal of Applied Physiology* 85:883-9.

Graham, T.E., and L.L. Spriet. 1995. Metabolic, catecholamine and exercise performance responses to varying doses of caffeine. *Journal of Applied Physiology* 78:867-74.

Gravelle, B.L., and D.L. Blessing. 2000. Physiological adaptation in women concurrently training for strength and endurance. *Journal of Strength and Conditioning Research* 14:5-13.

Gray, A.B., R.D. Telford, M. Collins, and M.J. Weidemann. 1993. The response of leukocyte subsets and plasma hormones to interval exercise. *Medicine and Science in Sports and Exercise* 25:1252-8.

Green, H.J., S. Jones, M. Ball-Burnett, B. Farrance, and D. Ranney. 1995. Adaptations in muscle metabolism to prolonged voluntary exercise and training. *Journal of Applied Physiology* 78:138-45.

Green, H.J., J.R. Sutton, G. Coates, M. Ali, and S. Jones. 1991. Response of red cells and plasma volume to prolonged training in humans. *Journal of Applied Physiology* 70:1810-15.

Green, H.J., J. Sutton, P. Young, A. Cymerman, and C.S. Houston. 1989. Operation Everest II: Muscle energetics during maximal exhaustive exercise. *Journal of Applied Physiology* 66:142-50.

Green, R.L., S.S. Kaplan, B.S. Rabin, C.L. Stanitski, and U. Zdiarski. 1981. Immune function in marathon runners. *Annals of Allergy* 47:73-5.

Greenhaff, P.L. 1995. Creatine and its application as an ergogenic aid. *International Journal of Sports Nutrition* 5:S100-10.

Greer, F., C. McLean, and T.E. Graham. 1998. Caffeine, performance, and metabolism during repeated Wingate exercise tests. *Journal of Applied Physiology* 85:1502-8.

Griggs, R.C., W. Kingston, R.F. Jozefowicz, B.E. Herr, G. Forbers, and D. Halliday. 1989. Effect of testosterone on muscle mass and muscle protein synthesis. *Journal of Applied Physiology* 66:498-503.

Gruber, A.J., and H.G. Pope. 1998. Ephedrine abuse among 36 female weightlifters. *American Journal of Addiction* 7:256-61.

Guglielmini, C., A.R. Paolini, and F. Conconi. 1984. Variations of serum testosterone concentrations after physical exercise of different duration. *International Journal of Sports Medicine* 5:246-9.

Hack, B., G. Strobel, M. Weiss, and H. Weicker. 1994. PMN cell counts and phagocytic activity of highly trained athletes depend on training period. *Journal of Applied Physiology* 77:1731-5.

Hackett, P.H., and D. Rennie. 1979. Rales, peripheral edema, retinal hemorrhage and acute mountain sickness. *American Journal of Medicine* 67:214-8.

Hackett, P.H., D. Rennie, R.F. Glover, and J.T. Reeves. 1981. Acute mountain sickness and the edemas of high altitude: A common pathogenesis? *Respiratory Physiology* 46:383-90.

Hackney, A.C., W.E. Sinning, and B.C. Bruot. 1988. Reproductive hormonal profiles of endurance-trained and untrained males. *Medicine and Science in Sport and Exercise* 20:60-5.

———. 1990. Hypothalamic-pituitary-testicular axis function in endurance-trained males. *International Journal of Sports Medicine* 11:298-303.

Hafe, G.G., K.B. Kirksey, M.H. Stone, B.J. Warren, R.L. Johnson, M. Stone, H. O'Bryant, and C. Proulx. 2000. The effect of 6 weeks of creatine monohydrate supplementation on dynamic rate of force development. *Journal of Strength and Conditioning Research* 14:426-33.

Hakkinen, K., M. Alen, and P.V. Komi. 1985. Changes in isometric force- and relaxation-time, electromyographic and muscle fibre characteristics of human skeletal muscle during strength training and detraining. *Acta Physiologica Scandinavica* 125:573-85.

Hakkinen, K., and P.V. Komi. 1983. Electromyographic changes during strength training and detraining. *Medicine and Science in Sports and Exercise* 15:455-60.

———. 1985a. Changes in electrical and mechanical behavior of leg extensor muscles during heavy resistance strength training. *Scandinavian Journal of Sports Sciences* 7:55-64.

———. 1985b. The effect of explosive type strength training on electromyographic and force production characteristics of leg extensor muscles during concentric and various stretch-shortening cycle exercises. *Scandinavian Journal of Sports Sciences* 7:65-76.

———. 1986. Training induced changes in neuromuscular performance under voluntary and reflex conditions. *European Journal of Applied Physiology* 55:147-55.

Hakkinen, K., P.V. Komi, and M. Alen. 1985. Effect of explosive type strength training on isometric force- and relaxation-time, electromyographic and muscle fibre characteristics of leg extensor muscles*Acta Physiologica Scandinavica* 125:587-600.

Hakkinen, K., P.V. Komi, M. Alen, and H. Kauhanen. 1987a. EMG, muscle fibre and force production characteristics during a 1 year training period in highly competitive weightlifters. *European Journal of Applied Physiology and Occupational Physiology* 56:419-27.

Hakkinen, K., and A. Pakarinen. 1993. Acute hormonal responses to two different fatiguing heavy-resistance protocols in male athletes. *Journal of Applied Physiology* 74:882-7.

Hakkinen, K., A. Pakarinen, M. Alen, H. Kauhanen, and P.V. Komi. 1987b. Relationships between training volume, physical performance capacity, and serum hormone concentration during prolonged training in elite weightlifters. *International Journal of Sports Medicine* 8(supp):61-5.

———. 1988. Neuromuscular and hormonal adaptations in athletes to strength training in two years. *Journal of Applied Physiology* 65:2406-12.

Hakkinen, K., A. Pakarinen, M. Alen, and P.V. Komi. 1985. Serum hormones during prolonged training of neuromuscular performance. *European Journal of Applied Physiology* 53:287-93.

Hakkinen, K., A. Pakarinen, P.V. Komi, T. Ryushi, and H. Kauhanen. 1989. Neuromuscular adaptations and hormone balance in strength athletes, physically active males and females during intensive strength training. In *Proceedings of XII International Congress of Biomechanics*. no. 8, ed. R.J. Gregor, R.F. Zernicke, and W.C. Whiting, 889-98. Champaign, IL: Human Kinetics.

Hamlet, M.P. 1988. Human cold injuries. In *Human performance physiology and environmental medicine at terrestrial extremes,* ed. K.B. Pandolf, M.N. Sawka, and R.R. Gonzalez, 435-66. Indianapolis: Benchmark Press.

Hansen, A.A.P. 1973. Serum growth hormone response to exercise in non-obese and obese normal subjects. *Scandinavian Journal of Clinical Investigations* 31:175-8.

Hansen, J.B., and D.K. Flaherty. 1981. Immunological responses to training in conditioned runners. *Clinical Science* 60:225-8.

Hansen, J.B., L. Wilsgard, and B. Osterud. 1991. Biphasic changes in leukocytes induced by strenuous exercise. *European Journal of Applied Physiology* 62:157-61.

Hansen, L.P., B.B. Jacobsen, P.E.L. Kofeod, M.L. Larsen, T. Tougaard, and I. Johansen. 1989. Serum fructosamine and HbA1c in diabetic children before and after attending a winter camp. *Acta Paediatics Scandinavica* 78:451-2.

Harmon, E., J. Garhammer, and C. Pandorf. 2000. Administration, scoring, and interpretation of selected tests. In *Essentials of strength and conditioning,* ed. T. Baechle and R. Earle, 287-318. Champaign, IL: Human Kinetics.

Harris, R.C., R.H.T. Edwards, E. Hultman, L.O. Nordesjo, B. Nylind, and K. Sahlin. 1976. The time course of phosphorylcreatine resynthesis during recovery of the quadriceps muscle in man. *Pflugers Archives* 367:137-42.

Harris, R.C., K. Soderlund, and E. Hultman. 1992. Elevation of creatine in resting and exercised muscle of normal subjects by creatine supplementation. *Clinical Science* 83:367-74.

Hartley, L.H., J.W. Mason, R.P. Hogan, L.G. Jones, T.A. Kotchen, E.H. Mougey, F.E. Wherry, L.L. Pennington, and P.T. Ricketts. 1972. Multiple hormonal responses to prolonged exercise in relation to physical training. *Journal of Applied Physiology* 33:607-10.

Hather, B.M., P.A. Tesch, P. Buchanan, and G.A. Dudley. 1991. Influence of eccentric actions on skeletal muscle adaptations to resistance training. *Acta Physiologica Scandinavica* 143: 177-85.

Hayward, J.S., and J.D. Eckerson. 1984. Physiological responses and survival time prediction for humans in ice-water. *Aviation, Space and Environmental Medicine* 55:206-12.

Hayward, J.S., J.D. Eckerson, and M.L. Collis. 1975. Effect of behavioral variables on cooling rate of man in cold water. *Journal of Applied Physiology* 38:1073-7.

Heath, G.W., E.S. Ford, T.E. Craven, C.A. Macera, K.L. Jackson, and R.R. Pate. 1991. Exercise and the incidence of upper respiratory tract infections. *Medicine and Science in Sports and Exercise* 25:186-90.

Heath, G.W., C.A. Macera, and D.C. Nieman. 1992. Exercise and upper respiratory tract infections: Is there a relationship? *Sports Medicine* 14:353-65.

Heck, H., A. Mader, G. Hess, S. Mucke, R. Muller, and W. Hollmann. 1985. Justification of the 4 mmol/L lactate threshold. *International Journal of Sports Medicine* 6:117-30.

Hedge, G.A., H.D. Colby, and R.L. Goodman. 1987. *Clinical Endocrine Physiology* Philadelphia: W.B. Saunders.

Heigenhauser, G.J.F., and N.L. Jones. 1991. Bicarbonate loading. In *Perspectives in exercise science and sports medicine.* Vol. 4. Ergogenics, ed. D.R. Lamb and M.H. Williams, 183-212. Carmel, IN: Benchmark Press.

Heir, T., and S. Oseid. 1994. Self-reported asthma and exercise-induced asthma symptoms in high-level competitive cross-country skiers. *Scandinavian Journal of Medicine and Science in Sports* 4:128-33.

Hennessy, L.C., and A.W.S. Watson. 1994. The interference effects of training for strength and endurance simultaneously. *Journal of Strength and Conditioning Research* 8:12-9.

Hermansen, L., and B. Saltin. 1969. Oxygen uptake during maximal treadmill and bicycle exercise. *Journal of Applied Physiology.* 26:31-37.

Hermansen, L., and M. Wachtlova. 1971. Capillary density of skeletal muscle in well-trained and untrained men. *Journal of Applied Physiology* 30:860-3.

Hervey, G.R., A.V. Knibbs, L. Burkinshaw, D.B. Morgan, P.R.M. Jones, D.R. Chettle, and D. Vartsky. 1981.

Effects of methandienone on the performance and body composition of men undergoing athletic training. *Clinical Science* 60:457-61.

Heymsfield, S.B., C. Arteaga, C. McManus, J. Smith, and S. Moffitt. 1983. Measurement of muscle mass in humans: Validity of the 24-hour urinary creatinine method. *American Journal of Clinical Nutrition* 37:478-94.

Heyward, V.H. 1997. *Advanced fitness assessment & exercise prescription,*. Champaign, IL: Human Kinetics.

Heyward, V.H., and L.M. Stolarczyk. 1996. *Applied body composition assessment*. Champaign, IL: Human Kinetics.

Hickner, R.C., C.A. Horswill, J. Welker, J.R. Scott, J.N. Roemmich, and D.L. Costill. 1991. Test development for study of physical performance in wrestlers following weight loss. *International Journal of Sports Medicine* 12:557-62.

Hickson, R.C. 1981. Skeletal muscle cyctochrome cand myoglobin, endurance, frequency of training. *Journal of Applied Physiology* 51:746-9.

Hickson, R.C., B.A. Dvorak, E.M. Gorostiaga, T.T. Kurowski, and C. Foster. 1988. Potential for strength and endurance training to amplify endurance performance. *Journal of Applied Physiology* 65:2285-90.

Hickson, R.C., K. Hidaka, C. Foster, M.T. Falduto, and R.T. Chatterton Jr. 1994. Successive time course of strength development and steroid hormone responses to heavy resistance training. *Journal of Applied Physiology* 76:663-70.

Hickson, R.C., M.A. Rosenkoetter, and M.M. Brown. 1980. Strength training effects on aerobic power and short-term endurance. *Medicine and Science in Sports and Exercise* 12:336-9.

Hirvonen, J., A. Nummela, H. Rusko, S. Rehunen, and M. Harkonen. 1992. Fatigue and changes of ATP, creatine phosphate, and lactate during the 400-m sprint. *Canadian Journal of Sport Science* 17:141-4.

Hirvonen, J., S. Rehunen, H. Rusko, and M. Harkonen. 1987. Breakdown of high-energy phosphate compounds and lactate accumulation during short supramaximal exercise. *European Journal of Applied Physiology* 56:253-9.

Ho, K.W., R.R. Roy, C.D. Tweedle, W.W. Heusner, W.D. Van Huss, and R.E. Carrow. 1980. Skeletal muscle fiber splitting with weight-lifting exercise. *American Journal of Anatomy* 116:57-65.

Hoeger, W.W.K., S.L. Barette, D.F. Hale, and D.R. Hopkins. 1987. Relationship between repetitions and selected percentages of one repetition maximum. *Journal of Applied Sports Science Research* 1:11-3.

Hoeger, W.W.K., and S.A. Hoeger. 2000. *Lifetime physical fitness & wellness*. Englewood, CO: Morton.

Hoeger, W.W.K., D.R. Hopkins, S.L. Barette, and D.F. Hale. 1990a. Relationship between repetitions and selected percentages of one repetition maximum: A comparison between untrained and trained males and females. *Journal of Applied Sports Science Research* 4:47-54.

Hoeger, W.W.K., D.R. Hopkins, S. Button, and T.A. Palmer. 1990b. Comparing the sit and reach with the modified sit and reach in measuring flexibility in adolescents. *Pediatric Exercise Science*, 2:156-162.

Hoffman, J.R. 1997. The relationship between aerobic fitness and recovery from high-intensity exercise in infantry soldiers. *Military Medicine* 162:484-8.

Hoffman, J.R., S. Epstein, M. Einbinder, and Y. Weinstein. 1999. The influence of aerobic capacity on anaerobic performance and recovery indices in basketball players. *Journal of Strength and Conditioning Research* 13:407-11.

———. 2000. A comparison between the Wingate anaerobic power test to both vertical jump and line drill tests in basketball players. *Journal of Strength and Conditioning Research* 14:261-4.

Hoffman, J.R., S. Epstein, Y. Yarom, L. Zigel, and M. Einbinder. 1999. Hormonal and biochemical changes in elite basketball players during a 4-week training camp. *Journal of Strength and Conditioning Research* 13:280-5.

Hoffman, J.R., A.C. Fry, R. Howard, C.M. Maresh, and W.J. Kraemer. 1991a. Strength, speed and endurance changes during the course of a division I basketball season. *Journal of Applied Sport Science Research* 5:144-9.

Hoffman, J.R., and M. Kaminsky. 2000. Use of performance testing for monitoring overtraining in elite youth basketball players. *Strength and Conditioning* 22:54-62.

Hoffman, J.R., and S. Klafeld. 1998. The effect of resistance training on injury rate and performance in a self-defense course for females. *Journal of Strength and Conditioning Research* 12:52-6.

Hoffman, J.R., W.J. Kraemer, A.C. Fry, M. Deschenes, and M. Kemp. 1990. The effect of self-selection for frequency of training in a winter conditioning program for football. *Journal of Applied Sport Science Research* 3:76-82.

Hoffman, J.R., and C.M. Maresh. 2000. Physiology of basketball. In *Exercise and sport science,* ed. W.E. Garrett and D.T. Kirkendall, 733-44. Philadelphia: Lippincott, Williams, and Wilkins.

Hoffman, J.R., C.M. Maresh, and L.E. Armstrong. 1992. Isokinetic and dynamic constant resistance strength testing: Implications for sport. *Physical Therapy Practice* 2:42-53.

Hoffman, J.R., C.M. Maresh, L.E. Armstrong, C.L. Gabaree, M.F. Bergeron, R.W. Kenefick, J.W. Castellani, L.E. Ahlquist, and A. Ward. 1994. The effects of hydration status on plasma testosterone, cortisol, and catecholamine concentrations before and during mild exercise at elevated temperature. *European Journal of Applied Physiology* 69:294-300.

Hoffman, J.R., C.M. Maresh, L.E. Armstrong, and W.J. Kraemer. 1991b. Effects of off-season and in-season resistance training programs on a collegiate male basketball team. *Journal of Human Muscle Performance* 1:48-55.

Hoffman, J.R., H. Stavsky, and B. Falk. 1995. The effect of water restriction on anaerobic power and vertical jumping height in basketball players. *International Journal of Sports Medicine* 16:214-8.

Hoffman, J.R., G. Tenenbaum, C.M. Maresh, and W.J. Kraemer. 1996. Relationship between athletic performance tests and playing time in elite college basketball players. *Journal of Strength and Conditioning Research* 10:67-71.

Hoffman, T., R.W. Stauffer, and A.S. Jackson. 1979. Sex differences in strength. *American Journal of Sports Medicine* 7:265-7.

Holloszy, J.O. 1975. Adaptation of skeletal muscle to endurance exercise. *Medicine and Science in Sports and Exercise* 7:155-64.

———. 1988. Metabolic consequences of endurance exercise training. In *Exercise, nutrition, and energy metabolism,* ed. E.S. Horton and R.L. Terjung, 116-31. New York: Macmillan.

Holloszy, J.O., and F.W. Booth. 1976. Biochemical adaptations to endurance exercise in muscle. *Annual Review of Physiology* 38:273-91.

Holloszy, J.O., and E.F. Coyle. 1984. Adaptations of skeletal muscle to endurance exercise and their metabolic consequences. *Journal of Applied Physiology* 56:831-8.

Holloszy, J.O., L.B. Oscai, I.J. Don, and P.A. Mole. 1970. Mitochondrial citric acid cycle and related enzymes: Adapted response to exercise. *Biochemical Biophysical Research Communications* 40:1368-73.

Holloszy, J.O., J. Schultz, J. Kusnierkiewicz, J.M. Hagberg, and A.A. Eshani. 1986. Effects of exercise on glucose tolerance and insulin resistance: A brief review and some preliminary results. *Acta Medical Scandinavica* 711(supp):55-65.

Holt, L.E., T.M. Travis, and T. Okita. 1970. Comparative study of three stretching techniques. *Perceptual and Motor Skills* 31:611-6.

Honig, A. 1983. Role of arterial chemoreceptors in the reflex control of renal function and body fluid volumes in acute arterial hypoxia. In *Physiology of the peripheral arterial chemoreceptors,* ed. H. Acher and R.G. O'Regan, 395-429. Amsterdam: Elsevier.

Hooper, S., L.T. Mackinnon, R.D. Gordon, and A.W. Bachmann. 1993. Hormonal responses of elite swimmers to overtraining. *Medicine and Science in Sports and Exercise* 25:741-7.

Hooper, S., L.T. Mackinnon, A. Howard, R.D. Gordon, and A.W. Bachmann. 1995. Markers for monitoring overtraining and recovery in elite swimmers. *Medicine and Science in Sports and Exercise* 27:106-12.

Hoppeler, H., E. Kleinert, C. Schlegel, H. Claassen, H. Howald, S.R. Kayar, and P. Cerretelli. 1990. Morphological adaptations of human skeletal muscle to chronic hypoxia. *International Journal of Sports Medicine* 11:S3-9.

Horowitz, J.F., and E.F. Coyle. 1993. Metabolic responses to pre-exercise meals containing various carbohydrates and fat. *American Journal of Clinical Nutrition* 58:235-41.

Horswill, C.A., D.L. Costill, W.J. Fink, M.G. Flynn, J.P. Kirwin, J.B. Mitchell, and J.A. Houmard. 1988. Influence of sodium bicarbonate on sprint performance: Relationship to dosage. *Medicine and Science in Sports and Exercise* 20:566-9.

Horswill, C.A., R.C. Hickner, J.R. Scott, D.L. Costill, and K. Gould. 1990. Weight loss, dietary carbohydrate modifications and high intensity physical performance. *Medicine and Science in Sports and Exercise* 22:470-6.

Horvath, S.M. 1981. Exercise in a cold environment. *Exercise and Sport Sciences Reviews* 9:221-63.

Houmard, J.A., D.L. Costill, J.A. Davis, J.B. Mitchell, D.D. Pascoe, and R.A. Roberts. 1990. The influence of exercise intensity on heat acclimation in trained subjects. *Medicine and Science in Sports and Exercise* 22:615-20.

Houmard, J.A., P.C. Egan, P.D. Neufer, J.E. Friedman, W.S. Wheeler, R.G. Israel, and G.L. Dohm. 1991. Elevated skeletal muscle glucose transporter levels in exercise-trained middle-aged men. *American Journal of Physiology* 261:E437-43.

Housh, T.J., G.O. Johnson, L. Marty, G. Eichen, C. Eishen, and D. Housh. 1988. Isokinetic leg flexion and extension strength of university football players. *Journal of Orthopedic and Sports Physical Therapy* 9:365-9.

Houston, M.E., H. Bentzen, and H. Larsen. 1979. Interrelationships between skeletal muscle adaptations and performance as studied by detraining and retraining. *Acta Physiologica Scandinavica* 105:163-70.

Houston, M.E., D.A. Marin, H.J. Green, and J.A. Thomson. 1981. The effect of rapid weight loss on physiological function in wrestlers. *Physician and Sportsmedicine* 9:73-8.

Houston, M.E., D.M. Wilson, H.J. Green, J.A. Thomson, and D.A. Ranney. 1981. Physiological and muscle enzyme adaptations to two different intensities of swim training. *European Journal of Applied Physiology* 46:283-91.

Howald, H., H. Hoppeler, H. Claassen, O. Mathieu, and R. Staub. 1985. Influence of endurance training on the ultrastructural composition of the different muscle fiber types in humans. *Pflugers Archives* 403:369-76.

Howald, H., D. Pette, J.A. Simoneau, A. Uber, H. Hoppeler, and P. Cerretelli. 1990. Effect of chronic hypoxia on muscle enzyme activities. *International Journal of Sports Medicine* 11:S10-4.

Howard, R.L., W.J. Kraemer, D.C. Stanley, L.E. Armstrong, and C.M. Maresh. 1994. The effects of cold immersion on muscle strength. *Journal of Strength and Conditioning Research* 8:129-33.

Hubbard, R.W. 1990. Heatstroke pathophysiology: The energy depletion model. *Medicine and Science in Sports and Exercise* 22:19-28.

Hubbard, R.W., and L.E. Armstrong. 1988. The heat illnesses: Biochemical, ultrastuctural, and fluid-electrolyte considerations. In *Human performance physiology and environmental medicine at terrestrial extremes,* ed. K.B. Pandolf, M.N. Sawka, and R.R. Gonzalez, 305-60. Indianapolis: Benchmark Press.

———. Hyperthermia: New thoughts on an old problem. *Physician and Sportsmedicine* 17:97-113.

Hubbard, R.W., B.L. Sandick, W.T. Matthews, R.P. Francesconi, J.B. Sampson, M.J. Durkot, O. Maller, and D.B. Engell. 1984. Voluntary dehydration and alliesthesia for water. *Journal of Applied Physiology: Respiratory, Environmental, Exercise Physiology* 57:868-75.

Hubbard, R.W., P.C. Szlyk, and L.E. Armstrong. 1990. Influence of thirst and fluid palatability on fluid ingestion during exercise. In *Perspectives in exercise science and sports medicine.* Vol. 3. Fluid homeostasis during exercise, ed. C.V. Gisolfi and D.R. Lamb, 39-96. Carmel, IN: Benchmark Press.

Hubinger, L.M, L.T. Mackinnon, L. Barber, J. McCosker, A. Howard, and F. Lepre. 1997. The acute effects of treadmill running on lipoprotein (a) levels in males and females. *Medicine and Science in Sports and Exercise* 29:436-42.

Hughes, R.J., G.O. Johnson, T.J. Housh, J.P. Weir, and J.E. Kinder. 1996. The effect of submaximal treadmill running on serum testosterone levels. *Journal of Strength and Conditioning Research* 10:224-7.

Hultman, E., K. Soderlund, J.A. Timmons, G. Cederblad, and P.L. Greenhaff. 1996. Muscle creatine loading in man. *Journal of Applied Physiology* 81:232-7.

Hunter, G.R. 1985. Changes in body composition, body build and performance associated with different weight training frequencies in males and females. *National Strength and Conditioning Association Journal* 7:26-8.

Hunter, G., R. Demment, and D. Miller. 1987. Development of strength and maximum oxygen uptake during simultaneous training for strength and endurance. *Journal of Sports Medicine and Physical Fitness* 27:269-75.

Hunter, G.R., J. Hilyer, and M. Forster. 1993. Changes in fitness during 4 years of intercollegiate basketball. *Journal of Strength and Conditioning Research* 7:26-9.

Hurley, B.F., J.M. Hagberg, W.K. Allen, D.R. Seals, J.C. Young, R.W. Cuddihee, and J.O. Holloszy. 1984. Effect of training on blood lactate levels during submaximal exercise. *Journal of Applied Physiology* 56:1260-4.

Huttunen, N.P., S.L. Lankela, M. Knip, P. Lautala, M.L. Kaar, K. Laasonen, and P. Puuka. 1989. Effect of once-a-week training program on physical fitness and metabolic control in children with IDDM. *Diabetes Care* 12:737-40.

Huttunen, P., J. Hirvonen, and V. Kinnula. 1981. The occurrence of brown adipose tissue in outdoor workers. *European Journal of Applied Physiology* 46:339-45.

Huxley, H. 1969. The mechanism of muscular contraction. *Science* 164:1356-66.

Idstrom, J.P., C.B. Subramanian, B. Chance, T. Schersten, and A.C. Bylund-Fellenius. 1985. Oxygen dependence of energy metabolism in contracting and recovery rat skeletal muscle. *American Journal of Physiology* 248:H40-8.

Ingjer, F. 1979. Capillary supply and mitochondrial content of different skeletal muscle fiber types in untrained and endurance trained men: A histochemical and ultra structural study. *European Journal of Applied Physiology* 40:197-209.

Israel, S. 1976. Problems of overtraining from an internal medical and performance physiological standpoint. *Medizin Sport* 16:1-12.

Iverson, P.O., B.L. Arvesen, and H.B. Benestad. 1994. No mandatory role for the spleen in the exercise-induced leucocytosis in man. *Clinical Science* 86:505-10.

Ivy, J.L. 1997. Role of exercise training in the prevention and treatment of insulin resistance and non-insulin-dependent diabetes mellitus. *Sports Medicine* 24:3221-36.

Ivy, J.L., D.L. Costill, W.J. Fink, and R.W. Lower. 1979. Influence of caffeine and carbohydrate feedings on endurance performance. *Medicine and Science in Sports and Exercise* 11:6-11.

Ivy, J.L., A.L. Katz, C.L. Cutler, W.M. Sherman, and E.F. Coyle. 1988. Muscle glycogen synthesis after exercise: Effect of time of carbohydrate ingestion. *Journal of Applied Physiology* 64:1480-5.

Ivy, J.L., T.W. Zderic, D.L. Fogt. 1999. Prevention and treatment of non-insulin-dependent diabetes mellitus. *Exercise and Sport Sciences Reviews* 27:1-35.

Jackman, M., P. Wendling, D. Friars, and T.E. Graham. 1996. Metabolic, catecholamine, and endurance responses to caffeine during intense exercise. *Journal of Applied Physiology* 81:1658-63.

Jackson, A.S., and M.L. Pollock. 1985. Practical assessment of body composition. *Physician and Sportsmedicine* 13:76-90.

Jacobs, I. 1980. The effects of thermal dehydration on performance on the Wingate anaerobic test. *International Journal of Sports Medicine* 1:21-4.

Jacobs, I., M. Esbjornsson, C. Sylven, I. Holm, E. Jansson. 1987. Sprint training effects on muscle myoglobin, enzymes, fiber types, and blood lactate. *Medicine and Science in Sports and Exercise* 19:368-74.

Jakeman, P., and S. Maxwell. 1993. Effect of antioxidant vitamin supplementation on muscle function after eccentric exercise. *European Journal of Applied Physiology* 67:426-30.

Janeway, C.A., and P. Travers. 1996. *Immunobiology: The immune system in health and disease.* 2nd ed. London: Current Biology Ltd.

Jansson, E., M. Esbjornsson, I. Holm, and I. Jacobs. 1990. Increases in the proportion of fast-twitch muscle fibres in sprint training in males. *Acta Physiologica Scandinavica* 140:359-63.

Jansson, E., B. Sjodin, and P. Tesch. 1978. Changes in muscle fibre type distribution in man after physical training. *Acta Physiologica Scandinavica* 104:235-7.

Jansson, E., C. Sylven, and B. Sjodin. 1983. Myoglobin content and training in humans. In *Biochemistry of exercise.* Vol. 13, ed. H.G. Knuttgen, J.A. Vogel, and J. Poortmans, 821-5. Champaign, IL: Human Kinetics.

Jenkins, D.J.A., T.M.S. Wolever, R.H. Taylor, H. Baker, H. Fielden, J.M. Baldwin, A.C. Bowling, H.C. Newman, A.L. Jenkins, and D.V. Goff. 1981. Glycemic index of foods: A physiological basis for carbohydrate exchange. *American Journal of Clinical Nutrition* 34:362-6.

Jeukendrup, A.E., F. Brouns, A.J.M. Wagenmakers, and W.H.M. Saris. 1997. Carbohydrate-electrolyte feedings improve 1 h time trial cycling performance. *International Journal of Sports Medicine* 18:125-9.

Jezova, D., M. Vigas, P. Tatar, R. Kevtnansky, K. Nazar, H. Kaciuba-Uscilko, and S. Kozlowski. 1985. Plasma testosterone and catecholamine responses to physical exercise of different intensities in men. *European Journal of Applied Physiology* 54:62-6.

Johns, R.J., and V. Wright. 1962. Relative importance of various tissues in joint stiffness. *Journal of Applied Physiology* 17:824-8.

Johnson, B.L., K.J.W. Adamczy, K.O. Tennoe, and S.B. Stromme. 1976. A comparison of concentric and eccentric muscle training. *Medicine and Science in Sports and Exercise* 8:35-8.

Jost, J., M. Weiss, and H. Weicker. 1989. Comparison of sympatho-adrenergic regulation at rest and of the adrenoreceptor system in swimmers, long-distance runners, weight lifter, wrestlers, and untrained men. *European Journal of Applied Physiology* 58:596-604.

Juhn, M.S., and M. Tarnopolsky. 1998. Oral creatine supplementation and athletic performance: A critical review. *Clinical Journal of Sports Medicine* 8:286-97.

Kaminski, M., and R. Boal. 1992. An effect of ascorbic acid on delayed-onset muscle soreness. *Pain* 50:317-21.

Kanakis, C., and R.C. Hickson. 1980. Left ventricular responses to a program of lower-limb strength training. *Chest* 78:618-21.

Kanehisa, H. and M. Miyashita. 1983. Specificity of velocity in strength training. *European Journal of Applied Physiology* 52:104-6.

Kaneko, M., T. Fuchimoto, H. Toji, and K. Suei. 1983. Training effect of different loads on the force-velocity relationship and mechanical power output in human muscle. *Scandinavian Journal of Sports Sciences* 5:50-5.

Kang, J., J.R. Hoffman, H. Walker, and E.C. Chaloupka. 2001. Regulating intensity of exercise using ratings of perceived exertion during treadmill exercise. *Medicine and Science in Sports and Exercise* 33:S84 (abstract).

Kanj, H., S.H. Schneider, and N.B. Ruderman. 1988. Exercise and diabetes mellitus. In *Exercise, nutrition and energy metabolism,* ed. E.S. Horton and R.L. Terjung, 228-41. New York: Macmillan.

Kanter, M. 1995. Free radicals and exercise: Effects of nutritional antioxidant supplementation. *Exercise and Sport Sciences Reviews* 23:375-98.

Kanter, M.M., L.A. Nolte, and J.O. Holloszy. 1993. Effects of an antioxidant vitamin mixture on lipid peroxidation at rest and postexercise. *Journal of Applied Physiology* 74:965-9.

Karagiorgos, A., J.F. Garcia, and G.A. Brooks. 1979. Growth hormone response to continuous and intermittent exercise. *Medicine and Science in Sports and Exercise* 11:302-7.

Karslon, J., B. Dumont, and B. Saltin. 1971. Muscle metabolites during submaximal and maximal exercise in man. *Scandinavian Journal of Clinical Laboratory Investigations* 26:385-94.

Katch, V., A. Weltman, R. Martin, and L. Gray. 1977. Optimal test characteristics for maximal anaerobic work on the bicycle ergometer. *Research Quarterly for Exercise and Sport* 48:319-27.

Katz, A., D.L. Costill, D.S. King, M. Hargreaves, and W.J. Fink. 1984. Maximal exercise tolerance after induced alkalosis. *International Journal of Sports Medicine* 5:107-10.

Kaufman, W.C., and D.J. Bothe. 1986. Wind chill reconsidered, Siple revisited. *Aviation, Space and Environmental Medicine* 57:23-6.

Keen, P., D.A. McCarthy, L. Passfield, H.A.A. Shaker, and A.J. Wade. 1995. Leucocyte and erythrocyte counts during a multi-stage cycling race ("The Milk Race"). *British Journal of Sports Medicine* 29:61-5.

Keizer, H.A. 1998. Neuroendocrine aspects of overtraining. In *Overtraining in sport,* ed. R.B. Kreider, A.C. Fry, and M.L. O'Toole, 145-68. Champaign, IL: Human Kinetics.

Kerr, R. 1982. *The practical use of anabolic steroids with athletes.* San Gabriel, CA: Kerr.

Kindermann, S., A. Schnabel, W.M. Schmitt, G. Biro, J. Cassens, and F. Weber. 1982. Catecholamines, growth hormone, cortisol, insulin and sex hormones in anaerobic and aerobic exercise. *European Journal of Applied Physiology* 49:389-99.

King, D.S., R.L. Sharp, M.D. Vukovich, G.A. Brown, T.A. Reifenrath, N.L. Uhi, and K.A. Parsons. 1999. Effect of oral androstenedione on serum testosterone and adaptations to resistance training in young men. *Journal of the American Medical Association* 281:2020-8.

Kirby, R.L., F.C. Simms, V.J. Symington, and J.B. Garner. 1981. Flexibility and musculoskeletal symptomatology in female gymnasts and age-matched controls. *American Journal of Sports Medicine* 9:160-4.

Kirkendall, D.T. 2000. Physiology of soccer. In *Exercise and sport science,* ed. W.E. Garrett and D.T. Kirkendall, 875-84. Philadelphia: Lippincott, Williams, and Wilkins.

Kirsch, K.A., H. von Ameln, and H.J. Wicke. 1981. Fluid control mechanisms after exercise dehydration. *European Journal of Applied Physiology* 47:191-6.

Kirwin, J.P., D.L. Costill, M.G. Flynn, J.B. Mitchell, W.J. Fink, P.D. Neufer, and J.A. Houmard. 1988. Physiological responses to successive days of intense training in competitive swimmers. *Medicine and Science in Sports and Exercise* 20:255-9.

Kjaer, M. 1989. Epinephrine and some other hormonal responses to exercise in man: With special reference to physical training. *International Journal of Sports Medicine* 10:2-15.

Kjaer, M., J. Bangsbo, G. Lortie, and H. Galbo. 1988. Hormonal response to exercise in humans: Influence of hypoxia and physical training. *American Journal of Physiology* 254:R197-203.

Kjaer, M., and H. Galbo. 1988. Effect of physical training on the capacity to secrete epinephrine. *Journal of Applied Physiology* 64:11-6.

Klinzing, J., and E. Karpowicz. 1986. The effects of rapid weight loss and rehydration on wrestling performance test. *Journal of Sports Medicine and Physical Fitness* 26:149-56.

Knapik, J.J., C.L. Bauman, B.H. Jones, J.M. Harris, and L. Vaughan. 1991. Preseason strength and flexibility imbalances associated with athletic injuries in female collegiate athletes. *American Journal of Sports Medicine* 19:76-81.

Knapik, J.J., R.H. Mawdsley, and M.V. Ramos. 1983. Angular specificity and test mode specificity of isometric and isokinetic strength testing. *Journal of Orthopedic Sports Physical Therapy* 5:58-65.

Knuttgen, H.G., and W.J. Kraemer. 1987. Terminology and measurement in exercise performance. *Journal of Applied Sports Science Research* 1:1-10.

Koivisto, V., R. Hendler, E. Nadel, and P. Felig. 1982. Influence of physical training on the fuel-hormone response to prolonged low intensity exercise. *Metabolism* 31:192-7.

Koivisto, V., V. Soman, E. Nadel, W.V. Tamborlane, and P. Felig. 1980. Exercise and insulin: Insulin binding, insulin mobilization and counterregulatory hormone secretion. *Federation Proceedings* 39:1481-6.

Kokkonen, J., and A.G. Nelson. 1996. Acute stretching exercises inhibit maximal force performance. *Medicine and Science in Sports and Exercise* 28:S1130.

Komi, P.V. 1986. Training of muscle strength and power: Interaction of neuromotoric, hypertrophic and mechanical factors. *International Journal of Sports Medicine* 7:10-5.

Komi, P.V., J. Karlsson, P. Tesch H. Souminen, and E. Hakkinen. 1982. Effects of heavy resistance and explosive-type strength training methods on mechanical, functional and metabolic aspects of performance. In *Exercise and sport biology,* ed. P.V. Komi. 99-102. International Series on Sports Sciences, vol. 12. Champaign, IL: Human Kinetics.

Kozak-Collins, K., E. Burke, and R.B. Schoene. 1994. Sodium bicarbonate ingestion does not improve performance in women cyclists. *Medicine and Science in Sports and Exercise* 26:1510-5.

Koziris, L.P., W.J. Kraemer, J.F. Patton, N.T. Triplett, A.C. Fry, S.E. Gordon, and H.G. Knuttgen. 1996. Relationship of aerobic power to anaerobic performance indices. *Journal of Strength and Conditioning Research* 10:35-9.

Kraemer, W.J., 1988. Endocrine responses to resistance exercise. *Medicine and Science in Sports and Exercise* 20:S152-7.

Kraemer, W.J. 1992a. Endocrine responses and adaptations to strength training. In *Strength and power in sport,* ed. P.V. Komi, 291-304. London: Blackwell Scientific.

———. 1992b. Hormonal mechanisms related to the expression of muscular strength and power. In *Strength and power in sport,* ed. P.V. Komi, 64-76. London: Blackwell Scientific.

———. 1994. Neuroendocrine responses to resistance exercise. In *Essentials of strength training and conditioning,* ed. T. Baechle, 86-107. Champaign, IL: Human Kinetics.

———. 1997. A series of studies: The physiological basis for strength training in American football. *Journal of Strength and Conditioning Research* 11:131-42.

Kraemer, W.J., B.A. Aguilera, M. Terada, R.U. Newton, J.M. Lynch, G. Rosendaal, J.M. McBride, S.E. Gordon, and K. Hakkinen. 1995. Responses of IGF-1 to endogenous increases in growth hormone after heavy-resistance exercise. *Journal of Applied Physiology* 79:1310-5.

Kraemer, W.J., M.R. Deschenes, and S.J. Fleck. 1988. Physiological adaptations to resistance exercise. Implications for athletic conditioning. *Sports Medicine.* 6:246-256.

Kraemer, W.J., J.E. Dziados, S.E. Gordon, L.J. Marchitelli, A.C. Fry, and K.L. Reynolds. 1990. The effects of graded exercise on plasma proenkephalin peptide F and catecholamine responses at sea level. *European Journal of Applied Physiology* 61:214-7.

Kraemer, W.J., J.E. Dziados, L.J. Marchitelli, S.E. Gordon, E. Harman, R. Mello, S.J. Fleck, P. Frykman, and N.T. Triplett. 1993. Effects of different heavy-resistance exercise protocols on plasma β-endorphin concentrations. *Journal of Applied Physiology* 74:450-9.

Kraemer, W.J., S.J. Fleck, J.E. Dziados, E. Harman, L.J. Marchitelli, S.E. Gordon, R. Mello, P. Frykman, L.P Koziris, and N.T. Triplett. 1993. Changes in hormonal concentrations after different heavy-resistance exercise protocols in women. *Journal of Applied Physiology* 75:594-604.

Kraemer, W.J., A.C. Fry, B.J. Warren, M.H. Stone, S.J. Fleck, J.T. Kearney, B.P. Conroy, C.M. Maresh, C.A. Weseman, N.T. Triplett, and S.E. Gordon. 1992. Acute hormonal responses in elite junior weightlifters. *International Journal of Sports Medicine* 13:103-9.

Kraemer, W.J., S.E. Gordon, S.J. Fleck, L.J. Marchitelli, R. Mello, J.E. Dziados, K. Friedl, E. Harman, C. Maresh, and A.C. Fry. 1991. Endogenous anabolic hormonal and growth factor responses to heavy resistance exercise in male and females. *International Journal of Sports Medicine* 12:228-35.

Kraemer, W.J., and L.A. Gotshalk. 2000. Physiology of American football. In *Exercise and sport science,* ed. W.E. Garrett and D.T. Kirkendall, 795-813. Philadelphia: Lippincott, Williams, and Wilkins.

Kraemer, W.J., L. Marchitelli, S. Gordon, E. Harmon, J. Dziados, R. Mello, P. Frykman, D. McCurry, and S. Fleck. 1990. Hormonal and growth factor responses to heavy resistance exercise protocols. *Journal of Applied Physiology* 69:1442-50.

Kraemer, W.J., and R.U. Newton. 2000. Training for muscular power. *Physical Medicine and Rehabilitation Clinics of North America* 11:341-368.

Kraemer, W.J., B.J. Noble, M.J. Clark, and B.W. Culver. 1987. Physiological responses to heavy-resistance exercise with very short rest periods. *International Journal of Sports Medicine* 8:247-52.

Kraemer, W.J., B. Noble, B. Culver, and R.V. Lewis. 1985. Changes in plasma proenkephalin peptide F and catecholamine levels during graded exercise in men. *Proceedings of the National Academy of Science* 82:6349-51.

Kraemer, W.J., J.F. Patton, S.E. Gordon, E. Harman, M.R. Deschenes, K. Reynolds, R.U. Newton, N. Travis-Triplett, and J.E. Dziados. 1995. Compatibility of high-intensity strength and endurance training on hormonal and skeletal muscle adaptations. *Journal of Applied Physiology* 78:976-89.

Kraemer, W.J., J.F. Patton, H.G. Knuttgen, C.J. Hannon, T. Kettler, S.E. Gordon, J.E. Dziados, A.C. Fry, P.N. Frykman, and E.A. Harman. 1991. Effects of high-intensity cycle exercise on sympathoadrenal-medullary response patterns. *Journal of Applied Physiology* 70:8-14.

Kraemer, W.J., J.F. Patton, H.G. Knuttgen, L.J. Marchitelli, C. Cruthirds, A. Damokosh, E. Harman, P. Frykman, and J.E. Dziados. 1989. Hypothalamic-pituitary-adrenal responses to short-term high-intensity cycle exercise. *Journal of Applied Physiology* 66:161-6.

Kraemer, W.J., J.S. Volek, K.L. Clark, S.E. Gordon, S.M. Puhl, L.P. Koziris, J.M. McBride, N.T. Triplett-McBride, M. Putukian, R.U. Newton, K. Hakkinen, J.A. Bush, and W.J. Sebastianelli. 1999. Influence of exercise training on physiological and performance changes with weight loss in men. *Medicine and Science in Sports and Exercise* 31:1320-9.

Kreider, R.B., M. Ferreira, M. Wilson, P. Grindstaff, S. Plisk, J. Reinardy, E. Cantler, and A.L. Almada. 1998. Effects of creatine supplementation on body composition, strength, and sprint performance. *Medicine and Science in Sports and Exercise* 30:73-82.

Kreider, R.B., A.C. Fry, and M.L. O'Toole. 1998. *Overtraining in sport.* Champaign, IL: Human Kinetics.

Kruse, P., J. Ladefoged, U. Nielsen, P. Paulev, and J.P. Sorensen. 1986. β-blockade used in precision sports: Effect on pistol shooting performance. *Journal of Applied Physiology* 61:417-20.

Kuipers, H., and H.A. Keizer. 1988. Overtraining in elite athletes: Review and direction for the future. *Sports Medicine* 6:79-92.

Kuoppasalmi, K., and H. Adlercreutz. 1985. Interaction between catabolic and anabolic steroid hormones in muscular exercise. In *Exercise endocrinology,* ed. K. Fotherby and S.B. Pal, 65-98. Berlin: Walter de Gruyter.

Kuoppasalmi, K.H., Naveri, M. Harkonen, and H. Adlercreutz. 1980. Plasma cortisol, testosterone and luteinizing hormone in running exercise of different intensities. *Scandinavian Journal of Clinical Laboratory Investigations* 40:403-9.

Kurz, M.J., K. Berg, R. Latin, and W. DeGraw. 2000. The relationship of training methods in NCAA division I cross-country runners and 10,000-meter performance. *Journal of Strength and Conditioning Research* 14:196-201.

Laakso, M., S.V. Edelman, G. Brechtel, and A.D. Baron. 1992. Impaired insulin-mediated skeletal muscle blood flow in patients with NIDDM. *Diabetes* 41:1076-83.

LaBotz, M., and B.W. Smith. 1999. Creatine supplement use in an NCAA division I athletic program. *Clinical Journal of Sports Medicine* 9:167-9.

Lachowetz, T., J. Evon, and J. Pastiglione. 1998. The effect of an upper body strength program on intercollegiate baseball throwing velocity. *Journal of Strength and Conditioning Research* 12:116-9.

Landers, J. 1985. Maximum based on reps. *National Strength and Conditioning Association Journal* 6:60-1.

Larsson, L.P., P. Hemmingsson, and G. Boethius. 1994. Self-reported obstructive airway symptoms are common in young cross-country skiers. *Scandinavian Journal of Medicine and Science in Sports* 4:124-7.

Latin, R.W., K. Berg, and T. Baechle. 1994. Physical and performance characteristics of NCAA division I male basketball players. *Journal of Strength and Conditioning Research* 8:214-8.

Laubach, L.L. 1976. Comparative muscular strength of men and women: A review of the literature. *Aviation, Space and Environmental Medicine* 47:534-42.

Laure, P. 1997. Epidemiological approach of doping in sport. *Journal of Sports Medicine and Physical Fitness* 37:218-4.

Lehmann, M., C. Foster, N. Netzer, W. Lormes, J.M. Steinacker, Y. Liu, A. Opitz-Gress, and U. Gastmann. 1998. Physiological responses to short- and long-term overtraining in endurance athletes. In *Overtraining in sport*, ed. R.B. Kreider, A.C. Fry, and M.L. O'Toole, 19-46. Champaign, IL: Human Kinetics.

Lehmann, M., E. Jakob, U. Gastmann, J.M. Steinacker, N. Heinz, and F. Brouns. 1995. Unaccustomed high mileage compared to high intensity-related performance and neuromuscular responses in distance runners. *European Journal of Applied Physiology* 70:457-61.

Lehmann, M., H. Mann, U. Gastmann, J. Keul, D. Vetter, J.M. Steinacker, and D. Haussinger. 1996. Unaccustomed high-mileage vs intensity training-related changes in performance and serum amino acid levels. *International Journal of Sports Medicine* 17:187-92.

Lehmann, M., W. Schnee, R. Scheu, W. Stockhausen, and N. Bachl. 1992. Decreased nocturnal catecholamine excretion: Parameter for an overtraining syndrome in athletes? *International Journal of Sports Medicine* 13:236-42.

Leiper, J.B., and R.J. Maughan. 1988. Experimental models for the investigation of water and solute transport in man: Implications for oral rehydration solutions. *Drugs* 36(supp):65-79.

Leithead, C.S., and E.R. Gunn. 1964. The aetiology of cane cutters cramps in British Guiana. In *Environmental physiology and psychology in arid conditions*, 13-7. Liege, Belgium: UNESCO.

Lemon, P.W.R. 1995. Do athletes need more dietary protein and amino acids? *International Journal of Sports Nutrition* 5:S39-61.

Lemon, P.W.R., M.A. Tarnopolsky, J.D. McDougall, and S.A. Atkinson. 1992. Protein requirements and muscle mass/strength changes during intensive training in novice bodybuilders. *Journal of Applied Physiology* 73:767-75.

Lentini, A.C., R.S. McKelvie, N. McCartney, C.W. Tomlinson, and J.D. MacDougall. 1993. Assessment of left ventricular response of strength trained athletes during weightlifting exercise. *Journal of Applied Physiology* 75:2703-10.

Leveritt, M., and P.J. Abernethy. 1999. Acute effects of high-intensity endurance exercise on subsequent resistance activity. *Journal of Strength and Conditioning Research* 13:47-51.

Levine, B.D., and J. Stray-Gundersen. 1997. "Living high-training low": Effect of moderate-altitude acclimatization with low-altitude training on performance. *Journal of Applied Physiology* 83:102-12.

Lewicki, R., H. Tchorzewski, A. Denys, M. Kowalska, and A. Golinska. 1987. Effect of physical exercise on some parameters of immunity in conditioned sportsmen. *International Journal of Sports Medicine* 8:309-14.

Lewicki, R., H. Tchorzewski, E. Majewska, Z. Nowak, and Z. Baj. 1988. Effect of maximal physical exercise on T-lymphocyte subpopulations and on interleukin 1 IL-1 and interleukin 2 IL-2 production in vitro. *International Journal of Sports Medicine* 9:114-7.

Lewis, S.F., W.F. Taylor, R.M. Graham, W.A. Pettinger, J.E. Schutte, and C.G. Blomqvist. 1983. Cardiovascular responses to exercise as functions of absolute and relative work load. *Journal of Applied Physiology* 54:1314-23.

Liesen, H., B. Dufaux, and W. Hollmann. 1977. Modifications of serum glycoproteins on the days following a prolonged physical exercise and the influence of physical training. *European Journal of Applied Physiology* 37:243-54.

Linde, F. 1987. Running and upper respiratory tract infections. *Scandinavian Journal of Sports Sciences* 9:21-3.

Lohman, T.G. 1981. Skinfolds and body density and their relation to body fatness: A review. *Human Biology* 53:181-225.

Lombardo, J. 1993. The efficacy and mechanisms of action of anabolic steroids. In *Anabolic steroids in sport and exercise,* ed. C.E. Yesalis, 89-106. Champaign, IL: Human Kinetics.

Loughton, S.J., and R.O. Ruhling. 1977. Human strength and endurance responses to anabolic steroids and training. *Journal of Sports Medicine and Physical Fitness* 17:285-96.

Lugar, A., B. Watschinger, P. Duester, T. Svoboda, M. Clodi, and G.P. Chrousos. 1992. Plasma growth hormone and prolactin responses to graded levels of acute exercise and to a lactate infusion. *Neuroendocrinology* 56:112-7.

Luhtanen, P., and P.V. Komi. 1978. Mechanical factors influencing running speed. In *Biomechanics VI-B,* ed. E. Asmussen and K. Jorgensen, 25. Baltimore: University Park Press.

Lund, S., H. Vestergaad, P.H. Anderson, O. Schmitz, L.B.H. Gotzsche, and O. Pedersen. 1993. GLUT-4 content in plasma membrane of muscle from patients with non-insulin-dependent diabetes mellitus. *American Journal of Physiology* 265:E889-97.

Lusiani, L., G. Ronsisvalle, A. Bonanome, A. Visona, V. Castellani, C. Macchia, and A. Pagnan. 1986. Echocardiographic evaluation of the dimensions and systolic properties of the left ventricle in freshman athletes during physical training. *European Heart Journal* 7:196-203.

MacConnie, S.E., A. Barkin, R.M. Lampman, M.A. Schork, and I.Z. Beitins. 1986. Decreased hypothalamic gonadotropin-releasing hormone secretion in male marathon runners. *New England Journal of Medicine* 315:411-7.

MacDougall, J.D. 1992. Hypertrophy or hyperplasia. In *Strength and power in sport,* ed. P.V. Komi, 230-8. London: Blackwell Scientific.

———. 1994. Blood pressure responses to resistive, static, and dynamic exercise. In *Cardiovascular response to exercise,* ed. G.F. Fletcher, 155-174. Mount Kisco, NY: Futura.

MacDougall, J.D., H.J. Green, J.R. Sutton, G. Coates, A. Cymerman, P. Young, and C.S. Houston. 1991. Operation Everest II: Structural adaptations in skeletal muscle in response to extreme simulated altitude. *Acta Physiologica Scandinavica* 142:431-27.

MacDougall, J.D., R.S. McKelvie, D.E. Moroz, D.G. Sale, N. McCartney, and F. Buick. 1992. Factors affecting blood pressure response during heavy weightlifting and static contractions. *Journal of Applied Physiology* 73:1590-7.

MacDougall, J.D., W.G. Reddan, C.R. Layton, and J.A. Dempsey. 1974. Effects of metabolic hyperthermia on performance during heavy prolonged exercise. *Journal of Applied Physiology* 36:538-44.

MacDougall, J.D., D.G. Sale, S.E. Alway, and J.R. Sutton. 1984. Muscle fiber number in biceps brachii in bodybuilders and control subjects *Journal of Applied Physiology: Respiratory, Environmental, Exercise Physiology* 57:1399-1403.

MacDougall, J.D., D.G. Sale, G.C.B. Elder, and J.R. Sutton. 1982. Muscle ultrastructural characteristics of elite powerlifters and bodybuilders. *European Journal of Applied Physiology* 48:117-26.

MacDougall, J.D., D.G. Sale, J.R. Moroz, G.C.B. Elder, J.R. Sutton, and H. Howard. 1979. Mitochondrial volume density in human skeletal muscle following heavy resistance exercise. *Medicine and Science in Sports and Exercise* 11:164-6.

MacDougall, J.D., D. Tuxen, D.G. Sale, J.R. Moroz, and J.R. Sutton. 1985. Arterial blood pressure response to heavy resistance exercise. *Journal of Applied Physiology* 58:785-90.

MacDougall, J.D., G.R. Ward, D.G. Sale, and J.R. Sutton. 1977. Biochemical adaptations of human skeletal muscle to heavy resistance training and immobilization. *Journal of Applied Physiology* 43:700-3.

Mackinnon, L.T. 1994. Current challenges and future expectations in exercise immunology: Back to the future. *Medicine and Science in Sports and Exercise* 26:191-4.

———. 1999. *Advances in exercise immunology.* Champaign, IL: Human Kinetics.

Mackinnon, L.T., T.W. Chick, A. van As, and T.B. Tomasi. 1988. Effects of prolonged intense exercise on natural killer cell number and function. In *Exercise physiology: Current selected research.* Vol. 3, ed. C.O. Dotson and J.H. Humphrey, 77-89. New York: AMS Press.

———. 1989. Decreased secretory immunoglobulins following intense endurance exercise. *Sports Medicine, Training, and Rehabilitation* 1:209-18.

Mackinnon, L.T., E. Ginn, and G. Seymour. 1991. Effects of exercise during sports training and competition on salivary IgA levels. In *Behaviour and Immunity,* ed. A.J. Husband, 169-177. Boca Raton, FL: CRC Press.

———. 1993. Decreased salivary immunoglobulin A secretion rate after intense interval exercise training in elite kayakers. *European Journal of Applied Physiology.* 67:180-4.

Mackinnon, L.T., and S.L. Hooper. 1994. Mucosal (secretory) immune system responses to exercise of varying intensity and during overtraining. *International Journal of Sports Medicine* 15:S179-83.

———. 1996. Plasma glutamine concentration and upper respiratory tract infection during overtraining in elite swimmers. *Medicine and Science in Sports and Exercise* 28:285-90.

Mackinnon, L.T., S.L. Hooper., S. Jones, A.W. Bachmann, and R.D. Gordon. 1997. Hormonal, immunological and hematological responses to intensified training in elite swimmers. *Medicine and Science in Sports and Exercise* 29:1637-45.

MacRae, J.C., P.A. Skene, A. Connell, V. Buchan, and G.E. Lobley. 1988. The action of the β_2-agonist clenbuterol on protein and energy metabolism in fattening wether lambs. *British Journal of Nutrition* 59:457-65.

Magazanik, A., Y. Weinstein, R.A. Dlin, M. Derin, and S. Schwartzman. 1988. Iron deficiency caused by 7 weeks of intensive physical exercise. *European Journal of Applied Physiology* 57:198-202.

Magel, J.R., G.F. Foglia, W.D. McArdle, B. Gutin, and G.S. Pechar. 1975. Specificity of swim training on maximal oxygen uptake. *Journal of Applied Physiology* 38:151-5.

Magnusson, S.P., E.B. Simonsen, P. Aagaard, and M. Kjaer. 1996. Biomechanical responses to repeated stretches in human hamstring muscle in vivo. *American Journal of Sports Medicine* 24:622-8.

Mahesh, V.B., and R.B. Greenblatt. 1962. The in vivo conversion of dehydroepiandrosterone and androstenedione to testosterone in the human. *Acta Endocrinologia* 41:400-6.

Maltin, C.A., M.I. Delday, J.S. Watson, S.D. Heys, I.M. Nevison, I.K. Ritchie, and P.H. Gibson. 1993. Clenbuterol, a beta-adrenoceptor agonist, increases relative muscle strength in orthopaedic patients. *Clinical Science* 84:651-4.

Mangine, R.E., F.R. Noyes, M.P. Mullen, and S.D. Baker. 1990. A physiological profile of the elite soccer athlete. *Journal of Orthopedic Sports Physical Therapy* 12:147-52.

Manning, P.J., R.M. Watson, and P.M. O'Byrne. 1993. Exercise-induced refractoriness in asthmatic subjects involving leukotriene and prostaglandin interdependent mechanisms. *American Review of Respiratory Disease* 148:950-4.

Maresh, C.M., B.C. Wang, and K.L. Goetz. 1985. Plasma vasopressin, renin activity, and aldosterone responses to maximal exercise in active college females. *European Journal of Applied Physiology* 54:398-403.

Margaria, R., P. Aghemo, and E. Rovelli. 1966. Measurement of muscular power (anaerobic) in man. *Journal of Applied Physiology* 21:1662-4.

Maron, B.J. 1986. Structural features of the athletic heart as defined by echocardiography. *Journal of the American College of Cardiology* 7:190-203.

Martin, B., M. Heintzelman, and H.I. Chen. 1982. Exercise performance after ventilatory work. *Journal of Applied Physiology* 52:1581-5.

Martin, D.E., and P.N. Coe. 1997. *Better training for distance runners*. 2nd ed. Champaign, IL: Human Kinetics.

Martineau, L., M.A. Horan, N.J. Rothwell, and R.A. Little. 1992. Salbutamol, a β_2-adrenoreceptor agonist, increases skeletal muscle strength in young men. *Clinical Science* 83:615-21.

Maughan, R.J. 1991. Carbohydrate-electrolyte solutions during prolonged exercise. In *Perspectives in exercise science and sports medicine*. Vol. 4. Ergogenic, ed. D.R. Lamb and M.H. Williams, 35-86. Carmel, IN: Benchmark Press.

Maughan, R.J., C.E. Fenn, and J.B. Leiper. 1989. Effects of fluid, electrolyte and substrate ingestion on endurance capacity. *European Journal of Applied Physiology* 58:481-6.

Maughan, R.J., and T.D. Noakes. 1991. Fluid replacement and exercise stress. *Sports Medicine* 12:16-31.

Mayhew, J.L., T.E. Ball, and J.C. Bowen. 1992. Prediction of bench press lifting ability from submaximal repetitions before and after training. *Sports Medicine, Training and Rehabilitation* 3:195-201.

Mayhew, J.L., B. Levy, T. McCormick, and G. Evans. 1987. Strength norms for NCAA division II college football players. *National Strength and Conditioning Association Journal* 9:67-9.

Mayhew, J.L., J.S. Ware, M.G. Bemben, B. Wilt, T.E. Ward, B. Farris, J. Juraszek, and J.P. Slovak. 1999. The NFL-225 test as a measure of bench press strength in college football players. *Journal of Strength and Conditioning Research* 13:130-4.

McArdle, W.D., R.M. Glaser, and J.R. Magel. 1971. Metabolic and cardiorespiratory response during free swimming and treadmill walking. *Journal of Applied Physiology* 30:733-8.

McArdle, W.D., F.I. Katch, and V.L. Katch. 1996. *Exercise physiology: Energy, nutrition, and human performance*. 4th ed. Baltimore: Williams & Wilkins.

McArdle, W.D., J.R. Magel, D.J. Delio, M. Toner, and J.M. Chase. 1978. Specificity of run training on $\dot{V}O_2$ max and heart rate changes during running and swimming. *Medicine and Science in Sports and Exercise* 10:16-20.

McCarthy, D.A., and M.M. Dale. 1988. The leucocytosis of exercise: A review and model. *Sports Medicine* 6:333-63.

McCarthy, J.P., J.C. Agre, B.K. Graf, M.A. Pozniak, and A.C. Vailas. 1995. Compatibility of adaptive responses with combining strength and endurance training. *Medicine and Science in Sports and Exercise* 27:429-36.

McCartney, N. 1999. Acute responses to resistance training and safety. *Medicine and Science in Sports and Exercise* 31:31-7.

McCartney, N., R.S. McKelvie, J. Martin, D.G. Sale, and J.D. MacDougall. 1993. Weight-training-induced attenuation of the circulatory response of older males to weight lifting. *Journal of Applied Physiology* 74:1056-60.

McCartney, N., L.L. Spriet, G.J.F. Heigenhauser, J.M. Kowalchuk, J.R. Sutton, and N.L. Jones. 1986. Muscle power and metabolism in maximal intermittent exercise. *Journal of Applied Physiology* 60:1164-9.

McCole, S.D., K. Claney, J.C. Conte, R. Anderson, and J.M. Hagberg. 1990. Energy expenditures during bicycling. *Journal of Applied Physiology* 68:748-53.

McConnell, G.K., C.M. Burge, S.L. Skinner, and M. Hargreaves. 1997. Influence of ingested fluid volume on physiological responses during prolonged exercise. *Acta Physiologica Scandinavica* 160:149-56.

McCue, B.F. 1953. Flexibility of college women. *Research Quarterly for Exercise and Sport* 24:316-24.

McDowell, S.L., K. Chalos, T.J. Housh, G.D. Tharp, and G.O. Johnson. 1991. The effect of exercise intensity and duration on salivary immunoglobulin A. *European Journal of Applied Physiology* 63:108-11.

McDowell, S.L., R.A. Hughes, R.J. Hughes, D.J. Housh, T.J. Housh, and G.O. Johnson. 1992. The effect of exhaustive exercise on salivary immunoglobulin A. *Journal of Sports Medicine and Physical Fitness* 32:412-5.

McEvoy, K.P., and R.U. Newton. 1998. Baseball throwing speed and base running speed: The effects of ballistic resistance training. *Journal of Strength and Conditioning Research* 12:216-21.

McFadden Jr., E.R., and I.A. Gilbert. 1994. Exercise-induced asthma. *New England Journal of Medicine* 330:1362-7.

McGee, D., T.C. Jessee, M.H. Stone, and D. Blessing. 1992. Leg and hip endurance adaptations to three weight-training programs. *Journal of Applied Sport Science Research* 6:92-5.

McInnes, S.E., J.S. Carlson, C.J. Jones, and M.J. McKenna. 1995. The physiological load imposed on basketball players during competition. *Journal of Sport Sciences* 13:387-97.

McMaster, W.C., S.C. Long, and V.J. Caiozzo. 1991. Isokinetic torque imbalances in the rotator cuff of the elite water polo player. *American Journal of Sports Medicine* 19:72-5.

Melin, B., J.P. Eclache, G. Geelen, G. Annat, A.M. Allevard, E. Jarsaillon, A. Zebidi, J.J. Legros, and C. Gharib. 1980. Plasma AVP, neurophysin, renin activity, and aldosterone during submaximal exercise performed until exhaustion in trained and untrained men. *European Journal of Applied Physiology and Occupational Physiology* 44:141-51.

Menapace, F.J., W.J. Hammer, T.F. Ritzer, K.M. Kessler, H.F. Warner, J.F. Spann, and A.A. Bove. 1982. Left ventricular size in competitive weight lifters: An echocardiographic study. *Medicine and Science in Sports and Exercise* 14:72-5.

Meredith, C.N., M.J. Zackin, W.R. Frontera, and W.J. Evans. 1989. Dietary protein requirements and protein metabolism in endurance-trained men. *Journal of Applied Physiology* 66:2850-6.

Mero, A., P.V. Komi, and R.J. Gregor. 1992. Biomechanics of sprint running: A review. *Sports Medicine* 13:376-92.

Meydani, M. 1992. Protective role of dietary vitamin E on oxidative stress in aging. *Age* 15:89-93.

Meyer, C.R. 1967. Effect of two isometric routines on strength, size and endurance in exercise and non-exercise arms. *Research Quarterly for Exercise and Sport* 38:430-40.

Milledge, J.S., J.M. Beeley, J. Broome, N. Luff, M. Pelling, and D. Smith. 1991. Acute mountain sickness susceptibility, fitness and hypoxic ventilatory response. *European Respiratory Journal* 4:1000-3.

Milledge, J.S., and P.M. Cotes. 1985. Serum erythropoietin in humans at high altitude and its relation to plasma renin. *Journal of Applied Physiology* 59:360-4.

Miller, W.J., W.M. Sherman, and J.L. Ivy. 1984. Effect of strength training on glucose tolerance and post-glucose insulin response. *Medicine and Science in Sports and Exercise* 16:539-87.

Milner-Brown, H.S., R.B. Stein, and R. Yemm. 1975. Synchronization of human motor units: Possible roles of exercise and supraspinal reflexes. *Electroencephalography and Clinical Neurophysiology* 38:245-54.

Minkler, S., and P. Patterson. 1994. The validity of the modified sit-and-reach test in college-age students. *Research Quarterly for Exercise and Sport* 65:189-92.

Montain, S.J., J.E. Laird, W.A. Latzka, and M.N. Sawka. 1997. Aldosterone and vasopressin responses in the heat: Hydration level and exercise intensity effects. *Medicine and Science in Sports and Exercise* 29:661-8.

Montgomery, J.C., and J.A. MacDonald. 1990. Effects of temperature on nervous system: Implications for behavioral performance. *American Journal of Physiology: Regulatory, Integrative, Comparative Physiology* 259:R191-6.

Moore, M.A., and R.S. Hutton. 1980. Electromyographic investigation of muscle stretching techniques. *Medicine and Science in Sports and Exercise* 12:322-9.

Morgan, W.P. 1985. Affective beneficence of vigorous physical activity. *Medicine and Science in Sports and Exercise* 17:94-100.

Morgan, W.P., D.R. Brown, J.S. Raglin, P.J. O'Connor, and K.A. Ellickson. 1987. Psychological monitoring of overtraining and staleness. *British Journal of Sports Medicine* 21:107-14.

Morganroth, J., B.J. Maron, W.L. Henry, and S.E. Epstein. 1975. Comparative left ventricular dimensions in trained athletes. *Annals of Internal Medicine* 82:521-4.

Moritani, M.T., and H.A. deVries. 1979. Neural factors vs. hypertrophy in time course of muscle strength gain. *American Journal of Physical Medicine and Rehabilitation* 58:115-30.

Morton, A.R. 1995. Asthma. In *Science and medicine in sport*, ed. J. Bloomfield, P. Fricker, and K.D. Fitch, 616-27. Victoria, Australia: Blackwell Science.

Mujika, I., J.C. Chatard, L. Lacoste, F. Barale, and A. Geyssant. 1996. Creatine supplementation does not improve sprint performance in competitive swimmers.

Medicine and Science in Sports and Exercise 28:1435-41.

Mulligan, S.E., S.J. Fleck, S.E. Gordon, L.P. Koziris, N.T. Triplett-McBride, and W.J. Kraemer. 1996. Influence of resistance exercise volume on serum growth hormone and cortisol concentrations in women. *Journal of Strength and Conditioning Research* 10:256-62.

Murray, R. 1987. The effects of consuming carbohydrate-electrolyte beverages on gastric emptying and fluid absorption during and following exercise. *Sports Medicine* 4:322-51.

Nadel, E.R., S.M. Fortney, and C.B. Wenger. 1980. Effect of hydration on circulatory and thermal regulation. *Journal of Applied Physiology* 49:715-21.

Nadel, E.R., I. Holmer, U. Bergh, P.O. Astrand, and J.A.J. Stolwijk. 1974. Energy exchanges of swimming men. *Journal of Applied Physiology* 36:465-71.

National Collegiate Athletic Association (NCAA). 1997. *NCAA study of substance use and abuse habits of college student-athletes.* Indianapolis:National Collegiate Athletic Association.

National Oceanic and Atmospheric Administration. 1976. *US standard atmosphere.* Washington, DC: NOAA.

Ndon, J.A., A.C Snyder, C. Foster, and W.B. Wehrenberg. 1992. Effects of chronic intensive exercise training on the leukocyte response to acute exercise. *International Journal of Sports Medicine* 13:176-82.

Nehlsen-Cannarella, S.L., D.C. Nieman, A.J. Balk-Lamberton, P.A. Markoff, D.B.W. Chritton, G. Gusewitch, and J.W. Lee. 1991. The effect of moderate exercise training on immune response. *Medicine and Science in Sports and Exercise* 23:64-70.

Nelson, A.G., J.D. Allen, A. Cornwell, and J. Kokkonen. 1998. Inhibition of maximal torque production by acute stretching is joint-angle specific. *26th Annual Meeting of the Southeastern Chapter of the ACSM.* Destin, FL. January 1998.

Nelson, A.G., and G.D. Heise. 1996. Acute stretching exercises and vertical jump stored elastic energy. *Medicine and Science in Sports and Exercise* 28:S156.

Neufer, P.D., D.L. Costill, W.J. Fink, J.P. Kirwin, R.A. Fielding, and M.G. Flynn. 1986. Effects of exercise and carbohydrate composition on gastric emptying. *Medicine and Science in Sports and Exercise* 18:658-62.

Neufer, P.D., M.N. Sawka, A.J. Young, M.D. Quigley, W.A. Latzka, and L. Levine. 1991. Hypohydration does not impair skeletal muscle glycogen resynthesis after exercise. *Journal of Applied Physiology* 70:1490-4.

Neufer, P.D., A.J. Young, and M.N. Sawka. 1989. Gastric emptying during exercise: Effects of heat stress and hypohydration. *European Journal of Applied Physiology and Occupational Physiology* 58:557-60.

Newton, R.U., and W.J. Kraemer. 1994. Developing explosive muscular power: Implications for a mixed methods training strategy. *Strength and Conditioning* 16:20-31.

Newton, R.U., W.J. Kraemer, and K. Hakkinen. 1999. Effects of ballistic training on preseason preparation of elite volleyball players. *Medicine and Science in Sports and Exercise* 31:323-30.

Newton, R.U., and K.P. McEvoy. 1994. Baseball throwing velocity: A comparison of medicine ball training and weight training. *Journal of Strength and Conditioning Research* 8:198-203.

Nielsen, H.B., N.H. Secher, N.J. Christensen, and B.K. Pedersen. 1996. Lymphocytes and NK cell activity during repeated bouts of maximal exercise. *American Journal of Physiology: Regulatory, Integrative, Comparative Physiology* 271:R222-7.

Nieman, D.C. 1994. Exercise, infection and immunity. *International Journal of Sports Medicine* 15:S131-41.

———. 2000. Exercise, the immune system, and infectious disease. In *Exercise and sport science,* ed. W.J. Garrett Jr. and D.T. Kirkendall, 177-90. Philadelphia: Lippincott, Williams, and Wilkins.

Nieman, D.C., L.S. Berk, M. Simpson-Westerberg, K. Arabatzis, S. Youngberg, S.A. Tan, J.W. Lee, and W.C. Eby. 1989. Effects of long-endurance running on immune system parameters and lymphocyte function in experienced marathoners. *International Journal of Sports Medicine* 10:317-23.

Nieman, D.C., D.A. Hensen, G. Gusewitch, B.J. Warren, R.C. Dotson, and S.L. Nehlsen-Cannarella. 1993. Physical activity and immune function in elderly women. *Medicine and Science in Sports and Exercise* 25:823-31.

Nieman, D.C., D.A. Hensen, R. Johnson, L. Lebeck, J.M. Davis, and S.L. Nehlsen-Cannarella. 1992. Effects of brief, heavy exertion on circulating lymphocyte subpopulations and proliferative response. *Medicine and Science in Sports and Exercise* 24:1339-45.

Nieman, D.C., D.A. Hensen, C.S. Sampson, J.L. Herring, J. Stulles, M. Conley, M.H. Stone, D.E. Butterworth, and J.M. Davis. 1995. The acute immune response to exhaustive resistance exercise. *International Journal of Sports Medicine* 16:322-8.

Nieman, D.C., L.M. Johanssen, and J.W. Lee. 1989. Infectious episodes in runners before and after a roadrace. *Journal of Sports Medicine and Physical Fitness* 29:289-96.

Nieman, D.C., L.M. Johanssen, J.W. Lee, and K. Arabatzis. 1990. Infectious episodes in runners before and after the Los Angeles Marathon. *Journal of Sports Medicine and Physical Fitness* 30:316-28.

Nieman, D.C., A.R. Miller, D.A. Hensen, B.J. Warren, G. Gusewitch, R.L. Johnson, D.E. Butterworth, J.L. Herring, and S.L. Nehlsen-Cannarella. 1994. Effect of high- versus moderate-intensity exercise on lymphocyte subpopulations and proliferative response. *International Journal of Sports Medicine* 15:199-206.

Nieman, D.C., A.R. Miller, D.A. Hensen, B.J. Warren, G. Gusewitch, R.L. Johnson, J.M. Davis, D.E. Butterworth, and S.L. Nehlsen-Cannarella. 1993. Effect of high- versus moderate intensity exercise on natural killer cell activity. *Medicine and Science in Sports and Exercise* 25:1126-34.

Nieman, D.C., S. Simandle, D.A. Hensen, B.J. Warren, J. Suttles, J.M. Davis, K.S. Buckley, J.C. Ahle, D.E. Butterworth, O.R. Fagoaga, and S.L. Nehlsen-Cannarella. 1995. Lymphocyte proliferative response to 2.5 hours of running. *International Journal of Sports Medicine* 16:404-8.

Nieman, D.C., S.A. Tan, J.W. Lee, and L.S. Berk. 1989. Complement and immunoglobulin levels in athletes and sedentary controls. *International Journal of Sports Medicine.* 10:124-8.

Nissen, S.L., and N.N. Abumrad. 1997. Nutritional role of the leucine metabolite β-hydroxy β-methylbutyrate (HMB). *Nutritional Biochemistry* 8:300-11.

Nissen, S., R. Sharp, M. Ray, J.A. Rathmacher, D. Rice, J.C. Fuller, A.S. Connelly, and N. Abumrad. 1996. Effect of leucine metabolite β-hydroxy-β-methylbutyrate on muscle metabolism during resistance-exercise training. *Journal of Applied Physiology* 81:2095-104.

Noakes, T.D. 1993. Fluid replacement during exercise. *Exercise and Sport Sciences Reviews* 21:297-330.

Noakes, T.D., R.J. Norman, R.H. Buck, J. Godlonton, K. Stevenson, and D. Pittaway. 1990. The incidence of hyponatremia during prolonged ultraendurance exercise. *Medicine and Science in Sports and Exercise* 22:165-70.

Norkin, C.C., and D.J. White. 1995. *Measurement of joint motion: A guide to goniometry.* Philadelphia: Davis.

Nosaka, K., and P.M. Clarkson. 1996. Changes in indicators of inflammation after eccentric exercise of the elbow flexors. *Medicine and Science in Sports and Exercise* 28:953-61.

Nose, H., T. Morimoto, and K. Ogura. 1983. Distribution of water loses among fluid compartments after dehydration in humans. *Japan Journal of Physiology* 33:1019-29.

O'Bryant, H.S., R. Byrd, and M.H. Stone. 1988. Cycle ergometer performance and maximum leg and hip strength adaptations to two different methods of weight-training. *Journal of Applied Sport Science Research* 2:27-30.

O'Connor, P.J., and D.B. Cook. 1999. Exercise and pain: Neurobiology, measurement, and laboratory study of pain in relation to exercise in humans. *Exercise and Sport Sciences Reviews* 27:119-66.

Odland, L.M., J.D. MacDougall, M.A. Tarnopolsky, A. Elorriaga, and A. Borgmann. 1997. Effect of oral creatine supplementation on muscle [PCr] and short-term maximum power output. *Medicine and Science in Sports and Exercise* 29:216-9.

Olefsky, J.M. 1976. The insulin receptor: Its role in insulin resistance in obesity and diabetes. *Diabetes* 25:1154-64.

Olsson, K.E., and B. Saltin. 1970. Variation in total body water with muscle glycogen changes in man. *Acta Physiologica Scandinavica* 80:11-8.

O'Shea, J.P. 1966. Effects of selected weight training programs on the development of strength and muscle hypertrophy. *Research Quarterly for Exercise and Sport* 37:95-102.

———. 1971. The effects of anabolic steroids on dynamic strength levels of weightlifters. *Nutritional Reports International* 4:363-70.

Osterud, B., J.O. Olsen, and L. Wilsgard. 1989. Effect of strenuous exercise on blood monocytes and their relation to coagulation. *Medicine and Science in Sports and Exercise* 21:374-8.

O'Toole, M.L., P.S. Douglas, and W.D.B. Hiller. 1989. Applied physiology of a triathlon. *Sports Medicine* 8:201-25.

Pakarinen, A., M. Alen, K. Hakkinen, and P. Komi. 1988. Serum thyroid hormones, thyrotropin and thyroxin binding globulin during prolonged strength training. *European Journal of Applied Physiology* 57:394-8.

Pandolf, K.B., R.L. Burse, and R.F. Goldman. 1977. Role of physical fitness in heat acclimatization, decay and reinduction. *Ergonomics* 20:399-408.

Park, S.H., J.N. Roemmick, and C.A. Horswill. 1990. A season of wrestling and weight loss by adolescent wrestlers: Effect on anaerobic arm power. *Journal of Applied Sport Science Research* 4:1-4.

Parra, J., J.A. Cadefau, G. Rodas, N. Amigo, and R. Cusso. 2000. The distribution of rest periods affects performance and adaptations of energy metabolism induced by high-intensity training in human muscle. *Acta Physiologica Scandinavica* 169:157-65.

Pattini, A., F. Schena, and G.C. Guidi. 1990. Serum ferritin and serum iron changes after cross-country and roller ski endurance races. *European Journal of Applied Physiology* 61:55-60.

Pearson, A.C., M. Schiff, D. Mrosek, A.J. Labovitz, and G.A. Williams. 1986. Left ventricular diastolic function in weight lifters. *American Journal of Cardiology* 58:1254-9.

Pearson, D.R., D.G. Hamby, W. Russel, and T. Harris. 1999. Long-term effects of creatine monohydrate on strength and power. *Journal of Strength and Conditioning Research* 13:187-92.

Pedegna, L.R., R.C. Elsner, D. Roberts, J. Lang, and V. Farewell. 1982. The relationship of upper extremity strength to throwing speed. *American Journal of Sports Medicine* 10:352-4.

Pedersen, B.K., and H. Ullam. 1994. NK cell response to physical activity: Possible mechanisms of action. *Medicine and Science in Sports and Exercise* 26:140-6.

Pelliccia, A., B.J. Maron, A. Spataro, M.A. Proschan, and P. Spirito. 1991. The upper limit of physiologic cardiac hypertrophy in highly trained elite athletes. *New England Journal of Medicine* 324:295-301.

Pequignot, J.M., L. Peyrin, M.H. Mayet, and R. Flandrois. 1979. Metabolic adrenergic changes during submaximal exercise and in the recovery period in man. *Journal of Applied Physiology: Respiratory, Environmental, Exercise Physiology* 47:701-5.

Perrine, J.J., and V.R. Edgerton. 1978. Muscle force-velocity and power-velocity relationships under isokinetic loading. *Medicine and Science in Sports and Exercise* 10:159-66.

Persson, C.G.A. 1986. Role of plasma exudation in asthmatic airways. *Lancet* 2:1126-9.

Peters, E.M. 1990. Altitude fails to increase susceptibility of ultramarathon runners to postexercise upper respiratory tract infection. *South African Journal of Sports Medicine* 5:4-8.

Peters, E.M., and E.D. Bateman. 1983. Respiratory tract infections: An epidemiological survey. *South African Medical Journal* 64:582-4.

Peters, E.M., J.M. Goetzsche, B. Grobbelaar, and T.D. Noakes. 1993. Vitamin C supplementation reduces the incidence of postrace symptoms of upper-respiratory-tract infection in ultramarathon runners. *American Journal of Clinical Nutrition* 57:170-4.

Petko, M., and G.R. Hunter. 1997. Four-year changes in strength, power and aerobic fitness in women college basketball players. *Strength and Conditioning* 19:46-9.

Pette, D., and R.S. Staron. 1990. Cellular and molecular diversities of mammalian skeletal muscle fibers. *Review of Physiology, Biochemistry and Pharmacology* 116:2-75.

Phillips, B. 1997. *Sports supplement review.* 3rd Issue. Golden, CO: Mile High.

Phillips, S.M., X.X. Han, H.J. Green, and A. Bonen. 1996. Increments in skeletal muscle GLUT-1 and GLUT-4 after endurance training in humans. *American Journal of Physiology* 270:E456-62.

Pierce, E.F., N.W. Eastman, R.W, McGowan, H. Tripathi, W.L. Dewey, and K.G. Olson. 1994. Resistance exercise decreases β-endorphin immunoreactivity. *British Journal of Sports Medicine* 28:164-6.

Piwonka, R.W., S. Robinson, V.L. Gay, and R.S. Manalis. 1965. Preacclimatization of men to heat by training. *Journal of Applied Physiology* 20:379-84.

Plisk, S. 2000. Speed, agility, and speed-endurance development. In *Essentials of strength training and conditioning.* 2nd ed., ed. T. Baechle and R. Earle, 471-90. Champaign, IL: Human Kinetics.

Plisk, S., and V. Gambetta. 1997. Tactical metabolic training: Part I. *Strength and Conditioning* 19:44-53.

Podolsky, A., K.R. Kaufman, T.D. Calahan, S.Y. Aleskinsky, and E.Y. Chao. 1990. The relationship of strength and jump height in figure skaters. *American Journal of Sports Medicine* 18:400-5.

Poliquin, C. 1988. Five ways to increase the effectiveness of your strength training program. *National Strength and Conditioning Association Journal* 10:34-9.

Poortmans, J.R., H. Auquier, V. Renaut, A. Durussel, M. Saugy, and G.R. Brisson. 1997. Effects of short-term creatine supplementation on renal responses in man. *European Journal of Applied Physiology* 76:566-7.

Poortmans, J.R., and M. Francaux. 1999. Long-term oral creatine supplementation does not impair renal function in healthy athletes. *Medicine and Science in Sports and Exercise* 31:1108-10.

Pope, H.G., and D.L. Katz. 1988. Affective and psychotic symptoms associated with anabolic steroid use. *American Journal of Psychiatry* 145:487-90.

Portington, K.J., D.D. Pascoe, M.J. Webster, L.H. Anderson, R.R. Rutland, and L.B. Gladden. 1998. Effect of induced alkalosis on exhaustive leg press performance. *Medicine and Science in Sports and Exercise* 30:523-8.

Potteiger, J.A. 2000. Aerobic endurance exercise training. In *Essentials of strength training and conditioning.* 2nd ed., ed. T. Baechle and R. Earle, 493-508. Champaign, IL: Human Kinetics.

Potteiger, J., L. Judge, J. Cerny, and V. Potteiger. 1995. Effects of altering training volume and intensity on body mass, performance and hormonal concentrations in weight-event athletes. *Journal of Strength and Conditioning Research* 9:55-8.

Poulmedis, P., G. Rondoyannis, A. Mitsou, and E. Tsarouchas. 1988. The influence of isokinetic muscle torque exerted in various speeds of soccer ball velocity. *Journal of Orthopedic Sports Physical Therapy* 10:93-6.

Prather, I.D., D.E. Brown, P. North, and J.R. Wilson. 1995. Clenbuterol: A substitute for anabolic steroids? *Medicine and Science in Sports and Exercise* 27:1118-21.

Prentice, W.E. 1983. A comparison of static stretching and PNF stretching for improving hip joint flexibility. *Athletic Training* 18:56-9.

Pruden, E.L., O. Siggard-Anderson, and N.W. Tietz. 1987. Blood gases and pH. In *Fundamentals of clinical chemistry,* ed. N.W. Tietz, 624-44. Philadelphia: Saunders.

Pugh, L.G.C.E. 1964. Animals in high altitude: Man above 5000 meters—mountain exploration. In *Handbook of physiology: Adaptation to the environment,* 861-8. Washington, DC: American Physiological Society.

———. 1966. Accidental hypothermia in walkers, climbers, and campers: Report to the Medical Commission on Accident Prevention. *British Medical Journal* 1:123-9.

———. 1970. Oxygen uptake in track and treadmill running with observations on the effect of air resistance. *Journal of Physiology* 207:823-35.

Raglin, J.S., W.P. Morgan, and A.E. Luchsinger. 1990. Mood state and self-motivation in successful and unsuccessful women rowers. *Medicine and Science in Sports and Exercise* 22:849-53.

Raglin, J.S., W.P. Morgan, and P.J. O'Connor. 1991. Changes in mood states during training in female and male college swimmers. *International Journal of Sports Medicine* 12:585-9.

Ram, F.S.F., S.M. Robinson, and P.N. Black. 2000. Effects of physical training in asthma: A systematic review. *British Journal of Sports Medicine* 34:162-7.

Read, M.T.F., and M.J. Bellamy. 1990. Comparison of hamstring/quadricep isokinetic strength ratios and power in tennis, squash, and track athletes. *British Journal of Sports Medicine* 24:178-82.

Reeds, P.J., S.M. Hay, P.M. Dorwood, and R.M. Palmer. 1986. Stimulation of growth by clenbuterol: Lack of effect on muscle protein biosynthesis. *British Journal of Nutrition* 56:249-58.

Reeves, J.T., B.M. Groves, J.R. Sutton, P.D. Wagner, A. Cymerman, M.K. Malconian, P.B. Rock, P.M. Young, and C.S. Houston. 1987. Operation Everest II: Preservation of cardiac function at extreme altitude. *Journal of Applied Physiology* 63:531-9.

Reitman, J.S., B. Vasquez, I. Klimes, and M. Naguelsparan. 1984. Improvement of glucose homeostasis after exercise training in non-insulin-dependent diabetes. *Diabetes Care* 7:431-41.

Rejeski, W.J., P.H. Brubaker, R.A. Herb, J.R. Kaplan, and S.B. Manuck. 1988. The role of anabolic steroids and aggressive behavior in cynomolgus monkeys. *Health Psychology* 7:299-307.

Remes, K., K. Kuoppasalmi, and H. Adlercreutz. 1980. Effect of physical exercise and sleep deprivation on plasma androgen levels. *International Journal of Sports Medicine* 6:131-5.

Ricci, G., D. Lajoie, R. Petitclerc, F. Peronnet, R.J. Ferguson, M. Fournier, and A.W. Taylor. 1982. Left ventricular size following endurance, sprint, and strength training. *Medicine and Science in Sports and Exercise* 14:344-7.

Richter, E.A., K.J. Mikines, H. Galbo, and B. Kiens. 1989. Effect of exercise on insulin action in human skeletal muscle. *Journal of Applied Physiology* 66:876-85.

Riddell, D.I. 1984. Is frostnip important? *Journal of Royal Naval Medical Services* 70:140-2.

Rimmer, E., and G. Sleivert. 2000. Effects of a plyometric intervention program on sprint performance. *Journal of Strength and Conditioning Research* 14:295-301.

Roach, R.C., D. Maes, D. Sandoval, R.A. Roberts, M. Icenogle, H. Hinghofer-Szalkay, D. Lium, and J.A. Loeppky. 2000. Exercise exacerbates acute mountain sickness at simulated high altitude. *Journal of Applied Physiology* 88:581-5.

Robertson, R.J., R. Gilcher, K.F. Metz, C.J. Casperson, T.G. Allison, R.A. Abbott, G.S. Skrinar, J.R. Krause, and P.A. Nixon. 1984. Hemoglobin concentration and aerobic work capacity in women following induced erythrocythemia. *Journal of Applied Physiology* 57:568-75.

Rodnick K.J., W.L. Haskell, A.L. Swislocki, J.E. Foley, and G.M. Reaven. 1987. Improved insulin action in muscle, liver and adipose tissue in physically trained human subjects. *American Journal of Physiology* 253:E489-95.

Rogol, A.D. 1989. Growth hormone: Physiology, therapeutic use and potential for abuse. *Exercise and Sport Sciences Reviews* 17:353-77.

Roitt, I., J. Brostoff, and D. Male. 1993. *Immunology*, 3rd ed. St. Louis: Mosby.

Rome, L.C. 1990. Influence of temperature on muscle recruitment and muscle function in vivo. *American Journal of Physiology:* Regulatory, Integrative, Comparative Physiology 259:R210-22.

Rosenbaum, D., and E.M. Henning. 1997. Reaction time and force development after passive stretching and a 10-minute warm-up run. *Deutsch Zeitschrift Sportmedizin* 48:95-9.

Rothstein, A., E.F. Adolph, and J.H. Wells. 1947. Voluntary dehydration. In *Physiology of man in the desert,* ed. E.F. Adolph, 254-70. New York: Interscience.

Rowbottom, D.G., D. Keast, and A.R. Morton. 1998. Monitoring and preventing of overreaching and overtraining in endurance athletes. In *Overtraining in sport,* ed. R.B. Kreider, A.C. Fry, and M.L. O'Toole, 47-68. Champaign, IL: Human Kinetics.

Rowell, L.B. 1986. *Human circulation regulation during physical stress*. New York: Oxford University Press.

Rowland, T.W., and G.M. Green. 1988. Physiological responses to treadmill exercise in females: Adult-child differences. *Medicine and Science in Sports and Exercise* 20:474-8.

Roy, B.D., J.R. Fowles, R. Hill, and M.A. Tarnopolsky. 2000. Macronutrient intake and whole body protein metabolism following resistance exercise. *Medicine and Science in Sports and Exercise* 32:1412-8.

Rozenek, R., C.H. Rahe, H.H. Kohl, D.N. Marple, G.D. Wilson, and M.H. Stone. 1990. Physiological responses to resistance-exercise in athletes self-administering anabolic steroids. *Journal of Sports Medicine and Physical Fitness* 30:354-60.

Rundell, K.W., R.L. Wilber, L. Szmedra, D.M. Jenkinson, L.B. Mayers, and J. Im. 2000. Exercise-induced asthma screening of elite athletes: Field versus laboratory exercise challenge. *Medicine and Science in Sports and Exercise* 32:309-16.

Rupp, N.T., M.F. Guill, and D.S. Brudno. 1992. Unrecognized exercise-induced bronchospasm in adolescent athletes. *American Journal of Diseases in Children.* 146:941-4.

Ryan, A.J., G.P. Lambert, X. Shi, R.T. Chang, R.W. Summers, and C.V. Gisolfi. 1998. Effect of hypohydration on gastric emptying and intestinal absorption during exercise. *Journal of Applied Physiology* 84:1581-8.

Sale, D.G. 1988. Neural adaptation to resistance training. *Medicine and Science in Sports and Exercise* 20:S1135-45.

Sale, D.G., J.D. MacDougall, and S. Garner. 1990a. Comparison of two regimens of concurrent strength and endurance training. *Medicine and Science in Sports and Exercise* 22:348-56.

Sale, D.G., J.D. MacDougall, I. Jacobs, and S. Garner. 1990b. Interaction between concurrent strength and endurance training. *Journal of Applied Physiology* 68:260-70.

Sale, D.G., D.E. Moroz, R.S. McKelvie, J.D. MacDougall, and N. McCartney. 1993. Comparison of blood pressure response to isokinetic and weight-lifting exercise. *European Journal of Applied Physiology* 67:115-20.

———. 1994. Effect of training on the blood pressure response to weight lifting. *Canadian Journal of Applied Physiology* 19:60-74.

Saltin, B., and P.O. Astrand. 1967. Maximal oxygen uptake in athletes. *Journal of Applied Physiology* 23:353-8.

———. 1993. Free fatty acids and exercise. *American Journal of Clinical Nutrition* 57:S752-7.

Saltin, B., J. Henriksson, E. Nygaard, and P. Anderson. 1977. Fiber types and metabolic potentials of skeletal muscles in sedentary man and endurance runners. *Annals of the New York Academy of Sciences* 301:3-29.

Saltin, B., C.K. Kim, N. Terrados, H. Larsen, J. Svedenhag, and C.J. Rolf. 1995. Morphology, enzyme activities and buffer capacity in leg muscles of Kenyan and Scandinavian runners. *Scandinavian Journal of Medicine and Science in Sports* 5:222-30.

Saltin, B., and L.B. Rowell. 1980. Functional adaptations to physical activity and inactivity. *Federation Proceedings* 39:1506-13.

Sapir, D.G., O.E. Owen, T. Pozefsky, and M. Walser. 1974. Nitrogen sparing induced by a mixture of essential amino acids given chiefly as their keto analogs during prolonged starvation in obese subjects. *Journal of Clinical Investigations* 54:974-80.

Sargeant, A. 1987. Effect of muscle temperature on leg extension force and short-term power output in humans. *European Journal of Applied Physiology* 56:693-8.

Sargeant, A.J., E. Hoinville, and A. Young. 1981. Maximum leg force and power output during short-term dynamic exercise. *Journal of Applied Physiology* 26:188-94.

Sawka, M.N. 1992. Physiological consequences of hypohydration: Exercise performance and thermoregulation. *Medicine and Science in Sports and Exercise* 24:657-70.

Sawka, M.N., R.G. Knowlton, and J.B. Critz. 1979. Thermal and circulatory responses to repeated bouts of prolonged running. *Medicine and Science in Sports and Exercise* 11:177-80.

Sawka, M.N., and K.B. Pandolf. 1990. Effects of body water loss on physiological function and exercise performance. In *Fluid homeostasis during exercise: Perspectives in exercise science and sports medicine.* Vol. 3., ed. C.V. Gisolfi and D.R. Lamb, 1-38. Indianapolis: Benchmark Press.

Sawka, M.N., C.B. Wenger, A.J. Young, and K.B. Pandolf. 1993. Physiological responses to exercise in the heat. In *Nutritional needs in hot environments,* ed. B.M. Marriott, 55-74. Washington, DC: National Academy Press.

Sawka, M.A., and A.J. Young. 2000. Physical exercise in hot and cold climates. In *Exercise and sport science,* ed. W.E. Garrett and D.T. Kirkendall, 385-400. Philadelphia: Lippincott, Williams, and Wilkins.

Sawka, M.N., A.J. Young, B.S. Cadarette, L. Levine, and K.B. Pandolf. 1985. Influence of heat stress and acclimation on maximal power. *European Journal of Applied Physiology* 53:294-8.

Sawka, M.N., A.J. Young, R.P. Francesconi, S.R. Muza, and K.B. Pandolf. 1985. Thermoregulatory and blood responses during exercise at graded hypohydration levels. *Journal of Applied Physiology* 59:1394-401.

Sawka, M.N., A.J. Young, S.R. Muza, R.R. Gonzalez, and K.B. Pandolf. 1987. Erythrocyte reinfusion and maximal aerobic power: An examination of modifying factors. *Journal of the American Medical Association* 257:1496-9.

Schabort, E.J., A.N. Bosch, S.M. Weltan, and T.D. Noakes. 1999. The effect of a preexercise meal on time to fatigue during prolonged cycling exercise. *Medicine and Science in Sports and Exercise* 31:464-71.

Schaefer, M.E., J.A. Allert, H.R. Adams, and M.H. Laughlin. 1992. Adrenergic responsiveness and intrinsic sinoatrial automaticity of exercise-trained rats. *Medicine and Science in Sports and Exercise* 24:887-94.

Schilling, B.K., M.H. Stone, A. Utter, J.T. Kearney, M. Johnson, R. Coglianese, L. Smith, H.S. O'Bryant, A.C. Fry, M. Starks, R. Keith, and M.E. Stone. 2001. Creatine supplementation and health variables: A retrospective study. *Medicine and Science in Sports and Exercise* 33:183-8.

Schmidtbleicher, D., A. Gollhofer, and U. Frick. 1988. Effects of a stretch-shortening typed training on the performance capability and innervation characteristics of leg extensor muscles. In *Biomechanics XI-A,* ed. G. de Groot, A. Hollander, P. Huijing, and G. Van Ingen Schenau 185-9. Amsterdam: Free University Press.

Schneider, S.H., L.F. Amorosa, A.K. Khachadurian, and N.B. Ruderman. 1984. Studies on the mechanism of improved glucose control during regular exercise in type 2 (non-insulin-dependent) diabetes. *Diabetologia* 26:355-60.

Schurmeyer, T., K. Jung, and E. Nieschlag. 1984. The effect of an 1100 km run on testicular, adrenal and thyroid hormones. *International Journal of Andrology* 7:276-82.

Schwarz, L., and W. Kindermann. 1989. β-endorphins, catecholamines and cortisol during exhaustive endurance exercise. *International Journal of Sports Medicine* 10:324-8.

Seals, D.R., and J.M. Hagberg. 1984. The effect of exercise training on human hypertension: A review. *Medicine and Science in Sports and Exercise* 16:207-15.

Seminick, D. 1990. The T-test. *National Strength and Conditioning Association Journal* 12:36-7.

———. 1994. Testing protocols and procedures. In *Essentials of strength training and conditioning,* ed. T. Baechle, 258-73. Champaign, IL: Human Kinetics.

Senay, L. 1979. Temperature regulation and hypohydration: A singular view. *Journal of Applied Physiology* 47:1-7.

Shapiro, L. 1997. The morphological consequences of systemic training. *Cardiology Clinics* 15:373-9.

Sharp, R.L., D.L. Costill, W.J. Fink, and D.S. King. 1986. Effects of eight weeks of bicycle ergometer sprint training on human muscle buffer capacity. *International Journal of Sports Medicine* 7:13-7.

Sharp, R.L., J.P. Troup, and D.L. Costill. 1982. Relationship between power and sprint freestyle swimming. *Medicine and Science in Sports and Exercise* 14:53-6.

Shaver, L.G. 1970. Maximum dynamic strength, relative dynamic endurance, and their relationship. *Research Quarterly for Exercise and Sport* 42:460-5.

Shek, P.N., B.H. Sabiston, A. Buguet, and M.W. Radomski. 1995. Strenuous exercise and immunological changes: A multiple-time-point analysis of leukocyte subsets, CD4/CD8 ratio, immunoglobulin production and NK cell response. *International Journal of Sports Medicine* 16:466-74.

Shephard, R.J., T. Kavanaugh, D.J. Mertens, S. Qureshi, and M. Clark. 1995. Personal health benefits of masters athlete competition. *British Journal of Sports Medicine* 29:35-40.

Sherman, W., D.L. Costill, W.J. Fink, F. Hagerman, L. Armstrong, and T. Murray. 1983. Effect of a 42.2-km foot race and subsequent rest or exercise on muscle glycogen and enzymes. *Journal of Applied Physiology* 55:1219-24.

Sherman, W., D.L. Costill, W.J. Fink, and J.M. Miller. 1981. Effect of exercise-diet manipulation on muscle glycogen and its subsequent utilization during performance. *International Journal of Sports Medicine* 2:114-8.

Sherman, W.M., G. Brodowicz, D.A. Wright, W.K. Allen, J. Simonsen, and A. Dernback. 1989. Effect of 4 h pre-exercise carbohydrate feedings on cycling performance. *Medicine and Science in Sports and Exercise* 21:598-604.

Shvartz, E., Y. Shapiro, A. Magazanik, A. Meroz, H. Birnfeld, A. Mechtinger, and S. Shibolet. 1977. Heat acclimation, physical training, and responses to exercise in temperate and hot environments. *Journal of Applied Physiology: Respiratory, Environmental, Exercise Physiology* 43:678-83.

Sica, D.A., and S. Johns. 1999. Androstenedione: Just another natural substance? *American Journal of the Medical Sciences* March/April:58-63.

Silvester, L.J. 1995. Self-perceptions of the acute and long-range effects of anabolic-androgenic steroids. *Journal of Strength and Conditioning Research* 9:95-8.

Simoneau, J.A., G. Lortie, M.R. Boulay, M. Marcotte, M.C. Thibault, and C. Bouchard. 1985. Human skeletal muscle fiber type alteration with high-intensity intermittent training *European Journal of Applied Physiology* 54:240-53.

———. 1987. Effects of two high-intensity intermittent training programs interspaced by detraining on human skeletal muscle and performance. *European Journal of Applied Physiology* 56:516-21.

Singh, A., E. Moses, and P. Deuster. 1992. Chronic multivitamin-mineral supplementation does not enhance performance. *Medicine and Science in Sports and Exercise* 24:726-32.

Singh, M.V., S.B. Rawal, and A.K. Tyagi. 1990. Body fluid status on induction, reinduction and prolonged stay at high altitude on human volunteers. *International Journal of Biometeorology* 34:93-7.

Sjodin, A.M., A.H. Forslund, K.R. Westerterp, A.B. Andersson, J.M. Forslund, and L.M. Hambraeus. 1996. The influence of physical activity on BMR. *Medicine and Science in Sports and Exercise* 28:85-91.

Sjogaard, G. 1986. Water and electrolyte fluxes during exercise and their relation to muscle fatigue. *Acta Physiologica Scandinavica* 128 (supp):129-36.

Smith, B.W., and M. LaBotz. 1998. Pharmacologic treatment of exercise-induced asthma. *Clinics in Sports Medicine* 17:343-63.

Smith, D.J., and D. Roberts. 1991. Aerobic, anaerobic and isokinetic measures of elite Canadian male and female speed skaters. *Journal of Applied Sport Science Research* 5:110-5.

Smith, J.A., R.D. Telford, M.S. Baker, A.J. Hapel, and M.J. Weidemann. 1992. Cytokine immunoreactivity in plasma does not change after moderate endurance-exercise. *Journal of Applied Physiology* 71:1396-401.

Smith, J.A., R.D. Telford, I.B. Mason, and M.J. Weidemann. 1990. Exercise, training and neutrophil microbicidal activity. *International Journal of Sports Medicine* 11:179-87.

Smolander, J., P. Kolari, O. Korhonen, and R. Ilmarinen. 1986. Aerobic and anaerobic responses to incremental exercise in a thermoneutral and a hot dry environment. *Acta Physiologica Scandinavica* 128:15-21.

Snow, R.J., M.J. McKenna, S.E. Selig, J. Kemp, C.G. Stathis, and S. Zhao. 1998. Effect of creatine supplementation on sprint exercise performance and muscle metabolism. *Journal of Applied Physiology* 84:1667-73.

Snow, T.K., M. Millard-Stafford, and L.B. Rosskopf. 1998. Body composition profile of NFL football players. *Journal of Strength and Conditioning Research* 12:146-9.

Sole, C.C., and T.D. Noakes. 1989. Faster gastric emptying for glucose-polymer and fructose solutions than for glucose in humans. *European Journal of Applied Physiology* 58:605-12.

Spirito, P., A. Pelliccia, M. Proschan, M. Granata, A. Spataro, P. Bellone, G. Caselli, A. Biffi, C. Vecchio, and B.J. Maron. 1994. Morphology of the "athlete's heart" assessed by echocardiography in 947 elite athletes representing 27 sports. *American Journal of Cardiology* 74:802-6.

Sprenger, H., C. Jacobs, M. Nain, A.M. Gressner, H. Prinz, W. Wesemann, and D. Gemsa. 1992. Enhanced release of cytokines, interleukin-2 receptors, and neopterin after long-distance running. *Clinical Immunology and Immunopathology* 53:188-95.

Spriet, L.L. 1991. Blood doping and oxygen transport. In *Perspectives in exercise science and sports medicine*. Vol. 4. Ergogenic, ed. D.R. Lamb and M.H. Williams, 213-48. Carmel, IN: Benchmark Press.

———. 1995a. Anaerobic metabolism during high-intensity exercise. In *Exercise metabolism,* ed. M. Hargreaves, 1-40. Champaign, IL: Human Kinetics.

———. 1995b. Caffeine and performance. *International Journal of Sports Nutrition* 5:S84-99.

Spriet, L.L., D.A. MacLean, D.J. Dyck, E. Hultman, G. Cederblad, and T.E. Graham. 1992. Caffeine ingestion and muscle metabolism during prolonged exercise in humans. *American Journal of Physiology* 262:E891-98.

Sproles, C.B., D.P. Smith, R.J. Byrd, and T.E. Allen. 1976. Circulatory responses to submaximal exercise after dehydration and rehydration. *Journal of Sports Medicine and Physical Fitness* 16: 98-105.

Stamford, B.A., and T. Moffatt. 1974. Anabolic steroid: Effectiveness as an ergogenic aid to experienced weight trainers. *Journal of Sports Medicine and Physical Fitness* 14:191-7.

Stanley, D.C., W.J. Kraemer, R.L. Howard, L.E. Armstrong, and C.M. Maresh. 1994. The effects of hot water immersion on muscle strength. *Journal of Strength and Conditioning Research* 8:134-8.

Staron, R.S., and R.S. Hikida. 1992. Histochemical, biochemical, and ultrastructural analyses of single human muscle fibers with special reference to C fiber protein population. *Journal of Histochemistry and Cytochemistry* 40:563-8.

Staron, R.S., and P. Johnson. 1993. Myosin polymorphism and differential expression in adult human skeletal muscle. *Comparative Biochemical Physiology* 106: B463-75.

Staron, R.S., D.L. Karapondo, W.J. Kraemer, A.C. Fry, S.E. Gordon, J.E. Falkel, F.C. Hagerman, and R.S. Hikida. 1994. Skeletal muscle adaptations during early phase of heavy resistance training in men and women. *Journal of Applied Physiology* 76(3):1247-55.

Staron, R.S., M.J. Leonardi, D.L. Karapondo, E.S. Malicky, J.E. Falkel, F.C. Hagerman, and R.S. Hikida. 1991. Strength and skeletal muscle adaptations in heavy resistance trained women after detraining and retraining. *Journal of Applied Physiology* 70(2):631-40.

Staron, R.S., E.S. Milicky, M.J. Leonardi, J.E. Falkel, F.C. Hagerman, and G.A. Dudley. 1989. Muscle hypertrophy and fast fiber type conversions in heavy resistance trained women. *European Journal of Applied Physiology* 60:71-9.

Stein, R.B., T. Gordon, and J. Shriver. 1982. Temperature dependence of mammalian muscle contractions and ATPase activities. *Journal of Biophysiology* 40:97-107.

Stone, M.H., S.J. Fleck, N.T. Triplett, and W.J. Kraemer. 1991. Health-and performance-related potential of resistance training. *Sports Medicine* 11:210-31.

Stone, M.H., and A.C. Fry. 1998. Increased training volume in strength/power athletes. In *Overtraining in sport,* ed. R.B. Kreider, A.C. Fry, and M.L. O'Toole, 87-130. Champaign, IL: Human Kinetics.

Stone, M.H., J.K. Nelson, S. Nader, and D. Carter. 1983. Short-term weight training effects on resting and recovery heart rates. *Athletic Training* (Spring): 69-71.

Stone, M.H., H. O'Bryant, and J. Garhammer. 1981. A hypothetical model for strength training. *Journal of Sports Medicine* 21:342-51.

Stone, M.H., G.D. Wilson, D. Blessing, and R. Rozenek. 1983. Cardiovascular response to short-term Olympic style weight-training in young men. *Canadian Journal of Applied Sport Science* 8:134-9.

Stone, W.J., and S.P. Coulter. 1994. Strength/endurance effects from three resistance training protocols with women. *Journal of Strength and Conditioning Research* 8:231-4.

Storms, W.W. 1999. Exercise-induced asthma: Diagnosis and treatment for the recreational or elite athlete. *Medicine and Science in Sports and Exercise* 31:S33-8.

Stowers, T., J. McMillan, D. Scala, V. Davis, D. Wilson, and M. Stone. 1983. The short-term effects of three different strength-power training methods. *National Strength and Conditioning Association Journal* 5:24-7.

Strahan, A.R., T.D. Noakes, G. Kotzenberg, A.E. Nel, and F.C. de Beer. 1984. C reactive protein concentrations during long distance running. *British Medical Journal* 289:1249-51.

Strauss, R.H., J.E. Wright, G.A.M. Finerman, and D.H. Catlin. 1983. Side effects of anabolic steroids in weight-trained men. *Physician and Sportsmedicine* 11:87-96.

Stromme, S.B., H.D. Meen, and A. Aakvaag. 1974. Effects of an androgenic-anabolic steroid on strength development and plasma testosterone levels in normal males. *Medicine and Science in Sports and Exercise* 6:203-8.

Strydom, N.B., and C.G. Williams. 1969. Effect of physical conditioning on state of heat acclimatization of Bantu laborers. *Journal of Applied Physiology* 27:262-5.

Sutton, J.R., M.J. Coleman, J. Casey, and L. Lazarus. 1973. Androgen responses during physical exercise. *British Medical Journal* 1:520-2.

Sutton, J., and L. Lazarus. 1976. Growth hormone in exercise: Comparison of physiological and pharmacological stimuli. *Journal of Applied Physiology* 41:523-7.

Sutton, J.R., J.T. Reeves, P.D. Wagner, B.M. Groves, A. Cymerman, M.K. Malconian, P.B. Rock, P.M. Young, S.D. Walter, and C.S. Houston. 1988. Operation Everest II: Oxygen transport during exercise at extreme simulated altitude. *Journal of Applied Physiology* 64:1309-21.

Suzuki, K., S. Naganuma, M. Totsuka, K.J. Suzuki, M. Mochizuki, M. Shiraishi, S. Nakaji, and K. Sugawara. 1996. Effects of exhaustive endurance exercise and its one-week daily repetition on neutrophil count and functional status in untrained men. *International Journal of Sports Medicine* 17:205-12.

Swirzinski, L., R.W. Latin, K. Berg, and A. Grandjean. 2000. A survey of sport nutrition supplements in high school football players. *Journal of Strength and Conditioning Research* 14:464-69.

Syrotuik, D.G., G.J. Bell, R. Burnham, L.L. Sim, R.A. Calvert, and I. Maclean. 2000. Absolute and relative strength performance following creatine monohydrate supplementation combined with periodized resistance training. *Journal of Strength and Conditioning Research* 14:182-90.

Szlyk, P.C., I.V. Sils, R.P. Francesconi, and R.W. Hubbard. 1990. Patterns of human drinking: Effects of exercise, water temperature, and food consumption. *Aviation, Space and Environmental Medicine* 61:43-8.

Szlyk, P.C., I.V. Sils, R.P. Francesconi, R.W. Hubbard, and L.E. Armstrong. 1989. Effects of water temperature and flavoring on voluntary dehydration in men. *Physiology and Behavior* 45:639-47.

Tabata, I., Y. Atomi, Y. Mutoh, and M. Miyahita. 1990. Effect of physical training on the responses of serum adrenocorticotropic hormone during prolonged exhausting exercise. *European Journal of Applied Physiology* 61:188-92.

Takamata, A., G.W. Mack, C.M. Gillen, and E.R. Nadel. 1994. Sodium appetite, thirst, and body fluid regulation in humans during rehydration without sodium replacement. *American Journal of Physiology: Regulatory, Integrative, Comparative Physiology* 266:R1493-502.

Tan, R.A., and S.L. Spector. 1998. Exercise-induced asthma. *Sports Medicine* 25:1-6.

Tarnopolsky, M.A. 1994. Caffeine and endurance performance. *Sports Medicine* 18:109-25.

Tarnopolsky, M.A., S.A. Atkinson, J.D. MacDougall, A. Chesley, S. Phillips, and H.P. Schwarcz. 1992. Evaluation of protein requirements for trained strength athletes. *Journal of Applied Physiology* 73:1986-95.

Tarnopolsky, M.A., S.A. Atkinson, J.D. MacDougall, B.B. Senor, P.W. Lemon, and H. Schwarcz. 1991. Whole body leucine metabolism during and after resistance exercise in fed humans. *Medicine and Science in Sports and Exercise* 23:326-33.

Tarnopolsky, M.A., J.D. MacDougall, and S.A. Atkinson. 1988. Influence of protein intake and training status on nitrogen balance and lean body mass. *Journal of Applied Physiology* 64:187-93.

Telford, R., E. Catchpole, V. Deakin, A. Hahn, and A. Plank. 1992. The effect of 7-8 months of vitamin/mineral supplementation on athletic performance. *International Journal of Sports Nutrition* 2:135-53.

Terrados, N., M. Mizuno, and H. Andersen. 1985. Reduction in maximal oxygen uptake at low altitudes: Role of training status and lung function. *Clinical Physiology* 5:S75-9.

Tesch, P.A. 1985. Exercise performance and β-blockade. *Sports Medicine* 2:389-412.

Tesch, P.A., P.V. Komi, and K. Hakkinen. 1987. Enzymatic adaptations consequent to long-term strength training. *International Journal of Sports Medicine* 8:66-9.

Tesch, P.A., and L. Larson. 1982. Muscle hypertrophy in bodybuilders. *European Journal of Applied Physiology* 49:301-6.

Tesch, P.A., A. Thorsson, and N. Fujitsuka. 1989. Creatine phosphate in fiber types of skeletal muscle before and after exhaustive exercise. *Journal of Applied Physiology* 66:1756-9.

Tharp, G.D., and M.W. Barnes. 1990. Reduction of saliva immunoglobulin levels by swim training. *European Journal of Applied Physiology* 60:61-4.

Thoden, J.S., G.P. Kenny, F. Reardon, M. Jette, and S. Livingstone. 1994. Disturbance of thermal homeostasis during postexercise hyperthermia. *European Journal of Applied Physiology* 68:170-6.

Thompson, J.L., M.M. Manore, and J.R. Thomas. 1996. Effects of diet and diet-plus-exercise programs on resting metabolic rate: A meta-analysis. *International Journal of Sports Nutrition* 6:41-61.

Thompson, R.L., and J.S. Hayward. 1996. Wet-cold exposure and hypothermia: Thermal and metabolic responses to prolonged exercise in rain. *Journal of Applied Physiology* 81:1128-37.

Thomson, J.M., J.A. Stone, A.D. Ginsburg, and P. Hamilton. 1983. The effects of blood reinfusion during prolonged heavy exercise. *Canadian Journal of Applied Sport Science* 8:72-8.

Thorstensson, A. 1975. Enzyme activities and muscle strength after sprint training in man. *Acta Physiologica Scandinavica* 94:313-18.

Thorstensson, A., and J. Karlson. 1976. Fatigability and fiber composition of human skeletal muscle. *Acta Physiologica Scandinavica* 98:318-22.

Tiryaki, G.R., and H.A. Atterbom. 1995. The effects of sodium bicarbonate and sodium citrate on 600 m running time of trained females. *Journal of Sports Medicine and Physical Fitness* 35:194-98.

Tischler, M.E., M. Desautels, and A.L. Goldberg. 1982. Does leucine, leucyl-tRNA, or some metabolite of leucine regulate protein synthesis and degradation in skeletal and cardiac muscle? *Journal of Biology and Chemistry* 257:1613-21.

Tomasi, T.B., F.B. Trudeau, D. Czerwinski, and S. Erredge. 1982. Immune parameters in athletes before and after strenuous exercise. *Journal of Clinical Immunology* 2:173-78.

Toner, M.M., E.L. Glickman, and W.D. McArdle. 1990. Cardiovascular adjustments to exercise distributed between the upper and lower body. *Medicine and Science in Sports and Exercise* 22:773-8.

Toner, M.M., and W.D. McArdle. 1988. Physiological adjustments of man to the cold. In *Human performance physiology and environmental medicine at terrestrial extremes,* ed. K.B. Pandolf, M.N. Sawka, and R.R. Gonzalez, 361-99. Indianapolis: Benchmark Press.

Toner, M.M., M.N. Sawka, M.E. Foley, and K.B. Pandolf. 1986. Effects of body mass and morphology on thermal responses in water. *Journal of Applied Physiology* 60:521-5.

Tricker, R., and D. Connolly. 1997. Drugs and the college athlete: An analysis of the attitudes of student athletes at risk. *Journal of Drug Education* 27:105-19.

Troup, J.P., J.M. Metzger, and R.H. Fitts. 1986. Effect of high-intensity exercise on functional capacity of limb skeletal muscle. *Journal of Applied Physiology* 60:1743-51.

Turcotte, L.P. 2000. Muscle fatty acid uptake during exercise: Possible mechanisms. *Exercise and Sport Sciences Reviews* 28:4-9.

Turcotte, L.P., J.R. Swenberger, M.Z. Tucker, and A.J. Yee. 1999. Training-induced elevations in $FABP_{pm}$ is associated with increased palmitate use in contractile muscle. *Journal of Applied Physiology* 87:285-93.

Tvede N., M. Kappel, J. Halkjaer-Kristensen, H. Galbo, and B.K. Pedersen. 1993. The effect of light, moderate and severe bicycle exercise on lymphocyte subsets, natural and lymphokine activated killer cells, lymphocyte proliferative response and interleukin 2 production. *International Journal of Sports Medicine.* 15:100-104.

Tvede, N., B.K. Pedersen, F.R. Hansen, T. Bendix, L.D. Christensen, H. Galbo, and J. Halkjaer-Kristensen. 1989. Effect of physical exercise on blood mononuclear cell subpopulations and in vitro proliferative responses. *Scandinavian Journal of Immunology* 29:383-9.

Tvede, N., J. Steensberg, J. Bashlund, J. Halkjaer-Kristensen, and B.K. Pedersen. 1991. Cellular immunity in highly trained elite racing cyclists during periods of training with high and low intensity. *Scandinavian Journal of Medicine and Science in Sport* 3:163-6.

Urhausen, A., H. Gabriel, and W. Kindermann. 1995. Blood hormones as markers of training stress and overtraining. *Sports Medicine* 20:251-76.

Urhausen, A., and W. Kindermann. 1987. Behavior of testosterone, sex hormone binding globulin (SHBG), and cortisol before and after a triathlon competition. *International Journal of Sports Medicine* 8:305-8.

USA Track and Field. 2000. *USA Track & Field coaching manual.* Champaign, IL: Human Kinetics.

Van Handel, P.J., A. Katz, J.P. Troup, and P.W. Bradley. 1988. Aerobic economy and competitive swim performance of U.S. elite swimmers. In *Swimming science V,* ed. B.E. Ungerechts, K. Wilke, and K. Reischle, 219-27. Champaign, IL: Human Kinetics.

Van Helder, W., K. Casey, R. Goode, and W. Radomski. 1986. Growth hormone regulation in two types of aerobic exercise of equal oxygen uptake. *European Journal of Applied Physiology* 55:236-9.

Van Helder, W.P., M.W. Radomski, and R.C. Goode. 1984. Growth hormone responses during intermittent weight lifting exercise in men. *European Journal of Applied Physiology* 53:31-4.

Veicteinas, A., G. Ferretti, and D.W. Rennie. 1982. Superficial shell insulation in resting and exercising men in cold water. *Journal of Applied Physiology* 52:1557-64.

Verma, S.K., S.R. Mahindroo, and D.K. Kansal. 1978. Effect of four weeks of hard physical training on certain physiological and morphological parameters of basketball players. *Journal of Sports Medicine* 18:379-84.

Viitasalo, J.T., H. Kyrolainen, C. Bosco, and M. Allen. 1987. Effects of rapid weight reduction on vertical jumping height. *International Journal of Sports Medicine* 8:281-5.

Vogel, J.A., and C.W. Harris. 1967. Cardiopulmonary responses of resting man during early exposure to high altitude. *Journal of Applied Physiology* 22:1124-8.

Volek, J.S., N.D. Duncan, S.A. Mazzetti, R.S. Staron, M. Putukian, A.L. Gomez, D.R. Pearson, W.J. Fink, and W.J. Kraemer. 1999. Performance and muscle fiber adaptations to creatine supplementation and heavy resistance training. *Medicine and Science in Sports and Exercise* 31:1147-56.

Volek, J.S., K. Houseknecht, and W.J. Kraemer. 1997. Nutritional strategies to enhance performance of high-intensity exercise. *Strength and Conditioning* 19:11-7.

Volek, J.S., and W.J. Kraemer. 1996. Creatine supplementation: Its effect on human muscular performance and body composition. *Journal of Strength and Conditioning Research* 10:200-10.

Voy, R.O. 1986. The U.S. Olympic committee experience with exercise-induced bronchospasm, 1984. *Medicine and Science in Sports and Exercise* 18:328-30.

Wade, C.H., and J.R. Claybaugh. 1980. Plasma renin activity, vasopressin concentration and urinary excretory responses to exercise in men. *Journal of Applied Physiology: Respiratory, Environmental, Exercise Physiology* 49:930-6.

Wagner, P.D., H.A. Saltzman, and J.B. West. 1974. Measurement of continuous distributions of ventilation-perfusion ratios: Theory. *Journal of Applied Physiology* 36:588-99.

Wagner, P.D., J.R. Sutton, J.T. Reeves, A. Cymerman, B.M. Groves, and M.K. Malconian. 1987. Operation Everest II: Pulmonary gas exchange during a simulated ascent of Mt. Everest. *Journal of Applied Physiology* 63:2348-59.

Wahren, J., L. Hagenfeldt, and P. Felig. 1975. Splanchnic and leg exchange of glucose, amino acids, and free fatty acids during exercise in diabetes mellitus. *Journal of Clinical Investigations* 55:1303-14.

Walberg, J.L., M.K. Leidy, D.J. Sturgill, D.E. Hinkle, S.J. Ritchey, and D.R. Sebolt. 1988. Macronutrient content of a hypoenergy diet affects nitrogen retention and muscle function in weight lifters. *International Journal of Sports Medicine* 9:261-6.

Walker, J.B. 1979. Creatine: Biosynthesis, regulation, and function. *Advances Enzymology Related Areas Molecular Biology* 50:177-242.

Wallace, M.B., J. Lim, A. Cutler, and L. Bucci. 1999. Effects of dehydroepiandrosterone vs androstenedione supplementation in men. *Medicine and Science in Sports and Exercise* 31:1788-92.

Wallberg-Henriksson, H. 1992. Exercise and diabetes mellitus. *Exercise and Sport Sciences Reviews* 20:339-68.

Wallberg-Henriksson, H., R. Gunnarsson, J. Henriksson, R. Defronzo, P. Felig, J. Ostman, and J. Wahren. 1982. Increased peripheral insulin sensitivity and muscle mitochondrial enzymes but unchanged blood glucose control in type I diabetics after physical training. *Diabetes* 31:1044-50.

Wallberg-Henriksson, H., R. Gunnarsson, J. Henriksson, J. Ostman, and J. Wahren. 1984. Influence of physical training on formation of muscle capillaries in type I diabetes. *Diabetes* 33:851-7.

Wallberg-Henriksson, H., R. Gunnarsson, R. Rossner, and J. Wahren. 1986. Long-term physical training in female type I (insulin-dependent) diabetic patients: Absence of significant effect on glycaemic control and lipoprotein levels. *Diabetologia* 29:53-7.

Wallin, D., B. Ekblom, R. Grahn, and T. Nordenborg. 1985. Improvement of muscle flexibility: A comparison between two techniques. *American Journal of Sports Medicine* 13:263-8.

Walsh, R.M., T.D. Noakes, J.A. Hawley, and S.C. Dennis. 1994. Impaired high-intensity cycling performance time at low levels of dehydration. *International Journal of Sports Medicine* 15:392-8.

Ward, M.P., J.S. Milledge, and J.B. West. 1995. *High altitude medicine and physiology*. London: Chapman and Hall Medical.

Ward, P. 1973. The effect of an anabolic steroid on strength and lean body mass. *Medicine and Science in Sports and Exercise* 5:277-82.

Ware, J.S., C.T. Clemens, J.L. Mayhew, and T.J. Johnston. 1995. Muscular endurance repetitions to predict bench press and squat strength in college football players. *Journal of Strength and Conditioning Research* 9:99-103.

Wasserman, K., B.J. Whipp, and J.A. Davis. 1981. Respiratory physiology of exercise: Metabolism, gas exchange, and ventilatory control. *International Review of Physiology* 23:149-211.

Wathen, D. 1993. NSCA position stand: Explosive/plyometric exercises. *National Strength and Conditioning Association Journal* 15:16.

———. 1994. Load assignment. In *Essentials of strength training and conditioning*, ed. T. Baechle, 435-46. Champaign, IL: Human Kinetics.

Webster, M.J., M.N. Webster, R.E. Crawford, and L.B. Gladden. 1993. Effect of sodium bicarbonate ingestion on exhaustive resistance exercise performance. *Medicine and Science in Sports and Exercise* 25:960-5.

Webster, S., R. Rutt, and A. Weltman. 1990. Physiological effects of a weight loss regimen practiced by college wrestlers. *Medicine and Science in Sports and Exercise* 22:229-34.

Weight, L.M., D. Alexander, and P. Jacobs. 1991. Strenuous exercise: Analogous to the acute-phase response? *Clinical Science.* 81:677-83.

Weiler, J., T. Layton, and M. Hunt. 1998. Asthma in United States Olympic athletes who participated in the 1996 Summer Games. *Journal of Allergy Clinical Immunology* 102:722-6.

Weltman, A., J.Y. Weltman, R. Schurrer, W.S. Evans, J.D. Veldhuis, and A.D. Rogol. 1992. Endurance training amplifies the pulsatile release of growth hormone: Effects of training intensity. *Journal of Applied Physiology* 72:2188-96.

Weltman, A., J.Y. Weltman, C.J. Womack, S.E. Davis, J.L. Blumer, G.A. Gaesser, and M.L. Hartman. 1997. Exercise training decreases the growth hormone (GH) response to acute constant-load exercise. *Medicine and Science in Sports and Exercise* 29:669-76.

Wenger, C.B. 1988. Human heat acclimatization. In *Human performance physiology and environmental medicine at terrestrial extremes,* ed. K.B. Pandolf, M.N. Sawka, and R.R. Gonzalez, 153-98. Indianapolis: Benchmark Press.

West, J.B. 1962. Diffusing capacity of the lung for carbon monoxide at high altitude. *Journal of Applied Physiology* 17:421-6.

Wheeler, G.D., S.R. Wall, A.N. Belcastro, and D.C. Cumming. 1984. Reduced serum testosterone and prolactin levels in male distance runners. *Journal of the American Medical Association* 252:514-6.

Whipp, B.J. 1994. Peripheral chemoreceptor control of exercise hyperpnea in humans. *Medicine and Science in Sports and Exercise* 26:337-47.

Wickiewicz, T.L., R.R. Roy, P.L. Powell, J.J. Perrine, and B.R. Edgerton. 1984. Muscle architecture and force-velocity relationships in humans. *Journal of Applied Physiology: Respiratory, Environmental, Exercise Physiology* 57:435-43.

Wilber, R.L., K.W. Rundell, L. Szmedra, D.M. Jenkinson, J. Im, and S. Drake. 2000. Incidence of exercise-induced bronchospasm in Olympic winter sport athletes. *Medicine and Science in Sports and Exercise* 32:732-7.

Wilkerson, J.E., S.M. Horvath, and B. Gutin. 1980. Plasma testosterone during treadmill exercise. *Journal of Applied Physiology: Respiratory, Environmental, Exercise Physiology* 49:249-53.

Wilkes, D., N. Gledhill, and R. Smyth. 1983. Effect of acute induced metabolic acidosis on 800-m racing time. *Medicine and Science in Sports and Exercise* 15:277-80.

Williams, M.H. 1991. Alcohol, marijuana, and beta blockers. In *Perspectives in exercise science and sports medicine.* Vol. 4. Ergogenic, ed. D.R. Lamb and M.H. Williams, 331-72. Carmel, IN: Benchmark Press.

———. 1992. Ergogenic aids and ergolytic substances. *Medicine and Science in Sports and Exercise* 22(supp):344-8.

Williams, M.H., S. Wesseldine, T. Somma, and R. Schuster. 1981. The effect of induced erythrocythemia upon 5-mile treadmill run time. *Medicine and Science in Sports and Exercise* 13:169-75.

Willoughby, D.S. 1992. A comparison of three selected weight training programs on the upper and lower body strength of trained males. *Journal of Applied Research in Coaching Athletics* March:124-46.

———. 1993. The effects of meso-cycle-length weight training programs involving periodization and partially equated volumes on upper and lower body strength. *Journal of Strength and Conditioning Research* 7:2-8.

Wilmore, J.H. 1974. Alterations in strength, body composition and anthropometric measurements consequent to a 10-week weight training program. *Medicine and Science in Sports and Exercise* 6:133-8.

Wilmore, J.H., and D.L. Costill. 1999. *Physiology of sport and exercise.* Champaign, IL: Human Kinetics.

Wilmore, J.H., P.R. Stanforth, J. Gagnon, A.S. Leon, D.C. Rao, J.S. Skinner, and C. Bouchard. 1996. Endurance exercise training has a minimal effect on resting heart rate: The HERITAGE study. *Medicine and Science in Sports and Exercise* 28:829-35.

Wilson, G.J., R.U. Newton, A.J. Murphy, and B.J. Humphries. 1993. The optimal training load for the development of dynamic athletic performance. *Medicine and Science in Sports and Exercise* 25:1279-86.

Wilson, J.D. 1988. Androgen abuse by athletes. *Endocrine Reviews* 9:181-99.

Wolfel, E.E., B.M. Groves, G.A. Brooks, G.E. Butterfield, R.S. Mazzeo, L.G. Moore, J.R. Sutton, P.R. Bender, T.E. Dahms, R.E. McCullough, R.G. McCullough, S.-Y. Huang, S.-F. Sun, R.F. Glover, H.N. Hultgren, and J.T. Reeves. 1991. Oxygen transport during steady-state submaximal exercise in chronic hypoxia. *Journal of Applied Physiology* 70:1129-36.

Worrel, T.W., D.H. Perrin, B.M. Gansneder, and J. Gieck. 1991. Comparison of isokinetic strength and flexibility measures between hamstring injured and noninjured athletes. *Journal of Orthopedic Sports Physical Therapy* 13:118-25.

Worrel, T.W., T.L. Smith, and J. Winegardner. 1994. Effect of hamstring stretching on hamstring muscle performance. *Journal of Orthopaedic and Sports Physical Therapy* 20:154-9.

Wright, J.E., and M.H. Stone. 1993. Literature review: Anabolic-androgenic steroid use by athletes. *National Strength and Conditioning Association Journal* 15:10-28.

Wright, V., and R.J. Johns. 1960. Physical factors concerned with the stiffness of normal and diseased joints. *Bulletin of Johns Hopkins Hospital* 106:215-31.

Yaglou, C.P., and D. Minard. 1957. Control of heat casualties at military training centers. *Archives Industrial Health* 16:302-5.

Yang, R.C., G.W. Mack, R.R. Wolfe, and E.R. Nadel. 1998. Albumin synthesis after intense intermittent exercise in human subjects. *Journal of Applied Physiology* 84:584-92.

Yarbrough, B.E., and R.W. Hubbard. 1989. Heat related illnesses. In *Management of wilderness and environmental emergencies,* ed. P.S. Auerbach and E.C. Geehr, 119-43. St. Louis: Mosby.

Yerg II, J.E., D.R. Seals, J.M. Hagberg, and J.O. Holloszy. 1985. Effect of endurance exercise training on ventilatory function in older individuals. *Journal of Applied Physiology* 58:791-4.

Yesalis, C.E. 1993. Incidence of anabolic steroid use: A discussion of methodological issues. In *Anabolic steroids in sport and exercise,* ed. C.E. Yesalis, 49-70. Champaign, IL: Human Kinetics.

Yesalis, C.E., S.P. Courson, and J. Wright. 1993. History of anabolic steroid use in sport and exercise. In *Anabolic steroids in sport and exercise,* ed. C.E. Yesalis, 35-48. Champaign, IL: Human Kinetics.

Yesalis, C.E., J. Vicary, W. Buckley, A. Streit, D. Katz, and J. Wright. 1990. Indications of psychological dependence among anabolic-androgenic steroid abusers. In *Anabolic steroid abuse: NIDA Research Monograph,* ed. G.C. Lin and L. Erinoff, 196-214. Rockville, MD: National Institute on Drug Abuse.

Young, A.J. 1990. Energy substrate utilization during exercise in extreme environments. *Exercise and Sport Sciences Reviews* 18:65-117.

Young, A.J., J.W. Castellani, C. O'Brien, R.L. Shippee, P. Tikuisis, L.G. Meyer, L.A. Blanchard, J.E. Kain, B.S. Cadarette, and M.N. Sawka. 1998. Exertional fatigue, sleep loss, and negative energy balance increase susceptibility to hypothermia. *Journal of Applied Physiology* 85:1210-7.

Young, A.J., S.R. Muza, M.N. Sawka, R.R. Gonzalez, and K.B. Pandolf. 1986. Human thermoregulatory responses to cold air are altered by repeated cold water immersion. *Journal of Applied Physiology* 60:1542-8.

Young, A.J., M.N. Sawka, L. Levine, B.S. Cadarette, and K.B. Pandolf. 1985. Skeletal muscle metabolism during exercise is influenced by heat acclimation. *Journal of Applied Physiology* 59:1929-35.

Young, W.B. 1993. Training for speed/strength: Heavy versus light loads. *National Strength and Conditioning Journal* 15:34-42.

Young, W.B., and G.E. Bilby. 1993. The effect of voluntary effort to influence speed of contraction on strength, muscular power and hypertrophy development. *Journal of Strength and Conditioning Research* 7:172-8.

Zinman, B., S. Zuniga-Guajardo, and D. Kelly. 1984. Comparison of the acute and long-term effects of exercise on glucose control in type I diabetics.*Diabetes Care* 7:515-9.

INDEX

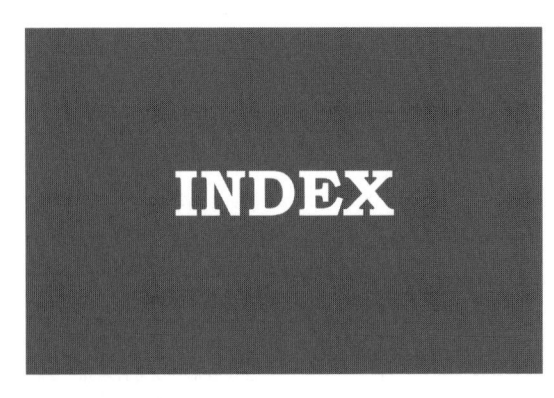

アルファベット順

acclimation 233
acclimatization 233
ACTH 26, 31
ADH 29
ADP 33
A帯 3
ATP 5, 33
ATPase 33
ATP-PC系 34, 41
AV node 48
αケトイソカプロエイト 222
B細胞 64, 66, 70
Boyleの法則 251
βエンドルフィン 31
β-カロチン 190
β細胞 25, 280
β_2 アゴニスト 293
βヒドロキシ-β-メチルブチレート 222
βブロッカー 225
Ca^{++} 204
carrier-mediated transport system 41
CD 67
CD4:CD8比 70
C反応性タンパク質 73
Charlesの法則 251
Cl^- 204
cluste of differentiation 67
CoA 36
conduction 230
conversion 230
CRP 73
Daltonの法則 251
DHEA 220
Edgrenサイドステップテスト 180
EDV 47
EF 47
EIA 289, 290

ejection 47
ejection fraction 47
EMG 10
end-distric volume 47
end-systric volume 47
EPO 225
ESV 47
fast-twich fibers 117
FEV1 290
FEV1% 290
FSH 31
GAS 135
General Adaptation Syndrome 135
GI 200
HACE 262
HAPE 262
HCO_3 53
high altitude cerebral edema 262
high altitude pulmonary edema 262
HMB 222
HRR 121
H帯 3
H:Q比率 171
hyperthermia 229
IFN 68
I型糖尿病 280, 284
IgA 67
IgD 67
IgE 67
IGF 24
IgG 67
IgM 67
I帯 3
IL 68
K^- 204
Law of LaPlace 60
Lドリル 112
LH 31
MDA 191
Mg^{++} 204
MHC 66

N^+ 204
NADH 36
NK細胞 64, 66, 70
nonevaporative 230
OBLA 118
PC 34, 212
physical work capacity 205
PNF 157, 158
PO_2 254
POMC 31
POMS 275
pre-ejection 47
profited of mood states 275
PWC 205
radiation 230
RDA 187
recommended daily alloance 187
RPE 120, 122
SaO_2 254, 256
SDH 39, 118
slow-twich fibers 117
stroke volume 47
SV 47
TNF 68
T細胞 64, 66, 70
T-テスト 180
Tドリル 112
tumor necrosis factor 68
type I fibers 177
upper respiratory tract ingection 75
URTI 75, 276
$\dot{V}E/\dot{V}O_2$ 58
$\dot{V}O_2max$ 116
$\dot{V}O_2max$ 175, 176
WBGT 238
wet bulb globe temperature 238
Z線 4

五十音順

あ行

アイソキネティックトレーニング 92
アイソトニックトレーニング 90
アイソメトリックトレーニング 89
アクチンフィラメント 3, 4
アジリティ 97, 111, 179
アスコルビン酸 190
アセタゾラミド 263
アセチルコリン 7, 48
アセチル副酵素A 36
アップレギュレーション 17
アデニレートシクラーゼ 18
アデノシン三リン酸 5, 33
アデノシン二リン酸 33
アテローム硬化 283
アナボリックステロイド 22
アネロビックトレーニング 33
アミノ酸 196
アメリカンフットボール 105
アルドステロン 30
アルブテロール 294
アロステリック結合 16
アンギオテンシノーゲン 30
アンギオテンシンII 30
アンギオテンシンI 30
アンドロゲン 19, 216
アンドロステネジオン 220
アンフェタミン 208
亜鉛 192
亜急性低体温症 247
安静時代謝 133

イオウ 192
インスリン 16, 25, 26, 278, 284
インスリン抵抗性 281, 282
インスリン様成長因子 24, 25
インターバルスプリント 108
インターバルトレーニング 104
インターフェロン 68
インターロイキン 68
1日あたりの推奨摂取量 187
1秒率 290
1回拍出量 53, 54, 58, 255
異性小動脈 49
咽頭 50

INDEX

ウィンゲート無酸素テスト　173
ウインドチル指数　240
ウォームアップ　156
右心室　46, 49
右心房　46, 49
運動強度　86
運動効率　119
運動持続時間（持久トレーニング）　120
運動単位　6, 7
運動誘発喘息　289, 290
運動量（プライオメトリクス）　151

エアロビックトレーニング　33
エクセントリックトレーニング　91
エピネフリン　16, 27, 48, 274
エフェドリン　219, 222
エリスロポエチン　224, 258
エルゴジェニックエイド　210
エンケファリン　31
エンドルフィン　31
エンドレスリレー　109
栄養摂取　198
栄養素　187
炎症性T細胞　66
遠心性心肥大　61
塩素　192, 204

オーバートレーニング　267, 268
オーバーリーチング　268
オピオイド　31
オプスニン作用　6
追い越し走　109
横隔膜　50
黄体形成ホルモン　5, 19

か行

カウンタームーブメントジャンプ　146
カテコールアミン　25, 27, 28, 274
カフェイン　221
ガラクトース　188
カリウム　192, 204
カルシウム　191, 192, 204
カルシトニン　28
カルバミノ化合物　52
解糖系　33, 35, 42
解糖系酵素　40
回復（プライオメトリクス）　152

外肋間筋　50
鍵と鍵穴の理論　7
可逆性の原則　82
可変抵抗トレーニング　91
拡張期血圧　49
拡張周期容量　47
加速走　109
下大動脈　49
滑走説　5
活動電位　7, 8
果糖　188
過負荷の原則　80
顆粒球　65
換気　57
換気当量　58, 62
換気量　57
乾球温度　238
関節可動域　157
寒冷環境　243
寒冷地　240

キック動作　97
キネシオロジー　160
キャリパー法　181
気管　50
気管支　50
気管支枝　50
基礎代謝　133
基礎代謝量　133
吸気　50
休止期　47
休息時間　87
休息（プライオメトリクス）　152
求心性心肥大　61
急性期タンパク質　69, 72
急性高山病　260, 262
急性低酸素症　254
急性低体温症　247
競技特性　169
競技能力　244
競技力　255
競技力評価　168
胸腔　50
胸膜　50
期分け　135, 277
筋　3, 157
筋外膜　3
筋グリコーゲン量　199
筋原線維　3
筋収縮　4, 5, 6, 7, 8
筋周膜　3
筋鞘　3
筋小胞体　5
筋線維　3, 7, 8, 9
筋線維束　3
筋線維組成　117, 131
筋線維タイプの転換　14

筋線維の組成　169
筋線維の肥大　13
筋増殖　13
筋電図　10
筋内膜　3
筋肥大　11, 12, 31
筋紡錘　9, 157
筋量　217
筋力　93, 94, 129, 170, 217
筋力測定　170
筋力トレーニング　126

クイックフット　112
グリコーゲン　188
グリコーゲン合成酵素　194
グリコーゲンシンセターゼ　194
グリコーゲンの枯渇　193
グリコーゲンホスフォリラーゼ　284
グリコーゲンローディング　199
グリセミックインデックス　200
グリセロール　38
グルーカゴン　284
グルココルチコイド　294
グルコース　188
グルコース-アラニンサイクル　197
グルコース-1-リン酸　35
グルコースポリマー　208
グルコース-6-リン酸　35
クレアチン　212
クレアチンキナーゼ　212
クレアチンキネアーゼ　34
クレアチンサプリメント　213
クレアチンリン酸　34, 212
クレブス回路　36, 37
クレンブテロール　221
クロスアクティビティー　17
クロストレーニング　123
グロブリン分子　53
クロミウム　192
クロモリンナトリウム　294
駆出期　47
駆出率　47

ケリン誘導体　294
頸動脈小体　257
血圧　49, 59
血圧（運動中）　56
血液ドーピング　208, 224
血液量　62
血管　49
血管系　49
血中乳酸蓄積開始点　118

血中ホルモン濃度　17
腱　3, 157

コアエクササイズ　85
コハク酸エステル脱水素酵素　118
コハク酸デヒドロゲナーゼ　39
コバラミン　190
コラーゲン　160
ゴルジ腱器官　9, 11, 157
コルチゾル　26, 271
コレカルシフェロール　190
コンカレントトレーニング　126
コンディショニング　102, 108
コンパウンドセット　86
好塩基球　65
好酸球　65
好中球　65, 70
抗コリン剤　294
抗酸化ビタミン　189
抗利尿ホルモン　29
恒常性　16
甲状腺　28
甲状腺ホルモン　28
酵素ホスファターゼ　35
高体温　229
高地　251
高地環境　252, 255
高地トレーニング　260
後天的免疫機能　64
喉頭　50
呼気　50, 51
呼吸器　254
呼吸器系　50, 61, 255
呼吸数　62
骨格筋　3, 11
骨髄球系細胞　64
黒球温度　238
古典的経路　69
個別性の原則　80
固有受容器　9, 157
固有受容器感覚神経筋促通法　157, 158

さ行

サイクリックAMP　18
サイズの原則　9
サイトカイン　67, 72
サイドシャッフル　112
再現性　170
最大筋力　10, 128
最大呼気速度　290
最大酸素摂取量　55, 116,

INDEX **335**

126, 175, 254
最大心拍数 54, 121
細動脈 49
細胞間橋 45
細胞障害性T細胞 66
細胞体 6
左心室 46, 49
左心房 46, 49
砂糖 188
酸化機構 33
酸化酵素 39, 42
酸素 52
酸素分圧 254
塹壕足炎 249
三尖弁 46, 47

しもやけ 249
ジグザグドリル 112
シトレートシンターゼ 38, 39
シナプス 7
ジノルフィン 31
ジャンプパフォーマンス 94
シュークロース 188
ショ糖 188
四角ドリル 112
持久系アスリート 255
持久性パフォーマンス 116
持久的トレーニング 38
持久トレーニング 115
持久トレーニングプログラム 122
持久力 175
軸索 6
刺激伝達系 45
脂質 188, 196
脂肪 188
脂肪酸 188
脂肪分解 196
自然免疫 64
湿球温度 238
湿球黒球温度 238
収穫逓減制の原則 81
収縮期血圧 49, 56
収縮終期容量 47
重炭酸 53
重炭酸イオン 52, 53
柔軟運動 163
柔軟性 98, 157, 160, 163
主観的運動強度 120, 122
主要組織適合抗原体 66
樹状突起 6
腫瘍壊死因子 68
順化 233, 243
順応 233
上気道感染 75
上大動脈 49
焦性ブドウ酸塩 40

静脈系 49
食菌作用 65, 66
食細胞 64
食物繊維 188
暑熱環境 229
徐脈 48
心拡張期 46
心筋 45
心室 45
心室中隔 46
心収縮期 46
心臓 45
心臓血管系 45, 254, 257
心臓血管系能力 97
心臓周期 46
心臓ドリフト 55
心拍出量 47, 48, 53, 58, 252
心拍数 47, 53, 59, 120
心房 45
神経筋 6, 256
神経筋系 3
神経筋接合部 6
神経細胞 6
神経線維 6
神経伝達 47
神経の活性 7
浸水足 249
深層凍傷 248
深部温 241
深部筋膜 3
身体作業能力 205
身体組成 98, 180
身体のサイズ 168
身体密度 180
身体的適応 10
伸張‐短縮サイクル 96, 146

ステロイドホルモン 17, 30
ストライド長 109
ストライド率 109
ストレッチ 157, 163
スーパーセット 86
スピード 94, 109, 178
スピード・アジリティ能力 114
スプリント 96, 134
スポーツ栄養 187
水泳 97
水中体重測定法 180
水分バランス 201
水分補給 201, 207
髄鞘 6
膵臓 280

セット数 88
セレン 191, 192
静止電位 7

静的ストレッチ 157, 158
成長ホルモン 22, 23, 24
積分筋電図 10
赤血球 62
全か無の法則 7
前駆出期 47
漸進性の原則 80

ソマトメジン 24
僧帽弁 46, 47, 55
速筋 7, 8
速筋線維 7, 117, 169
疎水性ビタミン 189

た行

ダイエット 133
ダイナミック・コンスタント・レジスタンストレーニング 90
タイプⅡ 7, 8
タイプⅡ線維 117
タイプⅠ 7, 8
タイプⅠ線維 117
ダウンレギュレーション 17
タンパク質 189, 196
タンパク同化ステロイド 211, 217, 214, 215
体温 230, 238
体温維持 242
体温調節遅延 242
体温バランス 243
体脂肪率 180
体循環 46
代謝 33
代謝機能 258
代謝能力 255
大食細胞 72
大動脈 49
大動脈弁 46
対流 230
多価不飽和脂肪酸 188
脱水 202
妥当性 170
単球 65, 70
炭酸水素ナトリウム 223
炭水化物 188, 193
炭水化物代謝 284
担体介在輸送システム 41

チアミン 190
チロキシニン 28
力 94
遅筋 7, 8
遅筋線維 7, 117, 169
遅発性筋肉痛 92
超回復 11

跳躍伝導 7

でんぷん 188
デキサメタゾ 263
テストステロン 19, 215, 215, 216, 273
テストステロン/コルチゾル比 273
テストステロン前駆物質 220
テスト法 168
デスモソーム 45
デヒドロエピアンドロステロン 220
低圧環境 251
低酸素症 252, 253
低体温症 246
適応性 10
鉄 192
鉄欠乏性貧血 193
電解質 204
電解質バランス 204
電解質補給飲料 209
電気的刺激 6
電子伝達系 36, 37

トコフェロール 190
ドーパミン 27
トリヨードチロニン 28
トレーニング 79
トレーニング強度(持久トレーニング) 120
トレーニング強度(プライオメトリクス) 151
トレーニングの順序 129
トレーニング頻度 88
トレーニング頻度(持久トレーニング) 119
トレーニング頻度(プライオメトリクス) 151
トレーニング量 88
トレーニング歴 169
トロポニン 4
トロポミオシン 4
銅 192
動員様式 10
動脈 49
動脈系 49
動脈血酸素飽和度 254
動静脈酸素格差 55
糖原分解 284
糖新生 35
糖尿病 280
凍傷 248
凍瘡 249
等速性筋力測定 171
等溶性収縮期 47
同調性 11

投動作　97
洞房結節　47
特異性の原則　79

な行

ナイアシン　190
ナチュラルキラー細胞　64,
　66
ナトリウム　192, 204
内生性オピタイド　31
内分泌系　16, 132

ニコチナミドアデニンジヌク
　レオチド　36
ニューロン　6
II型糖尿病　281, 282, 284
二酸化炭素　52
乳酸　36
乳酸性作業閾値　118
乳酸脱水酵素　42
乳酸の産出　43
乳糖　188

ネドクロミル　294
熱痙攣　235
熱産生　241
熱射病　237, 238
熱卒中　237
熱中症　235
熱伝導　230
熱疲労　235, 236, 238

ノラクソン　31
ノルエピネフリン　27, 48,
　274

は行

バイサイクル　142
バスケットボール　103
パーセント肺活量　290
バゾプレッシン　29
バリスティックストレッチ
　157, 158
バリスティックトレーニング
　147
バルサルバ効果　56, 57
パルチミン酸クエン酸　38
パワー　94, 148
パントテン酸　190
肺活量　58
肺循環　46
肺小胞　50
麦芽糖　188
発汗　204

白血球　65, 71
白血球分化抗原　67
汎適応症候群　135

ビオチン　190
ヒス束　48
ビタミン　189
ビタミンA　189
ビタミンC　189, 191
ビタミンD　189
ビタミンE　189, 191
ビタミンK　189
ピリオダイゼーション　135,
　277
ピリオダイゼーションモデル
　140
ピリドキシン　190
ピルビン酸　35
非気化　230
非必須アミノ酸　189
肥大型心筋症　61
必須アミノ酸　189
評価（柔軟性）　161
表層凍傷　248

ぶどう糖　188
ファルトレク　108
ファルトレクトレーニング
　104
フィックの方程式　55
フィロキノン　190
フッ素　192
プライオメトリクス　146
プライオメトリクスエクササ
　イズ　153
フラビンアデニンジヌクレオ
　チド　36
フランク・スターリング効果
　54
プリエグゾースティングトレ
　ーニング　86
プルキンエ線維　48
フルクトース　188
プレグネノロン　216
プレチスモグラフ　181
プロオピオメラノコルチン
　31
プロテオース　65
副経路　69
副腎皮質ホルモン　26
震え　241
分圧　51, 251

ペースメーカー　47
ペプチドホルモン　18, 211
ヘマトクリット　63
ヘム分子　53
ヘモグロビン　52

ヘルパーT細胞　66
ボーア効果　52
ホスファゲン機構　33
ホスフォフルキナーゼ　42
ホスフォリパーゼ　65
ホスフォリラーゼ　35, 42,
　194
ホスフォリール酸化　36
ポムス　275
ホルモン　16
ホルモン‐受容体複合体　18
房室結合部　47
房室結節　48
放射熱　230
放熱　230
補体　72
補体系　68

ま行

マイクロサイクル　138
マグネシウム　192, 204
マクロミネラル　191
マルチサイクル　142
マルトース　188
マロニアルデヒド　191
マンガン　192
毎分換気量　58, 62
慢性低体温症　247
慢性疲労　275

ミオグロビン　39
ミオグロビン量　39
ミオシンフィラメント　3, 4
ミクロミネラル　191
ミトコンドリア　36, 39, 117
ミネラル　191
水　193
三つ組み構造　5

無酸素運動　41, 204
無酸素系アスリート　124, 256
無酸素性運動　102, 106
無酸素性運動能力　245
無酸素性エネルギー代謝機構
　34, 41
無酸素性能力　94
無酸素性能力向上　108
無酸素性パワー　173
無髄神経　7

メゾサイクル　137
免疫応答　75
免疫機能　64
免疫グロブリン　67, 74
免疫細胞　64

免疫反応　69
モノサイクル　140
モリブデン　192
毛細血管　49
毛細血管密度　38, 117
目標心拍数　121

や行

薬物使用　211
有酸素運動　206
有酸素性運動能力　244
有酸素性エネルギー代謝機構
　36
有酸素トレーニング　126
有酸素能力　129
有髄線維　6
遊走剤　65
遊離脂肪酸　38, 196

ヨウ素　192
葉酸　190
抑制　11
予備心拍数　121

ら行

ライディッヒ細胞　215
ラクトース　188
ラプラスの法則　60
ランヴィエ絞輪　6
ランゲルハンス島　25, 280

リゾチーム　64
リパーゼ　196
リボフラビン　190
リポリーシス　36
リン　191, 192
リン酸化酵素　194
リンパ球　65
リンパ球系細胞　64

レジスタンストレーニング
　11, 12, 84, 126, 134,
　152
レチノール　190
レニン　30
レペティションスプリント
　108

ワーク／レスト率　104

【著者】
Jay R. Hoffman

　New Jersey 大学 Ewing 校 健康・運動科学部の准教授。元プロアスリート。現在は大学で研究活動をする傍ら，エリートアスリートのコーチも行っている。

　ジャマイカの St. John's 大学で学士号を取得，New York の Fuushing にある Queens 大学で運動生理学の分野で修士号，コネチカット大学で運動科学分野で博士号を取得。

　50 編以上の論文を発表し，9 つのジャーナルで査読を行っている。2001 年の Journal of Strength and Conditioning Research の Editorial Excellence 賞 や 2000 年 の NSCA Young Investigator 賞など数々の賞を受賞している。米国大学スポーツ医学会と米国生理学会，NSCA (National Strength and Conditioning Association) の会員でもある。

【監訳者】
福林 徹（ふくばやし とおる）

　1946 年生まれ。東京大学医学部卒。東京大学医学部整形外科助手，Hospital for Special Surgery で研修，筑波大学臨床医学系整形外科講師，東京大学総合文化研究科教授を経て，現在，早稲田大学スポーツ科学学術院教授。

　日本学術会議連携会員，第 19 回臨床スポーツ医学会会長，日本臨床スポーツ医学会理事長，日本整形外科スポーツ医学会理事，JOSKAS 理事，ISAKOS communication 委員会委員，日本体育協会国体委員会委員　同医事部会長，日本体育協会医科学委員長，日本サッカー協会理事・スポーツ医学委員長，サッカーフランスワールドカップ代表チームドクター。

【訳者】
小西 優（こにし ゆう）

　1969 年生まれ。インディアナ州立大学アスレティックトレーニング科修士課程修了，東京大学総合文化研究科博士課程修了。九州女子短期大学体育科講師を経て，現在，防衛大学校体育学教育室准教授。

　1996 年に NATA 公認アスレティックトレーナーとなり，日本においてアメリカンフットボール，サッカー，陸上競技，プロゴルファーのアスレティックトレーナーとして活躍。現在は，防衛大学校体育学教育室において准教授を務め，研究者として活動しながら，防衛大学校の学生に起こるスポーツ外傷・障害のリハビリテーションも行っている。前十字靱帯損傷患者の大腿四頭筋の筋力低下の神経生理学的メカニズムに関して多くの国際論文を発表している。
ATC（全米アスレティックトレーナーズ協会公認アスレティックトレーナー）
JASA-AT（日本体育協会公認アスレティックトレーナー）

佐藤 真葵（さとう まき）

　1978 年生まれ。筑波大学第 2 学群生物資源学類卒業，東京大学大学院総合文化研究科修士課程修了。
　元森永乳業株式会社栄養科学研究所研究員。

　東京大学大学院総合文化研究科修士課程修了後，森永乳業株式会社入社，栄養科学研究所においてスポーツサプリメントの研究開発に携わったスポーツ栄養のスペシャリストである。2009 年に退社。現在はフリーにて活動。

スポーツ生理学からみたスポーツトレーニング

ⓒ Fukubayashi Toru, Konishi Yu, Sato Maki 2011　　　　NDC 780/ V, 337p/26cm

初版第1刷発行——2011年4月20日

著　者	ジェイ・ホフマン（Jay R. Hoffman）
監訳者	福林　徹
訳　者	小西　優・佐藤真葵
発行者	鈴木一行
発行所	株式会社　大修館書店

　　　　〒113-8541　東京都文京区湯島2-1-1
　　　　電話 03-3868-2651（販売部）　03-3868-2298（編集部）
　　　　振替 00190-7-40504
　　　　[出版情報] http://www.taishukan.co.jp

編集DTP	和田義智
装丁デザイン	倉田早由美（サンビジネス）
印刷所	壮光舎印刷株式会社
製本所	ブロケード

ISBN978-4-469-26713-6　　　　　　　　　　　　　　　Printed in Japan

Ⓡ本書のコピー，スキャン，デジタル化等の無断複製は著作権法上での例外を除き禁じられています。本書を代行業者等の第三者に依頼してスキャンやデジタル化することは，たとえ個人や家庭内での利用であっても著作権法上認められておりません。